HEYNE BÜCHER

W0214998

HEYNE-BUCH Nr. 5085
im Wilhelm Heyne Verlag, München

Die Namen sind in diesem Roman aus Rücksicht auf noch lebende Personen geändert oder frei erfunden. Etwaige Übereinstimmung mit Personen, Orten, Erlebnissen und Vorkommnissen sind ungewollt und nicht beabsichtigt.

Genehmigte, ungekürzte Taschenbuchausgabe
Copyright © 1963 by Kindler Verlag / Lichtenberg Verlag, München
Printed in Belgium 1974
Umschlagfoto: Keystone, München
Umschlaggestaltung: Atelier Heinrichs, München
Gesamtherstellung: Marabout s.a., Verviers (Belgique)

ISBN 3-453-00439-6

Weit ist der Weg zurück ins Heimatland,
so weit, so weit . . .

*Soldatenlied*

# 1

Am Morgen hatte es Wein gegeben, guten kaukasischen Rotwein. Jeder konnte von dem roten Saft fassen, soviel er wollte. Es fragte sich nur, wohin damit. Wer außer Feldflasche und Kochgeschirr keinen Behälter mehr hatte, ließ sich einfach den Bauch vollaufen. So gut hatte man's nicht alle Tage.

Jetzt torkelten bereits die ersten Besoffenen durch den Ort. Schiffchen im Genick, Hände in den Hosentaschen. Rotes Gesicht, glänzende Augen. Es ist wie im Frieden. Wie Geburtstag und Weihnachten zugleich.

Zu allem scheint die Sonne. Es ist Januar, aber trotzdem ist es nicht kalt. Der Himmel ist blankgeputzt. Im Süden, hinter dem Elbrus, türmen sich weiße Kumuluswolken. Hier unten regiert der Winter nur mit halber Kraft.

Vor dem Dorf zieht ein grölender Trupp vorbei. Einige der Männer zerren ein vollbepacktes Kamel hinter sich her. Sie haben Würste um den Hals hängen und Kommißbrote unter dem Arm. Ein Bild wie aus dem Schlaraffenland. Sie torkeln durch den Dreck und reißen dabei die Mäuler auf.

»Drum laßt uns noch einen verlöten, vielleicht sind wir morgen schon flöten. Wir sind ja die Freunde des Humors, Mors, Mors — wir sind ja die Freunde des Humors!«

»Hübsches Lied«, sagt Hannes Krumbier, ohne die Pfeife aus dem Mund zu nehmen. Er steht mit den Strippenziehern vom Regiment vor der Schule und blinzelt faul hinüber zu dem grölenden Haufen am Dorfrand. »Ulkiger Text. Muß ich mir direkt merken: ‚Wir sind ja die Freunde des Humors ...'«

»Mors, Mors«, echot der lange Fibus und schlägt mit dem Knobelbecher sinnend den Takt dazu. Er stammt aus Hamburg. Der Mors weckt heimatliche Gefühle in ihm. Er ist ohnehin der weichste von allen.

Die Männer lehnen an der Mauer der Schule und lassen

sich die Sonne auf den Bauch scheinen. Der süße, dunkle Wein hat sie heiter und zufrieden gemacht. Sie blinzeln in den Himmel und dösen. Zu tun gibt es nichts mehr. Die Quartiere sind geräumt, das Gepäck verladen. In ein paar Stunden geht es ab.

Jetzt warten sie nur noch aufs Mittagessen.

»Huhn auf Reis«, sagt der dicke Ede und leckt sich die Schnauze. »Fehlt eigentlich nur, daß sie es uns auf silbernem Tablett servieren...«

Der dicke Ede denkt immer ans Fressen. Selbst im größten Dreck kennt er keinen anderen Gesprächsstoff. Fressen ist bei ihm Thema eins, wie bei den anderen die Liebe. Auf diesem Gebiet entwickelt er eine ausschweifende Phantasie. Wenn sie im Schlamassel liegen und oft tagelang nichts zu beißen haben, quatscht er von Riesenschnitzeln. Und wenn jedem vor Hunger die Kaldaunen krachen, malt er mit Vorliebe saftige Stilleben in die Luft. Ein geiler Freßsack, wie es beim ganzen Barras keinen zweiten gibt.

Diesmal aber ist es kein fauler Witz. Es gibt wirklich Huhn auf Reis. Sie haben die Hühner selbst gefangen. Das ganze Federvieh des Kaffs wurde zusammengetrieben und am Boden zerstört. Der dicke Ede hat sogar mit der Maschinenpistole dazwischengeballert, daß die Federn flogen. Alles legal, alles auf Befehl. »Nach uns soll keiner mehr was Eßbares finden.«

»Jetzt wird der Krieg erst lustig«, sagt Hannes Krummbier und kaut auf dem Mundstück seiner Pfeife herum. »Jeden Tag Fettlebe. Endlich was für dich, Ede. Was?«

»Wieso?« will der Dicke wissen.

»Klar doch, Mensch — von heut' an können wir uns rückwärts durch die eigenen Bestände durchfressen. Jetzt kommt der Berg zum Propheten. Was uns auf dem Vormarsch nie erreichte, die guten Frontpäckchen und die bessere Marketenderware, die erreichen wir jetzt auf dem Rückmarsch.«

»Wieso Rückmarsch?«

„Döskopp! Hast du den Hintern vorn? Glaubst du nach allem noch, daß es irgendwann mal wieder vorwärtsgeht?«

»Das nicht. Aber wir bilden doch weiter hinten eine neue Front.«

»Sicher. Wir werden immer wieder weiter hinten eine

neue Front bilden. So lange, bis wir schließlich mit dem Rücken vor der Reichskanzlei stehen. ‚Führer, wir wollen heim, uns reicht's!'«

Jetzt spitzen alle die Ohren, auch die, die uninteressiert in die Luft gestarrt oder sich gelangweilt in der Nase gebohrt haben. Frontbegradigung oder Rückzug — das ist die große Frage. Seit Tagen schwirren die tollsten Latrinenparolen durch die Gegend. Seit Stalingrad im Eimer ist, merkt auch der Dümmste, daß das nicht ohne Folgen für die Kaukasusfront bleiben kann.

»Du glaubst also, es geht weiter zurück?«

Hannes Krummbier antwortet nicht gleich. Er schiebt die Pfeife von einem Mundwinkel zum andern und beginnt mit den Kiefern zu mahlen.

Alles blickt gespannt auf ihn. Krummbier ist Fahrer beim Kommandeur. Er schnappt dabei so manches auf, was andere nicht erfahren. Außerdem hört er wirklich das Gras wachsen. Seine Prognosen stimmten bisher immer.

»Jetzt kommt die große Wende«, sagt er langsam, ohne den Knösel loszulassen.

»Welche Wende? Mensch, nimm doch endlich den Rotzkocher aus der Visage und mach die Zähne auseinander, damit man dich verstehen kann.«

Krummbier grinst, ohne sich aus der Ruhe bringen zu lassen. Schließlich nimmt er aber doch die Pfeife aus dem Mund. Er spuckt ein paarmal aus, dann sagt er mit Pathos:

»Wir sind übern Berg, Kameraden — es geht abwärts!«

Lachen ringsum. Krummbier, der alte Oberschnapser, versteht es, seine Treffer zu landen. Jeder grinst und kratzt sich verständnisinnig über den Bart. Nur der kleine Dotter bleibt ernst. Er ist sogar sichtlich eingeschnappt.

»Nun reicht's aber«, sagt er mit seiner hellen Knabenstimme. »Du tust geradeso, als ob wir den Krieg verloren hätten.«

Dotter ist der Jüngste im Haufen und wird deshalb nie für ganz voll genommen. Er ist ein richtiges Milchgesicht und nachweislich noch unschuldig. Eigentlich heißt er Eiermann, aber alle nennen ihn Dotter. Manche sagen auch, wenn sie ihn ärgern wollen, Hitlerjunge Quex zu ihm, weil er aus der HJ kommt und in seinem Heimatort Fähnleinführer oder so etwas Ähnliches war. An sich ein netter Junge, nur sehr empfindlich. Er schnappt regelmäßig ein, wenn die anderen die Dinge allzu deutlich beim Namen nennen.

Hannes Krummbier tätschelt ihm väterlich die Backe.

»Hab' ich auch gar nicht behauptet, daß wir den Krieg schon verloren haben.«

»Aber du tust so. Dabei wißt ihr genau so gut wie ich, daß es sich nur um eine Frontbegradigung handelt.«

»Natürlich«, brummt Krummbier und spuckt wieder aus. »Natürlich handelt es sich nur um eine Frontbegradigung. Aber sieh dir mal die Karte genauer an, Kleiner. Wenn der Iwan von Stalingrad aus in südwestlicher Richtung vorstößt, ist es nur eine Frage der Zeit, wann er in Rostow ist. Und wenn er in Rostow ist, am Asowschen Meer, dann sind wir hier unten alle im Arsch. Dann gibt es nur noch die berühmten zwei Möglichkeiten. Entweder wir gucken uns die Radieschen von unten an — oder ab nach Sibirien, verstehst du das? Und deshalb, min Jung, wird die Front wohl oder übel bis zum Don begradigt werden müssen.«

»Bis zum Don? Bis nach Rostow zurück? Du spinnst ja!« Der kleine Dotter ereifert sich richtig. Er plustert sich auf, als stehe er vor seinem Fähnlein der Aufrechten und müsse den letzten Zweifler überzeugen. »Nie geht es so weit zurück. Der Führer wird doch nicht das ganze Gebiet im Kaukasus aufgeben. Dann wären ja alle Opfer umsonst gewesen.«

Eine Weile herrscht Schweigen im Walde. Der leichte Westwind trägt ab und zu das dumpfe Wummern von Detonationen herüber. Es kommt nicht von der Front, es kommt vom Hinterland. Überall im rückwärtigen Gebiet wird bereits gesprengt. Schaurige Ouvertüre des großen Rückzugs. Den vorrückenden Bolschewisten soll nur noch verbrannte Erde in die Hände fallen.

Krummbier geht langsam auf den Gefreiten Kleebusch zu.

»Was ist los, Fritz? Du sagst ja heute überhaupt nichts. Ist dir eine Laus über die Leber gekrochen?«

Fritz Kleebusch sitzt abseits auf einer Kiste und hält den Kopf in die Hände gestützt. Er zuckt nur stumm mit den Schultern.

»Über was denkst du denn so angestrengt nach?«

»Über das, was der Dotter eben sagte.«
»Daß alles umsonst war?«
»Ja.«
»Du denkst an gestern?«
»Ja.«

Gestern war der Gefreite Kleebusch mit seinem Funkwagen vorn bei der II. Abteilung, bei der 4. und 6. Batterie. Die beiden Batterien lagen am weitesten vorn. Sie hatten wegen der geringen Schußweite der Werfer sogar vor der Infanterie Stellung bezogen. Sie hielten seit dem Herbst den östlichsten Punkt, der jemals von deutschen Soldaten erreicht wurde. Dieser Punkt war die Spitze eines Keils, der hart am nördlichen Ufer des Terek weit nach Osten in das feindliche Land hineinragte. Nur wenige Kilometer südlich der Stellung lag Grosny, das wichtigste russische Erdölzentrum, die Hauptstadt des Tschertschenzengebietes.

Am Abend war dann der Kommandeur mit dem Adjutanten nach vorn gekommen. Auch Krummbier war dabei. Der Oberst wollte das Ablösen der Batterien selbst überwachen.

Mit ernstem Gesicht verfolgte er, wie Werfer um Werfer in der Dunkelheit zurückrollte. Er sprach dabei kein Wort. Oberst Graupner spricht überhaupt selten. Er gilt als menschenscheu. Außer bei dienstlichen Befehlen äußert er sich kaum. Im ganzen Regiment gibt es nur wenige Menschen, mit denen er mal ein außerdienstliches Gespräch führte.

Es ging alles glatt. Zwei Batterien waren keine Affäre. Die I. Abteilung lag ohnehin in Reserve, die II. war in infanteristischem Einsatz weiter nördlich in der Kalmückensteppe. Sie hatte sich schon einen Tag früher unbemerkt vom Feind gelöst, soweit man in der Kalmückensteppe überhaupt etwas vom Feind sah. Meist war er in dieser gottverlassenen Weite nur in vereinzelten berittenen Spähtrupps aufgetaucht.

Als die Stellung geräumt war, ging der Kommandeur zu dem kleinen Soldatenfriedhof über dem Terek. Es war schon fast Mitternacht. Lange stand der Oberst vor den schlichten Holzkreuzen. In Gedanken versunken blickte er auf die Erdhügel, unter denen die Toten des Regiments lagen.

»Der sieht überhaupt nur die Toten«, flüsterte Krummbier seinem Freund Kleebusch zu. »Durch die Lebenden blickt er hindurch.«

Fritz Kleebusch bemerkte, wie der Kommandeur die Lippen bewegte. Betete er oder sprach er zu den Toten?

Er nahm Abschied von den Gräbern.

Vom hohen kaukasischen Himmel leuchtete ein fahler Mond. Sein weißes, kaltes Licht ließ die Szenerie fast unwirklich erscheinen. In der dunklen Niederung glitzerte der Terek. Dahinter erhob sich die schwarze Wand des Gebirges bis zum Gipfel des Kasbek. Die Luft schien stillzustehen. Die Nacht war in Lautlosigkeit erstarrt.

Der Gefreite Kleebusch wußte nicht, wie es kam, aber plötzlich überfiel ihn eine starke Ergriffenheit. Er mußte schlucken. Seine Augen brannten. Das heulende Elend hatte ihn gepackt.

Als er merkte, wie ihn Krummbier von der Seite beobachtete, versuchte er, sich zusammenzunehmen. Verdammter Mist! Das war doch kein Grund, Rotz und Wasser zu heulen. Er hatte ja auch nicht geheult, als sie die Kameraden damals in die Grube gelegt hatten.

»Ganz schöne Scheiße, dieser Rückzug,« sagte er halblaut zu Krummbier. »Ganz große Scheiße.« Er wiederholte es mehrmals, nur um etwas zu sagen.

Aber er kam nicht davon los.

Diese Kreuze. Diese Hügel.

Dort lag Kurtchen Enggasser, kaum achtzehn Jahre alt. Blond, schmächtig, mit seelenvollen Augen. Er war ganz neu beim Haufen, und sie wußten fast noch nichts von ihm. Und er selbst kannte die Tücken der Front noch nicht. Er war nur mal austreten gegangen. Im Graben wollte er die Hosen nicht 'runtermachen. Er genierte sich noch. So ging er 'raus, auf die Wiese. Dabei muß ihn ein Scharfschütze aus einem der Baumnester aufs Korn genommen haben. Der Schuß ging ihm mitten durch den Mund. Als sie ihn fanden, lag er auf dem Rücken, beide Hände auf den Mund gepreßt. Die Augen waren weit aufgerissen. Sie starrten die Kameraden in stummen Vorwurf an, als wollte er sagen: »Warum hat mir das niemand gesagt.«

Zwei Hügel weiter lag Toni Bäumler. Verheiratet, zwei

Kinder. Er war ein prima Kumpel und ein mutiger Bursche. Seine Frau schrieb in jedem Brief: »Paß auf dich auf. Mach keine waghalsigen Sachen.« Er hatte doch nicht auf sich aufgepaßt. Als der Feuerüberfall kam, gab er zuerst dem schlafenden Kleebusch einen Stoß, daß er in den Graben fiel. Dann erst dachte er an sich. Zu spät. Ein Granatsplitter zerfetzte ihm den Unterleib. Er lebte noch eine halbe Stunde, bei vollem Bewußtsein. Und er flüsterte Kleebusch noch zu: »Sag meiner Frau nicht, daß es sonst dich erwischt hätte . . .«

Dort drüben lag Heinz Detlevsen, der als VB-Funker von einer eigenen Werfergranate zerrissen worden war. Daneben Paulchen Filzer, der Komiker, der tanzend auf eine Mine gelaufen war. Dann Franz Müller, Eugen Witt, Heinrich Borner . . .

Jeden hatten sie unter militärischen Ehren hier beigesetzt, in eine Zeltplane gewickelt, mit einer Salve übers Grab und einer Ansprache. »Ich hatt' einen Kameraden . . .«

Damals, dachte Fritz Kleebusch. Damals war es irgendwie anders. Wir haben die Erde über sie geschaufelt und ein Kreuz draufgesteckt. Als Soldat ist man gewöhnt, mit den Toten zu leben.

Jetzt aber sind sie nicht mehr bei uns. Wir stehlen uns fort und lassen sie liegen. Wir setzen uns ab und kümmern uns nicht mehr um sie. Sie sind ja tot. Aus.

Wir kümmern uns auch nicht mehr um dieses Stück gottverdammte Erde, für das sie gefallen sind. Wir geben es auf. Entschuldigt, Kameraden, aber es war ein Irrtum. Wir waren nur zum Spaß hier unten am Arsch der Welt. Nichts für ungut! Wir marschieren wieder heim. Wir. Wir leben ja noch.

Der Gefreite Kleebusch zog sein Taschentuch heraus und schneuzte sich laut und vernehmlich.

Krummbier stieß ihm den Ellenbogen in die Seite.

»Mensch — mach nicht so'n Radau!«

Sie sahen jetzt, wie der Kommandeur die Hand zum stummen Gruß an den Mützenrand legte und sich dann schnell abwandte. Als er an ihnen vorüberging, hörten sie, wie er zu seinem Adjutanten sagte:

»Zu denken, daß alle diese Opfer umsonst gewesen sein sollen . . .«

Da streitet sich Dotter noch immer mit den anderen herum:

»Wir kommen bestimmt wieder zurück. Verlaßt euch drauf. Und dann geht es viel weiter. Über Ordschonikidse und die grusinische Heerstraße bis nach Tiflis. Dann haben wir es geschafft. Habt ihr gehört, was neulich Dr. Goebbels sagte?«

Alles grinst. Alle wissen, was jetzt kommt.

»Dr. Goebbels soll reden!« schreit der Dicke mit seiner asthmatischen Stimme. »Los, Hannes, wir wollen unseren Dr. Goebbels hören.«

Hannes Krummbier läßt sich das nicht zweimal sagen. Er hält sich ein leeres Kochgeschirr seitlich an den Mund und beginnt mit Emphase:

»Meine deutschen Volksgenossen! Wenn mich die Zweifler fragen, ob wir wirklich siegen werden, dann kann ich nur sagen: Ihr müßt dran glauben!«

»Bravo, Hannes. Weiter!«

»Und glauben Sie mir, meine deutschen Volksgenossen — wir werden diese bolschewistischen Horden zu Paaren treiben. Wir werden ihnen bei Wladiwostock ein neues Dünkirchen bereiten!«

Ein Freudengeheul setzt ein.

»Heil! Heil! Wir müssen dran glauben!«

Plötzlich bricht alles ab. Die Gesichter werden lang und mißtrauisch.

Maier kommt angestakelt. Oberleutnant Maier, Nachrichtenzugführer und zugleich Führer der Stabsbatterie. Reservist, im Zivilberuf Teppichhändler.

Nichts gegen Teppichhändler, aber Maier ist ein Schwein. Er ist weit und breit der bestgehaßte Mann. Es gibt keinen in der ganzen Batterie, der ihm nicht mit Wonne eine von hinten verpassen würde.

Mit steifen Schritten kommt Maier herangestelzt und stellt sich breitbeinig vor der Gruppe auf. Immer, wenn er den Vorgesetzten heraushängen will, baut er sich so auf. Er wippt dabei leicht auf den Fußspitzen. Es soll zeigen, wieviel jugendliche Spannkraft noch in ihm steckt. Dabei ist er mindestens schon fünfzig. »Ein falscher Fuffziger«, nennt ihn Krummbier.

»Na?« macht Maier und wippt. Er hält ein kleines Stöckchen in der Hand, das er durch die Luft sausen läßt. Mit Argusaugen blickt er von einem zum andern. Es ist, als warte er, bis einer »Achtung!« schreit.

Es schreit aber keiner Achtung. Diese Kinkerlitzchen gibt es Gott sei Dank hier draußen nicht.

»Na?« wiederholt er. »Wohl alles besoffen hier?« Sein Blick fällt jetzt auf die drei Kochgeschirre voll Wein, die sich Fibus als Reserve auf die Seite gebracht hat. Sie stehen abseits im Schnee, krumme Futterkrippen, verbeult und schief, aber blankgewetzt vom täglichen Gebrauch. Im hellen Aluminum leuchtet der Wein wie alter Burgunder.

»Wem gehört das?«

Keine Antwort.

»Wem das gehört, will ich wissen!«

Langsam löst sich Fibus von der Wand. Schlaksig baut er sich vor dem Chef auf.

»Mir, Herr Oberleutnant.«

»Zur Küche bringen. Abgeben!«

»Aber ...« Der lange Fibus bebt. Er muß ein paarmal schlucken, ehe er weitersprechen kann. »Aber den hab' ich doch ...«

»Haben Sie nicht verstanden?«

Jetzt tritt Krummbier vor. Er wirkt ganz nüchtern, wie er sich da vor dem Alten aufbaut.

»Herr Oberleunant, die Küche hat bereits vollgetankt. Da ist kein Platz mehr.«

Maier läßt das Stöckchen durch die Luft sausen. »Ich habe Sie nicht um Ihre Meinung gefragt — Zimmermann!«

Der Küchenbulle streckt seine Rübe durch das kleine Fenster der Feldküche. »Herr Oberleutnant?«

»Vereinnahmen Sie den Wein hier. Er kommt zu den Rationen.«

»Geht leider nicht, Herr Oberleutnant«, sagt Zimmermann. »Alles schon voll. Sechs Eßbehälter, zwei Wasserkanister — mehr Gefäße habe ich nicht.«

Die Rübe ist wieder verschwunden. Man hört, wie das Fenster mit einem Ruck zugeschlagen wird. Zimmermann kann sich das erlauben. Der Chef braucht ihn oft für seine Extrawürste. Mit dem Küchenbullen kann Maier es nicht verderben.

Die Männer grinsen. Keiner kann den Küchenbullen leiden. Aber das war prima. Krummbier weiß, daß in der Küche noch Platz ist. Wenn Zimmermann wollte, könnte er die paar Liter gut verkraften.

Schon glaubt Fibus, daß er gesiegt hat, doch Maier gibt sich so schnell nicht geschlagen.

»Ausleeren!« zischt er und läßt sein Stöckchen pfeifen.

»Ausleeren, habe ich gesagt. Hören Sie schlecht? Wie soll die Disziplin aufrechterhalten werden, wenn jeder nach Belieben organisiert und sich am hellichten Tag besäuft!«

»Herr Oberleutnant?«

Fibus windet sich. Den guten Wein ausleeren? Drei Kochgeschirre voll — einfach in den Dreck? Das geht über sein Verständnis. Er wankt. Man weiß nicht recht, ob es der Suff ist oder die Wut, was ihn so durchdreht.

»Bitte, Herr Oberleutnant ...« Er schluckt wieder. Seine Stimme klingt fast weinerlich. »Könnte ich nicht ...«

Maier läßt nicht mit sich handeln. Drohend wippt er auf den Zehen und reckt sich dabei zu voller Größe. Hinter ihm steht die Macht des Reiches.

»Nun?« fragt er und legt seine ganze Autorität in das kurze Wort. Das Stöckchen bleibt abwartend in der Luft stehen.

Fibus rührt sich nicht.

»Ach, Sie wollen also nicht?«

Jeder weiß, was die Frage bedeutet. Jetzt muß der Lange kapitulieren, ob er will oder nicht.

Tatsächlich bückt sich Fibus und nimmt die drei Kochgeschirr mit einem Griff hoch. Mit seinen großen Händen hält er sie einen Augenblick vor die Brust, dann gießt er alles mit einem Ruck dem Oberleutnant vor die Füße.

Tödliches Schweigen ringsum.

Einen Augenblick sieht es aus, als wolle sich Maier auf den langen Fibus stürzen. Sein Gesicht färbt sich blutrot. Doch der Fuffziger bekommt sich wieder in die Hand. Um das Gesicht zu wahren, tut er das Klügste, was er tun kann — er nimmt keine Notiz von seinen bespritzten Hosen. Er lächelt jetzt sogar.

»Na also!« sagt er und visiert triumphierend die Runde. »Na also. Warum nicht gleich so!«

Das Stöckchen schwirrt wieder. Jetzt könnte der Oberleutnant gehen. Aber er geht nicht. Es reizt ihn, noch ein Exempel zu statuieren.

»Hat sonst noch jemand Wein versteckt?« Er wartet ein paar Sekunden, dann wiederholt er die Frage.

Keiner rührt die Knochen.

»Also niemand? Gut — dann werde ich das Gepäck und die Fahrzeuge durchsuchen.«

Da tritt Krummbier vor.

»Der Dotter, Herr Oberleutnant — Verzeihung, ich meine den Eiermann, der hat, glaube ich, was auf die Seite gebracht.«

»So. Stimmt das, Eiermann?«

Dotter verfärbt sich. Er wird abwechselnd rot und weiß. Fassungslos beginnt er zu stottern: »Ich — ich ...«

»Stimmt es oder stimmt es nicht?«

Krummbier stößt dem Jungen die Faust in die Seite. »Nun red' schon! Gib doch zu, daß du zwei Wodkaflaschen abgefüllt hast. Los, hol sie! Oder willst du kneifen?«

Die Kameraden sind fassungslos. Wie kommt der krumme Hund dazu, zu pfeifen? Am meisten verstört ist Dotter. Schweigend wendet er sich ab, geht zum Fahrzeug, kramt in seinen Packtaschen, zieht zwei helle Glasflaschen hervor, die mit Zeitungspapier verstöpselt sind, und hält sie dem Oberleutnant hin.

»Abgeben — zur Küche!«

Immer noch schweigend geht der Junge zur Küche, gibt dem Bullen die Flaschen, putzt sich die Hände ab und kehrt zurück. Er hat keinen Blick für Krummbier. Mit undurchsichtigem Gesicht baut er sich vor dem Chef auf, ganz vorschriftsmäßig, ganz wie er es als Spund beim Schliff gelernt hat. Mit leiser, kaum merklich vibrierender Stimme meldet er:

»Befehl ausgeführt.«

»Danke!«

Maier stößt das Wort wie eine Fanfare in die Luft. Dann grüßt er leutselig, macht kehrt und stakt stelzbeinig davon.

Aus. Alles aus, denkt Kleebusch. Er schiebt die Mütze ins Gesicht und wendet sich ab. Wie man sich täuschen kann, denkt er. Es ist schon so, wie Krummbier selbst immer sagt:

es gibt keine Kameraden mehr. Die sind im letzten Weltkrieg gefallen. Wegen eines läppischen politischen Streits einen zu verpfeifen. Jetzt wird keiner mehr ein Stück Brot von Krummbier nehmen. Noch nicht einmal der dicke Ede.

Dotter heult. Er heult richtig. Die hellen Tränen laufen ihm die Backe 'runter. Es geht ihm nicht um den Wein. Ihn erschüttert der Verrat.

»So ein Schuft! Das hätte es bei der Hitlerjugend nicht gegeben. Und wenn — dann wäre er halb tot geprügelt worden.«

»Natürlich«, sagt Krummbier ungerührt. »Da gab's auch bloß Holzköppe, aber keine Männer mit Grips.«

»Hör mal, Krummbier«, mischt sich jetzt Ede ein. »Du bist von heut' an in meinen Augen ein Schwein. Ein ganz dreckiges, gottverdammtes Schwein. Dabei hast du doch selbst drei Kanister Wein abgefüllt.«

»Eben deshalb, du Rhinozeros! Hast du nicht gehört, daß der Alte alles durchsuchen lassen wollte? Hab' ich deshalb die Benzinkanister mit Sodawasser ausgekocht und mich damit abgeschleppt?« Krummbier geht zu Dotter und packt ihn bei seinem blonden Schopf. »Nu wein man nicht, Jungchen. Du kriegst jetzt von mir einen ganzen Kanister als Entschädigung. Zwanzig Liter! Das genügt doch wohl, oder nicht? Und die anderen vierzig Liter verkasematuckeln wir in den nächsten Tagen gemeinsam. Wir werden's noch gut gebrauchen können.«

Der dicke Ede ist perplex. Mit ausgestreckter Hand geht er auf Krummbier zu, doch der wehrt verächtlich ab.

»Halt bloß die Schnauze, du Idiot!« Er spuckt in weitem Bogen aus, ohne die Pfeife aus den Zähnen zu nehmen. »Und für die Zukunft könnt ihr es euch hinter die Löffel schreiben, wenn ihr's noch nicht gemerkt habt: Was der olle Krummbier macht, hat immer einen doppelten Boden.«

Der Troß ist längst über alle Berge. Auch die Feldküche ist sofort nach dem Mittagessen mit Volldampf abgehauen, Richtung Nordwesten. Nun marschieren Infanteristen in kleinen Trupps vorbei, schweigend und verbissen.

»Das sind die letzten«, flüstert der Gefreite Kleebusch dem Hannes Krummbier zu. »Jetzt sind nur noch ein Pioniertrupp und ein paar Panzer vorn. Wenn die auch noch abrauschen, gibt es nichts mehr zwischen uns und dem Iwan. Front is nich mehr. Hoffentlich merken es die Heinis dort drüben nicht allzu schnell.«

»Wann kriegen wir denn unsere Fahrkarte?«

»Heut' abend, wenn's dunkel ist.«

»Schiet am Boom. Hat sich was mit der ruhigen Kugel beim Regimentsstab. Beim Vormarsch immer kilometerweit vor den Batterien her und jetzt, beim Rückmarsch, die Nachhut machen. Wenn das man gut geht!«

Den langen Fibus interessiert das alles nicht. Er hat noch immer eine Mordswut im Bauch und denkt an den Anschiß vom Maier.

»Wenn ich bloß wüßte, wie ich dem eins auswischen kann.« Aber es fällt ihm nichts ein.

Da schiebt sich der dicke Ede ganz sachte an ihn heran.

»Du kennst doch die Marussja.«

Fibus hebt den Kopf.

»Was ist mit der?«

»Nichts.«

»Warum gackerst du dann?«

»Nur so.«

Ede will sich mit seinem fetten Ranzen wieder fortschieben, doch Fibus hält ihn an der Halsbinde fest.

»Was mit der Marussja ist, will ich wissen!«

Er sagt es so laut, daß auch die anderen 'rübergucken. Marussja ist ein Zauberwort. Jeder kennt die junge, hochbusige Russin. Es gibt keinen, der sich nicht schon die Augen nach ihr verdreht hat. Wenn sie auftaucht, merkt man, wie es in den alten Knochen knackt und knistert. Die einen kriegen Stielaugen, die anderen Genickstarre.

»Die zieht mehr als zehn Zugmaschinen«, sagen die Landser.

Aber Marussja ist tabu, unerreichbar für die Männer. Es gibt keinen Weg zu ihr. Sie hat's mit dem Chef. Sie ist Maiers Sonntagsbeilage, wie Krummbier es nennt.

Offiziell ist Marussja Dolmetscherin, und da Oberleutnant Maier gleichzeitig Ortskommandant in diesem Kaff ist, untersteht sie ihm dienstlich. Wo sie herkam, weiß keiner genau. Aber als sie im Winter hier auftauchte, war Maier gleich scharf auf sie. Und als sich dann noch herausstellte, daß sie perfekt Deutsch spricht, hat er sie sich als Übersetzerin und als Befehlsübermittlerin für die Hiwis und die Dorfbewohner unter den Nagel gerissen.

So ist das also mit Marussja.

Maier ist ein alter Spinatstecher. Er fliegt auf jede Schürze. Dabei hat er zu Hause Familie, eine hübsche Frau und drei halberwachsene Töchter.

»Wenn die manchmal ihren lieben Papi sehen könnten«, sagt Ede mit öliger Stimme. »Aber jetzt ist es aus mit der Herrlichkeit.«

»Wieso?« fragt Fibus.

»Wieso! Wieso! Schau dich doch um. Alles futsch. Nix Kommandantura mehr, nix Marussja, nix Liebe ...«

»Du meinst ...«

»Natürlich mein' ich!«

Fibus reißt die Augen auf.

»Dann ist die Marussja also frei?«

»Alles ist frei. Der Wein, die Hühner, die Weiber. Den Wein haben wir gesoffen, die Hühner haben wir gefressen — fehlen nur noch die Weiber!«

»Nimmt Maier denn Marussja nicht mit?«

»Der wird sich hüten. Wo soll er sie denn unterbringen? Ich hab' selbst gesehen, wie er sich von ihr verabschiedet hat. Sie hat geheult und wollte mit. Aber er war eisern. Ganz unnahbarer deutscher Offizier.«

Hinter der Stirn von Fibus arbeitet es. Das ist eine Sache, die endlich mal nach seinem Geschmack ist. Was für Ede das Fressen, das sind für ihn die Weiber. Wie lange hat er schon keine Frau mehr in den Armen gehabt? Es ist schon gar nicht mehr wahr. In diesen gottverlassenen Nestern gibt es ja nur alte Babuschkas und kleine Kinder. Das einzige lohnende Objekt wäre die Marussja.

»Prost!« sagt Ede und gießt dem Langen wieder ein. »Hast du schon einmal gesehen, wie die gebaut ist?«

Fibus schließt die Augen. Er weiß es genau. Er hat sie schon oft mit den Augen verschlungen. Sie ist ganz nach seinem Geschmack. Er hat auch eine Erklärung dafür. Das kommt, wie er oft schwärmerisch ausführt, nur von den Sonnenblumenkernen. Diese Semitschkis, die die Russinnen den ganzen Tag kauen, lassen den Busen hoch und fest werden und dazu ganz weiß und zart. Wenn er mal in Hamburg ein strammes Mädel heiratet, will er sie den ganzen Tag Sonnenblumenkerne kauen lassen.

»Na?« fragt Ede. »Willst du oder willst du nicht?«

Natürlich will Fibus. Er wollte schon immer. Jetzt ist die Gelegenheit da. Er rappelt sich hoch und zieht die Hosen stramm. Er tut es mit betont männlicher Geste und streckt sich wie ein Gockelhahn vor dem Krähen.

»Gehst du mit, Ede?«

»Klarer Fall. Ich will doch auch mein Spaßvergnügen haben.«

Fibus nimmt noch einen tiefen Schluck von Krummbiers Wein. Er will sich Mut machen und erschlägt damit den letzten Rest von Nüchternheit. Jetzt ist er voll wie eine Haubitze und kaum noch zurechnungsfähig.

»Marussja wird staunen. Der letzte Eindruck, den sie von der deutschen Wehrmacht bekommt, soll nicht von schlechten Eltern sein. Bis jetzt kennt sie ja nur Maiers leere Hosen.«

Eingehakt wanken sie davon. Der lange Fibus muß sich stark nach der Seite beugen, um Edes Arm unterhaken zu können. Das Bild wirkt direkt grotesk. Dick und Doof auf Freiersfüßen.

»He!« schreit ihnen Krummbier nach. »Stoi, ihr Böcke. Ihr seid wohl völlig aus den Latschen gekippt. Ihr wollt doch nicht im Ernst ...«

»Natürlich wollen wir im Ernst«, schreit Fibus zurück, ehe sie um die nächste Hütte verschwinden. »Kannst uns die Daumen drücken, Hannes. Wir reiten jetzt für Deutschland.«

Krummbier überlegt einen Augenblick, ob er was dagegen unternehmen soll, aber dann winkt er resigniert ab. Wozu sich aufregen, denkt er. So was soll im Krieg schon öfter passiert sein. Wenn die Russen in Deutschland säßen, würden sie auch nicht gerade fromme Lieder singen.

Aber Dotter, der die Unterhaltung mit wachsender Erregung verfolgt hat, springt jetzt auf. Sein blonder Schopf flattert wie die heilige Fahne der Unschuld. In seinen Augen zittert helle Empörung.

»Das dürfen wir nicht zulassen!« ereifert er sich. »Das geht zu weit! Die sind doch besoffen. Die wissen nicht, was sie tun. Wenn wir sie nicht zurückhalten, machen wir uns mitschuldig an dieser Schweinerei.«

Er zieht Krummbier aufgeregt am Ärmel. Da der sich aber nicht rührt, wendet er sich an Kleebusch.

»Fritz — du bist doch der vernünftigste von allen. Glaubst du nicht, daß wir das verhindern müssen?«

»Sie werden schon nichts tun, Kleiner. Hunde, die bellen, beißen nicht. Aber wenn du glaubst, daß es richtig ist, dann geh ihnen nach.«

»Allein?«

»Na schön«, sagt Kleebusch. »Dann komm ich eben mit.«

Er weiß, in welcher Kate Marussja wohnt. Sie liegt am Ende des Dorfes an einem Seitenweg. Er ist schon oft daran vorbeigekommen. Vor der Eingangstür ist ein niedriger Lattenzaun und ein kleines Gärtchen, in dem im Sommer sicher Blumen blühen.

Kleebusch geht mit Dotter langsam die Straße hinunter. Schon von weitem hören sie die versoffene Stimme von Fibus. Sie klingt enttäuscht.

»Marussja! Wo steckst du denn, du Luder? Marussja — edissuda! Dawai, dawai!«

Ein paar Dorfbewohner bleiben auf der Straße stehen. Vermummte Frauen und alte Bauern. Sie blicken böse auf die Betrunkenen. Seit sie gemerkt haben, daß der Rückzug bevorsteht, blicken sie jeden Soldaten verbittert an.

Kleebusch bleibt beim letzten Haus der Dorfstraße stehen und lehnt sich an die Lehmwand neben dem kleinen Fenster. Dotter postiert sich neben ihn. Sie sehen, wie Fibus und Ede von Marussjas Hütte zurückkommen. Sie haben ihr Opfer anscheinend nicht gefunden und befinden sich bereits auf dem Rückweg.

»Na, siehst du«, sagt Kleebusch. »Alle Aufregung umsonst. Der Vogel ist rechtzeitig ausgeflogen, das Nest ist leer. In ein paar Minuten haben sie alles vergessen und saufen weiter. Du kannst ihnen ja nachgehen. Ich bleibe für alle Fälle noch ein paar Minuten hier und passe auf.«

Dotter geht hinter den Torkelnden her. Kleebusch schlendert zu Marussjas Kate. Die Sonne steht bereits tief über dem Gebirgskamm. Die Luft ist glasig und schon merklich kühl. Bald wird der Himmel versinken. Hier unten bricht die

Nacht ganz unvermittelt herein. Um vier ist es im Winter bereits dunkel.

Plötzlich hört Kleebusch ein Geräusch. Es kommt aus Marussjas Hütte. Er bleibt stehen. Es dauert einige Sekunden, bis er im Fenster Marussja erkennt.

Sie winkt ihm. Er soll ins Haus kommen.

Langsam drückt er die primitive Tür auf. Sie führt unmittelbar in den einzigen großen Raum. Er zeigt die übliche Einrichtung: gestampfter Lehmboden, ein wackliger Tisch, zwei windschiefe Stühle. An der rückwärtigen Wand der typisch bucklige Lehmofen mit dem schwarzen Herdloch. Ein einfaches Bett, in der Ecke eine Ikone, vor dem Fenster ein kleiner Lappen als Gardine, sonst nichts. Eine Bauernstube wie Millionen andere in diesem Land.

Der Gefreite Kleebusch bleibt abwartend an der Tür stehen. Er kann sich nicht erklären, was das Mädchen von ihm will.

»Setz dich«, sagt sie und deutet auf das Bett. Das »Du« klingt ganz natürlich. Kein Landser sagt zu einem Russen »Sie«. Also redet auch jeder Russe den Landser mit dem vertrauten »Du« an.

Kleebusch setzt sich. Das Bett scheint wirklich die einzige solide Sitzgelegenheit zu sein.

»Du bist Fritz Kleebusch, nicht wahr?«

Er sieht sie überrascht an. »Woher weißt du meinen Namen?«

»Ich kenne die meisten deutschen Soldaten hier. Ich habe dich schon oft gesehen.«

Sie steht noch immer am Fenster. Er kann in der hereinbrechenden Dunkelheit gerade noch ihre rotbraunen Haare, das helle Gesicht und die weiße Bluse erkennen. Das Weiß ist von erstaunlicher Reinheit. Nur ist die Bluse zu eng. Über der Brust spannen die Knöpfe. Kleebusch kann den Blick nicht von diesen Knöpfen wenden.

Sie ist verdammt hübsch, muß er denken. Doppelt auffallend in diesem Nest, wo es nur alte Bauernweiber gibt. Er spürt zum erstenmal, welch prickelnder erotischer Reiz von ihr ausgeht. Er hat mit seinen dreiundzwanzig Jahren noch nicht viele Erfahrungen mit Frauen. Einige Zufallsbekanntschaften in der Rekrutenzeit. Später, bei Urlaubsfahrten, ein paar Besuche in Wehrmachtspuffs in Wien und Budapest. Wie das so ist im Krieg, wenn man mit zwanzig Soldat wurde. Mehr nicht.

»Du hast mich beschützen wollen«, sagt Marussja mit ihrem melodisch klingenden Deutsch.

»Durchaus nicht«, erwidert er schnell. Es ärgert ihn, daß sie ihn zu ihrem Retter stempeln will. »Ich wollte nicht dich, sondern meine Kameraden beschützen. Nur ihnen zuliebe bin ich hier. Sie sollten keine Dummheiten machen.«

Sie überhört die Spitze, die in seinen Worten liegt.

»Ihr geht doch zurück, nicht wahr?«

»Wir machen eine Frontbegradigung!«

»Die Leute hier sagen es anders.«

»Die Leute reden viel Unsinn.«

»Nicht alle. Manche wissen auch etwas.«

»Und das wäre?«

»In Budenowsk werden neue Stellungen gebaut.«

»Dann gehen wir eben bis Budenowsk zurück.«

»Aber die Stellungen sind nur provisorisch. Die nächste Verteidigungslinie soll bei Georgijewsk liegen. Auch bei Amawir und Maikop müssen Zivilisten Verteidigungslinien ausheben.«

Fritz Kleebusch blickt sie durchdringend an. Es erscheint ihm verdächtig, daß die Russin mehr weiß als er.

»Du sprichst wie eine Spionin. Haben dich die Partisanen beauftragt, mich auszufragen?«

Marussja lächelt. Um ihre vollen, sinnlichen Lippen liegt ein wehmütiger Zug.

»Du weißt, daß ich keine Spionin bin. Ich war Dolmetscherin bei der Kommandantur. Wenn ich wollte, hätte ich schon viel verraten können.«

»Was kümmert's dich dann, wohin wir gehen?«

»Weil es eine Lebensfrage für mich ist. Wenn die Bolschewisten kommen, stellen sie mich sofort an die Wand.«

»Dann setz dich doch auch ab. Niemand zwingt dich, hierzubleiben.«

Sie antwortet nicht gleich. Zögernd bietet sie ihm eine Zigarette an. Deutsche Marketenderware, stellt er fest. Wahrscheinlich der Sündenlohn Maiers. Trotzdem greift er zu, da er keine eigenen Zigaretten bei sich hat. Als auch Marussja sich eine Zigarette angezündet hat, sagt sie leise:

»Es ist zu spät. Bis heute abend seid ihr doch alle weg. Zu Fuß schaffe ich es nicht so weit.«

Er zuckt die Schultern. Er kann sich schon denken, was jetzt kommt. Uninteressiert blickt er aus dem trüben Fensterchen. Wenn er seinen Glimmstengel zu Ende geraucht hat, will er gehen.

»Nimm mich mit«, hört er das Mädchen flüstern. Sie steht jetzt ganz nahe vor ihm. »Bitte — nimm mich mit.«

»Mitnehmen? Wie stellst du dir das vor? Da mußt du dich an Oberleutnant Maier wenden. Du kennst ihn doch gut.«

»Er sagt, er kann nicht.«

»Dann kann ich erst recht nicht. Und wenn ich wollte — wo sollte ich dich denn unterbringen?«

Sie kommt noch näher. Sie faßt nach seiner Hand und läßt sich langsam neben ihm auf das Bett nieder.

»Es gäbe einen Platz ...«

»Da bin ich aber gespannt.«

»Du kennst doch den Schnellaster, der immer hinter der Schreibstube steht. Auf dem ist eine übergroße Kiste, die der Oberleutnant anfertigen ließ. Weißt du, was da drin ist?«

»Keine Ahnung.«

»Es sind Teppiche, die ich für den Oberleutnant aus der ganzen Umgebung heranschaffen mußte. Handgeknüpfte kaukasische Teppiche. Als Ortskommandant bekam er sie billig, meist sogar umsonst.«

Sieh da, denkt der Gefreite Kleebusch. Der gestrenge Herr Ortskommandant! Was man doch bei einer solchen Gelegenheit alles erfahren kann! Gar nicht dumm, diese Marussja. Möchte wahrscheinlich in diese Teppiche eingewickelt werden.

»Die Kiste ist nicht voll«, sagt sie leise, als spräche sie zu sich selbst. »Er ahnte ja nicht, daß er seine Beutezüge vorzeitig abbrechen mußte. Ich hätte gut Platz darin. Da der Oberleutnant die Kiste sorgsam versteckt hat und immer darauf achtet, daß niemand darauf stößt, wäre ich gleichzeitig sicher vor Entdeckung.«

Kleebusch muß unwillkürlich lächeln. Die Vorstellung, Marussja in der Kiste mitzunehmen, erscheint ihm zu grotesk.

»Es geht trotzdem nicht«, sagt er und drückt seine Zigarette auf dem Boden aus. »Es geht wirklich nicht.«

»Auch nicht, wenn ich etwas dafür gebe?«

Er lacht laut auf. »Was könntest du mir denn geben? Vielleicht auch ein paar handgeknüpfte Teppiche?«

»Nein.« Sie rückt ganz nahe. »Ich könnte dir geben, was alle immer von mir wollten, was aber keiner bekommen hat, auch der Oberleutnant nicht.«

Der Gefreite Kleebusch fühlt, wie ihm eine Blutwelle in den Kopf schießt. Aufgeregt fährt er sich mit dem Finger in die Halsbinde. Ihm ist, als bekomme er keine Luft mehr.

»Marussja«, sagt er und muß schlucken. »Ich ... ich ...« Verzweifelt bricht er ab. Er könnte sich ohrfeigen wegen seiner Stotterei. »Marussja, ich glaube ...«

»Du glaubst mir nicht?« fragt sie mit dunklem Samt in der Stimme.

»Nein, Marussja. Das heißt — doch! Ich meine nur ...«

Sie sieht ihm lange in die Augen. Es ist ein Blick, in dem Himmel und Hölle liegen. Dann dreht sie sich zur Seite, und als sie sich ihm wieder zuwendet, hat sie ihre Bluse geöffnet. Nackt und hüllenlos bietet sie ihm dar, was jeder der Männer so oft durch die Hüllen hindurch mit den Augen verschlungen hat. Marussjas leuchtend weiße, hochgewölbte, atmende Brust.

Kleebusch ist wie erstarrt. Er versucht seine Augen loszureißen. Er wagt kaum zu atmen.

Da nimmt Marussja seine Hand und legt sie auf ihr Herz. Es ist eine Geste, die bei aller Offenherzigkeit etwas ungemein Unschuldsvolles hat.

Fritz Kleebusch fühlt das warme, weiche, lockende Fleisch. In seinen Ohren dröhnt das Blut. Für Sekunden glaubt er, sein Herz stehe still. Dann überflutet ihn eine heiße Welle. Er hört seinen Namen rufen: Kleebusch — Kleebusch ...

Es ist wie ein Fieber. Es ist wie ein Rausch.

Plötzlich versteht er: »Kleebusch! Gefreiter Kleebusch — zum Kommandeur!«

Wenige Minuten später steht Kleebusch im ausgeräumten Regimentsgeschäftszimmer. Der Raum ist völlig kahl. Nur ein paar Kisten stehen noch herum. Niemand ist zu sehen.

Durch die Tür zum Zimmer des Kommandeurs dringen laute, erregte Stimmen. Kleebusch zögert. Was mag der

Oberst von ihm wollen? Es ist nicht gerade alltäglich, daß der Regimentskommandeur einen Gefreiten zu sich befiehlt. Das kann doch nur Stunk bedeuten, dicke Luft.

Als Kleebusch endlich anklopft, öffnet sich die Tür einen Spalt. Der hagere Schädel des Adjutanten erscheint.

»Gefreiter Kleebusch wie befohlen zur Stelle!«

Der Adju winkt ab.

»Warten Sie noch einen Augenblick. Ich rufe Sie dann.«

Schon schnappt die Tür wieder ins Schloß.

Kleebusch stellt sich ans Fenster und starrt ins Freie, ohne etwas zu sehen. Seine Hände zittern. Noch immer spürt er Marussjas warme Brust. Er sucht nach einer Zigarette, findet aber keine. Zu dumm. Der Qualm würde ihn beruhigen. Nervös beißt er auf seine Unterlippe.

Durch die Tür hört er wieder die Stimme des Kommandeurs. Der Oberst schreit jetzt. Kleebusch kann jedes Wort verstehen. Es ist von Unfähigkeit die Rede, von verbrecherischer Verantwortungslosigkeit, von Sabotage.

Dazwischen Wortfetzen winselnder Verteidigung, angstvoller Beteuerungen. Das ist die Stimme von Oberleutnant Maier.

Die Teppiche, denkt Kleebusch. Hat der Oberst die handgeknüpften kaukasischen Teppiche entdeckt? Ist er Maier auf die Schliche gekommen? Oder handelt es sich um ein militärisches Versagen?

Endlich geht die Tür auf, und Maier, kalkweiß im Gesicht, stelzt an Kleebusch, ohne ihn zu sehen, vorbei.

Jetzt erscheint der Adjutant.

»Kommen Sie, Kleebusch.«

Der Gefreite Kleebusch holt noch einmal tief Luft, dann tritt er ein. Als er unter der Tür sein Männchen bauen will, winkt Oberst Graupner ab.

»Schon gut, Kleebusch. Setzen Sie sich. Zigarette?«

»Danke, Herr Oberst!«

Fritz Kleebusch setzt sich verwirrt auf den Stuhl neben dem Kartentisch und greift nervös nach dem Etui.

»Sie kennen Mosdok?« fragt der Kommandeur.

»Jawohl, Herr Oberst.«

»Sie müssen sofort mit einem Lkw hinfahren und Sprit holen.«

»Jawohl, Herr Oberst.«

»Ich gebe den Befehl Ihnen, weil die Unteroffiziere alle weg sind. Sie wurden zu den Abteilungen und den Batterien abgestellt. Ich kenne Sie als intelligenten und wendigen Mann, Kleebusch. Sie sind im Augenblick wahrscheinlich der einzige, der uns aus der Patsche helfen kann. Der Auftrag ist nämlich nicht so einfach. Sie wissen, daß Mosdok geräumt wird?«

»Jawohl, Herr Oberst.«

»Am Nachmittag wurde dort schon alles gesprengt. In kurzer Zeit wird auch das Benzinlager in die Luft fliegen. Dann gehen unvorstellbare Vorräte in Flammen auf. Die großen Tanks sind fast alle noch voll. Sie konnten nicht so schnell geleert werden. In den letzten Tagen durfte sich jede Einheit dort so viel Sprit holen, wie sie wollte. Ohne Anweisung. Es war sogar wünschenswert, alle verfügbaren Gefäße aufzufüllen, um möglichst viel von dem Lager zu retten. Benzin wird bald so knapp, daß wir mit jedem Tropfen rechnen müssen, wenn wir überhaupt 'rauskommen wollen.«

Der Oberst schweigt einen Augenblick, dann fährt er fort:

»Ich erzähle Ihnen das deshalb so ausführlich, weil unser aller Schicksal davon abhängt. Aus Gründen, die ich hier nicht erörtern will, wurde es versäumt, den nötigen Sprit aus dem Lager Mosdok zu holen. Die Batterien haben Gott sei Dank alles aufgetankt und sich genügend Reserve beschafft. Nur der Stab sitzt auf dem Trockenen. Wir kommen mit dem, was in den Tanks ist, wahrscheinlich nur fünfzig Kilometer weit. Einige Fahrzeuge vielleicht hundert. Dann ist es aus. Sie verstehen also, worauf es ankommt?«

»Jawohl, Herr Oberst.«

Oberst Graupner beugt sich über die Karte und schiebt sie Kleebusch zu.

»Die Lage ist folgende. Hier an diesem Kreuz sehen Sie unseren Standpunkt. Und dies hier ist die uns vorläufig zugewiesene Rückzugsstraße. Allgemeine Marschrichtung Nordwest. Erste Station wahrscheinlich Budenowsk. Sie aber« — der Finger des Kommandeurs zeigt in die entgegengesetzte Richtung — »müssen mit Ihrem Lkw nach Südosten fahren. Hier unten sehen Sie die Bahnlinie. Da ist Mosdok, der östlichste Punkt der Bahn, mit dem großen Benzinlager. Klar?«

»Klar, Herr Oberst.«

»Das hört sich nun alles ziemlich einfach an. Ich muß Ihnen aber sagen, Kleebusch, daß Ihre Fahrt gewissermaßen ins Ungewisse geht. Hinter uns ist nichts mehr. Die Front ist völlig entblößt. Es ist also möglich, daß der Russe bereits nachrückt und auf die einzige Straße vorstößt, die von hier nach Mosdok führt. Ich kann Ihnen leider nichts über die tatsächliche Lage in diesem Abschnitt sagen. Es besteht auch keine Verbindung mehr mit Mosdok. Die Fernsprechleitungen sind längst abgebaut. Es hängt also ganz von Ihrer Findigkeit ab, ob Sie durchkommen. Und Sie *müssen* durchkommen — auch wenn die feindliche Spitze schon über die Straße vorgestoßen ist. In der Dunkelheit ist manches möglich, was am Tage Irrsinn wäre. Vor allem kommt es darauf an, daß Sie rechtzeitig durchkommen, denn in spätestens zwei Stunden geht das ganze Benzinlager mit den restlichen Beständen in Flammen auf.«

Der Oberst steht auf. Auch Kleebusch erhebt sich.

»Eine Frage noch, Herr Oberst.«

»Ja?«

»Wie finde ich den Stab wieder? Ich kann doch nicht den gleichen Weg zurück.«

»Natürlich nicht. Sie fahren von Mosdok aus weiter an der Bahnlinie entlang etwa bis zur Kosakensiedlung Prochladnaja. Dort biegen Sie scharf nach Norden ab. Irgendwo müssen sich unsere Wege kreuzen. Ich lasse überall ausschildern, das blaue Dreieck mit dem großen ›G‹. Bei einigem Spürsinn werden Sie uns schon finden. Haben Sie eine Karte?«

»Jawohl, Herr Oberst.«

»Glas, Kompaß und so weiter?«

»Ja, Herr Oberst.«

»Eine Anweisung brauchen Sie nicht. Der Sprit ist ja frei. Wen wollen Sie als Fahrer haben?«

Ohne sich zu besinnen, sagt Kleebusch:

»Den Obergefreiten Krummbier.«

»Meinen Fahrer?« Der Oberst überlegt einen Augenblick, dann nickt er. »Natürlich nehmen Sie Krummbier. Wenn wir keinen Sprit bekommen, nützt mir der beste Fahrer nichts mehr. Also — machen Sie's gut!«

Kleebusch geht zur Tür und macht eine vorschriftsmäßige

Ehrenbezeigung. Doch ehe er kehrtmacht, geht der Kommandeur nochmals auf ihn zu.

»Kleebusch«, sagt er, und seine Stimme klingt plötzlich rauh und heiser. »Ich habe mir vorgenommen, alle meine Leute heil zurückzubringen, so schwer der Weg für uns auch werden wird. Darum« — er streckt dem Gefreiten die Hand hin und blickt ihm in die Augen, als habe er den eigenen Sohn vor sich — »komm gut zurück, mein Junge.«

Einen Herzschlag lang ist es still im Raum; dann wendet sich der Oberst rasch ab und beugt sich wieder über seine Karte.

## 2

Draußen ist pechschwarze Nacht. Grenzenlose Stille ringsum. Kein Schuß. Nichts von dem gewohnten Dröhnen der Front. So ruhig war es schon lange nicht mehr. Der Krieg scheint weit fort. Die Welt hält den Atem an.

Auf der Straße steht schon der große Lkw mit den leeren Benzinfässern. Leergebinde ist wichtig. Ohne Fässer kann man keinen Sprit fassen, auch wenn man ihn umsonst kriegt. Vorn, auf dem Führersitz, liegen Decken. Im Fach darüber sind Verpflegungsrationen für mindestens drei Tage. Für alle Fälle. Sogar neue Taschenlampenbatterien sind da. Der Adjutant hat im Nu alles bestens organisiert.

Hannes Krummbier nimmt den Auftrag schweigend zur Kenntnis. Angenehm ist ihm dieses Himmelfahrtskommando nicht. Doch er verliert kein Wort darüber. Stur wie er ist, pfeift er nur leise vor sich hin.

Kurz bevor sie abfahren, taucht Oberleutnant Maier auf. Er hat ein großes Paket unter dem Arm.

»Hier, Kleebusch«, sagt er mit flatternder Stimme, »habe ich Ihnen noch Zigaretten eingepackt. Gute Krim-Zigaretten. Fünf Kartons, das sind fünfhundert Stück. Die können Sie verteilen, wenn Sie unterwegs Unterstützung brauchen. Mit Zigaretten kommt man auch im Spritlager schneller dran. Sie wissen doch, was davon abhängt.«

»Natürlich«, sagt Kleebusch spitz. Er weiß, daß Maiers Schicksal davon abhängt, ob er Sprit bekommt oder nicht.

»Sie schaffen es bestimmt, Kleebusch. Ich weiß, daß Sie es schaffen. Wenn Sie Erfolg haben, werde ich Sie sofort für das Kriegsverdienstkreuz einreichen. Drücken Sie also nur fest auf die Tube, und los mit Karacho — dann wird es schon klappen!«

Affenarsch, denkt Kleebusch. So was von feiger Kreatur. Das Kriegsverdienstkreuz kann er sich auf den Hut stecken. Und wie wir fahren, bestimmen wir selbst.

»Los, Hannes«, sagt er. Er nimmt dem Oberleutnant das Zigarettenpaket aus der Hand. Ohne ihn eines weiteren Blickes zu würdigen, fahren sie ab.

»Alles, alles Gute!« ruft ihnen Maier noch nach.

Hannes saugt an seinem Knösel und starrt stur geradeaus.

Kleebusch schweigt.

Am Ende des Dorfes liegt ein kleines Haus. Hinter der trüben Fensterscheibe flackert ein armseliges Öllämpchen. Es wirkt in der Dunkelheit wie ein lockendes Leuchtfeuer. Wie Heros Licht für den ertrinkenden Leander.

Kleebusch fühlt beim Anblick des erleuchteten Fensters ein Ziehen in der Brust. Ob Marussja dort noch auf ihn wartet? Ob sie das Licht für ihn ins Fenster gestellt hat?

Marussja ... Was wird jetzt aus ihr werden? Wird sie noch rechtzeitig verschwinden oder wird sie den nachrückenden Bolschewisten in die Hand fallen? Dann Gnade ihr Gott! Sie stellen sie bestimmt an die Wand, sie hat es selbst gesagt. Mit einer Verräterin machen sie kurzen Prozeß. Kleebusch sieht sie bereits vor den Gewehrläufen eines Erschießungspelotons stehen — mit ihren hohen Brüsten, in die sich die Kugeln bohren.

Bei diesem Gedanken wird ihm schlecht. Er muß schlucken. Verdammter Mist! Wenn Maier, dieser Blindgänger, rechtzeitig für Sprit gesorgt hätte, statt sich mit den Leuten wegen ein paar Liter Beutewein zu streiten, würde er jetzt bei Marussja liegen. Er hätte sie so oder so genommen, auch wenn es mit dem Versteck auf dem Wagen nichts geworden wäre.

Marussja ...

Ein Fausthieb in die Seite reißt ihn aus seinen Träumen.

»He, du Sack!« brummt Krummbier. »Du kannst doch jetzt nicht pennen!«

Kleebusch reibt sich die Augen und starrt durch die Windschutzscheibe auf die Straße. Straße kann man das hier allerdings kaum nennen. Es sind eigentlich nur ein paar Radspuren im Dreck. Zum Glück liegt links und rechts eine leichte Schneedecke, die matt im Sternenlicht schimmert. So kann man die dunklen Streifen des Weges auch ohne Scheinwerfer sehen.

»Wie weit sind wir schon gefahren?«

»Du merkst aber auch alles.«

»Ist noch jemand drüben?«

»Eine Nachhut von uns. Kann aber sein, daß die weiter unten nach Westen abgebogen sind. In 'ner Viertelstunde gehn wir wieder auf Verkehr. Sobald wir den Befehl durchkriegen, pusten wir das Ding in die Luft und rauschen ab.«

»Komm, Hannes«, sagt Kleebusch, »fahren wir weiter.«

Der Pionier reißt die Augen auf.

»Ihr kommt aber ohne die Brücke hier nicht mehr zurück.«

»Brauchen wir auch nicht. Wir haben 'n Rundreisebillett.«

Ratternd fahren sie mit ihrem Lkw weiter. Die Straße wird immer schlechter. Nach einigen Kilometern zeigt Krummbier mit dem Pfeifenstiel nach vorn.

»Sieh mal den netten Schein am Himmel. Ich glaub', die haben Rom schon angezündet.«

Kleebusch hat den Schein schon lange gesehen, aber nicht davon gesprochen. Rote Streifen über dem Horizont. Mal werden sie länger, mal kürzer. Wie ein zuckendes Wetterleuchten. Es ist klar, daß das ein Riesenbrand ist.

»Werden in Mosdok wohl schon allerlei verheizen. Können ja nicht alles im letzten Augenblick machen.«

»Aber der Rauch, Mensch! Kohlrabenschwarz. Ist nur auf dem dunklen Himmel schlecht zu sehen. Er zieht sich kilometerweit nach Osten.«

Kleebusch überlegt. Er weiß, was Krummbier meint. Wenn er auf den dicken Qualm hinweist, will er damit sagen, daß das ganze Lager brennt. Alles.

»Fahren wir noch ein Stück weiter«, sagt er nach einer Weile. »Die Straße steigt. Wenn wir auf der Höhe des langen Hügels sind, werden wir es genauer sehen.«

Auf der Höhe des Hügels steigt Fritz Kleebusch aus. Er nimmt sein Glas und schaut in die Richtung des Feuers. Jetzt ist nicht nur der Schein, jetzt ist auch der Herd des Brandes zu erkennen. Er liegt fern im Tal. Das muß Mosdok sein. Die ganze Stadt scheint ein Flammenmeer. Eine dicke Rauchfahne zieht am Horizont über die Niederung. Darunter brodelt es glutrot, goldgelb und weiß. Zweifellos das Benzinlager. Ab und zu schießen Stichflammen hoch.

Ein phantastischer Anblick. So muß tatsächlich das brennende Rom ausgesehen haben, denkt Kleebusch.

Auch westwärts der Stadt brennt es, am Rückzugsweg, dort, wo die Bahnlinie am Terek entlang nach Jekaterinogradsk und Prochladnaja führt. Das bedeutet zweifellos, daß die Stadt längst geräumt ist.

»Dann aber nichts wie heim!« sagt Krummbier. »Sechs Kilometer sind es bis zur Brücke. Wenn wir fetzen, was das Zeug hält, schaffen wir es bestimmt noch.«

Sie schaffen es nicht mehr.

So sehr Krummbier auch auf die Tube drückt und den alten Kasten über die Löcher jagt, daß die Benzinfässer wild zu tanzen und zu poltern beginnen — sie sehen statt der Brücke nur noch Trümmer im trüben Wasser.

Von den Pionieren keine Spur mehr.

Eine halbe Stunde nach Kleebuschs Abfahrt bekam Oberst Graupner von der Division den Abmarschbefehl und den neuen Einsatzraum an der Rückzugsstraße. Gleichzeitig teilte ihm der Ia die Lage mit: Mosdok ist seit einer Stunde geräumt. Der Russe rückt nördlich der Stadt auf die Bahnlinie vor. Frontverlauf im Augenblick etwa in der Mitte zwischen Mosdok und Jekaterinogradsk.

Der Oberst sprang auf.

»Melder!«

Fischer von der II. Abteilung stand am nächsten. In seinem hochgeknöpften Kradmantel rannte er ins Zimmer des Kommandeurs.

»Obergefreiter Fischer, Melder von der zwoten, zur Stelle!«

In großer Erregung ging der Oberst auf ihn zu.

»Haben Sie ein Bei-Krad?«

»Nein, Herr Oberst. Solo-Maschine.«

»Ausgezeichnet. Um so eher werden Sie es schaffen. Fahren Sie sofort mit Höchstgeschwindigkeit in Richtung Südosten. Vor einer halben Stunde fuhr ein Lkw des Regiments nach Mosdok. Sie müssen diesen Wagen unbedingt einholen. Unter allen Umständen! Er kann höchstens fünfzehn Kilometer weit sein. Wenn Sie aufdrehen, müssen Sie ihn bald eingeholt haben. Sie können dieselbe Strecke in zehn Minuten fahren. Beordern Sie die Männer sofort zurück. Verstanden?«

»Jawohl, Herr Oberst! Lkw auf Straße Mosdok einholen und zurückbeordern.«

»Danke.«

Der Obergefreite machte krachend kehrt. Kurz darauf klang das Heulen der Maschine auf und verschwand in der Nacht.

Langsam ging der Oberst zum Kartentisch zurück. Schweratmend ließ er sich auf den Stuhl fallen.

»Das ist der Anfang vom Ende«, sagte er zu Stiebing. »Wenn nicht ein Wunder geschieht, müssen wir spätestens morgen mittag die meisten unserer Fahrzeuge sprengen.«

Der Adjutant beugte sich über die Karte.

»Verzeihung, Herr Oberst, aber ich glaube, so pessimistisch brauchen wir die Lage nicht zu betrachten. Bis Budenowsk kommen wir mit unserem Sprit auf alle Fälle. Wenn dort die Stellung ein paar Tage gehalten wird ...«

»Glauben Sie wirklich daran?«

»Ich hoffe doch, daß es möglich ist.«

»Ihre Hoffnung in Ehren, Stiebing, aber Sie scheinen noch immer nicht gemerkt zu haben, worum es jetzt geht. Auch wenn es möglich wäre, Budenowsk ein paar Tage zu halten — ich meine, wenn wir in dem allgemeinen Durcheinander wirklich die Kraft aufbrächten, uns dort richtig einzubuddeln und die nachrückenden russischen Divisionen einige Zeit aufzuhalten — wir dürfen es nicht! Verstehen Sie mich recht: Wir können uns den Luxus nicht mehr leisten, unseren Rückmarsch zu verzögern. Es würde grauenvolle Folgen haben.«

Der Adjutant schwieg. Sein Gesicht verdüsterte sich. Unruhig begann er mit den Stiefelspitzen auf den Boden zu klopfen.

»Kommen Sie, Stiebing«, sagte der Oberst und stand auf. Er legte dem jungen Oberleutnant die Hand auf die Schulter. »Ich wollte sie nicht mutlos machen. Es wird nur nötig sein, daß wir in der nächsten Zeit klar sehen und uns keine Illusionen mehr machen. Um so besser werden wir es schaffen. Ist alles abmarschbereit?«

»Jawohl, Herr Oberst. Die Fahrzeuge sind warmgelaufen,

die Leute aufgesessen. Oberleutnant Maier wartet nur noch auf den Befehl.«

Bei der Erwähnung Maiers verzog der Oberst bitter den Mund.

»Kommen Sie, gehen wir an die Luft. Ich halte es hier nicht mehr aus.«

Schweigend gingen sie die Dorfstraße entlang nach Osten. Am Ende des Dorfes bemerkte der Oberst einen Lichtschein am Fenster einer Kate.

»Was ist denn das? Wollen uns die Leute noch im letzten Augenblick die Flugzeuge auf den Hals hetzen? Sehen Sie mal nach, Stiebing. Das ist sträflicher Leichtsinn.«

Der Adjutant beugte das Gesicht nahe zur Scheibe, um besser sehen zu können.

»Niemand drin, Herr Oberst.«

»Dann löschen Sie die Funzel aus und machen Sie die Bude dicht.«

Der Adjutant verschwand in dem Haus. Kurz darauf erlosch die kleine Flamme wie ein untergehender Stern. Ein schwarzer Vorhang senkte sich nieder. Bleierne Dunkelheit. Nirgends mehr ein Laut, nirgends eine Spur von Leben. Totes Land am Rande der Welt.

»Seltsam«, sagte der Adjutant, als er zurückkam. »Sehr seltsam ...«

»Was ist seltsam, Stiebing?«

»Mir fiel ein, daß in dem Haus Marussja wohnte.«

»Welche Marussja?«

»Ich weiß nicht, wie sie wirklich heißt. Sie werden ihr sicher schon begegnet sein, Herr Oberst. Es ist das russische Mädchen, das Oberleutnant Maier in seiner Eigenschaft als Ortskommandant hin und wieder auch als Dolmetscherin benützte.«

»Das Mädchen mit dem üppigen rotbraunen Haar?«

»Ganz recht, Herr Oberst.«

»Und was ist dabei seltsam?«

»Daß sie verschwunden ist. Es muß sehr plötzlich gekommen sein. Sie hat offenbar in aller Eile ihre Siebensachen zusammengerafft. Vieles liegt noch herum. Auf dem zerwühlten Bett liegt noch ein Kamm.«

»Sie glauben, daß das Mädchen übergelaufen ist?«

»Möglich ist alles, Herr Oberst. Wer kennt sich schon in der Tiefe der russischen Seele aus. Und noch dazu in der Seele einer Frau. Es ist aber auch möglich, daß sie sich selbständig abgesetzt hat.«

»Allein? Und zu Fuß?«

»Warum nicht. Viele Zivilisten aus der Gegend hier ziehen jetzt nach Westen, um unter dem Schutz der deutschen Wehrmacht zu bleiben.«

Oberst Graupners Gesicht nahm einen leicht ironischen Ausdruck an:

»... oder um sich den Partisanen anzuschließen.«

Der Oberst brach ab und legte die Hand wie eine Muschel hinter das Ohr. Er lauschte angestrengt in die Nacht. In der Ferne klang Motorengeräusch auf, ganz leise zwar, aber in der Stille nicht zu verkennen. Es kam näher und näher.

Der Oberst blickte auf die Leuchtziffern seiner Armbanduhr.

»Sie sind es — Gott sei Dank! Das Krad ist nicht allein. Ich höre deutlich das Geräusch eines Wagens. Hören Sie es auch, Stiebing?«

»Ja, Herr Oberst, aber ...«

»Was aber?«

»Das kann nicht der Lkw sein. Der Motor — das hört sich so ganz anders an.«

Die beiden Offiziere beugten sich vor. Gebannt starrten sie in die Dunkelheit. Die Augen suchten sich durch die Nacht zu bohren.

Wie ein Gespenst tauchte das Krad auf. Dahinter ein kleiner Funkwagen.

Der Oberst ließ die Arme sinken.

»Was ist los, Fischer? Wo ist der Lkw? Wo sind Kleebusch und Krummbier?«

Der Melder sprang von der Maschine und erstattete atemlos Bericht. Er hatte unterwegs die beiden Pioniere getroffen. Sie hatten den Lkw gesehen, aber er war weitergefahren, über die Brücke, die sie eine Viertelstunde später gesprengt hatten. Eine weitere Suche war mit dem Krad unmöglich. Es gab keinen Weg mehr nach Mosdok.

»Wir haben ihnen noch lange nachgesehen«, sagte der

eine Pionier und zuckte bedauernd die Schultern. »Wir kannten ja die Lage nicht. Sie müssen direkt nach Mosdok 'reingefahren sein. Vor der Stadt geht keine andere Straße mehr nach Westen.«

Der Oberst schloß für Sekunden die Augen. Seine Fäuste spannten sich.

»Dann sind sie den Russen direkt in die Arme gefahren.«

In höchster Erregung ging er ein paar Schritte auf und ab.

»Dieser Rückzug fängt gut an! Wieder zwei Mann weniger. Und ausgerechnet Kleebusch, mein bester Funker! Und Krummbier, mein sicherster Fahrer! Auch diese beiden hat Maier auf dem Gewissen.«

Der Adjutant sah den Kommandeur fragend an.

»Soll ich Oberleutnant Maier holen lassen?«

»Nein!« sagte der Oberst schnell. »Ich möchte ihn jetzt auf keinen Fall sehen. Es wird überhaupt besser für ihn sein, wenn er mir in den nächsten Tagen nicht unter die Augen kommt. Ich könnte mich sonst vergessen. Sagen Sie ihm aber in aller Deutlichkeit von mir, daß ich in Zukunft keine Leute mehr für seine sträfliche Leichtfertigkeit opfere. Das nächste Mal muß er es selbst ausbaden!«

Der Oberst machte wütend kehrt. Nach ein paar Schritten aber wandte er sich nochmals zurück.

»Sagen Sie ihm außerdem, daß ich einen genauen Bericht in Sachen dieser Dolmetscherin erwarte. In Zukunft möchte ich über solche Dinge unterrichtet werden. Es geht nicht an, daß Leute im Rahmen des Regiments beschäftigt werden, von denen ich nichts weiß. Und wenn sie beschäftigt werden, wünsche ich auch, daß man sich um sie kümmert. Er soll sofort Nachforschungen über den Verbleib anstellen. Wenn er nichts erfährt, muß ich annehmen, daß sie übergelaufen ist. Auch das rechne ich seinem Schuldkonto an.«

Zehn Minuten später unterrichtete der Adjutant Oberleutnant Maier über den Vorfall Kleebusch-Krummbier.

»Auch das noch!« sagte Maier und machte eine ärgerliche Handbewegung. »Aber ich bin nicht schuld, wenn die Kerle so dämlich sind und den Russen direkt in die Arme laufen!«

»Und was ist mit Marussja?«

»Mit Marussja?« wiederholte Maier, und Stiebing bemerkte trotz der Dunkelheit, wie Maier zusammenzuckte. »Was habe ich denn mit Marussja zu tun? Stimmt da vielleicht auch etwas nicht?«

»Der Kommandeur will wissen, wo sie geblieben ist.«

»Von mir? Wieso soll ich das wissen?«

»Sie hatten sie doch unter Ihre Fittiche genommen.«

»Ach!« machte Maier und streckte angriffslustig den Kopf vor. »Was wollen Sie damit sagen?«

»Gar nichts«, antwortete Stiebing kühl. »Der Kommandeur verlangt Ihren Bericht.«

»Das ist die Höhe!« schimpfte Maier plötzlich los. »Das ist wirklich die Höhe! Jetzt auf einmal nimmt man offiziell von ihr Kenntnis. Jetzt, wo alles vorbei ist. Bisher habe ich mich mit dem Problem der russischen Zivilisten ganz allein herumschlagen müssen. Marussja! Als ob es bei diesem Rückzug nicht wichtigere Dinge gäbe. Ich weiß in dem Durcheinander ohnehin kaum noch, wo mir der Kopf steht. Kleebusch und Krummbier! Und jetzt auch noch Marussja! Für was soll ich denn noch alles verantwortlich gemacht werden?«

Er kam nicht dazu, weiterzuschimpfen. Ein Melder vom Kommandeur brachte den Abmarschbefehl.

»Alles aufsitzen!« rief Stiebing in die Dunkelheit.

»Aufsitzen«, pflanzte sich der Befehl fort.

Die Männer liefen zu den Fahrzeugen. Fibus und Ede nahmen ein paar Sachen von Kleebusch und Krummbier auf, die noch vor den Quartieren standen. Sie blickten in stummer Anklage auf Maier, der wie ein bissiger Hund die Fahrzeuge abschritt und die Leute anmeckerte.

Die Kolonne setzte sich in Bewegung. Wie ein langer schwarzer Wurm kroch sie aus dem Dorf.

Richtung Nordwesten.

Richtung Heimat.

Vor der gesprengten Brücke steht der Gefreite Kleebusch und studiert die Karte. Er legt den Marschkompaß an das Gitternetz und visiert den Wasserlauf an. Hannes Krummbier leuchtet ihm mit der abgeblendeten Taschenlampe.

»Das muß der Eristow-Kanal sein«, sagt Kleebusch.

»Sehr interessant«, meint Krummbier und spuckt aus.

»Und wenn es der Eristow-Kanal ist, was dann? Was nützt es dem Rindvieh, wenn es den Namen des Schlachthofes kennt?«

Kleebusch sagt nichts darauf. Er stiert nur immerzu auf die Karte.

»He, Fritz«, sagt Krummbier nach einer Weile. »Willst du nicht endlich sagen, was du auf der verdammten Karte suchst? Vielleicht den nächsten Heldenfriedhof, wo wir uns stillschweigend dazulegen können? Ich war zwar in Geographie immer schlecht, aber soviel weiß ich auch ohne Landkarte, daß es nur einen Weg für uns gibt.«

»Welchen?«

»Stiefel aus und durch den Kanal schwimmen.«

»Durch das Eiswasser?«

»Lieber einen nassen Pelz als ein kaltes Herz. Morgen früh ist die Nacht um. Wenn wir dann noch immer hier sitzen und mit dem Kompaß messen, werden wir vom Iwan gefrühstückt.«

»Und drüben? Abgesehen von den nassen Klamotten, die dir bald am Hintern festfrieren, kannst du zu Fuß den Haufen doch nicht mehr einholen.«

»Siehst du denn eine andere Möglichkeit?«

»Zwei sogar.«

»Und die wären?«

»Die eine, daß wir hier auf dieser Seite des Kanals nach Westen fahren. Der Kanal läuft ziemlich parallel mit dem Terek. Irgendwo wird es dann schon mal wieder einen Übergang geben.«

»Großartig und warum machen wir das nicht?«

»Weil ich aus der Karte sehe, daß das Gebiet versumpft ist.«

»Und die andere Möglichkeit?«

»Wir fahren wieder nach Süden, wo wir vorhin schon mal waren. In Richtung Mosdok.«

»Ich glaub', bei dir piepst's! Direkt zu den Kameraden von der anderen Feldpostnummer?«

»Nicht ganz. Vor Mosdok biegen wir rechts ab und versuchen die Bahnlinie weiter westlich zu erreichen. Querbeet. Mitten durch die Steppe. Wird zwar ganz schön holprig, aber immer noch besser als Sumpf.«

»Und wenn der Iwan auch schon westlich von Mosdok sitzt?«

»Soweit ist er bestimmt noch nicht.«

»Dein Wort ist Gottes Gehörgang. Wir werden's ja erleben. Beziehungsweise nicht.«

»Angst, Hannes?«

»Nee, bloß Schiß. Was mich betrifft, ziehe ich den Sumpf vor. Ich bin schon durch manchen Morast gefahren. Irgendein Weg findet sich da immer. Die Chance ist größer, als wenn wir die ganze Rote Armee auf uns hetzen.«

»Gut«, sagt Kleebusch, und Krummbier wendet den Wagen. Sie fahren in Sichtweite des Kanals, um eine bessere Orientierung zu haben. Keiner sagt ein Wort. Eine Zeitlang geht es glatt, dann aber beginnt der Boden weich und klebrig zu werden. Der Wagen fängt zu schlittern an, die Räder rutschen und drehen durch. Wohin sie auch steuern, überall dieselbe Schmiere. Wenn es so weitergeht, sackt der Wagen bis zur Achse ein. Dann ist es aus.

»Nützt nichts, Hannes«, sagt Kleebusch, »wir müssen wenden. Zurück auf die Straße und dann nach Süden.«

»Das kann ja heiter werden«, brummt Krummbier, aber er legt bereitwillig das Steuer um und fährt in einem großen Bogen zurück.

Inzwischen ist es Mitternacht geworden. Viel Zeit dürfen sie nicht mehr verlieren. Hier geht die Sonne früher auf als zu Hause.

Bis zu dem Punkt, von dem aus sie vor etwa zwei Stunden das brennende Mosdok gesehen haben, geht es glatt. Der Himmel ist jetzt zugezogen. Das Flammenmeer roter Schein.

»Jetzt halbrechts«, sagt Kleebusch und zeigt mit der Hand nach Südwesten.

Krummbier läßt den Wagen halten und blickt den Freund zweifelnd an.

»Nicht weiter nach rechts?«

»Dort kommen wir nie an die Bahn.«

»Aber wo du hinzeigst, sitzt bestimmt schon der Russe.«

»Warten wir's ab. Wenn es mulmig wird, können wir immer noch ausweichen und einen größeren Haken schlagen.«

»Wenn es dann nicht zu spät ist.«

Krummbier zündet sich eine neue Pfeife an.

»Mit Gott für Führer und Vaterland«, sagt er und spuckt in die Hände. Er steuert den Wagen von der Straße herunter und fährt los. Erster Gang, zweiter Gang. Rumpeln und Stoßen. Die Karre beginnt zu springen und zu schaukeln. Also zurück auf den ersten. Es nützt nicht viel. Sie sitzen wie in einem Boot bei hoher See. Bodenwellen und Löcher werfen den Wagen hin und her. Die alte Mühle kracht in allen Fugen.

»Wenn das so weitergeht«, sagt Krummbier, »brechen bald die Achsen und unsere Knochen dazu.«

»Nur weiter«, beruhigt Kleebusch. »Wird schon gehen. Langsam, aber sicher. Jeder Kilometer bringt uns der Bahn näher. Dort, am Damm entlang, geht es dann bestimmt glatt.«

Im Schneckentempo kriechen sie weiter.

Zu allem Überfluß kommt auch noch Nebel auf. Weiße Streifen spinnen sich über den Boden. Schwebende Schleier, die aufreißen und sich wieder schließen. Es gibt kaum drei Meter Sicht. Wenn plötzlich ein Graben auftaucht, stürzen sie rettungslos hinein. Wenn plötzlich eine vorgeschobene russische Stellung kommt, sind sie verloren.

Kleebusch blickt immer wieder auf Tacho, Kompaß und Uhr. Er versucht, auszurechnen, wann sie an der Bahn sind. Aber wer kann bei so vielen Unbekannten schon rechnen. Es gibt weder Sternenhimmel noch Horizont. Sie sind allein im endlosen Niemandsland.

Nach einer Weile springt Kleebusch ab und läuft vor dem Wagen her. Wenn eine besonders gefährliche Stelle kommt, macht er entsprechende Zeichen. Er stapft durch hohes, ausgedörrtes Steppengras, über Reste von Schnee, über Steine und Löcher. Wie lange wird das noch gehen?

Er blickt auf seine Armbanduhr. Es ist zwei Uhr nachts. Wo mag jetzt der Regimentsstab sein? Sicher haben sie bereits haltgemacht und Quartier bezogen. Viel weiter werden sie nicht mehr kommen ohne Sprit. Der Oberst wird sie beide längst abgeschrieben haben ... In Maiers Haut möchte er jetzt nicht stecken. Auch an Marussja muß er jetzt denken. Marussja! Sie war bereit, mit ihm zu schlafen. Er war allein mit ihr in der Stube. Es war noch Zeit genug bis zum Abmarsch. Das hätte ein Erlebnis werden können.

Kleebusch bleibt stehen. Der Boden hat sich, ohne daß er es merkte, verändert. Er ist flach geworden. Das ist nicht mehr die Wildnis wie bisher. Hier wurde irgendwann einmal die Erde planiert. Das kniehohe dürre Steppengras steht gleichmäßig wie auf einem Kornfeld.

Er wendet sich um und stoppt den Wagen.

»Halt an, Hannes«, sagt er und muß sich räuspern. Sein Mund ist ganz ausgetrocknet vom langen Schweigen.

»Was ist los?« fragt Krummbier.

»Weiß noch nicht. Warte hier. Ich schleiche vor und beschnuppere die Sache.«

Wie ein Jäger pirscht er sich zu Fuß weiter. Unter seinen Füßen kracht dünner Schnee. Die dürren Stengel des Steppengrases reichen ihm fast bis zur Hüfte.

Nach hundert Metern bleibt er stehen. Der Nachthimmel ist jetzt von glasiger Durchsichtigkeit. Über den sinkenden Nebelschwaden zeichnet sich ein dunkler, hochliegender Strich am Horizont ab. Darüber in gleichmäßigen Abständen schwarze Stangen. Telefonmasten! Der Bahndamm ...

Noch wenige Schritte, und er steht auf der Straße. Panzerspuren haben sie glattgewalzt. Dahinter der Bahndamm, kaum zwei Meter hoch. Darüber verbogene Schienen, aufgerissen und gesprengt. Sie ragen wie dürre Arme in die Luft. An einigen hängen noch zerfetzte Schwellen.

Kleebusch lauscht. Ihm kommt die Sache nicht geheuer vor. Von Osten vernimmt er mit dem Wind ein seltsames Geräusch. Es hört sich an wie das langsame, stoßweise Schnaufen eines Riesentieres. Einatmen, Ausatmen, Stille. Einatmen, Ausatmen, Stille ...

Eine Lokomotive, schießt es ihm durch den Kopf. Eine stehende russische Lok!

Jetzt hört er auch ganz entfernt Hammerschläge, sägende Geräusche und verwischte Kommandos. Ohne Zweifel ein russischer Pionierzug. Sie arbeiten bereits an der Wiederherstellung der Bahnlinie.

Plötzlich zuckt Kleebusch zusammen. Instinktiv läßt er sich auf den Boden gleiten.

Von links tauchen oben auf dem Damm zwei Gestalten

auf. Gegen den Himmel sieht er deutlich ihre Umrisse. Er sieht Pelzmützen und schräg auf dem Rücken hängende Gewehre.

Die Gestalten schlendern ganz langsam heran.

Wenn sie den Wagen sehen, denkt Kleebusch, ist alles aus. Er wendet den Kopf und späht zurück. Doch der Lkw ist zum Glück nicht auszumachen. Er steht zu weit ab. Dunkelheit und vereinzelte Nebelschwaden halten ihn versteckt.

Jetzt sind die Gestalten fast über ihm. Wenn sie nach unten blicken, an den Hang des Dammes, müssen sie ihn entdecken. Er hört ihre Stiefel auf dem Schotter knirschen. Er hört die russischen Laute ihrer Unterhaltung. Er hört ihr Lachen.

Sorglose Burschen, muß Kleebusch denken. Zum Glück sorglos! Sie ahnen nicht, daß unter ihnen einer liegt, der sie in aller Ruhe abknallen könnte. Sie denken überhaupt nicht an die Möglichkeit einer Gefahr. Sie wissen, daß die deutsche Front zurückgeht. Sie brauchen nicht mehr zu kämpfen, sie brauchen nur langsam nachzurücken. Wenn oben in Rostow der Sack zugeschnürt wird, haben sie ohnehin alles drin.

Langsam, wie die Gestalten gekommen sind, kehren sie um und gehen auf dem Bahndamm zurück. Minuten später hat sie die Dunkelheit verschluckt. Hin und wieder trägt der Wind noch einen Fetzen Lachen herüber.

Kleebusch schleicht zurück.

Er öffnet den Schlag des Wagens und schiebt sich auf den Sitz neben Krummbier.

»Du hast recht gehabt, Hannes«, flüstert er dem Kameraden zu. »Der Iwan ist an der Bahn.«

»Prost Mahlzeit«, sagt Krummbier. »Was machen wir jetzt?«

»Wir müssen mit Karacho durch, Hannes. Jetzt kommt es auf dein Fahren an. Jetzt kannst du zeigen, was die Karre noch hergibt. Du fährst ganz einfach schräg rechts auf die Straße und drückst im gleichen Augenblick auf die Tube, was das Zeug hält.«

»Stehen Posten dort?«

»Ich habe nur zwei Mann gesehen. Die patrouillieren

langsam auf und ab. Wir müssen den günstigsten Zeitpunkt erwischen. Außerdem haben sie die Gewehre auf dem Rücken. Bis sie die 'runtergerissen haben und zu schießen beginnen können, müssen wir durch sein. Die Straße ist gut, du kannst ruhig einen Zahn drauflegen.«

»Ist geritzt«, brummt Krummbier. Sein breites Gesicht grinst jetzt. Die Sache gefällt ihm weitaus besser als das nervenaufreibende Schleichen durch die Ungewißheit.

»Los, Hannes!«

Der Motor springt an. Im gleichen Augenblick schießt der Wagen vorwärts. Auf den Lärm kommt es nicht mehr an. Die Russen würden sie so oder so hören. Nur Tempo! Holpernd und schaukelnd erreichen sie die Straße. Krummbier reißt das Steuer herum. Gleichzeitig tritt er das Gas durch. Der Motor heult auf, der Tacho zittert. In wenigen Sekunden zeigt die Nadel auf fünfzig.

In diesem Augenblick krachen die ersten Schüsse.

Die Posten schlagen Alarm.

Sofort beginnt ein Höllenkonzert. Schwere Maschinengewehre hämmern, die Ratschbum knallt, und leichte Pak bellt. Die Russen schießen mit allem, was ihnen zur Verfügung steht.

Doch der Lkw ist bereits außer Sichtweite. Sie können nur noch auf gut Glück ins Ungewisse ballern.

Nach kurzer Zeit stellen sie das Feuer ein.

Kleebusch atmet auf.

»Das war mal wieder ...«

Er kommt nicht mehr dazu, den Satz zu vollenden. Ein Zischen läßt ihn den Kopf einziehen. Hinter ihnen schlägt es am Bahndamm ein. Zischen und Einschlag hinten — das bedeutet, daß der Schuß von vorn kam. Zugleich setzt lautes Knattern ein. MG 34 — ein deutsches Maschinengewehr. Feuer von den eigenen Kameraden. Das hat gerade noch gefehlt.

»Die Idioten!« flucht Krummbier. Er springt ab. Er legt beide Hände an den Mund. »Kameraden!« brüllt er nach vorn. »Kameraden!«

Sie scheinen ihn nicht zu hören. Es ist zum Verrücktwerden. Leuchtkugeln müßte man haben, denkt Kleebusch. Oder Rauchpatronen. Irgend etwas, das sie kenntlich macht.

»Scheinwerfer!« schreit er Krummbier zu.

Hannes versteht sofort. Er macht Licht, blendet abwechselnd auf und ab. Kleebusch stellt sich mitten vor den Scheinwerferkegel und streckt die Arme hoch.

»Kameraden! Kameraden!«

Da bricht das Schießen wie auf Befehl ab. Krummbier läßt den Wagen langsam weiterrollen, bis sie im Licht der Scheinwerfer einige Landser mit angelegten Maschinenpistolen mißtrauisch auf sich zukommen sehen.

»Menschenskinder«, sagt Kleebusch zu den Staunenden, ihr habt ja wie die gesengten Säue geschossen. Zum Glück! Sonst hättet ihr euch einen Sonderorden für Kameradenmord verdienen können.«

Prochladnaja gleicht einem Heerlager. Menschen, Tiere, Fahrzeuge, so weit das Auge reicht. Straßen und Plätze sind vollgepfropft. Soldaten aller Waffengattungen. Dazwischen Zivilisten, die auf ihrer armseligen Habe sitzen, Flüchtlinge aus den Gegenden, die bereits geräumt sind. Ein buntes Völkergemisch. Kaukasische Trachten und orientalische Gewänder. Verwegene Männer und vermummte Frauen. Bärtige Gesichter und mongolische Schlitzaugen. Tscherkessen, Kalmücken, Kirgisen, Nogaier, Karbardiner, Karatschaier. Ein Bild wie auf einem persischen Markt.

Vor der Kirche steht eine Kosaken-Schwadron. Schwarze Pelzmützen, dunkle Umhänge. Auf dem Rücken flatternde bunte Seidenwimpel. Jeder Kosak trägt zu seinem deutschen Karabiner 98 K den alten Pallasch. Die kleinen ruppigen Steppenpferde stapfen ungeduldig im Sand.

Schwere Panzer mahlen vorbei. Lagernde Kamele recken neugierig die Köpfe. Sie kauen ununterbrochen. Aus ihren breiten Mäulern tropft schaumiger Speichel. Die Menschen an ihrer Seite hocken in stoischer Ruhe auf der Erde. Die allgemeine Aufregung berührt sie nicht. Kismet.

Fritz Kleebusch und Hannes Krummbier fragen sich nach dem Bahnhof durch. In Jekaterinogradsk haben sie erfahren, daß es hier Benzin geben soll. Sprit! Sie haben zwar keine Ahnung, aber versuchen wollen sie es trotzdem. Sie haben die Hoffnung nicht aufgegeben.

Die Verschiebegeleise liegen außerhalb des Ortes. Schon

von weitem sieht man die Züge mit den Kesselwagen. Jeder der langgestreckten Kessel trägt einen gescheckten Tarnanstrich. Es sind nicht allzuviele, die man in Mosdok füllen und nach Westen rollen lassen konnte. Kesselwagen sind knapp.

Krummbier steuert an einer endlosen Kolonne vorbei auf die Züge zu.

»He, ihr Säcke!« schreien die Landser von ihren Wagen. »Ihr seid wohl von der wilden Sau gebissen!« Drohende Fäuste recken sich ihnen entgegen. »Hinten anschließen! Wir warten schließlich schon die ganze Nacht hier!«

Hinten anschließen? Kleebusch schaut enttäuscht die Wagenkolonne entlang. Ein hoffnungsloser Fall. Er sieht den Sprit schon wieder in weite Ferne entschwinden.

»Nützt nichts«, meint Krummbier, »schließen wir uns hinten an. Wenn wir Glück haben, reicht's noch, bis wir dran sind.«

Hannes ist durch nichts zu erschüttern. Er wendet den Wagen und rollt zurück. Hinter einem Panjewagen mit klapprigen Gäulen finden sie ihren Platz..

Es ist ein trüber Morgen. Der Himmel ist bedeckt. Keine Spur mehr von der Sonne. Graue Wolkenfetzen ziehen über den Terek. Die Luft ist feucht. Die nasse Kälte dringt durch die Uniform bis auf die Knochen.

Ab und zu rucken die Wagen in der Kolonne an und rollen ein paar Meter weiter. Wenn sie Glück haben, kommen sie bis zum Abend dran. Es riecht nach Benzin und rußigen Auspuffgasen. Bei jedem Ruck schütteln sich die Schindmähren an den Panjewagen in ihrem Geschirr und beginnen markerschütternd zu wiehern.

Fritz Kleebusch stiert schweigend vor sich hin.

Krummbier beobachtet ihn eine Weile, dann beginnt er, das Verpflegungspaket auszupacken. Er säbelt dicke Scheiben vom Kommißbrot ab, belegt sie fingerdick mit Büchsenwurst und hält sie Kleebusch hin.

»Iß, du Trauerkloß. Wenn du dein Maul schon nicht zum Reden aufmachst, dann kau wenigstens was.«

»Ich hab' keinen Hunger, Hannes.«

»Der Appetit kommt mit dem Essen. Los, schieb dir einen Kanten zwischen die Zähne, sonst klappst du noch zusammen. Ein leerer Sack bleibt nicht steh'n.«

Kleebusch beginnt lustlos zu kauen.

»Hast du nichts zu trinken?«

»Was das Herz begehrt. Du brauchst nur zu wählen. Rotwein, Wodka, kalter Kaffee.«

»Gut, saufen wir Wodka. Der wärmt am schnellsten auf.«

Krummbier zieht eine helle Flasche aus dem Fach. Er schlägt mit der flachen Hand auf den Boden, daß der Pappstöpsel in weitem Bogen herausspringt.

»Hier, mein Sohn. Laß dich mal ordentlich vollaufen. Prost!«

Kleebusch setzt die Flasche an und trinkt in vollen Zügen. Er fühlt den Wodka brennend durch die Kehle laufen. Als er absetzt, stehen ihm Tränen in den Augen.

Krummbier lacht.

»Gut, was?«

Kleebusch sagt kein Wort. Er wischt über die Augen und lehnt sich zurück.

Weiter vorn steht eine Gruppe Landser. Sie diskutieren. Hin und wieder klingt rauhes Lachen auf.

»He«, schreit einer herüber, »habt ihr schon das Neueste gehört?«

»Nee«, ruft Krummbier zurück, »ist der Friede ausgebrochen?«

»Noch nicht ganz. Aber von heute ab kriegen wir keinen Wehrsold mehr.«

»Was denn?«

»Fersengeld!«

Die Landser kugeln sich vor Lachen.

Fritz Kleebusch blickt schweigend zum Straßenrand hinüber. Dort sitzt eine Russin auf einem geschnürten Bündel. Um sie herum stehen fünf Kinder. Die größeren tragen auf dem Rücken selbstgenähte Säcke. Die Säcke sind prall gefüllt. Flüchtlinge. Sicher will sich die Frau mit den deutschen Truppen absetzen. Aber wo will sie mit ihren fünf Kindern hin?

Plötzlich fängt das Jüngste an zu schreien. Ein Säugling noch. Die Frau schaukelt es beruhigend auf dem Schoß. Schließlich öffnet sie ihr Kleid und legt das Kind an die Brust. Sie stillt es, ohne auf die gaffenden Blicke ringsum zu achten.

Kleebusch wendet sich ab. Auf der gegenüberliegenden Seite schlägt ein Landser sein Wasser ab. Er tut es völlig ungeniert. Daneben schichtet ein Unteroffizier Papiere auf, die er aus einer Schreibstubenkiste holt. Dann hält er ein Streichholz an den Papierstapel. Mit ausdruckslos glotzenden Augen verfolgt er, wie die Flammen hochschlagen.

»Na, du Pflaume«, sagt Krummbier. »Was ist los mit dir?«

Kleebusch schweigt. Er zieht den Kopf tiefer in die Schultern.

»Malade?« fragt Krummbier.

Keine Antwort.

»He, Fritz! Hast wohl keine Sprechstunde heut, wie? Nimm noch einen Schluck aus der Pulle!«

Schweigend greift Kleebusch zur Flasche. Er setzt sie an und läßt sich vollaufen. Anschließend beugt er sich vor, faltet die Hände zwischen den Knien und wippt langsam auf und ab.

Krummbier stößt ihn mit dem Fuß an.

»Was reibst du denn immerzu am Hosenlatz herum? Hast wohl Filzläuse gefangen?«

»Schnauze!«

»Höhö, du Penner, so darfst du mir nicht kommen. Noch so ein Wort, und ich hau' dir in die Fresse.«

»Hau doch! Wenn es dir nicht paßt, kannst du mich kreuzweise.«

In diesem Augenblick geht die Schlange wieder ein Stück weiter. Krummbier läßt den Motor anspringen und schließt auf. Danach schweigt er. Mit Verrückten soll man keinen Streit anfangen, denkt er. Und daß der Kerl da neben ihm verrückt ist, spürt er überdeutlich.

Nach einer Weile kramt Kleebusch eine Zigarettenschachtel aus der Tasche und hält sie Krummbier hin.

»Zigarette?«

»Zu liebenswürdig, der Herr. Und besten Dank auch.«

Ein Feuerzeug springt auf. Beide beginnen tief den blauen Qualm einzuatmen. Beide wissen, daß das die Friedenspfeife ist, die sie da rauchen. Man braucht es nicht extra zu sagen.

Kleebusch blickt noch einige Minuten vor sich hin, dann fängt er an:

»Du bist doch verheiratet, Hannes. Du kennst doch die Frauen.«

»Na und? Was meinst du damit?«

»Ach, nur so.«

Krummbier wirft ihm einen schrägen Blick zu.

»Wenn ich dir einen Rat geben kann — hör bloß mit dem Thema Weiber auf. Es macht dich kaputt.«

»Wie man's nimmt. Hast du schon mal eine verhauen?«

»Meine Frau?«

»Irgendeine.«

»Komische Idee! Mit den Weibern kann man doch was Schöneres machen als verkloppen. Wie kommst du überhaupt auf den Trichter?«

»Weißt du, Hannes, manchmal hätte ich Lust, die Weiber zu verprügeln. Alle!«

»Hm, kann ich verstehen. Das gibt es manchmal. Geht aber vorüber, Fritz. Quatsch dich mal richtig aus, dann wird's gleich besser. Wo brennt's denn?«

Kleebusch starrt aus dem Fenster. Das Feuer des Schreibstubenhengstes ist jetzt verlöscht. Der ganze Papierkram ist zu einem Häufchen Asche zusammengesunken. Mit blödem Gesichtsausdruck stochert der Unteroffizier in der Glut herum.

»Weißt du«, spinnt Kleebusch den Faden weiter, »ich habe oft das Gefühl, daß alle Frauen im Grunde nur Nutten sind.«

»Na na, Fritz!«

»Etwa nicht?«

»Bei vielen stimmt's sicher. Aber alle?«

»Alle, sag' ich dir. Ich hab' ja noch nicht viele kennengelernt, so fünfe, sechse vielleicht — aber da war keine drunter, die nicht was von mir gewollt hat. Die einen wollten Geld, ganz einfach Zaster auf den Tisch. Das waren noch die ehrlichsten. Andere wollten Zigaretten. Oder ein Freßpaket von der Front. Oder daß ich sie mitnehme . . .«

»Wieso mitnehmen?«

»Ach, nur so.« Kleebusch macht eine wegwerfende Handbewegung. Auf seiner Stirn stehen tiefe Falten. Der Schnaps hat ihn in Fahrt gebracht. »Auf jeden Fall legen sie sich nur hin, wenn es sich lohnt. Von der sogenannten Liebe keine Spur. Und dabei wissen sie ganz genau, wie sie alles erreichen. Sie kennen unseren schwachen Punkt. Sie brauchen nur die Bluse aufzumachen, dann sind wir fertig. Dann werden wir verrückt. Dann können sie mit uns machen, was sie wollen. Und wir? Was machen wir dann?«

»Junge, Junge«, sagt Krummbier leise. »Du weißt ja gar nicht, was du für einen gottverdammten Mist redest.«

»Wieso rede ich Mist? Ich könnte dir Dinge erzählen...«

»Natürlich kannst du Dinge erzählen. Aber was haben diese Dinge mit dem wirklichen Leben zu tun? Du kennst die Liebe nur aus dem Puff. Du darfst nicht verallgemeinern. Warte mal ab, bis wieder Frieden ist, bis wieder normale Zeiten kommen. Wenn du dann zu Hause bist und ein nettes, anständiges Mädel kennenlernst, wirst du bald anders denken — falls ihr Jungen dann überhaupt noch normal denken könnt.«

Kleebusch greift wieder zur Flasche. Der scharfe Wodka läßt seine Augen fiebrig glänzen.

»Das wirkliche Leben — was ist das überhaupt? Du sprichst von Frieden und normalen Zeiten. Glaubst du denn, daß es so was überhaupt mal wieder gibt? Nach allem, was wir in diesem Krieg erlebt haben? Und selbst wenn es das irgendwann mal wieder gibt, dann können wir nichts mehr damit anfangen. Dann haben wir den Anschluß verpaßt. Wir sind ja auf den Tod dressiert, nicht auf das sogenannte wirkliche Leben.«

Er hält einen Augenblick inne, dann fährt er hitzig fort:

»Das Schlimmste am Krieg ist, daß man sich an ihn gewöhnt. Man gewöhnt sich an jeden Mist. Man nimmt nichts mehr tragisch. Selbst das Sterben nicht. Warum auch? Wir setzen unser Leben ein. Schön. Irgendwann kriegt jeder mal 'n kalten Arsch. Wir haben keinen Beruf gelernt. Nitschewo. Irgendwie findet man immer einen Job. Man kann alles nachholen, das stimmt schon. Alles kann man nachholen — nur die verlorenen Jahre nicht. Oder glaubst du? Bei dir ist das vielleicht nicht so schlimm. Du kennst das Leben. Du bist verheiratet und hast das alles schon genossen. Aber wir Jungen?«

Fritz Kleebusch schweigt erschöpft. Er hält die Wodkaflasche noch immer in den Händen. Seine Finger zittern. Sein Atem geht stoßweise. Im Gesicht zeichnen sich hektische Flecken ab. Auf der Oberlippe perlt der Schweiß.

Und dann bricht es ganz unvermittelt aus ihm los. Es kommt wie ein überraschendes Gewitter. Er ist plötzlich wie von Sinnen. Er knallt die Flasche aus dem Fenster und schlägt mit den Fäusten um sich. Er haut mit dem Stiefel auf den Boden und schreit. Er schreit so laut, daß man es in der ganzen Umgebung hört.

»Wie ich diesen Scheißkrieg hasse! Wie mich das alles ankotzt! Ich habe es satt! Ich habe es satt, satt, satt!«

Es ist ein richtiger Tobsuchtsanfall. Ein Frontkoller mit allen Schikanen. Krummbier kennt das. Er hat das schon bei vielen Kameraden erlebt, und aus viel nichtigeren Ursachen.

»Schon gut, Fritz«, sagt er und schabt sein Stoppelkinn. »Das ist wirklich ein Scheißkrieg, und wir alle haben es satt. Aber wir fahren ja jetzt heimwärts. Mit jedem Tag kommen wir näher zu Muttern. Es kann ja gar nicht mehr lange dauern.«

Was soll er noch sagen? Da ist gar nichts mehr zu sagen. Da muß man einfach durch.

Ebenso schnell wie er gekommen, ist der Anfall vorüber. Der Gefreite Kleebusch sinkt zusammen. Er beugt den Oberkörper vor und stützt den Kopf in die Hände. Nur seine Schultern zucken noch eine Weile.

»Geh schlafen«, sagt Hannes Krummbier. »Such dir in der Nähe ein Quartier und hau dich aufs Ohr. Du mußt dich auspennen, sonst drehst du völlig durch.«

»Schlafen?« fragt Kleebusch gedehnt.

»Klar. In deinem Alter braucht man noch viel Schlaf. Mehr, als uns hier geboten wird. Such dir ein Quartier und leg dich auf den Sack.«

»Und du?«

»Um mich mach dir keine Gedanken. Ich penne im Wagen. Das bin ich gewöhnt. Und einer muß ja dableiben, wenn's weitergeht.«

## 3

Quartier? Das scheint unmöglich in dieser ersten Auffangstation des Rückzugs. Die Häuser sind überfüllt. Überall liegen Landser. Zu Dutzenden bevölkern sie die engen Stuben. Wie Heringe sind sie zusammengepfercht.

»Komm übermorgen wieder, Kumpel«, sagen manche. »Übermorgen wird hier geräumt. Dann gibt es Quartier genug.«

Kleebusch trottet weiter. Er achtet kaum noch darauf, wo er ist. Nur schlafen, denkt er. Nur schlafen, dann wird alles wieder gut.

Straße auf, Straße ab. Haustüren mit Feldpostnummern. Kreideaufschriften mit Belegungsstärke. Die ganze Armee scheint hier in Unterkunft zu liegen.

Trotzdem muß er es schaffen. Tür auf, Flüche. Mal in Deutsch, mal in Russisch. Raus und weiter.

»Quartiera jest?«

»Nix Quartiera. Nemma schlaffen.«

Erst in einem kleinen Haus abseits des Ortes hat er Glück. Es ist eine längliche Lehmhütte, gut hundert Meter hinter den letzten Quartieren. Keine Landser, keine Feldpostnummer an der Tür. Eine alte Frau sitzt in der Stube. Sie schaut kaum auf, als er eintritt. Die Hände hat sie im Schoß gefaltet, sie betet.

»Strasdwuite, Babuschka«, sagt er und nickt ihr freundlich zu. »Moschna?«

Die Alte rührt sich nicht. Ihre Lippen murmeln eine stumme Litanei. Nur ab und zu wirft sie einen scheuen Blick in die Ecke über dem einzigen Bett.

Kleebusch folgt ihrem Blick. Er sieht Spinnweben in der Ecke, sonst nichts. Aber um die Spinnweben zeichnet sich ein heller, viereckiger Fleck ab. Er leuchtet in unschuldigem Weiß inmitten der verrußten Wand. Es ist klar, was der Fleck bedeutet. Hier hing bis vor kurzem eine Ikone, ein Heiligenbild mit der Mutter Gottes. Irgend jemand hat es weggenommen. Aber die Alte betet noch immer zu dieser Ecke.

Hinter dem Bett entdeckt Kleebusch ein großes Bild. Es steht verkehrt an der Wand. Nur die obere Kante des Rahmens schaut heraus. Vielleicht das Heiligenbild?

Er zieht das Bild hervor und dreht es um.

Unwillkürlich muß er lächeln: er blickt in das bärtige Gesicht Stalins.

Erschrocken schaut die Alte zu ihm herüber. Sie betet nicht mehr. Ihr Mund steht vor Angst halb offen. Ihre Augen verfolgen jede seiner Bewegungen.

»Nitschewo!« sagt er und lacht. Mit Schwung befördert er das Bild wieder hinter das Bett. Sollen die doch machen, was sie wollen. Sollen sie ihre Heiligenbilder ruhig abnehmen und ihren Stalin wieder an die Stelle hängen. Was geht ihn das an? Es wird eine Zeit kommen, da wird es zu Hause umgekehrt sein. Dann werden sich viele Leute überlegen, wo sie mit ihrem Hitlerbild hin sollen ...

Kleebusch schnallt ab und wirft das Koppel mit der Pistole vor das Bett. Auch der Mantel kommt dazu. Dann fliegen die Stiefel in die Ecke. Alles andere behält er an.

Krachend wirft er sich auf das harte Bett und schließt die Augen. Er will nichts mehr sehen, nichts mehr hören. Nur schlafen. Es tut gut, so ausgestreckt zu liegen. Allmählich kommt eine wohlige Gelöstheit über ihn.

Als er schon halb im Schlaf liegt, dringt ein eigenartiges Geräusch in sein Bewußtsein. Es hört sich an wie das träge Knarren einer Tür. Dazu hört er eine fremde Stimme, leise wispernd.

Mit einem Ruck richtet er sich auf. Im Nu ist er hellwach. Prüfend blickt er zu der Alten hinüber. Sie sitzt noch immer unbeweglich auf ihrem Stuhl, aber sie betet jetzt laut. Fast schreiend stößt sie die Worte hervor. Ihre Augen starren ihn dabei schreckhaft und entsetzt an.

Seltsam.

Hat er geträumt?

Kleebusch dreht den Kopf zur Rückseite der Stube. Dort ist eine schmale Tür. Sie führt offenbar zu einem Stall. Die Tür steht einen Spalt offen. Ihm ist, als bewege sie sich noch.

Mit einem Sprung ist er an der Tür und reißt sie auf.

Im gleichen Augenblick erstarrt er. Aus dem Dunkel richtet sich der Lauf einer russischen Maschinenpistole auf ihn.

»Ruki werch!« hört er eine heisere Stimme. »Hände hoch!«

Sekundenlang ist Stille. Es kommt Kleebusch wie eine Ewigkeit vor.

Meine Pistole, denkt er. Ich brauche meine Pistole.

Aber es ist zu spät. Seine Pistole liegt mit dem Koppel vor dem Bett. Wenn er sich umdreht, drückt der andere ab.

Langsam hebt er die Hände.

Seine Gedanken arbeiten fieberhaft. Es dauert, bis seine Augen sich an das Dunkel gewöhnen, bis er erkennen kann, wer ihn aus dem Schuppen bedroht.

Es sind zwei junge Männer mit böse funkelnden Augen. Sie sind ungefähr gleich groß. Der eine ist rötlichblond, der andere schwarz. Beide sind unrasiert. Wilde, verwegene Gestalten. Partisanen.

Der Schwarze drückt Kleebusch die MP vor die Brust. Er bleckt dabei die Zähne wie ein Pferd. Es sind große, gelbe Zähne. Sie geben dem Gesicht etwas Groteskes. Die Hände des Mannes stoßen die Waffe ruckartig gegen die Brust des Gefangenen. Er kann es offenbar nicht erwarten, bis er den Deutschen abknallen kann.

Doch der Rothaarige hat Bedenken. Kleebusch versteht nicht alles, was er sagt, aber soviel wird klar, daß er bei der Schießerei Aufsehen befürchtet. Man müsse den Deutschen erschlagen, meint er. Das ginge lautloser und könne nicht so leicht entdeckt werden.

Der Rote geht ein paar Schritte nach hinten. Plötzlich spürt Kleebusch einen Tritt in die Kniekehlen. Es kommt ganz unverhofft. Er klappt zusammen wie ein Taschenmesser. Zur gleichen Zeit wirft sich der Schwarze mit vollem Körpergewicht auf ihn. Ehe er einen Laut ausstoßen kann, hat er einen Knebel im Mund. Seine Arme werden nach hinten gerissen und mit einem Strick gefesselt. Auch die Beine binden ihm die Banditen fest. Sie schleppen ihn in den Schuppen. Dort lassen sie ihn zunächst liegen, während sie ihre Papyrossi rauchen und dabei beratschlagen, ob es für sie günstiger sei, ihn gleich fertigzumachen oder der nachrückenden Roten Armee zu übergeben.

Kleebusch sieht erst jetzt, daß der Rothaarige deutsche Uniform trägt. Feldbluse, Koppel, Knobelbecher. Die Feldbluse allerdings ohne Schulterklappen. Ein Hiwi. Ein sogenannter Hilfswilliger, wie sie bei den rückwärtigen Diensten verwendet werden. In den Augen der Bolschewisten also ein Verräter, dem der Genickschuß sicher ist. Kein Wunder, daß er etwas für seinen guten Ruf unternehmen muß. Die Genossen stehen ante portas. Er braucht ein Alibi. Und das beste Alibi ist für ihn ein deutscher Landser.

Ist das das Ende? denkt Kleebusch. Soll es nach allem, was er durchgemacht hat, sein Schicksal sein, wie ein toller Hund erschlagen und sang- und klanglos verscharrt zu werden?

Fritz Kleebusch schließt die Augen. Er versucht, ganz ruhig zu bleiben. Immer war er, wenn höchste Gefahr drohte, ganz ruhig. Mit angespannten Sinnen überdenkt er seine Lage. Gnade hat er nicht zu erwarten. Von diesen Brüdern nicht. Ein feiger Hiwi, der um sein eigenes Leben bittet, und ein fanatischer Partisan ... Hier gibt es keine Chance.

Und Hannes Krummbier? Natürlich wird ihn Krummbier suchen. Aber wann wird das sein? Sicher erst gegen Abend. Ob er ihn dann in dem abgelegenen Haus noch finden wird?

Kleebusch fühlt, wie ihm langsam der Schweiß aus allen Poren bricht. Er denkt an seine Mutter. Seit acht Tagen hat er ihr nicht mehr geschrieben. Der letzte Brief war noch recht lustig. »Mutter«, hat er geschrieben, »du machst dir ganz unnötig Sorgen. Hier ist es absolut ungefährlich. Wenn du sehen könntest, wie vergnügt wir zur Zeit sind, würdest du dir bestimmt nicht so viele Gedanken machen ...«

Wie vergnügt wir hier sind ... das werden die letzten Worte sein, die sie von ihm liest. Nie wird sie erfahren, was aus ihm geworden ist. Nie wird sie sein Grab sehen.

Mutter, Mutter, denkt er, und eine heiße Welle schießt ihm in die Augen.

Da sieht er, wie der Hiwi in die Stube geht. Die Tür steht halb offen. Er spricht mit der Alten. Die Frau jammert und weint, aber der Hiwi übertönt sie. Mit fanatischer Eindringlichkeit redet er auf sie ein.

Plötzlich bricht er mitten im Satz ab. Mit einem Sprung kommt er zurück und zieht hastig die Tür hinter sich zu. Er flüstert dem Schwarzhaarigen etwas ins Ohr, dann halten beide den Atem an. Sie drücken Kleebusch den Knebel noch tiefer zwischen die Zähne und halten ihn fest, damit er sich nicht rühren kann.

Draußen geht eine Tür. Stimmen.

Deutsche Stimmen.

Es müssen mehrere Landser sein, mindestens drei oder vier. Offenbar suchen sie Quartier.

Da spannt Kleebusch alle seine Muskeln. Er zieht den Körper wie eine Feder zusammen. Tief holt er durch die Nase Luft. Er zählt im Geist bis drei, dann schnellt er mit aller Kraft hoch und wirft sich in der Luft herum wie ein Fisch an der Angel.

Klappern und Poltern. Irgend etwas ist im Schuppen umgefallen. Eine Blechbüchse rollt scheppernd über den Boden.

Ein Herzschlag lang Stille — dann wird mit einem Ruck die Tür aufgerissen.

Ein deutscher Oberfeldwebel steht in der hellen Öffnung, die Pistole schußbereit in der vorgestreckten Hand.

Sekundenschnell reißt der Partisan seine MP hoch. Doch er schafft es nicht mehr. Ehe er zum Schuß kommt, zuckt Feuer aus der Pistole des Oberfeldwebels. Knall und Rauch. Ein gellender Schrei zerreißt die Luft. Dann dumpfes Gurgeln. Ein plumpsender Fall.

Der Partisan wälzt sich am Boden.

In der Verwirrung rennt der Hiwi mit voller Wucht gegen den Oberfeldwebel. Er erreicht es, daß der Mann stürzt. Der Hiwi hetzt weiter, dem Ausgang zu. Doch dort stehen drei Landser. Dort nützt sein verzweifeltes Anrennen nichts. Die Landser fangen ihn auf wie einen Ball. Im Nu ist der Hiwi überwältigt.

Der Feldwebel hat sich wieder aufgerappelt. Erst jetzt sieht er den Gefesselten am Boden. Mit schnellem Griff zieht er ihm den Knebel aus dem Mund, dann löst er ihm die Stricke um Arme und Beine.

»Na, Mann — da scheint ja Matthäi am letzten gewesen zu sein. Sind wenigstens noch alle Knochen heil?«

Kleebusch kann nicht sprechen. Er bringt kein Wort heraus. Nun, da er gerettet ist, versagen seine Nerven. Ihm ist speiübel. Er dreht sich stöhnend zur Seite und reibt seine

Handgelenke. Als er in einer hellen Blutlache neben sich den Partisanen liegen sieht, muß er sich übergeben.

»Kotz dich nur aus, Junge«, sagt der Feldwebel und klopft ihm auf den Rücken. »Gut gekotzt ist halb geheilt. Wie biste denn bloß in diese Scheiße hineingetappt?«

Kleebusch bringt noch immer keinen Ton heraus. Hilflos bewegt er den Mund. Seine Zunge versagt ihm den Dienst. Es geht nicht.

»Junge, Junge«, sagt der Oberfeldwebel. »Kann mir gut vorstellen, wie dir zu Mut ist. Das hing wirklich am seidenen Faden.«

Kleebusch laufen die hellen Tränen über die Backen.

»Na also«, meint der Oberfeldwebel und lächelt. »Jetzt wird's gleich besser. Die Träne quillt, die Erde hat ihn wieder.«

Dann verläßt er den Schuppen. Mit finsterem Blick mustert er den Hiwi, den die drei Landser immer noch festhalten.

»Ab mit ihm, zur Feldgendarmerie. Anschließend kommt ihr zurück und bezieht hier Quartier. Trotz allem!«

Die Landser zerren den Rothaarigen weg. Doch ehe sie die Tür erreicht haben, wirft sich die alte Frau mit einem Schrei dazwischen.

»Sohn! Sohn!« schreit sie im hellsten Diskant. »Nix schlechter Mensch — Sohn! Nix Erschießen, bitte! Ich Mutter, Pan, verstehen? Mutter — Sohn!«

Da niemand auf sie hört, rennt sie zum Bett und zerrt in wilder Hast das Stalin-Bild hervor. Sie spuckt es an, zerreißt es in tausend Fetzen, wirft die Fetzen auf den Boden und trampelt darauf herum.

»Ich nix Stalin, ich Gitler! Stalin tschorny Tschort, schwarzer Teufel!«

Die Frau ist wie von Sinnen. Sie wendet sich an den Oberfeldwebel. Sie wirft sich vor ihm auf die Erde und küßt seine Stiefel.

»Poschalsda, Pan! Poschalsda!«

Der Oberfeldwebel zieht erschrocken seine Füße zurück. Er wendet sich schnell um.

»Abführen. Das hätte sie sich früher überlegen müssen.«

Die Landser ziehen den Hiwi ins Freie. Sofort stürzt ihnen

die alte Frau nach. Sie kämpft wie eine Tigerin um ihr Junges. Noch lange dringen ihre verzweifelten Schreie durch die Gegend.

»Sohn! Sohn! Magda Boska ... Magda Boska ... Ich Mutter! Poschalsda, Pan, poschalsda ...«

Der Oberfeldwebel geht in den Stall zurück und hilft Kleebusch auf die Beine.

Der schwarze Partisan liegt regungslos in seinem Blut.

»Tot«, sagt er. »Der hat's überstanden. Komm Junge, mach die Tür dicht und hau dich aufs Bett. Du mußt dich erst mal verschnaufen.«

Endlich kann Kleebusch wieder reden.

»Wenn Sie nicht gekommen wären, Oberfeld ...«

»Schon gut, Mann. Bloß keine Rührszene jetzt. Steck dir einen Glimmstengel in die Fresse und hol mal tief Luft. Wie bist du denn da 'reingeschliddert?«

»Meine eigene Dußligkeit«, sagt Kleebusch und erzählt, wie er auf Quartiersuche ging.

Der Oberfeldwebel nickt nachdenklich mit dem Kopf.

»Ja, so ist das jetzt. Wir sind nicht mehr auf dem Vormarsch. Wir werden mächtig umlernen müssen. Vor den Siegern hatten sie noch Respekt. Aber jetzt kommen die Ratten aus allen Löchern. Am hellichten Tag!«

Nach einer Weile fragt er:

»Wo ist denn dein Haufen?«

»Etwas weiter nördlich, auf dem Rückmarsch. Jetzt liegen sie mit ihren Fahrzeugen wahrscheinlich schon fest. Ich soll mit meinem Kumpel Sprit holen.«

»Sprit?« fragt der Oberfeldwebel und grinst. »Hast du Sprit gesagt?«

»Warum?«

»Na, Mensch«, sagt der Oberfeldwebel und haut auf den Tisch. »So was nenn' ich Massel. Als wenn du das gerochen hättst. Läßt dich ausgerechnet von dem Mann retten, der die Spritausgabe leitet!«

»Sie geben den Sprit aus?«

»Im Moment hab' ich Pause, aber in zehn Minuten geht's weiter. Und da wir uns auf so eine nette Weise kennengelernt haben, will ich mal sehen, ob ich euch außer der Reihe drannehmen kann. Wo hast du denn die Anweisung?«

Kleebusch macht ein bedrücktes Gesicht.

»Ham wa nich.«

»Keine Anweisung? Mann Gottes, seid ihr aber Optimisten. Weißt du denn, daß der ganze Vorrat nur noch ein paar Stunden reicht? Wir geben ohnehin nur noch die Hälfte von dem Quantum aus, das auf den Anweisungen steht. Bei welcher Einheit seid ihr denn?«

»Werferregiment.«

»Schwere Werfer?«

»Ja.«

Der Oberfeldwebel macht auf einmal ein nachdenkliches Gesicht. »Schwere Werfer«, wiederholt er gedehnt. »Stukas zu Fuß. Die Waffengattung meines Bruders.« Er holt ein Foto aus der Brusttasche und reicht es Kleebusch. Das Bild zeigt einen jungen Unteroffizier mit Eisernem Kreuz und Verwundetenabzeichen. Er trägt die weiten Überfallhosen der Werferbedienung.

»Bei welchem Regiment dient er denn?«

»Bei keinem mehr. Er ist vor Sewastopol gefallen.«

Der Oberfeldwebel steht auf. Er wirft seine Zigarette auf den Boden und tritt sie knirschend aus.

»Komm mit, ich geb' euch was ab. Eigentlich darf ich's nicht, aber ich tu's meinem Bruder zuliebe. Wenn's ihn damals nicht erwischt hätte, wäre er vielleicht bei eurer Einheit.«

Der Oberfeldwebel macht so lange Schritte, daß Kleebusch kaum folgen kann.

»Wo steht eure Karre?«

»Dort drüben.«

»Habt ihr Leergebinde?«

»Neun Fässer.«

»Ausgezeichnet. Die laßt ihr mir hier. Damit kann ich anderen wieder weiterhelfen. Braucht ihr Otto oder Diesel?«

»Beides.«

»Sagen wir also drei Faß Otto und ein Faß Diesel. Das muß reichen. Mehr ist leider nicht drin. In Ordnung?«

Vier Fässer, denkt Kleebusch. Das ist mehr, als er in seinen kühnsten Träumen erwarten konnte. Das reicht für etliche hundert Kilometer.

»Hannes«, sagt er, als sie zu dem Lkw kommen, »es geht

los.« Er setzt sich neben den Fahrersitz, der Oberfeldwebel stellt sich aufs Trittbrett und winkt den Wagen ein.

In Nullkommanichts sind sie abgefertigt. Krummbier kann das alles kaum fassen.

»Wo hast du denn den aufgegabelt?« will er wissen.

Kleebusch zuckt mit den Schultern. »Glück muß der Mensch haben.« Er nimmt die Zigarettenkartons aus dem Kasten und geht damit zu dem Oberfeldwebel.

»Hier — das ist von unserem Alten.«

Aber der winkt ab.

»Die behaltet nur selber. Ihr werdet sie noch gut gebrauchen können.« Er streckt Kleebusch die Hand hin. »Mach's gut, Kleiner.« Und mit einem Augenzwinkern: »Wenn du deine Mutter wiedersehen solltest — grüß sie schön von mir!«

Von Prochladnaja aus führen zwei Straßen weg. Eine geht nach Westen in Richtung Georgijewsk, die andere nach Norden.

Fritz Kleebusch wählt die nach Norden. Er hat die Karte genau im Kopf. Er weiß, wenn sie stur nach Norden fahren, müssen sie irgendwo den Rückzugsweg des Regiments schneiden. Ob die Kolonne noch östlich liegt oder schon weiter nach Westen durch ist, wird sich zeigen.

Zum Glück ist die Straße nicht sehr verstopft. Die meisten, die aus Prochladnaja 'rauskommen, fahren nach Westen. Dort zieht sich ein endloser Heerwurm hin. Drei- und vierfach nebeneinander rollen die Fahrzeuge. Lastwagen, Pkws, Zugmaschinen, Panjewagen. Und dazwischen immer wieder marschierende Kolonnen.

Kleebusch hockt schweigend neben dem Fahrer. Aus schmalen Augen beobachtet er die Straße. Er will nicht reden. Vorläufig hat er keine Lust, den ganzen Mist noch einmal aufzuwärmen. Später vielleicht. Später wird er Hannes alles erzählen, in aller Ausführlichkeit.

Auch Krummbier döst stumm vor sich hin. Ganz mechanisch steuert er durch den Dreck, überholt andere Fahrzeuge oder weicht ausgefahrenen Löchern aus. Nur manchmal blickt er seinen Kumpel prüfend von der Seite an. Der Junge ist blaß, sieht er. Scheint nicht viel geschlafen zu haben. Er möchte ihn was fragen, doch er unterdrückt es immer wieder. Er hat noch genug von dem letzten Anfall.

Nach einer Weile fragt Kleebusch:

»Hast du eigentlich deine Mundharmonika dabei?«

»Oben im Kasten.«

Kleebusch zieht das kleine Instrument zwischen zwei Kommißbroten hervor, klopft es auf den Knien aus und beginnt leise zu spielen. Nichts Bestimmtes. Er phantasiert nur ein bißchen. Melodien klingen an und verlieren sich wieder. Soldatenlieder, die von allem möglichen träumen. Vom Edelweiß, vom Heideblümlein, das Erika heißt, von der Annemarie.

Aber es ist alles nicht das Richtige. Es bleiben Präludien. Erst als er auf »Heimat, deine Sterne« kommt, wird sein Spiel inniger und hingebungsvoller. Er hat die Hände um die Mundharmonika gelegt und tremoliert. Gefühlvoll steigen die Töne auf, schwellen an, werden stärker, bis sie den ganzen Fahrerraum des Lastwagens erfüllen.

»Heimat, deine Sterne,
sie leuchten hell am Firmament...«

Kleebusch legt sein ganzes Herz in die Melodie. Er denkt voll Wehmut an zu Hause, an die Müllerstraße in Berlin, in der er als Junge gespielt hat. Merkwürdig, daß er sich immer als Junge sieht, wenn er an daheim denkt. Er sieht die Mutter, wie sie ihm die Butterbrote für die Schule einpackt und ihn ermahnt, gut aufzupassen auf der Straße. »Auf der Straße ist es so gefährlich.«

Ja, denkt er, jetzt ist es in der Müllerstraße wirklich gefährlich geworden. Auch für die Mutter. Im letzten Brief schrieb sie, daß wieder einige Häuser getroffen wurden. Luftminen.

»Heimat, deine Sterne...«

»He, Fritz«, sagt Krummbier, »hast du keine andere Platte drauf? Deine ewigen Sterne hängen mir schon zum Hals 'raus.«

»Klar«, sagt Kleebusch, »brauchst es nur zu sagen. Ist genau wie beim Wunschkonzert.« Und er spielt den beliebtesten Schlager aus den Wunschkonzerten, den auch Krummbier begeistert mitsingt:

»Komm zurück,
ich warte auf dich,
denn du bist für mich
all mein Glück...«

Bei dem Wort Glück setzt Kleebusch unvermittelt ab. Er umspannt die Mundharmonika fest mit den Händen und drückt sie an die Brust. Sein Gesicht nimmt einen verklärten Ausdruck an.

»Sag mal, Hannes — glaubst du eigentlich an Wunder?«

Hannes Krummbier wirft ihm einen mißtrauischen Blick zu. Sein Mund verzieht sich zu einem ironischen Grinsen.

»Mensch, fang bloß nicht wieder an zu spinnen.«

Oberst Graupner saß mit seinem Stab in einem kleinen, gottverlassenen Bauerndorf fest. In einer der primitiven Hütten hatte er Quartier bezogen. Er saß an einem wackeligen Tisch, den Kopf über das Kartenbrett gebeugt, obwohl kaum noch etwas zu erkennen war. Wieder senkte sich Nacht über das Land. Zwei blakende Hindenburglichter kämpften hoffnungslos gegen das Dunkel an.

Der Oberst starrte unentwegt auf einen Punkt. Der Punkt war rot angekreuzt. Es war der Ort, in dem sie sich befanden.

Michailowsk hieß das Nest.

Draußen auf der lehmigen Straße standen die Fahrzeuge aufgereiht. Auch der Troß war wieder dabei. Die Männer standen untätig umher. Sie kauten Knäckebrot oder rauchten Machorka. Keiner sprach ein Wort. Sie warteten auf den Abmarschbefehl. Es war höchste Zeit. Sie wußten, daß sie wieder einmal die letzten waren.

»Sie sind doch NSFO, Stiebing«, sagte Oberst Graupner zu seinem Adjutanten, der in der Ecke der armseligen Bude auf einer Munitionskiste hockte. »Was sagen Sie denn als Nationalsozialistischer Führungsoffizier dazu?«

»Zu was, Herr Oberst?«

»Zu dem ganzen Kladderadatsch hier.«

Oberleutnant Stiebing hatte es nicht gern, wenn ihn der Kommandeur auf seine Stellung als NSFO ansprach. Er betonte immer wieder, daß er zu diesem Amt wie die Jungfrau zum Kind gekommen sei. Niemand wollte »politischer

Kommissar« spielen. Jeder Offizier im Regiment hatte sich davor gedrückt. So war die Sache damals schließlich an ihm als dem Dienstjüngeren hängengeblieben.

»Für strategische Fragen ist der NSFO nicht zuständig, Herr Oberst.«

»Wieso nicht? Die Partei entscheidet in diesem Krieg doch alles. Und der NSFO vertritt die Partei.«

»Ich habe mit der Partei nichts zu tun, Herr Oberst.«

»Aber Sie glauben doch an den Führer?«

Stiebing wand sich. Er wußte nicht, was er auf diese Frage antworten sollte. Natürlich glaubte er an den Führer. Man mußte einfach an ihn glauben. Wo käme man denn sonst hin in diesem Krieg? Aber er wollte es nicht so einfach zugeben. Er wußte genau, was Graupner mit dieser Frage bezweckte. Er hatte keine Lust, sich wieder die Lästerungen des Kommandeurs über den »größten Feldherrn aller Zeiten« anzuhören. Es war ihm immer peinlich, wenn der Kommandeur in dieser Weise mit ihm sprach. Eigentlich hätte er schon längst Meldung an den NSFO der Division machen müssen, aber das wiederum brachte Stiebing nicht übers Herz. Als Soldat war Graupner untadelig. Alter Weltkriegsteilnehmer, reichdekorierter Haudegen, glänzender Taktiker, ausgezeichneter Truppenführer. Wer mit ihm zu tun hatte, fühlte sich sofort von ihm angezogen, auch wenn er nur selten ein privates Wort verlor. Er sprach kaum mit seinen Leuten, aber jeder einzelne konnte sich auf ihn verlassen. Die Landser wußten das, und sie liebten ihn auf ihre Art. Er war ihnen wie ein Vater. Für Stiebing war es unverständlich, daß dieser Mann einen so ausgeprägten Haß auf alles hatte, was mit Führer und Partei zusammenhing. Sein Spott konnte tödlich sein.

»Schon gut«, sagte der Oberst und winkte ab. »Sie brauchen mir nicht zu antworten, Stiebing. Ich schenke Ihnen Ihren Führer. Sie können ihn aufhängen.«

»Herr Oberst?«

»Ich meine, Sie können sich sein Bild von mir aus an die Wand hängen. Hier kann er uns sowieso nicht mehr helfen.«

Graupner stand unvermittelt auf. Seine Beine waren steif vor Kälte. Er massierte eine Zeitlang seine Knie, dann stapfte er langsam in der Stube hin und her. Sein dichtes, graumeliertes Haar stand widerborstig von dem mächtigen Schädel ab. Er wirkte wie ein gefangener Löwe, für den es zwecklos geworden war, seine Kraft zu gebrauchen.

»Glauben Sie mir, Stiebing, was wir jetzt hier erleben, das ist der Anfang vom Ende. Ich wußte es schon immer, auch als wir noch siegreich vorwärts stürmten. Aber daß es so schnell gehen würde, ahnte ich nicht. Jetzt beginnt sich der Größenwahn zu rächen. Jetzt setzt die Götterdämmerung ein. Das Erwachen wird furchtbar werden! Wenn die Front zusammenbricht ...«

Stiebing verstand den Kommandeur nicht. Wie konnte man nur so skeptisch sein? Das Reich war auf dem Höhepunkt seiner Macht. Es beherrschte praktisch ganz Europa. Deutsche Truppen standen von Narvik und dem Nordkap bis nach Afrika, von der Biskaya und den Pyrenäen bis zum Kaukasus. Was konnte es da schon ausmachen, wenn aus taktischen Gründen irgendwo die Front ein Stück zurückgenommen wurde ...

»Verzeihen Sie, Herr Oberst«, erwiderte er, »aber von einem Zusammenbruch der Front kann man bestimmt nicht sprechen.«

»Nicht? Haben Sie die Haufen gesehen, die heute den ganzen Tag hier durchgezogen sind? Glauben Sie, daß man mit dieser Truppe noch lange Krieg führen kann? Ich kenne diese Stimmung, Stiebing, ich habe sie 1918 schon einmal erlebt. Das ist die beginnende ›Rette-sich-wer-kann-Stimmung‹. Dabei kann man's den Leuten noch nicht einmal krummnehmen. Der Krieg hat schon zu lange gedauert. Und die Männer sind zu weit weg von zu Hause. Jeder rechnet sich bereits aus, wie weit er noch zu laufen hat. Jeder fürchtet, nicht mehr rechtzeitig aus dem Kessel 'rauszukommen. Das demoralisiert die beste Truppe. Dazu kommen die sinnlosen Zerstörungen, die die Leute jetzt ständig erleben. Stellungen, die sie mit ihrem Blut erkämpft und im Schweiße ihres Angesichts ausgebaut haben, werden gesprengt. Waffen und Geräte, die sie wie ihren Augapfel hüten mußten, werden massenweise vernichtet. Benzin- und Lebensmittelvorräte werden in die Luft gejagt, obwohl zu Hause keiner mehr satt zu essen hat. Fahrzeuge werden angezündet, Ausrüstungen verbrannt — und warum? Weil unsere Oberste

Führung sich aus Prestigegründen nicht entschließen konnte, rechtzeitig das eigene Desaster einzugestehen. Wie soll der einfache Mann diesen Irrtum verstehen?«

Der Oberst trat ans Fenster. Sein Finger stieß hart gegen die verstaubte Scheibe.

»Sehen Sie die Feuer dort drüben im Nachbardorf? Das sind keine russischen Anlagen, die angezündet wurden, sondern deutsche Wehrmachtsfahrzeuge. Wertvolle Fahrzeuge und unersetzbares Material. Und warum? Weil ein paar Liter Benzin fehlen. In Mosdok aber hat man das Benzin tonnenweise in die Luft gejagt, weil dort wiederum die Fahrzeuge zum Abtransport fehlten. Ein heller Wahnsinn. Solche Feuer werden uns jetzt ständig begleiten. Brandopfer der Hybris.«

Oberst Graupner war so erregt, daß er nicht weitersprechen konnte. Sein Gesicht hatte alle Farbe verloren.

Als er fortfuhr, klang seine Stimme tonlos.

»Heute mittag wurde ein neues Flakgeschütz gesprengt. Warum? Nur, weil die Zugmaschine eine Panne hatte. Eine Lappalie, die in jeder Werkstatt in kurzer Zeit zu beheben wäre. Ein neues Geschütz, eben erst aus der Heimat gekommen! Wissen Sie, was das kostet? Wissen Sie, was das heißt?«

Der Oberst warf einen kurzen Blick auf die Uhr, dann griff er brüsk zu einer Liste, die auf dem Kartenbrett lag. Er reichte das Papier seinem Adjutanten, ohne ihn dabei anzusehen.

»Und nun müssen auch wir unseren Beitrag zu dem großen Feuerzauber leisten.«

Die Stimme des Kommandeurs wurde hart:

»Dies, Herr Oberleutnant, ist die Aufstellung unserer Fahrzeuge, die gesprengt werden.«

Oberleutnant Stiebing konnte ein leichtes Zittern der Hand nicht unterdrücken, als er die Liste vom Kommandeur entgegennahm. Er wußte, daß die Sprengung der Fahrzeuge das Ende des Stabes bedeuten würde.

»Machen Sie es schnell«, befahl der Oberst mit verhaltener Erregung. »Sehen Sie vorher aber genau die Tanks nach. Wo noch ein Rest von Sprit ist, wird leergepumpt. Es kommt auf jeden Tropfen an. Mitgenommen wird lediglich ein geländegängiger Kübel, ein Meldekrad und ein kleiner Funkwagen. Wenn der ausgepumpte Sprit nicht reicht, wird auch der Funkwagen gesprengt. In diesem Fall kommt ein Tornistergerät auf den Kübel. Alles klar?«

Der Adjutant machte eine knappe Verbeugung.

»Noch eines, Stiebing. Oberleutnant Maier geht selbstverständlich mit den Männern zu Fuß. Knappstes Marschgepäck. Alles andere wird verbrannt.«

»Zu Befehl, Herr Oberst.«

Hackenklappen, dann fiel die Tür ins Schloß.

Oberst Graupner sah durch die schmutzigen Scheiben in die Nacht. Er hatte die Hände auf dem Rücken verschränkt, die Schultern hochgezogen und stand unbeweglich. Alles in ihm war leer. Seine Haltung verriet das ganze Maß seiner Verbitterung und Einsamkeit.

Es klopfte. »Ja«, sagte der Oberst.

Knarrend öffnete sich die Tür. Eine helle Stimme:

»Gefreiter Kleebusch meldet sich zurück!«

Der Oberst fuhr herum.

»Kleebusch!«

Er betrachtete den jungen Soldaten wie eine Erscheinung. Er hatte es nicht für möglich gehalten, ihn noch einmal vor sich zu sehen. Ohne die weitere Meldung abzuwarten, ging er auf ihn zu.

»Wo ist Krummbier? Ist er nicht mit zurückgekommen?«

»Doch, Herr Oberst. Krummbier ist draußen bei Herrn Oberleutnant Maier.«

»Gott sei Dank.« Der Oberst atmete erleichtert auf. »Wir hatten Sie schon aufgegeben, Kleebusch. Wie haben Sie nur den weiten Weg zurück geschafft?«

»Mit dem Wagen, Herr Oberst.«

»Hat Sie jemand mitgenommen?«

»Nein, wir hatten doch den Lkw.«

»Unseren Wagen? Sie sind mit dem eigenen Lkw zurückgekommen? Aber die Brücke über den Kanal war doch gesprengt, und in Mosdok saß schon der Russe. Wie sind Sie denn in des Dreiteufelsnamen durchgekommen?«

Quer durch die Steppe, Herr Oberst. Wir haben Mosdok umgangen und sind in südwestlicher Richtung auf die Bahnlinie gestoßen. In Prochladnaja haben wir dann Benzin gefaßt.«

»Benzin?« fragte der Oberst. »Menschenskind, sagten Sie Benzin? Sie sind heil zurück, haben den Wagen mitgebracht und sogar Sprit drauf?«

»Jawohl, Herr Oberst.«

»Das ist ja . . .« Die Gestalt des Kommandeurs straffte sich. Alle Müdigkeit war jetzt verflogen. »Stiebing!« rief er, »Kleebusch, sagen Sie Oberleutnant Stiebing sofort Bescheid. Alle Fahrzeuge auftanken. Sprengkommando zurück!«

Kleebusch grinste.

»Herr Oberleutnant Stiebing weiß bereits Bescheid.«

Aufgeregtes Gerenne, heisere Rufe, hektisches Geklapper. Scheinwerfer leuchten auf, Benzinpumpen werden in Bewegung gesetzt, Kanister von Hand zu Hand geschwungen. Geglucker, Schraubengequietsche, Spritgestank. Die Fahrer haben alle Hände voll zu tun.

Der dicke Ede sitzt auf dem Fernsprechwagen. Mit seinem fetten Ranzen paßt er kaum auf den schmalen Platz. Er lutscht melancholisch Verpflegungsbonbons. Hinter ihm hockt mit angezogenen Knien der lange Fibus und döst vor sich hin.

»Na, du Schlot«, begrüßt Ede Kleebusch. »Hast ja mal wieder Massel gehabt.«

»Wieso?«

»So 'ne Masche für euch. Da wär ich ganz gerne mit von der Partie gewesen. Fahrt tagelang in der Weltgeschichte 'rum und könnt auf eigene Faust organisieren. Und wir?«

»Ihr habt inzwischen gepennt, wie ich dich kenne.«

»Denkste. Uns hat der Maier ganz schön den Arsch aufgerissen. Weil ihm der Alte mit dem Kriegsgericht gedroht hat, mußten wir ständig mit der Nase in den Dreck. Kennst doch den Radfahrer. Jeden Tag Rabatz. Ihr habt wirklich Schwein gehabt, daß ihr nicht beim Haufen wart.«

Ede bricht ab. Der Chef taucht auf. Oberleutnant Maier mit Adlerblick, in der Hand das unvermeidliche Stöckchen. Mit Stakelschritten stelzt er sofort auf Kleebusch zu.

»Na also, Kleebusch. Ich hab' ja gleich gesagt, daß Sie es schaffen. War es schwierig?«

»Es geht, Herr Oberleutnant.«

»Na ja.« Maier bläst die Luft durch die Nase. »Hauptsache, Sie sind wieder da. Wir haben wirklich Blut geschwitzt um Sie.«

Affenarsch, denkt Kleebusch. Er weiß genau, warum der falsche Fuffziger Blut geschwitzt hat.

»Ich habe noch etwas für Sie, Herr Oberleutnant.« Kleebusch geht zu dem Lkw und holt die Zigaretten hervor. Mit Schwung drückt er Maier das Paket in die Hände. »Die fünfhundert Krimzigaretten, die Sie uns mitgegeben haben. Wir haben sie nicht gebraucht.«

Oberleutnant Maier lächelt gönnerhaft.

»Können Sie behalten, Kleebusch. Die haben Sie sich beide wirklich verdient.«

Er streckt dem Gefreiten das Paket wieder hin.

Kleebusch jedoch fühlt sich vom Teufel geritten. Ihn juckt das Fell. Er möchte dem Kerl eins auswischen. Er hat es sich lange überlegt. Jetzt ist die Gelegenheit da. Seelenruhig ignoriert er die Geste des Chefs. Mit kalter Stimme sagt er:

»Den Dank, Herr Oberleutnant, begehr' ich nicht.«

Es dauert Sekunden, bis Maier kapiert hat. Er japst. Die Beleidigung trifft ihn wie ein Peitschenhieb. Seine Augen schießen Blitze. Es liegt ein gefährliches Feuer in diesen Blitzen.

»Sie wollen die Zigaretten nicht nehmen?«

»Nein, Herr Oberleutnant.«

»Aha!« Maier stößt die Luft zischend durch die Nüstern. »Sie glauben also, mich provozieren zu können. Na schön! Weil Sie ein paar Liter Sprit besorgt haben, und der Oberst Sie gelobt hat, glauben Sie, sich Frechheiten herausnehmen zu können. Aber Sie täuschen sich, Bürschchen. Wir werden noch abrechnen. Wir werden noch ganz gehörig miteinander abrechnen, verlassen Sie sich darauf.«

»Jawohl, Herr Oberleutnant«, sagt Kleebusch ironisch.

Maier verschlägt es den Atem. Er will etwas erwidern, aber er findet nicht die richtigen Worte. Mit knarrendem Geräusper macht er kehrt. Die Zigaretten unter den Arm geklemmt, schießt er davon.

»Uff«, macht Kleebusch und fährt sich hinter die Halsbinde. Er weiß, daß er sich den Chef zum Todfeind gemacht hat. Aber es bekümmert ihn nicht. Er wartet sogar mit Freuden auf die versprochene Abrechnung. Maier soll sich wundern! Er wird ihm dann ganz einfach die Sache mit Marussja und den Teppichen in der Kiste unter die Nase reiben. Das macht ihn bestimmt kirre.

»Mensch, bist du blöd«, stellt Ede nach langer Pause fest. »Fünfhundert Zigaretten! Damit hätten wir drei eine ganze Woche qualmen können. Warum hast du sie bloß nicht behalten?«

»Darum, du Dussel.«

»Versteh' ich nicht. Was haste nu davon? Nischt. Jetzt qualmt der alte Specker, und wir gucken in die Röhre.«

»Quatsch nicht«, unterbricht Baumann von der Vermittlung, der den Auftritt aus dem Hintergrund beobachtet hat. Baumann ist Abiturient und KOB. Er hat volles Verständnis für Kleebusch. »Das war ganz prima, wie der Fritz das gemacht hat. Hätt' ich an seiner Stelle genauso getan.«

»Ich nicht«, sagt Ede.

»Du natürlich nicht. Das geht über deinen Horizont.«

»Was hat denn der Horizont mit den Zigaretten zu tun? Wenn ich fünfhundert Zigaretten in der Hand habe, pfeif' ich auf jeden Horizont.«

Baumann lächelt, aber er verliert nicht die Geduld. Er will Ede überzeugen. Es kommt ihm darauf an, dem alten Freßsack den Sinn einer geistigen Ohrfeige zu erklären.

»Kennst du eigentlich Schiller?«

»Natürlich. Mit dem bin ich in die Schule gegangen.«

»Kennst du vielleicht auch den Handschuh?«

»Welchen? Ich kenne nur den Faust.«

»Laß ihn.« Fibus räkelt sich gelangweilt. »Hat bei dem doch keinen Trichter. Der hört nur auf Leberwurst.«

»Und du nur auf Thema eins«, zischt Ede. »Red' weiter, Baumann. Ich will jetzt wissen, was mit den Handschuhen ist.«

»Paß mal auf, Ede«, bemüht sich Baumann, »die Sache ist die: Da war mal eine Edeldame, Kunigunde hieß sie, die wollte ihren Ritter auf die Probe stellen. Sie warf ihren Handschuh in den Löwenkäfig und verlangte, daß er ihn 'raushole. Der Held stieg tatsächlich in den Käfig und brachte ihr den Handschuh. Als sie ihm dafür um den Hals fallen wollte, warf er ihr den Handschuh ins Gesicht und sagte: ›*Den* Dank, Dame, begehr' ich nicht.‹ Verstehst du das?«

»Natürlich«, sagt Ede. »Den alten Handschuh hätt' ich auch zurückgegeben. Aber fünfhundert Zigaretten?«

Es rollt wieder. Mit abgeblendeten Scheinwerfern rumpelt die Kolonne durch die Nacht. Die Straßen sind frei. Was beweglich ist, hat sich in den letzten Tagen längst aus dem Staub gemacht. Seltsam ist nur, daß nichts vom Feind zu merken ist. Der Russe rückt nur langsam nach. Kein Überfall von der Flanke. Kein Angriff aus der Luft. Nichts. Lautlose Flucht und lautlose Verfolgung. Es liegt etwas Unheimliches in dieser Lautlosigkeit.

Nach wenigen Stunden hat die Kolonne aufgeholt. Die Nachzügler der vorangegangenen Trecks sind erreicht. Es gibt Stockungen und Verstopfungen. Schleppendes, verzweifeltes Kriechen durch den Dreck. Motoren jaulen im ersten Gang, Kräder knattern, Panzer mahlen. Dazwischen Pferdegewieher, Fluchen der Fahrer, lautes Schreien der Transportführer.

Für Kleebusch und Krummbier hat der Kommandeur gesorgt. Nach ihrem Bravourstück sollen sie sich während des Fahrens auspennen können. Deshalb sitzt Hannes Krummbier auf dem Tankwagen, den jetzt Fellhammer steuert. Und Fritz Kleebusch hat den Platz neben dem Jüngsten, neben Eiermann, auf dem Wetterwagen.

Der Wetterwagen ist ein starkes, geländegängiges Fahrzeug mit einem komfortablen Kastenaufbau, grau gestrichen, mit kleinen Fensterluken, Verdunkelungsrollos und allen Schikanen. Er war der Arbeitsraum des Wettertrupps. Aber den Wettertrupp gibt's nicht mehr. Er ist aufgelöst. Die Wetterfrösche sind auf die Abteilungen verteilt oder Werferführer geworden. Die Geräte, die in Kisten und Kasten hinten im Wagen liegen, sind so überflüssig wie ein Kropf. Beim Rückzug braucht man keine Wetteranalyse mehr. Jetzt merkt jeder auch so, woher der Wind weht.

Kleebusch ist hundemüde. Trotzdem kann er nicht schlafen. Manchmal, wenn der Wagen krachend durch ein Loch fährt, hört er hinten die Kisten rumpeln. Bei diesem Geräusch muß Kleebusch an allerlei denken. Zum Beispiel daran, daß da hinten auch die große Kiste von Maier steht, die Kiste mit den handgeknüpften kaukasischen Teppichen. Die Teppiche füllen die Kiste nur halb. In dem freien Raum hätte gut und gern ein Mensch Platz. Und dieser Mensch könnte Marussja sein...

Marussja!

Ich hätte es getan, denkt Kleebusch. Ich hätte es ganz bestimmt getan! Wenn Maier mit der verdammten Spritsache nicht gewesen wäre, hätte ich mir die Marussja unter den Nagel gerissen. Ich hätte sie auf die Teppiche gelegt und mitgenommen. Scheiß auf alle Vorschriften, scheiß auf den ganzen Krieg! Ich war immer ein anständiger Soldat. Viel zu anständig für diesen lausigen Krieg. Jetzt ist er ohnehin verloren. Jetzt ist schon alles egal. Ich will leben. Jeden Tag kann das bißchen Leben zu Ende sein. Dann will ich wenigstens was davon gehabt haben. Ich will spüren, daß ich lebe. Ich will merken, daß ich ein Mann bin. Die nächste Gelegenheit lasse ich mir nicht entgehen. Ich hole mir, was ich brauche, und wenn es mit Gewalt sein muß. Die anderen machen es auch nicht anders. Wenn Maier keine Skrupel hat, brauche ich auch keine zu haben. Was der Einheitsführer kann, kann ich schon lange.

Fritz Kleebusch zündet sich eine Zigarette an. Im Schein des Feuerzeugs blickt er auf Eiermann. Ihm fällt erst jetzt auf, daß der Junge so schweigsam ist. Er hat die Mütze auf dem Schoß liegen. Seine semmelblonden Haare hängen ihm in einer weichen Welle in die Stirn. Über seinem Gesicht liegt ein seltsamer Glanz. Es ist, als sei es von innen verklärt. Sein Mund steht ein wenig offen. Die Lippen sind feucht und lächeln in stiller Verschämtheit. So lächeln nur unschuldige Kinder oder Engel, denkt Kleebusch.

Er pufft den Kameraden in die Rippen.

»He, Dotter — was ist los?«

»Nichts. Was soll denn los sein?«

»Du siehst aus wie ein Teddybär mit Plüschohren. Wie ein Hosenmatz, dem der Weihnachtsmann begegnet ist.«

»Hast du was dagegen.«

»Im Gegenteil, ich bin doch 'n Kinderfreund. Mich wundert nur, daß du bei dem Mist ringsum so stillvergnügt vor dich hinlächeln kannst. Neulich hast du dich noch aufgeplustert, als Hannes behauptete, es ginge zurück. Inzwischen mußt du doch gemerkt haben, wie der Hase läuft.«

»Natürlich hab' ich es gemerkt.«

»Und es macht dir nichts mehr aus?«

»Man gewöhnt sich an alles. Es kommt nur auf die Umstände an.«

»Welche Umstände?«

»Es kann alles noch sein Gutes haben, sag' ich mir. In jedem Teig sind Rosinen ...«

»Nanu.« Kleebusch blickt den Kameraden mit runden Augen an. »Die Rosinen möcht ich sehen.«

Eiermann antwortet nicht. Er lächelt weiter vor sich hin. Das Lächeln regt Kleebusch allmählich auf. Er möchte endlich wissen, was dahinter steckt. Es muß etwas sein, das den Jungen völlig verwandelt hat.

»Hast du irgend etwas organisiert?«

»Vielleicht.«

»Was Gutes?«

»Mhm.«

»Hast du's dabei?«

»Ja.«

»Kann ich was davon abkriegen?«

Eiermann schweigt. Er tut so, als müsse er sich ganz auf die Straße konzentrieren. Er hält das Steuer in der Hand und schaut nur stur geradeaus. Aber in seinen Mundwinkeln sitzt immer noch das vermaledeite Lächeln.

»Knallkopp!« Kleebusch ist eingeschnappt. »Steck dir's von mir aus an den Hut. Aber das eine sag' ich dir — von mir kannst du auch nichts mehr erben!« Ostentativ wendet er sich ab, legt den Kopf in die Ecke und versucht zu schlafen.

## 4

Am nächsten Tag gibt's große Aufregung.

Sie haben in einem langgestreckten Ort Quartier bezogen. Die ganze Dorfstraße ist verstopft mit Fahrzeugen. In den Häusern liegen die Landser schon fast übereinander. Keiner kennt den anderen. Die verschiedensten Einheiten sind durcheinandergewürfelt. Artillerie, Infanterie, Pioniere, Bautrupps. Fast alle Männer sind die ganze Nacht marschiert und völlig durchgedreht. Sie liegen kreuz und quer, in voller Montur. So, wie sie angekommen sind, haben sie sich hingehauen. Obwohl die Sonne hoch am Himmel steht und auf der Straße ein Lärm herrscht wie in einer Autowerkstatt, brummen die meisten wie die Ratten.

In diese Situation platzt die Sensation.

Die Sensation kommt von Ede.

Ede rennt aufgeregt von Haus zu Haus. Wo er einen vom Haufen findet, rüttelt er ihn wach und winkt ihn auf die Straße. Bald ist der ganze Regimentsverein zusammen.

Aufgeregt erklärt Ede, was er entdeckt hat. Ein paar hundert Meter abseits vom Ort liegt die Kolchose mit der Traktorenstation. In der Mitte der Kolchose erhebt sich ein festes Gebäude, das Depot oder das Magazin, wie Ede sagt. Vielleicht auch die Schule des Dorfes. Jedenfalls hat das Haus viele Zimmer, und jedes Zimmer soll bis unter die Decke mit den herrlichsten Sachen angefüllt sein. Das Verpflegungslager der Division.

»Ihr macht euch keinen Begriff, was da liegt.« Ede ist ganz aufgeregt. Seine Lefzen beben. Der Speichel läuft ihm im Mund zusammen. »Ich hab' durch die Fenster gespitzt. Überall Büchsen, Flaschen, Kisten, Kanister. Schnaps und Likör. Schokolade und Zigaretten. Kaffee und Speck. Mir blieb fast die Luft weg. Mein Magen hat richtig Männchen gemacht.«

»Na und?« fragt Fibus. »Sollen wir da einbrechen?«

»Blöder Lulatsch, wer spricht denn von einbrechen? Das wird doch gesprengt.«

»Was wird das?«

»Gesprengt! Hörst du schlecht? Am Nachmittag soll die ganze Herrlichkeit in die Luft fliegen. Ich weiß es von einem Posten dort. Sie haben schon alles unterminiert. In jedem Raum liegen Sprengladungen. Aus jedem Fenster hängen die Zündschnüre. Ein Druck aufs Knöpfchen, und alles fliegt zum Himmel. Fressalien für die ganze Division. Marketenderware für zehntausend Mann. Wißt ihr, was das heißt?«

Die Kumpels wissen es. Sie vergessen vor Aufregung fast das Schnaufen. Sekundenlang herrscht Stille wie in einer Kirche. Jeder macht sich seine eigenen Gedanken. Jeder kaut im Geist schon Schokolade, trinkt Likör aus der Flasche oder schlägt sich mit Delikatessen den Bauch voll. Eine wirklich aufregende Sache. Eine ganz unvorstellbar aufregende Sache.

Ede schaut sich erwartungsvoll im Kreise um.

»Worauf warten wir noch?« fragt Hannes Krummbier. »Auf Kameraden, ins Schlaraffenland!«

»Moment«, unterbricht Ede und kratzt sich nervös seinen fetten Ranzen. »Die Sache hat nur einen Haken. Vor dem Eingang steht so 'n Zahlmops und läßt keinen 'rein.«

»Warum nicht?«

»Frag ihn doch selbst.«

»Aber wenn doch alles in die Luft fliegt?«

»Er gibt nur an Einheiten aus, gegen Bescheinigung und Quittung. Alles andere ist Plünderung, sagt er.«

»Wieso Plünderung?«

»Sagt der Zahlmops.«

Jetzt mischt sich ein fremder Landser ein, der mit einigen Kameraden vorüberkommt.

»Gebt euch keine Mühe«, sagt er sarkastisch. »Wir haben's auch schon versucht. Der Verwaltungshengst ist stur wie 'n Panzer. Er hat alle Bestände neu aufgenommen und in ein dickes Buch eingetragen. Das Buch trägt er unter dem Arm. Wenn der Laden in die Luft fliegt, muß alles stimmen, was in dem Buch steht. Wenn da steht: tausend Flaschen Schnaps gesprengt, dann müssen es auch tausend Flaschen gewesen sein. Wenn wir vorher eine wegnehmen, dann würde ja das Buch nicht mehr stimmen. Dann hätte er womöglich eine Falschmeldung abgegeben.«

»Typisch Kommiß«, meint Baumann. »Ordnung muß sein bei den Preußen — und wenn die ganze Welt untergeht.«

Immer mehr Landser drängen sich um den Kreis. Erregte Stimmen werden laut.

»Nehmt den Zahlmops doch einfach hops, wenn er nicht spurt!«

»Klar. Eine von hinten übern Nüschel, und nischt wie 'rin in die Bouletten. Wir haben's ja gelernt, wie man einen stehend freihändig umlegt.«

Einige lachen.

»Umlegen ist immer gut. Alles nach HDV. Saugend und schraubend seinen Hals umfassend und dann Druckpunkt nehmen. Zum Schluß Augen auf, Finger lang ...«

Ein wildes Gejohle hebt an.

»Hängt den Zahlmops auf, und 'rin ins Vergnügen! Auf was warten wir noch? Ohne Tritt marsch!«

Der Haufen setzt sich in Bewegung und zieht durch das Dorf zur Kolchose. Unterwegs schließen sich noch andere Landser an. In Kompaniestärke erscheinen sie vor dem Verpflegungsdepot.

Der Stabszahlmeister, dem das Lager untersteht, sieht die Männer schon von weitem kommen. Er hat ein Gesicht wie ein Pinguin. Auf der langen Nase sitzt eine randlose Brille mit goldenen Bügeln. Die Gläser blitzen in der Sonne. Seine Uniform ist tadellos geschneidert und von makelloser Sauberkeit. Der kleine Spitzbauch wird von einem runden Koppel gestützt. Der beamtete Soldat, wie er im Buch steht. Während die Männer anrücken, postiert er sich breitbeinig vor den Treppenstufen des Eingangs, die Hand vorsichtshalber an der Pistolentasche. Ihm schwant von Anfang an nichts Gutes.

»Halt!« ruft er, als der Haufen auf zwanzig Schritte herangekommen ist. »Was wollen Sie?«

Ein bärtiger Landser drängt sich vor. Er hat ein wildverwegenes Gesicht. Auf seiner Brust prangt ein ganzer Klempnerladen. EK I, Verwundetenabzeichen, Nahkampfspange. Im Knopfloch das Band des Rollbahnordens. Dazu zwei Streifen am Ärmel für vernichtete Panzer. Mit heiserer Stimme ruft er zurück:

»Wir wollen Verpflegung fassen!«

»Haben Sie eine Anweisung?«

»Für Verpflegung nicht, aber fürs Massengrab.«

»Halten Sie Ihren frechen Mund. Wenn Sie keine Anweisung haben, bekommen Sie hier nichts. Wenn Sie was wollen, müssen Sie es über Ihren Einheitsführer anfordern.«

»Unser Einheitsführer ist seit vorgestern im Himmel.«

»Dann tut es mir leid.«

»Mir auch«, sagt der Bärtige und zeigt lachend sein Gebiß. »Meine Kameraden hier verstehen nämlich keinen Spaß in solchen Dingen. Sie stehen auf dem Standpunkt, daß all die leckeren Sachen dort drin nicht dafür gemacht sind, um von einem wildgewordenen Verwaltungsheini in die Luft gesprengt zu werden.«

Der Stabszahlmeister verfärbt sich. Er wird rot wie ein frischgebrühter Hummer.

»Was erlauben Sie sich! Wissen Sie überhaupt, mit wem Sie reden?«

»Nee«, sagt der Bärtige gedehnt. »Woher soll ich das wissen? Solche Figuren wie Sie haben wir vorne nie gesehen.«

Die Landser glucksen vor Begeisterung. Das sind endlich mal Töne, die ihnen gefallen. So etwas haben sie bisher nie gehört. Die ganze Wut auf die geleckten Verwaltungsbonzen bricht durch. Sie fuchteln mit den Fäusten durch die Luft und treten vor gespannter Erwartung von einem Fuß auf den anderen. Die reinste Affenmeute.

»Buh — buh!« schreien einige im Chor.

»Ich weiß, was das für einer ist«, ruft ein alter Oberschnapser. »Das ist so 'n Kriegsverlängerungsrat!«

Der Stabszahlmeister verliert jede Farbe. Er ist jetzt so bleich wie ein gehängter Partisan. Seine Brillengläser zittern. Da die Männer immer bedrohlicher auf ihn zukommen, reißt er die Pistole aus der Tasche und hält sie drohend vorgestreckt.

»Noch einen Schritt, und ich schieße!«

»Buh — buh!« machen die Landser.

»Wache!« schreit der Zahlmeister.

Zögernd kommen die Posten des Verpflegungslagers aus dem Portal. Es sind Landesschützen. Alte, in Ehren ergraute Männer. Sie blicken mit großen Schellfischaugen ratlos auf die Landser. Ihre Mäuler stehen vor Schreck offen. Sie wissen nicht, was sie tun sollen.

»Gewehre in Anschlag! Vorgehen!«

Umständlich zockeln die Posten ihre alten Karabiner von der Schulter. Aber keiner bringt die Knarre in Anschlag.

»Wird's bald?« schreit der Zahlmeister außer sich vor Wut.

»Auf unsere eigenen Kameraden?«

»Das sind keine Kameraden, das sind Meuterer! Sie werden der Feldkommandantur übergeben. Wenn Sie nicht sofort gegen die Bande vorgehen, betrachte ich das als Befehlsverweigerung.«

Die Landesschützen blicken den Wütenden unsicher an. Wie geprügelte Hunde stehen sie da. So einen Befehl haben sie noch nie bekommen. Sollen sie ihn ausführen? Es wird ihnen wohl nichts anderes übrigbleiben. Befehlsverweigerung können sie sich nicht leisten. Sie kennen ihren Vorgesetzten. Der läßt nicht mit sich spaßen. Langsam bringen sie die Gewehre in Anschlag.

»Höher, Kameraden«, höhnt einer aus dem Haufen. »Nicht so müde. Wenn ihr die Arme nicht durchdrückt, trefft ihr uns mit euren Spritzen höchstens in die Hühneraugen.«

Die alten Knochen blicken böse. Sie lassen sich nicht gerne verhöhnen. Automatisch gehen die Gewehrläufe höher.

Aber auch die Landser kommen näher. Sie wollen es genau wissen. Einer reißt sich sogar die Feldbluse über der Brust auf.

»Schießt doch, ihr Krüppel — wenn ihr euch traut!«

Der Stabszahlmeister hebt die Hand. Das Maß ist voll. Zwischen den Fronten knistert es vor Spannung. Jeden Augenblick kann es ein Unglück geben.

In dieser Situation taucht ein junger Leutnant auf. Keiner hat ihn vorher gesehen. Er steht da, wie aus dem Boden gewachsen. Unrasiertes Gesicht, zerdrückte Schirmmütze schräg auf dem Kopf, Maschinenpistole unter der Achsel. Typischer

Frontoffizier. Orden auf der Brust, dazu über dem Koppel das Deutsche Kreuz in Gold.

»Was ist denn hier los?« fragt er mit ironischem Unterton in der Stimme. »Bruderzwist im Hause Habsburg?«

Der Stabszahlmeister atmet auf. Er sieht wieder Land. Ein Offizier, das ist die Rettung. Zudem ein Frontkämpfer, reich dekoriert und unerschrocken. Vor dem wird der Sauhaufen schnell Respekt haben.

»Herr Leutnant«, sagt er rasch. »Sie kommen im rechten Augenblick. Das sind Meuterer. Sie wollen plündern. Sie haben mich bedroht.«

»Bedroht?« fragt der junge Offizier. »Ich sehe zunächst nur, daß *Ihre* Leute in Anschlag stehen. Die Männer da unten haben keine Waffen. Wollen Sie nicht zunächst einmal die Gewehre abnehmen lassen?«

»Gewehre ab!« befiehlt der Stabszahlmeister.

Erleichtert lassen die Posten ihre Knarren sinken. Der Landserhaufen aber geht unwillkürlich ein paar Schritte zurück. Die Männer wissen genau, daß jetzt mit wilden Drohungen nichts mehr zu erreichen ist.

»Was wollen die Leute denn plündern?« erkundigt sich der Leutnant.

»Das Verpflegungslager der Division.«

»Divisionsverpflegungslager? Sieh mal einer an! So weit sind wir also schon zurück?«

Einige Landser lachen. Das ist genau die Sprache, die sie verstehen.

»Es soll in die Luft gesprengt werden«, erklärt der Bärtige mit den Panzervernichtungsabzeichen, »obwohl es bis unter die Decke voll ist. Lauter Schokolade, Schnaps und Zigaretten. Alles Sachen, die doch sowieso für uns sind. Das muß sich die Heimat für uns am Mund absparen. Jetzt soll es hochgehen, ohne daß wir ein Stück herausholen dürfen.«

»Stimmt das?« fragt der Leutnant den Verwaltungsoffizier. Der zuckt bedauernd mit den Schultern.

»Meine Vorschriften.«

»Vorschriften interessieren in diesem Fall kaum noch. Wenn alles nach Vorschrift ginge, hätte es gar nicht erst so weit kommen dürfen. Wann soll denn der Laden gesprengt werden?«

»In spätestens zwei Stunden.«

Der Leutnant blickt kurz auf seine Armbanduhr.

»Dann ist ja noch Zeit genug. Los, lassen Sie die Leute 'rein, lassen sie sich 'rausholen, was sie wollen.«

»Jetzt? Nach diesem Auftritt? Sollen die Meuterer auch noch belohnt werden? Bedenken Sie doch, Herr Leutnant, was das für die Moral der Truppe bedeutet. Ich werde auf keinen Fall dulden, daß einer dieser Bande über die Schwelle geht. Nur über meine Leiche!«

»Können Sie haben«, sagt der Leutnant seelenruhig. Er nimmt seine Maschinenpistole ab und hält sie ihm vor die Brust.

Der Stabszahlmeister droht zu platzen. Er bebt am ganzen Körper. Sein Pinguingesicht wabbelt. Hilfesuchend blickt er sich nach seiner Wache um, doch die Landesschützen haben sich bereits verkrümelt. Sie haben die Gelegenheit benutzt, sich stillschweigend abzusetzen.

»Ich werde Meldung über Sie erstatten«, zischt er den jungen Offizier an. »Ich werde Sie wegen tätlicher Bedrohung vors Kriegsgericht bringen. Darf ich sofort um Ihren Ausweis bitten?«

Der Leutnant lacht nur. Er zeigt auf das Deutsche Kreuz in Gold. »Das Spiegelei genügt, wenn Sie mich melden wollen. Es mag Ihnen auch als Beweis dafür dienen, daß ich Ernst zu machen verstehe. Also — geben Sie den Weg nun frei?«

»Ich, ich ...« Der Zahlmeister verheddert sich hoffnungslos. »Das — ist die Höhe! Das ist mir in meiner ganzen Laufbahn noch nicht vorgekommen. Aber das eine sage ich Ihnen — ich weiche nur der Gewalt!«

»Mehr wird von Ihnen auch nicht verlangt.« Der Leutnant schiebt den zitternden Beamten mit der Maschinenpistole auf die Seite. Er gibt den Landsern einen Wink. »Los, Leute — hinein ins Vergnügen. Haut euch den Ranzen voll. Prost, Mahlzeit!«

Er dreht sich um und entfernt sich schnell, ohne einen weiteren Blick in das Verpflegungslager zu werfen.

»Danke, Herr Leutnant«, rufen ihm die Landser nach, dann brechen sie mit Geheul und wildem Feldgeschrei in die Gefilde der Seligkeit ein.

Der Stabszahlmeister aber steht als gebrochener Mann neben dem Tor. Für ihn ist in dieser Stunde eine Welt zusammengebrochen.

»Der bringt sich um«, sagt Hannes Krummbier zu Baumann. »Das überlebt der nicht.«

Doch Baumann winkt ab.

»Mach dir keine Sorge, der erschießt sich nicht. In diesem Krieg zieht keiner die Konsequenzen. Außerdem fühlt sich keiner verantwortlich für das Schlamassel. Der Zahlmops schon gar nicht. Der wird noch stolz sein auf seinen Mut. Er hat protestiert, wie es seine Pflicht ist, und damit basta. Vierzehn Tage später übernimmt er weiter hinten ein neues Verpflegungslager, und das geht immer so weiter, bis er zu Hause ist. Dann zieht er seinen Rock aus, verwahrt ihn gut auf dem Speicher und betätigt sich vorübergehend in der zivilen Verwaltung. Vielleicht werden wir bei ihm nach dem Zusammenbruch unsere Lebensmittelkarten beantragen müssen. Für uns wird man keine Verwendung mehr haben. Aber solche Leute braucht man immer.«

Drinnen im Verpflegungslager herrscht Hochbetrieb. Der Stabshaufen ist fast völlig versammelt. Ede und der lange Fibus, Hannes Krummbier und Fellhammer. Fritz Kleebusch und der blonde Dotter, Baumann, Meißel und Liesegang. Alle sind vertreten. Auch Gesichter, die sonst nur selten zu sehen sind, tauchen jetzt mit einem Male auf. Selbst die Unteroffiziere wimmeln mit herum: Spreitzer, das Biest, der rote Jeschke und Heinz Kolling. Dazwischen fehlt auch die Rübe des Küchenbullen nicht, und nicht das Spitzmausgesicht des Schreibers.

»Bei der Futterkrippe sind alle da«, flachst Krummbier. »Da merkt man erst, wie viele Helden das Vaterland hat.«

Der dicke Ede hat seinen großen Tag. Die Eroberung des Verpflegungslagers ist geradezu sein Benefiz. Sein runder Kopf glüht wie eine Leuchtkugel. Schließlich ist er der Kolumbus, der dieses Schlaraffenland entdeckt hat, und wie der Prophet in der Wüste weist er großzügig seinen Brüdern den Weg zu den Schätzen des gelobten Landes. Seine Wurstfinger grabschen überall herum, hüpfen von einem Fach ins andere, fühlen hier, prüfen da, streicheln über Büchsen und

Flaschen, fahren in Butterfässer und Marmeladeeimer und können sich überhaupt nicht mehr beruhigen. Wo soll man nur anfangen?

Im ersten Raum hat er sich ein halbes Dutzend der kleinen Schweinefleischdosen in die Tasche gestopft, aber im zweiten Raum fliegt alles wieder 'raus. Er entdeckt verlockendere Schätze. Schocacola zum Beispiel. Ist besser und nahrhafter.

Doch auch die runden Schachteln finden nicht lange Gnade. Als er im dritten Raum blinkende Büchsen mit Gänseleber entdeckt, ist es um ihn geschehen. 'raus mit dem süßen Zeug, und 'rein mit der Gänseleber. Es ist wie ein Rausch. Er benebelt die Sinne. Wer soll da noch mit klarem Verstand wählen? Die Masse wirkt einfach erdrückend. Thunfisch, Jagdwurst, Käsetuben, Büchsenschinken, Konfitüren — nichts fehlt, was gut und teuer ist. Ein wahres Paradies für einen Freßsack wie Ede.

»Da kann man mal sehen«, konstatiert Baumann, »was alles in der Etappe hängenbleibt.« Er hebt ein paar Gläser hoch. »Habt ihr jemals kandierte Früchte gesehen? Oder Pasteten? Oder Büchsen mit Trüffeln und Champignons? Ich kann mich nur an Kunsthonig, an Gummiwurst und Stangenkäse erinnern.«

»Man hätte den Laden schon viel früher in die Luft sprengen müssen!« Kleebusch hebt wütend die Faust. »Kaviar, Gänseleber und Saftschinken! Likör, Kognak und Sekt! Im vierten Kriegsjahr! Das gibt's hier draußen nur für die Stabsoffiziere und zu Hause nur für die Parteibonzen! Wenn die Generale so leben müßten wie wir und die Goldfasane wie unsere Mütter und Frauen, wär' der Krieg schon lange aus!«

Fibus kommt plötzlich mit einer Kiste Bier angetanzt.

»Eiermann!« schreit er mit seiner Fistelstimme. »Wo steckt denn der Dotter? Das ist was für ihn.« Der lange Lulatsch quietscht vor Vergnügen. »Da hinten stehen Eier, sag' ich euch, da legt ihr euch glatt hin. Tausend Eier! Ach was — zehntausend Eier! Millionen Eier! Wo steckt denn der Dotter?«

Doch Eiermann ist nicht in der Nähe. Kleebusch hat ihn nur ein paarmal gesehen, wie er mit einer kleinen Kiste verschwand und bald darauf wiederkam. Der macht's richtig, denkt Kleebusch. Der schafft Vorrat und versteckt den Kram im Wetterwagen. Gar nicht schlecht.

Fibus führt einen richtigen Eiertanz auf. Er jongliert die Kiste auf einer Hand über dem Kopf, dabei hüpft er von einem Bein aufs andere. Plötzlich beugt er den Arm wie ein Kugelstoßer. Er wippt mit den Knien, dreht sich in der Hüfte und zählt. Auf »drei« knallt er mit Schwung die ganze Kiste an die Wand.

Es klatscht und kracht. Dutzende von Eiern zerplatzen an der Mauer. Eine dicke Masse aus klebrigem Eiweiß und gelben Dottern läuft die Wand herunter und bildet auf dem Boden einen glitschigen See.

»Wohl wahnsinnig geworden!« schimpft Baumann. »Bist du schon völlig übergeschnappt?«

»Wieso übergeschnappt?« kichert Fibus. »Willst du dir die Eier etwa einlegen oder an den Hut stecken? Ich helfe doch nur bei dem nationalen Vernichtungswerk. Was ich hier an die Wand knalle, brauchen die nachher nicht mehr zu sprengen. Da sparen sie sogar noch Pulver.« Er kichert wieder und leckt sich den beschmierten Daumen ab. »Außerdem macht's Spaß. So eine Gelegenheit kommt nie wieder. Das gibt's in tausend Jahren nur einmal. Überleg doch: Wann im Leben kannst du schon ungehindert Eier an die Wand klatschen? Und in diesen Mengen? Alles kannst du haben — aber Eier zu Tausenden an die Wand? Ich laß es mir nicht nehmen, ich mach' weiter. Ich nütze die Gelegenheit aus.«

Er macht auf dem Absatz kehrt, um aus seinem Eierparadies neue Munition heranzuschaffen. Doch beim nächsten Schritt rutscht er auf dem schleimigen Boden aus und schlägt lang hin. Als er sich wieder hochrappelt, ist er von oben bis unten mit Rührei bekleckert.

»So könnte man dich direkt in die Pfanne hauen«, sagt Baumann und weicht lachend aus. »Jetzt kannst du dich mal mit Genuß selber lecken.«

»Junge, Junge«, brummt Hannes Krummbier und schabt sich das Kinn. »Wenn man sich das so überlegt — letzte Woche hat mir meine Frau geschrieben, daß es auf Abschnitt A wieder ein Ei gegeben hat ... Wenn die das zu Hause sehen könnten. Ob sie dann immer noch an die Ruinen schreiben würden: ›Unsere Herzen brechen nicht‹ ...«

Auch in den anderen Räumen geht es hoch her. Wilde Freß- und Sauforgien werden gefeiert. Die Landser sind völlig außer Rand und Band. Sie aasen in den Delikatessen wie die Sau im Milchtrog. Den Sektflaschen wird der Hals abgeschlagen, der Rest aus dem Kochgeschirr gesoffen. Büchsen werden mit dem Seitengewehr aufgerissen und fliegen nach kurzer Kostprobe wieder in die Ecke. Schokoladenkisten, die mit Blechbändern vernagelt sind, werden verkantet auf die Erde geworfen, bis sie auseinanderplatzen und die Tafeln über den Boden rutschen.

Einer entdeckt aufgestapelte Kaffeesäcke. Kurzerhand schlitzt er sie alle mit dem Messer auf. Rieselnd ergießt sich eine braune Lawine duftender Bohnen auf den Boden. Der Mann steckt eine Handvoll davon in die Hosentaschen, dann latscht er weiter. Die Nachfolgenden waten knietief mit ihren Knobelbechern durch die Kostbarkeit.

Am tollsten aber geht es im Schnapslager zu. Regale über Regale. Bis unter die Decke Flaschen. Batterien von Butülkas. Flaschen, nichts als Flaschen. Wodka, Slibowitz, Kognak. Daneben die herrlichsten Liköre, grüne, rote, gelbe. Verführerische Etiketten auf verführerisch gebauchtem Glas. Die Sonne bricht sich in den durchsichtigen Schätzen und läßt sie wie Rubine und Smaragde leuchten. Es funkelt wie in Ali Babas Juwelenhöhle.

»Großer Gott im Himmel«, stöhnt Ede mit vollem Maul. Er schiebt sich immer noch mit dem Taschenmesser Lage um Lage der weichen Gänseleberpastete auf die Zunge. »Da lagern ja Millionen Räusche. Da reichen ja drei Leben nicht aus, um das alles auszuprobieren. Was machen wir denn bloß?«

Jeder, der zum erstenmal diese heilige Halle des Bacchus betritt, reißt unwillkürlich Mund und Nase auf und bleibt überwältigt stehen. Was sind alle Fressalien und Fettigkeiten gegen diesen berauschenden Anblick? Hier liegenbleiben und saufen! Hier sich einfach den Bauch vollaufen lassen und alles vergessen — den Krieg, den Tod und den ganzen Wahnsinn des Lebens ...

Die Kenner greifen zuerst nach dem Hennessy.

»Drei Sterne sah ich leuchten ...«, summt versonnen ein älterer Unteroffizier. Unter dem Arm trägt er einen Stoß Zigarrenkisten. »Marke Hermann Göring«, sagt er genüßlich. »Dick und rund, mit goldener Bauchbinde und ganz in Lametta gepackt. Möchte bloß wissen, wer die bisher geraucht hat.«

Fritz Kleebusch hat sich zwei Flaschen Sekt geschnappt und geht suchend durch die Räume. Vor einer Tür bleibt er stehen. Sie trägt ein kleines Schild: »Oberzahlmeister Egerland. Eintritt nur nach Anmeldung im Geschäftszimmer.« Hinter der Tür sind seltsame Geräusche zu hören. Ob es dieser Verwaltungsheini ist?

Vorsichtig öffnet Kleebusch die Tür und späht in den Raum. Im gleichen Augenblick bleibt er überrascht stehen.

Hinter dem breiten Schreibtisch des Oberzahlmeisters sitzt Eiermann. Er hat die Stiefel auf den Tisch gelegt und lehnt sich weit in dem bequemen Sessel zurück. Zwischen seinen Lippen hängt eine dicke schwarze Havanna mit goldener Bauchbinde. Neben ihm, auf einem kleinen Aktenbock, stehen drei Flaschen Danziger Goldwasser. Eine davon ist bereits halb geleert.

»Mensch, Dotter«, sagt Kleebusch. »Hier steckst du also ...«

»Komm 'rein, Fritz.« Eiermann winkt gönnerhaft mit der Hand. »Hau dich in den Polstersessel und steck dir eine Zigarre ins Gesicht. Hier drin ist es gemütlicher als in dem Irrenhaus draußen. Findest du nicht auch?«

Kleebusch findet es auch. Er läßt sich krachend in den Sessel fallen. Die Füße legt er wie Eiermann auf den Tisch. Mit der Linken angelt er nach einer der Flaschen, entkorkt sie und steckt sie sich in den Hals. Danziger Goldwasser. Es rieselt wie Samt und Seide durch die Kehle.

Eine Weile schweigen sie. Von den Zigarren steigen hellblaugelockte Luftschlangen hoch. Der Brand ist schneeweiß. Prima Ware. Die beiden jungen Soldaten grunzen vor Behagen. Wie sie so hingefläzt in ihren Sesseln hängen, kommen sie sich wie Generaldirektoren vor. So ist der Krieg schon auszuhalten.

»Fehlt nur noch ein strammes Weib«, findet Kleebusch und läßt die Finger knacken.

Eiermann schweigt. Er lächelt nur. Das Lächeln soll seine Überlegenheit zeigen.

Kleebusch hat die Augen halb geschlossen. Aus schmalen Sehschlitzen visiert er den Kameraden an. Er muß wieder daran denken, wie Eiermann sich verändert hat. Er wirkt plötzlich so erwachsen. Gestern noch war er ein Junge, heute ist er ein Mann. Selbstsichere Gesten, überlegener Blick, gestraffte Züge. Nichts mehr von dem Hitlerjungen Quex, der immer so fickrig durch die Gegend sauste und ewig eingeschnappt schien.

»Was ist eigentlich los mit dir, Dotter?«

»Was soll denn los sein?«

»Du hast doch was.«

»Natürlich hab' ich was.«

»Arsch mit Ohren«, sagt Kleebusch und spuckt aus. Er ärgert sich. Ihm kommt dieses Gehabe schon fast zu großkotzig vor, um echt zu sein.

»Prost!« Eiermann greift zur Flasche. Er hat schon ganz schön einen in der Krone. Sein Milchgesicht glüht.

Draußen rumoren die Männer in den Fleischtöpfen Ägyptens. Es klappert und klirrt. Einige grölen. Im Nebenraum wird mit »drei — vier« ein Lied angestimmt. Mehrstimmig schallt es durch das Haus, als ginge es um ein Wettsingen in Lautstärke.

»Du hast mich heimgebracht,
hast deine Sache gut gemacht —
Nur einen Taler gab sie mir
für die Arbeit vor der Tür ...«

Eiermann hört versonnen zu. Als die letzten Töne verrauschen, nimmt er langsam die Füße vom Tisch. Er beugt den Oberkörper vor und stützt den Kopf in die Hände. Seine Augen sind umflort. Der Mund wird weich und rund, wie bei einem neugeborenen Kind. Er sieht Kleebusch lange an, dann fragt er leise:

»Warst du eigentlich schon mal verliebt, Fritz?«

»Quatsch mit Soße«, antwortet Kleebusch und bläst einen blauen Ring in die Luft. »Ein besseres Tischgespräch fällt dir wohl nicht ein?«

»Weich nicht aus, Fritz. Beantworte mir jetzt meine Frage. Warst du schon mal verliebt?«

»Wenn du es genau wissen willst: schon oft! Es hat mich jedesmal fünf Mark gekostet.«

»So mein' ich das nicht. Ich meine innerlich. So mit dem Herzen, wie man sagt. Mit Leib und Seele.«

»Du sollst mal zum Sani gehen, Dotter. Du hast Fieber und phantasierst.«

»Tu doch nicht so, Fritz. Ich weiß genau, wie dir manchmal zumute ist. Du bist lange nicht so abgebrüht wie die andern. Mit einem von denen dort draußen würde ich auch nie darüber reden.«

»Willst du mir vielleicht erzählen, daß *du* verliebt bist?«

Draußen singen sie wieder. Irgendeiner gibt ein Kommando und sie fangen an zu marschieren. Allmählich entfernt sich der Gesang. Das Klappern der Stiefel wird immer leiser.

»Ja, ich bin verliebt«, sagt Eiermann. Er schließt die Augen und legt die Hände an die Schläfen. »Ich bin wirklich verliebt, Fritz.« Er wiederholt die Worte ganz leise wie einen Refrain: »Ich bin wirklich verliebt ...«

»Du bist besoffen, Dotter. Nach einer Flasche Danziger Goldwasser bin ich auch verliebt. In die ganze Welt!«

»Lach mich ruhig aus, Fritz — es ist tatsächlich so, wie ich sage. Das hat nichts mit dem Alkohol zu tun. Ich hätte das früher auch nicht für möglich gehalten, aber seit ein paar Tagen weiß ich, was Liebe ist. Und nicht nur platonisch. Ich habe alles durchgemacht — habe es mit meinem Herzen und mit meinem Körper gefühlt, alles ...«

»Du hast wahrscheinlich zu nahrhaft geträumt.«

»Nein!« schreit Eiermann und springt auf. Er wankt und muß sich an der Tischkante festhalten. Seine Augen schwimmen. »Du brauchst gar nicht deine dreckigen Witze reißen. Ich weiß, was ich weiß. Ihr habt mich immer ausgelacht, weil ich noch unschuldig bin. Aber ich bin nicht mehr unschuldig. Ich hab' bei unserer Abfahrt was erlebt, was du in deinem Alter wahrscheinlich noch nie erlebt hast!«

Fritz Kleebusch reißt die Augen auf. Ihm kommt ein furchtbarer Verdacht.

»Seit der Abfahrt, sagst du? Warst du vielleicht bei Marussja?«

»Natürlich war ich bei Marussja!«

Er stößt es so laut heraus, daß der Name noch lange im Zimmer nachhallt.

Marussja ...

Dann Stille.

In Kleebusch reißt etwas. Es ist, als wenn eine zu straff gespannte Saite plötzlich springt. Im Nu ist er nüchtern. Er packt den Kleinen bei den Schultern.

»Dotter! Was hast du heute nacht gesagt? Du hast etwas organisiert! Was Schönes mitgenommen! — Marussja?«

Eiermann richtet sich auf. Sein blonder Schopf weht wie eine Fahne.

»Und wenn es so wäre — willst du es mir verbieten?«

»Es stimmt also?«

»Natürlich.«

»Du hast sie in der Teppichkiste versteckt?«

»Woher weißt du ...?«

»Menschenskind!«

Kleebusch ist fassungslos. Er packt eine Flasche Danziger Goldwasser und knallt sie mit aller Gewalt an die Wand. Drohend geht er auf Dotter zu. Am liebsten möchte er den Kerl in Stücke reißen. Er packt ihn bei den Schultern und rüttelt ihn heftig. »Mensch, Dotter — ausgerechnet in dieses Weibsstück hast du dich verknallt?«

»Das ist kein Weibsstück!«

»Ein Dreckstück ist sie!«

»Fritz!« schreit Eiermann und fährt dem Kameraden wütend an den Kragen. »Noch so ein Wort über Marussja, und ich schmier' dir eine.«

»Eine Hure ist sie! Mit Maier hat sie geschlafen! Um mitgenommen zu werden, wäre sie mit jedem ins Bett gegangen!«

Eiermann wird weiß bis unter die Haarwurzeln.

»Das stimmt nicht! Das nimmst du sofort zurück oder ...«

»Oder was?«

Eiermann hebt die Hand. Es sieht aus, als wolle er zuschlagen. Doch plötzlich läßt er den Arm sinken, dreht sich um und zuckt nur verächtlich mit der Schulter.

»Du bist ja nur neidisch, das ist alles. Ich hätte es mir denken können.«

Kleebusch erwidert nichts. Was soll er auch darauf sagen?

Er macht auf dem Absatz kehrt und geht zur Tür. Mit einem Satz kommt ihm Eiermann zuvor und verstellt ihm den Weg.

»Willst du mich verpfeifen?«

»Verpfeifen? Nein«, sagt er so ruhig, wie er es in dieser Situation vermag, »soweit müßtest du mich eigentlich kennen, daß ich das nicht tue. Aber geh mir jetzt aus dem Weg, ich will 'raus.«

»Fritz!«

»Laß mich!«

»Hör mich an, Fritz!«

»Ich will nichts mehr davon wissen. Hast du nicht verstanden?«

Eiermann verlegt sich aufs Bitten. Er packt den Kameraden am Ärmel. »Es war dumm von mir, Fritz. Du darfst das nicht so krummnehmen.« Er überschlägt sich fast vor Eifer. Es sprudelt nur so aus ihm heraus. »Ich weiß, daß du nicht neidisch bist. Aber du mußt auch mich verstehen. Du siehst das alles falsch. Dieses Mädchen ist grundanständig. Sie hat nie etwas mit Maier gehabt, sie hat es mir geschworen. Mit keinem hat sie etwas gehabt.«

»War sie vielleicht noch unschuldig?«

»Das — das weiß ich nicht. Aber ich weiß, daß sie kein schlechter Mensch ist. Wenn sie was mit Maier gehabt hätte, würde sie es mir gesagt haben. Sie liebt mich doch.«

»Weißt du das genau?«

»Sie hat es mir hundertmal gesagt. Aber nicht nur gesagt, sie hat es auch bewiesen. — Ach, du kennst sie ja nicht. Du weißt nicht, wie sie sein kann. Und daß sie mich liebt, kannst du schon daran erkennen, daß sie genau wußte, wer ich bin. Sie hatte mich schon lange beobachtet, ohne den Mut zu finden, etwas zu sagen. Aber was hast du?«

Kleebusch verzieht bitter den Mund. Hatte Marussja das gleiche nicht auch zu ihm gesagt, an jenem Abend, als er so plötzlich abberufen wurde? Er möchte es diesem ahnungslosen Engel am liebsten ins Gesicht schreien, aber er bringt es nicht übers Herz.

»Schon gut, Dotter«, sagt er und legt dem Kleinen müde die Hand auf die Schulter. Er kommt sich in diesem Augenblick vor, als sei er hundert Jahre alt.

»Du bist mir nicht mehr böse?«

»Nein, Dotter.«

»Und es bleibt ganz unter uns?«

»Natürlich, Junge.«

»Ich dank' dir, Fritz. Ich wußte, daß du mich verstehen würdest. Ich bin ja so glücklich. Ich habe nie gewußt, wie schön das Leben sein kann.«

Wankend geht Kleebusch durch die verwüsteten Räume des Verpflegungslagers. Er ist wie benommen. Ihm ist speiübel. Alles um ihn herum dreht sich. Sein Magen macht Handstand, und in seinen Eingeweiden rumort es. Am liebsten möchte er sich den Finger in den Hals stecken und alles herauskotzen.

Das macht das Danziger Goldwasser, sagt er sich. Ich vertrage das Danziger Goldwasser nicht. Ich habe zuviel von diesem Zeug gesoffen. Und außerdem vertrage ich die schwarzen Zigarren nicht. Ich hätte sie nicht auf Lunge rauchen dürfen. Der Dotter kann das besser. Dieser Rotzjunge kann überhaupt alles besser. Ich hätte ihm den Schnaps und die Zigarren um die Fresse hauen sollen.

Eine sinnlose Wut packt ihn. Er weiß genau, daß es nicht das Danziger Goldwasser ist und daß es auch nicht die schwarzen Zigarren sind, was ihm den Magen umdreht. Aber er will nicht weiter denken. Er will nur 'raus. Frische Luft schnappen, sonst platzt er wie ein überhitzter Dampfkessel.

In dem Raum, wo die Kaffeebohnen knietief den Boden bedecken, steht ein besoffener Landser und schlägt ungeniert sein Wasser ab.

»So 'ne Plantage muß auch gegossen werden«, grunzt er und zeichnet mit seinem Strahl dunkle Figuren in die Bohnen.

In der Ecke sitzt einer und protzt ab. Sein Hintern leuchtet vor dem dunklen Grund wie der bleiche Mond über Barakuta.

Kleebusch stolpert weiter. Doch bevor er den Ausgang erreicht, muß er sich übergeben. Er beugt sich über eine Schokoladenkiste, preßt die Fäuste in den Bauch und spuckt das ganze Elend heraus. Danach ist ihm besser.

Eine halbe Stunde später sitzt er mit den Kameraden außerhalb der Kolchose auf einem Holzstoß und atmet tief die frische Luft ein. Die Sonne neigt sich schon dem Zackenkamm des Kaukasus zu. Ganz fern ist das violette Profil des Elbrus zu sehen.

»Uff«, stöhnt Ede und reibt sich seine prallgefüllte Wampe. »Das war 'n Ding. Ein Ding wie 'ne Badewanne! Meiner Lebtag' werd' ich das nicht vergessen. Dafür hat es sich schon gelohnt, bis in die Kalmückensteppe vorzudringen. So eine Mahlzeit kann den ganzen Feldzug aufwiegen.«

Die meisten haben neben sich kleine Pyramiden aus Konservenbüchsen und bunten Flaschen aufgebaut. Sie wollen sie später, wenn es schummrig wird, in den Fahrzeugen verstauen.

Die Infanteristen, die zu Fuß latschen müssen, haben sich die Taschen vollgestopft, daß sie fast aus den Nähten platzen. Manche haben sich Wurstringe um den Hals gelegt und Flaschen und Büchsen wie Handgranaten mit Kabelschnüren ans Koppel gehängt.

Neben Kleebusch sitzt Hannes Krummbier und saugt geräuschvoll an seinem Knösel. Melancholisch betrachtet er seine Beute. »Wenn ich wenigstens einen Teil davon meiner Frau schicken könnte.«

Auch Baumann und Fellhammer hocken in der Runde. Sie sinnieren vor sich hin. Etwas abseits liegt Fibus und verdaut. Nur von Eiermann ist weit und breit nichts zu sehen. Kleebusch ist froh darüber. Er könnte ihn jetzt nicht ertragen. Wenn er sich noch einmal sein verliebtes Gestammel über das verfluchte Russenweib anhören müßte, kämen ihm wieder die Buletten hoch.

»Jetzt rummst es gleich«, sagt Baumann und visiert das große Gebäude an.

Im Verpflegungslager entsteht Bewegung.

Die Posten ziehen sich aus dem Haus zurück und heben warnend die Hände. Man sieht deutlich, wie die letzten rennen und dann volle Deckung suchen. Ein Hornsignal ertönt. Gespannt blicken die Männer auf das Gebäude. Friedlich liegt es im schrägen Licht. In den schmalen Fenstern blitzt die Sonne. Mit seinen weißgekalkten Mauern könnte es ein Sanatorium sein, ein Haus des Ausruhens und der Erholung.

Plötzlich scheint sich das Haus zu heben. Die Wände blähen sich auf und werden rund wie bei einem Ballon, der mit Gas gefüllt wird...

Im nächsten Augenblick ist nichts mehr zu sehen. Eine Wolke von Staub, Rauch und Dreck hüllt alles ein. Gleichzeitig gibt es einen ohrenbetäubenden Donnerschlag. Die Luft schlägt Wellen und läßt die Bäume wie Grashalme wehen. Von der gewaltigen Detonation werden fast die Ohren taub. Unwillkürlich schließt Kleebusch die Augen.

Als er sie wieder öffnet, steht ein ungeheurer Rauchpilz über dem Lager. Das große Gebäude ist weggewischt. Geblieben ist ein breit auseinandergezogenes Trümmerfeld. Es regnet kleine Steinchen vom Himmel. Ganz allmählich formt sich der Explosionspilz zu einer länglichen Wolke, die langsam mit dem Wind nach Osten segelt.

»Wo steckt denn eigentlich der Dotter?« fragt Hannes Krummbier und blickt auf Kleebusch.

»Woher soll ich das wissen?«

»Warst du nicht zuletzt mit ihm zusammen?«

»Nee, ich bin früher 'raus. Mir war auf einmal zum Kotzen übel.«

»Seltsam«, sagt Baumann. »Ins Dorf ist er sicher nicht zurück. Ich bin als erster 'raus und sitze schon die ganze Zeit hier. Hast du ihn nicht gesehen, Ede?«

»Mensch«, grinst der Dicke, »ich hab' was anderes zu tun gehabt, als auf kleine Kinder aufzupassen.«

Krummbier nimmt die Pfeife aus dem Mund und kratzt sich stirnrunzelnd den Bart. »Hast *du* ihn vielleicht gesehen, Langer?«

Fibus schüttelt die Mähne, ohne sich umzudrehen.

»Aber irgendwo muß er doch stecken. Wo war er denn?«

Fellhammer erinnert sich, ihn zuletzt ganz hinten in einem kleinen Extrazimmer gesehen zu haben. »Die Tür stand sperrangelweit offen. Er hockte in einem Sessel und hatte die Beine auf dem Tisch. Er fuchtelte mit einer Likörflasche in der Luft herum und hat immerzu gesungen.«

»War er besoffen?«

»Angesäuselt sicher. In einem fort schmetterte er denselben Vers: ›Kinder, ist das Leben schön, Leben schön, Leben schön . . .‹«

»Wann war das?«

»Ich weiß nicht genau. Sicher kurz bevor das Signal kam, daß alles 'raus muß.«

Da springt Baumann auf und rennt fort.

»Wo willst du denn hin?« schreit ihm Krummbier nach.

»Ins Dorf. Vielleicht ist er doch da. Wir müssen es jetzt genau wissen.«

»Aber das ist doch überflüssig. Wenn er kurz vor dem Signal noch im Bau war, kann er nicht im Quartier sein. Du hast doch selber gesagt ...«

Baumann hört ihn nicht mehr. Er rennt wie besessen. Er weiß, daß es hoffnungslos ist, aber er muß etwas tun.

Keiner von den Zurückgebliebenen spricht ein Wort. Kleebusch stützt den Kopf in die Hände und schließt die Augen. Er merkt, daß er zittert. »Das ist nicht möglich, betet er vor sich hin. »Das kann doch nicht möglich sein, mein Gott — das darf nicht wahr sein.«

Zehn Minuten vergehen. Endlich kommt Baumann zurück. Er ist völlig außer Atem. Verstört schüttelt er den Kopf.

»Nichts. Nicht im Quartier und nicht bei den Wagen. Ich hab' überall herumgeschrien. Er muß tatsächlich dringeblieben sein ...«

»Dotter!« schreit Kleebusch. »Eiermann!« Er rennt wie verrückt hin und her. Wo noch ein paar Landser zusammenstehen, fragt er nach dem blonden Jungen. Aber keiner hat ihn gesehen, alles ist umsonst.

Eiermann bleibt verschwunden.

»In die Luft geflogen.« Ede wiegt bedauernd den Kopf. »Einfach in die Luft geflogen ...«

Unwillkürlich schauen alle hinüber zu dem Trümmerfeld. Auf der Erde liegt nur heller Schutt. Darüber strahlt der Himmel in unschuldigem Blau. Die graue Wolke hat sich in Nichts aufgelöst ...

»Friede seiner Asche«, bemerkt Fellhammer trocken.

Betroffenes Schweigen ringsum. Keiner traut sich was zu sagen. Die Stille legt sich lähmend auf die Gemüter. Verlegenes Scharren im Sand. Ab und zu ein leises Räuspern, ein schräger Blick, was die anderen machen. Was soll nun geschehen? So ein Fall ist in keiner Vorschrift vorgesehen.

»Armer Kerl«, knurrt Krummbier leise. »Kaum neunzehn Jahre alt.«

»Hat aber einen schönen Tod gehabt, der Junge«, meint Ede und schneuzt sich laut in sein Sacktuch. »Der hat bestimmt nichts gespürt. So wünsch' ich mir auch mal zu sterben. Mitten im Saufen und mitten drin in den leckersten Sachen. Da rutscht man geölt und gebuttert direkt in 'n Himmel.«

Baumann sieht ihn zornig an. »Du bist schon ein Gemütsmensch, Ede, alle Achtung. Wir reden vom Sterben, und du denkst dabei ans Fressen.«

»Von *was* redet ihr?« fragt Ede gereizt. »Vom Sterben?« Er betont das Wort so, als habe er es noch nie im Leben gehört. Die anderen nicken ihm verständnisinnig zu. Sie wissen genau, was er meint. Dieses Wort, das Ede so seltsam betont, kommt keinem Landser, der in der Scheiße liegt, über die Lippen. Es ist an der Front tabu. Sterben tun die anderen, die zu Hause oder in der Etappe, die einen Pyjama anziehen, wenn sie sich auf ihre Federkernmatratze legen, um in Gottes Namen die Augen zu schließen. Sterben tut man überhaupt nur im Bett. Im Graben aber ist es anders. Der Landser geht einfach drauf, er geht hops oder heidi. Er beißt ins Gras, kriegt einen kalten Arsch und guckt sich die Radieschen von unten an. Wenn's hoch kommt, zieht er in die ewigen Jagdgründe ein. Wo käme man auch hin, wenn man es anders nennen würde. Dann wäre der Krieg nicht auszuhalten.

»Der Ede hat ganz recht«, legt Hannes Krummbier los. »Besser, mit 'ner T-Mine in die Luft, als unter der Erde von den Würmern gefressen werden. Wer nicht im Heldengrab ruht, braucht sich später auch nicht darin umzudrehen, wenn er merkt, daß alles umsonst war.« Er nimmt die Pfeife aus den Zähnen und spuckt geräuschvoll aus. Alle sehen, daß seine Augen rote Ränder haben und verdächtig glänzen, aber jeder ist froh, daß er einen so trotzigen Ton anschlägt. »Mit der Schnapsflasche im Hals zu den Engeln im Himmel fliegen, ist noch lange nicht das Schlechteste. Wir haben schon viele eingebuddelt, die's happiger getroffen hat. Da kann sich der Dotter wirklich nicht beklagen.«

Es dämmert schon, als die Männer ins Dorf zurückkommen. Die meisten haben ihre Beute draußen vor dem Lager stehenlassen. Sie verspüren keine Lust mehr auf die Delikatessen. Nur Ede trägt unerschüttert seine Fressalien unter dem Arm.

»Ich werd's dem Alten melden«, entschließt sich Baumann. Als KOB ist er gewissermaßen der Dienstälteste. Außerdem kann er am besten reden. Er wird es Maier schon so verpassen, daß es keine nachteiligen Folgen für die Einheit hat.

Vor der provisorischen Schreibstube bleiben sie noch eine Weile stehen und palavern.

Fritz Kleebusch sieht alles wie durch einen Schleier. Er hat eine Mattscheibe vor dem Kopf. Die Stimmen der anderen dringen nicht in sein Bewußtsein. Ist ja auch egal. Was wissen denn schon die anderen? Für die war es ganz einfach ein Unfall ...

Nachdem Baumann im Haus des Batteriechefs verschwunden ist, löst sich Kleebusch unbemerkt von der Gruppe. Die Hände tief in die Hosentaschen vergraben, schlendert er die Dorfstraße entlang. Zwanzig Meter vor seinem Quartier bleibt er stehen. Er überlegt. Vor dem Quartier steht der Wetterwagen. Jetzt, nachdem Eiermann nicht mehr da ist, ist es sein Wagen. Der graue Aufbau hebt sich deutlich von dem hellen Putz des Hauses ab. Ein magischer Kasten. Ein Kasten, der ein erregendes Geheimnis birgt. Kleebusch weiß genau, daß seine Gedanken seit dem Unfall nur noch um diesen Kasten kreisen. Er will es sich nur nicht eingestehen. Seit Dotter in die Luft geflogen ist, wühlt der Gedanke an den Wetterwagen in seinem Gehirn. Und nicht nur in seinem Gehirn.

Wie soll er sich verhalten? Was soll mit Marussja geschehen?

Pfeifend schlendert er weiter. Langsam setzt er Fuß vor Fuß. Er pfeift das Lied von der Annemarie und dem Abschiedskuß. »Weil ich dich lassen muß, Annemarie ...«

Niemand achtet auf ihn. Die Straße ist fast ausgestorben. Das Dorf zieht sich bereits die Nachtmütze über. Der Himmel ist aus dunklem Flaschengrün. Hinter den Fensterluken flackern Hindenburglichter. Irgendwo singen ein paar Landser laut und gefühlvoll das Lied von den Abendglocken.

Auf dem Fahrersitz des Wetterwagens liegt Eiermanns Gasmaske. Daneben der Waschbeutel, eine angebrochene Zigarettenschachtel und ein Briefblock. Auf dem Briefblock steht, wie Kleebusch weiß, ein angefangener Brief. »O.U.,

8. Januar 1943. Liebe Mutter ...« Der Brief wird nun, zusammen mit den paar privaten Habseligkeiten und einer entsprechenden Mitteilung von Oberleutnant Maier als dem tiefempfindenden Einheitsführer den Weg in die Heimat antreten: »... daß Ihr Sohn als tapferer Soldat für Führer, Volk und Vaterland auf dem Felde der Ehre gefallen ist ...«

Kleebusch sucht an dem Haken über dem Fahrersitz nach dem Schlüssel für die hintere Tür des Aufbaus. Aber der Schlüssel ist nicht da. Leise geht er um den Wagen herum. Der Schlüssel steckt im Schloß. Wahrscheinlich hat Dotter in der Eile vergessen, ihn wieder abzuziehen.

Die Tür läßt sich lautlos öffnen. Kleebusch steigt ein und knipst seine Taschenlampe an. Kisten und Kasten bis unter die Decke. Alles ist wie eine schützende Mauer aufgebaut. Daneben, auf der linken Seite, ein schmaler Durchgang.

Nicht ungeschickt, denkt Kleebusch und zwängt sich durch das Loch. Ganz im Hintergrund erweitert sich der Gang zu einem freien Platz. Mitten auf diesem Platz steht die überdimensionale Kiste Maiers. Der Deckel ist offen, nirgends rührt sich was.

Stille.

Sie ist weg, denkt er. Er denkt es fast mit einem Gefühl der Erleichterung. Es ist ganz gut so, sagt er sich, daß sie weg ist. Wer weiß, zu welchen Komplikationen es sonst noch gekommen wäre ...

Komplikationen? »Ich weiß nicht«, murmelt er vor sich hin, »ich weiß wirklich nicht, was ich mit ihr gemacht hätte. Es ist auch gar nicht gut, daß sie weg ist. Ist ja alles dummes Zeug, was ich da denke. Heilloser, gottverdammter Quatsch!«

Seine Hände zittern.

Zögernd hebt er die Taschenlampe und leuchtet in die Kiste. Bis zur halben Höhe ist sie mit Teppichen gefüllt. Buntes Gewirk mit leuchtenden Mustern. In der Mitte ist der Teppichstapel eingedrückt. Eine Kule, wie in einem Vogelnest. Kleebusch streicht mit der Hand darüber. Er glaubt noch die Wärme des Frauenleibs zu spüren, der hier gelegen hat.

»Fritz«, hört er hinter sich eine warme Stimme sagen.

Er fährt herum.

»Marussja!«

Sie steht mit geröteten Wangen vor ihm. Anscheinend ist sie gelaufen. Ihre hohe Brust hebt und senkt sich in erregten Atemzügen. In der Hand hält sie eine blanke Konservenbüchse aus dem Verpflegungslager, aus dem Vorrat, mit dem Eiermann in die Luft geflogen ist.

Jetzt erst sieht Kleebusch, daß in der Ecke neben der Kiste ein ganzer Berg von diesen Büchsen steht. Die hat der Dotter, während die anderen fraßen, hierhergeschafft. Er hat gut vorgesorgt, der Junge. Reiseproviant für lange Zeit. Hunger hätte seine Geliebte nicht zu leiden brauchen. Drum konnte er zum Schluß auch so überlegen die Beine auf den Tisch des Zahlmeisters strecken ...

»Eiermann ist tot.« Er sagt es mit trockener Zunge.

»Tot?«

Er hört, wie die Büchse aus ihrer Hand auf den Boden fällt und langsam in die Ecke rollt.

»Ja, tot!« brüllt er außer sich vor Wut. »Mit dem ganzen Plunder da in die Luft geflogen. Und du bist schuld daran, du allein!«

»Ich?«

»Wer denn sonst? Du hast dem Jungen den Kopf verdreht, so, wie du ihn auch mir verdrehen wolltest. Du hast seine Unerfahrenheit ausgenützt und ihn völlig eingewickelt. Du hast ihn so verrückt gemacht, daß er nicht mehr klar denken konnte. Nur deswegen konnte so etwas passieren. Nur durch deine Schuld ist der arme Kerl draufgegangen!«

Es tut ihm gut, ihr alles ins Gesicht zu schreien. Jetzt kann er endlich die ganze Wut abreagieren, die er seit der Abfahrt vom Terek im Bauch hat.

Marussja sagt kein Wort. Mit großen, unschuldigen Augen steht sie vor ihm und blickt ihn regungslos an. Ihr Gesicht glüht, die Lippen glänzen feucht. Über dem hohen Busen spannen sich die Knöpfe der weißen Bluse. Sie hört ihm zu, als verstünde sie seine Sprache nicht.

»Du Hure«, sagt er. »Du dreckige, hundsgemeine Hure.«

Sie steht immer noch schweigend. Keine Regung. Nur die dunklen Augen sehen ihn unverwandt an.

»Anspucken müßte man dich. Dir ins Gesicht schlagen ...«

»Dann schlag doch!«

Er schlägt zu.

Klatschend trifft die Hand mit voller Wucht ihr Gesicht. Sie wankt, richtet sich dann aber auf und blickt ihn voll Unterwürfigkeit an, als warte sie auf den nächsten Schlag.

Da stürzt er unvermittelt auf sie zu und reißt sie an sich. Er schlingt die Arme um ihren heißen Körper und bedeckt ihr Gesicht, ihren Hals und ihre Brust mit leidenschaftlichen Küssen.

## 5

Dieses Land! Diese trostlose Weite! Dieses Nichts im endlosen Raum!

Und weiter geht es, immer weiter. Von einer Öde in die andere. Die Welt scheint aus einer einzigen grauen Steppe zu bestehen, ohne Grenze, ohne Ende.

Manchmal, wenn sie in einem gottverlassenen Nest am Rande der Kalmückensteppe Quartier beziehen, stehen die Männer beieinander und reißen ihre Witze über das Land.

»Geländebeschreibung!« krächzt dann Krummbier im Ton eines Unteroffiziers bei der Instruktionsstunde und leiert getreu nach dem Reibert seinen Vers herunter: »Ich stehe auf einer mit Nichts bestandenen Fläche. Im Vordergrund nichts, im Mittelgrund nichts und im Hintergrund erst recht nichts.«

Man kann es drehen und wenden wie man will, es stimmt immer. Macht man eine Geländeskizze, braucht man mit dem Bleistift nur einen waagrechten Strich durch die Mitte des Blattes zu ziehen. Er stellt die einzig sichtbare Kontur dar: den Horizont. Was darunter ist, ist Erde, was darüber ist, Himmel. Der Arsch der Welt.

Auf dem Vormarsch hatten sie es anders erlebt: den Kaukasus als blühenden Garten. Das war weiter westlich, auf der Linie Krasnodar—Bjeladja—Maikop. Der heiße Herbst hatte das fruchtbare Land nahe dem Schwarzen Meer, im Kuban-Gebiet und im Vorfeld des Gebirges zu strotzender Fülle gebracht. Zuckermelonen, so groß wie Kürbisse. Kukuruzstauden mit armdicken Kolben. Baumwollfelder voll schneeiger Flocken. Die brennenden Früchte des Paprikas. Wogende Meere fetter Weizenähren. Robinienhaine und Rapsfelder. Und dazwischen immer wieder Sonnenblumen, Sonnenblumen, Sonnenblumen.

Oft marschierten sie stundenlang durch ganze Wälder von Sonnenblumen. Stiele, so dick wie Laternenpfähle, Blüten, so groß wie Wagenräder. Selbst Panzer wurden in diesen Blumenfeldern unsichtbar.

Und sie erlebten Pjatigorsk, die steile Fünfbergestadt. Sie sielten ihre Leiber in den warmen Heilquellen von Mineralnyja Wody. Sie ergaben sich süßem Nichtstun in Kisslowodsk, was soviel wie Sauerwasser heißt.

Nach den blutigen Schlachten von Kiew und Charkow, nach den mit großen Opfern erkauften Eroberungen von Kertsch und Sewastopol, nach der verlustreichen Bezwingung des Don und des Manytsch war der Vormarsch in den Kaukasus verhältnismäßig leicht gewesen. Es ging südwärts, der Sonne entgegen, in ein unbekanntes Märchenland.

Nur noch selten kam es zu Kämpfen. Fast unsichtbar hatte sich der Russe zurückgezogen. Die russische Südarmee schien sich in Nichts aufgelöst zu haben. Kaum ein zusammengeschossenes Fahrzeug, nur selten ein verendetes Pferd. Ein meisterhafter sowjetischer Rückzug. Und nirgends eine Spur von willkürlicher Zerstörung. Die breitspurige Eisenbahn war intakt, die Ölmühlen arbeiteten ungestört, in Kolchosen und Sowchosen ging der Betrieb weiter. Das sonnige Land lag ohne die Wundmale des Krieges. Der Russe hatte es geschont. Er wußte, daß er bald wiederkommen würde. Es war, als habe er die deutschen Armeen bewußt in eine Falle gelockt. Der Vormarsch mußte sich von allein totlaufen. Außerdem war ihm am Kaukasusgebirge ein natürliches Hindernis gesetzt. Man brauchte dann nur im Norden den Sack zuzumachen und hatte alles drin.

Es ging so schnell, damals im Herbst, daß selbst die vollmotorisierten Abteilungen kaum nachkamen.

»Wir holen den Krieg überhaupt nicht mehr ein«, hatte Toni Bäumler gesagt, der dann unten am Terek bei einem Feuerüberfall zerfetzt wurde. Und Paulchen Filzer, der im Vorfeld des Gebirges auf eine Mine gelaufen war, hatte schon einen alten Reiseführer über Tiflis gelesen.

Man sprach von subtropischen Gebieten südlich der grusinischen Heerstraße, man sprach vom nahen Persien und von Indien, man sprach vom Aufstand unter der grünen Fahne des Propheten und von Vereinigung mit der Rommel-Armee in Afrika.

Die Welt schien offenzustehen. Damals.

Bis der Iwan am Terek den Vormarsch blutig zum Stehen brachte, und bis weiter oben, bei Stalingrad, die 6. Armee eingekesselt wurde.

Damit war es aus.

Jetzt geht es ebenso schnell rückwärts. In Schnee und Eis und Matsch und Dreck.

In den Befehlen an die fliehenden Truppen steht: »Rückzug auf der Vormarschstraße Nummer soundso — in umgekehrter Pfeilrichtung...«

Vorwärts, Kameraden, wir müssen zurück!

»Bis wir die Fußlappen verlieren«, prophezeite Krummbier bissig.

Hannes Krummbier fährt wieder den Kübelwagen des Kommandeurs. Auf dem Tankwagen sitzt ein neuer Mann, ein Versprengter von der 6. Batterie, der in Budenowsk zum Stab gestoßen ist. Er heißt Hellerer und ist ein ziemlich finsterer Bursche. Es hat schon ein paarmal Stunk mit ihm gegeben, weil er überall seinen dreckigen Rotzzinken 'reinsteckt. Auch in den Wetterwagen.

Oberst Graupner ist verschlossener denn je. Auch der Adju spricht jetzt nur noch, wenn es dienstlich notwendig ist. Sein Optimismus geht mit gedämpftem Trommelklang. Der Kladderadatsch ringsum hat ihm einen ganz schönen Schlag versetzt.

Nur der Oberleutnant Maier spielt noch immer den wilden Mann. So eifrig wie jetzt war er noch nie. Hinten und vorn treibt er an. Mehr vorn natürlich, weil das jetzt, beim Rückmarsch, hinten ist. Wenn er die Männer anbellt, gleicht er einem bissigen Schäferhund. Es ist aber nicht die Sorge um die Leute, die ihn so nervös macht, es ist die pure Angst um sein eigenes Leben. Man merkt, daß ihm das Feuer unterm Hintern brennt.

»Dieser Hosenscheißer«, zischt Fibus. »Ihm zum Trotz müßten wir erst recht langsam machen, damit es ihn mal erwischt.« Der Rachedurst von Fibus ist noch immer nicht gestillt. Da er bei Marussja eine Fahrkarte schoß, wie Ede immer wieder schadenfroh bemerkt, sinnt er ständig auf eine neue Möglichkeit, dem falschen Fuffziger eins auszuwischen. Irgendwann und irgendwie muß es mal klappen. Der lange Lulatsch sitzt mit dem dicken Ede auf der Nuckelpinne der Strippenzieher. Da sie auf den engen Plätzen fast Knie an Knie hocken, streiten sie sich ständig. Fibus, dürr wie Don Quichote, kämpft in diesem Krieg dauernd gegen Windmühlen, während Ede wie weiland Sancho Pansa geduldig seine Rosinante reitet. Ein groteskes Paar, direkt reif fürs Kino.

Der einzige, der in diesen Tagen mit sich und der Welt zufrieden ist, ist der Gefreite Kleebusch. Vergessen sind Mist und Misere des rückläufigen Feldzuges. Wenn rundum alles vom großen Kotzen spricht, grinst er nur, pfeift sich eins oder trällert ein freches Liedchen vor sich hin. Er hat das große Los gezogen.

Fritz Kleebusch fährt allein den Wetterwagen. Er hat vorläufig keinen Beifahrer, und er ist froh darum. So ein Beifahrer ist neugierig, will immerzu quasseln, und zum Quasseln ist Kleebusch gar nicht aufgelegt. Er will sich ungestört seinen Träumen hingeben, seinen süßen Träumen.

Manchmal glaubt er wirklich, es sei alles nur ein Traum. Dann klopft er mit verwegenem Knöchelschwung einen kurzen Trommelwirbel an die Holzwand und läßt mit gespitzten Lippen einen hellen Triller aufsteigen. Und sofort antwortet ein Echo aus dem Inneren des Wagens, ein Klopfen als Antwort, unendlich zärtlich, wie ihm scheint, und ein Triller, ein Tirili mehr, wie von einem jungen Vogel, der sich von Nest zu Nest mit dem Finkenhahn verständigt.

Es ist also doch kein Traum, es ist Wirklichkeit. Es sitzt im Wagen hinter ihm und ist aus Fleisch und Blut, es ist warm und weich und gehört ihm, ihm allein!

Marussja.

»Ich liebe dich«, hat sie ihm zugeflüstert, als er sie so überraschend in die Arme schloß. Und sie wiederholte es leise auf russisch: »Ja wass lublu ... ich liebe dich wirklich. Ich habe alles nur getan, um dich wiederzusehen.«

Kleebusch weiß, daß sie lügt, aber es kümmert ihn nicht. Es genügt ihm, daß er sie besitzt, wie er noch nie im Leben eine Frau besessen hat.

Gab's so was überhaupt schon mal? Daß ein Soldat ein Weib mitschleppte wie einen Sack Proviant? Daß er seine Geliebte mit auf den großen Marsch nahm, ohne daß irgendwer was merkte? Sicher gab es das noch nie. Oder doch, ganz früher, als die Kreuzfahrer durchs Morgenland zogen und jeder, der es sich leisten konnte, seine verschleierte Türkin im Troß mitführte, als Entschädigung für entgangene Liebesfreuden zu Hause...

Fritz Kleebusch fühlte es verwegen in sich aufsteigen. Er denkt an die erste Nacht mit Marussja, und zugleich daran, daß er bei jedem Halt, bei jeder Rast, bei jeder Übernachtung zu ihr gehen kann.

Ich werd' verrückt, denkt er manchmal. Ich schnappe noch über. Wenn ich das später mal erzähle, glaubt es mir bestimmt kein Mensch. Ich selbst würde es nicht glauben, es ist zu phantastisch.

Und dabei braucht er keine Angst vor Entdeckung zu haben. Es gibt bei diesem Rückzug keine Appelle, keine Untersuchungen und keine überflüssigen Fragen. Und wenn schon — Oberleutnant Maier hat selbst oft genug betont, daß im Wetterwagen keiner was zu suchen hat. Gibt es was Besseres? Er trägt nicht den vielzitierten Marschallstab im Tornister, er trägt das Glück höchstpersönlich bei sich.

Dabei fällt ihm immer wieder Eiermann ein, der Dotter mit dem verklärten Gesicht, der ganz ähnliche Gedanken gehabt haben mag. Armer Junge. — Für einen Augenblick verdunkelt sich Kleebuschs Miene. Ich bin ein Lump, denkt er, genau gesagt, ein gewissenloses Schwein. Aber der Gedanke stört ihn nicht sonderlich. Hätte nicht jeder andere genauso gehandelt wie er?

Bei der nächsten Marschpause wird überraschend Post ausgegeben. Auch für Kleebusch ist etwas dabei. Ein Päckchen aus Berlin. Er erkennt es sofort. Vor ein paar Wochen hat er ein ähnliches bekommen. Es ist von Karin Reisinger, der kleinen Karin aus der Müllerstraße, mit der er als Kind Murmeln gespielt hat, mit der er in die Schule gegangen ist und später einen Tanzkurs besuchte.

Wie fern das alles liegt.

Er versucht, sich Karin vorzustellen. Ein aufgeschossener Backfisch, blond, mit Stupsnase und unschuldsvollem Engelsblick. Ein nettes Mädchen, mehr nicht. Eine Spielgefährtin, aber keine Geliebte. Es hat kaum Zweck, mit ihr zu korrespondieren. Verlorene Zeit. Was soll er mit diesem Gänschen? Seitdem sie sich das letzte Mal gesehen haben, ist so vieles geschehen. Alles sieht anders aus. Inzwischen ist er ein Mann geworden. Er hat das Leben kennengelernt und auch die Liebe.

»Lieber Fritz«, steht in dem himmelblauen Brief Karins, »laß Dir die Zigaretten und die Schokolade gut schmecken. Ich denke so oft an Dich ...«

Natürlich. Jedes Mädel in Deutschland hat einen Soldaten, an den es denkt und dem es Liebesgaben schickt. Im BDM wird ja Reklame dafür gemacht. »Ich denke so oft an Dich ...« Was kann das schon bedeuten.

Kleebusch greift in die Tasche und zieht die Fotografie hervor, die ihm Marussja in der letzten Nacht geschenkt hat. »Immer für dich — in Liebe« steht in schwungvoller Schrift auf der Rückseite. In den fünf Worten liegt alles, was eine Frau zu geben vermag. Nicht nur das Herz. Und nicht nur die Gedanken.

Lange betrachtet er das Bild. Und über diesem Bild vergißt er Karins Brief, ihre Zigaretten, Schokolade. Vor dem Gesicht der jungen Russin verblaßt die Gestalt des blonden Mädchens in der Heimat zu einem wesenlosen Schatten ...

»Na, du Schlawiner?« hört er einen neben sich sagen.

Es ist Hellerer von der 6. Batterie, der Versprengte, der den Tankwagen fährt. Er schwingt sich auf den Beifahrersitz neben Kleebusch und streckt die Flossen lang, als sei er hier zu Hause. Seine schwarzen Haare hängen ihm wirr ins Gesicht. Das schiefe Maul grinst von einem Ohr zum andern.

»Toller Verein hier. So 'ne Masche. Hätt' ich nie für möglich gehalten, daß irgendwo beim Barras so 'ne ruhige Kugel geschoben wird wie bei euch. Habt ihr es beim Stab überhaupt schon einmal schießen gehört?«

»Natürlich«, antwortet Kleebusch, »im Kino. Wir sehen uns jeden Tag den Krieg in der Wochenschau an.«

»Nicht schlecht, du Pimpf. Logenplatz wahrscheinlich. Im Kino ist's ja genau wie im Krieg. Hinten sind die besten Plätze. Vorne flimmert's!«

Hellerer lacht, als habe er den besten Witz des Jahrhunderts gerissen. Er angelt sich einen Stumpen aus der Brusttasche und zündet ihn an, ohne ihn in den Mund zu stecken.

»Übrigens — ich wollte dich schon lang mal besuchen, Kleiner. Prima Wagen, den du da fährst. Pickfeiner Aufbau. Könnte direkt 'n fahrbarer Wehrmachtspuff sein.«

Kleebusch sieht den Schwarzen mißtrauisch von der Seite an. Hat er was gerochen? Er traut dem finsteren Kerl nicht über den Weg. Auf jeden Fall beschließt er, auf dem Quivive zu sein.

»Wär' nicht schlecht«, sagt er leichthin. »Würde mir mehr Spaß machen als den unnützen Kram spazierenzufahren.«

»Was für'n Kram?«

»Instrumente, wenn du es genau wissen willst. Meteorologische Meßgeräte für ballistische Berechnungen, falls das keine böhmischen Dörfer für dich sind. Ballongerät, Anemometer, Theodolit, Hygrometer.«

»Interessant. Kann man die Dinger nicht besichtigen?«

»Aber sicher. Bei deinem wissenschaftlichen Interesse wirst du ohne weiteres die Erlaubnis bekommen. Brauchst nur den Chef zu fragen.«

»Wieso den Chef?«

»Befehl vom Alten. Was im Wetterwagen ist, ist gekados. Geheime Kommandosache.«

»Wetterwagen ist gut!« lacht Hellerer. »Ich glaube, das ist schon mehr ein Gewitterwagen.«

»Wieso?«

»Manchmal rumort's nämlich ganz schön da drin. Potz Blitz, Donner und Hagelschlag!«

»Was willst du damit sagen?«

Hellerer blickt ihm eine Weile stechend in die Pupille, dann schiebt er sich ganz nahe heran. Leise, als handle es sich um ein Staatsgeheimnis, flüstert er:

»Stell dir vor, was ich neulich entdeckt hab'. Ich mußte in der Nacht plötzlich 'raus. Weil Vollmond war, hab' ich mich schamhaft in den Schatten von deinem Wetterwagen gestellt. Es war alles ganz still. In dem Kasten dahinten aber hat's gekrabbelt und gekratzt, sag' ich dir, als wären die seltsamsten Instrumente lebendig geworden.«

»Vielleicht sind Ratten . . .«

»Ratten!« Hellerer schlägt sich belustigt auf die Schenkel. »Kennst du das Lied von der lieben Schwester, die das Mäuslein nachts in der Kammer hört?« Er lacht und glukkert, daß die Scheiben wackeln. Plötzlich bricht er ab und legt Kleebusch die Pranke auf die Schulter. »Nein, mein Junge, das kannst du Leuten erzählen, die die Hose mit der Beißzange anziehen. Ich bin doch nicht im Mustopp daheim. Jetzt wollen wir mal deutsch miteinander reden« — er dämpft wieder die Stimme und zeigt mit dem Daumen über die Schulter — »du hast da hinten ein Weib versteckt. Irgend so 'ne Russenschickse, die du unterwegs aufgegabelt hast. Stimmt's oder hab' ich recht?«

Kleebusch erstarrt. Ihm ist, als sei er von einem kalten Blitz getroffen. Er ist unfähig, ein Wort zu sagen. Nur in seinem Gehirn arbeitet es. Ich muß ihn umbringen, denkt er. Ich muß den Kerl wie einen tollen Hund über den Haufen knallen...

»Du brauchst mich deswegen nicht umzubringen.« Hellerer durchschaut ihn. »Wir können die Sache ganz anders abmachen, völlig glatt und reibungslos, ohne daß ich dabei zum Chef gehe und deine seltsamen Instrumente bloßstelle...«

»Was meinst du damit?«

»Stell dich nicht doofer, als du bist, du Blindgänger. Du weißt genau, was ich meine. So ein strammes Russenweib verträgt doch mehr als einen. Die kannst du gar nicht allein vernaschen. Ich komme also hin und wieder zu Besuch, wie der liebe Onkel Doktor — damit ist die Sache geritzt. Ponimatj?«

Er wartet keine Antwort ab. Die Sache ist für ihn auch ohne ausdrückliche Zustimmung gemacht. Mit genußvollem Zungenschnalzen schwingt er sich vom Beifahrersitz herunter und zieht sich die Hose zurecht.

»Also, mach's gut.« Er sagt es leise mit einem Augenzwinkern nach hinten. »Und halt das Nest schön warm. Bei der nächsten Station schau' ich mal nach, wie's geht.«

Breitbeinig, den Stumpen zwischen den Lippen, stapft er hochbefriedigt davon.

Kleebusch ist noch immer benommen. Er zittert am ganzen Körper. Marussja teilen? Mit diesem Strolch? Auf keinen Fall. Lieber leg' ich den Hund um. Oder ich lasse Marussja laufen. Die Sache muß ja ohnehin mal zu Ende gehen, so oder so.

Am nächsten Tag gibt es eine überraschende Nachricht: Das Regiment geht in Stellung! Abends hatten die Kolonnen einen Fluß passiert. Am gegenüberliegenden Hang und auf den Höhen über dem Flußtal hatten sie zum erstenmal seit ihrem Abzug vom Terek vor zehn Tagen wieder Gräben gesehen, MG-Nester, Granatwerferstellungen und feste Bunker. Überall wurde fieberhaft gearbeitet. Aus den umliegenden Dörfern waren schon vor Tagen alle verfügbaren Zivilisten zum Schanzen zusammengetrommelt worden. Hauptsächlich waren es Frauen. Mit langstieligen Schaufeln hoben sie ein weitverzweigtes Grabensystem aus, das sich über die ganze Hügelkette am Nordufer des Flusses hinzog.

Die Batterien mußten sich am Hinterhang eingraben. Die I. und die III. Abteilung gingen Seite an Seite in Feuerstellung. Die II., die schon am Terek fast alle Werfer verloren hatte, wurde infanteristisch eingesetzt.

Zum erstenmal seit Beginn des Rückzuges war das Regiment wieder beisammen. Zum erstenmal wurde wieder alles durchgespielt, was in so vielen Schlachten erprobt worden war. Richtkreise standen spinnenbeinig im Gelände. Batterietrupps rannten mit ihren Meßlatten umher. Werferführer schrien ihre Kommandos durch die Gegend. Richtkanoniere visierten feste Punkte an und stellten Seite und Erhöhung ein. Munitionskanoniere schleppten die schweren Wurfgranaten von den Zugmaschinen in die getarnten Löcher hinter den Feuerstellungen. Nachrichtenleute stellten Verbindungen von den Batterien zu den Abteilungen und zum Regimentsgefechtsstand her. Überall zogen Strippenzieher müde mit den unförmigen Kabelrollen auf dem Rücken durchs Gelände und prüften die Leitungen.

Kleebusch buddelte beim Regimentsgefechtsstand ein Loch und richtete seine Funkstelle ein. Er stellte Sender und Empfänger zurecht, steckte Antennenstäbe auf, prüfte Akku und Anodenstrom und stellte die befohlene Frequenz ein.

»Wie einst im Mai«, konstatierte Baumann von der Vermittlung und fummelte an seinem Klappenschrank herum.

Hannes Krummbier, der mit Oberst Graupner bei der Division war, brachte die neuesten Latrinengerüchte mit: »Der Rückzug ist gestoppt. Die neue HKL soll unter allen Umständen gehalten werden. Sie zieht sich von der Kalmückensteppe quer durch das nördliche Kaukasusgebiet bis zum Schwarzen Meer. Von hier aus soll im Frühjahr, wenn die Schlammperiode vorbei ist, die neue Offensive beginnen.«

Die Männer hörten ihm mit gemischten Gefühlen zu.

»War schnell aus, der Traum«, brummte Ede und stocherte in seinen Zähnen herum. »Hat kaum länger als eine Woche gedauert.«

»Was für'n Traum?« wollte Fibus wissen; doch Ede zog es vor, zu schweigen. Er wiegte nur nachdenklich den Kopf hin und her.

Fellhammer wurde deutlicher.

»Ganz schöner Scheibenkleister. Ich dachte schon, es geht ganz langsam und stiekum der Heimat entgegen. Jetzt fängt der Käse wieder von vorne an. Als ob nicht jeder die Schnauze gestrichen voll hätte.«

»Wart's ab«, sagte Krummbier und zündete sich seine knorrige Pfeife an. »Bis jetzt sind das ja nur Parolen. Was wirklich werden soll, weiß kein Mensch. Sogar bei der Division hat keiner einen blassen Dunst davon, wie's weiter oben aussieht. Mal heißt es, die russischen Panzerspitzen stoßen auf Rostow zu, mal wird behauptet, der Iwan sei zurückgeschlagen, und es sei keine Gefahr am Don. Daß es aber ganz schön stinkt, hört man von jedem, der von oben zurückkommt. Vor ein paar Tagen sind zwei Munitionszüge in die Luft geflogen. Durchschnittlich geht jeder zweite Transport flöten. Die hohle Gasse bei Rostow, durch die alles durch muß, ist schon verdammt eng geworden.«

»Hohle Gasse ist gut«, warf Fellhammer ein. »Durch diese kahle Hose muß er kommen, sagt schon Schiller. Jetzt fehlt nur noch Tells Geschoß, dann geht alles in die Hose.«

»Und wie!« zischte Krummbier.

»Gewiß ist also nur«, nuschelte Fellhammer, »daß unser Schicksal wieder mal ungewiß ist. Was nützt es da, wenn die HKL hier gehalten wird? Das ist doch 'n schlechter Witz, den die sich da erlauben. Wir harren hier siegreich aus, und hinter uns macht der Russe inzwischen die Tür zu.«

Minutenlang trat Schweigen ein. Mit hängenden Lippen stierten die Landser vor sich hin. Jeder hing seinen eigenen Gedanken nach. Es waren finstere Gedanken. Keiner hätte gewagt, sie auszusprechen. Rückzug? Schön und gut, wenn es sein mußte. Beim Rückzug stand wenigstens eines fest: mit jedem Kilometer kam man der Heimat ein Stück näher. Auch wenn man dabei heißumkämpftes Land aufgeben mußte. Was lag dem Landser schon an dem Land zwischen Faulem Meer und Kalmückensteppe? Fremde Erde, die ihn so viel anging wie der Mond. Wichtig war jetzt nur eines: mit heilen Knochen über den Don zu kommen! Man hatte seine Pflicht erfüllt, mehr als genug. Man war hierher marschiert, ohne nach dem Sinn und Zweck zu fragen. Wenn es jetzt schiefging, war es nicht die Schuld des Landsers. Man sollte oben endlich zugeben, daß man sich mit dem kaukasischen Abenteuer verrechnet hatte.

»Alles Krampf«, murmelte Fellhammer, und die anderen nickten nur stumm mit den Köpfen. Man sah sich schon im Kessel wie die Kameraden von Stalingrad. Man hatte Sorge, nicht mehr rechtzeitig herauszukommen. Sorge? Wenn man ehrlich sein wollte, mußte man zugeben, daß es Angst war, ganz gewöhnliche, nackte Angst. Man wollte nicht um eines militärischen Prestiges wegen verheizt werden. Scheiß auf Heldentum, Herr General. Ein toter Held hat nichts zu lachen. Man wollte 'raus.

»Macht euch bloß nicht in die Hosen.« Das war Fibus' Stimme. »Wollen froh sein, daß wir hier eine neue Stellung beziehen. Schließlich müssen wir diesen elenden Krieg gewinnen, ob's uns Spaß macht oder nicht.«

»Gewinnen? Hoffen wir's«, kommentierte Fellhammer.

Baumann gab Krummbier ein Zeichen. »Los, Hannes, leg mal 'ne neue Platte auf. Was sagt der Führer dazu?«

Hannes Krummbier griente. Er war Baumann dankbar für das Stichwort. Er nahm den Knösel aus dem Mund, legte die linke Hand aufs Koppelschloß, während er mit der rechten rhetorisch durch die Luft fuchtelte. Dabei zog er die Augenbrauen finster zusammen und kräuselte die Oberlippe, als sitze darauf ein kurzer Schnurrbart.

»Meine deutschen Volksgenossen und -genossinnen! Wie mir soeben von der Kaukasusfront gemeldet wird, sind dort alle Klarheiten restlos beseitigt. Trotz der materiellen Überlegenheit des Gegners lassen wir uns das Gesetz des Handelns nicht aus der Hand nehmen. Unseren tapferen Truppen ist es jetzt gelungen, weit hinter den Linien des

Feindes einen neuen Kessel zu bilden, der den bei Stalingrad um ein Vielfaches übertrifft. Der größte Kessel aller Zeiten! Die Zusammenballung darin ist eine ungeheuere. Helm ab vor den namenlosen Helden des Kaukasus. Jetzt steht der angekündigten Wende nichts mehr entgegen!«

Krummbier sah sich siegesgewiß um.

Doch niemand lachte.

»Das ist die Wende«, triumphiert Oberleutnant Stiebing im Kommandeurbunker und blickt siegesbewußt Oberst Graupner an. »Jetzt kommt die unselige Absetzbewegung zum Stillstand. Die Brücken sind gesprengt, überall sind Straßensperren und Panzerhindernisse angelegt. Der Höhenzug ist eine ideale Verteidigungsstellung. Die HKL ist hier sogar besser zu halten als am Terek. Jetzt kann der Iwan kommen, womit er will. Er wird sich gründlich die Zähne ausbeißen.«

»Wenn er kommt«, antwortet Oberst Graupner trocken.

Der Adjutant schnüffelt. »Er ist schon da, Herr Oberst. Er hat die Fühlung nicht verloren. Ich bin überzeugt, daß er in den nächsten Tagen, wenn er seine schwere Ari nachgezogen hat, zum Angriff übergehen wird.«

Der Kommandeur schweigt. Er blickt auf die Karte mit den taktischen Zeichen, aber seine Augen nehmen die Linien, Kästen und Kreise nicht auf. Sein Gesicht ist grau und alt.

Oberleutnant Stiebing genießt die Situation. Er hat wieder Oberwasser. Jetzt kann sich der Alte mit seinem Pessimismus einpökeln lassen. Die Front steht. Und sie wird trotz aller Unkenrufe halten. Und im Frühjahr geht es wieder vorwärts.

»Oder glauben Sie nicht daran, Herr Oberst?« fragt er lauernd. Es reizt ihn, den Kommandeur zu provozieren. Er möchte es jetzt genau wissen. Nun, da wieder eine klare Front steht, wird er sich nicht mehr überfahren lassen. Er wird dem Alten schon kontra geben.

Oberst Graupner macht eine müde Handbewegung. Er hält es für überflüssig, zu antworten. Was soll er diesem jungen Fanatiker und Hitzkopf auch sagen? Er ist überzeugt davon, daß jeder der einfachen Männer draußen die Lage realistischer sieht als dieser verblendete Offizier.

»Sie scheinen immer noch nicht gemerkt zu haben, worum es geht«, meint er nach einer Weile.

»Es geht um den Endsieg, Herr Oberst.«

»Natürlich. In jedem Krieg geht es um den Endsieg. Fragt sich nur, für wen.«

»Für wen?« Der Adjutant schnappt nach Luft. Sein Adamsapfel hüpft aufgeregt auf und ab. Eine so deutliche Sprache hat er nicht erwartet. »Wie darf ich das verstehen, Herr Oberst?«

»Wie Sie wollen, Stiebing. Wie Sie wollen.«

»Soll das heißen, daß Sie nicht an den Endsieg glauben?«

Der Oberst blickt kurz auf.

»An mir liegt es nicht, mein Lieber. Ich möchte gerne daran glauben, aber die Umstände machen es schwer.«

»Welche Umstände?«

»Was ich bei der Division erlebt habe, reicht mir. Von der Armee ganz zu schweigen. Da weiß kein Mensch mehr, was vorn und hinten ist. Ein Befehl jagt den anderen. Und jeder neue Befehl widerspricht dem vorangegangenen. Der Ia hat mir gestanden, daß sie manche Befehle schon gar nicht mehr weitergeben, um die Truppe nicht noch mehr verrückt zu machen. Im Führerhauptquartier scheint man völlig den Kopf verloren zu haben.«

»Das verstehe ich nicht. Wir haben hier doch einen klaren Befehl für die neue Front ...«

»Ja, eine Front, die nach Süden gerichtet ist.«

»Natürlich nach Süden, Herr Oberst.«

»Aber weiter nördlich von uns wird eine andere Front errichtet — klare Abwehrstellung nach Norden.«

»Nach Norden?« Der Adjutant reißt die Augen auf.

»Sie haben mich ganz richtig verstanden, Stiebing. Und drüben bei Archangelskaja drehen sie sogar Karussell. Wissen Sie, was das ist?«

Da der Oberleutnant verständnislos guckt, fährt der Kommandeur fort:

»Sie drehen sich im Kreis. Mal Front nach Süden, mal Front nach Norden. Nach Osten sowieso. Bleibt nur der Westen. Dort aber liegt das Meer.«

Der Adjutant fingert nervös an seinem Kragen.

»Trotzdem, Herr Oberst ...«

»Was trotzdem?«

»Trotzdem dürfen wir nicht kleinmütig werden. Wenn wir an unsere Kameraden von Stalingrad denken ...«

»Eben!« Der Oberst schlägt mit der Faust auf den Tisch. »Wenn wir an Stalingrad denken! Genau das gleiche wollte ich sagen. Hier liegt der Hund begraben. Können wir uns ein zweites Stalingrad leisten? Ich stelle diese Frage jetzt nicht als Soldat, ich stelle sie als Mensch. Sollen in der Heimat wieder hunderttausend Mütter weinen, nur damit man der Welt verkünden kann, unsere tapferen Soldaten im Kaukasus hätten heldenmütig bis zum Letzten ausgeharrt?«

Für einen Augenblick herrscht Totenstille im Bunker. Es ist bereits so dunkel geworden, daß die beiden Männer ihre Gesichter nur noch als matte Flecke sehen.

»Wissen Sie, Stiebing, was Hindenburgs größte Tat im Ersten Weltkrieg war? Nein, Sie wissen es nicht, Sie sind zu jung dazu. Heute lehrt man in den Kriegsschulen nur noch die großen Schlachten. Es war aber nicht Tannenberg oder die Winterschlacht in Masuren, was ich meine. Es war die unendlich schwierigere Aufgabe, das deutsche Heer nach dem verlorenen Krieg wohlbehalten in die Heimat zu führen. Kein Ruhmesblatt in den Geschichtsbüchern kündet davon, und doch haben ihn wegen dieser beispiellosen Tat Millionen von Müttern und Frauen gesegnet. Das ist es, Stiebing, was ich immer vor Augen habe. Ich möchte nicht mitschuldig werden an dem Wahnsinn, mit dem der Führer ganze Armeen verheizt. Ich möchte die Männer, die mir anvertraut sind, möglichst heil aus diesem Hexenkessel führen. Ich könnte keinem von den Jungen da draußen mehr gerade in die Augen blicken, wenn ich den Wahnsinnsbefehl, hier unter allen Umständen und wider jede Vernunft auszuhalten, nachkommen würde. Ich werde deshalb Anweisung an die Chefs geben, die Stellungen nur provisorisch zu besetzen und alles für eine schnelle Räumung vorzubereiten.«

Oberleutnant Stiebing hat den letzten Worten mit offenem Mund gelauscht. Seine Lippen zucken.

»Aber das ist doch ...«

»Was ist das, Stiebing?«

»Das ist, wenn Sie das tun, Herr Oberst — wenn Sie einen Befehl so umgehen, dann ist Ihr Verhalten Sabotage.«

Der Oberst hebt mit einem Ruck den Kopf.

»Sie vergreifen sich im Ton, Herr Stiebing!«

Der Adjutant achtet nicht auf die Verwarnung des Kommandeurs.

»Herr Oberst«, sagt er und richtet sich zu voller Größe auf, »ich muß Sie darauf hinweisen, daß Ihre Handlungsweise zu den ernstesten Konsequenzen führen kann.«

»Herr Oberleutnant Stiebing!« Die Stimme des Kommandeurs ist von eisiger Schärfe. »Auf die Konsequenzen meiner Handlungsweise braucht mich niemand hinzuweisen. Was ich als Regimentskommandeur tue, verantworte ich selbst.«

»Aber ich als NSFO ...«

»Ach! Wollen Sie mir als politischer Kommissar etwas vorschreiben?«

»Das kann ich leider nicht. Aber wenn etwas geschieht, was den höheren Interessen der Nation in diesem Schicksalskampf zuwiderläuft, würde ich mich zu meinem Bedauern gezwungen sehen, dem mir übergeordneten Führungsoffizier Meldung zu erstatten.«

»'raus!« schreit Oberst Graupner.

»Herr Oberst ...«

»'raus, habe ich gesagt!«

Der Oberst öffnet die knarrende Tür des Bunkers und streckt den Arm aus.

Oberleutnant Stiebing ist fassungslos. Einen solchen Rausschmiß hat er noch nicht erlebt. Er ist im tiefsten getroffen und kaum mehr zurechnungsfähig. Ohne Gruß, ohne sich noch einmal umzublicken, stürzt er hinaus. Sein Abgang läßt keinen Zweifel darüber, was er zu tun gedenkt.

Der Oberst bleibt in der offenen Tür stehen, dehnt die Arme und atmet befreit die kühle Nachtluft ein. Sein Inneres beruhigt sich wieder.

Er blickt um sich.

Vor dem Nachbarbunker mit der dünnen Antenne steht Kleebusch. Die Hände in den Hosentaschen, den Kopf träumerisch zu den Sternen gehoben. Der Oberst sieht nur den Rücken des jungen Soldaten.

»Kleebusch!«

Kleebusch fährt erschrocken herum.

»Herr Oberst?«

»Kommen Sie mal her.«

Kleebusch springt herüber. Vorschriftsmäßig will er sein Männchen bauen, doch der Kommandeur winkt ab.

»Spielen Sie Schach, Kleebusch?«

»Jawohl, Herr Oberst.«

»Dann kommen Sie 'rein, ich möchte mal wieder eine Partie spielen.«

Kleebusch folgt dem Kommandeur in den niedrigen Bunker. Auf einem rohgezimmerten Holztisch zündet Oberst Graupner drei Hindenburglichter an. Sie züngeln mühselig gegen die Dunkelheit.

»Soll ich die Petroluxlampe anzünden, Herr Oberst?«

»Nein, lassen Sie. Die Kerzen genügen zum Spiel.«

Der Oberst holt ein kleines Reiseschach und baut es auf. Er läßt Kleebusch wählen.

»Weiß. Sie ziehen an.«

Schweigend beginnen sie. Kleebusch eröffnet zu einem Königsgambit, doch der Oberst ignoriert es und beginnt sizilianisch. Nicht schlecht, denkt Kleebusch und macht sich auf schwierige positionelle Probleme gefaßt. Aber nach der weiteren Entwicklung merkt er, daß sein Gegner ohne bestimmtes System operiert. Auch die späteren Züge sind ziemlich konturenlos. Entweder ist er ein schlechter Spieler, denkt Kleebusch, oder er ist zu zerstreut. Auch er macht jetzt lahme Zufallszüge. Er zieht hier einen Bauern vor, rückt dort einen Läufer weiter, wie's gerade kommt. Er möchte das Spiel nicht zu schnell beenden.

Nach einiger Zeit hebt der Oberst den Kopf.

»Warum haben Sie diesen Bauern nicht genommen? Wenn Sie mit dem Turm hier unten einbrechen, bin ich verloren. Dann gibt es keinen Ausweg mehr für mich. Wollen Sie mich gewinnen lassen?«

»Gewiß nicht, Herr Oberst. Ich bin nur etwas zerstreut ...«

»Haben Sie Kummer?«

Überrascht blickt Kleebusch in die Augen des Kommandeurs.

»Nein, Herr Oberst. Ich habe keinerlei Kummer.«

»Bestimmt nicht?«

»Bestimmt nicht, Herr Oberst.«

»Zu Hause alles in Ordnung?«

»Jawohl, Herr Oberst.«

»Leben Ihre Eltern noch?«

»Ja, mein Vater ist in Dänemark. Es ist die reinste Lebensversicherung, wie er mir immer wieder schreibt.«

»Und Ihre Mutter?«

»Mutter wohnt in Berlin«, sagt Kleebusch leise.

»Wo denn da?«

»Am Wedding. In der Müllerstraße.«

Kleebusch weiß, daß auch der Kommandeur in Berlin wohnt. In Halensee, wie ihm Krummbier einmal erzählt hat. Aber der Oberst erwähnt es mit keinem Wort. Stumm baut er das Brett neu auf und dreht es um. Er hat jetzt Weiß und müßte beginnen. Doch er macht keinen Zug. Er hat den Kopf in die Hände gestützt und blickt wortlos vor sich hin.

Im Bunker ist es so still, daß man den kleinen Reisewecker neben dem Feldbett ticken hört. Ab und zu knistern die Hindenburglichter. Ihre blakenden Dochte setzen schwere Klumpen an. Kleebusch beobachtet heimlich das Gesicht des Kommandeurs. Es kommt ihm im Schein der Kerzen wie von innen ausgehöhlt vor. Ein Gesicht, in das die Sorgen ihre Runen gegraben haben. Müde Augen und ein gepreßter Mund. Das Kriegergesicht des Rückzugs. Und dieser Mann, denkt Kleebusch, fragt mich, ob ich Kummer habe ...

»Wie alt sind Sie eigentlich?« erkundigt sich Oberst Graupner nach einer Weile.

»Dreiundzwanzig, Herr Oberst.«

»Dreiundzwanzig ...« Der Oberst blickt ihn aus unergründlichen Augen an. Kleebusch merkt, wie ihm dieser Blick durch alle Knochen geht. »Dreiundzwanzig ...«, wiederholt der Oberst leise, schiebt das Schachbrett weg und steht auf. »Ich habe jetzt keine Lust mehr zum Spiel, Kleebusch. Sie müssen mir ein andermal Revanche geben. Gute Nacht.«

Auch Kleebusch hat sich sofort erhoben.

»Gute Nacht, Herr Oberst.«

Er geht zur Tür und drückt die Klinke nieder. In dem Moment legt ihm der Kommandeur von hinten die Hand auf die Schulter. Es ist eine stumme, fast väterliche Geste. Eine starke Rührung überkommt Kleebusch. Es ist wie damals,

als er den Sprit besorgen mußte und der Oberst bei der Verabschiedung gesagt hatte: »Komm gut zurück, mein Junge.«

Kleebusch hat sich umgewandt und blickt seinem Kommandeur in die Augen.

Der Oberst räuspert sich.

»Wann sind Sie zum letztenmal auf Urlaub gewesen?«

»Vor sechzehn Monaten, Herr Oberst. Aber im Augenblick ist ja allgemeine Sperre.«

Der Oberst nickt.

»Sobald wir aus dem Dreck hier 'raus sind, können Sie fahren. Ich hoffe, es wird nicht mehr lange dauern. Schreiben Sie Ihrer Mutter, sie soll sich inzwischen keine allzu großen Sorgen um Sie machen. Ich werde schon auf Sie aufpassen.«

»Danke, Herr Oberst.« Kleebusch merkt, daß ihm ein Würgen in der Kehle sitzt. Er weiß selbst nicht recht, warum, aber er würde am liebsten dem Oberst die Hand drücken. In diesem Augenblick fühlt er sich ihm mehr verbunden als seinem Vater.

»Danke, Herr Oberst«, sagt er nochmals und geht schnell hinaus.

Draußen ist es völlig still. Klare Nacht liegt über den Stellungen. Die Luft ist von klirrender Durchsichtigkeit. Nur über der Flußniederung liegt Nebel. Idealer Ausgangspunkt für einen überraschenden Angriff. Aber nirgends ein Schuß, nirgends ein verdächtiger Laut. Es ist wie im Frieden. Eine gespenstische Front.

»Na, du Sack«, begrüßt ihn Hannes Krummbier. Er taucht unverhofft aus der Dunkelheit eines Grabens auf. »Was ist los mit dir? Ärger gehabt oder wieder Weltschmerz?«

»Ich war eben beim Alten«, antwortet Kleebusch versonnen.

»Anschiß?«

»Nee — im Gegenteil. Ich mußte mit ihm Schach spielen.«

Krummbier pfeift durch die Zähne. »Sieh mal an, was der Hund für Flöhe hat. Das kommt in tausend Jahren nur einmal vor, daß der sich einen zum Spielen holt. Meistens spielt er mit sich allein Schach. Nun wirste sicher bald Unteroffizier.«

»Quatschkopp!«

»Was hat er denn gesagt?«

»Nichts Besonderes. Er war so komisch ...«

»Wie komisch?«

»Ich weiß nicht. Eben komisch. Irgendwie sonderbar. Er hat mich nach meinen Eltern gefragt, wo ich wohne und wie alt ich bin. Und dann hat er mich ganz plötzlich wieder entlassen.«

Hannes Krummbier pfeift wieder durch die Zähne.

»Was soll denn das dumme Gepfeife?« fragt Kleebusch.

»Ich kann mir schon denken, was in dem Alten vorgegangen ist ...«

»Dann sag's, und tu nicht so geheimnisvoll.«

Krummbier holt wie immer seine Pfeife aus dem Sack, stopft sie mit Machorka und zündet sie an. Nachdenklich bläst er den Rauch in die Nacht.

»Nimm mir's nicht krumm, Fritz. Aber ich glaub', es ist besser, wenn ich nicht sage, was ich denke.«

»Und warum?«

»Weil es ein Geheimnis ist, das keiner außer mir weiß. Ich hab's auch nicht vom Alten, sondern von Leuten zu Hause, die ihn kennen. Er hat keine Ahnung, daß ich was davon erfahren habe. Er würde sicher fuchsteufelswild werden, wenn er es wüßte.«

»Ist es so schlimm?«

»Schlimm nicht gerade.«

»Sondern? Mensch, Hannes, mach's doch nicht so spannend. Leg endlich dein Ei und gackere nicht 'rum wie ein verrücktes Huhn. Also — was ist los mit dem Alten?«

Krummbier spuckt in weitem Bogen aus, dann drückt er mit dem Daumen die Glut in dem Knösel zusammen.

»Es ist nicht allein wegen dem Alten, es ist auch wegen dir. Ich weiß nicht, ob du dann noch so unbefangen ihm gegenüber sein kannst.«

»Das kannst du getrost mir überlassen. Wenn du jetzt nicht redest, muß ich wer weiß was annehmen.«

Krummbier setzt sich auf den Grabenrand und stochert mit den Stiefeln im Dreck herum. »Na schön«, sagt er nach einer Weile und bläst auf die Glut seiner Pfeife, daß die Funken stieben. »Na schön, du kannst dir dann selbst deinen Reim darauf machen. Also paß auf: ich glaub', daß du ihn an seinen Sohn erinnerst. Ich hab' mal ein Bild von ihm gesehen ...«

»Ach«, macht Kleebusch und beginnt an seinen Lippen zu nagen. »Und was weiter?«

»Auch das Alter könnte stimmen. Jahrgang 20. Das weckt irgendwie schmerzliche Erinnerungen in ihm.«

»Wieso schmerzlich? Ist sein Sohn vielleicht in Stalingrad mit drin?«

»Wie kommst du auf Stalingrad?«

»Es könnte doch sein. Es würde vieles erklären, gerade jetzt ...«

»Nein, nein«, sagt Krummbier schnell, »das hat nichts damit zu tun. Ich glaube, der Alte wäre glücklich, wenn sein Sohn da mit drin wäre. Ich glaube, er würde sogar das Risiko der Gefangenschaft als einen Segen empfinden.«

»Ist er gefallen?«

»Schlimmer.«

»Schlimmer? Was kann denn schlimmer sein, als wenn der einzige Sohn gefallen ist? Mensch, nu red gefälligst schon. Laß dir doch nicht jeden Wurm einzeln aus der Nase ziehen!«

Krummbier saugt geräuschvoll an seiner Pfeife. Es brodelt und zischt in dem krummen Pfeifenkopf wie in einem Suppenkessel. Ekelhafter Rotzkocher, denkt Kleebusch. Eines Tages lege ich ihm eine geballte Ladung 'rein. Das Ding kann einen direkt wahnsinnig machen.

»Sieh mal, Fritz«, Krummbier wühlt noch immer mit dem Knobelbecher im Dreck, »vor dem Feind bleiben, wie es so sinnig heißt, ist unser aller Schicksal. Es ist süß und ehrenvoll, für das Vaterland zu sterben, heißt es irgendwo in den alten Schwarten, die man uns in der Schule zu lesen gab. Wir haben es inzwischen anders kennengelernt. Aber für den Alten, für den Oberst da drüben, gilt das noch. Er stammt aus der alten preußischen Garde, für die das Vaterland noch ein festumrissener Begriff war. Wenn sein Sohn gefallen wäre, würde er es mit soldatischer Haltung tragen. Aber er ist nicht gefallen, er hat sich selber umgebracht.«

»Selbstmord? Das versteh' ich nicht. Was sollte denn der einzige Sohn eines deutschen Obersten für einen Grund haben, sich umzubringen. Hat er krumme Sachen gemacht?«

»Quatsch! Dieser Junge hätte nie was Unehrenhaftes getan.« Krummbier spuckt wieder in großem Bogen aus. »Sieh mal, Fritz, die Sache ist so. Als ich im letzten Jahr von Jassinowataja aus in Urlaub gefahren bin, hat mir der Alte ein Paket für seine Frau mitgegeben. Ich hab' sie besucht, und sie hat mich zum Kaffee eingeladen. Eine sehr schöne Frau. Groß, dunkel, mit Augen wie die Muttergottes. Sie hat mich glänzend bewirtet, aber sie hat nicht viel gesprochen. Sie ist still dagesessen und hat nur mit großen Augen zugehört, wie ich von der Front und von ihrem Mann und seinem Regiment erzählte. Später hab' ich dann von Nachbarn erfahren, daß sie Halbjüdin ist. Sie und ihr Mann haben es lange Zeit geheimgehalten, auch ihrem Sohn gegenüber. Der war in der Hitlerjugend, wie jeder Junge in seinem Alter. Marine-HJ, weißt du, er wollte zur U-Boot-Waffe. Als er kurz vor dem Abitur stand, reichte er seine Bewerbung ein, für irgendeine Waffenschule. Dazu aber brauchte er einen Ariernachweis — und da ist es dann 'rausgekommen. Er mußte von der Schule abgehen, ohne Abitur, wurde mit Schande aus der Hitlerjugend ausgeschlossen und was so alles dazugehört. Für den Jungen muß eine Welt zusammengebrochen sein. Er hat nicht mehr mit seinen Eltern gesprochen und auch keinen Abschiedsbrief hinterlassen. Ganz still und heimlich hat er sich in seiner Kammer erschossen — mit der Dienstpistole seines Vaters . . .«

Fritz Kleebusch hat den Kopf gesenkt. Atemlos lauscht er in die Nacht hinaus, in diese stille, rätselvolle kaukasische Nacht. Wie lautlos doch die Welt mitunter sein kann, bei allen Seufzern und allen Schreien, die um die Welt gehen . . .

Verdammt noch mal, denkt Kleebusch und schneuzt sich geräuschvoll. Der Krummbier, dieser alte Knochen, hat tatsächlich recht gehabt. Es wär' wirklich besser gewesen, er hätte ihm diese Geschichte nicht erzählt. Sie dient nicht gerade dazu, seine Kampfmoral zu stärken. Sie geht ihm, ehrlich gesagt, so stark an die Nieren, daß es ihm in Zukunft nicht leicht sein wird, dem Oberst unbefangen gegenüberzutreten, mit ihm harmlos Schach zu spielen und ihm in die Augen zu blicken, ohne loszuheulen. Verdammter Mist!

»Komm.« Hannes Krummbier klopft die kaltgewordene

Pfeife am Stiefelabsatz aus. »Gehen wir zu mir in die Villa Waldfrieden. Ich hab' noch einen Rest von dem guten Rotwein im Kanister, den wir da unten getankt haben. Saufen wir einen, auf daß unsere Kinder lange Hälse kriegen. Im Himmel gibt's nur labbrigen Nektar. Ich fürchte, daß ich auf dieses Zeug bloß kotzen muß. Also los, du Sack!«

Doch im gleichen Augenblick, da sie sich erheben wollen, öffnet sich quietschend die wacklige Tür zum Kommandeurbunker. Regungslos bleiben beide sitzen. Sie sehen, wie der Oberst ins Freie tritt. Schemenhaft zeichnet sich seine Gestalt vor dem gläsernen Sternenhimmel ab. Er dehnt die Brust und reckt ein wenig die Arme, dann blickt er mit erhobenem Kopf in die Runde, über das aufgewühlte, grabenzerfressene Land zu seinen Füßen. Wie ein Feldherr steht er da, der vor der letzten großen Schlacht noch einmal sein Reich inspiziert.

Kleebusch muß wieder an die Nacht vor dem Beginn des Rückzugs denken, als der Oberst von dem kleinen Friedhof über dem Terek Abschied nahm. Wie hatte Krummbier damals gesagt? »Der sieht nur die Toten. Durch die Lebenden blickt er hindurch.«

Oberst Graupner dreht sich um und geht in seinen niedrigen Erdbunker zurück. Wahrscheinlich beugt er sich jetzt wieder über seine Karte, denkt Kleebusch, und grübelt die Nacht darüber nach, wie er seinen Haufen am besten aus dieser Misere herauskriegt. Jetzt, wo die Karre heillos verfahren ist, soll er für diese Brüder die Kastanien aus dem Feuer holen ...

Schönes Vaterland, das mit seinen besten Söhnen so umspringt!

# 6

Am nächsten Mittag mußte Kleebusch den Wetterwagen zum Troß fahren, der in einem Dorf weiter nördlich lag. Der Wagen sei zu wertvoll, hatte Maier gesagt. Er dürfe nicht gefährdet werden. Kleebusch aber müsse mit dem nächsten Melder sofort zum Regimentsgefechtsstand zurückkehren und dort die Funkstelle übernehmen.

Als Kleebusch den Wagen in einer stillen, unbeobachteten Ecke des Dorfes abgestellt hatte, schloß er die hintere Tür auf und schlüpfte durch die Kisten.

Marussja saß mit aufgelöstem Haar auf dem Rand der Teppichkiste. Sie blickte ihm erwartungsvoll entgegen.

»Bleiben wir hier längere Zeit?«

Kleebusch versuchte, ihr mit wenigen Worten klarzumachen, worum es ging. Kein Mensch wisse, wie lange das hier gehe. Auf jeden Fall müsse er jetzt weg und sie allein lassen. Es sei deshalb am besten, wenn sie den Wagen verlasse und sich irgendwo im Dorf bei den Bauern ein verstecktes Quartier suche. Wenn es ihm in den nächsten Tagen möglich sei, werde er sie besuchen. Aber versprechen könne er nichts.

Er sprach mit leiser Stimme und vermied es dabei, sie anzublicken.

»Du gehst jetzt?« fragte sie.

»Ja.«

»Und du kommst wieder?«

»Natürlich.«

»Bestimmt?«

»Bestimmt.«

Sie sah auf ihre Fingernägel. Ihre Augen verschwanden fast hinter den langen Wimpern.

»Warum lügst du?«

»Ich lüge nicht. Warum sollte ich nicht wiederkommen?«

»Du willst mich lossein. Ich fühle es.«

»Unsinn, Marussja.«
»Sag nicht Marussja zu mir!« sagte sie gereizt.
»Warum soll ich nicht Marussja zu dir sagen?«
»Weil ich nicht so heiße.«
»Aber alle nennen dich so.«
»Ihr sagt zu jeder Russin Marussja, wie ihr jeden Mann bei uns Iwan nennt.«
»Und wie heißt du wirklich?«
»Maria.«
»Maria«, wiederholte er. Mit fahrigen Fingern griff er nach einer Zigarette und zündete sie an. »Wie kommst du zu diesem Namen?«
»Meine Mutter war Deutsche. Volksdeutsche aus dem Wolgagebiet. Sie wollte mir keinen russischen Namen geben. Sie hat auch immer nur deutsch mit mir gesprochen.«
»Und dein Vater?«
»Gefallen.«
Draußen war Lärm und Geschimpfe. Vor den Nachbarhäusern wurde an den Fahrzeugen gearbeitet. Eimerklappern und Poltern von Blechkannen. Das mußte die Feldküche sein.
Der Bulle gab seine Anweisungen an die Hiwis. Irgendwo hatte jemand einen Wehrmachtsempfänger aufgestellt. Eine laute Stimme gab die langsame Wiederholung des Wehrmachtsberichtes zum Mitschreiben durch. »Im Kaukasus sind die Absetzbewegungen unserer Truppen zum Stillstand gekommen . . .«
Maria spitzte die Ohren. »Ist das wahr?«
»Wenn es der Wehrmachtsbericht sagt . . .«
Ihre Augen begannen zu leuchten. »Dann ist ja alles gut. Dann kann ich bleiben, und du brauchst mich nicht mehr zu verstecken. Aber warum sagst du nichts? Freust du dich nicht?«
»Warum soll ich mich freuen?«
»Daß es nicht weiter rückwärts geht. Daß es nicht stimmt, daß ihr den Kaukasus aufgebt. Viele Leute hier werden sich freuen, wenn sie das hören. Die Flüchtlinge, die am Terek ihre Häuser verlassen haben, all die Menschen, die mit ihren Familien aus der Heimat geflohen sind, weil sie die Bolschewiken hassen und den Deutschen vertrauen.«

»Sie vertrauen auf uns?« fragte Kleebusch verwirrt. Von dieser Seite hatte er die Sache noch nicht betrachtet.

»Meine Mutter hat immer gesagt, wenn die Deutschen kommen, werden wir frei. Sie hat es vom ersten Kriegstag an gesagt. Und sie hat auch nie ein Geheimnis daraus gemacht. Deswegen wurde sie verhaftet und nach Sibirien gebracht.«

»Hat es dein Vater auch gesagt?«

»Mein Vater glaubte an Stalin. Aber er konnte ihr nicht helfen. Schon bald danach kam er an die Front. Er war Tankist. Ich habe mich mit meinem Vater nie gut verstanden.«

Kleebusch dachte an seine Eltern. Auch er verstand sich nicht mit seinem Vater, der als Blockleiter bei der Partei war. Er war ein kleiner Beamter und wollte aus seinem Sohn einen Helden machen. Sofort nach dem Abitur drängte der Vater auf freiwillige Meldung, um so den Parteigenossen gegenüber mit seinem Sprößling glänzen zu können. Die glücklichste Nachricht für ihn war, als Fritz vor Sewastopol das Eiserne Kreuz bekommen hatte. »Nun weiß ich, daß auch Du Deinen Mann zu stehen weißt«, hatte er nach Sinferopol geschrieben, »und daß meine Sorge, Du würdest ein Bücherwurm werden, unbegründet war. Ich bin stolz auf Dich, mein Junge!« Seit einiger Zeit stand in den Briefen des Vaters oft der Satz: »Wirst Du bald Unteroffizier? Es wäre eine große Freude für mich, wenn ich Dich bei Deinem nächsten Urlaub allen unseren Bekannten mit den silbernen Litzen vorstellen könnte...«

Die silbernen Litzen! Das Eiserne Kreuz! Als ob es in diesem Stadium des Krieges noch darauf ankäme, sich auszuzeichnen. Was würde sein Vater wohl sagen, wenn er die wahren Gedanken seines Sohnes in Rußland kennen würde? Gewiß, die Sorge, daß er ein Bücherwurm werden könne, war gegenstandslos geworden. Die Bücher, von denen man ihn weggeholt hatte, sagten ihm nichts mehr. Unter dem Heulen der Stalinorgel, im mörderischen Granathagel, eingeklemmt zwischen zerfetzten Menschenleibern war für erhebende Gedanken kein Platz. Mit Blut und Dreck unter den Stiefeln war es schwer, an die Herrschaft der Vernunft eines Aristoteles zu glauben, zwischen stinkenden Kadavern unmöglich, an Platos Ordnung und Harmonie der Seele zu denken.

Aber es war auch kein Held aus ihm geworden, wie es der Vater glaubte. Er war nur stur geworden. Ein Frontschwein mit Hornhaut auf der Seele. Philosophie? Natürlich hatte er sich eine eigene Philosophie zurechtgelegt, die Philosophie des Grabendrecks: Antrieb allen Handelns ist der kreatürliche Selbsterhaltungstrieb. Höchster Lebenszweck das Organisieren leiblicher Genüsse. Letzte Weisheit die Devise: Holzauge sei wachsam...

Jetzt saß der Vater in Dänemark, an der Butterfront, als Kommissar in politischem Auftrag. Die Mutter aber war in Berlin im Luftschutzkeller und mußte täglich die Schrecken des Bombenkrieges über sich ergehen lassen. Die Mutter, der es das Herz im Leibe zerriß, als der Sohn die Knobelbecher anzog und zur Knarre griff. Die Mutter, die alles hatte kommen sehen und doch nichts dagegen tun konnte. Denn die Mutter hatte den hochtrabenden Parolen nichts entgegenzusetzen als ihre Liebe, und die Liebe war schon immer eine schwache Waffe gegen die Bajonette der Tyrannis...

Fritz Kleebusch sah mit heißen Augen auf das Mädchen, das mit gelösten Haaren schweigend auf der Kiste saß.

»Maria...«, sagte er.

Sie blickte ihn ergeben an. In ihren Augen schimmerten die dunklen Wasser der Wolga. In ihrem Blick irrlichterten die Rätsel zweier Kontinente.

»Maria«, wiederholte er leise. Ihm brannte vieles auf der Zunge, was er ihr sagen wollte, aber er brachte es nicht heraus. War es nicht grotesk, daß er hier mit einer Russin zusammensaß, die auf jenes Deutschland setzte, an dem er längst zu zweifeln begonnen hatte? Flieh! hätte er ihr ins Gesicht schreien mögen, setz dich ab von diesem verlorenen Haufen, ehe es zu spät ist. Deine Mutter hat sich verrechnet. Wir gehen zurück, trotz allem, was im Wehrmachtsbericht gesagt wird. Und wenn wir auch blieben — wir würden keine Freiheit, wir würden nur neue Unterdrückung bringen.

Aber hatte etwa ihr Vater recht, der auf Stalin setzte, so wie der seine auf Hitler? Wer hatte überhaupt recht in diesem Krieg? Früher, wenn die Völker gegeneinander kämpften, gab es noch klare Fronten. Hier Freund, dort Feind. Aber heute bekämpften sich Ideologien. Sie zwangen Menschen unter ihren Befehl, die nichts mit diesen Ideologien gemein hatten. Es gab Freunde auf der anderen Seite und Feinde in den eigenen Reihen. Die Front ging oft mitten durchs eigene Herz. Ein Wahnsinn sondergleichen.

»Wo bist du zu Hause?« fragte er.

»In Woroschilowsk.«

»Und wie kamst du zum Terek?«

»Ich wollte nach Persien.«

»Nach Persien?« Er glaubte nicht recht zu hören.

»Ich habe einen Onkel dort. Er war im Bürgerkrieg Hauptmann in der Armee des Generals Denikin, die bis 1920 gegen die Roten kämpfte. Nach der Niederlage Denikins setzte er sich nach Süden ab. Mit einem ganzen Gestüt zog er nach Persien. Er soll dort ein großes Gut erworben haben. Sobald die deutschen Truppen wieder vorwärts gehen und Transkaukasien erreicht haben, will ich versuchen, mich durchzuschlagen.«

Draußen tönte jetzt Musik aus dem Wehrmachtsempfänger. »Das kann doch einen Seemann nicht erschüttern, keine Angst, keine Angst, Rosmarie ...« Dann einige sentimentale Weisen, Heimatglocken und Harmonikaklänge. Dazwischen Wünsche an die Front.

Zu Hause war Sonntag ...

Kleebusch sah das Mädchen an. Sie lauschte den Stimmen mit einer Andacht, als sitze sie in der Kirche. Langsam begann sie ihr Haar aufzustecken. Er verfolgte jede ihrer Bewegungen. Wenn sie die Arme hob, zeichneten sich die festen Brüste noch deutlicher unter der dünnen Bluse ab. Er begann nervös zu schlucken. Er mußte wieder daran denken, was die Kameraden am Terek von ihr erzählt hatten.

»Was hast du mit Oberleutnant Maier gehabt?« fragte er.

»Nichts«, sagte sie schnell. »Wie kommst du darauf?«

»Es wurde so allerhand geredet.«

»Niemand kann mir was nachsagen! Natürlich war er immer um mich herum wie ein Gockelhahn, aber ich habe ihn in Schach gehalten. Vielleicht war es ihm ganz lieb, wenn man glaubte, er hätte Erfolg. Er ist als Mann sehr eitel.«

»Und Eiermann?«

Sie hob gequält die Schultern. »Ich war so verzweifelt. Ich wußte nicht, was ich tun sollte. Der Rückmarsch kam so überraschend ...«

Kleebusch biß sich auf die Lippen. Er fühlte mit einemmal ein merkwürdiges Ziehen in der Brust, aber er wollte es sich nicht eingestehen. Das ist doch Quatsch, sagte er sich. Ich kann doch nicht eifersüchtig sein auf das, was vor mir war. Ich kann überhaupt nicht eifersüchtig sein. Das würde ja bedeuten, daß ich sie liebe. Das ist doch Unsinn. Ein gottverdammter Unsinn. So ein Mädchen nimmt man, aber man liebt es nicht ...

Und doch liebte er Maria. Er fühlte in diesem Augenblick mit allen Fasern seines Körpers, daß er sie liebte. Ihm wurde ganz schwindlig bei dem Gedanken. Eine heiße Blutwelle schoß zu seinem Herzen. Er hätte vor ihr niederknien und den Kopf in ihren Schoß legen mögen. Nur den Kopf in ihren Schoß legen. Liebe empfinden, Wärme, Geborgenheit — alles, was er so lange vermissen mußte, viel länger als die Befriedigung körperlicher Begierden.

Aber er rührte sich nicht. Er hatte plötzlich eine unüberwindliche Scheu davor, sich ihr zu nähern. In der ersten Nacht als er bei ihr war, hatte er keine Hemmungen gekannt. Nun aber, da er sich bewußt wurde, was in ihm vorging, fühlte er sein Verlangen auf eine seltsame Art gezügelt, und er war froh darüber. Es machte ihn leicht und frei.

Wo Liebe ist, mußte er denken, ist immer auch ein Stückchen Heimat. Jetzt war seine Heimat hier, in diesem seltsamen Wagen, zwischen all den grauen Kisten und verstaubten Kasten. Was wohl sein Vater sagen würde, wenn er das wüßte?

Er stand auf und lächelte.

»Ich komme wieder.« Er küßte sie auf die Stirn. »Auf Wiedersehen, Maria.«

Sie mochte wohl bemerkt haben, was in ihm vorgegangen war. Dankbar schlang sie ihm die Arme um den Nacken und drückte seinen Kopf an die Brust.

»Fritz! Ich warte auf dich!«

Auf dem Weg zum Regimentsgefechtsstand muß Fritz Kleebusch wieder an Hellerer und seine Drohung denken. Da er sich nicht von Maria getrennt hat, bleibt das Problem bestehen. Es ist sogar noch schwerwiegender geworden. Hoffentlich ist der Kerl zu seinem Haufen zurück. Das Regiment ist wieder beisammen, es besteht kein Grund mehr für Hellerer, länger beim Stab zu bleiben.

Aber der erste, dem er in die Hände läuft, ist Hellerer.

»Was macht unser Täubchen?« fragt er.

»Was machst du noch hier?« fragt Kleebusch zurück.

»Dienstgeheimnis.«

»Du gehst nicht zu deiner Batterie zurück?«

»Möchtest du wohl, was? Hast eben Pech gehabt, mein Junge. Der Alte hat mich einkassiert, als Melder zur Zwoten. Vorläufig wenigstens. Es fehlen Leute hier, hat er gemeint. Hast du unser Vögelchen schon vorbereitet auf das neue Glück?«

Kleebusch zuckt gleichgültig mit den Schultern.

»Sie wird leider keinen Gebrauch mehr davon machen können. Sie ist weg.«

»Weg?« Hellerers schiefes Maul beginnt vor Zorn zu geifern. Er packt Kleebusch beim Kragen und dreht ihm die Halsbinde zusammen, als wolle er ihn erwürgen. »Wenn du Zicken machst, du räudiger Krüppel, dann stell' ich dir die Luft ab. Dann zerquetsch' ich dich wie eine Filzlaus zwischen den Fingern. Du willst behaupten, daß das Vögelchen ausgeflogen ist? Das Märchen kannst du deiner Großmutter erzählen.«

»Sieh doch selbst nach!« Kleebusch reißt die Hand des Schwarzen weg.

»Das werd' ich auch, du Rotznase. Gnade dir Gott ...«

»Der Wetterwagen ist beim Troß. Wie willst du denn dahin kommen?«

»Morgen melde ich mich wegen Durchmarsch krank.«

»Wegen was?«

»Wegen Dünnpfiff, du Blindgänger. Ist alles schon mit dem Sani ausklamüsert. Bis der Karbolhengst von der Abteilung kommt, hab' ich mich inzwischen bei deiner Madga gesundgestoßen und melde mich freiwillig zurück. Ponimatj?«

Kleebusch fühlt einen Kloß in der Kehle. Er möchte dem anderen am liebsten in die Fresse schlagen, aber er weiß, daß er bei dessen Bärenkräften den kürzeren ziehen würde. So versucht er es mit einer anderen Taktik. Er blickt auf den schmalen Goldring an der behaarten Hand Hellerers.

»Du bist doch verheiratet.«

»Drum«, sagt Hellerer schnell. »Gerade drum. Ich muß in Übung bleiben. Verstehst du das, du Milchgesicht? Das bin ich meiner Gesundheit schuldig.«

»Aber was würde deine Frau sagen?«

»Wenn du es ihr schreibst, meinst du? Kannst du ruhig machen, du verklemmter Mündungsschoner. Die ist auch keine Heilige, die weiß, wie sie sich schadlos halten kann. ›Kommen Sie ruhig 'rein, mein Mann ist im Felde!‹« Hellerer lacht scheppernd mit seinem schiefen Maul und putzt sich die Nase am Ärmel. »Außerdem ist sie Kummer gewöhnt mit mir. Sie weiß genau, daß ich es auch nicht durch die Rippen schwitze.«

Kleebusch wendet sich angewidert ab. Er kann es nicht mehr mit anhören. Jetzt am allerwenigsten. Er haßt diesen Kerl. Wenn der sie anrührt, denkt er, wenn der seine drekkigen Pfoten nach ihr ausstreckt — ich weiß nicht, was ich dann tue.

In der Stellung blieb es ruhig. Die Nacht verging ohne Alarm. Dafür gab es in der Frühe eine andere Überraschung. Eine Einlage besonderer Art, die den Männern bitterer aufstieß als ein feindlicher Überfall.

Der Überfall kam von Oberleutnant Stiebing.

Im Morgengrauen war der Kommandeur nach vorn gefahren, zu den Batterien. Kaum war er außer Sichtweite, trommelte der Adjutant die Unteroffiziere aus den Löchern. »Lassen Sie sofort antreten. Alle Mann, ohne Ausnahme. Nur die Vermittlung bleibt mit einem Fernsprecher besetzt.«

Die Unteroffiziere glotzten dumm aus der Wäsche.

»Wie antreten?« fragte der rote Jeschke.

»Feldmarschmäßig, mit Stahlhelm, Gasmaske und Gewehr. Aber etwas plötzlich, wenn ich bitten darf!«

Oberleutnant Stiebing war korrekt. Ein Offizier, wie er in der HDV stand. Zackig vom Helm bis zu den blanken

Tretern. Nicht korrupt wie Maier. Aber ein Fanatiker. Und wie jeder Fanatiker ein Sadist. Was er heute tat, hatte er schon lange vorgehabt. Nur war er nie dazugekommen, weil er befürchtete, das Mißfallen des Kommandeurs zu erregen.

Jetzt konnte er es wagen.

Zur Zeit war er der einzige Offizier in der Stellung. Der Oberst würde bis zum Abend außer Reichweite bleiben, und Oberleutnant Maier lag mit Bauchweh beim Troß.

Langsam kamen die Männer angezockelt, verschlafene Gestalten mit mürrischen Gesichtern. Sie gähnten noch im Gehen, kratzten sich den Buckel und trugen die ungewohnte Ausrüstung mit sauren Visagen, als hätten sie eine Zentnerlast auf dem Ranzen. Typischer Obergefreitengang der alten Schnapser im fünften Dienstjahr.

»Riecht nach praktischer Erdkunde«, ärgerte sich der dicke Ede mit verschimmelter Miene.

»Lange nicht gehabt«, meckerte der lange Fibus. »Der will wohl seine Kommandostimme üben.«

»Ist ja 'n schöner Dreckhaufen hier«, grunzte Hellerer mit schiefem Maul. »Da wär ich besser bei meiner Batterie geblieben.«

»Schadet euch gar nichts«, äußerte Fellhammer zynisch. »Gewehrpumpen und Ehestandsübungen mit durchgedrücktem Hintern heben die Moral der Truppe. Drum sind wir auch die besten Soldaten der Welt.«

Oberleutnant Stiebing stand in angemessener Entfernung. Mit finsterem Blick und zusammengebissenen Zähnen verfolgte er das Aufstellen. Auch er hatte die Hurratüte auf. Der Riemen spannte sich grimmig um sein spitzes Kinn.

»Auch die Herren Unteroffiziere, wenn ich bitten darf!«

Unteroffizier Spreitzer, selbst ein Schinder, riß entgeistert das Maul auf. Auch der rote Jeschke und Heinz Kolling, der stille Dulder im Unteroffizierskorps, blickten wie die ersten Menschen auf den Adju. »Wohl völlig verrückt geworden!« Spreitzer spuckte demonstrativ in die Gegend. Ihn ärgerte vor allem das schadenfrohe Grinsen der Landser im Haufen.

Stiebing trommelte mit den Fingern auf seinem breiten Koppel herum.

»Wird's bald, meine Herren?«

Knurrend reihten sich die Unteroffiziere ein.

Als der Haufen endlich stand, hielt Stiebing eine kurze Ansprache. Laut und markig. An Deutlichkeit ließ sie nichts zu wünschen übrig. Von müde gewordenen Knochen war darin die Rede, von schlapper Disziplin, von mangelnder Dienstbegeisterung und katastrophaler Moral.

»Ich weiß genau, was jeder von Ihnen denkt«, betonte er und blickte den Männern nacheinander in die Augen. »Aber Sie täuschen sich gewaltig, wenn Sie glauben, daß Sie schlappmachen können, weil einige Defätisten und Feiglinge die Front wanken sehen. Die Front steht! Ich verlange jetzt von jedem einzelnen, daß er sich am Riemen reißt. Der Führer hat für Meuterer, Drückeberger und andere Verräter verschärfte Bestimmungen erlassen. Wer nicht spurt, wird mit der ganzen Härte vernichtet, die uns zur Verfügung steht. Pflichterfüllung bis zum letzten. Gerade jetzt! Und damit die müden Knochen mal wieder durcheinandergerüttelt werden, machen wir jetzt eine kleine Geländeübung. Sie werden sehen, wie das auffrischt. Noch eine Frage?«

Hellerer hob die Hand.

»Bitte Herrn Oberleutnant melden zu dürfen, daß ich krank bin.«

»Was fehlt Ihnen?«

»Scheißerei, Herr Oberleutnant!« Hellerer trompetete es mit Stentorstimme über den Platz.

Grinsen im ganzen Glied. Jeder war gespannt, was jetzt kommen würde. Doch Stiebing, lange Zeit Rekrutenausbilder auf den verschiedensten Kasernenhöfen des Reiches, ließ sich nicht düpieren.

»Ausgezeichnet«, meinte er trocken. »Dann lernen Sie wenigstens, die Arschbacken richtig zusammenkneifen. Das kommt der militärischen Haltung sehr zugute.«

Hellerer bekam einen roten Ballon. Es sah aus, als würde er jeden Augenblick platzen. Er dachte an sein geplantes Schäferstündchen im Wetterwagen und an die Liebesfreuden mit der strammen Marussja, die jetzt flötengingen. Morgen würde bestimmt der russische Angriff beginnen, dann war es zu spät. Ihm wurde bei dem Gedanken hundeübel im Magen. Er fühlte sich jetzt wirklich krank.

»Herr Oberleutnant ...« Hellerer japste.

»Schnauze! Wenn Sie noch einen Laut von sich geben,

bringe ich Sie wegen Meuterei und Drückebergerei vors Kriegsgericht — Stillgestanden!«

Ein leiser Ruck ging durch die Reihen. Die alten Knochen versuchten sich kunstgerecht aufzubauen.

»Gewehr — über!«

Zack, zack, zack. Hände schlugen ans Holz, Riemen klatschten, Gasmaskenbüchsen klapperten. Es ging noch ganz gut, aber Stiebing machte ein Gesicht, als habe er auf eine Schnecke gebissen.

»Als ob eine Ziege aufs Trommelfell scheißt – so hört sich das an. Müssen wir in der nächsten Ruhestellung extra üben. Griffeklopfen ist die Seele des Soldatenlebens. — Links um! Ohne Tritt marsch!«

Die kleine Kolonne setzte sich in Bewegung. Stiebing ging im Abstand von zehn Metern hinterdrein.

»Hei, welche Lust, Soldat zu sein«, flachste Fellhammer, der neben Kleebusch marschierte.

Der dicke Ede, der in der Reihe vor ihm dahinstolperte, brummelte in einem fort vor sich hin.

»Das ist doch verboten! Griffeklopfen und Exerzieren hinter den vordersten Linien — das ist wirklich verboten!«

»Verboten ist viel«, gab Fellhammer zurück. »Unter anderem ist es auch verboten, auf Menschen zu schießen. Und doch sind wir nur zu diesem Zweck hier.«

»Ruhe im Glied!« brüllte Stiebing von hinten. »Fliegerangriff von links — volle Deckung!«

Die Männer liefen auseinander und ließen sich fallen.

»Fliegerangriff vorbei. Zur Marschkolonne aufschließen!«

Die Männer erhoben sich und marschierten weiter.

»Achtung!«

Die Männer machten kehrt, rissen die Gewehre von der Schulter und nahmen Haltung an.

»An den Horizont weg, marsch, marsch!«

Die Männer setzten sich in Trab und zockelten im Laufschritt über den Hang.

»Hinlegen! Auf dem Koppelschloß kehrt! Bis auf meine Höhe vorarbeiten!«

Die Männer parierten wie willenlose Hampelmänner. Warfen sich hin und sprangen wieder auf. Drehten sich auf dem Koppelschloß und robbten mit dem Bauch über die

Erde. Und auf das Wort »Achtung« standen alle wieder stramm.

»Jetzt glaube ich doch, daß wir den Krieg noch gewinnen«, zischte Fellhammer den Kameraden zu.

»Fliegerangriff von rechts!« kommandierte Stiebing. »Volle Deckung!«

Die Männer ließen sich hinfallen, wo sie gerade standen. Den meisten lief bereits das Wasser vom Stahlhelm in die Halsbinde. Sie empfanden es fast als angenehm, sich für eine kurze Zeit bewegungslos auf die kalte Erde drücken zu können. Eine solche Alarmeinlage dauerte immer ein paar Minuten. Inzwischen fand man Zeit, bis zum nächsten Kommando Luft zu schöpfen.

Aber es kam kein neues Kommando. Statt dessen hörten sie in der Luft ein leises Brummen. Sie hoben die Köpfe und starrten in den Himmel. Im morgendlichen Blau sahen sie zwei russische Flieger blinken. Nähmaschinen wahrscheinlich, die kleinen Nervensägen der Russen. Ihr Summen kam näher. Sie glänzten putzig wie Silberfischchen.

Fellhammer griente. »Donnerwetter, der macht's mit richtigen Einlagen. Scheint 'nen direkten Draht zum Iwan zu haben.«

»Liegenbleiben!« Oberleutnant Stiebing warf sich jetzt selbst hin und nahm die Schnauze in den Dreck.

Kurz darauf klatschten die ersten Bomben. Sie fielen weit abseits ins Feld. Klack, klack, klack! machte es. In buntem Reigen schossen kleine Erdfontänen hoch.

»Diese Stümper«, höhnte Ede. »Die scheinen ihre Bömbchen mit der Kohlenschaufel über Bord zu werfen.«

Der erste Flieger war in geringer Höhe über den Hügel gebraust und sauste mit Vollgas ab. Jetzt näherte sich der zweite. Er war nicht zu hören. Wahrscheinlich hatte er den Motor abgestellt. Gleich mußte der neue Segen niederprasseln.

Hellerer lag auf einem kleinen Erdbuckel. Er hatte ihn aus Bequemlichkeit ausgesucht. Nun erkannte er, daß er in der erhöhten Lage gefährdeter war als die anderen. Er blickte zu Kleebusch hinüber, der in einer flachen Mulde lag. Gerade die richtige Deckung.

»Ich komm' 'rüber«, rief er Kleebusch zu und sprang auf.

In diesem Augenblick fielen die Bomben. Kleebusch schloß die Augen und drückte die Nase in den Sand. Er hörte ganz in der Nähe eine Detonation. Im gleichen Augenblick stürzte Hellerer zu ihm in die Mulde und drückte sich mit geducktem Kopf an seine Seite. Dabei stöhnte er leise. Wahrscheinlich war er bei dem Hechtsprung so unglücklich aufgeschlagen.

»Da hast du aber mal wieder Schwein gehabt«, sagte Kleebusch und rückte etwas ab. Die körperliche Nähe dieses Kerls war ihm zuwider.

Über ihnen war jetzt Ruhe.

»Alles auf!« befahl Stiebing und klopfte sich den Dreck von der Uniform. »In Marschkolonne antreten!«

Mühsam erhoben sich die Männer. Hellerer blieb liegen.

»Na, Sie Pinsel«, rief der Oberleutnant. »Wollen Sie eine Extraeinladung haben? Oder ist es jetzt wirklich in die Hosen gegangen? Wenn Sie ...«

Er brach plötzlich ab. Mit zwei Sätzen war er in der Mulde und beugte sich über Hellerer.

Er lag auf dem Bauch und hatte beide Hände unter sich vergraben. Stiebing berührte ihn an der Schulter.

»Was ist los, Hellerer?«

Aus der Mulde kam ein Stöhnen. Dann bewegte sich Hellerer. Er hob den Kopf und drehte sich vorsichtig auf den Rücken. An seiner Hose sah Stiebing Blut. Bis zum Knie 'runter war alles rot.

Der Oberleutnant wurde weiß bis unter die Haarwurzeln. Er wußte, was ihm bevorstand, wenn dem Mann ernstlich was passiert war. Er gab Kleebusch einen Wink. Gemeinsam zogen sie ihm die Hose herunter. Auf dem rechten Schenkel, ganz oben auf der Innenseite, nahe bei den Leistendrüsen, klaffte eine längliche Wunde. Das Fleisch war aufgebrochen wie eine überreife Frucht. Ein fingerlanger Splitter steckte darin. Mochte der Teufel wissen, wie es ihn an dieser Stelle treffen konnte.

Stiebing faßte den Splitter mit spitzen Fingern und zog ihn heraus. Er war nicht tief eingedrungen, es ließ sich ganz leicht bewerkstelligen.

»Verbandspäckchen!«

Kleebusch polkte es aus der Schoßtasche seiner Feldbluse,

die anderen folgten seinem Beispiel. Mit zitternden Händen legte der Oberleutnant einen Notverband an, um das Blut zu stillen.

»Verdammt unangenehme Stelle.« Stiebing sprach mit gepreßtem Ton.

Keiner sagte etwas. Stumm verfolgten sie die Manipulationen des Offiziers. Aber in ihren Augen funkelte Anklage.

Plötzlich sprang Stiebing auf, schrie die Männer an.

»Steht nicht herum wie die Ölgötzen! Holt einen Sanka! Benachrichtigt die nächste Abteilung, damit auf dem schnellsten Weg ein Arzt kommt!«

Einige liefen fort, auf den Gefechtsstand zu.

»Alle weg!« schrie Stiebing. Er hatte völlig die Nerven verloren. Der Rest des Haufens verdrückte sich langsam.

Stiebing wandte sich an Kleebusch.

»Sie bleiben bei ihm. Nicht bewegen, bevor der Arzt kommt. Wenn der Verband durchnäßt, legen Sie eine neue Binde darüber. Ich werde selbst dafür sorgen, daß schnell Hilfe kommt.«

Mit langen Schritten sprang der Oberleutnant davon.

Hellerer schlug nach einer Weile die Augen auf. Er stöhnte röchelnd. Sein Gesicht war blutleer. Die schwarzen Haare klebten klatschnaß auf der Stirn.

»Ist es schlimm?« fragte er, ohne sich zu bewegen. Seine Stimme klang seltsam verändert.

»Ach was!« Kleebusch wischte ihm den Schweiß von der Stirn. »Nur eine Fleischwunde. In ein paar Minuten kommt der Sanka, und es geht ab ins Lazarett. Dann hast du eine Weile Ruhe, und du bist den Mist hier los. Wenn du Glück hast, kommst du sogar heim.«

»Glaubst du?«

»Natürlich. Glatter Heimatschuß. Jeder würde dich drum beneiden.«

Hellerer verzog den Mund zu einem matten Lächeln. Er schloß die Augen und atmete tief durch. Seine Brust hob und senkte sich in kräftigen Stößen. Dann schlug er die Augen wieder auf und blickte Kleebusch fest an.

»Ich glaub', es geht mir schon besser. Hilf mir mal — ich will versuchen aufzustehen. Vielleicht kann ich sogar selbst zurückgehn.«

»Unsinn, Hellerer. Du darfst dich nicht bewegen, sonst verlierst du zuviel Blut.«

»Aber wenn es doch nur eine Fleischwunde ist ...«

»Trotzdem. Vorsichtig muß man immer sein.«

Hellerer tastete mit der Hand vorsichtig den Verband ab. Er hob den Kopf und blickte auf sein Bein. In sein Gesicht kam langsam Farbe zurück.

»Du — ich hab' jetzt keine Schmerzen mehr. Die Wunde spür' ich kaum noch. Vielleicht ist es wirklich nicht schlimm. Kann sogar verdammtes Glück sein, so 'ne blutige Schramme.«

»Sag' ich doch, Hellerer.«

»Hast du 'n Glimmstengel für mich?«

Kleebusch schob ihm eine Zigarette zwischen die Lippen und zündete sie an.

»Siehst du, nun geht's schon. Nur der Schreck im ersten Augenblick. Wenn man zuerst nicht weiß, was eigentlich los war, das nimmt einen bannig mit. Ich kenn' das, hab' es vor Charkow selbst erlebt. Und dann der Blutverlust. Das schwächt immer.«

Der Verwundete sah ihn an.

»Eigentlich nett von dir, daß du dir soviel Mühe um mich machst ...«

»Ist doch selbstverständlich, Hellerer. Welcher Kumpel täte das nicht?«

»Aber du hattest doch eine Stinkwut auf mich. Stimmts?«

»Quatsch nicht solchen Blödsinn. Bleib lieber ruhig liegen, damit der Verband nicht verrutscht. Soll ich dir den Kopf höher legen?«

»Du brauchst es nicht abzustreiten, ich hab' dirs an der Nasenspitze angesehen. Du hast ganz schön gebibbert, als ich dir das mit dem Weib auf den Kopf zusagte ...« Er legte plötzlich die Hand aufs Kinn und fuhr sich mit der Zunge über die trockenen Lippen. »Du — das hätt' ich fast vergessen! Vielleicht kann ich, eh' ich zum Lazarett komme, einen Tag beim Troß bleiben. Was meinst du?«

Kleebusch sah ihn überrascht an.

»Mensch — wenn du schon wieder solche Gedanken hast, dann holt dich der Teufel bestimmt noch nicht.«

»Du glaubst also, daß es möglich ist?«

Kleebusch hielt unwillkürlich den Atem an. Ein scheußliches Gefühl nagte in ihm. Er fühlte sich innerlich zerrissen. Was sollte er antworten? Der Mann stirbt, sagte er sich. Der stirbt bestimmt. Bis die da hinten einen Arzt aufgetrieben haben, ist er hinüber. Ich kenne das. Wir haben es oft genug erlebt, daß einer mit so was draufging. Wunden an dieser Stelle sind gefährlich, auch wenn sie ganz harmlos aussehen. Da sitzen die Leistendrüsen, da sitzt Fett. Wenn Fetteilchen in die Blutbahn gekommen sind, ist er verloren. Es ist also ganz gleich, was ich ihm sage. Ich kann ihm was vorlügen. Ich kann ihm sagen, daß ich nichts dagegen habe, wenn er zum Troß kommt und das Mädchen trifft. Es ist ja alles so egal, wenn einer stirbt.

»Na?« erkundigte sich Hellerer. Er versuchte sich aufzurichten und konnte tatsächlich den Oberkörper heben. In seinen Augen brannte Lebensgier. Er sah nicht mehr aus wie einer, der bald abkratzt.

Kleebusch biß sich auf die Lippen. Das Nagen war wieder da, die Ratte, die sein Blut vergiftete. Er sah Hellerer mißtrauisch an, und mit Mißbehagen registrierte er die Lebensgier im Gesicht des anderen. Der stirbt doch nicht, dachte er. Der nicht. Mit seiner Roßnatur übersteht der alles. Ich muß vorsichtig sein.

»Ich hab' dir doch gesagt, daß sie weg ist«, entgegnete er kalt, ohne den Verwundeten anzublicken.

»Glaub' ich nicht. Glaub' ich dir im Leben nicht. Wir werden ja sehen ...«

Auf einmal verzog Hellerer wieder das Gesicht. Stöhnend ließ er sich auf die Erde zurücksinken. Die Schmerzen schienen wieder zurückgekehrt zu sein.

Kleebusch stand auf und blickte in die Richtung, in der der Gefechtsstand liegen mußte. Wo der Sanka bloß blieb? Verdammt. Da saß er mutterseelenallein mit einem Sterbenden und konnte nichts tun als warten, warten ...

Der Verwundete begann zu wimmern und sich zu krümmen. Sein Gesicht war wieder blutleer geworden. Die Haut spannte sich gelb über die Knochen. Sie schimmerte durchsichtig wie Wachs.

»Du ...«, hauchte Hellerer. Seine Augen blickten glasig.

Kleebusch beugte sich über ihn. Er griff nach seiner Hand

und fuhr ihm behutsam über die Stirn. Sie war kalt und naß.

»Nur die Ruhe, Hellerer. Sie kommen gleich. Nur noch ein paar Minuten.«

»Du – Kleebusch ...«

»Ja?«

»Ich glaub', es geht zu Ende mit mir. Das Herz ... ich krieg' so schwer Luft ... ich glaub', ich kratze doch noch ab.«

»Dummes Zeug«, sagte Kleebusch grob, aber er sah jetzt selbst, wie der andere verfiel. Er sah, wie die Nase spitz wurde und die Augen in die Höhlen zurücksanken. Es war, als drücke sich der Totenschädel bereits durch.

»Hellerer, hörst du mich?«

Der Verwundete bewegte kaum merklich die Lippen. »Was ist?«

»Soll ich — soll ich deiner Frau was bestellen?«

»Wie kommst du darauf?«

»Wenn du — ich meine, wenn du ins Lazarett kommst und nicht gleich schreiben kannst ...«

»Nein«, preßte Hellerer hervor. Um seine blutleeren Lippen lag ein bitterer Zug. »Gib dir keine Mühe. Um mich weint niemand. Die sind alle froh, wenn ich abkratze. Alle — auch meine Frau ...«

»Quatsch«, sagte Kleebusch schnell. »Das bildest du dir nur ein, Hellerer.«

»Nein«, flüsterte der Verwundete. »Ich weiß es. Sie haßt mich. Sie ist froh, wenn sie frei ist. Drum wollte ich auch ...« Er brach ab. Das Sprechen strengte ihn zu sehr an. Sein Atem ging stoßweise. Mit flackernden Augen sah er Kleebusch an.

Mein Gott, dachte Kleebusch, laß bloß den Arzt schnell kommen. Ich habe vorhin ganz hundsgemeine, dreckige Gedanken gehabt. Aber es stimmt nicht. Ich will nicht, daß er stirbt.

»Hör zu, Hellerer«, sagte er zitternd und beugte sich ganz nahe über das Gesicht des Liegenden, »du wirst bestimmt gesund. Du mußt nur den Willen dazu haben. Denk nicht an die anderen, die dich hassen, denk jetzt nur an dich. Soll ich dir mal was sagen? Ich hab' dich tatsächlich angelogen.

Hörst du mich? Diese Frau ist noch da. Du kannst zu ihr kommen, sie wartet auf dich ... Hörst du mich?«

Er sah, wie Hellerer leise lächelte und sprach rasch weiter. Der Schweiß stand ihm auf der Stirn, aber er sprach weiter, solange er noch das Lächeln auf den Lippen des anderen sah. Er ist ein Kamerad, dachte er. Er ist trotz allem ein Kamerad. Wenn er lächelnd stirbt, habe ich wenigstens etwas für ihn getan.

»Du bist ein anständiger Kerl.« Hellerer war so matt, daß der Satz kaum zu verstehen war. »Aber ich — ich ...«

Ein Ruck ging durch seinen Körper. Die Glieder streckten sich. Und die Augen blickten starr zum Himmel.

Als der Sanka endlich kam, war Hellerer tot.

»Wieder einer auf dem Felde der Ehre gefallen«, raunzt Krummbier, als er am Abend mit dem Kommandeur zurückkommt und von dem Vorfall erfährt. »›Für Großdeutschland‹ wird Maier in seinem Heldenbrief schreiben. In Wirklichkeit müßte es heißen: für die kleinliche Schikaniererei eines größenwahnsinnigen Offiziers.« Krummbier spuckt auf den Boden und tritt darauf. »Bin mal gespannt, was der Alte darauf sagt.«

Doch was Oberst Graupner sagt, erfährt kein Mensch, außer Stiebing natürlich. Und für den muß es sehr deutlich gewesen sein. Jedenfalls sehen ihn die Männer noch am gleichen Abend kreidebleich aus dem Kommandeurbunker kommen und grinsen sich eins.

»So was wollte uns den Arsch aufreißen«, grunzt Ede und kratzt sich voll Wohlbehagen den Bauch. »In nullkommanix hat ihn der Alte fertiggemacht.«

Fellhammer nickt. »Schätze auf Tatbericht und Strafversetzung. Jetzt kann er sich selbst am Riemen reißen, wenn er das überleben will ...«

Kleebusch sagt nichts. Er holt sich seine Abendverpflegung und verschwindet in seinem Loch.

»Möchte bloß wissen, was mit dem los ist«, sinniert Fibus. »Seit neuestem ist der völlig verquer. Bei jedem Abgang stellt er sich an wie 'ne Jungfrau, die plötzlich merkt, daß sie keine mehr ist. Früher, beim Vormarsch, hat ihm das nie was ausgemacht.«

»Maladie de la retraite«, doziert Baumann, der es mitunter liebt, sich gelehrt auszudrücken. »Irgendwie geht es uns doch allen so.«

»Was ist los?« will Fibus wissen.

Fellhammer grinst. Er war im Westfeldzug mit dabei und kennt sich etwas aus. »Das ist französisch. Maladie heißt Krankheit, und retraite bedeutet soviel wie Rückzug.«

»Ah«, macht Fibus und spitzt die Ohren, doch Baumann fährt ihm sofort übers Maul.

»Nicht was *du* denkst, du Wildsau. Für dein Innenleben wäre es besser gewesen, Stiebing hätte dich noch ein paar Stunden geschliffen.«

Fibus zieht beleidigt ab. Er trollt sich in den Fernsprechbunker und haut sich in seine Kuhle. Wie ein Regenwurm rollt er sich in seine Decke. Auf die langen Mauken, die unten 'rausschauen, legt er seinen Mantel. So kann er's trotz der Kälte aushalten.

Doch er soll in dieser Nacht keine Ruhe finden, der Soldat Fibus.

»Störungssucher 'raus!« heißt es von der Vermittlung.

Bald darauf stapft der dürre Fibus mit dem dicken Ede durch die Nacht; Ede mit dem Flickmaterial, Fibus mit dem Feldfernsprecher. Eine Stange brauchen sie nicht, weil Fibus ohne Anstrengung mit seinen Armen auf jeden Ast langen kann. Mißmutig latschen sie durch die Landschaft und schimpfen und fluchen was das Zeug hält. Dreimal war ein Trupp von der Abteilung unterwegs, aber diese Dösköppe haben das Loch nie gefunden. Sie kamen bei der Dunkelheit und dem Gewirr von Kabeln immer wieder in die falsche Leitung.

Nun muß Fibus zeigen, was er kann.

Und er kann es.

Nach einer halben Stunde hat er die schadhafte Stelle ge funden und kunstgerecht geflickt. Gelernt ist gelernt.

Aber auf Fibus wartet in dieser Nacht noch ein besonderer Triumph. Er macht eine seltsame Entdeckung. Mit scharfen Augen beobachtet er etwas, was allen Posten des Regiments und allen Beobachtern entgangen ist. Eine Sache, die im ganzen Abschnitt Überraschung und Bestürzung hervorruft.

Zunächst erscheint sie noch ganz harmlos.

»Sieh mal den Fluß da unten, Ede, fällt dir nichts auf?«

»Was soll mir denn auffallen?«

»Er ist nicht mehr so breit wie gestern, als wir hier waren.«

»Na und? Er wird Hochwasser gehabt haben, und das Hochwasser ist zurückgegangen. Was ist denn da so aufregend?«

Fibus antwortet nicht gleich. Nachdenklich blickt er auf den gewundenen Wasserlauf. Es ist so still, daß er die Wellen glucksen hört. Die Nacht ist kalt, aber völlig klar. Eine der hellen, kristallklaren Nächte, wie man sie nur in Rußland erlebt. Der Himmel ist eine unendliche Kuppel aus blauschwarzem Glas. Der Mond hängt so niedrig, daß man glaubt, ihn fassen zu können. Er ist rötlich und rund, eine glänzende Apfelsine.

»Nee, Ede«, überlegt Fibus, »Hochwasser war das nicht, das könnte man an dem Gras und an den Büschen sehen. Der Fluß hat normalen Wasserstand gehabt, aber jetzt ist er zurückgegangen, und zwar ganz gewaltig.«

»Wird halt abgenommen haben, genau wie du.«

»So viel? Und in so kurzer Zeit?«

»Vielleicht versickert er auch«, meint Ede. »Wir haben in der Schule mal gelernt, daß in Deutschland sogar die Donau versickert. Ein paar Kilometer weiter kommt sie dann wieder 'raus.«

»Quatsch! Wenn ein Fluß versickert, dann versickert er immer, aber nicht plötzlich von einem Tag zum andern. Siehst du die schlammige Stelle dort? So weit ist das Wasser gegangen. Und es kann noch gar nicht lange her sein, denn dort ist alles noch ganz frisch naß.«

Ede blickt den Kameraden bewundernd an. So scharf hat er den Langen noch nie kombinieren hören. »Und was schließt du daraus?« fragt er gespannt.

»Weiß ich noch nicht genau. Aber wenn das stimmt, was ich vermute, wenn das wirklich eintrifft — Mann, dann ist heute nacht noch was fällig.«

Er packt Ede plötzlich aufgeregt bei der Schulter und schüttelt ihn.

»Siehst du den Stein dort, der mit der Spitze aus dem Wasser schaut?«

»Natürlich seh' ich ihn. Ein Stein, wie tausend andere.«

»Aber vorhin war er noch nicht da!«

»Wird halt jetzt dort hingerollt sein.«

»Ein so großer Stein? Und bei so geringer Strömung?« Fibus ist vor Aufregung ganz aus dem Häuschen. »Schau mal genau hin, Ede. Merkst du nicht, daß der Stein immer weiter aus dem Wasser kommt?«

Auch Ede sieht es jetzt deutlich. Kein Zweifel, daß das Wasser sinkt, und zwar mit einer Geschwindigkeit, die man genau verfolgen kann. Das Wasser fließt stromabwärts fort, aber es kommt kein neues nach. Immer mehr Steine tauchen aus den Fluten auf, immer tiefer senkt sich der Wasserspiegel am Rand des Bettes. Es ist wie bei einer Badewanne, wenn man den Stöpsel herausgezogen hat.

»So was!« Ede reißt Maul und Augen auf. So etwas hat er wirklich noch nicht erlebt. »Wie kann das bloß möglich sein?«

»Mann Gottes, hast du das noch nicht kapiert? Die Russen graben uns das Wasser ab. Sie legen vor unseren Augen das Flußbett trocken.«

»Den ganzen Fluß?«

»Was denn sonst?«

»Das versteh' ich nicht. Wie machen die das?«

»Bin ich Ingenieur beim Iwan? Die werden schon wissen, wie sie's machen müssen. Wahrscheinlich haben sie ein neues Flußbett gegraben, irgendwo. Und wo der alte Flußlauf weitergeht, werfen sie Sandsäcke hinein.«

»Warum Sandsäcke?«

»Damit die Erde nicht fortgeschwemmt wird, verstehst du das nicht, du Sack? Sie schmeißen einen Sandsack auf den andern, bis ein Damm entsteht, durch den kein Tropfen mehr durchläuft.«

Ede schaut fassungslos auf den Fluß, der jetzt eigentlich schon gar kein Fluß mehr ist, sondern ein dreckiger, kleiner Bach, der sich leise gluckernd verläuft. Es ist ein Naturschauspiel ohnegleichen, ein Wunder fast, das tatsächlich nur die Russen vollbringen können.

»Mensch!« schreit Fibus und springt wie elektrisiert auf. »Das müssen wir doch melden! Das müssen wir sofort durchgeben!«

Wie ein hüpfender Schneiderbock springt er zum nächsten

Kabelstrang und zapft die Leitung zum Regiment an. Im Nu hat Fibus die Vermittlung, dann hört er Baumanns Stimme. Es ist ganz gut, daß es Baumann ist.

»Wichtige Meldung!« erklärt Fibus und haspelt sofort seine Beobachtung herunter. Er ist ganz außer Atem und muß einige Dinge mehrmals wiederholen, weil der Heini nicht gleich versteht. Aber dann merkt er mit Genugtuung, daß auch Baumann gepackt ist.

»Stimmt das auch?« fragt er ein paarmal zurück.

Fibus bellt ihn an: »Glaubst du denn, du Affenarsch, daß ich den Kommandeur mitten in der Nacht in den April schikken will?«

Ein Augenblick Stille. Dann:

»Verstanden. — Ende.«

Die Klappe fällt, das Gespräch ist vorbei. Fibus könnte nun aus der Leitung, aber er will noch nicht. Er möchte noch mitkriegen, wie's weitergeht, wenigstens auf dem einen Draht, auf dem er gerade sitzt. Und richtig, schon bald hört er die Stimme des Kommandeurs, der mit der Abteilung spricht. Dabei fällt sogar sein Name. »Wie der Gefreite Fibus meldet . . .«

Dem Langen ist in diesem Augenblick zumute, als würde sein Name bereits im Wehrmachtsbericht erwähnt. Er stößt Ede in die Seite und blinkert selbstbewußt mit den Augendeckeln. Er schlägt Rad wie ein Pfau und wird vor Wichtigtuerei fast noch größer.

»Siehst du, Dicker,« sagt er. »So macht man das.« Er sagt es in einem Ton, als habe er das ganze Regiment davor bewahrt, unverhofft überrollt zu werden. »Diesmal werden die Brüder staunen.«

Die Brüder staunten wirklich.

Es ist unvorstellbar, was die Meldung des langen Lulatschs alles auslöste.

Schon wenige Minuten später war der ganze Abschnitt in höchster Alarmbereitschaft. Alarm in jeder Feuerstellung, Alarm in jedem Graben, Alarm in jedem Schützenloch. Draht und Funkverbindung gaben die Meldung nach hinten, zur Division und dem Korps und von der Division wieder zu den Nachbarabschnitten. Klar, daß jetzt der Angriff beginnen würde. Der Russe brauchte keine Brücke mehr über den Fluß zu schlagen, in voller Breite konnte er durch das Flußbett vorgehen.

Die ganze Front erfaßte ein Fieber.

Die Landser warteten geradezu auf den Angriff. Die lähmende Ungewißheit war vorbei. Endlich geschah etwas. Man würde dem Russen Zunder geben, daß ihm Hören und Sehen verging. Der Iwan würde sich die Schnauze verbrennen wie noch nie. Jetzt fand die Wut, die jeder Landser im Bauch hatte, weil auf diesem Rückzug alles so sinnlos schien, endlich ein Ventil. Die HKL muß halten, sagte sich jeder. Wenn die HKL hielt, war auch die Angst vorbei, die jedem im Nacken saß, wenn er an die hohle Gasse bei Rostow dachte.

Doch der Iwan tat den Landsern nicht den Gefallen.

Stunden vergingen, ohne daß sich etwas rührte.

Ununterbrochen zischten Leuchtkugeln hoch. Es war das reinste Brillantfeuerwerk. Das bengalische Licht erhellte in kurzen Abständen jeden Fußbreit Boden.

Doch es kam nichts.

Auch im Morgengrauen blieb es ruhig.

Allmählich erlahmte die Alarmbereitschaft. Die angestaute Wut nützte sich ab wie ein strapazierter Stiefel. Die Hände, die am Abzug lagen, erlahmten. Die Augen, die pausenlos durchs Glas starrten, wurden müde. Kein Mensch kann ununterbrochen in höchster Anspannung verharren.

Taktik des Russen? Spekulierte er auf diese Ermüdungserscheinungen?

Dann hätte er gegen Mittag angreifen müssen. Gegen Mittag machten viele schlapp. Sie hatten die ganze Nacht kein Auge zugetan und sehnten sich nach einer Mütze voll Schlaf.

Doch auch über Mittag blieb die Lage unverändert.

Dafür kam am späten Nachmittag eine Überraschung, mit der die rauhen Krieger am allerwenigsten gerechnet hatten. Es kam ein Befehl von der Division. Er besagte kurz und bündig:

Die Stellung wird geräumt. Die HKL, die vielgepriesene, wird kampflos aufgegeben. Alles sofort zurück!

Der Befehl schlug wie eine Bombe ein.

»Abbauen!« schrien die Offiziere.

»Abbauen!« riefen die Dienstgrade.

»Pajecheli!« sagten die Landser und schüttelten die Köpfe.

Nach zehn Minuten kam ein neuer Spruch von hinten. Er befahl beschleunigtes Absetzen, ohne Rücksicht auf Verluste. Nur das Wichtigste wird mitgenommen. Alles andere bleibt liegen.

Es war, genau besehen, ein Befehl zu überstürzter Flucht.

»Was ist denn nu kaputt?« staunte Fibus. Es ging über seinen Verstand, daß urplötzlich alles anders kommen sollte, als er es sich ausgemalt hatte. Er begriff die Welt nicht mehr. Noch nicht einmal die ausgelegten Leitungen sollten abgebaut werden. All die wertvollen Kabel sollten liegenbleiben, zur freundlichen Bedienung des Iwans. Es war nicht zu fassen.

»Frag nicht so dämlich«, schrie ihm Fellhammer zu. »Ist doch klar — weiter hinten brennt's! Die Genossen von der anderen Seite waren schneller als wir. Sie sind schon lange durch. Jetzt heißt es nur noch: rette sich, wer kann!«

»Die machen mit uns, was sie wollen«, schimpfte Ede. Er blickte fragend auf Baumann, der seinen Klappenschrank auf die Mühle verfrachtete. »Bei dieser Schlappe hat's sogar dir die Sprache verschlagen, was?«

Baumann klopfte sich die Hände an der Feldbluse ab und feixte dreckig.

»Ob das 'ne Schlappe für uns ist, können wir erst beurteilen, wenn wir den Wehrmachtsbericht kennen. Vielleicht heißt es morgen, daß wir dem Russen das größte Schnippchen aller Zeiten geschlagen haben ...«

Kleebuschs erster Gedanke galt Maria.

»Ich muß zum Troß«, wandte er sich an Unteroffizier Jeschke. »Ich fahre doch den Wetterwagen.«

»Mann«, sagte der rote Jeschke, »red jetzt keinen Stuß. Der Troß ist längst weg, und der Wetterwagen ist vielleicht schon in die Luft gejagt. Wir brauchen hier jeden Mann. Du fährst das Kfz 17.«

Es blieb keine Zeit zu langen Überlegungen. Kleebusch warf in aller Hast sein Zeug in den Kasten, setzte sich ans Steuer und rauschte ab. Er mußte auf jeden Fall noch ins Dorf, in dem der Troß gelegen hatte. Er mußte durch, und wenn alles in Fetzen ging. Das Kfz 17 war ein geländegängiger Horch V 8. Mit ihm würde er es bestimmt schaffen. Er mußte wissen, was mit Maria und dem Wetterwagen passiert war.

Doch die Straße ins Dorf war von den Batterien verstopft. Durchkommen unmöglich. Kleebusch mußte von der Straße 'runter und mit den anderen weit vor dem Dorf westlich abbiegen. Wie die Stoppelhopser fuhren die Wagen querfeldein, wo es gerade ging. Erst auf der großen Rollbahn nach Rostow sollte wieder gesammelt werden.

Aus der Traum, sagte sich Kleebusch. Er zog die Mütze in die Stirn und spuckte grimmig gegen den Wind. Behüt dich Gott, es wär so schön gewesen. Behüt dich Gott, es hat nicht sollen sein ...

Schlitternd ging es einen Hang hinunter, und mahlend wieder bergauf. Eine Hexenfahrt wie auf der Achterbahn. Das wäre eine scheußliche Fahrt für Maria gewesen. Kleebusch mußte froh sein, wenn er selbst noch aus dem Hexenkessel herauskam. Allmählich wird es ernst, blutig ernst. Die kampflose Räumung der festausgebauten Stellung war ein verdammt deutliches Signal. Vielleicht eine noch größere Schlappe als eine verlorene Schlacht.

»Jetzt wird's heiter«, sagte Fellhammer, als sie an die Rollbahn kamen.

Er hatte recht. Jetzt begann der große Mist.

## 7

Die Rollbahn ist eine festausgebaute breite Straße. Sie zieht sich schnurgerade nach Nordwesten, auf jene schmale Spitze des Asowschen Meeres zu, um die sie alle noch herum müssen — koste es, was es wolle.

Bisher war die Rollbahn eine Straße mit zügigem Verkehr. Eine Bahn, auf der alles rollte: Nachschub, Munition, Verpflegung. Nach vorn rollten die Ersatzeinheiten durch, nach hinten die Verwundeten. Und in beiden Richtungen die Urlauber und die Feldpost mit den Säcken voll schicksalschwerer Briefe. Die Rollbahn ist eine Lebensader zur Front, so wichtig für das Leben einer Armee wie die Aorta für das Herz. Es pulst und schlägt in dieser Lebensader Tag und Nacht in ununterbrochenem Rhythmus. Und wenn der Rhythmus unterbrochen wird, stirbt die Front. Kein Wunder also, daß die Rollbahn von einem Heer von Spezialisten ständig gepflegt und gehätschelt, ausgebaut und beobachtet wird.

Doch seit dem Rückzug ist alles anders. Kein Mensch kümmert sich mehr um ihren Unterbau. Es wäre auch zwecklos. Die Straße ist so voll, daß kein Fußbreit Boden frei bleibt. Panzer haben die Decke aufgerissen und umgepflügt. Räder und Raupen zermahlen Steine und Sand zu Brei. Schnee und Eis haben sich in Matsch verwandelt. Stellenweise ist der Schlamm knietief. Viele fahren schon auf dem Sommerweg, dem unbefestigten Seitenweg für bespannte Fahrzeuge. Und wenn sie auch darin versinken, fahren sie daneben auf dem Steppenboden. Bald liegen zehn und zwölf Kolonnen nebeneinander.

Die Rollbahn war schon immer eine Leidensbahn des deutschen Landsers. Im Sommer ist sie eine Staubwüste, im Winter eine Rutschbahn und während der Tauperiode ein Sumpf. Aber beim Vormarsch ging es trotzdem weiter. Irgendwie wurde immer Abhilfe geschaffen.

Doch was sich jetzt auf der Rollbahn tut, hat noch keiner erlebt.

»Platz!« schreit ein Major und fuchtelt mit der Pistole drohend durch die Luft. »Platz, oder ich knalle Sie über den Haufen!«

Er kommt mit seinen Fahrzeugen seitlich auf einer Straße aus der Steppe und sucht sich in die große Kolonne einzufädeln.

»Platz! Haben Sie nicht gehört, daß Sie Platz machen sollen?«

Die Fahrer zucken nur mit den Schultern. Sie blicken den Major an, als käme er aus einer anderen Welt. Was heißt hier Platz machen. Die Fahrzeuge stehen Stoßstange an Stoßstange. Es geht nicht vor und nicht zurück. Und wenn irgendwo mal ein Lücke entsteht, ist schon ein anderer drin.

Schließlich gibt es der Major auf und schließt sich mit seiner Kolonne seitlich an. Wieder wird der Fahrzeugstrom ein paar Meter breiter. Doch was nützt es? Beim nächsten Flußübergang stehen die seitlichen Wagen vor dem Wasser und kommen nicht weiter. Über die Brücke rollt nur, was in der Mitte der Rollbahn fährt.

»Jetzt kann uns nur noch ein Wunder weiterhelfen«, konstatiert Fellhammer, der mit Kleebusch auf dem Kfz 17 fährt. Sie liegen schon die ganze Nacht und den halben Tag an derselben Stelle. Keinen Meter geht es weiter. Die Rollbahn ist verstopft wie ein Klosettrohr, das man als Müllschlucker verwendet hat.

Vor Kleebuschs Wagen steht ein Schnellaster voll leerer Benzinfässer. Auf den Fässern sitzt ein älterer Obergefreiter mit leerem Gesicht. Er trägt eine neue Uniform. Auf den Knien hält er eine prall gefüllte Packtasche. Sein Gesicht wirkt frischgewaschen. Eine auffallende Erscheinung in der großen Elendsprozession.

Kleebusch hat den schweigsamen Mann schon lange beobachtet.

»Komisch«, wendet er sich an Fellhammer. »Sieht aus wie bestellt und nicht abgeholt. Möchte wissen, was der auf der Spritkutsche macht.«

»He, Kumpel«, ruft Fellhammer nach vorn. »Wo willst du denn hin?«

»Nach Köln«, antwortet der Mann bewegungslos.

Fellhammer verschluckt sich fast. Er glaubt nicht recht zu hören.

»Nach Köln?« ruft er zurück, ruft es so laut, daß die Landser ringsum aufmerksam werden.

Das Wort wirkt wie eine Lachbombe.

»Nach Köln!« ruft es von allen Seiten. Grinsende Gesichter tauchen auf. »Mensch, du kriegst die Motten — der will nach Köln!«

Einige krähen vor Vergnügen.

»Da darfst du aber nicht vergessen umzusteigen«, schreit einer von seinem Lkw herunter. »Unser Zug fährt nämlich nur bis Frankfurt.«

Wiehern und Lachen in der Runde. Die Landser sind froh, daß es mal wieder Witze gibt. Der Mann in der Sonntagsuniform ist ihnen ein willkommenes Objekt.

»Hast du denn 'ne Fahrkarte?«

»Ich hab' einen Urlaubsschein.« Der Mann scheint die Sticheleien nicht zu bemerken.

Einige Landser prusten und müssen sich den Bauch halten. Ein Urlauber! Die Schadenfreude kennt kaum noch Grenzen. Ein Heimatfahrer, der schon im Kaukasus festsitzt!

»Gar nicht schlecht«, bemerkt Fellhammer trocken. »Wenn der Glück hat, ist es Weihnachten, bis er nach Hause kommt. Geht alles vom Krieg ab.«

»Latsch doch lieber auf Schusters Rappen«, schlägt ein anderer vor. »Da biste schneller daheim. Ihr habt doch so 'n schönes Lied: ›Ich möcht' zu Fuß nach Kölle jahn . . .‹«

»He«, mischt sich einer von hinten ein, »he, Kumpels, wieso hat der überhaupt 'n Urlaubsschein? Ich denke, es ist allgemeine Urlaubssperre. Hat der vielleicht einen guten Onkel im Führerhauptquartier?«

Überrascht blicken die Landser auf den Mann mit der Packtasche. Mit einem Mal werden ihre Gesichter feindlich. Stimmt ja, ist doch Urlaubssperre. Dieser Sonntagskrieger scheint wirklich tolle Beziehungen zu haben.

»Sicher ein Schreibstubenhengst«, empören sich einige. »Nicht mal 'n Verwundetenabzeichen oder 'n Gefrierfleischorden, aber einen Urlaubsschein in der Tasche! Wie haste dir denn die Fleppen erschwindelt?«

Der Mann senkt die Augen. Es sieht so aus, als schäme er sich tatsächlich. »Ich hab' Bombenurlaub. Meine Frau ist tot. Morgen mittag ist schon die Beerdigung.«

Den Landsern, die in der Nähe stehen, bleibt das Lachen im Hals stecken. Es wird still zwischen den Fahrzeugen wie auf einem Friedhof.

»Verzeih, Kumpel«, murmelt einer und fährt sich verlegen über den Mund. »Das konnten wir nicht ahnen. Hast du auch Kinder?«

»Eins.«

»Auch tot?«

»Nein«, sagt der Mann mit dem leeren Gesicht. Er hat jetzt die Hände gefaltet. »Dem Kleinen wurde nur der Arm abgequetscht . . .«

Nur, denkt Kleebusch. Nur der Arm abgequetscht. Ist doch eine große Zeit, in der wir leben. Was muß in dem Mann vorgehen, der schon den zweiten Tag auf den Benzinfässern sitzt und nicht einmal mehr rechtzeitig zur Beerdigung kommt.

Plötzlich springt ein Landser vor.

»Menschenskinder«, schreit er aufgeregt in die Runde. »Dem müssen wir helfen. Der muß doch schnellstens weiterkommen. Können wir ihm nicht Platz schaffen, damit er wenigstens nach Rostow kommt?«

Platz machen — da ist es wieder, dies verdammte Wort, das so oft vergeblich ausgesprochen wird. Die Landser sind bereit, alles für den Kameraden zu tun, doch es ist unmöglich.

»Laßt nur«, sagt der Mann auf den Benzinfässern müde. »Ich schaffe es so und so nicht mehr.«

Kleebusch muß wieder an Maria denken. Er holt ihr Bild aus der Tasche und schaut es gedankenverloren an. Wo sie jetzt wohl sein mag? Ob der Wetterwagen heil mitgekommen ist? Und ob es ihr in der Eile des Aufbruchs möglich war, sich wieder unbemerkt darin zu verstecken? Bestimmt, sagt er sich. Sie hat sicher nichts unversucht gelassen. Verpflegung ist genug im Wagen. Das reicht für die ganze Fahrt. Und sogar noch länger. Der kleine Dotter hatte gut vorgesorgt.

Kleebusch steigt auf das Dach seines Wagens und blickt

nordwestwärts in die Richtung, in der Rostow liegen muß und das gelobte Land hinter dem Don. Doch er sieht nichts als einen breiten, endlosen Strom grauer Fahrzeuge, die sich nicht bewegen. Keine Spur auch von einem anderen Fahrzeug des Regiments. Alles ist auseinandergerissen, steckt irgendwo festgeklemmt in der Schlange.

Manchmal entsteht irgendwo Bewegung, und es könnte weitergehen. Aber es geht nicht weiter, weil die Fahrzeuge dahinter im Schlamm steckengeblieben sind. Die Motoren heulen, aber die Räder drehen durch. Die Fahrzeuge wackeln mit dem Hintern und winden sich, aber sie kommen nicht los.

»Wie ein Fliegenfänger«, sagt Kleebusch zu Fellhammer. Die ganze Rollbahn erscheint ihm wie ein breiter, riesenlanger Fliegenfänger. Überall zappeln die gefangenen Mükken und surren in den höchsten Tönen. Da und dort zieht sich eines der Opfer mühselig auf dem klebrigen Grund weiter und bleibt erschöpft wieder liegen. Keines kann dem tödlichen Leim entfliehen. Und zum Schluß, denkt Kleebusch, kommt der rote Riese und verheizt den Fliegenfänger mit dem ganzen Geschmeiß im Ofen. Aus.

»Weit kann Rostow nicht mehr sein«, überlegt Fellhammer.

»Was nützt das«, murmelt Kleebusch, »wenn's nicht weitergeht.«

»Ich wüßte schon, wie ich schneller nach Rostow kommen könnte . . .«

»Willst du mir das Rezept nicht verraten?«

»Ohne weiteres. Ich würde es machen wie der Lokomotivführer vom Molly.«

»Wer ist Molly?«

»So heißt bei uns daheim die Kleinbahn, die von Doberan nach Heiligendamm fährt. So 'ne richtige alte Bimmelbahn, weißt du, die im Schneckentempo durch die Dörfer nuckelt. Als ein Fremder eines Tages den Lokomotivführer fragt, ob er nicht schneller vorwärtskommen könne, sagt der: ›Natürlich, aber ich darf die Maschine nicht verlassen.‹ Gut, was?«

»Sehr witzig.«

Zwischen den Fahrzeugen taucht ein Panzermann in schwarzer Uniform auf.

»Hat einer mal 'n Passierschein für mich?«

»Warum? Willst du überlaufen?«

»Quatsch, ich muß mal.«

Einer der Landser greift in die Tasche und holt ein paar der russischen Flugzettel hervor, auf denen das Nationalkomitee Freies Deutschland, das deutsche Emigranten mit deutschen kriegsgefangenen Offizieren gebildet hatten, Überläufern bevorzugte Behandlung verspricht. Eigentlich müßten diese Zettel als Feindpropaganda abgeliefert werden, doch jeder Landser hat ein paar davon in der Tasche. »Erstens ist Papier knapp«, heißt es, »und zweitens kann man so 'n Wisch vielleicht doch mal gebrauchen.«

»Hier«, sagt der Mann und gibt dem Panzersoldaten einen Passierschein. »Aber nur für hinterlistige Zwecke!«

In der Nebenkolonne spielt ein junger Soldat auf einer Mundharmonika. Er spielt gefühlvoll das Lied vom Stenka Rasin. Einige Landser singen mehrstimmig mit. Es ist der Text der alten Knochen:

»Unrasiert und fern der Heimat,
fern der Heimat, unrasiert ...«

Nach einer Weile setzt der junge Soldat die Schnuffelrutsche ab und sieht sich fragend um.

»Weiß eigentlich einer genau, wo wir hier sind?«

»Dreimal darfst du raten«, stichelt einer.

»Quatsch. Ich mein' nur, wie lang's noch dauert, bis wir aus dem Kaukasus 'raus sind.«

»Kommt drauf an. Wenn's so weitergeht wie jetzt, alle Stunde 'n paar Meter, dann sind wir schneller in der Hölle als in dem verdammten Rostow.«

Die meisten Landser der umliegenden Fahrzeuge sind ausgestiegen. Sie stehen im Schlamm, rauchen ihren Machorka und hecheln die Lage durch. Die tollsten Latrinen tauchen auf und werden entsprechend kommentiert. Von freudigem Optimismus und Vertrauen auf die Führung ist dabei nicht viel zu spüren.

»Laßt euch doch nicht verrückt machen«, erklärt nach einer Weile ein junger Unteroffizier und drängt sich vor. Er trägt ein frisches Kriegsverdienstkreuz und das sauber geplättete Band vom Rollbahnorden. »Sind ja alles Scheißhausparolen, was ihr hier verzapft. Ich hab' da die neueste

Frontzeitung...« Er polkt einen zusammengelegten »Panzer voran« aus der Brusttasche und schlägt das Blatt auf. »Hier steht im Kommentar zum Wehrmachtsbericht alles zur Lage, was zu sagen ist. Danach ist die Sache nur halb so schlimm, wie ihr sie macht. Soll ich's mal vorlesen?«

»Klar«, rufen alle. Sie haben seit Tagen nichts mehr gehört und gelesen und brennen auf neue Nachrichten.

»Also, hört mal zu«, sagt der Unteroffizier und fängt an: »Die strategische Planung der sowjetischen Führung offenbart sich am deutlichsten in dem mit starken Kräften immer wieder unternommenen Versuch, in Richtung auf Rostow vorzustoßen, um den kaukasischen Raum von der Hauptkampffront der verbündeten Armeen abzutrennen und zugleich in die industriellen und ernährungswirtschaftlich wichtigen Gebiete des Donezbeckens in der Ukraine wieder einzudringen...«

»Na also«, ruft ein Landser mit dunklem Fernfahrerbart dazwischen. »Haben wir doch gesagt.«

»Ruhe«, sagt ein anderer. »Laßt ihn doch weiterlesen.«

Der Unteroffizier liest weiter:

»Im Kaukasusgebiet ist heute von festen Kampffronten, wie sie im Norden die Lage kennzeichnen, nicht mehr die Rede...«

»Kann man wohl sagen«, bemerkt der Zwischenrufer.

»Schnauze! Willst du jetzt zuhören oder nicht?«

»... nicht mehr die Rede«, wiederholt der Unteroffizier. »Die Fronten sind im hohen Maße aufgelockert. Überall ineinandergekeilt und verzahnt und durch vorgeschobene Igelstellungen in ihrer räumlichen Ausdehnung vertieft, sind diese Fronten in örtlicher Bewegung, deren Rhythmus durch den ständigen Wechsel von Angriff und Gegenangriff bestimmt wird. Die Methoden der Kampfführung sind hier in weiten Abschnitten nicht mehr die des starren Stellungskrieges. Die Kampforganisation und der praktische Einsatz der Truppe ähnelt eher dem Bewegungskrieg und damit einer Methode des Operierens, in der die größere Beweglichkeit und Wendigkeit unserer Truppen zur Geltung kommt!«

»Mensch!« ruft Fellhammer und klatscht vor Begeisterung in die Hände. »Habt ihr das gehört? Eine Meisterleistung der deutschen Sprache, für die der Kommentator einen Extraorden verdient hat. ›Die größere Beweglichkeit und Wendigkeit unserer Truppen‹. Das müssen Sie direkt noch mal vorlesen, Unteroffizier!«

»Bloß nicht«, zischt ein anderer. »Ein zweites Mal kann ich das nicht hören, sonst kommt mir der kalte Kaffee hoch.«

Der Unteroffizier blickt einen Augenblick böse in die Runde, bevor er weiterliest:

»Seit einigen Tagen haben sich die Kämpfe in Nordkaukasien ohne wesentliche Störung der eigenen Bewegungen durch den Feind in das Kubangebiet verlagert. Gleichzeitig gelang es schnellen deutschen Verbänden am unteren Don und im Raum von Rostow, den starken Feind in der Flanke zu fassen und ihn unter sehr schweren Verlusten an Menschen und Material nach Osten zurückzuwerfen. Der Gegenstoß zwischen Manytsch und Don wird in den folgenden Tagen erfolgreich fortgesetzt . . .«

»Aha, jetzt kommt's!«

»Ruhe du Schlot!«

». . . fortgesetzt«, liest der Unteroffizier weiter, »und der Feind weiter nach Nordosten zurückgeworfen. So wird eine Riegelstellung geschaffen, in deren Schutz die planmäßigen Bewegungen der deutschen Truppen im Kaukasus mit nunmehr gesicherter Flanke fortgesetzt werden können.«

Der Unteroffizier faltet die Zeitung zusammen, steckt sie wieder ein. »So ist das also, ihr Heinis. Kein Grund, fickrig zu werden und die Flinte ins Korn zu schmeißen. ›Mit gesicherter Flanke‹ heißt es ausdrücklich. Glaubt ihr vielleicht, der Führer würde uns hier unten sitzenlassen? Solange auch nur ein einziger deutscher Soldat noch im Kaukasus ist, wird der Rückweg über Rostow mit allen Mitteln offengehalten.«

Die Gesichter der meisten Landser hellen sich wieder auf.

»Der Korporal hat recht. So schlimm ist es wirklich noch nicht.«

Jetzt mischt sich der bärtige Zwischenrufer wieder ins Gespräch.

»Von wann ist denn die Zeitung?«

»Von vorgestern«, erwidert der Unteroffizier.

»Von vorgestern?« Der Landser stößt seine Kameraden

in die Seite. »Dann ist sie ja schon historisch. Denn ich habe gestern im Radio gehört, daß bereits im Raum von Charkow gekämpft wird.«

»Charkow? Das kann doch unmöglich stimmen. Du hast wohl aus Versehen Moskau eingestellt.«

Der Mann mit dem Bart spuckt verächtlich aus. »Hört's euch doch selbst an.« Er deutet auf Kleebuschs Funkwagen und blickt auf die Uhr. »In fünf Minuten kommt der neue Wehrmachtsbericht durch. Du erlaubst doch, Kamerad?« Er geht in den Wagen und fummelt fachmännisch an den Knöpfen 'rum. Wenige Augenblicke später klingt blecherne Marschmusik auf.

Gespannt wartet die Gruppe. Trara und Tschingderassabum, dann ist es mit einem Paukenschlag aus. Genaue Uhrzeit, Gong. Die sachliche Stimme des Nachrichtensprechers ertönt.

»Sie hören jetzt den neuen Wehrmachtsbericht. Aus dem Führerhauptquartier, 15. Februar 1943. Im Zuge der Absetzbewegungen aus dem Donezbecken auf die vorgesehenen verkürzten Verteidigungsstellungen wurden planmäßig und ohne Behinderung durch den Feind die Städte *Rostow* und *Woroschilowgrad* geräumt ...«

Krachen und Pfeifen. Eine kleine Störung. Aber die Landser haben genug gehört.

»Rostow geräumt!«

Der Bärtige hat den Apparat abgestellt. Es ist auf einmal so still wie nach dem Amen in der Kirche.

Keiner rührt sich.

»Wenn Rostow planmäßig geräumt ist«, Fellhammers Stimme ist schneidend, »dann läßt man uns hier planmäßig vor die Hunde gehen.«

Und der Bärtige sekundiert:

»Jetzt geht es ›ohne nennenswerte Behinderung durch den Feind‹ direkt ins Massengrab. Prost Mahlzeit, Kameraden!«

Ein Schluchzen läßt die Landser herumfahren. Der junge Soldat, der vorhin den Stenka Rasin gespielt hat, weint, weint wie ein Kind.

»Das können sie nicht mit uns machen«, wimmert er und reibt sich die Schläfen. »Der Unteroffizier hat doch gesagt, daß der Führer keinen vergißt ...«

Du meine Fresse, denkt Kleebusch. Der Pimpf hat uns gerade noch gefehlt. Ist sicher noch nicht lange bei dem Verein. Sieht auch noch ganz neu aus. Vielleicht ist er eben erst aus der Heimat gekommen. Und schon sitzt er mitten drin im Schlamassel. Es ist tatsächlich eine Sauerei. Aber er soll bloß aufhören mit seinem Geheule, sonst bringt er uns noch alle um die Fassung.

Der kleine Soldat schluchzt und würgt. »Mutter, Mutter.«

Da packt ihn der Bärtige, reißt ihn hoch.

»Hör endlich auf! Deine Mutter hört dich nicht. Wenn du so weiterplärrst, du Gartenzwerg, dann nimmst du uns den ganzen Spaß an der Sache.«

»Spaß?« Das Bürschchen glotzt ihn aus großen Augen an. »Das findest du auch noch spaßig?«

»Und wie! Hahaha. Merkst du nicht, wie wir alle jubilieren? Endlich hört die blöde Marschiererei auf, und Reserve hat Ruh. Kennst du das schöne Lied?«

»Aber ...«, der junge Spund kann es nicht fassen. »Hast du denn zu Hause niemand, der auf dich wartet?«

»Zu Hause? Hast du eine Ahnung, du halbe Portion, was zu Hause alles auf mich wartet. Nicht bloß eine Mutter. Auf mich wartet auch eine Frau, und auf mich warten zwei kleine Kinder. Aber hat der Führer danach gefragt? Hübsche Kinder. Willst du die Bilder sehen? Brave Kinder. Sie werden ihren Vater nicht vermissen, sie kennen ihn kaum. Aber wein' ich deshalb? Im Gegenteil. Ganz und gar im Gegenteil. Soll ich verrecken? Was liegt schon dran. Auch meine Kinder werden verrecken, wenn ihnen immer mehr Bomben aufs Dach fallen. Blondköpfchen und Blauäugchen, wer fragt danach? Alles kann verrecken! Die ganze Welt. Hahaha!«

Der Junge kann den Zynismus einfach nicht verstehen.

»Ist der verrückt geworden oder übergeschnappt?«

»I wo«, antwortet Kleebusch aufgeräumt und kratzt sich den Hals. »Der ist stinknormal. Alles ist hier stinknormal — Krieg, Dreck und planmäßiger Untergang.«

»Warum lacht er dann so?«

»Weil es ihm Spaß macht, du Idiot!« Er sieht das Milchgesicht wütend an. »Und wenn du weiter so dämlich fragst, vergesse ich, daß ich ein Kinderfreund bin!«

Längere Zeit geschieht nichts.

Die Rollbahn ist zu einem riesigen Wartesaal geworden.

Soldaten, Soldaten. Fahrzeuge, Fahrzeuge. Lastwagen, Zugmaschinen, Geschütze, Panzer. Die Rollbahn ist gestorben. Lange schon stockte das Blut in dieser Lebensader, jetzt ist es geronnen.

So muß die Stimmung vor dem Weltuntergang sein: Tausende von Menschen, unfähig sich zu rühren, unfähig, zu sprechen. Sie starren in das graue Elend, in den grauen Himmel oder in den grauen Matsch. Stumpfe Augen und verschlossene Gesichter. Menschen, die schon kapituliert haben, vor einem übermächtigen Schicksal kapituliert. Menschen, die nur noch darauf warten, daß sich die Erde auftut und sie verschlingt.

Kleebusch sieht vor sich auf dem Wagen den Mann sitzen, der nach Köln wollte. Keiner beachtet ihn mehr. Jeder hat mit sich selbst genug zu tun.

Nichts geschieht, nichts. Und das ist das Schlimmste. Jahrelang waren sie gewohnt, Befehlen zu gehorchen, auf klare Anweisungen zu handeln. Jetzt gibt es keine Befehle mehr. Offiziere, die vereinzelt mit in der Kolonne sitzen, wissen nicht mehr als die Männer. Sie vermeiden es sichtlich, als Offiziere in Erscheinung zu treten. Sie sitzen in die Ecken ihrer Fahrzeuge gedrückt, die Mantelkragen hochgeschlagen. Vielleicht überlegen sie schon, wie sie unbemerkt ihre Spiegel loswerden. Wenn die Russen kommen, wollen sie Landser sein.

Endlich, nach Stunden, klingen in der Ferne Stimmen auf, verwischt erst und unverständlich, dann immer lauter werdend. Zwei Worte sind herauszuhören, zwei Worte, die unfaßbar sind.

»Alles kehrt!«

Irgend jemand hat die Parole ausgegeben, und die Landser geben sie von Mund zu Mund. In allen Stimmlagen geht der Ruf die Rollbahn hinauf und hinunter.

»Alles keeehrt! Alles keeehrt!«

Ist das zu begreifen?

Aber Befehl ist Befehl.

In den Heerwurm kommt Leben. Er erwacht aus seiner Erstarrung.

Überall versuchen die Fahrzeuge zu wenden. Innerhalb der aufgeschlossenen Kolonnen ist es ein Kunststück sondergleichen. Zentimeterarbeit der Fahrer. Ununterbrochen stoßen die Fahrzeuge vor und zurück, um ausscheren zu können. Einige fahren Karussell, ohne einen Ausweg zu finden. Sie rühren dabei den Schlamm ins Bodenlose auf.

»Wir tanzen Ringelreihen, einmal hin und einmal her...«, höhnt einer mit verrosteten Stimmbändern.

Es knackt und bricht in den Gelenken der Schlange. Die Fahrgestelle seufzen und ächzen. Ein Gewürge und Gemahle wie in einem riesigen Fleischwolf. Die schweren Karren rammen sich gegenseitig wie wütende Böcke. Das lag nicht im Sinne des Erfinders.

Viele Wagen überstehen es nicht. Brechen zusammen oder bleiben im Morast stecken. Die Landser nehmen es nicht tragisch. Sind froh, wenn sie die Mühlen los sind. Wenn sie zu Fuß latschen, kommen sie wenigstens vom Fleck. Höchstens, daß die Stiefel steckenbleiben.

Zunächst geht es wieder nach Süden.

»Also zurück«, sagt einer.

»Nein, vorwärts«, meint ein anderer.

»Wieso vorwärts?«

»Wir sind doch bisher zurückgegangen ...«

»Ach Quatsch! Leck mich am Hintern mit deinen Spitzfindigkeiten. Ich will wissen, wo's nach Hause geht.«

Fritz Kleebusch hat den dicken Ede aufgegabelt, dessen Fahrer mit dem Fernsprechwagen Bruch gemacht hat. Fellhammer, Fibus und die anderen haben sich stillschweigend unters Fußvolk gemischt. Doch Ede ist zum Latschen zu asthmatisch. Mit seinem fetten Ranzen kriegt er zu leicht Seitenstechen.

»Wohin geht's eigentlich?« will Ede wissen. »Mir ist nicht klar, was mit dem Ringelpietz erreicht werden soll.«

»Wir suchen ein Mauseloch, vor dem die Katze noch nicht sitzt«, sagt Kleebusch.

»Und wo soll das sein?«

»Meiner Karte nach geht's noch ein Stück nach Süden, bevor wir nach Westen einschwenken.«

»Wo kommen wir dann hin?«

»Ans Meer.«

»An welches Meer?«
»Ans Asowsche natürlich.«
»Nicht ans Schwarze?«
»Da sind wir längst vorbei, du Dussel.«
Ede bohrt sich in der Nase und denkt scharf nach. »Aber dazwischen ist doch eine Landenge, stimmt's?«
»Eine Meerenge, meinst du.«
»Was ist denn da der Unterschied?«
»Wenn's eine Landenge wäre, könnten wir 'rüberfahren.«
»Und so?«
Kleebusch zuckt mit den Schultern. »Das weiß der liebe Gott. Im Kaukasus lagen zwei Armeen, die 17. Armee und die 1. Panzerarmee. Wie die auf die Krim übergesetzt werden sollen, ist mir schleierhaft.«

Ede legt sein breites Gesicht in Kummerfalten. Er versinkt eine Weile in tiefes Brüten, dann:
»Kann man da eigentlich 'rüberschwimmen?«
»Wo 'rüber?«
»Über die Meerenge?«
Kleebusch lacht. »Darüber brauchst du dir nicht den Schädel zu zerbrechen. Ich habe das Gefühl, daß wir sowieso bald alle baden gehen.«

Der Himmel tut, was er kann. Es regnet. Es schneit. Es gefriert. Und dazwischen taut alles wieder auf.

Tags versinken die Fahrzeuge im Schlamm, nachts frieren sie darin fest. Zu Hunderten liegen die Wracks im Gelände. Die Fahrer machen sich nicht mal mehr die Mühe, ihre Karre anzuzünden oder in die Luft zu sprengen. Es ist ja alles so egal. Die Schlitten bezahlt die Winterhilfe. Für alles gibt's Ersatz. Nur das Leben, Kameraden, das Leben ersetzt euch niemand!

Aber der Gefreite Kleebusch schafft es. Er schafft es sogar mit Wagen.

Wie? Er weiß es selbst nicht. Es ist wie ein Wunder. Es ist immer wieder wie ein Wunder, wenn man aus dem Modder kommt und noch schnaufen kann.

Fünf Tage und fünf Nächte brauchten sie, bis sie die Spur des Regiments wiederfanden und abseits in einem kleinen Kaff am unteren Kuban in die Auffangstellung kamen.

poral. Die Silberlitzen blitzen schon. Lametta am Kragen und höhere Löhnung. Millionen Landser träumen davon.

»Na?« macht Fibus und reckt den Hals wie ein Gockelhahn vor dem Krähen. »Was sagst du nun?«

Kleebusch sagt gar nichts.

Dafür Ede um so mehr. »Ist 'ne tolle Kiste!« Sein Gesicht wird trotz der Dreckschicht zu einem strahlenden Mond. »Unteroffizier! Mensch, Fritz, ich werd' verrückt. Da fahr' ich mit dir in der Weltgeschichte rum und ahne nichts davon, daß ich schon seit drei Tagen neben so 'nem hohen Tier sitze.«

Kleebusch starrt die Dorfstraße entlang, in der die ramponierten Fahrzeuge kreuz und quer aufgefahren sind. Er hört nicht, was Ede sagt. Er blickt auf die Landser, die zwischen den Fahrzeugen 'rumstehen, ihre Wäsche waschen oder faul in die Sonne blinzeln. Aber er sieht auch die Landser nicht. Fritz Kleebusch denkt an etwas anderes. An etwas, das ihn viel mehr interessiert als die Beförderung. Er sieht im Geist Maria vor sich. Und in diesem Augenblick merkt er deutlicher denn je, daß er sie nicht vergessen kann. Auch wenn er es sich nicht eingestehen will: er wird sie immer und immer wieder vor sich sehen ...

Fibus ist enttäuscht. Er kann nicht verstehen, daß seine Neuigkeit keinerlei Effekt macht. »Ist dir das wirklich so schnuppe, oder tust du nur so?«

Auch Ede begreift Kleebuschs Verhalten nicht. »Sieht tatsächlich so aus, als wenn es ihm schnurz wäre. Wenn ich mir vorstelle, ich wär' an seiner Stelle — Kinder, Kinder, da würde es rauschen im Karton! Das eine sag' ich dir, Fritz: um die Schnapslage kommst du nicht herum. Verstanden?«

»Natürlich«, erwidert Kleebusch zerstreut. »Bei nächster Gelegenheit heben wir einen. Und die Verpflegung, die ich nachbekomme, stifte ich ebenfalls. Aber jetzt wär's mir lieber, wenn ich mir irgendwo den Dreck abkratzen könnte.«

Fibus nimmt in übertriebener Weise Haltung an. »Wenn sich Herr Unteroffizier zunächst in mein Quartier bemühen möchten ...«

»Arschloch«, sagt Kleebusch, läßt sich aber willig in die kleine Bauernstube führen.

Im Handumdrehen organisiert Fibus eine Holzbütte mit

heißem Wasser. Dazu Wurzelbürste, Schmierseife und ein paar frische Fußlappen. Ein Luxus sondergleichen.

Nur mit der Turnhose bekleidet steigt Kleebusch in den Kübel und beginnt sich abzuschrubben. Daß ihm Urahne, Großmutter, Mutter und Kind dabei zuschauen, ist er gewöhnt. Er schnauft und prustet vor Behagen, ribbelt sich ab, daß er rot anläuft wie ein frischgebrühter Hummer.

Anschließend rasiert er sich. Breitbeinig steht er vor einer dreieckigen Spiegelscherbe und schlägt sich den Schaum ins Gesicht.

Fibus plappert ununterbrochen weiter.

»Prima Ecke hier, sage ich euch. Da sind wir sicher wie in Abrahams Schoß. Pak und Flak in Massen. Hier kriegt uns so leicht keiner 'raus. Brauchen uns gar nicht anzustrengen. Dienst hat's überhaupt noch keinen gegeben. Wir pennen den ganzen Tag, spielen Skat oder lassen uns die ersten Sonnenstrahlen ins Gesicht scheinen.«

»Dir scheint das bißchen Sonne schon in den Kopf gestiegen zu sein«, gibt Ede zurück und kratzt mit den Fingern in einer kleinen Waschschüssel herum. Er ist kein Freund von großer Wäsche. Seiner Meinung nach genügen drei Kniebeugen, um den gröbsten Dreck loszuwerden.

Fibus ist so aufgeräumt, daß er auf die Anzüglichkeit gar nicht reagiert.

»Wenn du wüßtest, Ede, was hier los ist! Popowitschewskaja heißt das Kaff, aber wir nennen es nur Popowisch. Der Name wird uns lang im Gedächtnis bleiben. Hier tut sich was, hier wackelt die Wand. In Popowisch hab' ich was entdeckt, sag' ich dir ...«

»Vielleicht 'n Wehrmachtspuff? Dich kenn' ich doch, du alter Fleischbeschauer. Wenn du zu balzen anfängst, hast du bestimmt irgendwo einen tollen Busen wackeln sehen. Stimmt's?«

»Haarscharf, kleiner Schäker.«

»Wie sieht sie aus? Ist alles dran, was du brauchst?«

Verzückt schnalzt Fibus mit der Zunge.

»Und ob! Erinnerst du dich noch an Marussja unten am Terek?«

»Die mit der tollen Figur?«

»Genau.«

»Mensch«, grunzt Ede, »wenn die hier genauso aussieht, kann ich deine Begeisterung verstehen.«

»Sie sieht nicht nur so aus«, Fibus hebt die Hand, als spiele er das Trumpf-As aus, »sie ist es!«

Im selben Moment tönt aus der Ecke unterdrücktes Fluchen. Erschrocken fährt Fibus herum.

»Was ist, Fritz?«

»Ach nichts«, knirscht Kleebusch und preßt sich das graue Handtuch an die Backe. »Hab' mich nur geschnitten.«

»Schlimm? Brauchst du Alaun oder Heftpflaster? Oder soll ich den Sani holen? Für einen frischgebackenen Unteroffizier tu' ich alles.«

Kleebusch wirft Fibus einen ärgerlichen Blick zu.

»Wenn du mir einen Gefallen tun willst, dann halte deine blöde Schnauze.«

»Jawohl, Herr Unteroffizier. Schnauze halten.«

Eine Weile ist es still im Raum. Die Russen hinterm Ofen blicken mit großen Augen auf die deutschen Soldaten, deren Sprache sie nicht verstehen. Ohne sich zu rühren, verfolgen sie jede Bewegung der fremden Männer, die sich so rätselhaft benehmen.

Kleebusch schabt sich verbissen weiter das Kinn. Nach einiger Zeit bellt er Fibus an:

»Warum redest du nicht weiter?«

»Ich soll doch die Schnauze halten.«

»Nicht so, du Dussel. Ich meinte bloß das blöde Gerede! Von wegen Unteroffizier und all dem Quatsch. Von deinen Weibsbildern kannst du ruhig weiterreden. Merkst du nicht, daß der Dicke schon vor Neugier platzt?«

»Zu Befehl, Herr Unteroffizier«, pflaumt Fibus. Er packt den dicken Ede am Arm und zieht ihn in die andere Ecke. »Also paß auf, Ede, die Sache mit Marussja verhält sich folgendermaßen. Die ist so plötzlich aufgetaucht wie damals am Terek. Der Schreibstubenheini hat mir erzählt, sie ist zu Fuß hinter uns hergelatscht. Einfach getippelt. Da sie an kein Fahrzeug gebunden war, hat sie das letzte Stück sogar schneller geschafft als wir.«

»Und was macht sie hier?«

»Sitzt auf der Schreibstube.«

»Auf der Schreibstube? Wie hat sie denn das geschafft?«

»Sie ist ganz einfach zum Kommandeur gegangen.«

»Zum Alten?«

»Natürlich. Sie hat ihn gefragt, ob sie für das Regiment wieder als Dolmetscherin tätig sein kann.«

»Und was hat der Alte gesagt?«

»Dolmetscher seien knapp, hat er gemeint, und man könne sie sicher gut gebrauchen.«

»Und dann?«

»Ja, dann!« Fibus legt ein Pause ein. »Jetzt kommt nämlich der Clou von der Geschichte. Weißt du, was er ihr gesagt hat? Sie soll sich bei Oberleutnant Maier melden! Der soll sich um sie kümmern, damit ihr nichts passiert!«

Ede klatscht sich vor Überraschung auf die fetten Schenkel.

»Diese Sau hat doch ein Schwein! Jetzt hat er wieder seine Sonntagsbeilage, und der Kommandeur hat sie ihm selbst ins Haus geschickt. Eine bessere Offiziersmatratze kann er sich gar nicht wünschen.«

»Da hat der Alte den Bock zum Gärtner gemacht«, mekkert Fibus und wackelt vor Entrüstung mit dem Kopf. »Aber diesmal werd' ich dem alten Lustmolch einen Strich durch die Rechnung machen. Diesmal schieß' ich keine Fahrkarte, da kannst du Gift drauf nehmen.«

»Ich geh' zu Maier«, erklärt Kleebusch unvermittelt. Er hat sich in aller Eile in seine Klamotten gestürzt. Unter der Tür schnallt er noch das Koppel um, und schon ist er weg. Überrascht sehen ihm die beiden Strippenzieher nach. Ihre Gesichter sind die reinsten Fragezeichen.

»Total plemplem«, fistelt Fibus. »Erst tut er, als könne ihn die ganze Welt ... dann saust er los wie ein geölter Blitz. Hat ihn also doch gepackt, den Kaffer. Plötzlich kann er's nicht mehr erwarten, bis er das Lametta um den Hals kriegt ...«

Auf der Straße veranstalten sie zur Zeit Wallensteins Lager. Bunter Markt einer Auffangstelle für Versprengte und Irrläufer. Inventur und zugleich Großreinemachen der Restbestände der »großdeutschen« Wehrmacht. Auf den Zäunen hängt Barraswäsche. Auf Stangen und Strippen wehen Fußlappen wie bunte Wimpel im Frühlingswind. Die Feldküchen qualmen, und vor den Katen lausen sich die Landser. Es riecht bereits nach Etappe.

Vor der Schreibstube wird Kleebusch mit großem Hallo empfangen. Krummbier, Fellhammer und Baumann schütteln ihm die Hände und treten ihn freundschaftlich ins Kreuz.

»Jetzt hast du's geschafft.« Baumann markiert Ehrenbezeigung durch Anlegen des Kopfes an die rechte Hand und feixt: »Paß auf — auf die Hohen schießen sie zuerst.«

»Muß ich dich jetzt mit Sie anreden, oder darf ich weiter du zu Ihnen sagen?« uzt ihn Fellhammer.

Kleebusch zieht ihm mit einem Ruck die Mütze über die Nase und revanchiert sich:

»Halten Sie gefälligst die Schnauze, wenn Sie mit mir reden, Sie Pinsel! Glauben Sie ja nicht, wen Sie vor sich haben!«

Es ist ein Heidenspaß. Beförderung ist fast so schön wie Kindstaufe im Jungfernstift.

»Wie fühlst du dich denn als frischgebackener Kapo?« fragt Hannes Krummbier mit dem unvermeidlichen Knösel im Maul.

»Wie 'n Weihnachtsmann bei der Bescherung«, antwortet Kleebusch. »Meinem Alten wird mächtig der Kamm schwellen. Wenn ich mal die letzte Kurve kratze, kann er den Trauerflor an meinem Bild wenigstens mit Lametta verzieren. Wird ein erhebendes Gefühl für uns beide sein. Aber nun laßt mich mal weiter, ich muß vor Maier schnell mein Männchen bauen.«

An der Tür der Schreibstube bleibt er einen Augenblick stehen. Die unterdrückte Erregung kommt jetzt offen zum Ausbruch. Sein Herz klopft bis in den Hals. In Sekunden sieht er Maria wieder. Was wird sie tun, wenn er so plötzlich vor ihr steht? Und Maier? Wird er es merken, wenn sie sich in die Augen schauen? Maier, dieser Hund. Jetzt hat er es erreicht. Sitzt in der warmen Schreibstube und hat Maria neben sich. Keiner kann mehr was sagen, denn Maria gehört offiziell zur Einheit.

Er reißt die Tür auf.

Maier ist nicht im Raum.

Nur Maria.

»Fritz!« Maria springt auf. Das Blut schießt ihr ins Gesicht.

»Maria!«

Er nimmt sie in die Arme. Erst jetzt merkt er, daß sie statt der gewohnten Bluse eine grüne Drillichjacke trägt. Doch es stört ihn nicht. Sie kommt ihm schöner und verführerischer vor denn je. Leidenschaftlich preßt er sie an sich und küßt sie immer wieder.

Erschrocken macht sich Maria los. Sie hört Schritte.

»Vorsicht, Maier!«

Im gleichen Augenblick betritt Oberleutnant Maier die Schreibstube.

Kleebusch ist zurückgetreten. Um die Situation zu überspielen, schlägt er die Hacken zusammen.

»Gefreiter Kleebusch meldet sich mit Kfz 17 zurück!«

Maier hat nichts bemerkt. Stakelbeinig geht er auf Kleebusch zu. Offenbar hat er seinen guten Tag. Er nickt freundlich, und sein faltiges Gesicht beginnt leutselig zu wabbeln. Er schwitzt förmlich Wohlwollen aus.

»Sehr schön, Kleebusch, daß Sie mit dem Wagen durchgekommen sind. Aber ist Ihnen klar, daß Sie eben eine Falschmeldung abgegeben haben?«

»Ich verstehe nicht, Herr Oberleutnant . . .«

Maier lächelt gönnerhaft.

»Es muß natürlich heißen: *Unteroffizier* Kleebusch meldet sich zurück. Klar? Wollen Sie die Meldung jetzt noch einmal richtig wiederholen?«

Kleebusch kann diese Art von Witzen auf den Tod nicht ausstehen. Das ist Vorgesetztenhumor für Radfahrer. Wenn Maier diese Masche dreht, sieht er rot. Maier ist für ihn das größte Brechmittel, das er kennt. Er haßt ihn mit Genuß, und es macht ihm Freude, ihn auf achtzig zu bringen. Die Meldung wiederholen? Auf keinen Fall. Vor Maria schon gar nicht. Der alte Spinatstecher will sich vor dem Mädchen nur aufspielen.

»Davon ist mir nichts bekannt, Herr Oberleutnant«, sagt er stur.

»Wirklich nicht?«

»Nein.«

»Sie wollen also behaupten, daß Sie noch nichts davon gehört haben?«

»Nein, Herr Oberleutnant.«

Maiers Gesicht wird eine Schattierung ungnädiger.

»Jetzt lügen Sie auch noch, Kleebusch. Ich habe es selbst gehört, wie Ihre Kameraden Sie draußen begrüßt haben. Wollen Sie das bestreiten?«

Kleebusch beißt sich auf die Lippe. Er kann es nicht bestreiten, aber er will auf keinen Fall nachgeben. »Seit wann erfährt man Beförderungen durch Kameraden?« fragt er frech.

Jetzt ist es mit Maiers Wohlwollen vorbei. Zornig richtet er sich auf und fuchtelt mit dem Zeigefinger durch die Luft.

»Ein renitenter Bursche sind Sie, Kleebusch. Wir haben ohnehin noch ein Hühnchen miteinander zu rupfen. Wenn ich gewußt hätte, daß Sie sich erneut so stur anstellen, hätte ich Sie nicht zur Beförderung vorgeschlagen.«

»Verzeihen Sie, Herr Oberleutnant, aber der Vorschlag wird nicht von Ihnen kommen.«

»Wie?« Maiers Doppelkinn schlackert. »Was erlauben Sie sich! Sie scheinen zu vergessen, wen Sie vor sich haben!«

»Das vergesse ich nicht, Herr Oberleutnant. Wenn ich in den Wetterwagen sehe, werde ich immer daran erinnert.«

So, nun ist es 'raus. Kleebusch hatte es nicht sagen wollen. Doch diese Angabe vor Maria hat ihn so gereizt, daß es einfach mit ihm durchging. Soll draus werden, was will. Genau betrachtet, ist ihm jetzt sogar wohler.

Oberleutnant Maier verfärbt sich. Er schnappt nach Luft. Es dauert eine Weile, bis er sich wieder in der Gewalt hat.

»'raus!« Maiers Stimme überschlägt sich, so daß Maria entsetzt zusammenfährt. »'raus! Ich werde über Sie beim Kommandeur Meldung erstatten!«

»Ich bitte darum«, sagt Kleebusch ungerührt. Er wirft Maria noch einen vielsagenden Blick zu, dann macht er zakkig kehrt und geht hinaus.

Erleichtert und befreit atmet er die kühle Luft ein.

Er ist zufrieden mit sich und der Welt.

## 8

Wenige Stunden später ist die Selbstzufriedenheit des jungen Unteroffiziers verschwunden. Wenige Stunden später hat sich die Welt für ihn verändert. Er hat einen Tiefschlag erhalten, von dem er sich so leicht nicht mehr erholen wird.

Es hat alles ganz friedlich begonnen. Am Abend, nach dem Auftritt mit Maier, war große Fête. Kleebusch hatte den ganzen Verein eingeladen. Nach altem Brauch mußte er die Kameraden freihalten. Die Feier fand im Haus des Starosten statt, in dem großen Zimmer, das einmal der Schulraum des Dorfes gewesen war.

Zu saufen gab es genug. Der Kommandeur hatte, als sich Kleebusch mit den neuen Litzen bei ihm meldete, Krummbier den Auftrag gegeben, aus dem nächsten Depot Marketenderware zu besorgen. Er selbst entschuldigte sich. Er mußte zu einer Kommandeurbesprechung nach Slawjanskaja. »Leider«, sagte er und nickte Kleebusch freundlich zu, »sonst wäre ich gerne gekommen und hätte ein Glas mitgetrunken.«

Statt seiner kam der neue Adjutant. Er hieß Ohlsen und war ein ganz junger Leutnant. Ein Leutnantchen, sagten die Landser. Eigentlich war er nicht mal richtig Adjutant. Er sollte nach Stiebings Versetzung die Stellung lediglich interimistisch führen, bis der vorgesehene Ersatz da war.

Ohlsen entpuppte sich als netter Junge. Es stellte sich heraus, daß er erst seit einigen Wochen Offizier war. Er war frisch von der Waffenschule gekommen und wenige Tage vor dem Rückmarsch am Terek eingetroffen. Er zeigte sich rührend um alles besorgt. Wirklich nett. Das einzige, was an ihm stören konnte, war seine Nervosität. Es war wohl alles noch zu neu für ihn. Jedesmal, wenn ihn einer mit Herr Leutnant anredete, zuckte er noch erschrocken zusammen.

»Wie ein Konfirmand im Sittenunterricht«, stellte Fellhammer trocken fest. »Kann einen direkt anstecken mit seinem Datterich.«

Sonst aber war, wie gesagt, nichts gegen ihn einzuwenden.

Der ganze Stabshaufen nahm an den improvisierten Tischen Platz, langen Brettern, die auf leeren Benzintonnen lagen. Auf den Brettern eine Tischdecke aus weißem Papier. Ein festliches Bild. Wie bei einer Geburtstagsfeier zu Hause.

In der Mitte saß Leutnant Ohlsen. Daneben die Hauptperson, der frischgebackene Unteroffizier Fritz Kleebusch. Die übrigen schlossen in zwangloser Folge an. Nur Maier fehlte. Er hatte sich bei Ohlsen mit wichtigen Dienstgeschäften entschuldigen lassen. Und natürlich — leider — Krummbier, der den Alten nach Slawjanskaja gefahren hatte.

»Wie rücksichtsvoll von Maier zu fehlen«, mokierte sich der lange Fibus. »Er weiß genau, daß ich mich sonst bei jedem Zuprosten verschlucken würde.«

Leutnant Ohlsen hatte ein großes verschnürtes Paket neben sich liegen. Es war ziemlich zerdrückt, die Schnüre verfranst, das Packpapier halb eingerissen. Es sah aus wie einer der Irrläufer, die um die halbe Welt segeln, ehe sie den Adressaten erreichen. Ohlsen hatte es verkehrt auf den Tisch gelegt, mit dem Schild nach unten. So konnte man die Anschrift nicht lesen.

»Haben Sie 'n Feldpostpäckchen gekriegt, Herr Leutnant?« fragte ihn Fellhammer.

»Nein«, antwortete Ohlsen ernst. »Das ist nicht für mich. Es ist für die ganze Einheit.«

»Für alle? Ist ja prima. Machen wir's doch auf. Vielleicht ein verspätetes Weihnachtspaket mit Zimtsternen, die wir unserem neuen Korporal um den Hals hängen können.«

»Red keinen Zimt«, sagte Baumann. »Du wirst es noch abwarten können. Soviel ich merke, will der Leutnant was dazu sagen. Ein Paket für die ganze Einheit ist doch was Besonderes. Vielleicht kommt es vom Roten Kreuz.«

Das Leutnantchen räusperte sich. Die schmale Hand fingerte nervös an den Schnüren herum.

»Wie Sie wissen, gibt es für Post, die verspätet für Gefallene eintrifft, besondere Bestimmungen. Briefe werden zurückgeschickt, aber Pakete sollen bei der Einheit bleiben und unter den Kameraden verteilt werden, um die Transporte nicht unnötig zu belasten.«

Die Männer blickten auf Ohlsen. In der letzten Zeit hatte

es doch kein Gefecht gegeben. Es war niemand beim Stab gefallen — außer Hellerer, der aber zur 6. Batterie gehörte.

Der Leutnant drehte das Paket behutsam um und las die Aufschrift vor:

»An den Kanonier Eiermann ...«

Er brach ab und blickte fragend in die Runde. Er sah, wie die Männer die Köpfe senkten. Einige begannen mit ihrem Schnapsglas zu spielen, andere versuchten das weiße Papier auf den Tischbrettern glattzustreichen. Sie dachten an den kleinen Eiermann und sein seltsames Ende, das ihnen allen so an die Nieren gegangen war. Mit einemmal stand der blonde Junge wieder zwischen ihnen, beschworen durch ein verspätetes Feldpostpaket, das ihn nicht mehr erreicht hatte. Ein Paket für einen Toten ...

»Der Dotter! Da ist bestimmt ein Eierkuchen drin!« sagte Ede mitten in die Stille hinein.

»Mensch, Ede, benimm dir«, wies ihn Baumann zurecht. »Bezähm deine Freßlust. Immerhin ist der arme Kerl gefallen.«

»Gefallen?« Ede wiegte skeptisch sein rundes Gesicht hin und her. »Ihr wißt ganz genau, wie das wirklich war. Er ist nicht für Großdeutschland gefallen, sondern für seine eigene Dußligkeit.«

Ohlsen blickte interessiert auf. Er ließ sich von Baumann das Ende des kleinen Eiermann erzählen. Gebannt hörte er zu, dann schüttelte er immer wieder den Kopf. »Unfaßbar. Wirklich unfaßbar. Was hat er gesungen, als man ihn das letzte Mal sah?«

»Irgendwas, daß das Leben schön sei«, erwiderte Fibus. »Dabei hat er noch nie ein Mädchen gehabt. Das Schönste im Leben hatte er noch gar nicht kennengelernt ...«

Kleebusch hörte schweigend zu. Er sah, wie der junge Leutnant umständlich das Paket aufnestelte.

»Übrigens«, bemerkte Ohlsen, »wird es so was in Zukunft nicht mehr geben.«

»Wieso? Gibt es keine Verpflegungslager mehr?«

»Doch, aber sie werden nicht mehr gesprengt. Besonders die Alkoholvorräte nicht. Man hat im Mittelabschnitt die Erfahrung gemacht, daß sich die Russen, wenn sie so ein Lager erbeuten, tagelang besaufen. Kein Kommissar kann sie dann noch zum Weiterstürmen bringen.«

»Glänzend!« Fellhammer spielte begeistert. »Endlich ist die Wunderwaffe entdeckt, die den Rückzug stoppen kann.«

Inzwischen hatte der Leutnant das Paket aufgemacht. Es enthielt einen großen Napfkuchen. Mitten auf dem Kuchen lag ein offener Brief, in einer zarten Frauenhandschrift.

»Für Dich, mein Junge, zu Deinem Geburtstag am 21. Februar. Ich gebe das Paket jetzt schon auf, damit es Dich rechtzeitig erreicht ...«

»Moment«, sagte Leutnant Ohlsen, »der wievielte ist heute?«

»Der 21. Februar, Herr Leutnant.« Und leise fügte Baumann hinzu: »Er wäre heute neunzehn geworden.«

Keiner sprach mehr ein Wort. Schweigend holte der Leutnant sein Taschenmesser hervor, verlegen begann er den Kuchen aufzuteilen, legte jedem der Männer ein Stück auf den Platz. Doch niemand hatte Lust, von Dotters Geburtstagskuchen zu essen. Man hielt sich an den Schnaps, der half besser über die trüben Gedanken hinweg.

Nur der dicke Ede begann ungeniert zu kauen.

»Was nützt es dem Dotter«, verteidigte er sich mit vollen Backen, »wenn wir den Kuchen den Säuen geben. Gar nichts. Aber abgesehen davon — ich hab' so ein komisches Gefühl ...«

»Komische Gefühle hast du anscheinend oft.«

»Ich hab' so ein Gefühl, daß das der letzte Kuchen ist, den ich esse.«

»Nanu — wieso denn?«

»Habt ihr nichts davon gehört, daß es morgen vorgehen soll — in Stellung?«

Die Kameraden blickten ihn betroffen an.

»Ausgeschlossen«, entgegnete Baumann. »Es gibt doch gar keine feste Front. Alles ist noch im Fluß.« Er wandte sich an Ohlsen. »Sagen Sie, Herr Leutnant, wie ist eigentlich die Lage hier an diesem verdammten Landzipfel?«

Der Leutnant besann sich einen Augenblick, dann berichtete er in aller Ausführlichkeit, was er über die Lage wußte.

»Die Sache ist so«, er baute ein halbes Dutzend gefüllter Schnapsgläser im Halbrund vor sich auf. »Das ist unsere Abwehrstellung am unteren Kuban. Das erste Schnapsglas hier links, das sind wir.«

»Prost!« sagte Baumann und trank das Glas aus.

»Prost, Kameraden«, sagte das Leutnantchen und leerte das zweite Glas, ohne mit der Wimper zu zucken. Er machte das ganz prima, und alles grinste.

Dann sprach er weiter.

»Wir liegen also am äußersten linken Flügel, ganz im Norden, oder besser gesagt im Nordosten des sogenannten Kuban-Brückenkopfes. Die Front, so, wie sie sich jetzt langsam herausbildet, beschreibt einen großen Bogen nach Osten, genau wie die Schnapsgläser hier. Die Linie, die unter allen Umständen gehalten werden soll, verläuft von unserer Gegend in Bogenform nach Süden, ostwärts an Krymskaja vorbei bis Noworossijsk am Schwarzen Meer.«

»Können wir sie denn halten?« bohrte Baumann.

»Das glaube ich ganz bestimmt. Bedenken Sie doch die Massierung unserer Truppen auf diesem engen Raum. Eine so dichte Besetzung einer verhältnismäßig kurzen Front haben wir noch nie gehabt. Hier bei uns im Nordteil sind nur Sümpfe, da kann der Russe sowieso nicht durch. Von Krymskaja ab beginnen Bergstellungen. Die sind ebenfalls gut zu halten. Bleibt also nur die Mitte. Aber da kommen, wie ich gehört habe, neue Flak-Abteilungen 'rein. Gegen die Durchschlagskraft ihrer Geschütze ist kein Kraut gewachsen. Die hauen in jeden T 34 wie in Butter.«

»Gut«, sagte Baumann und nahm wieder einen Schluck aus der Verteidigungsstellung des Leutnants, »das klingt alles recht plausibel und beruhigend. Nach allem, was Sie sagen, bin ich völlig überzeugt davon, daß die neue HKL diesmal gehalten wird.« Er schwieg eine Weile und fuhr mit dem Finger durch die Schnapskringel auf dem Tisch, bis sie zu langen Linien wurden. »Wie sieht es aber weiter im Norden aus? Der Russe kämpft doch bereits bei Stalino. Offensichtlich drückt er auf Dnjepropetrowsk und Saporoschje zu. Wenn er dann nach Süden einschwenkt und am Dnjepr bis Cherson vorstößt, ist die ganze Krim abgeschnitten. Was nützt uns dann noch der schmale Rückzugsweg über die Straße von Kertsch?«

Der Leutnant zündete sich mit nervösen Fingern eine Zigarette an, ehe er weitersprach.

»Sie sehen die Dinge zu schwarz. Sie dürfen sich nicht verrückt machen lassen. Gewiß war der Eindruck des bisherigen Rückzugs nicht sehr ermutigend, aber irgendwo muß die Front doch wieder zum Stehen kommen. Wo kämen wir auch sonst hin? Glauben Sie mir, der Kubanbrückenkopf wird gehalten. Er wird ganz bestimmt gehalten.«

»Wir haben schon Pferde kotzen sehen, Herr Leutnant. Gewiß glauben wir daran, daß der Kubanbrückenkopf gehalten wird. Aber nehmen wir mal an, es geschieht da oben wirklich was, nehmen wir ruhig mal an, der Iwan stößt tatsächlich bis zur Mündung des Dnjepr vor — was nützt dann das ganze Halten hier? Was geschieht dann mit uns?«

»Kameraden«, sagte Leutnant Ohlsen, und das Wort klang aus seinem Mund ganz natürlich und echt, »Kameraden, wir sind hier nicht auf der Kriegsakademie. Wir wissen, daß dieser Krieg ganz große Scheiße ist. Glaubt mir, ich stünde auch lieber daheim bei meines Vaters Pferden als in diesen gottverdammten Sümpfen. Aber was nützt das? Wir sind Soldaten und müssen tun, was man uns befiehlt. Und da der Führer nun mal befohlen hat, daß der Kubanbrückenkopf gehalten wird, weil von hier aus die neue Offensive zum Kaukasus beginnen soll, halten wir eben den Brückenkopf. Und wenn es sein muß, bis zum letzten Mann. Oder seid ihr anderer Ansicht?«

Die Landser nickten. Der Leutnant hatte recht. Was blieb schon anderes übrig? Sie waren dem jungen Offizier dankbar für seine offenen Worte. So herum konnte man jederzeit mit ihnen reden. Das verstand schließlich jeder.

»Übrigens«, fuhr der Leutnant fort, »kann es tatsächlich sein, daß wir schon morgen früh nach vorn gehen zum Schanzen. In ein paar Tagen müssen wir fertige Stellungen beziehen können.«

»Also doch morgen früh schon?«

»Vielleicht auch übermorgen. Kommt ganz darauf an, was der Kommandeur bei der Besprechung in Slawjanskaja erfährt. Wir haben nur noch eine Handvoll Werfer im ganzen Regiment. Die werden zu einer einzigen Batterie zusammengefaßt. Alles andere geht mit der Knarre in den Graben. Auch vom Stab muß jeder verfügbare Mann nach vorn. Ausdrücklicher Befehl der Division. Offiziell heißt die neue Verteidigungslinie Gotenkopfstellung . . .«

»Wie?« entsetzte sich Fellhammer. Er war vom Schnaps schon ziemlich benebelt und hatte nicht recht verstanden. »Sagten Sie Totenkopfstellung?«

Das Wort wirkte wie ein Schlag mit dem nassen Handtuch ins Gesicht. Die meisten ließen ihr Schnapsglas sinken und stierten auf das blasse Gesicht Fellhammers. Eine Totenkopfstellung, das hatte ihnen gerade noch gefehlt.

»Aber nein«, korrigierte der Leutnant und lächelte nervös. »Nicht Theodor, sondern Gustav. *Gotenkopf.*«

Er betonte es sehr genau, aber das Wort klang kaum tröstlich. Baumann wischte mit dem Finger hin und her und begann zu deklamieren:

»Und den Fluß hinauf, hinunter ziehn die Schatten tapfrer Goten ...« Er brach ab, hieb mit der Faust auf den Tisch, daß sich die gesamte Schnapsglasbatterie mit einem Ruck verschob. »Ist es nicht ein erhebendes Gefühl zu wissen, daß uns der Führer dazu ausersehen hat, in die Geschichte einzugehen? Spätere Generationen werden unseren Opfertod an den asiatischen Gestaden in Heldenliedern preisen und den kommenden Geschlechtern als leuchtendes Beispiel hinstellen. Übergeschrieben: Die namenlosen Helden vom Kubanbrükkenkopf! In hundert Jahren noch wird man künden, wie wir todesmutig, den sicheren Untergang vor Augen, auf verlorenem Posten ausharrten. Tausende Kilometer von der Heimat entfernt gaben sie freudig ihr Leben, damit das Zauberwort Kaukasus nicht aus dem Wehrmachtsbericht zu verschwinden brauchte.«

»Mensch, hör auf!« unterbrach ihn Fellhammer wütend, doch Baumann war zu schön in Fahrt.

»In den Lesebüchern wird es gedruckt stehen, und die Schulkinder werden Aufsätze darüber schreiben müssen, wie *wir* über die Helden von Langemarck. Und beim Appell zum Heldengedenktag an der Ewigen Wache in München wird man unsere Namen rufen, und aus dem Äther werden Geisterstimmen antworten: Baumann — hier! Fellhammer — hier! Fibus — hier!«

»Was mich betrifft«, sagte Fibus trocken, »so kannst du mich ruhig auslassen. Ich richte es lieber so ein, daß ich nach Hause kommen und selber ›hier‹ rufen kann.«

»Du hast eben keinen Sinn fürs Höhere, du Arsch. Wo

bleibt da die Nibelungentreue? Nimm dir ein Beispiel an unseren Brüdern in Stalingrad. Wir werden ihr Opfer an der Gotenstellung noch überbieten. Hier, an historischer Stelle in Popowisch, wird dermaleinst eine Marmortafel stehen mit den Worten: Wanderer, kommst du nach Berlin, verkündige dorten, du habest uns liegen sehen, wie es der Führer befahl ...«

Keiner sagte etwas. Leutnant Ohlsen schaute verlegen.

Baumann ist total besoffen, dachte Kleebusch. Er war der Unterhaltung nur mit halbem Ohr gefolgt. Jetzt stand er auf und ging unbemerkt ins Freie.

Draußen war es völlig still. Die Luft schien gefroren. Wallensteins Lager schlief. Nirgends ein Licht. Auch die Schreibstube war dunkel. Keine Spur von Maria. Warum kam sie nicht? Es war bereits neun Uhr vorbei ...

Langsam ging er zurück. Tabaksqualm, Wodkadunst, Grölen. Eine Luft zum Schneiden. Der ganze Verein hatte bereits mächtig einen in der Krone.

»Kennt ihr schon den neuesten Witz?« fragte Fellhammer.

»Erzählen!«

»Ist er unanständig?«

»Unanständig ist er nicht«, sagte Fellhammer. »Aber dafür gefährlich. Also paßt auf. In Berlin wird jetzt ein neues Stück gespielt: Die zerbrochene Armee von Kleist ...«

Alle feixten, sogar der kleine Leutnant. Nur Ede machte ein dummes Gesicht. Er verstand den Witz nicht.

Baumann, der für Edes Ignoranz eine Schwäche hatte, versuchte die Pointe zu erklären.

»Hast du schon mal was vom ›Zerbrochenen Krug‹ gehört?«

»Klar. Ein Film mit Emil Jannings. Hab' ich im Soldatenkino in Stalino gesehen.«

»Großartig. Jetzt paß auf. Das Stück ist von einem Dichter namens Kleist. Ponimatj?«

»Na und?«

»Weißt du, wie unser Oberbefehlshaber heißt?«

»Woher soll ich das wissen? Er hat sich mir noch nicht vorgestellt.«

»Er heißt von Kleist. Wir sind doch mit der Panzerarmee Kleist hier 'runtermarschiert. Kapierst du jetzt?«

Ede dachte einen Augenblick nach, dann:

»Natürlich versteh' ich, ich bin doch nicht doof. Aber warum soll unser OB nicht auch mal ein Stück schreiben? Wo liegt denn da der Witz?«

»Köstlich«, zwitscherte das Leutnantchen. »Das ist ja noch besser als der ganze Witz. Das muß ich direkt dem Kommandeur erzählen.«

Oberst Graupner sitzt an diesem Abend in illustrer Gesellschaft. Der Kommandierende General hatte nach der Lagebesprechung zu einem kleinen Umtrunk eingeladen. Alles, was im Divisionsbereich Rang und Namen hat, ist vertreten. Stabsoffiziere aller Waffengattungen. Truppenführer vom Bataillonskommandeur aufwärts. Dazu einige Gäste vom Korps und den Nachbardivisionen. Sogar zwei Generalstabsoffiziere aus dem Führerhauptquartier sind dabei. Angesichts der strategischen Wichtigkeit des Kubanbrückenkopfes waren sie am Mittag mit einer Sondermaschine zu der Besprechung gekommen. In der Nacht wollen sie noch zurückfliegen.

»Ganz zwanglos«, hatte der General gesagt, als er die Offiziere einlud. Ganz inoffiziell, meine Herren.«

Aber dann ist durch den Eifer einiger Ordonnanzoffiziere doch so etwas Ähnliches wie ein kleines Festbankett im Casinostil daraus geworden.

Die Feier findet im Saal des örtlichen »Kulturparks« statt. Alles ist auf Hochglanz poliert. Lange, weißgedeckte Tische, schnurgerade ausgerichtete Stühle. Funkelnde Kristallgläser, mattglänzendes Geschirr. Dazwischen kunstvolle Kerzenleuchter altrussischer Provenienz, handgetriebenes Silber mit byzantinischen Mustern. Honigfarbene Wachskerzen, deren Flammen den Raum in warmes, stimmungsvolles Licht hüllen.

Gedämpfte Stimmen, gepflegte Unterhaltung. Man bewegt sich stilvoll. Man hält in diesem Kreis auf Formen. Auch im vierten Kriegsjahr. Auch im windigen Kubanbrückenkopf. Nun gerade, scheinen die ernsten Mienen zu sagen, wenn sich die Blicke über den Gläserrändern begegnen. Tradition ist alles. Das Heer ist noch immer preußisch. Trotz allem.

»A la bonne heure!« flüstert ein Major an Graupners Seite und bewundert das Silberbesteck. Es ist ein älterer Herr mit rosigen Genießerbäckchen. »Endlich mal wieder Krieg mit Kultur. Endlich mal kein Mannschaftsmief. So entre nous ist doch alles ganz anders, finden Sie nicht? Wie sagt Goethe so schön: hier bin ich Mensch, hier darf ich's sein ...«

Es gibt roten Krim-Sekt, es gibt russischen Kaviar.

Zwischen den Tischen laufen Ordonnanzen wie geschulte Kellner hin und her. Männer im besten Tauglichkeitsjahrgang. Weiße Jacken, blankgeputzte Stiefel. Serviette unterm Arm. Biegsame Rücken, devote Gesichter. Man will unter allen Umständen die Stellung halten.

»Bitte sehr, Herr Oberst. Sehr wohl, Herr Major.«

Sie scheinen direkt vom Grandhotel weg zu diesem Dienst eingezogen zu sein.

Pfropfenknallen, Gläserklingen, Trinksprüche.

»Auf unseren Führer und Obersten Kriegsherrn!« prostet einer der Herren vom Führerhauptquartier.

»Auf Deutschland!« erwidert der Divisionär reserviert und hebt sein Glas.

»Auf Deutschland!« wiederholen alle Anwesenden, erheben sich, leeren ihre Gläser.

Die Ordonnanzen jonglieren riesige Platten zwischen den Tischen und legen vor.

»Hätte nicht gedacht«, strahlt der Major neben Graupner, »daß es das noch gibt. Nach der Sprengung einiger Verpflegungslager hatte ich schon Sorge um die Messe. Jetzt aber bin ich überzeugt, daß es wieder vorwärts geht. Glauben Sie nicht?«

Oberst Graupner nickt zerstreut. Am Tisch hinter seinem Rücken unterhalten sich zwei jüngere Offiziere.

»Malossol-Kaviar!« sagt der eine. »Nicht schlecht. Könnte ich direkt mit dem Löffel essen. Das ist das einzig Lohnende in diesem trostlosen Land. Wissen Sie übrigens, daß ich erst in Rußland darauf gekommen bin, was Malossol heißt? Malo sol — wenig Salz ... Wozu es doch gut sein kann, wenn man im Krieg in fremde Länder kommt. Früher hatte ich geglaubt, das sei ein Fisch oder eine russische Stadt.« Der junge Offizier kichert, als habe er einen guten Witz gemacht.

»Apropos Witz«, sagt der andere leise. »Kennen Sie *den* schon?« Er beugt sich zum Ohr seines Nachbarn. Es ist nur noch Wispern zu hören, dann unterdrücktes Lachen.

»Glänzend, Herr Kamerad. Aber hart an der Grenze. Wirklich hart an der Grenze!«

»An welcher Grenze?« fragt eine fette Kommandostimme. »Meinen Sie die Politik oder den Anstand?«

»Beides, Herr Oberst.«

»Dann erzählen Sie mal«, verlangt die fette Stimme begierig.

Danach wieder Wispern, wieder Lachen, wieder Fragen von der Seite. Der Casinowitz ist noch nicht tot. Der Casinowitz lebt.

Nach einer Stunde brechen die beiden Generalstabsoffiziere auf. Sie müssen mit ihrer Sondermaschine zurück.

Auch Oberst Graupner will sich bei dieser Gelegenheit verabschieden. Er möchte lieber mit seinen Männern feiern als in diesem makabren Kreis, dessen Getue ihm in der augenblicklichen Lage völlig deplaciert erscheint. Doch der General läßt ihn nicht gehen.

»Ausgeschlossen, Graupner. Jetzt kommt erst der gemütliche Teil. Kommen Sie, setzen Sie sich zu mir. Sehe Sie ohnehin so selten. Das Regiment kann mal ein paar Stunden ohne Sie auskommen. Sie haben ja einen tüchtigen Adjutanten, diesen — wie heißt er doch gleich?«

»Sie meinen Oberleutnant Stiebing, Herr General?«

»Ganz recht. Stiebing. Toller Draufgänger. Was macht er?«

»Er — er ist nicht mehr mein Adjutant. Ich habe ihn versetzt. Nach vorn, zu den Batterien ...«

»Versetzt?« Der General zieht kaum merklich die Brauen zusammen, besinnt sich, lächelt. »Natürlich, haben ganz recht, Graupner. Solche Kerle gehören nach vorn, auch wenn es schwerfällt, auf ihre Dienste im Stab zu verzichten.«

Im Saal haben sich verschiedene Kreise gebildet. Der Sektverbrauch steigt und mit ihm die Stimmung. Witze machen die Runde. Heitere Abenteuer des Rückzugs werden erzählt. Komische Erlebnisse mit den Mannschaften.

»Kann Ihnen sagen, manchmal erlebt man Dinge mit den Männern ... Dinge, sage ich Ihnen, einfach zum Platzen.

Kommt da neulich so ein grünes Bürschchen angerauscht und bittet um Heiratsurlaub. Noch nicht ganz trocken hinter den Ohren, will aber partout Hochzeit machen. Kerl, sage ich, ist das nicht ein bißchen zu früh? Antwortet der Bursche wie aus der Pistole geschossen: Nein, Herr Hauptmann — ist schon ein bißchen zu spät!«

Auch der General lacht. Er ist ebenfalls nicht mehr ganz nüchtern. Zu oft muß er trinken, wenn ihm zugeprostet wird. Immer wieder drängen Offiziere heran, Glas am zweiten Knopf von oben, Blick fest auf die Augen des Kommandierenden gerichtet.

»Gestatten, Herr General, auf Ihr ganz Spezielles!«

Ex. Neues Glas.

Der Major, der neben Graupner saß, wirft nach einem Toast auf den General das Sektglas an die Wand. Seine rosigen Bäckchen glühen. Andere folgen seinem Beispiel. Bald liegt ein Haufen kostbarer Gläser zertrümmert auf dem Boden.

»Contenance!« lallt der Major wankend. »Contenance, meine Herren. Haltung ist alles. Auch im Krieg.« Er muß aufstoßen, dreht sich um die eigene Achse und kann sich kaum mehr halten. Diskret eilen Ordonnanzen herbei, fassen den Betrunkenen unter die Arme und helfen ihm hinaus.

Oberst Graupner wendet sich angewidert ab.

In einer anderen Ecke wird politisiert. Der Alkohol hat die Zungen gelöst. Es gibt hitzige Diskussionen. Die meisten machen kaum einen Hehl aus ihrer Opposition gegen die Staatsführung, die in ihren Augen nicht gesellschaftsfähig ist.

»Die Partei!« deklamiert einer mit Emphase und blickt sich vielsagend um. »Was ist schon die Partei! Was würde sie machen ohne uns?«

Graupner kennt diese Gespräche. Man gibt sich »entre nous« gern oppositionell. Es gehört schon fast zum guten Ton, Vorbehalte zu äußern. Aber die Vorbehalte entspringen nicht prinzipiellen Erwägungen, sie sind egoistischer Natur. Man hat im Grunde nichts gegen die Partei. Man nimmt nur übel, daß sie das Primat der Wehrmacht nicht anerkennt. Man hat nichts gegen Hitler und seinen Krieg. Man wehrt sich nur dagegen, daß sich der ehemalige Gefreite als Stratege aufspielt. Man will selbst den Krieg gewinnen — auch wenn es für Hitler und die Partei ist.

»Kommen Sie«, hört Graupner hinter sich sagen. Es ist Oberstleutnant Miller, Kommandeur eines Grenadierregiments, mit dem er in mancher Schlacht zusammen war. »Kommen Sie, Graupner, setzen wir uns in eine stille Ecke. Was sagen Sie zu dem Betrieb hier?«

Graupner zuckt mit den Schultern. Er blickt über den Saal, in dem immer noch die Kerzen brennen; blickt auf die Menschen, die immer noch versuchen, krampfhaft Haltung zu bewahren.

»Flucht aus der Wirklichkeit ins Casino, das es nicht mehr gibt«, konstatiert er bedächtig. »Ich habe den Casino-Betrieb nie gemocht. Aber früher konnte man darüber lachen. Er war oft wie eine Kabarettnummer, reif für den Simplicissimus. Heute aber, unter diesen Umständen, ist er eine Dance macabre. Ein Totentanz, der uns die Schamröte ins Gesicht treiben müßte.«

Die Unteroffiziersfeier in Popowitschewskaja war auf dem Höhepunkt. Es wurde nicht mehr gesprochen, es wurde nur noch gesungen. Sentimentale Weisen von der Heimat und der Liebsten.

Kleebusch blickte zum Fenster. Er glaubte, einen Schatten hinter der Scheibe zu sehen. Eilig stand er auf und ging hinaus.

»Der mit seiner Primanerblase«, stichelte Fibus, aber keiner achtete darauf.

Über dem Dorf hing Nebel. Es roch nach Meerwasser und Sumpf. Ganz entfernt dumpfes Dröhnen. Irgendwo wurde geschossen. Irgendwo war Krieg.

Morgen würde der Krieg auch hier sein. Morgen. Aber heute war noch Ruhe. Heute konnte man noch leben. Die Nacht genießen. Die Liebe.

Kleebusch sah Maria sofort. Sie stand vor dem Fenster und versuchte in den Raum zu spähen. Ein schmaler Streifen des Lichts fiel auf ihr Gesicht. Sie hatte jetzt wieder die weiße Bluse an. Sie war frisch gewaschen und glänzte bleich im diffusen Schein.

Rasch ging er auf sie zu.

»Maria!«

Erschrocken zuckte sie zusammen. Im selben Augenblick erkannte sie ihn und lächelte glücklich.

»Fritz!«

Er wollte sie an sich ziehen, doch sie wehrte sich sanft.

»Nicht hier, Fritz. Der Oberleutnant ist ständig hinter mir her. Er darf uns nicht sehen. Er würde noch wütender auf dich werden.«

Sie zog aus ihrer Bluse einen kleinen Brief hervor.

»Vorhin ist ein Wagen mit Post gekommen. Ich habe den Brief für dich gleich mitgebracht. Er ist von deiner Mutter.«

Bei dem Wort Mutter sah sie ihn voller Zärtlichkeit an.

Fritz Kleebusch steckte den Brief ein. Hier in der Dunkelheit konnte er ihn ohnehin nicht lesen. Er mußte warten, bis er irgendwo Licht machen konnte.

Vorsichtig gingen sie um das Haus herum und weiter in die Dunkelheit, die sich wie ein Dom vor ihnen auftat. Der Nebel verschluckte das Geräusch ihrer Schritte. Es war windstill. In den Dunstschwaden hing der Salzgeruch des nahen Meeres. Ab und zu schrie in den Schilffeldern die krächzende Stimme eines Nachtvogels.

Sie sprachen nicht. Wie Kinder faßten sie sich an der Hand. Sie hatten sich wiedergefunden. Zwei junge Menschen, allein auf der weiten Welt.

Später gingen sie zum Wetterwagen.

Kleebusch fand den Schlüssel sofort, öffnete die Tür und half Maria beim Einsteigen. Dann legte er von innen den Riegel um.

Der Wagen stand schief, ein gebrochener Invalide. Lange würde er es nicht mehr machen. Bei der nächsten Etappe war er schrottreif. Doch jetzt war es gut, daß es ihn noch gab.

Im Innern hatte sich nichts verändert. Kisten über Kisten. Das aufgestapelte und eingemottete Gerät des Wettertrupps. Der schmale Gang auf der Seite, den Eiermann geschaffen hatte. Ganz hinten der mächtige Koffer mit den Teppichen Maiers. Davor der kleine Platz.

Raum genug für alle Herrlichkeiten der Welt.

Im Lichtkegel der kleinen Stablampe lagen die Gefilde der Seligen.

Schmiegsam und nachgiebig waren die Teppiche. Handarbeit von geübten Frauenhänden. Weiche Wolle kaukasischer Schafe. Buntes Gewirk von fremdartigem Reiz.

Die schönsten Stücke breitete Kleebusch auf dem Boden aus. Dann ließen sie sich darauf nieder.

Maria legte ihren Kopf auf seine Brust.

»Dein Brief«, sagte sie. »Der Brief deiner Mutter.«

Er mußte lächeln. Über das Wiedersehen mit ihr hätte er fast den Brief von zu Hause vergessen. Er zog ihn aus der Tasche, riß den Umschlag auf und begann im Schein der Stablampe zu lesen.

»Fritz.«

»Ja.«

»Ich habe einen Wunsch.«

»Sag ihn.«

»Würdest du mir den Brief deiner Mutter vorlesen?«

Einen Moment war er überrascht; dann nickte er. Er verstand ihren Wunsch. So stark fühlte sie sich ihm schon verbunden, daß sie seine Mutter kennenlernen wollte. Und wenn es zunächst nur aus ihren Briefen sein konnte.

Halblaut begann er zu lesen. Die Mutter erkundigte sich nach seinem Wohlergehen. Sie war in Sorge um ihn. Aus den Nachrichten hatte sie von den Strapazen des Rückzugs gehört und wollte wissen, ob er auch nicht in Gefahr sei.

Plötzlich stockte er.

»Warum liest du nicht weiter?«

»Ich ...« Er wußte nicht, was er sagen sollte. Er war auf den Namen Karin gestoßen. Irgend etwas sträubte sich in ihm dagegen, vor Maria diesen Namen auszusprechen.

»Geheimnisse, Fritz?«

»Nein, Maria. Nur ...«

»Dann lies weiter.«

Er überlegte kurz, dann las er entschlossen weiter. Warum nicht, sagte er sich, er hatte nichts zu verbergen. Die Mutter schrieb:

»Karin hat Dir schon zwei Päckchen geschickt, und Du hast Dich noch immer nicht bedankt. Sie erkundigt sich oft nach Dir. Manchmal besucht sie mich abends, und dann erzählen wir gemeinsam von Dir ...«

Sekunden blieb es still, bis Maria fragte:

»Wer ist Karin?«

»Eine Jugendfreundin.«

»Liebt sie dich?«

»Ich weiß es nicht, ich glaube nicht, Maria.«

»Aber wenn sie immer nach dir fragt, und wenn sie dir Pakete schickt . . .«

»Ich weiß es wirklich nicht.«

»Und du?«

»Nichts, Maria. Bestimmt nichts. Eine ganz harmlose Jugendbekanntschaft. Ich habe sie schon über zwei Jahre nicht mehr gesehen.«

In ihren dunklen Augen glomm ein gefährliches Leuchten. Kleebusch fühlte, wie erregt sie war. Eifersucht, dachte er. Sicher konnte sie gefährlich werden in ihrer Eifersucht. Sicher war ihr Temperament zügellos in der Erregung. Um sie abzulenken, fragte er nach ihren Erlebnissen seit der Zeit, da er sie beim Troß verlassen hatte.

»War es schwer?«

Sie nickte. Und während sie sprach, schloß sie die Augen. Sie sprach von der Flucht, von dem endlosen Marsch durch das versinkende Land und ihrem verzweifelten Suchen nach dem Regiment, das sie endlich hier fand. Beim Sprechen vergaß sie Karin und war wieder glücklich.

»Das Schönste ist, daß ich jetzt richtig zu eurer Einheit gehöre. Ich werde in den Verpflegungslisten geführt und bekomme sogar Löhnung. Ich brauche mich nicht mehr zu verstecken und keine Angst zu haben, daß ich nicht mitgenommen werde, wenn ein unverhoffter Stellungswechsel kommt. Ich bin Angehörige der deutschen Wehrmacht geworden, genau wie eine Stabshelferin. Ist das nicht herrlich? Der Kommandeur ist wirklich großartig.«

»Ja, der Kommandeur ist in Ordnung. Aber Maier!«

»Der Oberleutnant? Ach, Fritz, der braucht uns nicht zu kümmern, der wird nicht mehr wagen, frech zu werden. Er weiß, daß ich jederzeit zum Oberst könnte. Inzwischen habe ich auch erfahren, daß es für mich möglich ist, nach Deutschland zu kommen. Es gibt ein Gesetz über die Einbürgerung von Volksdeutschen. Es trifft bestimmt auf mich zu. Ich habe eine deutsche Mutter und bin deutsch erzogen;

ich spreche so gut Deutsch wie Russisch, und ich liebe Deutschland.«

Das war tatsächlich eine Möglichkeit. Daran hatte er noch nicht gedacht. Wenn sie Deutsche wurde, waren mit einem Schlage alle Probleme gelöst. Und warum sollte sie es nicht werden können?

»Der Rückzug ist jetzt zu Ende«, sagte sie mit ihrer weichen Stimme. »Der Frühling kommt . . .«

Er hatte seine Hand um sie gelegt und spürte den Pulsschlag ihres Herzens, dessen beschleunigter Schlag seiner Nähe, ihm galt. Eine Frau, die ihm gehörte. Ihm allein. Liebe und Geborgenheit — hatte er je daran geglaubt, daß es das noch gab?

Ein Wunder inmitten einer wunden Welt.

Und er gab sich diesem Wunder hin. Wie eine heiße Welle schlug es über ihm zusammen. Die Welt versank ... der Krieg ... und alles. Alles was häßlich war. Er glaubte in Liebe zu verströmen ...

Kleebusch hatte die kleine Lampe gelöscht. Tiefe, weiche Dunkelheit deckte sie zu. Aus weiter Ferne drang in Wellen eine leise Melodie.

»Bei der Kaserne, vor dem großen Tor . . .«

Es mußte zehn Uhr sein. Der Zapfenstreich des Belgrader Wachtpostens. Das sentimentale Liedchen, das um die ganze Welt ging. Die wehmütige Melodie, die Front und Heimat verband und um die gleiche Stunde aus allen Lautsprechern tönte, vom Eismeer bis nach Tunis.

Das Lied, das alle Landser liebten.

». . . mit dir, Lili Marleen —
mit dir, Lili Marleen . . .«

Kleebusch hatte ein Geräusch gehört. Es kam von draußen, unmittelbar vom Wageneingang.

Mit einem Ruck fuhr er hoch.

Da war es wieder.

Jemand versuchte die Tür zu öffnen. Die Klinke wurde niedergedrückt und losgelassen. Es gab ein helles, quietschendes Geräusch, Alarmsignal des verrosteten Schlosses.

Kleebusch hielt den Atem an. Gleichzeitig legte er Maria die Finger auf den Mund.

Eine Stimme begann zu rufen.

»Kleebusch! Machen Sie sofort auf!«

Oberleutnant Maier!

Die beiden Menschen im Wagen rührten sich nicht. Sie hielten sich umschlungen, um ihr Zittern zu verbergen. Kleebusch fühlte sein Herz in den Ohren klopfen. Der kalte Schweiß brach ihm aus allen Poren.

Eine Weile blieb es still.

Dann erneut die Stimme Maiers, lauter und ungeduldiger.

»Öffnen Sie sofort, Kleebusch! Ich weiß, daß Sie drin sind. Ich weiß auch mit wem. Wenn Sie nicht unverzüglich aufmachen, rufe ich die Wache und lasse die Tür aufbrechen. Ich warte noch drei Sekunden . . .«

Es hatte alles keinen Zweck, er mußte öffnen.

Aus.

Notdürftig brachte er seine Uniform in Ordnung, dann ging er zwischen den Kisten hindurch und legte den Riegel zurück.

Sofort wurde die Tür aufgerissen.

Zunächst sah Kleebusch nichts. Er starrte in den weißen Kegel einer starken Taschenlampe. Seine Augen waren geblendet.

»Na also«, hörte er die asthmatische Stimme Maiers. In ihrem Klang lag nackte unverhüllte Schadenfreude. »Die Situation ist ja wohl eindeutig. Jetzt habe ich Sie, mein Bürschchen. Nun gibt es kein Entrinnen mehr!«

## 9

Ehe Kleebusch etwas erwidern konnte, fühlte er sich auf die Seite geschoben. Maier hatte sich auf den Wagen geschwungen und zwängte sich durch den engen Gang nach hinten. In der einen Hand hielt er die Laterne, in der anderen seine Pistole. Er schwang sie bedrohlich hin und her, als müsse er ein Räubernest ausheben.

»Aha!« Aus seiner Stimme klang eine niederträchtige Genugtuung, als er Maria entdeckte. Seine Augen blickten lüstern, sein Mund verzog sich zu einem zynischen Grinsen. Wie bei einem läufigen Bernhardiner wabbelten seine Lefzen. »Aha — die keusche Marussja. Das stolze Mädchen mit dem Madonnenblick. Sehr interessant! Legt sich auf die niederste Stufe. Ganz billig... Läßt sich anscheinend nur parterre nehmen... die niedliche kleine Soldatenhure.«

Marias Augen waren starr. Sie hatte sich einen bunten Teppich vor die Brust gepreßt. Die Fäuste, die das schützende Gewebe hielten, waren vor Angst und Scham unter das Kinn gestemmt. Die nackten Arme flatterten in großer Kälte.

»Anziehen!« befahl der Oberleutnant. Er wich keinen Schritt zurück. Er genoß die Situation in vollen Zügen. Während sich das Mädchen, zitternd in die Ecke gedrückt, die Bluse überzog, ließ er sie nicht aus dem Scheinwerfer seiner Taschenlampe. Er tastete mit dem Lichtkegel ihren Rücken ab. Es war ihm anzumerken, wie er sich an dem ungewöhnlichen Bild delektierte.

»Und jetzt marsch in die Schreibstube«, kläffte er, als sie fertig war. »Dort warten Sie auf mich. Ich habe inzwischen mit dem Herrn Galan ein paar Worte unter vier Augen zu sprechen.«

Maria drückte sich mit gesenktem Kopf an ihm vorbei. Einen Herzschlag lang blickte sie Kleebusch in die Augen, dann huschte sie aus dem Wagen und verschwand in der Nacht.

»Und nun zu Ihnen, mein Bürschchen«, spielte sich Maier auf und leuchtete ihm ins Gesicht. Die Rechte hielt immer noch die Pistole.

Fritz Kleebusch hatte sich inzwischen gefaßt und war ganz ruhig geworden. Eiskalt. Er biß die Zähne aufeinander und verengte die Augenlider zu kleinen Schlitzen, um der Blendung zu entgehen. Undeutlich sah er Maiers Kopf hinter der Laterne. Wenn er Zicken macht, dachte er, hau' ich ihm in die Fresse, egal, was draus werden mag. Ich schlage ihm die Pistole aus den Pfoten und dreh' sie um. Und wenn ich mich hinterher selbst erschießen muß. Mir ist jetzt alles egal...

Draußen zogen ein paar Landser vorbei. Einer pfiff die Melodie. Besoffene Stimmen grölten mit:

»... wenn sich die späten Nebel drehn,
wer wird bei der Laterne stehn —
mit dir, Lili Marleen,
mit dir, Lili Marleen...«

Anschließend das Täterätä des Zapfenstreichs: der Singsang wurde leiser. Die Betrunkenen trollten sich in ihre Quartiere.

Vor wenigen Minuten hatte das Lied für den jungen Unteroffizier noch ganz anders geklungen. Vor wenigen Minuten war es noch ein Lied hoffnungsvoller Liebe gewesen. Mit einem Schlag war alles schmutzig und gemein. Was vordem rein und erhebend gewesen war, erschien jetzt besudelt und voll Dreck.

Kleebusch mußte an seine Schulzeit denken. Genau die gleiche Szene hatte er auf der Penne erlebt, als ein Ekel von Pauker seinen ersten Liebesbrief gefunden hatte und ihn voll triefender Moral und sittlicher Entrüstung mit seinen knochigen Fingern zerpflückte. Damals hatte er geglaubt, in den Erdboden versinken zu müssen. Als Schüler war er dem Steißtrommler hilflos ausgeliefert gewesen und hatte zerknirscht zu Kreuze kriechen müssen.

Diesmal war es anders. Er war Soldat, war hart im Nehmen geworden. Er hatte ein blutiges Handwerk gelernt...

Der Oberleutnant räusperte sich. Hochaufgerichtet stand

er wie der Erzengel Gabriel nach dem Sündenfall im Paradies.

Auch Kleebusch stand in voller Größe zwischen den Kisten.

Die beiden Männer blickten sich in die Augen. Es knisterte zwischen ihnen. Duellanten auf Leben und Sterben standen sich gegenüber. Todfeinde. Einer von ihnen war zuviel auf der Welt.

»Sie wissen, was Ihnen bevorsteht?« fragte Maier. Es bereitete ihm lustvolles Vergnügen, die Fatalität auszuschmükken. »Ich werde leider gezwungen sein, dem Kommandeur in aller Ausführlichkeit zu berichten.« Er sprach das Wort *leider* prononciert aus und legte sein Gesicht in bedauernde Falten. »Es wird ein Exempel statuiert werden müssen. Wissen Sie, was das für Sie bedeutet?«

Schweigen.

»Ob Ihnen das klar ist, will ich wissen!«

»Ja«, sagte Kleebusch. Es klang hart und trotzig.

»Gut.« Der Oberleutnant steckte die Pistole weg und senkte die Taschenlampe. »Sie wissen es also. Das genügt mir.« Er legte seine Stimme um. »Und nun hören Sie genau zu. Ich werde trotz allem nichts gegen Sie unternehmen. Ich habe mir die Sache überlegt. Der unselige Rückzug brachte schon Unannehmlichkeiten genug. Wir brauchen jetzt mehr denn je jeden Mann. Vor allem Männer wie Sie, Kleebusch. Sie sind doch immer ein guter Soldat gewesen — oder nicht? Ich habe Verständnis für Ihre Lage. Was geschehen ist, kann in dieser Zeit jedem mal passieren ...« Er zögerte einen Augenblick, dann fuhr er freundlich fort: »Die Sache bleibt also unter uns. Schwamm darüber und aus. Abgemacht?«

Kleebusch glaubte nicht recht zu hören. So schnell konnte er gar nicht umschalten. Auf alles war er gefaßt, nur nicht auf gnädige Absolution. Er kneift, der feige Hund, war sein erster Gedanke. Na schön, mir soll's recht sein. Ich wäre dumm, wenn ich nicht aus seiner Feigheit meinen Nutzen ziehen würde.

Aber ein Rest von Mißtrauen blieb. Vorsicht, flüsterte es in ihm, ganz so edel ist der nicht. Der bestimmt nicht. Irgendwo wird schon ein Pferdefuß zum Vorschein kommen.

Der Oberleutnant grinste jetzt. Sein Gesicht verzog sich zu einer breiten Grimasse.

»Sie sind ein sturer Bock, Kleebusch. Man hat es nicht immer leicht mit Ihnen. Aber von jetzt ab werden wir sicher miteinander auskommen, denke ich. Ich bin kein Unmensch. Wir können alles unter uns besprechen. Gewissermaßen unter Männern. Es gefällt mir absolut nicht, mich immer nur als der Vorgesetzte aufzuspielen. Gerade Ihnen gegenüber liegt mir mehr an einem guten, ich möchte sagen kameradschaftlichen Verhältnis. Wir könnten einen — ähäm — einen Burgfrieden schließen. Sozusagen ein gentleman agreement ...«

Kleebusch hob den Kopf.

»Was verlangen Sie von mir?«

»Von Ihnen nichts, Kleebusch. Von Ihnen nichts.«

»Sondern?«

Maier wippte. Er wurde für Sekunden verlegen. Er wußte im Moment nicht, wie er sich ausdrücken sollte.

»Wir sind alle nur Menschen, Kleebusch. Im Grunde kann ich recht gut verstehen, was Sie zu dieser — ähäm — Unvorsichtigkeit verleitet hat. Ich gehe jetzt in die Schreibstube und werde mit dem Mädchen reden. Wenn sie vernünftig ist — und sie wird es in ihrer Lage sicher sein —, dann ist alles in bester Ordnung. Sie verstehen?«

Kleebusch verstand. Ihm fielen Schuppen von den Augen. Ein Würgen stieg in ihm hoch. Krallen griffen nach seinem Herzen. Das Brennen in seiner Brust nahm ihm fast das Bewußtsein. Dieser Hund, schrie es in ihm. Diese gottverdammte Drecksau! Daß er nicht früher darauf gekommen war! Schon immer hatte er gewußt, daß Maier ein Schwein war. Daß aber dieser Mann in der Uniform eines deutschen Offiziers so tief im untersten Schlamm wühlen würde, hätte er nie für möglich gehalten.

Maier hatte es plötzlich sehr eilig.

»Wir sprechen uns noch«, verabschiedete er sich und stippte Kleebusch mit dem dürren Finger vor die Brust.

Sekunden darauf war er verschwunden.

Kleebusch hatte ein Gefühl, als sei ein Kübel Eiswasser über ihn geschüttet worden. Er taumelte vom Wagen und starrte zum Fenster der Schreibstube hinüber, wo ein rötlicher Lichtschein glomm. Er ging ein paar Schritte auf den Lichtschein zu — und fand sich unvermittelt unter den Kameraden, die von der Feier im Haus des Starosten kamen. Ein Ausweichen war unmöglich.

»Na, du Flasche?« Fibus rülpste. »Wie siehst du denn aus! Wie Braunbier mit Spucke. Wie 'ne richtige Schnapsleiche. Hast du dich inzwischen ausgekotzt?«

Sie waren voll wie die Haubitzen. Nur Baumann war wieder einigermaßen nüchtern. Er betrachtete Kleebusch kritisch. Er wollte etwas sagen, doch Ede zog ihn zurück.

»Laß den Blindgänger. Hat sich bei seiner eigenen Feier vom Saufen gedrückt, damit die Rechnung nicht so hoch wird. Ich hab's ihm gleich angemerkt. Der wäre am liebsten gar nicht Korporal geworden, aus lauter Angst, er muß etwas springen lassen. Ich sag's ja, immer die Verkehrten werden befördert. Wenn *ich* das Lametta gekriegt hätte ...«

»Schnauze!« Fibus stieß ihn mit dem Knobelbecher in den Hintern. »Wenn du Kapo wirst, trete ich freiwillig aus dem Verein aus, kündige und gehe heim.«

»War aber trotzdem ganz nett«, lachte Baumann und klopfte Kleebusch auf die Schultern. »Endlich einmal eine Feier ohne Maier. Wo der alte Zausel wohl steckt?« Dabei blickt er auf den rötlichen Lichtschein hinter dem Schreibstubenfenster und zog vielsagend die Augenbrauen hoch. »Sicher liegt er jetzt mit seiner Marussja im Bett. Das wird auch der Grund gewesen sein, warum er nicht zur Feier gekommen ist. Glaubst du nicht?«

Kleebusch erwiderte nichts darauf. Er war nur bestrebt, seine Erregung zu verbergen.

Fellhammer wußte einen neuen Witz.

»Hat uns das Leutnantchen erzählt. Das ist ein prima Kerl. Von der Sorte müßte es mehr geben. Willst du den Witz hören?«

»Erzähl schon«, drängte Ede. »Der ist wirklich gut. Den braucht niemand zu erklären. Hab' sogar ich verstanden, hahaha!«

»Also hör zu, Fritz. Seit neuestem geht der Führer nicht mehr an die Front. Weißt du, warum?«

»Woher soll er's wissen«, sagte Baumann, »er war ja nicht da, als Ohlsen das erzählte.«

»Redet nicht immer dazwischen, ihr Heinis. Also, paß auf, Fritz. Der Führer kommt deshalb nicht mehr an die Front, weil nachher, wenn er wieder nach Berlin zurückfahren will, alle Landser in den Ruf ausbrechen: ›Führer, wir folgen dir!‹ Gut — was?« Er meckerte wie eine Ziege.

Ede gab Kleebusch einen Puff.

»Was ist los, Fritz — haste den Witz nicht verstanden?«

Baumann schob Ede zur Seite und hakte Kleebusch unter.

»Komm, Fritz, gehn wir schlafen. Du scheinst es nötig zu haben. Es ist gleich halb elf. Morgen früh gehen wir in Stellung. Ist jetzt ganz sicher. Leutnant Ohlsen hat vorhin mit dem Alten in Slawjanskaja telefoniert. Es ist schon alles vorbereitet.«

»Natürlich geht's morgen los«, lallte Fellhammer und begann zu singen:

»Gestern noch auf seidnen Kissen,
heute durch die Brust geschossen —
morgen in das kühle Gra — hab ...«

Der Haufen setzte sich langsam in Bewegung, in Richtung der Quartiere.

Kleebusch machte sich los. Er blickte immer noch auf das erleuchtete Fenster, als könne er dadurch ergründen, was hinter der trüben Gardine vor sich ging. Ob sie sich von dem Erpresser einschüchtern ließ? Ob sie in der Sorge, ihn, Kleebusch, zu retten, seinem Drängen erlag? Es wäre unvorstellbar ...

Das Schlimmste war, daß er morgen in aller Frühe weg mußte. Er würde sie lange nicht sehen. Es konnte Wochen dauern, Monate — wenn er es überhaupt überstand. Und er würde in all der Zeit nichts von ihr hören. Sie würde schutzlos den Gemeinheiten dieses Verbrechers ausgeliefert sein.

Endlich erlosch das kleine Licht.

Die Kameraden hatten sich längst zerstreut.

Kleebusch stand allein auf der nächtlich stillen Straße des kleinen Dorfes. Es kam ihm vor, als wäre er allein auf der Welt.

Erst nach längerer Zeit drehte er sich um und ging, unfähig, noch irgend etwas zu denken, in sein Quartier.

Wahrhaftig, der Tag, an dem er Unteroffizier geworden war, würde ihm unvergeßlich bleiben.

Am nächsten Morgen geht es nach vorn. Sie schanzen, bauen Gräben, beziehen Stellung und harren, wie so oft, der Dinge, die kommen sollen.

In der ersten Zeit herrscht noch verhältnismäßig Ruhe. Der schwarze Morast hält, was man sich von ihm versprochen hat. Die Bodenlosigkeit scheint jeden größeren Angriff unmöglich zu machen. Wo der saugende Sumpf alles verschluckt, braucht man keinen schützenden Wall. Pampe ist oft besser als Beton.

Doch bald merken die Männer, daß die Rechnung nicht so glatt aufgeht. Nie geht es im Krieg so glatt, wie es die Führung auf dem Papier ausrechnet.

Zunächst sind es Einzelgänger, die angreifen.

In Nacht und Nebel robben sie durch den Schlamm, versuchen durch die Linien zu sickern. Wilde Gestalten, bis an die Zähne bewaffnet. Wenn der fahle Schein der Leuchtkugeln aufzischt, erstarren sie im Dreck. Wenn MG-Garben über sie hinsprühen, tauchen sie in die Tümpel wie Kaulquappen.

Bald kommen einzelne Stoßtrupps.

Mit massierter Feuerkraft suchen sie die schwachen Stellen der HKL aufzumeißeln. Unvermittelt tauchen sie auf. Feuer und Verderben spucken sie aus. Und sobald sie die Zwecklosigkeit des Angriffs eingesehen haben, verschwinden sie lautlos wieder im Nichts. Um es kurz darauf an anderer Stelle aufs neue zu versuchen. Unbeirrbar.

Und dann beginnt auf einmal ein frontaler Massenangriff.

Weiß der Teufel, wie sie in solcher Zahl durch den Modder gekommen sind. Sie müssen geflogen sein. Wie Sumpfhühner.

Eine nächtliche Brandung. Aus dem Dunkel der Sumpfniederung löst sich eine Welle von Menschenleibern, ganz leise zunächst, ganz nieder dahinrollend. Die Welle wird höher und schneller, bäumt sich auf und fängt an zu rasen. Mit voller Wucht wirft sie sich gegen die Stellungen, schlägt zurück und braust von neuem heran.

»Urräh! Urräh!«

Es ist, als kämen die erdigen Leiber wirklich aus dem Boden.

»Urräh! Urräh!«

Urlaute aus heiseren Kehlen. Sie dringen schmerzhafter ins Ohr als alles Gebelfer der Waffen. Man möchte sich die Ohren verkleistern vor diesem Schrei. Wer könnte das je im Leben loswerden?

»Urräh! Urräh!«

Bei jedem neuen Angriff feuern die Männer aus allen Rohren. Wenn der Iwan das Sperrfeuer der wenigen Geschütze übersprungen hat, mähen die Landser mit dem MG in die wogenden Leiber, ballern wie irrsinnig mit der Knarre dazwischen, schmeißen Haufen von Handgranaten über den Grabenrand.

Zuletzt, als der feindliche Einbruch schon halb gelungen ist, hauen sie mit dem Gewehrkolben um sich, stechen mit dem Seitengewehr zu und überwältigen den Rest in verzweifeltem Handgemenge. Sie denken nichts mehr. Sie werden zu wütenden Schlächtern. Immer ist es so, wenn sie dem Tod Aug in Aug gegenüberstehen. Das Gemetzel wird zum besinnungslosen Morden.

Es dauert lange, bis die Schreie im eigenen Blut erstikken. Es dauert in dieser Nacht eine Ewigkeit.

Doch schließlich verebbt auch die letzte Welle und bricht im blutigen Gischt zusammen.

Am Morgen gleicht die Walstatt einer Schlachtbank. Schlamm und Blut sind zu einem einzigen bräunlichen Brei verrührt. Im Morgennebel dampft es. Süßlicher Geruch würgt in den Kehlen. Die junge Sonne beleuchtet schaurige Bilder. Zerfetzte Leiber, soweit das Auge reicht. Manche stecken bis zur Brust im Morast. Sie können selbst im Tod nicht umfallen. Und in einigen zuckt es noch. Es ist eine schaurige Ernte.

Sieg? Die Landser wissen, daß es kein Sieg ist. Was die Angreifer leisteten, übersteigt alles, was sie bisher erlebten. Und die eigenen Verluste zählen bitter. Das Bewußtsein, nur dem Schlamm im Vorfeld das Leben zu verdanken, ist nicht sehr ermutigend.

»Wie im Teutoburger Wald«, meint Baumann zu Fellhammer.

»Wieso? Wird dort auch schon gekämpft?«

»Im Wehrmachtsbericht steht noch nichts davon. Aber was nicht ist, kann noch werden. Jedenfalls muß es dort vor zweitausend Jahren genauso zugegangen sein wie hier. Kennst du das schöne Gedicht darüber? Hör zu:

Das ist der Teutoburger Wald,
den Tacitus beschrieben,
das ist der klassische Morast,
wo Varus steckengeblieben.
Hier siegte der Cheruskerfürst,
der Hermann, der edle Recke —
die deutsche Nationalität,
die siegte in diesem Drecke.«

»Hör auf, Mensch, das ist Feindpropaganda«, spottet einer.

»Von Heine«, sagt Baumann.

Die Sonne steigt hoch in einen wolkenlosen Himmel. Im unschuldigen Blau kreist summend ein Aufklärer. Wird es lange dauern bis zum nächsten Angriff?

Nicht lange, jeder weiß es. Man kann es sich an den Fingern abzählen.

Gegen Mittag beharken Schlachtflieger die Stellung. Am Abend liegt Granatfeuer auf den Gräben. Am nächsten Tag Artillerie.

Die Landser können es nicht begreifen: Wo kommen die Geschütze her? Entweder haben die Russen über Nacht Wege gebaut, oder sie tragen ihre Kanonen in Einzelteilen durch die Sümpfe. Schöne Aussichten. Wenn der nächste Sturm mit Artillerievorbereitung beginnt, sind sie verratzt.

Den Männern wird flau im Magen. Ausharren, immer nur ausharren. Was soll der Wahnsinn? Dieses Morden hat wirklich keinen Sinn mehr. Sollen sie alle vor die Hunde? Kommt keiner auf die Idee, den Befehl zum Rückzug zu geben, ehe sie am Ende sind?

Täglich meldet der Wehrmachtsbericht:

»Am Kubanbrückenkopf dauern die schweren Abwehrkämpfe an ...«

Täglich heißt es in den Kommentaren:

»In übermenschlichen Anstrengungen halten unsere Truppen dem verzweifelten Ansturm des Feindes stand ...«

Wozu?

Vorwärts geht es doch nicht mehr. Keiner glaubt im Ernst daran. Es fehlt an Waffen, es fehlt an Munition. Auch die Verpflegung wird knapp. Kunsthonig und Knäckebrot. Zwar fliegen die Jus ununterbrochen übers Meer und bringen Nachschub, aber es reicht nicht hinten und reicht nicht vorn. Die gute Tante Ju. Hier wird sie überfordert. Jede dritte oder vierte wird abgeschossen, und die, die 'rüberkommen, können oft nicht landen in dem Matsch. Dann werfen sie ihre Lasten mit kleinen Fallschirmen ab. Verpflegungsbehälter, Benzinfässer, Futtersäcke, Munition. Dabei gibt es Ausfälle noch und noch. Es ist ein Jammer.

Bei den Russen aber ist alles reichlich vorhanden.

Auch an den anderen Abschnitten ist es zu merken. Weiter nördlich ist die gesamte Donfront aufgerissen. Woronesch ist geräumt und Isjum, Charkow und sogar Kursk. Auch im Mittel- und Nordabschnitt sieht es nicht besser aus. Der Russe hat Wjelikije Luki eingenommen und von Osten her in blutigen Angriffen einen Zugang nach Leningrad geöffnet, das siebzehn Monate lang abgeschlossen war. Schon wird auch der Frontbogen um Wjasma und Rshjew geräumt, »um Kräfte einzusparen«, wie es so schön heißt.

Wohin soll das führen?

Zum erstenmal kommen sich die deutschen Soldaten unterlegen vor. Verkauft und verraten. Der Schwung, mit dem sie an den Terek vormarschiert sind, ist gelähmt. Die Helden sind angeschlagen. Das Vertrauen in die Führung ist futsch, der Glaube an die eigene Kraft verflogen. Nur noch ums nackte Leben wird gekämpft.

Bei jedem Feuerüberfall gehen die Blicke zurück und suchen weiter hinten die nächste Deckungsmöglichkeit. Ein Soldat aber, der nach hinten schaut, kann nicht mehr siegen. Er ist demoralisiert. Man sollte ihn nach Hause schicken.

In den Nächten wird die Angst unerträglich. Die nackte, schäbige Angst. Keiner will es sich eingestehen. Und doch fühlt sie jeder im Nacken, wenn aus dem undurchdringlichen Dunkel überraschend das tödliche Feuer blitzt.

Immer geht es in der Nacht los.

Auch der nächste große Angriff kommt aus dem schwarzen Nichts heraus.

Urplötzlich zuckt es aus allen Rohren.

Urplötzlich ist die Hölle los. Eine neue Welle wälzt sich heran. Noch stärker als beim letzten Mal. Noch gewaltiger. Noch fanatischer im wahnwitzigen Todesmut.

Diesmal hält der Damm nicht stand. Diesmal bricht die Flut eine Bresche und ergießt sich weit ins Hinterland.

Panikartige Flucht. Sinnlose Befehle und wildes Schreien. Keiner sieht mehr den andern.

Kleebusch jagt in wilden Sprüngen durchs Gelände. Zurück, zurück. Nach hinten, wo die Auffangstellung sein muß, wo der Einbruch noch einmal abgeriegelt werden kann.

Neben ihm hetzt der dicke Ede. Er keucht. Seine kurzen Beine schaffen es kaum.

Ringsum tobt ein Hexenkessel.

Da sieht Kleebusch, daß Ede stehenbleibt.

»Los, Ede — weiter!«

Der Dicke rührt sich nicht. Er hat beide Hände auf den Bauch gepreßt. Die Beine stehen breit auseinander.

»Ede!«

Keine Zeit zu verlieren. Hinter ihnen das krächzende »Urräh« der Russen.

Kleebusch will den Dicken weiterziehen. Er faßt ihn unterm Arm, reißt und stößt.

Da erst sieht er, was passiert ist . . .

Ede hält seine blutigen Gedärme in den Händen. Eine rötliche, wabbelig-helle Masse, wie aus einem Metzgertrog. Bauchschuß. Ein Granatsplitter hat ihm den Leib aufgerissen. Hilflos suchen die Hände den quellenden Brei zurückzudrängen. Sein runder Kopf glänzt im Schweiß. Der Mund ist verzerrt. Die Zähne blecken wie in grausigem Lachen.

Merkwürdig, daß er noch immer steht.

»Fritz!« stößt er hervor. »Fritz — hilf mir!« Danach ein schriller Schrei, markerschütternd. Wie ein Taschenmesser klappt er zusammen.

Kleebusch hastet weiter, stolpert, fällt, rafft sich auf. Nur weiter, nur nicht umblicken. Leb wohl, Ede, helfen kann dir doch keiner. Was nützt es dir, wenn dir ein Kamerad die Augen zudrückt. Du mußt das verstehen. Der eigene Bauch ist jetzt wichtiger.

Als der Haufen endlich zum Stehen kommt, fehlt fast die Hälfte.

Der Hauptmann ist weg, der die Kampfgruppe führte. Kopfschuß. Der Zugführer ist spurlos verschwunden. Wahrscheinlich überrollt und gefangen. Unteroffizier Kolling ist hinüber, der stille Heinz mit der Duldermiene. Meisel und Liesegang fehlen, und viele andere, die es nicht mehr schafften.

Auch Fellhammer hat es erwischt. Baumann hat ihn mit zerschmettertem Schädel liegen sehen.

»Eine Sekunde vorher hat er mir noch zugerufen, ich soll den Kopf einziehen. Er selbst hat es nicht mehr geschafft.«

Verbissen stehen die Überlebenden herum. Wie soll das weitergehen? Sie sind geschlagen worden, wie sie noch nie geschlagen wurden. Der Schock sitzt tief.

Baumann hat einen Streifschuß abbekommen. Seine linke Schulter blutet. In der Hand hält er eine Brieftasche. Er hat sie Fellhammer im letzten Augenblick noch aus der Tasche ziehen können. Nachdenklich wiegt er sie in der Hand, dann zieht er einige Fotos heraus.

»Drei Kinder — und seine Frau erwartet das vierte ...«

Fellhammer mit der fröhlichen Schnauze. Nun ist er für immer verstummt. Seine Frau bekommt eine abgeschabte Brieftasche, die Kinder ein paar Erinnerungsbilder. Mehr nicht. Für das Jüngste wird der Vater immer eine Legende bleiben. Weint nicht, Kinder. Man wird euch sagen, daß ihr stolz sein könnt auf euren Vater. Man wird euch sagen, daß er für euch und euer Glück gefallen ist.

Nur eins wird man euch nicht sagen: daß er sein Leben einsetzte, auf daß der Kubanbrückenkopf ein paar Tage länger deutsch bleibe ...

Zum Kotzen, Herr Major!

Immer die Besten, muß Fritz Kleebusch denken. Maier aber sitzt weiter hinten in Sicherheit und lebt ...

## 10

Es dauerte ziemlich lange, bis sie wieder Anschluß an den Troß fanden.

Der Kubanbrückenkopf war wieder ein Stück eingedrückt worden. Allmählich, ganz allmählich, wurde es eng auf der schicksalsvollen Plattform, die der Ausgangspunkt für neue große Operationen sein sollte.

Als Kleebusch zum erstenmal Maier wiedersah, war er auf einen hämisch grinsenden Sieger gefaßt. Doch nichts von alledem. Maier blickte zur Seite, wenn er ihn traf. Sein Gesicht war finster und verbissen. Er ging ihm aus dem Weg.

Kleebusch nahm es aufatmend als Beweis dafür, daß ihm sein Erpresserstück nicht gelungen war. Maier hatte erneut eine Schlappe erlitten. Und Meldung über den Vorfall im Wetterwagen konnte er jetzt, nach so langer Zeit, nicht mehr machen.

Doch Kleebusch vergaß, daß sein anzügliches Lächeln den Oberleutnant bis zur Besinnungslosigkeit reizen mußte.

Maria sah er in diesen Wochen überhaupt nicht. Maier wußte Kleebuschs Dienst und Marias Tätigkeit so einzurichten, daß die beiden sich nie sahen. Außerdem hatte er am neuen Unterkunftsort Marias Quartier direkt in die Schreibstube verlegt. So hatte er sie Tag und Nacht unter Kontrolle ...

Die Nacht, in der das Unheil hereinbrach, unterschied sich in nichts von den voraufgegangenen Nächten im Sumpfgebiet der Kubanniederung.

Kleebusch machte mit Baumann, Fibus und einigen anderen Männern einen kleinen Bummel durch das Dorf. Krummbier war nicht dabei. Er war mit dem Kommandeur zur Division gefahren. Lagebesprechung.

Der Nebel war gestiegen. Es hatte aufgefrischt. Vom Asowschen Meer wehte eine leichte Brise. Es roch nach Tang und Schlick. Ab und zu zitterte ein klagendes Froschgequake auf. Irgendwo mußte der Mond stehen. Sein milchiges Licht leuchtete hinter den aufsteigenden Dunstschwaden am Himmel. Das kleine Dorf schien in Silber getaucht.

»Eigentlich zaubervoll, diese Nacht«, sagte Baumann versonnen. »Man könnte direkt poetisch werden. Kennst du den Octavianus von Tieck? Mondbeglänzte Zaubernacht, die den Sinn gefangen hält ...« Er hielt inne und suchte nach dem weiteren Vers.

In diesem Augenblick geschah es.

Es kam so überraschend, daß den Männern buchstäblich die Spucke wegblieb.

Zunächst gellte ein Schrei auf wie ein Sirenenton. Der Schrei eines Menschen. Urlaut einer gequälten Kreatur. Er zerriß die Nacht in schrillem Diskant und zitterte noch lange über den Sümpfen nach.

Danach blieb es sekundenlang still.

Die Männer standen wie angewurzelt. So einen Schrei hatten sie noch nie gehört.

»Als wenn eine Sau abgestochen wird«, murmelte Fibus und hielt den Atem an.

Keiner konnte sagen, von wo der Schrei gekommen war. Von rechts oder von links? Aus einem der Häuser oder von den Feldern dahinter?

Plötzlich flog in dem Haus, in dem die Schreibstube und zugleich das Quartier Maiers war, die Tür auf. Sie knallte laut gegen die Wand. Eine Gestalt stürzte heraus, hetzte über die Straße, wie ein gejagtes Wild. Irgend etwas schimmerte weiß. Lange Haare wehten wie eine Sturmfahne. Eine Frau!

Die Gehetzte stürzte, richtete sich wieder auf, jagte weiter.

»Mensch — die Marussja!« Fibus begann vor Aufregung zu bibbern.

Nun sahen es alle. Im Mondlicht war kein Zweifel möglich. Jeder kannte Marussja. Keinem war die Gestalt entgangen, die schon so oft das Ziel begehrlicher Blicke war. Aber jetzt, wie sie durch den Dreck hastete, als säße ihr der leibhaftige Gottseibeiuns im Genick, bot diese Gestalt durchaus keinen verführerischen Anblick mehr. Gekrümmter Rücken, aufgelöste Haare, zerrissene Bluse. Ein Bild des Jammers.

Es war unfaßbar.

Aber es kam noch dicker.

Die Landser blickten zum Eingang der Schreibstube hinüber. Dort bot sich ihren staunenden Augen ein neues Bild. Kein Bild des Jammers, beileibe nicht. Eher ein Bild aus einem Groteskfilm. Es war von so umwerfender Komik, daß es keiner der Männer mehr vergaß in seinem Leben.

Unter der hellen Türfüllung stand Oberleutnant Maier, schlotternd, in Hemdsärmeln, notdürftig die rutschende Hose zusammenhaltend. Haare zerwühlt, Augen glasig. Ein begossener Silen, irr und fassungslos. Offene Hosenträger, zwischen den dürren Beinen baumelnd wie ein Faunsschwanz.

»Halt!« schrie er in die Nacht. Und noch einmal: »Halt!« Er mußte völlig von Sinnen sein, daß er so blödsinnig schrie.

Die Männer standen im Schatten der Fahrzeuge. Maier konnte sie nicht sehen.

»Junge, Junge«, flüsterte Baumann. Er griff nach Kleebuschs Arm und krallte sich daran fest. »In flagranti ertappt, bei einem Notzuchtversuch — das haut mich um. Daß ich das noch erleben durfte! Das bricht dem geilen Bock endgültig das Genick.«

Alle dachten das gleiche. Daß es ausgerechnet Maier war, steigerte die Schadenfreude ins Unermeßliche.

Kleebusch allerdings war außerstande, einen Gedanken zu fassen. Die Angst um Maria lähmte sein Hirn. Er flog an allen Gliedern.

Baumann faßte sich als erster. Er tat das einzig richtige, was jetzt zu tun war. Er trat vor und gab zu erkennen, daß das Schauspiel nicht ohne Zuschauer geblieben war.

»Herr Oberleutnant«, rief er laut, »können wir Ihnen helfen?«

Gleichzeitig winkte er mit großen Gesten seine Kameraden heran.

Maier zuckte zusammen. Doch nur für Sekunden. Dann richtete er sich auf. Mit einem Ruck nahm er Haltung an. Er wuchs beinah über sich selbst hinaus. Bellend gellte seine Stimme durch die Nacht.

»Haltet sie! Sofort die Verfolgung aufnehmen! Rücksichtslos von der Waffe Gebrauch machen!«

»Aber warum denn, Herr Oberleutnant?« Baumann gab sich seelenruhig und grinste von einem Ohr zum andern.

Maier japste.

»Fragen Sie nicht. Folgen Sie meinem Befehl. Sie ist eine Spionin!«

»Spionin?« Baumann blieb fast das Wort im Halse stekken. Marussja eine Spionin? Glaubte Maier im Ernst, daß ihm diese Geschichte jemand abkaufen würde? Der Trick mit dem »Haltet den Dieb« konnte hier wohl kaum verfangen.

Inzwischen war das ganze Dorf alarmiert. Hinter den Fenstern wurde es hell. Überall blitzten Taschenlampen auf. Verschlafene Landser drängten auf die Straße. Hinter ihnen russische Zivilisten mit ängstlichen und neugierigen Gesichtern.

Jetzt war auch Leutnant Ohlsen zur Stelle.

Maier schoß wie ein Blitz auf ihn zu. Er sprach so schnell auf ihn ein, daß der junge Offizier überhaupt nicht zur Besinnung kam.

»Sie müssen sofort etwas unternehmen. Das ganze Sumpfgebiet durchkämmen! Dieses Weib ist eine gefährliche Spionin. Wenn sie entkommt, kann es die schwersten Folgen für uns alle haben.« Er ließ sich nicht unterbrechen. »Während ich schlief, hat sie meine Kartentasche durchwühlt. Das ganze Nachrichtenmaterial ist weg. Tarntafel, Schlüsselunterlagen, Funkverbindungen. Dazu die Karte mit den Stellungen des Regiments ...«

Es war erstaunlich, wie schnell der falsche Fuffziger mit den erfundenen Einzelheiten zur Stelle war. Er stand wie ein Feldherr vor dem jungen Leutnant und gab mit lauter Stimme seine Anweisungen.

»Sie müssen alle Hebel in Bewegung setzen, um sie zu fangen. Und am besten gleich erschießen. Wir dürfen keine Minute verlieren!«

»Mein Gott!« Leutnant Ohlsen erbleichte. »Wer hätte das von diesem Mädchen gedacht. Das ganze Nachrichtenmaterial? Dann ist ja alles bloßgestellt. Sie müssen es sofort melden und die Division verständigen.«

»Ich werde versuchen, den Kommandeur telefonisch zu erreichen. Er hat mir diese Laus in den Pelz gesetzt, nun kann er gleich das Nötige veranlassen. Wir werden auch die Feldgendarmerie alarmieren müssen. Hinter den Sümpfen soll ein Partisanennest sein. Wenn sie bis dorthin durchkommt, sind unsere Stellungen verraten.«

Die Landser hatten offene Mäuler. Sie wußten kaum, wie ihnen geschah. Das war der tollste Dreh, den sie erlebt hatten. Die Welt stand kopf. Was unten war, war oben, und was oben war, unten. Das Opfer dieser Groteske hieß nicht Maier, sondern Marussja. Unversehens war das Russenmädel eine gefährliche Agentin Moskaus geworden, der Bock in den schlotternden Hosen dagegen zum wachsamen Ankläger. Hokuspokus — schon hatte der Teufel mit dem Pferdefuß einen Heiligenmantel um. Abrakadabra — und der Wolf, der das Lämmchen reißen wollte, stand im Schafspelz.

Die Landser kochten vor Wut. Maier hatte ihnen die Hände gebunden. Es wurde ihnen bewußt, daß sie nichts unternehmen konnten. Denn sie hatten keine Beweise. Maier würde Sieger bleiben.

Es war entsetzlich.

»Sofort die Gewehre holen«, befahl Leutnant Ohlsen. »Wir müssen diese Frau fangen, ehe sie ihr Material abliefern kann. Sonst sind wir alle im Eimer.«

»Lieber Gott, hilf ihr!« stammelte Kleebusch. Immer wieder diesen einen Satz: »Lieber Gott, hilf ihr!«

Der junge Leutnant fieberte vor Entrüstung. Mit den Männern, die gerade zur Hand waren, wollte er unverzüglich aufbrechen.

Doch Maier hatte andere Pläne. Er könne von der Stabsbatterie niemand entbehren, meinte er. Besonders die Leute vom Nachrichtenzug müßten zur Verfügung stehen, wenn ein neuer Einsatzbefehl des Kommandeurs eintreffe. Außerdem seien es zu wenige. Angesichts der Wichtigkeit des Falles müßten mindestens hundert Mann ausrücken. Der Leutnant solle sich an die Abteilung wenden, die im gleichen Ort liege. Er werde dafür sorgen, daß ein entsprechender Befehl von der Division aus direkt an den Abteilungskommandeur gehe.

»Klar«, sagten die Landser, »daß er uns nicht dabei haben will. Wir haben den Schwindel gesehen. Uns traut er nicht.«

Oberleutnant Maier organisierte alles im Handumdrehen. Er hatte wieder Oberwasser. Seine Froschaugen sprühten Aktivität. Er würde noch einen Orden bekommen für seine heuchlerische Umsichtigkeit.

Als Leutnant Ohlsen weg war, verkrümelten sich die Männer in ihre Quartiere. Doch zum Pennen hatte keiner Lust. Sie waren zu aufgeregt. Es war ein Skandal ohnegleichen.

Gegen Mitternacht kam Hannes Krummbier zurück. Er war allein. Der Kommandeur mußte noch bei der Division bleiben. Aber Krummbier brachte die neuesten Parolen mit. In wenigen Tagen sollte ein neuer Einsatz beginnen.

Die Männer nahmen es achselzuckend zur Kenntnis. Sie hatten eine andere Sensation zu berichten. Daß der Krieg weiterging, war keine Überraschung für sie.

»Wenn schon«, Fibus filzte sein Hemd nach Läusen durch. »Fertigmachen zum Erschießen. Für Drecksäue wie Maier halten wir gerne den Kopf hin. Bin nur mal neugierig, ob er für diese Schweinerei auch noch das Kriegsverdienstkreuz kriegt. Dann kann er später die Urkunde voll Stolz seiner Frau und seinen Töchtern zeigen und ihnen erzählen, wie er in heikelster Lage seinen Mann stand.«

Die Nacht wollte kein Ende nehmen. Wo mochte Maria sein? Der Gedanke marterte Kleebusch unablässig. Maria ...

Er mußte sich einem Menschen anvertrauen. Krummbier würde ihm zuhören. Und er erzählte ihm alles.

»Du bist mein einziger Freund hier draußen, und du bist auch der einzige, der mich vielleicht verstehen kann ...«

Und während die Russen hinter dem Lehmofen schnarchen, während die letzten Hindenburglichter niederbrannten und draußen vor dem Fenster das schmutzige Grau eines neuen Tages aufzog, erfuhr Hannes Krummbier die seltsame Geschichte des Mädchens Marussja, das eigentlich Maria hieß, und die ungewöhnlichen Erlebnisse seines Kameraden Kleebusch mit diesem Mädchen. Er erfuhr alles, vom ersten Zusammentreffen am Terek über das Wiedersehen nach Eiermanns Tod bis zu dem überraschenden Dazwischentreten Maiers im Wetterwagen.

Hannes Krummbier ließ ihn reden. Nur das Brodeln und Rauschen in seinem verschlammten Knösel verriet, wie erregt er innerlich war.

Das war in der Tat eine verdammt kitzlige Geschichte.

»Was würdest du an meiner Stelle tun?« fragte Fritz Kleebusch, als er endlich zum bitteren Ende gekommen war.

Hannes Krummbier sagte zunächst gar nichts. Er kratzte sich mit dem breiten Daumennagel den Bart, biß auf dem durchgekauten Mundstück seiner Pfeife herum und scharrte mit dem Knobelbecher auf dem gestampften Lehmboden hin und her.

»So red doch schon, Hannes. Was würdest du tun?«

»Nichts.«

»Nichts?«

»Überhaupt nichts, Fritz.«

»Aber ...«

»Da gibt es kein Aber, Fritz. Denk mal scharf nach, falls du das in deinem Zustand noch kannst. Wenn du auch nur einen Pieps verlauten läßt von dieser verdammten Zwickmühle, dann rasselst du 'rein, wie du noch nie im Leben 'reingerasselt bist. Maier wird alles abstreiten. Er wird bei der Darstellung bleiben, die er bereits vor versammelter Mannschaft gegeben hat. Er muß es ja. Und er wird es auf seinen Offizierseid nehmen. Was aber hast du dagegen zu setzen? Glaubst du im Ernst, daß dir irgend jemand deine phantastische Geschichte abnimmt? Abgesehen davon, daß du dich damit selbst belastest, wird Maier den Spieß umdrehen. Er wird nachweisen, daß du schon immer einen Haß auf ihn hattest und ihn deshalb 'reinlegen wolltest. Was es aber bedeutet, ohne den Funken eines Beweises einem Offizier eine so haarsträubende Gemeinheit zu unterschieben, das wirst du dir selbst ausmalen können.«

Da Kleebusch nichts darauf erwiderte, fuhr Krummbier fort:

»Sei froh, Fritz, daß alles so glimpflich zu Ende gegangen ist. Es hätte viel schlimmer für dich ausgehen können. Ich verstehe durchaus, was jetzt in dir vorgeht, aber du mußt dich mit dem Unvermeidlichen abfinden. Irgendwann wäre das dicke Ende doch gekommen. Oder glaubst du, daß es immer so weitergegangen wäre? Versuch damit fertig zu werden. Du bist bis jetzt mit allem fertiggeworden in diesem elenden Krieg. Vor allem, halt die Schnauze. Zu niemand ein Wort. Vergiß sie. Frauen gibt's genug in der Welt. Behalt nur das, was dir keiner nehmen kann — die Erinnerung an ein paar schöne Stunden...«

»Aber Maier?« fragte Kleebusch wie gefoltert.

»Maier? Ja, das ist das einzige, was schade ist an dieser Geschichte — daß er wieder einmal mit einem blauen Auge davonkommt. Aber verlaß dich drauf, den kriegen wir bestimmt ein andermal!«

Es ging alles sehr schnell.

In den ersten Morgenstunden kamen die Männer der Abteilung zurück. Sie hatten Erfolg gehabt. Trotz der Dunkelheit hatten sie mit Hilfe einiger Geiseln aus dem Dorf das Partisanennest gefunden und ausgehoben. Sie brachten ein Dutzend Russen als Gefangene mit. Waffen und Funkgeräte, die man in ihrem Lager fand, waren Beweis genug.

Auch Marussja hatten sie gefangen.

Sie ging in der Mitte der bärtigen Männer. Ihr Gesicht war zerkratzt und schlammverschmiert, die Bluse hing in Fetzen von der Schulter. Aber sie trug den Kopf hoch. Sie machte nicht einmal den Versuch, ihre Brust zu bedecken. Der Blick ihrer dunklen Augen war von einer großen Entschlossenheit.

Von dem Nachrichtenmaterial und den gestohlenen Karten hatte man natürlich nichts bei ihr finden können. Natürlich nicht... Leutnant Ohlsen konnte nicht wissen, daß die Unterstellung von Maier glatt erfunden war. Niemand konnte es wissen. Und die es wußten, hätten es nicht beweisen können.

Leutnant Ohlsen mußte vermuten, daß einer der Partisanen mit den Sachen entkommen war.

Hannes Krummbier beobachtete alles von dem Fenster der kleinen Bauernstube aus. Hinter ihm schlief sein Freund Kleebusch. Er war in einen tiefen Ermattungsschlaf gesunken. In voller Montur war er umgekippt. Sein Rücken lag gegen die krumme Mauer gelehnt, der Kopf ruhte verdreht auf der Schulter. Wie ein Kind, das beim Spiel einnickte. Ab und zu lief ein Beben durch seinen Körper, vom Kopf bis zu den Füßen, und ein leises Stöhnen entrang sich dem halboffenen Mund.

Hoffentlich schläft er durch, dachte Krummbier. Nichts für schwache Gemüter, was sich da draußen abspielt. Schon gar nicht für einen, den die verdammte Liebe unzurechnungsfähig gemacht hat. Schlaf, Kindchen, schlaf — wenn du schläfst, dann bist du brav ...

Verbissen blickte der alte Obergefreite durch die trübe Scheibe. Krummbier stand regungslos wie ein Heldendenkmal. Die kalte Pfeife steckte eisern zwischen den Zähnen. Seine Lippen waren zusammengepreßt. Er hatte schon oft gesehen, wie man Partisanen zusammengetrieben und gleich einer Herde Schlachtvieh zum Galgen geführt oder an die Wand gestellt hatte. Es war nichts Ungewöhnliches in diesem grausamsten aller Kriege. Doch noch nie war ihm das makabre Schauspiel so an die Nieren gegangen wie diesmal. Verfluchter Mist! Es hatte auch noch nie einen so satanischen Grund für den Totentanz gegeben wie in diesem Falle. Blut für unbefriedigte Begierden. Ganz schöne Scheiße, das.

Krummbier sah, wie die russischen Zivilisten langsam aus den umliegenden Häusern kamen. Frauen, Männer, Kinder. Sie scharten sich offen um die Gefangenen. Ihre Gesichter blickten böse, in unverhohlenem Trotz.

Schon lange machte die Bevölkerung keinen Hehl mehr aus ihrer Auflehnung. Jeder Landser merkte es und erlebte es täglich neu. Die zögernde Freundschaft war in offenen Haß umgeschlagen. Die Leute waren zu oft enttäuscht worden. Sie fühlten sich in mehr als einer Hinsicht betrogen. Sie hatten sich ihre Befreiung anders vorgestellt. Die Völkerstämme im weiten Kaukasusgebiet waren nur zum geringen Teil bolschewistisch. Lange Zeit hatten sie sich der roten Diktatur widersetzt, und sie hatten es nie ganz verwunden, daß man sie mit Brachialgewalt unter das Moskauer Joch gezwungen hatte. Besonders die Kosaken im Gebiet zwischen Don und Kuban hatten den Verlust ihrer Freiheit nie verschmerzt. Kein Wunder, daß sie die deutschen Soldaten als Befreier begrüßten und sich mit Begeisterung zum Kampf gegen die Rote Armee zur Verfügung stellten.

Aber bald mußten sie merken, daß sie versucht hatten, den Teufel mit Beelzebub auszutreiben. Die verhaßten bolschewistischen Kommissare hatte man beseitigt, doch an ihre Stelle waren neue Kommissare getreten, Ortskommissare und Gebietskommissare, die nicht minder grausam mit der Knute herrschten wie ihre roten Namensvettern. Kein Wort von einem autonomen Kubangebiet, auf das man gehofft hatte. Keine Spur von Selbstverwaltung der Kosaken unter deutschem militärischen Schutz. Im Gegenteil. Mit Hohn hatte man ihre Forderungen abgetan. Das Land wurde blutiger unterdrückt und härter ausgebeutet als zuvor.

Alle Gelegenheiten waren vertan. Der braune Diktator führte Krieg gegen den roten Diktator. Und Friede würde erst sein, wenn kein Diktator mehr regierte. Wenn es überhaupt je Frieden auf Erden gab ...

Jetzt aber zogen die deutschen Truppen zurück. Kalt lächelnd oder mit bedauerndem Schulterzucken überließ man alle, die die Hand zur Zusammenarbeit gereicht hatten, ihrem grausamen Schicksal. Seht zu, wie ihr zurecht kommt — wir brauchen euch jetzt nicht mehr. Mitnehmen können wir euch auf keinen Fall. Bleibt hier und haltet aus — vielleicht kommen wir eines Tages wieder ...

Und nun passierten auch noch solche Dinge wie mit diesem Oberleutnant Maier. Er hatte versucht, ein Mädchen aus ihrer Mitte zu vergewaltigen. Aus Rache darüber, daß es mißlungen war, verhing er ein blutiges Standgericht über sein unschuldiges Opfer. Und damit das Maß voll wurde, ließ er gleichzeitig ein Dutzend unbeteiligter Männer hinschlachten.

Schönes Schauspiel, das man der Welt hier bot.

Daß die Leute Bescheid wußten, konnte Krummbier deutlich genug sehen. Dafür hatten schon die todesmutigen Partisanen gesorgt. Sie riefen dem Mädchen aufmunternde Worte zu. Sie forderten es auf, zu reden und den Schuldigen anzuklagen.

Marussja stand stolz in der Mitte der bärtigen Männer. Sie bewegte sich nicht. Nur ihre Augen wanderten hin und her. Suchte sie Maier, oder suchte sie Kleebusch? Krummbier beobachtete sie genau. Er sah das gefährliche Funkeln ihres

Gesichtes. Sicher hatte sie sich vorgenommen zu reden, wenn es zum Verhör oder zu einer Verhandlung kam.

Aber es gab kein Verhör. Es gab auch keine Verhandlung.

Die Gefangenen sollten ohne Verzug erschossen werden. Oberleutnant Maier hatte es sehr eilig damit. Ohne selbst in Erscheinung zu treten, veranlaßte er alles Nötige. Er holte sich Rückendeckung bei dem ahnungslosen Abteilungskommandeur als dem höchsten Offizier im Ort und gab anschließend den Erschießungsbefehl. Die Schuld war eindeutig. Mit Partisanen wurde ohnehin stets kurzer Prozeß gemacht.

Als der Befehl zum Abmarsch in die Sumpfniederung hinter dem Dorf kam, wachte Kleebusch auf.

Er verstand nicht sofort, um was es ging.

Mit verschlafenen Augen trat er hinter Krummbier und blinzelte geblendet in die Morgensonne.

Plötzlich aber umklammerte er den Arm des Kameraden. Er hatte Maria entdeckt.

Eine Sekunde später stürzte er zur Tür.

Krummbier mußte alle Kraft aufwenden, ihn zurückzuhalten.

»Bist du wahnsinnig geworden?«

»Laß mich«, keuchte Kleebusch. »Wenn ihr die Flucht gelungen wäre, hätte ich geschwiegen. Aber so ...«

»Auch so wirst du schweigen! Weißt du, was das bedeuten würde, wenn du dazwischen treten würdest?«

»Das ist mir egal. Und wenn sie mich mit erschießen. Maier soll diesen Triumph nicht haben. Ich muß 'raus — laß mich los!«

»Fritz! Du bist übergeschnappt! Du kannst ihr nicht mehr helfen.«

»Aber sie ist doch unschuldig!«

»Da sie zu den Partisanen übergelaufen ist, ist sie nicht mehr unschuldig.«

»Wo sollte sie denn hin? He — antworte mir! Wo sollte sie hin?«

Und da Krummbier keine Antwort darauf wußte, weil es keine Antwort darauf gab, schrie Kleebusch seinem Freund ins Gesicht:

»Hat Maier sie nicht zur Überläuferin gestempelt? Ja oder nein? Sie hat sich nicht vergewaltigen lassen! Ist sie deshalb eine Partisanin? Sprich doch, du ... und nun laß mich los!«

»Nein!«

Kleebusch riß und zerrte. Er kämpfte wie ein Löwe. Vor seinem Mund stand Schaum. Er war zu allem entschlossen.

Da schlug Hannes Krummbier zu.

Er schlug dem Freund die Faust mitten ins Gesicht. Er schlug mit so roher Gewalt zu, daß Kleebusch taumelte. Und nochmals schlug er zu, und wieder. Schlag auf Schlag, wie es gerade traf. Aufs Kinn, gegen die Schläfe, auf die Nase.

Blut spritzte auf. Röcheln ertönte. Unterdrücktes Stöhnen.

Dann sank Kleebusch zusammen.

Die Russen hinterm Lehmofen machten Gesichter wie verschreckte Hühner. Sie drängten sich eng zusammen und hielten sich zitternd umschlungen. Der alte Pan begann lautlos zu beten. Er verstand überhaupt nichts mehr. Draußen peitschten Schüsse in den jungen Morgen, und hier drinnen schlug ein Germanski seinen eigenen Kameraden halb tot. Hilf, allmächtiger Gott, der armen Menschenseele. Die Welt ist aus den Fugen.

Hannes Krummbier kniete sich neben den Freund auf die Erde. Mit fahrigen Händen öffnete er ihm die verschmierte Halsbinde. Er hätte am liebsten ebenfalls gebetet. Mach, lieber Gott, daß der Junge wieder vernünftig wird. Ein zweites Mal schaffe ich es nicht. Ich kann ihm nicht unentwegt in die Fresse hauen. Ich bin auch nur ein Mensch.

Er ließ sich von der Babuschka hinterm Familienofen frisches Wasser geben und wischte dem Bewußtlosen das Blut aus dem Gesicht. Dann setzte er sich auf einen Benzinkanister und rauchte stumm seine Pfeife.

Als Fritz Kleebusch wieder zu sich kam, war alles vorbei.

Er wußte es sofort, er sah es dem Freund an den Augen an. Taumelnd erhob er sich und zog die Uniform zurecht. Sein Gesicht war verquollen. Die Augen brannten, sein Kiefer schmerzte. An der linken Schläfe spürte er eine stechende Wunde.

Hannes Krummbier stand wie schuldbewußt neben ihm. »Fritz«, sagte er, »verzeih, Fritz. Aber ...«

Kleebusch reagierte nicht. Ohne einen Blick verließ er die Kate. Mit gesenktem Kopf ging er durch das morgendlich stille Dorf.

Einige Landser sahen ihm nach.

»Wo liegen die Partisanen?« fragte er.

Die Kameraden deuteten mit den Köpfen hinter die Häuser.

»Dort drüben in dem Sumpfloch.«

Kleebusch nahm den kürzesten Weg. Links und rechts Hütten. Ein paar armselige Gärten mit trockenen Tabakstrünken. Ein Misthaufen, auf dem Hühner kratzten. Ein windschiefer Lattenzaun mit alten Kochtöpfen. Ein Draht mit zerrissenen Wäschestücken.

Wenige Schritte noch, dann sah er sie liegen.

Vor seinen Augen begann es zu schwimmen. Der Horizont hob sich und stürzte auf ihn zu. Der Boden unter seinen Füßen schien zu wanken. Er mußte sich setzen. Er zog die Beine an den Leib und umspannte sie mit seinen Armen. Den Kopf legte er auf die Knie. So saß er lange, mit geschlossenen Augen.

Weinen, dachte er. Ich müßte weinen können. Warum kann man nicht weinen, wenn der Schmerz zu groß ist?

Erst allmählich beruhigte er sich so weit, daß er aufsehen konnte. Er war allein mit den Toten. Die Dorfbewohner wagten sich nicht aus ihren Hütten. Sie hatten Angst. Sie durften nicht in den Verdacht kommen, mit den Partisanen zu sympathisieren. Dieses Risiko konnte keiner eingehen. Und die Landser? Sie sahen in diesem Krieg Leichen genug. Sie waren froh, wenn ihnen ein solcher Anblick erspart blieb. Und zu tun gab es hier nichts mehr. Tote Partisanen durften nicht beerdigt werden. Sie mußten liegen bleiben, wo sie umgefallen waren. Oder man ließ sie bei Wind und Wetter am Galgen baumeln. »Zur Abschreckung.« Erst wenn ihre Leiber zerfielen und zu stinken begannen, durften sie verscharrt werden. Damit keine Seuche ausbrach.

Fritz Kleebusch blickte in die Mulde. Es war eine flache Bodensenke, in der Mitte mooriger Boden und trübe Tümpel. Dahinter ein brauner Erdwall. Der ideale Kugelfang.

Die erschossenen Partisanen lagen am Rande des Sumpfes, kreuz und quer und teilweise übereinander, wie die Kugeln sie niedergestreckt hatten. Manche zusammengekrümmt. Wahrscheinlich hatten sie nach der Salve noch gelebt und sich im Todeskampf gewunden. Einschüsse an den Schläfen deuteten darauf hin, daß man ihnen nachträglich den Fangschuß gegeben hatte.

Maria lag etwas abseits, allein, als wolle sie noch im Tode zeigen, daß sie mit dem, was man den Männern zur Last legte, nichts zu tun hatte. Sie lag mit dem Gesicht zur Erde, die Arme ausgebreitet. Die kleinen Hände waren offen, ihre Finger gelöst. Es sah aus, als schliefe sie. Wäre nicht der große Blutfleck auf ihrem Rücken gewesen, hätte man glauben können, sie lebe noch.

Kleebusch kniete neben ihr nieder und beugte sich über sie.

Unheimliche Stille lag über dem Land. Die Luft war kalt und regungslos. Das frühe Licht des Morgens fiel schräg in die Mulde. Es ließ die Konturen der toten Körper überdeutlich und unbarmherzig hervortreten.

In der Stille glaubte Kleebusch Maria atmen zu hören. Er vermeinte die Wärme ihres Körpers zu spüren.

»Maria«, sagte er leise. »Maria ...«

Er berührte ihre erkaltete Hand, als könne er sie wekken.

»Maria ...«

Mit einem Mal kamen Tränen; unaufhaltsam und heiß. Er war wieder allein. Verzweifelt und verlassen am Grabe seiner ersten großen Liebe. Nie wieder würde er eine Frau so lieben können.

Er sah sich um. Nirgends eine Blume, nirgends eine grüne Pflanze. Nicht mal ein armseliger Grasbüschel. Alles hart und ausgedörrt von diesem Winter. Nichts in dieser trostlosen Öde, das er ihr als letzten Gruß mitgeben konnte.

Da fiel ihm etwas ein. Er griff in die Brusttasche und holte das kleine Medaillon hervor, das ihm die Mutter geschenkt hatte. Eine flache Goldkapsel mit ihrem Bild, aufgehängt an einer langen dünnen Goldkette. Ein Talisman, der ihn schützen sollte. Er hatte ihn nie um den Hals getragen, aus Angst vor dem beißenden Spott der Kameraden.

Jetzt legte er das kleine Schmuckstück Maria in die offene Hand und drückte ihre Finger darüber fest zusammen. Mit dem Bild der Mutter, das ihn schützen sollte, gab er sich in ihre Hand.

Andächtig sprach er ein Gebet.

Ein krächzender Laut schreckte ihn auf. Kreischend erhob sich ein Sumpfvogel aus dem Moor und segelte mit breitgespannten Flügeln davon.

Kleebusch sah auf die Uhr. Er durfte nicht länger hier bleiben. Er strich Maria über das Haar und nahm Abschied.

Mit langsamen Schritten entfernte er sich von Maria. Er ging nicht auf die Häuser zu. Er ging in umgekehrter Richtung, nach Nordosten.

Er konnte jetzt niemanden sehen.

Mitten in den Sümpfen überfiel ihn der Gedanke. Das war Mord. Kalter, überlegter, zynischer Mord. Und dieser Mord würde ewig ungesühnt bleiben, wenn er nichts unternahm. Er mußte etwas tun. Er war es Maria schuldig. Sie war für ihn gestorben. Hätte sie Maier nachgegeben, lebte sie noch. Ihre Liebe und ihre Standhaftigkeit hatte sie mit dem Leben bezahlt ...

Er kannte ihren Stolz und ihre Unbeugsamkeit. Sie war bestimmt aufrecht und mutig gestorben. Er spürte, daß ihr letzter Gedanke ihm gegolten hatte. Und dieser letzte Gedanke hieß: Er weiß, wie es gekommen ist.

Er durfte diesen Mord nicht tatenlos hinnehmen. Was konnte er tun? Wenn er die Hand gegen Maier erhob, mußte er den gleichen Weg gehen wie Maria. Der Weg war Flucht in die Nacht, Flucht auf die andere Seite.

Kleebusch blickte über das unendliche Land. Dort drüben, wußte er, stand der Russe. Die Front war in diesem Gebiet keine zusammenhängende Linie. Im Sumpf und Moor gab es Pfade genug, die durchs Niemandsland führten. Man brauchte nur weiterzuschleichen, bis man fremde Laute hörte. Dann mußte man die Hände heben, den Passierschein schwenken und laut schreien: »Nieder mit Hitler, es lebe Moskau!« Genau wie es auf dem schwarzweißroten Wisch des Nationalkomitees stand und wie es auf dem Rückmarsch schon viele Kumpels gemacht hatten, wenn sie keinen anderen Ausweg mehr sahen. Gute Behandlung, reichlich Verpflegung und schnelle Heimkehr nach Kriegsende wurden auf diesen abgeworfenen Flugzetteln garantiert.

Es waren gefährliche Gedanken, die Fritz Kleebusch in diesem Augenblick durch den Kopf gingen. Ungeheuerliche Gedanken. Aber ungeheuerlich war alles, was in dieser Nacht und an diesem Morgen geschehen war.

Kleebusch wandte den Kopf und blickte auf das Dorf. Da sah er eine Gestalt, die auf ihn zukam. Der Mann ging nicht schnell. Nach einer Weile erkannte Kleebusch, daß es Krummbier war.

Hannes Krummbier kam bis auf fünfzig Meter heran, dann blieb er stehen. Er hob weder die Hand noch rief er. Er wartete.

Auch Kleebusch bewegte sich nicht. Er gab auch kein Zeichen.

Zeit verging.

Dann drehte sich Krummbier langsam um und ging mit hängenden Schultern und schleppenden Schritten zurück.

»Hannes!« schrie Kleebusch. Es brach wie ein Urlaut aus ihm heraus. »Hannes! Warte — ich komme . . .«

## 11

Die Sonne geht auf und unter, am Kuban so unabänderlich wie anderswo. Was ist die Zeit? Die Tage vergehen ohne Sinn und Ziel. Es wird Nacht und wieder Tag und wieder Nacht. Manchmal regnet es, die Wolken jagen übers Meer, der Sturm peitscht durch die Tümpel, und das Sumpfgras drückt sich heulend an die nasse Erde.

Dann bricht der Himmel wieder auf, blaue Unendlichkeit spiegelt sich im seichten Wasser, Moorvögel steigen gackernd in die Luft, und über den Gräben und Löchern dampft es und brodelt es wie in einem Suppentopf.

Es wird Frühling.

»Uns blüht noch allerhand in diesem Lenz«, prophezeit Baumann. Er sitzt am Grabenrand, hat die Ärmel hochgekrempelt. Auf seinen Knien liegt eine Zeitung mit einer Karte aus Afrika, die er studiert.

»Willst du nach dem Süden?« fragt Krummbier.

Baumann winkt ab.

»Dort stinkt's im Augenblick noch mehr als bei uns. Nach dem Durchbruch bei El Alamein ging's dauernd zurück. Tunesien ist verloren und die Cyrenaika. Jetzt hat man auch Tripolis geräumt. Das Afrika-Korps ist auf einen Brückenkopf zusammengedrängt, aus dem es kein Entrinnen gibt. Übers Meer können sie dort nicht. Da haben wir's hier noch besser.«

»Wart's ab«, empfiehlt Krummbier, »wir sind aus unserem Heldenkeller noch nicht 'raus. Das Sterben ist am Kubanbrückenkopf auch nicht schöner als in Afrika.«

Doch die Männer haben Glück. Eines Tages, Ende April, gibt es eine Nachricht, die wie eine Bombe einschlägt.

Das Regiment soll 'rausgezogen werden.

Das Leutnantchen, das die Neuigkeit als erster verkündet, stottert vor Aufregung. Es macht ihm sichtlich Freude, den Männern diese Überraschung mitzuteilen.

»Und die Schnapsgläser am Kuban?« erinnert ihn Baumann.

»Welche Schnapsgläser?«

»Mit denen Sie uns die Gotenstellung erklärt haben.« Er denkt daran, wie er das erste Schnapsglas, das das Regiment darstellen sollte, 'runtergekippt hat.

Leutnant Ohlsen zuckt die Schultern.

»Vielleicht kommen wir wieder.«

»Wenn es dann den Brückenkopf noch gibt.«

»Vielleicht werden wir auch weiter nördlich eingesetzt. Im Donezbecken oder am Dnjepr. Es brennt jetzt fast überall ...«

»Ist ja auch scheißegal«, sagt Hannes Krummbier. »Nur immer mit der Ruhe. Dieser Feldzug ist kein Schnellzug. Erst geht es mal wieder einen großen Sprung zurück. Näher zu Muttern. Alles andere wird sich finden.«

Die Kumpels nicken. Neuaufstellung ist *die* Masche. Endlich wieder Land in Sicht. Land, ohne eisenhaltige Luft. Saubere Quartiere. Geregeltes Leben. Soldatenheim und Wehrmachtskino. Vielleicht sogar Fronttheater mit netten Betreuungsbienen. Vielleicht sogar noch einiges andere. Es wäre nicht auszudenken.

Vor allem aber Urlaub!

Schon beginnt alles zu spinnen. Einige wollen gehört haben, daß es nach Deutschland geht. Heim ins Reich. Lüneburger Heide oder so. Das würde dem Faß die Krone aufsetzen.

»Deutsche Mädchen!« sinniert Fibus und macht Plüschaugen. »Wo jetzt zu Hause die Männer so knapp sind ... Kinder, wär' das ein Fressen. Bei dem Nachholbedarf!«

Vorerst ist es aber nur eine Latrine, alle wissen es. Eine pure Scheißhausparole. Doch jeder trägt sie weiter, jeder spinnt sie mit Genuß aus. Wovon kann ein Landser denn schon träumen?

»Kommt ganz darauf an, wie groß unsere Verluste sind«, glaubt das Leutnantchen. Er hat einmal gehört, daß es bei fünfzig Prozent Ausfällen zum Heimatstandort geht. Bei weniger als fünfzig Prozent wird im rückwärtigen Armeebereich neu aufgestellt. Genaue Zahlen über die Verluste des Regiments liegen aber noch nicht fest.

Alle versuchen nachzurechnen. Sind nicht manche Batterien fast ganz aufgerieben worden? Wenn sie Glück haben, kann es gerade hinhauen.

»Aber andere haben dafür kaum was abgekriegt«, äußert Krummbier. Er hat den besten Überblick, denn er ist mit dem Alten ständig unterwegs gewesen.

Fibus legt seine schmale Stirn in nachdenkliche Dackelfalten.

»Vielleicht... wenn wir noch einen Einsatz mitgemacht hätten, vielleicht käme es dann hin mit den fünfzig Prozent.«

Baumann tritt ihm mit dem Stiefel in den Arsch.

»Kannst dich ja freiwillig zum Heldentod melden, du Lulatsch. Bei deiner Länge zählen sie dich sicher für zwei.«

Zurück, zurück.

Es ist wie ein Fieber. Der Boden am Kubanbrückenkopf ist heiß geworden. Es brennt unterm Hintern. Keiner möchte verheizt werden. Jeder will 'raus, solange es noch geht.

Noch geht es. Aber es geht langsam.

Unübersehbare Massen wälzen sich nach Westen, zu der ausgefransten Halbinsel, wo das Land immer enger wird. Ein riesiger Trichter. Von allen Seiten strömt es in die breite Öffnung. Dann aber wird der Durchlaß dünner und dünner. Schon seit Wochen ist das kleine Loch verstopft. Nur noch tröpfchenweise kommen sie durch. Die Pionierfähren tun, was sie können. Tag und Nacht schiffen sie ihre Portionen über die Meerenge zur Krim. Aber die Portionen sind klein. Manchmal fliegen auch die Fähren in die Luft, weil die Russen nachts Minen auslegen. Und tagsüber werden sie von Schlachtfliegern beharkt.

Es ist längst nicht so einfach wie bei der hohlen Gasse von Rostow. Wer wird es schaffen? Ein abenteuerliches Glücksspiel. Eins, zwei, drei — du bist frei. Vier, fünf, sechs — dich holt die Hex!

Aber vorläufig ist es noch nicht so weit. Hundert Kilometer vor dem Verladeplatz geht es kaum noch weiter.

»Nur nicht drängeln«, brummt Krummbier, wenn manche Einheiten ungeduldig nachrücken oder auf gefährlichen

Sumpfpfaden überholen wollen. »Alles schön hinten anschließen. Es werden alle noch rasiert.«

Oft bleibt die sechsfach gestaffelte Kolonne tagelang am selben Fleck liegen. Ein apathischer Haufe, stumpf, leblos. Müde Krieger, abgerissene Gestalten, verdreckte Elendsfiguren. Wenn es mal wieder hundert Meter weitergeht, wenn die Motoren der Fahrzeuge aufheulen und die Kolonne anruckt, erheben sich die Muschkoten aus dem Dreck, schleppen die morschen Knochen etwas weiter und lassen sich, wenn die neue Stockung kommt, einfach wieder fallen.

Von Staronischnestebljewskaja, wie der unaussprechliche Ort heißt, bis nach Slawjanskaja sind es zwanzig Kilometer. Drei Tage. Von Slawjanskaja nach Anastasiewska zehn Kilometer. Fünf Tage. In den nächsten acht Tagen geht es sogar nur ganze drei Kilometer weiter.

Wie lange wird es bis Taman dauern?

Wird man je die Krim erreichen?

Ein Katzensprung. Man kann fast hinüberspucken. Aber dazwischen liegt eine Ewigkeit.

In der Gegend von Temrjuk, an der Nordkante der Halbinsel, stößt Kleebusch unverhofft auf Oberst Graupner. Wie lange hat er ihn nicht gesehen? Es ist mindestens acht Wochen her. Seit Anfang März, seit der Schlacht in den Sümpfen von Popowitschewskaja, hat er nicht mehr mit ihm gesprochen. Der Kommandeur ist grau und dürr geworden in all der Zeit. Ein Schatten seiner selbst. Die Augen liegen in tiefen schwarzen Löchern. Die blutleeren Lippen sind von einem eisgrauen Bart umrahmt. Eine Gestalt wie aus der Nibelungen Not.

Der Kommandeur sieht Kleebusch lange an. »Sie sind mir noch Revanche schuldig.«

Kleebusch kapiert nicht sofort. Es dauert Sekunden, bis er weiß, was gemeint ist. Natürlich die Schachpartie.

»Jawohl, Herr Oberst«, erwidert er schnell. Ihm ist nicht nach Schachspielen zumute, aber er folgt gehorsam in die kleine Hütte am Straßenrand, die dem Regimentskommandeur als Schlafstelle dient. Eine elende Bude, windschief und morsch. Sie war sicher mal ein Stall. Es gibt weder Tür noch Fenster. Nur ein großes Loch an der Seite, das den Blick zum Meer freigibt. Durch das Loch fallen schräge Sonnenstrahlen. In den Sonnenstrahlen tanzen Schwärme von Mükken.

Der Oberst baut schweigend das kleine Reiseschach auf.

Draußen braust eine dicke Ju 52 vorbei. Es sieht komisch aus, wenn die schweren Transportmaschinen über der steilen Böschung aufsteigen. Man könnte fast meinen, sie kämen aus der Erde heraus. Ganz niedrig müssen sie übers Meer fliegen, um nicht entdeckt zu werden. Kurz vor der Küste, die hier steil zu einer kleinen Bucht abfällt, steigen sie dann hoch und stehen plötzlich, wie aus dem Boden gewachsen, über dem Land.

»Sie haben Weiß«, sagt der Oberst. »Sie beginnen.«

Eine Weile spielen sie wortlos. Kleebusch ist nicht bei der Sache. Fahrig und zerstreut macht er die dümmsten Züge. Der Oberst schüttelt den Kopf. Er blickt immer öfter in das graue Gesicht des jungen Unteroffiziers.

»Was ist eigentlich los mit Ihnen, Kleebusch?«

»Nichts, Herr Oberst. Ich bin nur etwas müde. Ich bitte um Entschuldigung.«

Pause.

Der Oberst läßt sein Gegenüber nicht aus den Augen.

»Sie gefallen mir nicht, Kleebusch. Da stimmt doch irgend etwas nicht. Das kann nicht allein der Krieg sein. Sie sind so verbissen. Und Sie sind schmal geworden.«

Er sagt es wie ein Vater, der voll Sorge das Aussehen des Sohnes prüft.

Kleebusch versucht dem Blick des Kommandeurs auszuweichen. Wir sind alle schmal geworden, möchte er sagen. Das ganze Leben ist schmal geworden, die Front und alles. Wir balancieren auf einem dünnen Grat. Was macht es da aus, ob ein Gesicht ein wenig schmaler ist als das andere.

»Es ist wirklich nichts, Herr Oberst.« Kleebusch bemüht sich, seine Gedanken auf das Spiel zu konzentrieren.

Drüben über der Bucht ballert es. Deutlich trägt der Wind das Bellen eines Maschinengewehrs herüber. Da hat eine Rata sicher wieder eine Ju entdeckt. Dann gnade Gott der schweren Maschine. Vor den wendigen kurzen Jägern gibt es kein Entrinnen für sie. Kleebusch hat es zu oft erlebt in den letzten Tagen. Sie sahen es von der Straße aus, wie

Zuschauer bei einem Fußballspiel, ohne etwas unternehmen zu können. Wenn die Ratas eine der Transportmaschinen gestellt hatten, wenn sie sie umkreisen oder aus dem Himmel auf sie niederstürzten und ihr tödliches Feuer ausspuckten, dann dauerte es meist nicht lange, bis die dicke Kiste brennend im Meer versank...

Der Oberst steht auf und tritt an das Loch der Hütte. Er legt schützend die Hand über die Augen, um im blendenden Sonnenlicht besser sehen zu können. Man hört das vibrierende Motorengebrumm von zwei Flugzeugen. Man hört Geknatter, das aus der gleichen Richtung kommt. Doch man kann nichts sehen.

Sekunden später taucht hinter der Steilküste eine schwarze Rauchfahne auf. Zugleich steigt ein russischer Jäger fast senkrecht in den Himmel und fliegt in großer Kurve nach Osten davon. Stolzer Sieger eines ungleichen Kampfes.

»Saukerle, verdammte«, flucht der Oberst und setzt sich wieder an das Schachbrett. Er holt eine Zigarettenschachtel aus der Tasche, bietet Kleebusch an und steckt sich dann selbst eine zwischen die Lippen.

Mit zitternden Fingern gibt Kleebusch Feuer. Er ist mit einem Mal so erregt, so nervös, daß ihm die Flamme mehrmals ausgeht.

»Kleebusch«, sagt der Oberst eindringlich, »wollen Sie mir nicht doch sagen, was Sie bedrückt?«

»Mich bedrückt nichts, Herr Oberst.«

»Seien Sie doch nicht so stur, Junge! Ich merke deutlich, daß irgendwas nicht stimmt. Sie haben sich in ein Problem verbissen, das Ihnen unlösbar erscheint. Ich kenne das. Ich hatte einen Sohn in Ihrem Alter...« Er stockt, dann fährt er sich mit der Hand über die Augen und spricht schnell weiter. »Oder haben Sie kein Vertrauen zu mir? Vergessen Sie einmal, daß ich Ihr Vorgesetzter bin. Sie können zu mir reden wie zu einem Vater...«

Das Wort »Vater« kommt spröde aus dem Mund des alten Mannes. Kleebusch weiß, was es bedeutet, und er spürt, was den Oberst in diesem Augenblick bewegt. Sicher sieht er seinen Sohn vor sich, der sich in so ein Problem verbissen hatte, das ihm unlösbar erschien. Auch der Sohn hatte nicht darüber sprechen wollen. Schweigend war er an seinem Problem zerbrochen. Er hatte zur Pistole gegriffen, statt mit seinem Vater zu reden ...

Kleebusch lächelt bitter. Keine Angst, möchte er sagen, bei mir liegen die Dinge anders. Ich erschieße mich nicht so leicht. Dazu bin ich zu abgebrüht geworden. Ich bin kein unerfahrener junger Mann mehr. Ich kenne das Leben. Und ich kenne vor allem den Tod. Ich habe zuviele krepieren sehen. Nichts ist mir fremd. Ich kenne alle Lust und alles Leid dieser Welt. Ich bin durch höchstes Glück und durch tiefsten Dreck gewandert. Mir soll keiner was erzählen. Und mich bringt auch nichts mehr so leicht um. Pistole an die Schläfe? Das könnte manchem so passen. Im Gegenteil. Ich wehre mich meiner Haut bis zum letzten. Ohne Rücksicht auf Verluste. Ich kenne nur noch ein Ziel — überleben. Vor allem diesen Hund von Maier überleben. Der soll mir nicht entkommen ...

Die Sonne neigt sich langsam dem Horizont zu. Die goldenen Strahlen, die wie Pfeile das Dämmerlicht der Hütte durchschneiden, fallen jetzt direkt auf das kleine Schachbrett, sie zeichnen skurrile Schatten auf die Felder.

Es riecht nach Meer und warmer Erde.

»Ich bin Ihnen sehr dankbar, Herr Oberst.« Kleebusch sucht nach Worten. »Und ich freue mich, daß ich jederzeit zu Ihnen kommen kann, falls ich mal Sorgen habe. Im Augenblick drückt mich wirklich nichts.« Er würde sich eher die Zunge abbeißen, als etwas sagen. Mit dem Problem, das ihn beschäftigt, muß er alleine fertig werden. »Im Gegenteil, Herr Oberst«, setzt er leise hinzu, »ich bin in den letzten Wochen sogar viel ruhiger geworden. Ich marschiere jetzt mit allerleichtestem Gepäck.«

Der Kommandeur wirft ihm einen prüfenden Blick zu.

»Was wollen Sie damit sagen?«

»Daß ich alles über Bord geworfen habe, was im Kriege hinderlich ist. Daß ich allen unnötigen Gefühlsballast abgeworfen habe. Mich kann nichts mehr erschüttern.«

Mit einem Ruck schiebt der Oberst das Schachbrett auf die Seite und steht auf. Auch Kleebusch erhebt sich. Der Kommandeur legt ihm mit besorgtem Ausdruck die Hand auf die Schulter. Seine Stimme kann nur mit Mühe die innere Erregung verbergen.

»So dürfen Sie nicht reden, Kleebusch. Sie sind ein junger Mensch. Das Leben liegt noch vor Ihnen. Zynismus aber ist der Feind des Lebens. Die Jugend braucht Ideale ...«

»Ideale, Herr Oberst?«

Die Frage kommt kalt wie ein Eiszapfen und klirrt frostig in der Stille des Raumes nach.

Müde läßt der Kommandeur die Hand sinken. Er hat diese Frage erwartet. Er hat sie befürchtet. Was soll er darauf erwidern?

»Es gibt noch Ideale«, sagt er rauh. »Glauben Sie mir, Kleebusch, es gibt wirklich noch Ideale. Man muß sie nur von den falschen Parolen unterscheiden können. Ich weiß, daß es nach all den Enttäuschungen, die die Jugend erlebt hat, und nach all dem Irrsinn, den sie täglich erlebt, schwer ist, Worte zu finden, die nicht wie Phrasen klingen. Aber ich muß es dennoch sagen: Sie dürfen den Glauben an das Gute nicht verlieren. An das Gute im Menschen und das Gute in der Welt. Wer diesen Glauben verliert, hat das Recht auf Leben verwirkt. Die Welt würde in Chaos versinken. Es wäre fürchterlich.«

»Sind wir nicht schon mitten in diesem Chaos?« Kleebusch fragt es unbarmherzig. Und der Oberst antwortet nicht sofort darauf. Mit schweren Schritten marschiert er in der Hütte auf und ab. Schließlich bleibt er vor der hellen Öffnung der Hütte stehen und blickt hinaus auf die seltsam geschwungene Landschaft über dem Asowschen Meer. Vor dem warmen Sonnenlicht zeichnet sich sein Rücken als schmale Silhouette ab.

»Hören Sie, Kleebusch«, der Oberst spricht, ohne sich umzudrehen, »ich habe es mir zur Lebensaufgabe gemacht, alle Männer, deren Leben mir anvertraut ist, möglichst heil aus diesem Hexenkessel zu führen. Doch was hätte das für einen Sinn, wenn diese Männer nicht mehr fähig wären, nach dem Krieg, trotz aller Grausamkeiten, die sie erlebt haben, ein neues Leben aufzubauen? Heile Knochen allein machen es nicht. Wie immer dieses Ende aussehen wird — so oder so — wir brauchen dann doppelt notwendig Menschen, die sich über alles hinweg den Glauben an die Humanität und an die alten, ewig unverrückbaren Menschheitsideale bewahrt haben. Sie verstehen, was ich meine?«

»Gewiß, Herr Oberst.«

»Es gibt etwas, das ist genauso furchtbar wie die tödliche Verwundung im Krieg — das ist die seelische Vernichtung des Menschen. Vieles ist sinnlos geworden seit diesem Krieg. Tausende fallen im Granathagel, ohne erkennbaren Sinn. Millionen müssen ihr Leben einsetzen, ohne von der Notwendigkeit dieses Einsatzes überzeugt zu sein. Wir können es nicht ändern. Aber wenn wir nicht mehr den Willen haben, nach all dem Wahnsinn eine neue, bessere Welt aufzubauen — erst dann ist alles wirklich sinnlos geworden. Erst dann ist das Chaos vollständig. Dann müßte die Welt völlig untergehen.«

Der Oberst hält inne. Erst jetzt dreht er sich um und blickt dem jungen Unteroffizier in die Augen. Es ist ein Blick, der um einen Menschen ringt, stärker noch als es Worte vermögen. Ein Blick zugleich, der eindringlich danach zu forschen sucht, wie weit die Worte verstanden wurden und wie stark ihr Widerhall bei diesem jungen Menschen, der sein Sohn sein könnte, ist.

Donnernd brausen neue Transportmaschinen über das Dach der Hütte. Unbeirrbar ziehen sie ihre Bahn. Unerschütterlich befördern sie in ihren dicken Leibern die notwendigen Güter in den Kessel und fliegen die Verwundeten hinaus. Wenn eine abgeschossen wird, wachsen drei neue aus dem Boden. Für die Piloten gibt es keine Unterbrechung.

In Fritz Kleebusch ist alles aufgewühlt. Er möchte dem Oberst erklären, was in ihm vorgeht. Er möchte ihm vermitteln, daß er seine Worte verstanden hat, aber er findet nicht den richtigen Ausdruck dafür. So richtet er sich nur auf und erwidert voll den Blick des Kommandeurs.

Es genügt.

Der Oberst nickt ihm zu.

»Wollen Sie mir einen Gefallen tun, Kleebusch?«

»Sehr gern, Herr Oberst.«

»Sie fahren jetzt bald in Urlaub. Würden Sie für meine Frau etwas mitnehmen? Ein kleines Päckchen, das ich noch zurechtmache? Meine Frau wird sich bestimmt sehr freuen. Sie kennt Sie schon aus meinen Briefen. Und ich hoffe, daß unsere Verbindung nicht abreißt. Auch später nicht, wenn wir beide einmal keine Uniform mehr tragen.«

Kleebusch nimmt unwillkürlich die Hacken zusammen. In seinen Augen schimmert es feucht. Trotzdem leuchten sie, wie sie noch nie vor einem Vorgesetzten geleuchtet haben.

»Jawohl, Herr Oberst«, sagt er mit heller Stimme.

Der Kommandeur drückt ihm die Hand und tritt mit ihm ins Freie.

Die Schachpartie bleibt unvollendet.

In dieser Stunde ist mehr vollendet worden als ein Spiel.

Eine Freundschaft wurde geschlossen.

Die äußerste Spitze der Kuban-Halbinsel gleicht der Schere eines Krebses, die mit geöffneten Backen ins Meer hinausgreift. Die Rückzugsstraße zieht sich am Nordrand der Halbinsel hart am Meer entlang, bis sie kurz vor der Tamanbucht nach Südwesten abbiegt und sich im unteren Teil der Zange verläuft.

Temrjuk, Achtanisowsk, Taman. Dann kommt Saporoshkaja, der Landeplatz der Fähren. Endpunkt der letzten Straße aus dem Kaukasus. Hier verlaufen alle Spuren im Sand. Hier endet jäh und abrupt das kaukasische Abenteuer, das einst so hoffnungsvoll begonnen hatte.

Rings um Taman lodern ununterbrochen Flammen zum Himmel. Es wird alles verbrannt, was nicht wichtig genug erscheint, einen Platz auf den Fährschiffen einzunehmen. Kisten und Kasten werden zu Scheiterhaufen geschichtet. Dazwischen Schreibstubenkram und überflüssig gewordene Verwaltungsakten aus den geräumten Gebieten. Was nicht brennt, wird in die Luft gejagt. Lädierte Geschütze, angeknackte Panzer, demolierte Fahrzeuge. Die Detonationen grollen gleich dem Donner in der Götterdämmerung übers Meer.

»Saisonausverkauf der großdeutschen Wehrmacht«, kommentiert Hannes Krummbier und spuckt wie ein alter Seebär gegen den Salzwind. »Großreinemachen und Verschleuderung billiger Restbestände — bis zum nächsten Mal.«

Auch der Wetterwagen muß dran glauben. Oberleutnant Maier hat ihn mitgeschleppt, solange es nur ging. Trotz Getriebeschaden und Kardanbruch mußte ihn der Schreibstubenwagen ziehen. Es ist begreiflich, daß Maier ihn gern auf die Krim mitgenommen hätte.

Doch der Pionierhauptmann, der das Verladen überwacht,

ist unerbittlich. Der Platz auf den Fähren ist knapp. Schrott ist nicht gefragt. Die Übersetzkommandos können sich nicht mit Bruch und Alteisen abgeben.

Maier leitet höchstpersönlich das Ausräumen des Wetterwagens. Geschäftig springt er hin und her. Ein paar der wertvollen Geräte werden von intakten Fahrzeugen übernommen, das andere wird geopfert.

»Auch die große Kiste?« fragt einer der Männer, die zum Umladen befohlen sind.

»Auch die große Kiste«, antwortet Maier. Er hat es sich lange überlegt, ob er versuchen soll, das festgezimmerte Prachtstück durchzukriegen; aber da er Kleebusch mit finsteren Argusaugen in der Nähe stehen sieht, verzichtet er. Sekundenlang treffen sich die Blicke des Oberleutnants und des Unteroffiziers; dann wendet sich Maier mit nervösem Achselzucken ab.

Schade um die schönen Teppiche, denkt er. Aber der Krieg ist ja nicht zu Ende. Wird sich schon noch einiges organisieren lassen.

Bald darauf reißt eine geballte Ladung den Wetterwagen in Fetzen und nicht weit entfernt davon geht die Teppichkiste in Flammen auf. Kleebusch steht dabei; sinnend schaut er in das Prasseln und Knistern: Erinnerungen, die in Rauch und Asche versinken.

Unten am Strand werden inzwischen fremde Einheiten verladen. Die Männer vom Regiment sehen von der hohen Düne aus zu, wie Fähre um Fähre anlegt, wie das Material, das von drüben kommt, abgeladen wird, und wie anschließend die Mannschaften mit ihren Schwimmwesten auf die großen Kästen gehen. Kommandos hallen den Strand hinauf und hinab, Landestege werden verschoben, schwere Stahltrossen fliegen ans Ufer und werden um provisorische Dückdalben gelegt, seemännische Ausdrücke schwirren durch die Luft.

Der lange Fibus ist gänzlich aus dem Häuschen. Als Hamburger wittert er Heimatluft. Teergeruch, Salzwasser und blubbernde Schiffsmotoren. Aufgeregt verfolgt er die Manöver. Der Betrieb erinnert ihn an den Hafenverkehr der Norder-Elbe.

»Hätt' ich mir in meinem ganzen Leben nicht träumen

lassen, daß wir Landser mal zu Seebären werden. Ich komme mir vor wie ein Kapitän von der reitenden Gebirgsmarine zu Fuß.« Und begeistert beginnt er zu singen:

»Eine Seefahrt, die ist lustig,
eine Seefahrt, die ist schön ...«

Es ist in der Tat ein ungewöhnliches Bild. Soldaten vom Heer, die in voller Kriegsausrüstung in See stechen, das hat es bisher nur bei den Narvik-Kämpfern und beim Afrikakorps gegeben.

»Beruhige dich nur wieder, Langer«, empfiehlt Baumann. »Vielleicht wirst du noch den Tag verfluchen, an dem wir als Landser aufs Wasser gingen.«

»Wie meinst du das?«

»Wasser hat keine Balken.«

»Das kann doch einen Seemann nicht erschüttern, keine Angst, keine Angst, Rosmarie ... Mir kannst du die Seereise nicht vergraulen.«

Es ist herrliches Wetter. Ein Maitag, wie er strahlender nicht sein kann. Weit und breit kein Wölkchen. Die Morgensonne steht blankgeputzt am tiefblauen Himmel. Auf der weiten Fläche des Meeres funkelt es golden in tausenden blitzenden Lichtern. Deutlich ist die Krim zu sehen. Bläulichviolett erheben sich die Höhen von Kertsch über dem schimmernden Wasser.

In der Nähe liegen einige Pioniere von einem der Verladekommandos, sie machen Frühstückspause. Müde und übernächtig sehen sie aus. Mit grauen Gesichtern kauen sie lustlos ihr Kommißbrot.

»Wenn das mal gut geht, heute«, brummt einer und blickt skeptisch zum Himmel auf. »Verdammtes Mistwetter.«

»Wieso Mistwetter?« will Fibus wissen.

Der Pionier wischt sich den Mund ab, klappt sein Taschenmesser zu und steht auf. Er sieht Fibus aus übermüdeten Augen an.

»Kommt ihr jetzt dran?«

»Wir hoffen es. Mit dem nächsten Vergnügungsdampfer ist unser Regiment an der Reihe.«

»Dann macht mal drei Kreuze.« Der Pionier zündet sich eine Zigarette an. »Um diese Zeit kommen sie bei schönem Wetter immer. Nachts legen sie im Wasser Minen aus, tags beharken sie die Fähren mit ihren Bordkanonen. Vorgestern war der Teufel los. Sechs Schlachtflieger haben eine einzige Fähre aufs Korn genommen. Nach jedem Angriff drehten sie ab, flogen eine Kurve und begannen von neuem. Kannst du dir vorstellen, wie das ist, wenn man auf so einem Kasten hockt und nicht ausweichen kann? Da war was los, sag' ich dir. Als die Fähre drüben ankam, war Hackfleisch drauf.«

Fibus ist blaß geworden. Mit fahrigen Händen fingert er an seinem Koppel herum. Um seine Nervosität zu verbergen, blickt er zum Strand hinunter, wo eben eine Fähre zurückgekommen ist.

»Was laden die da für Kisten ab?«

»Munition. Ja, der Krieg am Kubanbrückenkopf geht weiter. Neulich haben sie so einen Transport aufs Korn genommen. Da ist überhaupt nichts mehr übriggeblieben.«

Fibus hat genug. Er wirft Baumann einen vielsagenden Blick zu.

»Mensch, Baumann — wollen wir uns nicht lieber einen anderen Weg auf die Krim suchen?«

Währenddessen werden bereits die ersten Batterien des Regiments verladen. Es wird ernst.

Vor dem Betreten der Fähren erhalten die Männer kleine Zettel. Jeder muß Namen, Dienstgrad, Feldpostnummer und Heimatanschrift draufschreiben. Anschließend werden die Zettel von einem Pionieroffizier eingesammelt.

»Wenn einer der Kähne absäuft«, sagt Baumann, »will man wenigstens wissen, wer drauf war.«

Oberst Graupner überwacht das Einschiffen. Es gibt nichts, um was er sich nicht kümmert. Er kontrolliert jedes Fahrzeug, das auf die Fähre rollt und beobachtet, wie es festgebunden wird. Er sieht den Männern nach, die über die Laufplanken marschieren und sich dann im großen Karree der Fähre aufstellen. Er gibt Befehle an die Offiziere und Anweisungen an die Zurückbleibenden.

Vor allem aber kümmert er sich um die Verteilung der Schwimmwesten. Schwimmwesten sind knapp. Bei jedem Schwung, der von drüben zurückkommt, fehlen einige. Sie reichen längst nicht mehr für alle aus. Der Kommandeur gibt Befehl, daß zunächst die Mannschaften damit ausgerüstet werden, vor allem schlechte Schwimmer und Kranke. Erst wenn die Mannschaft versorgt ist, kommen ältere Offiziere dran.

Ein Teil der Batterien wird auf Pionierlandungsboote verladen, flache Schiffe mit aufklappbarer Verladerampe. Das Gros aber kommt auf die eigens für diesen Zweck geschaffenen Doppelfähren, riesige quadratische Kästen, die auf zwei Schwimmkörpern ruhen.

Kaum ist die erste der Fähren ein paar Kilometer vom Land, ertönt Brummen in der Luft. Zugleich beginnt die Flak zu schießen. Vom Steilufer der Taman-Halbinsel bellen schwere Abwehrgeschütze, und auch von Kertsch her stimmt eine Flak-Batterie in das Höllenkonzert ein.

Kleebusch und seine Kameraden können vom Land aus mit bloßem Auge den Kampf verfolgen. Sie sehen ein halbes Dutzend schwerer feindlicher Schlachtflieger auf die Fähren zufliegen. Was schert die Russen das Gebelfer der Flak! Sie wissen, daß die deutsche Abwehr das Feuer einstellen muß, sobald Gefahr besteht, daß die eigenen Leute auf den Fähren von Granatsplittern getroffen werden. Wie Hornissen stürzen sich die Maschinen auf ihre wehrlosen Opfer. Über das Wasser hört man deutlich das Gehämmer der Bordkanonen.

»Verdammt!« knirscht Baumann. »Die brauchen nicht mal zu zielen. Dort drüben steht doch Mann an Mann auf der freien Fläche. Wie die Heringe sind sie zusammengepfercht, können keine Handbreit ausweichen. Wo die Bordkanonen hinhauen, fließt Blut. Wer hat noch nicht, wer will noch mal? Jeder Schuß ein Treffer! Aber die Toten können nicht mal umfallen!«

Oberst Graupner steht etwas abseits, er hält das Glas an die Augen gepreßt. Seine Hände zittern. Seine Kiefer mahlen in ohnmächtiger Wut. Er sieht seine Leute fallen, und er kann ihnen nicht helfen, kann nichts dagegen tun.

»Stabsbatterie antreten!« ruft Oberleutnant Maier mit heiserer Stimme.

Die Stabsbatterie wird mit Teilen der II. Abteilung verladen. Die kleinen Zettel werden ausgefüllt und abgegeben. Alle müssen ihre Stahlhelme aufsetzen. Schwimmwesten werden verteilt. Schmutzige, verwaschene Rettungsgürtel in Westenform, mit dicken Korkeinlagen und langen Bändern.

Einige sind voll Ölflecke, andere blutverschmiert. Kommt nicht drauf an. Hauptsache, sie tragen.

»Ohne Tritt, marsch!«

Schweigend gehen die Männer über die schmale Laufplanke.

Oberst Graupner bleibt zurück. Kleebusch weiß, daß er nicht abfährt, solange noch ein Mann seines Regiments drüben ist. Auch Oberleutnant Maier muß auf Befehl des Kommandeurs zurückbleiben, wegen der Nachrichtenverbindung zur Division. An seiner Stelle übernimmt Leutnant Ohlsen das Kommando über die Stabsbatterie.

Kleebusch kommt mit Leutnant Ohlsen und Hannes Krummbier in die vordere Ecke der Fähre, neben die kleine Plattform, auf der die Vierlingsflak angebracht ist. Dann rücken die Männer der II. Abteilung nach. Fahrzeuge rollen langsam auf die Pritsche und werden in der Mitte festgezurrt. Bald ist es so voll, daß sich kaum noch einer bewegen kann.

»Los!« befiehlt der Pionieroffizier.

Die Dieselmotoren beginnen zu brummen, die Schrauben wühlen das Wasser auf. Der große Kasten ächzt und stöhnt. Langsam legt er ab, schiebt sich vom Land weg auf das Meer hinaus und tuckert klatschend gegen die leichte Dünung an.

Kleebusch blickt zurück.

Er sieht, wie der Oberst grüßend die Hand an die Mütze legt.

Auch Kleebusch grüßt. Er denkt daran, wie eisenhaltig die Luft hier ist. Wird er den Kommandeur wiedersehen?

## 12

Stille Unendlichkeit des Meeres. Sonne, Wasser und Himmel. Im Süden eine hochgetürmte weiße Wolke, die wie festgefroren im lichten Blau des Morgens steht. Ab und zu ein Möwenschrei, den der leichte Wind verweht. Dazwischen monotones Klatschen der Wellen an den Schwimmkörpern der Fähre und leises Tuckern der Dieselmotoren.

Die Männer an Deck der Fähre sprechen kein Wort. Dicht aneinandergepreßt stehen sie auf den rohgezimmerten Planken, Schulter an Schulter, Rücken an Rücken. Sie können kaum die Arme bewegen, so eng ist der Platz. Die dicken Schwimmwesten machen das Atmen schwer. Eine ungeheure Spannung liegt über der zusammengedrängten Masse.

Viele der Männer schauen immer wieder zum Himmel. Sie denken alle das gleiche: Ob die russischen Flieger kommen? Ob man diese Fahrt überstehen wird?

»Warum wir in diesem Krieg bloß immer das verkehrte Wetter haben!« sagt einer und schiebt seinen Stahlhelm ins Genick. »Gießen müßte es. Kübelweise gießen.«

Fritz Kleebusch steht mit Krummbier, Fibus und Baumann ganz außen an der Reling. Zu Beginn der Fahrt glaubten die vier, den besten Platz ergattert zu haben. Bloß nicht eingekeilt in der Mitte des Pulks stehen! Sie wollten frei atmen und alles sehen können. Allmählich bereuen sie es. Durch den Druck, der von der Mitte der Eingepferchten ausgeht, werden sie immer schmerzhafter gegen die Eisenstangen der Reling gedrückt.

Die Fähre ist jetzt eine halbe Stunde unterwegs und hat beinahe die Mitte der Meerenge erreicht. Kleebusch sieht die Konturen der Taman-Halbinsel zerfließen. Nur noch undeutlich zeichnen sich die braunen und gelben Steilhänge über dem Meer ab. Der Himmel flimmert. Er wölbt sich als helle Glocke, einer Gloriole gleich, über dem verschwimmenden Land.

Asien ... denkt Kleebusch. Wie fern das mit einem Mal ist. Aber Marias Bild begleitet ihn. Er sieht ihr Gesicht. Roter Mund, weiche Lippen, Augen, tief und dunkel wie das Schwarze Meer, lange Haare, die im Ostwind wehen.

Eine weiße Bluse, die sich rot färbt unter den Kugeln des Erschießungskommandos ...

Fritz Kleebusch schließt die Augen.

»Guckt mal den!« Fibus stößt Krummbier und Baumann mit dem Fuß an. »Sieht grade so aus, als fiele ihm der Abschied schwer. Hat anscheinend Heimweh nach dem Kaukasus.«

Baumann lacht. »Ich ...« Er kommt nicht mehr dazu, weiter zu sprechen. Von Taman herüber ertönt ein ohrenbetäubendes Krachen. Wie auf Kommando drehen sich alle Köpfe nach Osten. Drüben, wo sie eingeschifft wurden, ist der Teufel los. Die Flak schießt aus allen Rohren. Man sieht die Blitze der Mündungsfeuer und die hellen Sprengwolken der platzenden Granaten. Wie kleine weiße Wattebäusche stehen sie im Blau.

»Bomber«, konstatiert Krummbier. »Die machen den Verladeplatz zur Sau.«

Am Strand steigt Rauchpilz neben Rauchpilz hoch. Ein ganzer Bombenteppich muß niedergegangen sein, ein Luftangriff, wie man ihn im Osten selten erlebt. Der Russe will das letzte Mauseloch, das der Kaukasusarmee geblieben ist, verstopfen. Er schlägt mit eiserner Pranke zu.

Leutnant Ohlsen, der hinter Kleebusch steht, hat den Feldstecher an die Augen gepreßt.

»Verflucht«, sagt er. »Eine Fähre ist abgesoffen. Mitten beim Verladen. Und in der Kolonne dahinter brennen die Fahrzeuge. Wenn das mit den Angriffen so weitergeht, kommt nicht mehr viel 'rüber auf die Krim.«

»Gut, daß wir weg sind«, meint Fibus, und die neben ihm nicken. So ist es immer im Krieg. Man ist froh, wenn es woanders einschlägt. Was woanders 'runtergeht, kann einen selber nicht treffen.

In schleppendem Tempo geht es dem Ufer der Krim zu. Schon sind die Anlegestellen auszumachen. Höchstens eine halbe Stunde noch, dann haben sie's geschafft.

Der Wind frischt auf. Über dem Wasser ziehen sich lange

glatte Streifen, die sich dunkel von dem milchigen Weiß und dem durchsichtigen Grün der gewellten Meeresoberfläche abheben.

Gebannt schauen die Männer zur Krim hinüber. Unter den Stahlhelmen surrt und singt der Wind. So hören sie auch nicht gleich das Brummen aus der Luft, das bedrohlich näher kommt.

Erst als die Batterien in Kertsch zu schießen beginnen und die Vierlingsflak auf der Fähre unvermittelt aufbellt, fahren sie erschrocken zusammen. Sie starren in den Himmel. Was sie sehen, läßt sie unwillkürlich das Genick einziehen.

Drei Schlachtflieger brausen heran, in kurzen Abständen schräg hintereinander.

Schon visiert der erste die Fähre an. Man sieht deutlich, wie er die Schnauze nach unten drückt, bis seine Tragflächen nur noch ein waagerechter Strich sind — ein Zeichen, daß sie sich genau im Schußfeld befinden. Über den Motoren zukken bläuliche Funken auf, das Mündungsfeuer der feststehenden Bordkanonen.

Im gleichen Augenblick prasselt es auf das Deck, als werde aus großer Höhe ein Sack Steine ausgeleert. Schrille Schreie ertönen, wildes Fluchen, Wimmern. Hilferufe von allen Seiten.

»Sanitäter! Sanitäter!«

Der gewohnte Ruf der Landser, wenn es Verwundete gibt. Aber was soll der Ruf hier, in dieser Heringsbüchse, in der man sich nicht umdrehen kann? Kein Sanitäter vermag auch nur einen Schritt weit zu kommen.

Der zweite Schlachter neigt sich und stößt herab, spuckt Tod und Verderben zwischen die Soldaten, die wie eine Herde Schafe hilflos in einen Pferch eingezwängt sind.

Es gibt kein Ausweichen. Die Fähre kann nicht manövrieren. Der schwerfällige Kasten muß stur seinen Kurs und sein langsames Tempo beibehalten. Er kann nicht wenden, nicht drehen, nicht schneller fahren und auch nicht stoppen. Eine richtige Mausefalle. Mit der breiten Ladefläche bietet sie ein ideales Ziel. Hier muß jeder Schuß sitzen. In der gleichen Richtung, in der das Flugzeug darüberstreicht, perforieren die Bordkanonen die Leiber. Es gibt keine Deckung, nicht die geringste Möglichkeit, auf die Seite zu springen.

Ein Morden ohnegleichen. Massenweise Verwundete, dutzendweise Tote. Eingekeilt bleiben sie zwischen den Kameraden stehen. Sie können nicht umfallen. Nur an den hängenden Köpfen sieht man, wen es erwischt hat.

Beim Beschuß der dritten Maschine spürt Kleebusch, wie durch den Körper Leutnant Ohlsens ein Ruck geht.

»Herr Leutnant!« ruft er und versucht sich umzudrehen.

Ohlsen antwortet nicht mehr. Sein Kopf fällt auf die Seite, sein Körper wird kraftlos und schlaff. Mit aller Gewalt dreht sich Kleebusch um und schlingt die Arme um den jungen Offizier.

»Herr Leutnant! Herr Leutnant!« Er kann es nicht fassen. Der nette Kerl. Das Leutnantchen, das so rührend um den Haufen besorgt war. Es ist zum Verrücktwerden.

Ohlsens Kopf liegt jetzt auf seiner Schulter. Er hängt mit seinem ganzen Gewicht an Kleebusch. Neben den Schulterstücken entdeckt er den Einschuß, ein kreisrundes, brandiges Loch. Das Geschoß hat wahrscheinlich die Schulter durchschlagen und schräg nach hinten den Rücken zerfetzt. Kleebusch fühlt es warm und klebrig über die Hände laufen. Trotzdem hält er den Körper weiter umschlungen. Er glaubt es dem jungen Offizier schuldig zu sein.

Ohlsens Gesicht ist blaß, aber er scheint zu lächeln. Der Stahlhelm ist zurückgerutscht. Auf der Oberlippe glänzt heller Flaum im Sonnenlicht. Er hat sich wohl noch nie im Leben rasieren müssen. Doch zum Sterben war er alt genug.

Die russischen Flugzeuge haben abgedreht. Sie fliegen in großem Bogen nach Osten, wo die nächste Fähre auftaucht.

Plötzlich schert eine der Maschinen aus. Sie kommt zurück. Schon von weitem setzt sie zu einem neuen Angriff an.

Automatisch duckt sich Kleebusch hinter den Körper des toten Leutnants. Er drückt ihn wie einen Kugelfang nach oben. Ohlsens Kopf gleitet an seinem Gesicht vorbei. Den Bruchteil einer Sekunde stehen die aufgerissenen Augen des Leutnants vor den seinen. Es glitzert in diesen Augen, obwohl sie kalt und erloschen sind. Ein schauriger Blick, der Kleebusch tief in die Seele dringt. So nah, so unvermittelt hat er dem Tod noch nie ins Angesicht gesehen.

»Herr Leutnant«, möchte er in seiner Angst stammeln, »verzeihen Sie mir ...«

Da hört er Fibus' triumphierenden Aufschrei:

»Sie brennt!«

Kleebusch blickt nach oben. Er sieht eine lange Rauchfahne am Schwanz des russischen Flugzeugs. Es brennt. Es ist von der Flak getroffen. Mit donnerndem Getöse braust es so tief über die Fähre, so nahe an den Köpfen der Landser vorbei, daß sie den glühenden Luftzug spüren. Dann steigt die Maschine steil nach oben und dreht eine weite Kurve.

Gebannt verfolgen die Überlebenden auf der Fähre das Manöver. Das Flugzeug dreht und windet sich. Es ist, als suche der Pilot mit schnellen Wendungen dem Feuer im Heck zu entrinnen. Todeskampf einer Maschine, die kurz zuvor hundertfachen Tod brachte. Sie muß abstürzen! Sie muß im Meer versinken!

Das Flugzeug hängt schräg in der Luft. Es verliert an Höhe, wird wieder hochgerissen. Die Rauchfahne ist dick und qualmend. Flammen schlagen an den Seiten heraus. Immer enger werden die Kurven. Eine wilde Kurbelei. Der Pilot hat die Herrschaft über die Maschine verloren. Sie sackt ab, fängt sich noch einmal und stößt schließlich in steilem Sturzflug direkt auf die Fähre zu.

Ein hundertfacher Schrei gellt auf.

Der Rumpf des Flugzeugs wird größer und größer. Ein Ungeheuer wie aus dem Höllenrachen. Schwarzer Himmel. Ein Brausen, Heulen, das zum Orkan anschwillt. Dann ein Krachen, Splittern, Bersten — das Flugzeug rammt mit voller Wucht die Fähre, bohrt sich mitten hinein in die Menschenleiber, die toten und lebenden, in die Fahrzeuge und Geräte.

Der Aufprall ist so stark, daß die Männer am Rande der Fähre in hohem Bogen ins Meer geschleudert werden. Eine stoßende Flutwelle treibt sie hoch und zieht sie mit dem Sog wieder zurück.

Kleebusch ist benommen von dem Schlag. Doch als das kalte Wasser durch die Uniform dringt, kehren seine Sinne zurück. Um ihn herum schwimmende Soldaten und bewegungslos in ihren Rettungswesten treibende Leichen.

Die Fähre ist in Qualm und Rauch gehüllt. Eine brennende Insel im Wasser.

Da sieht Kleebusch an einer der Relingstangen einen zappelnden Körper. Dürre Arme und Beine, die in irrsinniger Angst zucken und zerren.

»Fibus!« brüllt er. »Fibus!«

Auch Krummbier und Baumann haben den Kameraden entdeckt. Er hängt mit seiner Schwimmweste hoffnungslos in das verbogene Gestänge verklemmt. Die Flammen des brennenden Flugzeugs züngeln bedrohlich in seiner Nähe. Es muß eine Hitze wie in einem Backofen sein. Wenn es ihm nicht gelingt, loszukommen, wird er bei lebendigem Leib verbrennen.

Baumann ist als erster bei dem Langen. Er streckt die Arme aus dem Wasser und bekommt die Füße zu fassen. Mit vollem Körpergewicht hängt er sich daran, zieht verzweifelt und reißt mit aller Kraft nach unten.

Endlich gibt das morsche Leinen der Weste nach, und Fibus plumpst ins Meer.

»Weg!« schreit Krummbier. »So schnell wie möglich weg!«

Sie schwimmen aus Leibeskräften, den halb bewußtlosen Fibus abwechselnd mit sich ziehend.

Vom Ufer aus stoßen Sturmboote auf die Unglücksstelle zu. Die Überlebenden schwimmen den hochschäumenden Bugwellen entgegen und recken die Hände.

»Hierher, Kameraden, hierher!«

»Hilfe!«

Kaum sind sie, von starken Armen gezogen, an Bord der Boote, zischt eine Feuersäule hoch und eine ohrenbetäubende Detonation erschüttert die Luft. Das Flugzeug ist explodiert. Prasselnde Trümmer klatschen auf das Wasser.

Dann wird es still.

Von der Fähre und dem Flugzeug ist nichts mehr zu sehen.

Stunden später liegen sie in der Nähe von Kertsch und trocknen ihre Klamotten in der Sonne. Sie haben Decken bekommen, Verpflegung, Zigaretten und Schnaps. Die Leichtverwundeten wurden von Sanitätern versorgt, die Schwerverwundeten, soweit sie das Ufer erreichten, ins nächste Lazarett abtransportiert.

Auch Maier ist wieder da, bleich und schlackernd. Er hat den nächsten Transport glücklich überstanden. Doch der

Kommandeur ist verwundet worden. Bei dem Bombenangriff auf den Verladeplatz drüben auf der anderen Seite wurde er am Arm verletzt. Es soll nicht sehr schlimm sein. Keine Sache, die den Oberst bewegen könnte, auch nur einen Tag ins Lazarett zu gehen.

Fritz Kleebusch blickt von der Höhe des Rastplatzes auf den Strand hinunter und auf den Hafen von Kertsch.

Überall liegen Trümmer, verrostete Waffen, ausgebrannte Panzer, gesprengte Geschütze. Es sieht alles genauso aus, wie drüben in Taman. Nur sind die Trümmer hier genau ein Jahr älter, sie sind die Reste des sowjetischen Rückzugs nach der Schlacht bei Kertsch im Mai 1942, nach der überstürzten Flucht auf die andere Seite...

Ein Treppenwitz der Weltgeschichte, denkt Kleebusch.

Er starrt hinaus aufs Meer, das jetzt genauso still und friedlich erscheint wie am Morgen. Die Wellen kräuseln sich, die Sonne steht blank am unschuldig blauen Himmel, die frische Brise trägt mit dem Salzgeruch verwehten Möwenschrei herüber.

Als sei nichts geschehen.

Soldaten vergessen schnell, was hinter ihnen liegt.

Kaum war das Regiment aus der Misere heraus, dachten die Männer nur noch an die Neuaufstellung, an die Fahrt zurück, an den bevorstehenden Urlaub.

Es kamen freundliche Wochen, mild wie Samt und Seide.

Die Krim empfing sie im schönsten Frühlingsschmuck. Es grünte und blühte, daß einem das Herz aufging. Der reinste Garten Eden nach dem Grau der Kalmückensteppe.

Rast in Feodosia, der Perle am Schwarzen Meer. Beginn der russischen Riviera. Sonne, Meer und Zypressen. Wie im Urlaub in Italien. Man durfte baden. Das Wasser war warm. Es gab wieder reichlich Verpflegung. Erbsen mit Speck, so dick, daß der Löffel stecken blieb. Abends Frischwurst, Butter, auch endlich mal wieder richtiges Brot. Und ein halbes Paket Feinschnitt, blonder Krimtabak, dazu einen Trinkbecher voll dunklem Rotwein aus Eupatoria.

»Prost, Kameraden«, animierte Fibus, »so läßt sich's leben.«

Wie anders war die Krim geworden seit den Schlachten

von Kertsch und Sewastopol. Üppiges Leben sproß aus den Ruinen. Man sah wieder wohlgenährte Zahlmöpse und korrekte Verwaltungsbeamte in Schneideruniformen. Und deutsche Schwestern und rosige Stabshelferinnen. Dickste Etappe mit allen Schikanen.

Fahrt durch deutsche Dörfer: Heilbronn, Gerzenberg, Zürichthal. Es klang, als sei man schon zu Hause.

Dann eine Woche Simferopol. Quartier in Steinhäusern mit richtigen Fenstern und Wasserklo. Die Wohltat der Entlausung. Neue Socken und frische Unterhosen. Abends russisches Volkstheater mit dem Harem von Bachtschisarai. Und auf der Straße Tatarenjungen, die für drei Papirossy oder ein paar Papierrubel den Landsern die Stiefel wichsten. Kaum zu glauben, welchen Luxus es noch gab.

Am vierten Tag wurden sie verladen.

Es ging über Cherson, Nikolajew und Winniza nach Berditschew. Nicht nach Deutschland. Aber Berditschew lag am westlichen Rand der Ukraine, nahe der ehemaligen polnischen Grenze. Es war sozusagen nur noch ein Katzensprung ins Reich.

Und dann gab's Urlaub.

Kleebusch und Fibus waren beim gleichen Schwung. Baumann kam ein paar Tage später an die Reihe. Krummbier war diesmal nicht dran, weil er erst im letzten Herbst gefahren war.

Fibus war bepackt wie ein Muli. Er hatte Sonnenblumenöl gehamstert und Wodka, Krimzigaretten und ukrainischen Honig. Alles sauber in Flaschen, Büchsen und festen Schachteln verstaut. Tornister und Packtaschen ließen sich kaum noch über all den leckeren Schätzen schließen. Der dicke Ede hätte seine helle Freude daran gehabt.

»Für deine Mutter?« forschte Kleebusch.

»Nein — für ein Mädchen, weißt du.«

»Aber du hast doch keins.«

»Damit«, prophezeite Fibus und klopfte auf seine Packen, »krieg' ich in Hamburg bestimmt eine.« Ein erwartungsvoller Glanz lag in seinem schmalen Gesicht. Seine Augen leuchteten wie die eines Kindes vor der Bescherung. »Diesmal klappt's bestimmt, Fritz. Irgendeine finde ich sicher. Nur stramm muß sie sein — mindestens wie die Marussja ... Mensch, war das ein Mädchen. Seit ich die gesehen habe, hab' ich manchmal direkt Angst, daß mir in Hamburg keine mehr gefällt. Kannst du das verstehen?«

Neben Tornister und Taschen hatte Fibus noch ein kleines Säckchen um den Hals hängen. Es war aus einem blauen Taschentuch genäht, prall gefüllt und rund. Kleebusch wußte, was es enthielt. Baumann hatte Fibus schon tagelang vor der Abfahrt damit aufgezogen. Es enthielt sein Geheimrezept: Sonnenblumenkerne. Er war davon überzeugt, daß die Russinnen ihren Busen nur dem Umstand zu verdanken haben, daß sie von morgens bis abends Sonnenblumenkerne kauen. Und da der dürre Fibus ein Liebhaber betont weiblicher Formen war — »die kluge Frau baut vor« sagte er oft —, nahm er vorsorglich ein größeres Quantum des probaten Mittels mit.

Hannes Krummbier hatte sich halb tot gelacht, als er davon erfuhr. »Fibus als Busenzüchter!«

Und Baumann hatte zu bedenken gegeben: »Was machst du aber, wenn die Kur länger dauert als dein Urlaub? Dann erntet ein anderer die Früchte, die du gesät hast.«

Kleebusch selbst hatte nur eine Packtasche bei sich. Den größten Platz darin nahm das Paket ein, das ihm Hannes Krummbier für zu Hause mitgegeben hatte. Daneben lag das Päckchen, das ihm der Kommandeur beim Abschied in die Hand gedrückt hatte. »Für meine Frau, Kleebusch. Sie weiß, daß Sie kommen. Ich habe Sie bereits avisiert. Alles Gute im Urlaub — und grüßen Sie Ihre Mutter von mir.«

Es war schon dunkel, als Kleebusch in Berlin ankam.

Er stieg am Schlesischen Bahnhof aus und fuhr mit der S-Bahn weiter bis Friedrichstraße.

Mit gemischten Gefühlen blickte er um sich.

Er kam sich seltsam verlassen vor. Kein Hochgefühl, kein beschleunigtes Herzklopfen, keine Heimkehrerfreude. Nichts. Unter all den hastenden Menschen fühlte er sich einsam und ausgestoßen. Die Stadt war ihm fremd geworden.

Nicht daß sich Berlin sehr verändert hätte. Er kannte den dunkelgrauen Kriegszustand schon von seinem letzten Urlaub her, die verdunkelten Straßen, die ernsten Menschen, die angeknackten Häuser. Es war etwas anderes. Er selbst hatte sich verändert. In der alten Umgebung wurde es ihm bewußt, wie sehr er ein anderer geworden war. Er hatte das Gefühl, als passe er nicht mehr hierher, in die riesige Stadt, in das hektische Leben, in die Zivilisation. Er war zu sehr Frontschwein geworden.

Und hatte plötzlich Angst.

Und Heimweh nach seiner Truppe.

Der Teufel sollte es holen!

Ein Zeitungsverkäufer rief die neuesten Meldungen aus. Kleebusch kaufte sich ein Blatt, überflog es. Nachrichten vom Krieg. Schwere Kämpfe vom Mius bis zum Finnischen Meerbusen. An der ganzen Ostfront brannte es. Ortsnamen, die ihm vertraut waren. Städte, die er besser kannte als Berlin. Krieg — das war die Welt, in der er zu Hause war.

Kleebusch blickte auf das Datum der Zeitung.

9. Juni 1943.

Fünf Monate war es her, daß der Rückzug begonnen hatte. Ihm schien es, als seien es Tage gewesen. Er sah sich gefesselt in dem Schuppen der Partisanen liegen und auf seine Erschießung warten. Er sah den kleinen Eiermann vor sich, den Dotter, wie er mit glänzenden Augen von seinem Glück sprach, ehe er mit dem Verpflegungslager in die Luft flog. Er sah Hellerer in seinen Armen sterben. Und er sah Maria, strahlend und glücklich — und dann tot und stumm in dem kleinen Sumpfloch am Kuban.

Er kam nicht davon los.

Mit schleppenden Schritten ging er dem Ausgang des Bahnhofs zu. Er war müde. Unendlich müde.

Berlin ...

Vor kurzem war er noch in Asien gewesen, hatte auf der Fähre in der Meerenge von Kertsch das grausame Schlachten erlebt. Er fühlte noch den toten Körper des Leutnantchens in seinen Armen und das warme Blut auf den Händen — und jetzt stand er am Bahnhof Friedrichstraße, in geschäftigem Gedränge, wurde angestoßen von Menschen, die ins Kino oder Theater gingen, er mußte Vorgesetzte grüßen und an der Sperre seine Fahrkarte vorzeigen, als wären Stempel und Papiere das Wichtigste auf der Welt.

Die Heimat war fremd geworden, fremd und feindlich.

Mit verschlossenem Gesicht stapfte er die Treppe hinunter, ging zur U-Bahn, fuhr zum Wedding. Am Leopold-Platz stieg er aus. Die Müllerstraße. Trümmerschutt auf den Gehsteigen. Glas knirschte unter seinen Stiefeln. In der Dunkelheit sah alles doppelt trostlos aus.

Allmählich wurde ihm die Gegend wieder vertraut. Er sah altgewohnte Häuser, bekannte Läden. Firmenschilder mit Namen, die er schon als Kind gelesen hatte. Die Straße seiner Jugend. Die Plätze einer glücklichen, unbeschwerten Zeit.

Dazwischen ausgebombte Häuser, Spuren einer grausamen, sinnlosen Zerstörung. Hier, wo er alles kannte, jeden Stein, jede Laterne, jede Toreinfahrt, packte ihn plötzlich ein wilder Schreck. Wenn sein Elternhaus nicht mehr stand? Von Kameraden hatte er oft gehört, daß sie bei ihrer Ankunft unvermittelt vor einem rauchenden Trümmerhaufen standen; am Türpfosten eine Kreidenachricht: »Wir leben, sind bei Onkel Franz.« Oder: »Mutter tot, bitte bei Tante Anna melden.«

Unwillkürlich ging er schneller. Er konnte es jetzt kaum noch erwarten, bis er das Haus, bis er die Mutter sehen würde. Noch ein paar hundert Meter. Er begann zu laufen. Jetzt über die Straße. Dann die zweite Ecke links. Danach mußte es kommen ...

Aufatmend blieb er einen Moment stehen. Er hatte Glück. Das Haus stand. Es war nur etwas angekratzt. Der Stuck war abgefallen und die Simse beschädigt. Es kümmerte ihn nicht. Die Jugendstilornamente hatte er ohnehin nie gemocht. Hauptsache, der alte Kasten hielt noch.

Er trat durch das Haustor und stürmte die Treppe hoch. Nun hatte er doch Herzklopfen.

Klingeln. Schritte hinter der Tür, die vertrauten kleinen Schritte. Ein Riegel knarrte, dann flog die Tür auf.

»Mutter!«

»Mein Junge!«

Er hätte nicht gedacht, daß es ihn so packen würde.

Mit einem Schlag war alles vergessen. Ein ganzes Jahr voll Elend und Jammer fiel von ihm ab und versank ins Wesenlose. Alles war plötzlich frei und leicht. Er war zu Hause. Er war bei seiner Mutter. Und die Mutter hatte sich nicht verändert, die Mutter bestimmt nicht. Durch Zeit und Ewigkeit war sie die gleiche geblieben. Der vertraute Anblick, wie er ihn von den ersten Lebenstagen an kannte. Eine Stadt kann sich verändern, die ganze Welt kann sich verändern — eine Mutter verändert sich nie. Ein Sohn mag geworden sein, was er will — wenn er zur Mutter zurückkehrt, kehrt er in den Schoß seines Lebens zurück.

Alles war gut.

Frau Kleebusch war eine kleine, zerbrechliche Frau. Schmales Gesicht, schlichtes blondes Haar, verstehende Augen. Eine Erscheinung wie aus einem sanften Volksmärchen.

Sie sprach nicht viel. In langen Ehejahren an der Seite eines herrischen Mannes hatte sie es sich abgewöhnt, viel zu reden. Und sie fragte auch nichts. Sie wußte, daß es am besten war, nichts zu fragen. Was er erzählen wollte, würde er schon erzählen, wenn er sich erst eingelebt hatte. Und was er nicht sagen wollte, würde er trotz aller Fragen nicht sagen.

Und der Sohn war froh, daß er nicht gefragt wurde. Er empfand ihre Rücksicht mit einem dankbaren Gefühl. Er hätte auch nichts erzählen können. Diesmal bestimmt nicht. Beim ersten Urlaub aus dem Osten hatte er noch manches berichtet von der Front, von den großen Schlachten, von den Kameraden, vom Vormarsch ins weite Land und von den fremden Menschen und ihrem einfachen Leben.

Doch diesmal schwieg er ...

Die Mutter hantierte klappernd am Herd. Sie richtete ihm das Abendbrot. Es gab nicht sehr viel auf Marken, aber eine Mutter hat immer etwas bereit, wenn der Sohn nach Hause kommt. Außerdem hatte der Vater aus Dänemark ein kleines Speckpaket geschickt, gerade rechtzeitig zum Urlaub »seines Fritz«, den er leider nicht sehen konnte.

Hin und wieder warf die Mutter dem Jungen einen prüfenden Blick zu. Er war größer geworden, fand sie, breiter in den Schultern. Nur das Gesicht war schmal und hart. Die Uniform mit den neuen Silberlitzen stand ihm nicht schlecht. Aber sie interessierte sich nicht für die Litzen. Sie beachtete die glänzenden Streifen ebensowenig wie die Auszeichnungen an seiner Brust. Sie interessierten nur seine Augen. Es waren wissende Augen geworden.

»Schade, daß Vater dich nicht sehen kann.«

»Ja«, sagte er. Aber er war im Grunde froh, daß der Vater nicht hier war.

»Berditschew — das ist doch gar nicht mehr weit?«

»Nein, Mutter, es ist nicht mehr weit.«

»Wird es wieder vorwärts gehen?«

»Ich weiß es nicht, Mutter. Niemand weiß es. Ich glaube aber, daß die neue Front gehalten wird.«

Nachdenklich sah die Mutter dem Jungen beim Essen zu. Eigentlich war sie froh über den Rückzug. Die Vorstellung, daß ihr Junge dort unten im Kaukasus war, jenseits der Grenze Asiens, hatte sie immer erschreckt. Es erschien ihr, als sei er dort in einer Welt gewesen, zu der es keine Verbindung mehr gab. Sie hatte es lieber, daß die Front näher gekommen war. Mochten andere entsetzt auf die Karte Europas starren und das Schreckgespenst der nahenden Gefahr fürchten — für sie bedeutete das alles nur, daß ihr Junge ihr näher war.

Nach dem Essen ging er in sein Zimmer, zog die Uniform aus und legte sie über einen Stuhl. Die Mutter wollte sie am nächsten Tag ausputzen und dann für drei Wochen in den Schrank hängen. Beim Ausräumen der Taschen fiel ihm Marias Bild in die Hand. Sinnend blickte er es an, drehte es dann um und las zum hundertsten Mal die Widmung: »Immer für Dich — in Liebe.« Zärtlich fuhr er mit den Fingern über die Schrift und überlegte, ob er das Bild auf seinen Nachttisch stellen sollte, doch dann legte er es zwischen die Seiten seines Soldbuches. Das Soldbuch aber steckte er in das hinterste Fach seiner Brieftasche.

Einen Augenblick dachte er an das Medaillon der Mutter, das er Maria als Abschiedsgeschenk in die Hand gedrückt hatte. Ob die Mutter es vermissen würde? Er hatte es zu Hause immer um den Hals getragen. Auf alle Fälle nahm er sich vor, die Jacke seines Schlafanzugs oben zu schließen.

Später, als er im Bett lag, setzte sich die Mutter noch eine Weile zu ihm; sie hielt seine Hand, wie sie es früher immer getan hatte.

»Ich soll dich grüßen von Karin.«

»Von Karin?« Der Name klang fremd und nichtssagend.

»Denkst du nicht manchmal an sie? Sie hat dir doch schon zwei Päckchen geschickt, und du hast dich immer noch nicht bedankt. In den letzten Tagen hat sie oft nach dir gefragt und ist schon gespannt darauf, dich wiederzusehen.«

Karin Reisinger, dachte er. Die kleine Karin mit den blonden Zöpfen und der Stupsnase. Als Kinder waren sie unzertrennlich gewesen. Sie spielten zusammen in der Müllerstraße und gingen gemeinsam den Weg zur Schule. Die Mütter waren befreundet. Sie sahen die Verbindung nicht ungern. Später war er ein paarmal mit ihr spazierengegangen. Hin und wieder auch ins Kino. Mehr nicht. Sie war ein unscheinbares Mädchen. Ein harmloses blondes Gretchen, schüchtern und gehemmt. Ihr Bild war im Kriege bald verblaßt. Besonders auf dem Rückzug, als sich für ihn ein anderes, blutvolleres Mädchenbild in den Vordergrund geschoben hatte...

»Sie ist sehr hübsch geworden«, sagte die Mutter. »Du wirst staunen, wenn du sie siehst, und sie kaum wiedererkennen.«

»Mag sein, Mutter, aber ich bin nicht nach Hause gekommen, um mit kleinen Mädchen spazierenzugehen.«

»So sollst du nicht daherreden, Junge. In deinem Alter wird es Zeit, daß man sich nach einem anständigen Mädchen umsieht. Was die anderen Soldaten so treiben...« Sie brach ab. Sie merkte, wie sich seine Stirn zusammenzog. Ein schmerzliches Gefühl umklammerte ihr Herz. Der Krieg, dachte sie, der unselige Krieg. War auch ihr Sohn bereits für jedes echte Gefühl in der Liebe verdorben?

»Aber guten Tag wirst du ihr doch mal sagen. Versprichst du mir das?«

»Ja.« Aber er wußte, daß er es nicht tun würde.

## 13

Über Berlin lag das goldene Licht eines milden Frühsommertages. Selbst die Ruinen verloren in dem weichen Glanz ihre Schrecken. Berlin war immer noch schön.

Fritz Kleebusch fuhr mit der Ringbahn nach Halensee.

Er hatte seinen besten Anzug an. Weißes Hemd mit weichem Kragen, seidener Schlips, Halbschuhe. Doch er fühlte sich nicht recht wohl in der ungewohnten Kluft. Wie ein Konfirmand kam er sich vor. Die Jacke spannte über der Brust, die Ärmel schienen ihm zu kurz. Beim Gehen setzte er die Füße unsicher auf. Wie ein Storch im Salat. Die Halbschuhe waren zu leicht. Er glaubte auf Socken zu schleichen.

Wie oft hatte er sich danach gesehnt, wieder Zivil zu tragen. Jeder Landser träumt davon. Aber jetzt, da sein Wunsch erfüllt war, wurde er nicht froh darüber. Er kam sich in den leichten Klamotten unsicher vor. Oft blickte er in die Scheiben des Wagens und musterte sich kritisch. Manchmal hatte er das Gefühl, die Leute müßten über seinen Aufzug lächeln.

Doch niemand beachtete ihn. Er war Zivilist wie jeder andere im Zug.

Vom Bahnhof Halensee schlenderte er den Kurfürstendamm hinunter und bog dann in die Joachim-Friedrich-Straße ein.

Das Haus, in dem der Oberst wohnte, war ein mächtiger Bau im Gründerstil. Kleiner Vorgarten, pompöses Portal mit geschliffenen Granitstufen und Karyatiden. Im Treppenhaus Marmor, Goldstuck und Spiegel. Ein Fahrstuhlschacht mit schmiedeeisernem Gitterwerk. Daneben dicke Steinsäulen. Alles solide und schwer. Ein Haus, für Jahrhunderte gebaut. Bis hierher war der Krieg noch nicht gedrungen.

Im zweiten Stock ein Messingschild mit dem Namen

Graupner. Fritz Kleebusch holte zweimal tief Atem, ehe er klingelte.

Die Tür öffnete sich fast lautlos. Eine schlanke, dunkelhaarige Frau stand in dem Rahmen.

»Herr Kleebusch, nicht wahr? Bitte, kommen Sie herein. Mein Mann hat mir geschrieben, daß Sie mich besuchen. Ich habe Sie schon erwartet.«

Ihre Stimme klang wie ein Celloton, leise und doch tragend.

Kleebusch hätte die Frau sofort erkannt. Sie sah genauso aus, wie er sie sich nach der Schilderung von Krummbier vorgestellt hatte. Große, schlanke Figur, offenes, edelgeformtes Gesicht, hohe Stirn, umrahmt von vollem, dunklem Haar. Nur war er darauf gefaßt gewesen, sie in Schwarz gekleidet zu sehen. Statt dessen trug sie ein dezent gemustertes helles Sommerkleid. Sie schien die Trauer abgelegt zu haben. Er war froh darüber. Es ließ die Beklommenheit nicht aufkommen, vor der er sich gefürchtet hatte.

Er machte seine Verbeugung und küßte Frau Graupner die Hand. Dann überreichte er ihr das schmale Päckchen des Kommandeurs und folgte ihr ins große Wohnzimmer.

Frau Graupner lächelte ihm freundlich zu.

»Sie trinken doch eine Tasse Tee mit mir?«

»Gerne, gnädige Frau.«

»Sie müssen mich nur einen Augenblick entschuldigen, wir haben kein Mädchen mehr.«

Während sie in der Küche war, hatte er Muße, den großen Raum zu betrachten. Das war also die Welt, in der der Oberst zu Hause war. Eine Wohnung mit Stil und Geschmack. Schwere alte Möbel und dicke Teppiche, alles mit Kunstsinn und Liebe zusammengestellt. An der Wand, gegenüber den beiden Fenstern, einige Gemälde. An den Seiten bunte Stiche mit historischen Uniformen. Tradition einer alten Soldatenfamilie.

Zwischen den Fenstern, umrahmt von den schweren Gardinen, hing ein kleines Foto in schwarzem Rahmen. Es zeigte einen Jungenkopf. Der Sohn, dachte Kleebusch. Der einzige Nachkomme des Ehepaares. Der enttäuschte Junge, der sich mit der Pistole seines Vaters erschoß, weil er durch das Blut der Mutter ein Ausgestoßener geworden war ...

»Ihre Mutter wird sich sicher sehr gefreut haben«, sagte Frau Graupner, als sie den Tee eingoß. Sie schaute ihn an, wie einen Sohn. Der Blick ging ihm durch und durch. »Die Mütter haben es am schwersten in dieser Zeit. Sie müssen am meisten erleiden.«

Einen Augenblick war es, als ziehe ein Schatten über ihr Gesicht, doch schon lächelte sie wieder. Sie schien heiter und ausgeglichen, als sei ihr eigener Sohn zurückgekehrt.

»War die Reise sehr beschwerlich?«

»Nicht sehr. Es fahren jetzt nicht mehr so viele auf Urlaub. Die Wege sind auch kürzer geworden.«

»Haben Sie sich schon wieder eingelebt zu Hause?«

»Ich fürchte, daß es noch ein paar Tage dauern wird. Ich bin erst gestern angekommen.«

»Erst gestern? Mein Gott, da ist es ja doppelt anzuerkennen, daß Sie so schnell zu mir gekommen sind.«

»Aber das ist doch selbstverständlich, gnädige Frau ...«

Das Gespräch stockte wieder. Verlegenheitsfragen und Verlegenheitsantworten. Kleebusch rührte nervös in seiner Tasse und stocherte ein wenig im Kuchen herum. Er wußte nicht recht, was er sprechen sollte. Er hatte es verlernt, Konversation zu machen.

»Erzählen Sie mir von draußen«, bat die Frau nach einer Weile. »Ich weiß so wenig davon. Mein Mann erzählt nie etwas, wenn er zu Hause ist. Er schreibt auch nichts darüber. Ist der Rückzug sehr schwer? Sicher fordert er mehr Opfer als der Vormarsch ...«

»Aber nein, gnädige Frau«, unterbrach er schnell. »Der Rückzug vollzieht sich ganz planmäßig. Er wird so geschickt durchgeführt, daß es der Feind meist gar nicht bemerkt.«

Kleebusch war froh, daß er endlich ein Thema hatte. Er spann es aus, so gut er konnte. Er erzählte von der Schönheit des Kaukasus, von den majestätischen Gipfeln des Kasbek und des Elbrus. Er berichtete vom reißenden Kuban, von den wehmütigen Liedern der Kosaken, ihren wilden Tänzen, und von dem überwältigenden Anblick des Meeres.

Die Frau des Kommandeurs hörte ihm aufmerksam zu. Als er fertig war, lächelte sie.

»Genauso habe ich es mir vorgestellt.«

»Den Krieg, gnädige Frau?«

»Ich meine die Art, wie Sie darüber berichten. Es hört sich an, als berichteten Sie über einen Spaziergang oder eine Vergnügungsreise.«

»Manchmal ist es tatsächlich so. Und das Land dort unten ist wirklich schön.«

»Natürlich ist das Land schön. Und sicher gibt es auch gute Zeiten. Trotzdem klingt alles nicht sehr überzeugend.«

»Ich bin wahrscheinlich ein schlechter Erzähler.«

»Sie sind vor allem ein schlechter Lügner.«

Überrascht sah er sie an. Dann lächelte er bitter.

»Wollen Sie die Wahrheit hören?«

»Ich kenne die Wahrheit«, sagte sie ernst. »Lassen wir es. Wir wollen uns die Stimmung nicht verderben. Ich bin sehr froh darüber, daß Sie trotz allem noch in der Lage sind, die Dinge mit Abstand zu sehen. Könnte man diesen Abstand nicht mehr gewinnen, würde manches unerträglich werden.«

Sie goß ihm neuen Tee ein und bot ihm Zigaretten an.

Im Zimmer lag mildes Sonnenlicht. Durch das offene Fenster wehte der Duft der Syringen aus dem Vorgarten. Auf der kleinen Konsole neben den Stichen tickte zierlich eine Rokokouhr. Irgendwo im Haus spielte jemand Klavier. Es mußte Schumann sein.

»Was werden Sie in Ihrem Urlaub unternehmen?«

»Ich weiß nicht — ich habe mir noch keine Gedanken darüber gemacht.«

»Sie sollten mal ins Konzert gehen oder in ein Theater. In Berlin gibt es noch sehr gute Vorstellungen. Ich glaube, daß die meisten Urlauber viel zuwenig Gebrauch davon machen. Die Front verdirbt den Menschen. Im Krieg verkümmert die Seele. Da sollte man, wenn man Gelegenheit dazu hat, sich wenigstens ab und zu eine gute Klassikeraufführung ansehen. Es weckt wieder Saiten in uns, die man längst verstummt glaubte. Im Staatstheater spielen sie Don Carlos.«

Kleebusch hatte davon gehört. Bei dem berühmten Satz: »Geben Sie Gedankenfreiheit, Sire!« hatte es in der Premiere demonstrativen Beifall gegeben.

»Haben Sie die Vorstellung gesehen?« fragte er.

Über ihr Gesicht zog eine Wolke.

»Ich gehe nur noch selten aus. Ins Theater komme ich nur, wenn mein Mann hier ist und mich begleitet. Allein möchte ich nicht gehen. Ich bin — ich weiß nicht, ob Sie mich verstehen — in all den Jahren ein wenig menschenscheu geworden.«

Kleebusch verstand. Er wußte, was sie davon abhielt, allein ins Theater zu gehen.

Die Frau wechselte schnell das Thema.

»Lesen Sie gern?«

»Ich bin in der letzten Zeit kaum noch dazugekommen.«

»Kommen Sie.« Sie führte ihn über den Flur. Ganz am Ende öffnete sie die Tür zu einem kleinen Zimmer. »Hier stehen alle Bücher meines Sohnes. Sie sind seit Jahren unbenutzt. Wenn Sie sich etwas aussuchen wollen? Sie können sie ruhig auch mit nach draußen nehmen, an die Front. Zeit zum Lesen wird sich immer finden. Es sind sehr gute Werke darunter. Ehe sie hier verstauben ...«

Kleebusch blickte in das Zimmer. Es war, wie er wußte, das Zimmer eines Toten. Am Fenster stand ein unbenutztes Bett. Daneben ein Tisch mit einer geschlossenen Schreibmappe. Tintenlöscher, Brieföffner, Aschenbecher — hier schien seit Jahren nichts verändert worden zu sein. An der Seitenwand lange Bücherregale. Darüber ein selbstgeschnitztes Segelschiff, Modell einer Fregatte.

»Ihr Sohn lebt nicht mehr?« Warum mußte er das fragen ...

Frau Graupner senkte den Kopf. Sekunden vergingen. Dann sagte sie:

»Er ist uns vorausgegangen.«

Stille.

Kleebusch merkte, daß die Frau zu wanken begann. Schnell faßte er nach ihrem Arm und stützte sie.

»Entschuldigen Sie.« Sie versuchte, sich zu fassen. »Ein momentaner Schwächeanfall.«

Aber es gelang ihr nicht, die Selbstbeherrschung zurückzugewinnen. Tränen liefen über ihr Gesicht. Sie zitterte am ganzen Körper und mußte sich an ihm festhalten.

Es war alles Verstellung, dachte Kleebusch. Das helle

Kleid, das Lächeln, die freundliche Konversation — alles Fassade. Dahinter lag das nackte Elend, die grenzenlose Verzweiflung. Ein kurzer Blick in die Vergangenheit hatte genügt, alles zum Einsturz zu bringen.

Er schloß die Tür des Zimmers, das für die Frau eine Gruft war, und führte sie zurück in den großen sonnendurchfluteten Raum. Er setzte sich neben sie auf das breite Sofa und hielt ihre Hand. Ich weiß alles, hätte er ihr sagen mögen. Sie brauchen mir nichts vorzuspielen.

Die Frau weinte.

Kleebusch wußte nicht, was er tun sollte. Verdammter Mist, dachte er. Draußen war alles einfacher. Draußen würde er gotteslästerlich fluchen. Er würde alle Kraftausdrücke heruntersagen: verfluchte Scheiße, Saudreck, verdammter Arschkram. Jeder würde ihn verstehen und alles wäre im Lot.

Aber hier ...

»Verzeihen Sie«, sagte die Frau wieder und preßte ihr Taschentuch an die Lippen. »Wenn mein Mann sehen würde, wie wenig ich mich beherrsche ...«

»Kommt der Herr Oberst denn nicht auf Urlaub? Er ist doch schon seit zwei Jahren ununterbrochen an der Front ...«

Die Frau schüttelte den Kopf.

»Er will nicht. Das ist das Schlimmste für mich ... Er schreibt immer, er sei unabkömmlich. Aber ich weiß, daß es nicht stimmt. Er hat Angst, nach Hause zu kommen. Er würde es nie zugeben, aber ich fühle es ganz deutlich — er fürchtet sich vor dem leeren Zimmer. Er hat es noch nicht verwunden. Er wird auch nie darüber hinwegkommen. Draußen aber kann er am ehesten vergessen.«

Es blieb still im Raum.

Die zierliche Rokokouhr begann mit silbernem Klang sechsmal zu schlagen. Die hellen Sonnenflecke krochen bereits an der Seitenwand hoch. Die Musselinvorhänge vor den offenen Fenstern blähten sich im kühlen Abendhauch.

»Sie müssen sicher gehen. Ihre Mutter wird schon auf Sie warten.« Sie hatte sich wieder gefaßt. Mit ihren dunklen Augen blickte sie ihn lange an. »Kommen Sie noch einmal vorbei, ehe Ihr Urlaub zu Ende ist? Vielleicht ein oder zwei

Tage, bevor Sie zurückfahren? Ich möchte Ihnen gern etwas für meinen Mann mitgeben.«

»Selbstverständlich, gnädige Frau. Und wenn ich sonst etwas für Sie tun kann...«

Eine Weile sah ihm die Frau stumm in die Augen. Sie schien zu überlegen.

»Ja«, sagte sie und griff impulsiv nach seiner Hand. »Ja, Herr Kleebusch, Sie können etwas für mich tun. Vielleicht mehr für meinen Mann...«

»Für den Herrn Oberst?«

Sie nickte und wurde verlegen.

»Er hält sehr viel von Ihnen. In der letzten Zeit erwähnte er Sie fast in jedem Brief. Sie erinnern ihn an unseren Jungen. Der Gedanke scheint ihn immer mehr zu beschäftigen. Wenn Sie nun ...« Die Frau zögerte. Sie schien sich zu scheuen, alles, was sie bewegte, auszusprechen. Leise fuhr sie fort: »Wenn Sie immer in seiner Nähe blieben — ich glaube, es würde ihm sehr viel helfen. Wenn er für Sie sorgen kann wie für einen Sohn ... und wenn er die Gewißheit hat, daß Sie uns auch später, wenn der Krieg vorbei ist, hin und wieder besuchen ...«

Eine heiße Welle schoß Kleebusch in den Kopf. Er glaubte, sie müsse sehen, wie stark sein Herz klopfte. »Ich verspreche es Ihnen.«

»Gott segne Sie«, verabschiedete ihn Frau Graupner. »Nun glaube ich, daß noch alles gut werden kann.«

Die Wohnung von Hannes Krummbier liegt an der Plumpe.

Fritz Kleebusch fährt mit dem dicken Frontpaket zum Gesundbrunnen. Er pfeift und ist guter Dinge. Die Bäume am Humboldthain grünen wie eh und jeh. In den Alleen sieht er sogar hin und wieder Spaziergänger. Junge Mädchen spielen Ball. Der Wind bläht die weiten bunten Sommerröcke wie lustige Segel. Ein Tag zum Bäumeausreißen!

Ob er sich nicht doch einmal mit Karin treffen soll?

Das Haus in der Badstraße ist schmal und dunkel. Die Haustüre ist geflickt, viele Fenster sind mit Pappe vernagelt. Bombenschäden an allen Seiten. In dieser Gegend scheint es schon mächtig gerauscht zu haben.

Während Kleebusch die finstere Treppe hochsteigt, muß er daran denken, wie wenig er eigentlich von dem Privatleben Krummbiers weiß. Oberschnapser, im Zivilberuf Monteur bei Borsig in Tegel. Das ist eigentlich alles. Seine Frau erwähnte er nur gelegentlich, wenn er eines der vielen Fettpäckchen heimschickte. Dabei trug er ständig einen Stoß Fotos von ihr in der Brieftasche. Eine hübsche Blondine, üppig, mit kunstvollen Wellen im dichten Haar. Nicht unflott, wie Fibus sagen würde.

Im dritten Stock findet er auf einem kleinen Emailleschild den Namen Krummbier. Er drückt auf die Klingel, aber er hört keinen Ton. Wahrscheinlich Stromsperre. Oder ein kleiner Bombenschaden in der Leitung. Er klopft.

Nichts.

Er klopft lauter, dringlicher.

Scheint niemand zu Hause zu sein. Pech.

Bevor er sich zum Gehen entschließt, trommelt er mehrmals mit der Faust gegen das Holz. Das müßte selbst einen Schlafenden aufwecken.

Da hört er drinnen irgendwo eine Tür gehen. Es quietscht ganz leise, als versuche jemand, besonders vorsichtig zu sein. Kleebusch legt sein Ohr an die Tür und lauscht. Ganz hinten im Flur hört er unterdrücktes Wispern.

Er klopft wieder.

Jetzt eine helle Frauenstimme:

»Wer ist da?«

Kleebusch besinnt sich einen Augenblick, sagt dann mit verstellter Stimme:

»Ich komme vom Blatt der Hausfrau.«

»Wir brauchen nichts. Wir haben genug zum Lesen.«

»Wollen Sie es nicht wenigstens mal anschauen?«

»Kommen Sie ein andermal wieder. Ich habe im Moment keine Zeit.«

Ein kurzes, helles Lachen. Dazwischen eine befriedigt grunzende Männerstimme. Wieder quietscht die Tür.

Kleebusch hat genug gehört.

Er merkt, daß er zu zittern beginnt. Am liebsten möchte er die Tür einschlagen, aber er besinnt sich. Es muß auch einen weniger auffallenden Weg geben, sich Klarheit zu verschaffen. Er muß eine andere Taktik anwenden. Einfach auflauern, denkt er. Er will es nun genau wissen. Das Pflänzchen soll ihm nicht entwischen.

Mit lauten Schritten geht er die Treppe hinunter. Beim nächsten Absatz bleibt er stehen, drückt sich in eine Ecke neben dem Fenster und wartet.

Menschen kommen vorbei, mustern ihn erstaunt. Aber niemand spricht ihn an.

Eine Viertelstunde vergeht um die andere. Er raucht Zigarette um Zigarette. Die Kippen drückt er an der Wand aus und wirft sie durch die Fensterrahmen ohne Scheiben in den Hof.

Langsam, unendlich langsam vergeht die Zeit. Doch Kleebusch harrt aus.

Endlich hört er die Tür gehen. Vorsichtig späht er um die Ecke des Treppengeländers.

Er sieht einen Mann herauswischen. Es ist ein großer dunkelhaariger Kerl im besten wehrfähigen Alter. »Tschüs«, flüstert der Kerl durch den Spalt zurück und lächelt geil. »Bis Dienstag dann.«

Eilig huscht er die Treppe hinunter, ohne den Mann in der Ecke zu beachten. Er scheint sich seiner Sache sicher zu sein.

Kleebusch wartet noch einige Minuten, dann geht er langsam zur Wohnungstür hinauf und klopft.

Diesmal meldet sich die Frauenstimme sofort.

»Ja — wer ist da?«

»Unteroffizier Kleebusch. Ich bringe einen Gruß von Ihrem Mann.«

»Oh!« ruft die Frau. Es klingt ehrlich überrascht. Schritte eilen heran. Aber ehe die Kette geöffnet wird, vergehen noch einige Minuten. Wahrscheinlich muß sie sich noch schnell etwas überwerfen.

»Entschuldigen Sie«, sagt sie, als sie schließlich öffnet. »Ich war gerade im Bad.«

Sie trägt einen großgeblümten Morgenrock. Ihre Wangen sind gerötet. Das üppige blonde Haar ist leicht in Unordnung. Ihre Brust hebt und senkt sich deutlich unter der gesteppten Seide. Kleebusch kommt es vor, als dampfe ihr Körper noch. Es muß ein heißes Bad gewesen sein.

»Aber kommen Sie doch 'rein.« Die Frau führt ihn quer

über den Flur in eine große Wohnküche. »So eine Überraschung!«

»Nicht wahr?« lacht Kleebusch.

»Und das große Paket! Der gute Hannes! Mein Gott — hoffentlich hat er sich das nicht alles vom Mund abgespart.«

»Wenn schon. Was tut die Front nicht alles für die Heimat. Sie können es ungeniert verputzen. ›Kommen Sie ruhig 'rein — mein Mann hat heut neuen Schnaps von der Front geschickt.‹«

Die Frau sieht ihn unsicher an, lächelt dann süß-sauer.

»Das ist so'n Frontschnack?«

»Manchmal stimmt's.«

»Haben Sie so schlechte Erfahrungen gemacht?«

»Ich nicht, aber ein guter Kamerad von mir.«

»Manche Soldaten bilden sich das nur ein. Sie zermartern sich draußen Tag und Nacht in grundloser Eifersucht und sehen zum Schluß Gespenster.«

»Es gibt Gespenster aus Fleisch und Blut.«

»Kennen Sie so einen Fall?«

»Ja — Sie!« Es kommt wie aus der Pistole geschossen.

»Ich?«

»Wer war der Mann, der vorhin hier war?«

Mit einem Schlag ist alles Blut aus ihrem Gesicht verschwunden. Sie sieht jetzt aus wie eine Wachspuppe.

»Was erlauben Sie sich! Wenn Sie nicht von meinem Mann kämen, würde ich Sie hochkant 'rauswerfen.«

»Wer der Mann war, will ich wissen!«

»Welcher Mann? Ich weiß überhaupt nicht, wovon Sie reden.«

Er stellt sich ganz dicht vor sie hin. Mit beiden Fäusten packt er sie am Kragen ihres Morgenrocks.

»Falls Sie es noch nicht gemerkt haben — ich war vor einer Stunde schon mal hier. Vom Blatt der Hausfrau ... In der Zwischenzeit habe ich draußen auf dem Treppenflur gewartet. Ich habe alles gesehen und gehört. Mehr, als Ihnen lieb sein wird. ›Tschüs — bis Dienstag dann.‹«

Jetzt wird sie zur Abwechslung rot bis unter die Haarwurzeln. Selbst ihr Hals ist bis tief in den Ausschnitt hinein wie von Blut übergossen. Ihr Mund steht offen. Sie bringt keinen Ton heraus.

»Elende Drecksau!« schreit er und schleudert sie an die Wand. Einen Augenblick ist sie völlig benommen, dann sinkt sie hilflos auf einem Küchenstuhl zusammen. Sie beginnt zu wimmern, leise und piepsend, wie eine junge Katze.

»Werden Sie mich jetzt anzeigen?«

»Anzeigen? Das ist wohl Ihre einzige Sorge. An Ihren Mann denken Sie überhaupt nicht?«

»Herr Kleebusch — bitte, verstehen Sie . . .«

»Verstehen?«

»Es ist alles so schwer geworden in der Heimat. Man ist auf jede Hilfe angewiesen. Der Mann, der hier war, ist vom Schlachthof . . .«

Auch das noch. Ein Metzger, der mit der Wurst nach der Speckseite schmeißt. Ein reklamierter Witwentröster mit der Bockwurst in der Hand.

Die Frau wimmert wieder.

»Ich verspreche Ihnen, daß ich ihn nicht mehr sehe. Wenn Sie mich verraten — ich glaube, ich müßte mir das Leben nehmen . . .«

Ihr Morgenrock hat sich verschoben. Weißes Fleisch schimmert und prangt in der Tiefe des Ausschnittes. Einen Herzschlag lang verirrt sich sein Blick und bleibt an dem Ausschnitt haften.

Sie bemerkt den Blick sofort. Sie glaubt ihn auch deuten zu können. Unwillkürlich räkelt sie sich über dem Tisch zurecht. Die Tränen versiegen, sie hat wieder Oberwasser. Wäre gelacht, wenn ein Mann so schnell davon loskäme.

»Ein Mann wie Sie«, girrt sie und ihre Augen beginnen verlockend zu sprühen, »ein Mann wie Sie wird verstehen, wie schwer manchmal die Einsamkeit zu ertragen ist. Ich weiß, daß Sie mich im Grunde begreifen — ich spüre so etwas sofort . . .«

Der Morgenrock verrutscht noch mehr. Die linke Schulter wird sichtbar. Eine Locke fällt zitternd in die Stirn. Sie spielt großes Theater. Sie macht in Hilflosigkeit und Verlorenheit. Männer reizt so etwas, weiß sie. Besonders junge, die noch keine Erfahrung haben. Sie greift sich ans Herz, läßt dabei die Brüste sehen. Sie denkt an ihren Metzger, der so herzhaft zuzupacken versteht.

Kleebusch beobachtet sie angewidert. Miststück, denkt er. Wie kommt nur der solide Hannes an solch ein Luder? Die ist imstande und bietet mir noch das warme Bett des Vorgängers an, nur um mich mundtot zu machen. Sachen gibt's bei den Weibern — kaum zu glauben. Einfach unfaßbar!

»Oh — mein Herz ...«, stöhnt sie und drückt die Pracht noch sichtbarer nach oben. Zugleich kommt sie ihm bedrohlich nahe.

Da greift er zu.

Er langt über den Tisch, reißt sie an den Haaren hoch, beutelt sie, als müsse er ihr den Kopf abreißen. Als sie zu schreien beginnt, schlägt er zu. Es bereitet ihm Lust, in das rosig-lüsterne Gesicht zu schlagen. Links und rechts. Rechts und links. Mit aller Kraft. Ihm ist, als müsse er alle Treulosigkeit der Welt rächen.

Dann stürmt er davon.

Auf der Straße reißt er sich den Kragen auf. Ihm ist speiübel. Ohne sich umzublicken marschiert er mit gestrecktem Schritt auf den Bahnhof Gesundbrunnen zu.

Es dauert einige Zeit, bis er ruhiger wird und seine klare Überlegung wiederfindet.

Schwamm drüber.

Hannes Krummbier soll nichts davon erfahren.

Auch er will es so schnell wie möglich vergessen.

## 14

Die Mutter wartete mit dem Kaffee auf ihn.

»Willst du heute abend nicht zu Karin?«

»Nein.«

»Sie war heute hier. Sie würde sich bestimmt sehr freuen ...«

»Aber ich nicht.«

»Du willst sie überhaupt nicht sehen?«

»Nein.«

»Hast du etwas gegen sie?«

»Ich habe nichts gegen sie.«

»Dann verstehe ich nicht ...«

»Das brauchst du auch nicht zu verstehen.«

»Aber Karin ...«

»Bitte, laß mich in Ruhe mit Karin, Mutter, ich will nichts davon wissen. Von Karin nicht und von keiner anderen.«

Die Mutter sah ihn an. Schweigend trank sie ihren Kaffee.

Fritz Kleebusch merkte, wie die Mutter litt. Er wußte, daß die Verbindung mit Karin ein Herzenswunsch von ihr war. Sie hätte sie gerne als seine Frau gesehen. Karin war ein braves Mädchen. Bei ihr wäre er in guter Hut. Besser als bei einer anderen, die sie nicht kannte, und auf die sie keinen Einfluß hatte. Vielleicht dachte sie auch an ein Enkelkind. Viele Mütter dachten in dieser Zeit daran. Sie wollten, wenn der Sohn nicht wiederkam, wenigstens ein Kind von ihm im Arm halten.

Aber er wollte nichts mehr davon hören. Der Teufel mochte die Weiber holen. Sie brachten nur Komplikationen. Besten Dank für Obst und Südfrüchte. Das Leben war ohne sie schon schwierig genug. Und dann auch noch Kinder in die Welt setzen? In diese Welt? Es war zum Lachen!

In den nächsten Tagen wich er der Mutter aus. Er ging aus, so oft er konnte. Kopfüber stürzte er sich ins Vergnügen. Zerstreuung gab's in Hülle und Fülle. Das Nachtleben der Reichshauptstadt florierte noch immer.

Kameraden traf er genug. Gleichgesinnte, die nicht viel fragten, die sich nur amüsieren wollten.

»Komm, Kumpel, wir machen noch einen drauf.«

Und Frauen gab's ebenfalls genug. Unkomplizierte Frauen, die genau wußten, wie Soldaten genommen werden wollen. Kein Gefühlsballast, keine falschen Schwüre. Glatte Rechnung, die man auf Heller und Pfennig bezahlen konnte. Man bekam, was man wollte. Mehr brauchte man nicht. Der Urlaub war kurz genug. Heute rot, morgen tot. Was nachher kam, war scheißegal. Nach uns die Sintflut.

»Los, Kumpels, auf ein neues.«

Die Tage vergingen wie im Flug.

Als der Angriff kam, dauerte es lange, bis er zu sich kam. Es war mitten in der Nacht. Er maulte nur und drehte sich auf die andere Seite. Die Mutter mußte ihn immer wieder rütteln.

»Fritz, wir müssen in den Keller. Alarm!«

Er hatte einen dicken Kopf und wollte schlafen. Heldenkeller? Lächerlich. An der Front ging's auch nicht in den Keller. Es würde schon nicht so schlimm werden, er war ja zu Hause? Was hieß da Alarm?

Doch die Mutter ließ nicht locker. Es sei Pflicht, sagte sie. Nach dem Luftschutzgesetz dürfe niemand in der Wohnung bleiben. Auch ein Soldat nicht. Der Luftschutzwart würde Schwierigkeiten machen.

»Schwierigkeiten?« Fritz lachte verächtlich. Dieser Heini solle ihm nur kommen. Beim ersten schiefen Blick mache er ihn fertig.

»Tu es mir zuliebe«, bat die Mutter. Geduldig hielt sie bei ihm aus. »Mir zuliebe, Fritz. Ich hätte keine Minute Ruhe im Keller.«

»Gut«, kapitulierte er schließlich. »Dir zuliebe.«

Mürrisch zog er sich an und stiefelte mit Mutters guten Koffern die Treppen hinunter.

Kaum war er unten, begann der Segen.

Es rumste, daß der Kalk von den Wänden rieselte. Das Haus schien zu schaukeln. Alle Achtung, dachte Kleebusch und zog das Genick ein. Sie schickten alles vom Himmel was gut und teuer war. Sie sparten mit nichts. Sie hatten ihre besten Sachen mitgebracht und wollten sie partout an den Mann bringen.

Er war jetzt direkt froh, daß er im Keller saß, unter einer abgestützten Decke, zwischen dicken Balkensäulen, die eine Wucht vertragen konnten.

Mit gespitzten Ohren lauschte er dem teuflischen Konzert. Da gab es Einlagen in jeder Klangfarbe und in allen Stärken, vom pfeifenden Surren bis zum dumpfen Paukenschlag, der fast das Trommelfell zerriß. So was kannte man draußen nicht. Da waren die Iwans Stümper dagegen. Wenn sie wirklich mal kamen, schmissen sie mit Knallerbsen. Hier aber war Pfeffer dahinter. Man spürte es bei jedem Einschlag.

Zeitweise wurde er an Sewastopol erinnert, an die Höllenschläge des Thor und an die Weltuntergangsmusik der Zwillingsrohre von Maxim Gorki ...

Dann ging das Licht aus. Taschenlampen flammten auf. Die Luft schmeckte nach Gips und Kohlenstaub.

Draußen ballerte es. Hart, trocken.

»Das ist die Flak«, sagte eine alte Frau. »Drüben am Westhafen. Acht-acht. Der Pulk scheint jetzt abzudrehen.« Sie sagte es in einem Ton, als spreche sie von Gemüsepreisen.

Kleebusch sah sich erstaunt um. Wie halten das die Leute nur aus, dachte er. Ab und zu wimmerte ein Kind mit dünner Stimme, sonst aber herrschte Ruhe. Die Frauen saßen mit undurchdringlichen Gesichtern auf ihren Bündeln. Sie trugen es mit stoischer Ruhe. Man fügte sich ins Unvermeidliche. Es gab ohnehin kein Ausweichen. In der Heimat mußte jeder bleiben, wo er saß. Rückzug war hier nicht möglich.

»Draußen ist es bestimmt schlimmer«, meinte seine Mutter. »Immer, bei jedem Angriff, denke ich an dich. Wenn ich mir vorstelle, Junge, daß ihr das ständig aushalten müßt, Tag für Tag, daß es draußen nie Entwarnung gibt ...«

»Es gibt Entwarnung, Mutter. Wenn es zu happig wird, geht es einfach zurück. Das könnt ihr hier nicht. Ihr sitzt in einer Mausefalle, könnt euch nicht rühren. Wir aber können was tun.«

»Das sagst du nur so, Junge. An der Front ist es viel furchtbarer. Ich weiß es genau. Das ist doch gar kein Vergleich. Wir haben noch unser geregeltes Leben, unser Bett ...«

»Aber wenn eine Bombe aufs Haus fällt und das Bett in Schutt versinkt?«

»Das wird schon nicht geschehen. Und wenn — in der Heimat findet sich immer noch ein neues ...«

Wieder flog ein Bomberpulk an. Wieder schoß die Flak, wieder rauschten die Bomben nieder.

Irgendwo in der Nähe detonierte eine Luftmine. Das Haus machte einen kleinen Luftsprung, aber es blieb stehen. Es war fast ein Wunder.

Wieder und immer wieder. Schlag auf Schlag.

Die Nacht schien kein Ende zu nehmen.

Die Mutter hatte die Hände im Schoß gefaltet. Im Schein der Notlampe sah er, wie sich ihre Lippen bewegten. Sie betete stumm vor sich hin.

Ihre Gottergebenheit griff ihm ans Herz, und unvermittelt schloß er sie in die Arme.

»Mutter«, stieß er hervor. »Mutter ...«

Er nahm sich vor, ihr nie wieder im Leben Kummer zu bereiten.

»Es gibt Fisch«, sagt die Mutter am nächsten Morgen. »Willst du ihn für mich holen?«

»Natürlich, ich habe ja Zeit, mich anzustellen.«

»Wenn du deine Uniform anziehst, kommst du gleich dran. Fronturlauber brauchen sich nicht in die Schlange zu stellen.«

Gehorsam zieht er seine Frontkluft an. Er muß sich ohnehin bald wieder vertraut mit ihr machen. In drei Tagen ist sein Urlaub um. Nitschewo! Er zupft seine Auszeichnungen zurecht, dann schnappt er sich das Fischnetz und zieht los.

Die Stadt sieht aus, als sei ein Erdbeben über sie hinweggerauscht. Die Straße hat Zahnlücken bekommen. Manche Häuser sind wegrasiert. Andere haben sich zu einem riesigen Schutthaufen zusammengelegt und rauchen still vor sich hin.

Überall wird gepusselt. Man gräbt, man hämmert, man sägt, man klopft, man räumt auf. Das ist wohl das einzig Tröstliche an Zerstörungen: Daß man sofort was zum Pusseln hat.

Welch seltsame Tiere sind doch die Menschen.

An der Ecke kauft er eine Zeitung und überfliegt sie. »Besprechung des Führers mit dem Duce in Verona« heißt es in der Schlagzeile. »Völlige Übereinstimmung in allen Maßnahmen der Achse.« Weiter unten aber steht klein eine Nachricht, die Kleebusch aufhorchen läßt: Alliierte Streitkräfte sind nach tagelangen Luftangriffen von Afrika her auf den italienischen Inseln Pantelleria und Lampedusa gelandet... Das ist der Beginn der Invasion von Süden, denkt Kleebusch. Als nächstes kommt Sizilien dran. Nun wird es bald auch in Italien zurückgehen...

Vor dem Fischladen steht eine endlose Schlange. Die Schlange hat mehrere Reihen. Sie wirken wie selbständige Glieder. Der Schwanz reicht bis um die nächste Ecke.

Zögernd geht Fritz Kleebusch bis zur Ladentür. Er versucht sich am Kopf der Schlange einzureihen.

»He, Sie!« ruft eine Frau mit zerschlissenem Kopftuch. »Hinten anstellen!«

»Ich bin Urlauber«, sagt Kleebusch mit entschuldigender Miene.

»Wenn Sie Urlauber sind, haben Sie mehr Zeit als wir.«

»Aber er kommt doch von der Front«, nimmt ihn eine andere Frau in Schutz. »Das sieht man doch.«

»Hier ist auch Front«, sagt die erste ungerührt.

Kleebusch steht einen Augenblick unschlüssig. Er weiß nicht, was er tun soll. Hat die Frau nicht recht? Front ist heute überall. Und die Frauen haben sicher Kinder zu Hause — wenn sie nach dieser Nacht überhaupt noch ein Zuhause haben.

»Kommen Sie!« Einige Frauen winken ihn heran. »Hier bei uns können Sie sich zwischenstellen. Auf einen mehr oder weniger kommt's nicht an.«

Aber Kleebusch bringt es nicht übers Herz. »Die Frau hat recht«, sagt er, »ich habe wirklich Zeit.« Er klemmt sein Netz unter den Arm und trollt sich ganz nach hinten.

Der Schwanz der Schlange wächst ständig. Nach einigen Minuten stehen schon Dutzende Frauen hinter ihm.

»Ob's noch reicht?« fragt eine blasse Gestalt, die einen Säugling auf dem Arm trägt. Der Säugling hat einen verbundenen Kopf. »Beim letzten Mal war's gerade vor mir aus.«

Da schleicht sich Kleebusch wieder aus der Reihe, er geht still nach Hause.

»War schon aus, der Fisch«, lügt er und wirft das leere Netz auf den Tisch. »Pech, Mutter.«

Die Mutter sieht ihn mit ihren gütigen Augen an.

»Gar kein Pech, Junge. Dann mache ich eben Kartoffelpuffer. Die ißt du doch genauso gern.«

Natürlich, er ißt genauso gern Katoffelpuffer. Er würde alles andere genauso gern essen. Es ist ja auch ganz egal, was er ißt. Es ist alles egal.

Er zieht die Uniform wieder aus und hängt sie in den Schrank. Das Ehrenkleid des Soldaten. Man kann es wirklich an den Nagel hängen. Es gilt nichts mehr. Auch hier ist Front, hat die Frau gesagt. Sie trug ein zerschlissenes Kopftuch. Es sah aus, als wäre sie damit im Graben gelegen. Wer weiß, vielleicht hat sie schon mehr mitgemacht als mancher Soldat. Man kann es nur nicht sehen wie bei einem Soldaten, der seinen Klempnerladen auf der Brust daherträgt. Sie trägt keine Uniform mit Auszeichnungen. Für heldenhaftes Ausharren im Bombenhagel gibt es keine Orden... Und verstümmelte Kinder bekommen keine Verwundetenabzeichen...

Es ist nicht nur zum Kotzen, es ist schon zum Heulen, Herr Major.

Lustlos würgt er die Kartoffelpuffer hinunter und haut wieder ab. Er will zu Frau Graupner, zu der Frau seines Kommandeurs. Allmählich wird es Zeit, wenn er in drei Tagen abfährt. Sie wird mit dem Päckchen für den Oberst sicher schon auf ihn warten.

Als er in der Ringbahn sitzt und über Westkreuz nach Halensee fährt, fühlt er sein schlechtes Gewissen. Die Frau des Kommandeurs. Lange hat er nicht an sie gedacht. Was soll er ihr erzählen, wenn sie ihn fragt, wie er seine Tage verbracht hat? Er war in keinem Theater, er war in keinem Konzert. Ein paarmal im Kino. Und auch da nur in Filmen, in denen ein wenig gesungen und ein wenig gehopst wird. Schmachtfetzen, Schlagerparade. Typische Zeittöter.

Ach Quatsch, denkt er, ich werde ihr ganz einfach die Wahrheit sagen. Soll sie sich denken, was sie will, ich kann es nicht ändern. Ich habe den Krieg nicht gewollt. Es hört sich schön an, wenn man vom erhebenden Gefühl der hohen Kunst spricht. Wie aber, wenn einen die Gefühle mit einem Male so erheben, daß man einfach nicht mehr sitzen bleiben kann? Wenn es in einem aufbricht, schmerzhaft und wühlend, daß man plötzlich laut zu schreien beginnt? Kann man Beethoven hören, wenn man ins Trommelfeuer zurück muß? Er würde verrückt werden.

Und der Don Carlos, von dem sie sprach? Soll er als wildgewordener Posa durch die Straßen rennen und nach Gedankenfreiheit schreien? Arm in Arm mit dir, so fordr' ich mein Jahrhundert in die Schranken ... Nein, er könnte das nicht anhören, ohne sofort die Pistole ziehen zu müssen. Dabei wäre es doch ganz zwecklos. Mit Gedankenfreiheit ist es längst nichts mehr. Das hatte vor dem Krieg noch Sinn. Geben Sie endlich Ruhe, Sire, müßte es heißen. Bombenfreie Nächte, damit sich die Menschen überhaupt erst mal wieder auf Gedanken besinnen können. Sicherheit für Frauen und Kinder, die so sinnlos hingeschlachtet werden ...

Er wird ihr das alles einfach so erklären, wie er es empfindet. Sie wird ihn verstehen. Sie wird auch alles andere verstehen, das mit Karin und so. Daß er nichts von der Liebe wissen will, nichts von der Ehe, nichts vom Kinderkriegen und all dem Kram, der in normalen Zeiten ganz schön sein mag. Später vielleicht wieder, wenn wir eine neue, bessere Welt aufbauen, wenn der Oberst recht behält. Und wenn wir dann noch leben ...

Er wird ihr alles sagen. Auch das, was er seiner Mutter nicht sagen konnte. Und das, was er dem Oberst nicht sagen konnte. Und das, was er Hannes Krummbier nicht sagen kann ...

Zuversichtlich steigt er am Bahnhof Halensee die Treppe hinauf und geht zum Kurfürstendamm hinüber.

Hier liegen nicht so viele Trümmer wie im Norden. Der Westen scheint diesmal weniger abgekriegt zu haben. Kaum ein Haus in Trümmern. Nur Scherben liegen überall auf den Gehsteigen. Scherben wie damals, in jener Nacht, der man den sinnigen Namen Kristallnacht gegeben hat.

Er biegt in die Joachim-Friedrich-Straße ein. Kurz bevor er am Ziel ist, wird er aufgehalten. Die Straße ist gesperrt. Eines der großen Häuser ist bis zum Parterre eingestürzt. Die ganze Vorderfront hat sich quer über die Straße gelegt. Ein hoher Schuttdamm unterbricht den Verkehr. Frauen und Männer arbeiten an dem Trümmerberg. Sie schaufeln den Dreck zur Seite und werfen Klamotten auf Lastwagen und Handkarren.

Es dauert lange, bis Fritz Kleebusch begreift, was das alles bedeutet. Er muß mehrmals hinschauen, ehe er Gewißheit hat, daß er sich nicht irrt: Es ist nicht irgendein Haus, wie er zunächst glaubte — es ist das Haus, in dem Frau Graupner gewohnt hat...

Mein Gott, denkt er, das ist doch nicht wahr! Das darf nicht wahr sein! Das ist doch ganz unmöglich!

Sekundenlang muß er sich an einem der Lastwagen festhalten. Ihm ist, als drehe sich der ganze Schuttberg um ihn herum.

Dann sieht er einen Luftschutzwart in Uniform und rennt auf ihn zu. Vor Aufregung stottert er fast.

Doch der Luftschutzwart kann ihn beruhigen.

»Alle gerettet. Das Haus ist nur bis zum ersten Stock zusammengebrochen. Der Keller hat zum Glück gehalten. Wir konnten die Eingeschlossenen noch in der Nacht durch den Notausgang herausbringen. Alle heil und gesund.«

»Wo sind sie jetzt untergebracht?«

»Zu wem wollen Sie denn?«

»Zu Frau Graupner.«

»Frau Graupner?« wiederholt der Luftschutzwart. Sein Gesicht wird verschlossen. Die Augen schieben sich bedenklich zusammen. Auf der Stirn bilden sich einige Falten. »Sind Sie mit Frau Graupner verwandt?«

»Nein. Ich will sie nur besuchen. Ich komme im Auftrag ihres Mannes von der Front. Oberst Graupner. Er ist mein Regimentskommandeur.«

»Ach so«, sagt der Mann, und die Falten auf seiner Stirn glätten sich wieder. »Das ist was anderes.«

»Wo ist sie jetzt? Kann ich sie besuchen?«

»Nein — besuchen können Sie sie nicht ...«

»Aber warum denn, um Gottes willen?«

»Sie ist tot.«

»Tot? Sie sagten doch, daß alle gerettet sind.«

»Alle, die im Keller waren.«

»War sie denn nicht im Keller?«

»Nein.«

»Aber ...«, er muß ein paarmal schlucken. Er denkt daran, was ihm seine Mutter in der Nacht sagte. »... müssen denn nicht alle Menschen bei Alarm in den Keller? Hat sie denn niemand im Haus gewarnt?«

»Sie kam nie in den Keller. Es hat sie auch niemand dazu aufgefordert. Sie war Jüdin. Wußten Sie das nicht?«

Kleebusch merkt, wie er zittert. Er kann die Hände kaum ruhig halten. Er versucht sich vorzustellen, wie die Frau in der Nacht allein in der Wohnung saß, verlassen, ohne einen helfenden Menschen, neben dem Zimmer ihres toten Sohnes ...

»Sie konnte sich sonst nicht beklagen«, schwatzt der Luftschutzwart. »Als Frau eines Frontoffiziers hatte sie Sonderrechte. Niemand hat sie behelligt. Ihre Wohnung blieb unangetastet.«

Unangetastet ... Kleebusch blickte auf den Schuttberg. Niemand hat sie behelligt. Sie konnte sich sonst nicht beklagen ... Nein, beklagt hat sie sich wohl nie. »Gott schütze Sie«, hat sie beim Abschied gesagt. Jetzt liegt sie zerfetzt unter den Trümmern.

»Kann ich Ihnen irgendwie behilflich sein?« fragt der Luftschutzwart. Er ist ein freundlicher Mann.

»Nein.« Kleebusch versucht sich eine Zigarette anzuzünden. Es gelingt ihm nicht.

»Oder kann ich sonst etwas für Sie tun?«

»Nein, nein. Vielen Dank ...«

Am nächsten Tag kam Karin.

Als die Mutter zu ihm ins Zimmer trat und ihn mit vorsichtigen Worten darauf vorbereitete, daß Besuch da sei —

»netter Besuch«, wie sie schnell hinzufügte —, wollte er aufbrausen. Er hatte keine Lust, sich mit dem Gänschen zu unterhalten und unter den Augen der Mutter Süßholz zu raspeln. Jetzt schon gar nicht. Ihm gingen andere Dinge durch den Kopf. Er hatte noch an dem Schock von gestern zu würgen. Und übermorgen ging es wieder hinaus...

Die Mutter machte ein verzweifeltes Gesicht. Sie sah ihn fast ängstlich an. Ihre gebeugte Gestalt war eine einzige große Bitte.

»Ich kann sie doch nicht wieder wegschicken, Fritz. Sie weiß doch, daß du zu Hause bist.«

»Na schön. Es wird ohnehin nicht lange dauern.«

Dann stand Karin vor ihm. Sie streckte ihm die Hand hin und lächelte ihn unbefangen an.

»Tag, Fritz. Ich freue mich, daß wir uns doch noch sehen, bevor du wieder abfährst.«

Er sah sie an. Ein fast fremdes Mädchen stand vor ihm. Die Mutter hatte recht, sie hatte sich verändert. Aus dem häßlichen Entlein war ein junger Schwan geworden. Kein Backfisch mehr, fast schon eine junge Dame. Die blonden Zöpfe waren verschwunden. Das helle Haar fiel halblang in weichen Wellen auf gerundete Schultern. Alle jungfräuliche Eckigkeit schien von ihr abgefallen. Die Kleidung unterstrich noch das weiblich Weiche ihrer Gestalt. Zu einem karierten Faltenrock mit breitem, schwarzem Gürtel trug sie eine ärmellose weiße Bluse. Sie war vorne straff gezogen und spannte sich deutlich über der jungen Brust.

Ganz schön 'rausgemausert, stellte er fest. Und gerade flügge geworden. Nicht schlecht, wenn man es recht besah. Die Kameraden würden ihn sicher beneiden, wenn sie sehen könnten, wie sie so frisch und rosig vor ihm stand. Sie würden es auch nicht verstehen, daß er die Gelegenheit nicht beim Schopf packte. Zu dumm, daß er nicht sofort darauf gesprungen war. Nun war es sicher zu spät. Noch zwei Tage Urlaub. Achtundvierzig Stunden. Da war nichts zu machen. Bei Karin bestimmt nicht. Sie lächelte ihn zwar verliebt an, aber aus ihren Augen strahlte noch die helle Unschuld. Küßchen im Mondschein, ein wenig Nasenreiben, mehr lag da nicht drin. Er würde wohl bis zum nächsten Urlaub warten müssen. Und auch dann mußte er sich zumindest erst verloben. Darauf würde schon ihr Vater achten, der korrekte Beamte mit der sittenstrengen Nase.

»Du hast dich sehr verändert.« Sie sah ihn bewundernd an.

»Du auch.« Er sagte es mit Überzeugung.

»Du bist — wie soll ich es sagen —, du bist viel männlicher geworden.«

»Du auch.« Sofort verbesserte er sich: »Ich meine natürlich weiblicher, fraulicher ...«

Sie mußten beide lachen. Das Eis war gebrochen.

Die Mutter war selig. »Kinder«, schlug sie vor, »wollt ihr bei dem schönen Wetter nicht ein wenig spazierengehen?«

Karin nickte begeistert. Und Fritz war einverstanden. Unter den veränderten Umständen hatte er durchaus nichts dagegen.

»Fahrt in den Grunewald«, meinte die Mutter. «Ich hab' noch ein paar Lebensmittelmarken übrig, die geb' ich euch mit. Ihr könnt dann irgendwo draußen Abendbrot essen.«

Es wurde ein reizender Ausflug. Sie saßen in der Wannseebahn und hielten sich verstohlen an den Händen. Bis Nikolassee fuhren sie. Über Beelitzhof am Havelufer wanderten sie nach Norden und wollten über die Krumme Lanke von Onkel Toms Hütte aus mit der U-Bahn zurück nach Hause fahren. Sie kamen sich vor wie auf einer Urlaubsreise. Eine Fahrt in den Süden hätte nicht verheißungsvoller beginnen können.

Während sie durch den Wald schlenderten, sprachen sie über alles Mögliche, was ihnen gerade einfiel. Sie erzählten von früher, frischten Kindheitserinnerungen auf, sprachen von gemeinsamen Jugenderlebnissen.

Karin schwamm in einer Woge von Glück.

»Kannst du dich noch an die wilde Gerda aus der Seestraße erinnern? Die mit den schwarzen Augen und den ondulierten dunklen Locken?«

Er konnte sich an keine wilde Gerda erinnern, aber er nickte.

»Was war doch gleich mit ihr?«

»Sie war dauernd um dich 'rum und hat dir schöne

Augen gemacht. Ich bin damals fast geplatzt vor Eifersucht.«

»Du warst eifersüchtig?«

»Und wie!«

»Sag mal, Karin — wo warst du eigentlich bei meinem letzten Urlaub? Warum haben wir uns da nicht gesehen?«

»Da war ich beim Arbeitsdienst in Neustrelitz. Ich konnte leider nicht weg. Später wollte ich dir immer mal schreiben, aber ich wußte ja nicht, ob du noch was von mir wissen wolltest. Du hast nie was von dir hören lassen.«

»Wie lange ist das nun schon her, daß wir uns das letzte Mal sahen?«

»Fast drei Jahre.«

Drei Jahre. Eine halbe Ewigkeit. Was war in diesen drei Jahren alles geschehen ... Aber er wollte nicht daran denken. An nichts wollte er denken. An nichts, was an den Krieg erinnerte. Er war wieder jung, wieder unbeschwert. Die Sonne lachte und an seiner Seite ging ein Mädchen mit verführerischem Schwung in der Hüfte und einem rätselvollen Schimmern in den Augen.

Es war schön, in der Heimat zu sein.

Es war schön, alles zu vergessen.

Es war schön, ein Mädchen an der Hand zu halten.

Als die Sonne hinter dem märkischen Land unterging, kehrten sie in der Alten Fischerhütte ein. Im Garten waren nur wenige Tische besetzt. Er war froh darum. Sie nahmen in einer abgelegenen Ecke Platz und bestellten mit Mutters Marken ein Abendessen.

Kurze Zeit später kamen drei Soldaten in den Garten. Zwei junge Obergefreite mit Frontauszeichnungen und ein Unteroffizier. Sie suchten einen geeigneten Tisch. Als sie Karin entdeckten, nahmen sie ostentativ am Nebentisch Platz. Sie hatten eine Packtasche dabei, aus der die Hälse von Wodkaflaschen schauten. Es waren die schlanken hellen Flaschen, wie sie die Landser als Marketenderware bekamen. Die Männer hatten auch Gläser dabei. An alles hatten sie gedacht. Typische Selbstversorger.

Fritz Kleebusch saß mit dem Rücken zu den dreien.

Die Soldaten hatten es offensichtlich auf Karin abgesehen. Sie tuschelten und lachten. Anscheinend warfen sie auch freche Blicke herüber, denn Kleebusch beobachtete, wie Karin verlegen wurde und das Gesicht abwandte.

»Tolle Puppe«, sagte jetzt einer der Oberschnapser so laut, daß man es am Nebentisch hören mußte.

»Aber der Kerl ist mies«, ergänzte der andere ebenso laut.

Kleebusch drehte den Kopf und warf einen drohenden Blick zum Nebentisch.

»Paßt Ihnen was nicht?« fragte der eine Obergefreite, dem eine dunkle Tolle in die Stirn hing. Offenbar hatte er schon ein starkes Quantum Wodka intus.

Kleebusch wollte auffahren, doch Karin legte ihm schnell die Hand auf den Arm und hielt ihn zurück.

»Nicht, Fritz. Laß dich nicht provozieren. Ich will nicht, daß es Krach gibt. Wir gehen ohnehin bald weiter.«

»Von uns aus brauchen Sie nicht zu gehen, Fräulein«, versetzte der mit der Tolle. »Wir tun hübschen Mädchen nichts. Wenn Sie den Kerl nach Hause schicken, diesen miesen Zivilisten, das genügt uns vollauf. Dann kann es sogar noch ein recht netter und vergnügter Abend werden.«

Kleebusch sprang auf. Mit drohender Miene ging er auf den Burschen zu.

»Wenn du nicht sofort die Schnauze hältst, du Blindgänger, dann hau' ich dich ungespitzt in den Boden. Verstanden?«

Der andere war einen Augenblick überrascht. Einen solchen Ton hatte er von einem Zivilisten nicht erwartet. Er mußte tief Atem holen, ehe er die Sprache wiederfand.

»He, du Rotzlümmel — wie sprichst du denn mit mir? Haben wir vielleicht schon Säue miteinander gehütet? Das haben wir gerne! Dreckiger Drückeberger und will frech werden gegen alte Frontsoldaten . . .«

»Schnauze!« schrie ihn Kleebusch an.

Da holte der andere aus. Doch bevor er zuschlagen konnte, hatte ihn der Unteroffizier abgefangen.

»Mach keinen Stunk, du Idiot. Willst du vielleicht, daß man uns die Streife auf den Hals hetzt?«

Er packte den Wütenden am Kragen und warf ihn auf den Stuhl zurück. Dann wandte er sich mit verlegenem Lächeln an Kleebusch.

»Entschuldigen Sie bitte, es war nicht so gemeint. Der Kamerad ist total besoffen. Darf ich als Entschädigung ein Glas Wodka anbieten?«

»Danke!« lehnte Kleebusch ab und drehte ihm den Rücken zu. Er setzte sich wieder zu Karin. Doch seine Stimmung war futsch. Rasch würgte er den Rest des Essens hinunter, bezahlte und stand auf.

»Komm, Karin, laß uns gehen. Hier stinkt's.«

»Was?« schrie der mit der Tolle. »Was hat dieses Aas gesagt? Dem werd' ich's zeigen, wer hier stinkt. Dem hau ich in die Fresse, daß ihm sämtliche Gesichtszüge entgleisen.«

Er wollte wieder auffahren, doch der Unteroffizier hielt ihn mit Gewalt auf seinem Stuhl fest.

»Gehen Sie jetzt«, sagte der Unteroffizier zu Kleebusch, »sonst gibt es wirklich noch Stunk.«

»Ich gehe, wann es mir paßt. Im übrigen ...« Kleebusch holte sein Soldbuch aus der Tasche und warf es auf den Tisch, »damit ihr wißt, mit wem ihr es zu tun habt, ihr dreckigen Speckjäger ... falls wir uns noch einmal begegnen sollten.«

Die Landser starrten mit offenen Mäulern auf das braune Heft mit dem Hoheitszeichen. Dann sahen sie Kleebusch an, als erblickten sie ihn in diesem Augenblick zum ersten Mal. In ihren Augen stand Angst. Wenn es nun ein Offizier war?

Der Unteroffizier faßte sich als erster. Er nahm das Soldbuch in die Hand und schlug es auf. »Unteroffizier Kleebusch — so was!« Er streckte Fritz Kleebusch impulsiv die Flosse entgegen. »Mensch, Kumpel, warum hast du das nicht gleich gesagt?«

»Ihr habt mich ja nicht danach gefragt. Außerdem lasse ich mich in keinem Fall gern anrempeln. Ich hätte nicht anders reagiert, auch wenn ich nicht selber Landser wäre.«

»Natürlich, Mann. Ist mir völlig klar. Dieser Affenarsch ist total aus den Pantinen gekippt. Aber vielleicht kannst du es besser verstehen, wenn ich dir sage, daß wir erst gestern aus dem Osten angekommen sind.«

»Aus dem Osten?« Das Wort hatte für Kleebusch einen seltsamen Klang. »Wo liegt ihr denn?«

»In der Ukraine.«

»Die Ukraine ist groß. An welchem Frontabschnitt?«

»Gar kein Frontabschnitt. Wir werden zur Zeit neu aufgestellt. Wir liegen in Berditschew.«

»In Berditschew? Mensch, ich werd' verrückt!« Kleebusch hatte im Nu allen Zorn vergessen. »Ihr liegt tatsächlich in Berditschew? Da fahr' ich übermorgen wieder hin. Mein Haufen wird dort ebenfalls aufgefrischt.«

»Wo denn da?«

»In der roten Backsteinkaserne auf dem Hügel am nordwestlichen Stadtrand.«

»Ich krieg' die Motten!« Der Unteroffizier hieb Kleebusch auf die Schulter. »Das ist haargenau auch unsre Unterkunft. So was von Zufall war noch nicht da!«

»Seit wann seid ihr da drin?«

»Seit vier oder fünf Tagen.«

»Und wie stark ist euer Verein?«

»Vier Bataillone.«

»Aber . . .«, Kleebusch verschlug es fast den Atem, »dann muß ja mein Haufen schon weg sein.«

»Welche Einheit?«

»Schweres Werferregiment.«

»Die Stukas zu Fuß?«

»Genau.«

»Ja, Mensch, die waren vor uns da. Ich hab' noch mit den Leuten vom Nachkommando gesprochen. Das ganze Regiment ist zum Schanzen vor. Irgendwo am Mittelabschnitt soll's losgehen, heißt es. So um Kursk 'rum, wo die Front nach Orel einen großen Bogen macht. Ziemlich mulmige Ecke. Dort haben sie uns vor drei Wochen total zur Sau gemacht. Der Iwan hat in dem Bogen allerhand massiert.«

Kleebusch schloß die Augen. Plötzlich war er wieder mitten drin. Es war zum Verrücktwerden. Daß einen das sogar bis in die stillsten Winkel des Grunewalds verfolgen konnte! Und dabei hatte er wenigstens an diesem Abend nicht an den Krieg denken wollen . . .

»Komm«, wandte er sich an Karin. Er verabschiedete sich kurz von dem andern, dann ging er schnell mit Karin fort.

»He, Kumpel!« Der Unteroffizier setzte in großen Sprüngen hinter ihm her. Als er ihn eingeholt hatte, nahm er ihn augenzwinkernd auf die Seite. In der Hand hielt er eine der kleinen Wodkaflaschen. »Hier, Mann«, sagte er und drückte Kleebusch die Flasche in die Hand. »Als Entschuldigung — und zur Feier des Tages. Wirst es heute noch gut gebrauchen können.«

»Aber . . .«

»Nichts aber. Nimm's und nütze es. Ist gut als Büchsenöffner.«

»Als was?«

»Wirst schon sehen. Du hast doch sicher noch was vor mit deinem Mädel oder nicht? Das wird auf nüchternen Magen bei der nicht leicht sein. Ich kenne diesen Typ. Aber nach einem Schuß Wodka streckt sie schnell die Waffen. Also dann — halt die Ohren steif und mach's gut. Und grüß mir die Zitadelle von Berditschew!«

Ehe Kleebusch etwas erwidern konnte, war er weg.

## 15

»Was hat er gesagt?« fragte Karin, als er zu ihr zurückkam.

»Ach, nichts.«

Schweigend gingen sie am Schlachtensee entlang. Hier gab's, wie Kleebusch wußte, allerlei lauschige und ungestörte Winkel. Die Nacht war dunkel und weich wie schwarzer Samt. Der See glänzte im Sternenlicht wie flüssiges Silber. An der Böschung gluckste das Wasser. Irgendwo am jenseitigen Ufer quakten ein paar Frösche. Sonst war kein Laut zu hören. Eine Nacht, wie geschaffen für die Liebe.

»Setzen wir uns ein wenig ins Moos?« Er zog, ohne Karins Antwort abzuwarten, seine Jacke aus und legte sie mit dem Futter nach unten auf den Boden. Schweigend ließ sich Karin darauf nieder. Er setzte sich neben sie und legte den Arm um ihre Schulter.

»Magst du einen Schluck Wodka?«

»Nein, Fritz, ich trinke keinen Schnaps.«

»Auch nicht probieren?«

»Wozu denn? Laß uns doch ganz einfach hier sitzen und träumen. Es ist viel schöner so.«

Er holte trotzdem den Schnaps hervor. Mit der flachen Hand schlug er auf den Flaschenboden, daß der kleine Stöpsel heraussprang. Einladend hielt er ihr die Flasche vors Gesicht.

»Ein kleines Schlückchen wenigstens.«

»Gut, wenn du willst.« Sie setzte die Flasche an die Lippen und nippte.

»Noch einmal, Karin. Und etwas mehr, diesmal. Nur Mut. Du wirst sehen, wie schön das wärmt.«

»Mir ist warm genug.«

»Trotzdem.«

»Muß ich wirklich?«

»Natürlich.«

Gehorsam setzte sie erneut die Flasche an. Aber schon nach dem ersten kleinen Schluck mußte sie husten. Sie ließ die Flasche sinken und schüttelte sich. In ihren Augen standen helle Tränen, als habe sie Zwiebeln geschält.

»Siehst du, Fritz, ich kann nicht. Mir würde sofort übel. Das willst du doch nicht.«

Nein, das wollte er nicht. Aber er wollte auch nicht »nur so« hier 'rumsitzen und tatenlos in die Gegend träumen, wie sie sich das vorstellte. Träumen konnte er das ganze Jahr. Draußen, wenn sie im Graben lagen und sich mit dem Sternenhimmel zudeckten, war Träumen das einzige, was ihnen übrigblieb. Es war der Ersatz für das versäumte wirkliche Leben. Hier aber, in der Heimat, wollte er keinen Ersatz. Er wollte keinen Traum, er wollte das reale Leben.

Das reale Leben saß neben ihm. Es atmete warm und war zum Greifen nahe. Und doch schien es zugleich unerreichbar fern. Wie hatte der Kumpel vorhin gesagt: Ich kenne diesen Typ ... Der Junge hatte es gut gemeint mit seiner Medizin. Aber was nützte das beste Mittel, wenn der Patient es nicht nahm?

Er zog die Unterlippe zwischen die Zähne und kaute darauf herum.

»Hast du was dagegen, wenn *ich* trinke?«

»Natürlich nicht. Trink nur, Fritz, wenn es dir Spaß macht. Du bist es gewöhnt.«

Er setzte die Flasche an und ließ das brennende Zeug nur so durch die Kehle laufen. Als er absetzte, fühlte er es feurig in den Gliedern brennen. Wodka war doch das beste von allem. Es war das treueste Gesöff des Landsers im Osten. Wodka schützte vor dem Erfrieren im russischen Winter. Wodka nahm vor dem Angriff die Angst und nach dem Angriff den Katzenjammer. Wodka regelte den seelischen Stuhlgang: Er half über jede Verzweiflung hinweg.

»Prost.« Er steckte die Flasche wieder in den Hals. Er wußte, daß Karin jetzt mißbilligend die Augenbrauen hochziehen würde, aber es kümmerte ihn nicht.

»Es muß doch manchmal sehr schwer sein draußen.«

»Gar nicht schwer, Karin. Es kommt immer auf den Standpunkt an, von dem aus man es betrachtet. Wenn man erst einmal auf dem berühmten Landserstandpunkt steht, weißt du, dann kann einen so leicht nichts mehr erschüttern. Dann kann einen die ganze Welt hintenrum ...«

»Fritz! Ich habe es nicht gern, wenn du so sprichst. Auch vorhin, wie du mit den Soldaten gesprochen hast — ich finde das schrecklich.«

»So?« Der Alkohol stieg ihm in den Kopf und machte ihn angriffslustig. »An diesen Ton wirst du dich noch gewöhnen müssen, wenn du mit einem Soldaten gehst. Und vielleicht an noch ganz andere Dinge.« Er nahm jetzt sogar die Rüpel in Schutz, die sie angepöbelt hatten. Sie müsse das verstehen. Die Männer kämen direkt aus dem Schlamassel, wo es auf Tod und Leben gehe. Da komme es auf andere Dinge an als auf gesellschaftliche Formen. Wenn die nach Jahr und Tag aus dem Dreck kämen und zum ersten Mal wieder einem Mädchen begegneten, sauber gewaschen und mit gestärkter Bluse, dann dürfe man es ihnen nicht krummnehmen, wenn sie ein wenig aus den Latschen kippten.

Karin hörte ihm mit offenem Mund zu.

»Würdest du dich denn genauso benehmen?«

»Ich? Ich weiß mich zu beherrschen.«

Sie schwiegen. Dann sagte Karin leise:

»Wenn ich es recht bedenke, bin ich eigentlich ganz froh, daß du im Osten bist ...«

»Ach! Darf ich vielleicht auch wissen, warum?«

Sie erschrak über seine Heftigkeit und verbesserte sich sofort.

»Ich meine natürlich nicht die Härte des Krieges. Da wäre es mir selbstverständlich lieber, du stündest in Italien oder Frankreich. Ich meine die anderen Gefahren.«

»Welche Gefahren?«

»Ich habe einen Vetter, der in Paris stationiert ist. Er erzählt furchtbare Dinge von den deutschen Soldaten.«

»In puncto Liebe?«

»Mit Liebe hat das wohl nichts zu tun.«

Fritz Kleebusch lachte schallend auf.

»Und du glaubst, in Rußland gebe es diese Gefahren nicht?«

»Die russischen Frauen sind anders.«

»Du meinst häßlicher?«

»Wie man's nimmt. Ich habe Bilder gesehen . . .«

»Alles Propaganda.« Er sprach schnell und heftig. »Da zeigt man bewußt die komischen Typen. Man will beweisen, daß es sich um eine minderwertige Rasse handelt. Aber natürlich gibt es auch in Rußland schöne Frauen wie überall in der Welt.«

»Hast du welche kennengelernt?«

Fast hätte er sich verschluckt. Nach kurzem Besinnen gab er eine ausweichende Antwort.

»Man lernt überall Menschen kennen. Solche und solche. Warum willst du es so genau wissen?«

»Hast du . . .«, fragte sie leise und griff nach seiner Hand, »hast du mal was . . . mit einer solchen Frau gehabt?«

»Ich? Wenn ich mich mal einsam fühle, dann bete ich drei Vaterunser, und alles ist wieder gut.«

»Fritz! Mit solchen Dingen scherzt man nicht.«

»Nein«, sagte er und riß sie unvermittelt an sich. Leidenschaftlich schlang er seine Arme um sie und küßte sie lange und verzehrend.

Sie hielt ganz still. Unbeweglich lag sie in seinen Armen. Nur ein leises Zittern lief über ihren Rücken. Sie duldete seinen Kuß, aber sie erwiderte ihn nicht. Ihre Lippen blieben geschlossen. Sie hatte wohl noch nie richtig geküßt. Als er sie an sich zog, versteifte sie sich in erschrockener Abwehr, versuchte sich aus seiner Umklammerung zu lösen. Immer verzweifelter wurden ihre Anstrengungen, sich loszumachen.

Enttäuscht ließ er von ihr ab.

»Verzeih.« Seine Stimme war heiser. Er griff wieder zur Flasche. Alles um ihn herum schien sich zu drehen. Er konnte seine Erregung kaum verbergen.

Ununterbrochen quakten die Frösche. An die Steine der Böschung klatschte das Wasser. Über den ruppigen Kiefern am anderen Ufer ging schüchtern der blasse Mond auf. Lautlos zitterten die Sterne in der Unendlichkeit.

Fritz Kleebusch sah alles durch einen Schleier. Der Wodka hatte ihn völlig benebelt. Ganz schön belämmert, dachte er. Übermorgen ging's wieder 'raus. Was hatte er von seinem Urlaub gehabt? Ärger, Enttäuschung, Schmerz und Ekel. Die Frau des Kommandeurs lag unter Trümmern begraben. Die

Frau eines Kameraden aalte sich mit einem fremden Kerl im Bett. Karin, das Mädchen, das ihn angeblich liebte, rückte von ihm ab wie vor einem Lustmörder. Wozu kam man überhaupt nach Hause?

Übermorgen war der Urlaub zu Ende. Dann mußte er wieder durch den Dreck waten. Großer Angriff im Frontbogen bei Kursk und Orel, hatte der Unteroffizier gesagt. Ganz mulmige Ecke. Zwei Tage noch. Die mußten für ein ganzes Jahr reichen. Für ein ganzes Jahr unerfüllter Träume — falls man dieses Jahr überlebte . . .

Er blickte auf Karins weiße Bluse. Weiße Bluse, dachte er. Weiße Bluse . . . Auch Marussja hatte eine weiße Bluse getragen. Seine Maria. Ihm war plötzlich, als sei es erst gestern gewesen, daß er sie im Arm gehalten hatte. Wie selig war er dabei gewesen. Wie mütterlich hatte sie ihn umarmt. Wie weich und verstehend hatte sie sich ihm hingegeben. Sie hatten keinen Wodka gebraucht, obwohl sie inmitten der asiatischen Steppe lagen. Er war vom ersten Augenblick an von ihr berauscht gewesen. Von jenem Moment an, da sie sich ihm in der armseligen Hütte am Terek mit so selbstverständlichen Bewegungen und doch zugleich so unschuldsvoll dargeboten hatte . . .

Wieder nahm er einen kräftigen Schluck. Rote Ringe tanzten vor seinen Augen.

»Bitte, Fritz — trink nicht mehr«, hörte er Karins versagende Stimme.

»Geh nach Hause!« schrie er plötzlich. »Geh nach Hause! Schnell!«

»Aber warum denn?«

»Geh nach Hause, sage ich — sonst passiert noch was!«

Sie sah ihm tapfer in die Augen. Die Hände hatte sie wie zum Gebet gefaltet.

»Ich habe keine Angst vor dir, Fritz. Auch wenn du getrunken hast. Ich liebe dich.«

»So?« Unwillkürlich bekam er einen hohnvollen Ton. »Du hast keine Angst vor mir? Du liebst mich?« Er wußte kaum noch, was er sprach. »Dann mach deine Bluse auf!«

»Wie?«

»Mach die Bluse auf!«

Sie sah ihn an, als habe sie ihn nicht verstanden. Ihr

Mund stand offen, ihre Augen waren schreckhaft geweitet. Ist er wahnsinnig geworden? dachte sie. Hat ihn der Alkohol völlig verrückt gemacht? Instinktiv kreuzte sie die Hände vor der Brust und beugte sich zurück.

Da griff er zu, riß sie an sich. Ihre Gegenwehr kümmerte ihn nicht.

»Fritz! Hör auf — ich schrei' um Hilfe . . .«

Sie wehrte sich mit aller Kraft, kratzte, biß. Schmerzhaft fühlte er ihre Nägel im Fleisch. Wütend packte er ihre Arme und bog sie nach hinten. Er war wie von Sinnen. Ihr Kratzen und Schreien verstärkte nur seine Wut. »Dumme Kröte!« zischte er mit heißem Atem. »Was bildest du dir eigentlich ein?« Er wollte sich den Triumph nicht nehmen lassen. Mit seinem ganzen Körpergewicht legte er sich auf sie. Endlich bekam er eine Hand frei. Er wußte nicht mehr, was er tat. Die Knöpfe der Bluse sprangen ab, der Stoff ging in Fetzen. Er riß weiter. Er wollte nicht kapitulieren. Er mußte es ihr zeigen — so oder so.

»Hilfe!« schrie sie gellend.

Da ließ er eine Sekunde von ihr ab. Sie bekam die Hände frei und schlug ihm ins Gesicht. Sie schlug so fest, daß er einen Augenblick ganz benommen war. Er starrte sie an. Sie benützte die Verwirrung und sprang auf, zog die zerfetzte Bluse über der Brust zusammen und rannte davon. Rannte in irrsinniger Angst, so schnell sie die Füße trugen.

Im Nu war er nüchtern.

»Karin! Karin — so warte doch!«

Aber sie war schon verschwunden. Er empfand das Quaken der Frösche als Hohngelächter.

Was hatte er getan? Was sollte er jetzt tun? Wie hatte er sich so vergessen können?

Er ging zum Wasser hinunter; ausdruckslos starrte er in die Tiefe. Dann wusch er sich die zerkratzte Hand, kühlte die Stirn. Er fühlte sich zerschlagen. Am liebsten wäre er in den Erdboden versunken. Je mehr er über seine Lage nachdachte, desto hoffnungsloser kam sie ihm vor. Karin würde nach Hause rennen und alles ihren Eltern berichten. Die zerfetzte Bluse, ihre zerkratzten Arme und die blauen Flecke waren Beweis genug für seine Untat. Notzuchtversuch nannte man das. Morgen früh würde ihr Vater erscheinen und Aufklärung verlangen. Wenn er bösartig war, konnte er sogar Anzeige erstatten. Möglich war alles. Ihr Vater verstand in diesen Dingen keinen Spaß. Dann würde eine entsprechende Meldung an seine Einheit gehen . . .

Skandal! Skandal! hörte er die Frösche quaken. Schon sah er die Leute des ganzen Viertels mit Fingern auf ihn zeigen: Das ist der Kerl, der sich wie ein Tier an ihr vergehen wollte . . .

Und die Mutter würde unter der Schande zusammenbrechen.

In brennender Scham und beißender Selbstzerfleischung schlug er sich vor die Stirn. Wieder einmal hatte er alles falsch gemacht. Er paßte nicht mehr in die geordnete Welt der Zivilisation. Er war durch Krieg und Dreck und Hurerei verkommen und vertiert. Er hätte draußen bleiben sollen, bei seinem Haufen, bei seinen Kameraden. Draußen wäre ihm so etwas nicht passiert.

Draußen . . . wiederholte er in Gedanken.

In diesem Augenblick wußte er, was er zu tun hatte.

»Ich muß weg«, berichtete er seiner Mutter aufgeregt, sobald er zu Hause war. »Ich muß morgen früh schon fahren. Es läßt sich leider nicht ändern.«

»Morgen früh?« Die Mutter schaute ihn entgeistert an. »Dein Urlaub geht doch noch bis übermorgen.«

»Ich muß. Es ist ein Telegramm gekommen. Ein neuer Einsatz beginnt.«

»Was für ein Telegramm? Wo ist ein Telegramm gekommen?«

»Bei der Kommandantur. Ich bin heute nachmittag dort vorbeigegangen. Ich muß sofort zu meiner Truppe zurück.«

Verständnislos schüttelte die Mutter den Kopf. Sie konnte es nicht fassen.

»Und Karin?«

»Karin weiß Bescheid.«

Helle Tränen liefen der Mutter über die Backen. Sie hatte ihm den letzten Tag noch besonders nett machen, hatte Karin einladen und mit beiden Kaffee trinken wollen. Vielleicht wäre es sogar eine kleine Familienfeier geworden . . .

Und sie hatte sich noch so viel vorgenommen. Sie wollte ihm einen Kuchen backen. Sie wollte ihm eine große Wurst mitgeben, von den Marken, die sie sich abgespart hatte.

Nun war das alles nicht mehr möglich. Auf die plötzliche Abreise war sie nicht vorbereitet. Jetzt war es späte Nacht; beim besten Willen war nichts mehr zu beschaffen.

Dabei ging er an die Front. Ein neuer Einsatz stand bevor. Vielleicht sah sie ihn überhaupt zum letzten Mal . . .

Doch sie klagte nicht. Blaß und stumm legte sie die frischgewaschene Wäsche zusammen und packte seine Tasche.

Der Abschied in der Frühe war kurz. Kaum, daß er seinen Kaffee in Ruhe austrank. Eine heftige Umarmung, ein paar verlegene Worte, ein letzter Blick zurück — dann stürmte er davon. Lange vor Sonnenaufgang. Die Stadt schlief noch. Gespenstisch hallten seine Stiefel in den Straßen. Er kam sich wieder einmal vor wie auf der Flucht, heimlich, ganz auf sich allein gestellt . . .

Doch am Bahnhof Friedrichstraße herrschte bereits reger Betrieb. Von allen Seiten strömten die abschiednehmenden Urlauber zusammen. Fröstelnd standen sie auf dem Bahnsteig, gebückte Gestalten mit verschlafenen, mürrischen Gesichtern. Einige wurden von ihren Frauen begleitet, die meisten aber waren allein. Abschied am nächtlichen Bahnhof war immer eine traurige Sache.

Fritz Kleebusch fühlte sich erleichtert, als er wieder zwischen den Landsern stand. Bis zuletzt hatte er befürchtet, die Mutter würde noch peinliche Fragen stellen. Oder Karins sittenstrenger Vater könnte unverhofft auftauchen. Nun war die Gefahr vorbei. Hier wollte keiner was von ihm. Hier war jeder viel zu sehr mit sich beschäftigt. Es tat direkt wohl, wieder zwischen lauter Gleichgesinnten zu sein.

Am Anfang suchte er nach bekannten Gesichtern, doch dann fiel ihm ein, daß er einen Tag zu früh dran war. Die anderen aus seinem Regiment, mit denen er eingetroffen war, würden erst morgen kommen.

War es nicht geradezu grotesk, daß er einen Tag früher fuhr? Schnapsidee, dem Barras vierundzwanzig Stunden zu schenken! Würde man ihn draußen nicht auslachen — ihn geradezu für verrückt halten?

Er nahm sich vor, noch einen Tag in Warschau zu bleiben.

Warschau war gar nicht schlecht. In Warschau konnte man noch ein Ding drehen, das für manche Enttäuschung in der Heimat entschädigte.

Zwei Eisenbahner kamen vorbei.

»Fahrt doch nach Charlottenburg 'raus«, sagt der eine zu den Soldaten. »Dort wird der Zug eingesetzt. Da bekommt ihr die besten Plätze. Zeit genug ist noch.«

Einige Landser überlegten, ob sie dem Rat folgen sollten.

»Ganz schön doof«, konterte ein alter Obergefreiter. »Umgekehrt müßte man es machen. Zum Schlesischen Bahnhof müßte man fahren.«

»Aber wieso denn? Bis dorthin ist der Zug doch längst überfüllt.«

»Eben«, erklärte der Obergefreite. »Dann lassen wir uns vom Bahnhofsoffizier bescheinigen, daß es keinen Platz mehr gab. Morgen kommen wir um die gleiche Zeit wieder. Auf diese Art haben wir einen ganzen Tag gewonnen. Macht ihr mit?«

Die Männer der Gruppe, an die er die Frage richtete, schüttelten die Köpfe.

»Feige?« fragte der Obergefreite.

»Nee«, antwortete einer der Männer, »aber den Trick haben wir gestern schon angewandt. Ein zweites Mal kommt man damit nicht durch.«

Am Stadtbahngleis lief ein überfüllter S-Bahnzug ein. Vollgepfropft mit Landsern.

»Da drüben mußt du einsteigen, Kumpel«, empfahl der Mann dem Obergefreiten. »Die fahren alle zum Schlesischen Bahnhof. Das sind die, die es heute zum ersten Mal probieren.«

Der Obergefreite kratzte die Kurve wie ein geölter Blitz. Eine Reihe anderer Landser folgte ihm. Fritz Kleebusch sah ihnen sinnend nach. Sie rannten wie um ihr Leben, nur um noch einen Tag Urlaub 'rauszuschinden. Und er? Er hätte ihnen gern diesen einen Tag schenken können.

»Bald können wir überhaupt mit der S-Bahn an die Front fahren«, schimpfte ein bepackter Gefreiter.

»Wieso? Wird die Stadtbahn so weit ausgebaut?«

»Nee, aber wenn beim Rückzug die Front immer näher kommt . . .«

»Pst!« machte einer, er stieß die Umstehenden an. »Feind hört mit!«

Zwei Männer von der Bahnhofswache kamen vorbei. In langsamem Gleichschritt patrouillierten sie auf dem Bahnsteig. Unter den mattglänzenden Stahlhelmen blitzten mißtrauische Blicke sie an. Keiner sprach mehr.

Endlich lief der Fronturlauberzug ein. Er war nur schwach besetzt. Fritz Kleebusch fand einen guten Platz. Er verstaute die Packtasche im Gepäcknetz, haute sich in die Ecke und schloß die Augen. Er wollte von Berlin nichts mehr sehen und hören. Auch nichts von den herzzerreißenden Abschiedsszenen auf dem Bahnsteig. Er kannte den Käse zur Genüge. »Auf Wiedersehen, Franz!« »Leb wohl, Luise — und schreib mir bald.« Weinende Frauen und schluckende Männer. Abschiedsgeheul und verlegene Trostworte. »Bleib mir treu!« »Komm gesund wieder!« »Türen schließen und zurücktreten!« Aus.

Langsam rollte der Zug aus dem Bahnhof. In gedrosseltem Tempo schnaufte er durch die Stadt, am Kaiser-Friedrich-Museum vorbei über die Spree. Hinter dem Alexanderplatz ging in rotem Brand die Sonne auf. Dann kroch der Zug in die große Halle des Schlesischen Bahnhofs.

Gedränge, Geschiebe, Geschrei. Aufgeregte Landser, die an den Abteilen vorbeidrängten. Musternde Blicke durch die Fenster. »Alles besetzt? Schade. Dann müssen wir eben den nächsten Zug nehmen . . .«

Fritz Kleebusch hörte alles wie durch dicke Wattepolster. Der Lärm vor dem Zug interessierte ihn so wenig wie das müde Palavern seiner Abteilgenossen.

Plötzlich aber zuckte er zusammen. Hatte da nicht jemand seinen Namen gerufen? Erschrocken spähte er durchs Fenster.

»Unteroffizier Kleebusch!«

Anscheinend war es ein Mann der Bahnhofswache, der von Wagen zu Wagen lief und den Namen ausrief. Einen Augenblick dachte Fritz Kleebusch daran, sich zu verkriechen, sich auf der Toilette einzuschließen, bis der Zug anfuhr. Es konnte sich nur noch um wenige Minuten handeln. Wenn der Zug auf freier Strecke war, bestand so leicht keine Möglichkeit mehr, ihn zurückzuholen.

Aber dann besann er sich. Wenn man ihn suchte, konnte er in keinem Fall entkommen. Spätestens in Brest-Litowsk, wo der Zug endete und jeder durch die Kontrolle mußte, würde man ihn anhalten. Und dann konnte es wesentlich unangenehmer für ihn werden.

Langsam stand er auf, zwängte sich durch den Gang auf die Plattform und beugte sich zur Tür hinaus.

Gerade wurde erneut sein Name ausgerufen.

»Hier!« meldete er sich.

»Fritz!« Eine Mädchengestalt lief mit aufgelösten Haaren auf ihn zu. »Fritz — Gott sei Dank, daß ich dich noch treffe ...«

Karin. Sie war völlig außer Atem. Sie schwang sich aufs Trittbrett und fiel ihm erschöpft um den Hals. Ihren Kopf legte sie an seine Schulter. Sie klammerte sich förmlich an ihm fest. Ihr Atem ging so heftig, daß sie kaum reden konnte.

»Ich habe von deiner Mutter erfahren, daß du weg bist. Da bin ich sofort hierher gefahren und habe dich ausrufen lassen. Ich mußte dich noch einmal sehen, bevor du wieder 'rausfährst — mit dir sprechen ...«

»Karin ...« Er fühlte, wie seine Knie weggingen. »Karin — ich muß dich um Entschuldigung bitten. Verzeih mir, was gestern geschehen ist ... Ich war betrunken — ich habe mich wie ein Schwein benommen.«

Sie legte ihm die Finger auf die Lippen. In ihren Augen schimmerte es.

»Sprich nicht mehr davon, Fritz. Es ist alles gut.«

»Und deine Eltern? Was haben sie gesagt?«

»Ich habe ihnen erzählt, ich sei gestürzt — an einem Baum hängen geblieben ...«

Er schloß die Augen. Er mußte sie schließen, um nicht loszuheulen. Der eiserne Ring um sein Herz war gesprengt. Er konnte wieder frei atmen.

Karin hielt sich noch immer an ihm fest.

»Fritz ...«, sagte sie nahe an seinem Ohr, »Fritz ...« Ihre Stimme war so verhalten, daß er sie kaum verstand. »Du brauchst dich nicht zu entschuldigen. *Ich* muß dich um Verzeihung bitten.«

»Du?«

»Ja, ich bin so dumm, so ... so unerfahren. Ich habe die ganze Nacht darüber nachgedacht. Ich ...«

Mit einem Kuß verschloß er ihr den Mund. Er spürte, wie ihr Körper ihm entgegenkam. Sie preßte sich an ihn — voller Leidenschaft. Ihre Lippen öffneten sich, sie wurden weich in sehnsüchtigem Verlangen. Sie wollte ihm zeigen, wie sehr sie ihn liebte, wie sehr sie bereit war, ihm ihre Liebe zu beweisen.

Auf dem Bahnsteig entstand Bewegung.

»Vorsicht am Zug!« und im Singsang der Bahnbeamten: »Bitte, die Türen schließen!«

Aus dem Innern des Wagens drängte ein Mann der Zugbegleitwache, im Stahlhelm und mit weißer Armbinde. Er tippte Karin auf die Schulter.

»Sie müssen sich jetzt trennen, Fräulein. Der Zug fährt ab.«

Sie taumelte mehr, als sie ging. Langsam ließ sie sich die Stufen hinuntergleiten. Als sie wieder auf dem Bahnsteig stand, schloß der Mann von der Zugwache die Tür. Fritz Kleebusch ließ das Fenster herunter, er beugte sich hinaus und schaute auf den Bahnsteig.

Draußen stand Karin, die Hände vor die Brust gepreßt. Als nähme sie ihr Herz in beide Hände. Er merkte deutlich, daß sie mit einem Entschluß rang. Sie wollte ihm noch etwas sagen, etwas sehr Wichtiges ...

Durch den Zug ging ein Ruck. Langsam begannen die Wagen zu rollen.

»Fritz!« stieß sie hervor, »wenn du wiederkommst — ich will alles für dich tun ... Alles!«

Wenn er wiederkam ... In seinem Innern zuckte plötzlich ein Blitz auf. Er hatte ja noch einen Tag Urlaub, brauchte noch gar nicht zu fahren!

»Warte, Karin! Ich komme!«

Er suchte nach dem Griff, um die Tür aufzustoßen und abzuspringen. Doch der Mann von der Zugwache kam ihm zuvor. Er riß ihn an der Schulter zurück und stellte sich breitbeinig vor die Tür.

»Sind Sie wahnsinnig geworden, Mann?«

Kleebusch wollte ihm alles erklären, wollte ihm sagen, daß sein Urlaub eigentlich bis morgen galt — doch es war schon zu spät, der Zug rollte bereits aus der Halle. Als es ihm endlich gelang, noch einmal aus dem Fenster zu blicken, sah er Karin nur noch aus der Ferne winken. Sie hatte ein weißes Taschentuch in der Hand; das schwenkte sie unablässig durch die Luft.

»Karin!« schrie er aus Leibeskräften. »Karin!«

Doch er war nicht sicher, ob sie ihn noch hörte.

## 16

Rollende Räder, stoßende Schienen, ab und zu ein schrilles Pfeifen der Lokomotive. Unaufhaltsam stampft der Zug nach Osten.

In den Abteilen graue Gestalten mit stumpfen Gesichtern. Urlauber, die an die Front fahren. Im Blut vibrieren noch die Erlebnisse der Heimat, aber im Kopf bohrt schon der Gedanke an neue Einsätze, an Trommelfeuer, Schlamm und Blut. Vielleicht war es das letzte Mal, daß man zu Hause war, daß man die Mutter, die Frau oder die Kinder gesehen hatte.

Fritz Kleebusch sitzt in seiner Ecke. Versunken blickt er aus dem Fenster. Noch kann er keinen klaren Gedanken fassen. Er sitzt ganz still, aber in seinem Innern toben Kämpfe. In seiner Brust sind Himmel und Hölle. Schmerz und Glück, Lust und Leid. Dieser Urlaub, denkt er immer wieder. Dieser Urlaub ... Wer könnte so schnell damit fertig werden. Das beglückende Gespräch mit der Frau des Obersten und dann ihr grausamer Tod unter den Trümmern. Der Besuch in der Wohnung des Freundes und der Ekel vor der Frau, die so gewissenlos ihren Mann betrog. Der Bombenangriff und die turbulenten Nächte in den Vergnügungslokalen.

Doch was ist das alles gegen das Erlebnis mit Karin. »Wenn du wiederkommst, Fritz ...«

Mein Gott, denkt er, warum hat er sich nicht schon früher um sie gekümmert. Alles wäre anders gekommen.

»Wenn du wiederkommst, Fritz ...«

Vor den Fenstern des Zuges gleitet das sommerliche Land vorbei. Märkische Heide, märkischer Sand. Endlos sind die Kiefernwälder. Dazwischen Dörfer und Städte. Frankfurt an der Oder. Der Zug rumpelt über die große Brücke. Dann Felder und Wiesen. Der ehemalige polnische Korridor. Posen. Weites, hügeliges Land.

In Warschau steigt Kleebusch aus. Er will den Tag totschlagen, den er noch gut hat. Keine Stunde dem Barras schenken, heißt eine alte Landserparole. Zum Sterben kommt man noch immer früh genug.

Das Gepäck gibt er am Bahnhof ab, dann schlendert er ziellos durch die abendliche Stadt.

Erstaunlich, was Warschau im vierten Kriegsjahr noch zu bieten hat. Da kommt Berlin nicht mit. In dem zwielichtigen Gebiet zwischen Front und Heimat gibt es alles, was das Herz begehrt. Der Schwarzhandel floriert, treibt schillernde Blüten. In eleganten, versteckt liegenden Restaurants gibt es für phantastische Preise opulente Menüs ohne Marken. In offiziellen und inoffiziellen Etablissements wird jede Art von Laster feilgeboten. Die Adressen sind vom Eismeer bis zum Schwarzen Meer bekannt. Ein Urlauber gibt sie dem anderen weiter.

Aber Kleebusch hat mit einemmal keine Lust mehr, sich in ein Talmivergnügen zu stürzen. Die tollen Abenteuer, die er sich vorgenommen hatte, reizen ihn nicht mehr. Doch was soll er statt dessen tun? Sich ins Soldatenheim setzen und unter der Betreuung des Roten Kreuzes brav sein Bier trinken? Grausige Vorstellung. Dann lieber sofort weiter und zum Haufen zurück.

Vielleicht Kino? Oder Theater?

An einer Litfaßsäule bleibt er stehen, um die Anschläge zu studieren. Filme gibt's genug. Aber teils kennt er sie schon, teils interessieren sie ihn nicht.

Ein Berliner Theater-Ensemble gastiert hier. Er überfliegt den Text des Plakates. Auch nicht sehr verlockend, denkt er. Geistige Betreuung mit typischem Fronttheaterstück. Konservierte Kriegskultur auf Marken.

Da bleibt sein Blick an einem Namen hängen, der unter den Mitwirkenden steht: Inge Leipheim. Kein Zweifel, das muß Inge sein, die ältere Schwester seines Schulfreundes Kurt Leipheim, der als Flieger an der Kanalküste liegt, und den er so lange nicht gesehen hat. Inge, zwei Jahre älter als er, und Kurt hatten damals eine Schauspielschule besucht. Schon immer wollte sie zur Bühne. Sicher hatte sie es inzwischen geschafft. Sie mußte es sein, der Name war nicht so häufig.

Eine halbe Stunde später stand er Inge in ihrer Garderobe gegenüber.

»Fritz!« rief sie. »Das ist aber eine Überraschung. Was machst du in Warschau? Bist du ständig hier?«

»Leider nur einen Tag, Inge. Morgen früh muß ich wieder weiter. An die Front.«

Er erfuhr, daß sie seit zwei Jahren glücklich verheiratet war und ein Kind hatte, das bei der Mutter in Berlin war. Daß sein Freund Kurt gerade mal wieder heil davongekommen war. Auch Inge verließ morgen früh Warschau. Diese Vorstellung war die letzte, dann ging die Tournee weiter nach Krakau und Lemberg. Eine Karte konnte sie ihm nicht besorgen. Das Theater war restlos ausverkauft. »Aber wenn du dir die Vorstellung von hinten anschauen willst, aus den Kulissen ... Ich glaube, das läßt sich machen. Ist vielleicht auch ganz interessant für dich.«

»Gern, Inge. Wenn es möglich ist ...«

»Natürlich. Ich informiere gleich den Inspizienten. Du mußt dich nur ruhig verhalten. Was machst du nach der Vorstellung?«

»Ich weiß noch nicht.«

Sie überlegte einen Augenblick:

»Leider bin ich eingeladen. Kleine Abschiedsfeier für das Ensemble im Auftrag des Generalgouverneurs. Absagen geht in diesem Fall schlecht — aber wenn du mitkommen willst?«

»Ich? Das geht doch nicht!«

Sie lachte über sein erschrockenes Gesicht.

»Keine Angst, Fritz, das werde ich schon drehen. So toll offiziell ist es da ohnehin nicht. Der Gouverneur ist nicht dabei. In der Hauptsache werden Herren seines Stabes da sein mit einigen Beamten der Kulturabteilung. Ich kenne die Herren schon vom Empfangsabend her. Ich werde dich einfach als meinen Vetter vorstellen. Fronturlauber mit Kriegsauszeichnungen, der nur eine Nacht in Warschau ist — da werden sie schlecht nein sagen können. Außerdem ist es ganz gut, wenn ich dich als Schutz dabeihabe.«

»Als Schutz? Wie soll ich das verstehen?«

»Wirst schon sehen.« Sie lächelte ihm zu. »Aber nun

mußt du 'raus, ich zieh' mich um. Die Vorstellung beginnt gleich.«

Es war eine völlig neue Welt, die sich ihm hinter der Bühne auftat. Der Inspizient, ein liebenswürdiger älterer Herr, stellte ihm einen Stuhl in die erste Gasse neben den Feuerwehrmann. Und die Schauspieler, mit denen Inge ihn bekanntmachte, nickten ihm freundlich zu. Gebannt verfolgte er alle Vorgänge auf der Bühne. Die eigenartige Luft des Theaters nahm ihn gefangen. Lichter und Farben wie in einer Märchenwelt. Bunte Lampen an der Rampe und in den Soffitten. Grelle Scheinwerfer vom Proszenium und von den Rängen. Wenn er sich vorsichtig vorbeugte, konnte er den Souffleurkasten sehen und dahinter das riesige dunkle Loch: der Zuschauerraum, in dem, wie er wußte, in der Hauptsache Soldaten saßen.

Inge spielte hinreißend. Wenn sie im Flutlicht auf der Bühne stand und zu sprechen begann, glaubte er eine völlig fremde Frau zu sehen. Ein Gedicht fiel ihm ein:

»Als ich dich zum ersten Male in der Welt von Pappe
sah, spieltest du in Samt und Seide Shylocks Tochter
Jessika ...«

Rauschend fiel der Vorhang. Prasselnder Beifall. Geisterhafter Umbau. Neue Szene, neue Kostüme.

Langsam stieg der Vorhang. Gebanntes Lauschen. Ein Fluidum, das Kleebuschs ganze Sinne erfaßte. Das alles vergessen ließ, was ihn auf der Fahrt hierher bewegt hatte. Es war ein einzigartiges Erlebnis.

Nach der Vorstellung traf er in Inges Garderobe einen SS-Obersturmführer, der ihn beim Eintritt mißtrauisch musterte. Inge stellte Fritz als ihren Vetter vor.

»Er kann doch mitkommen, nicht wahr?«

Der SS-Mann machte ein bedenkliches Gesicht.

»Da müßte ich erst den Standartenführer fragen.«

»Fragen Sie ihn. Und sagen Sie ihm, daß ich im negativen Fall leider auf die Einladung verzichten müßte. Ich habe sonst keine Gelegenheit mehr, meinen Vetter zu sehen.«

Der Mann verschwand. Nach zehn Minuten kam er wieder.

»Geht in Ordnung«, sagte er mit süß-saurem Gesicht. »Ich habe angerufen.«

Vor dem Bühnenausgang standen drei Autos bereit, die die Schauspieler zu der Feier brachten. Inge hielt sich immer an der Seite von Fritz, sehr zum Leidwesen des SS-Führers, der während der Fahrt kaum noch ein Wort sprach.

In der Dunkelheit konnte Kleebusch nicht erkennen, wohin es ging. Nach einer halben Stunde hielten die Wagen in einer stillen Villen-Allee. Rechts lag ein größeres Haus, vor dem zwei Posten in schwarzen Uniformen standen. Der Eingang mit der Freitreppe war hell erleuchtet.

Im Vestibül wurde den Eintretenden von diensteifrigen SS-Männern die Garderobe abgenommen. Durch eine Halle wurden sie in einen großen saalartigen Raum geführt, dessen Lichterfülle sie blendete. An der Decke hing ein riesiger Kristallüster. Das gleißende Licht der zahlreichen Birnen brach sich hundertfach in den hohen Wandspiegeln, die den Raum noch größer erscheinen ließen.

In der Mitte, festlich gedeckt, die hufeisenförmige Tafel. Weiße Damasttischtücher, kunstvoll gefaltete Servietten. Zwischen den Gedecken dezenter Blumenschmuck. Funkelndes Silber und glitzerndes Kristall.

Vor der Tafel standen in kleinen Gruppen etwa zwei Dutzend Herren, die meisten in der Uniform höherer SS-Führer. Sie sahen den Eintretenden erwartungsvoll entgegen.

Kleebusch blickte hilfesuchend Inge an.

»Kommen Sie«, wandte sich der Mann, der die Schauspieler vom Theater abgeholt hatte, an Kleebusch. Er führte ihn zu einem der Herren, stellte ihn vor.

Der Mann streckte Kleebusch die Hand entgegen. Er war in Zivil. Am Revers des dunklen Anzugs trug er das Goldene Parteiabzeichen.

»Seien Sie willkommen.« Sein Blick streifte Kleebuschs Auszeichnungen. »Ich freue mich aufrichtig, auch einen bewährten Frontsoldaten in diesem Kreis begrüßen zu können. Als Vetter unserer verehrten Primadonna sind Sie selbstverständlich unser Gast. Nur ...«, er verzog die Lippen zu einem spitzen Lächeln und blickte auf die festliche Tafel, » ... ich möchte nicht, daß bei der Truppe ein falsches Bild über unser Leben hier entsteht. Was Sie sehen, ist eine Ausnahme. Es geschieht auf höheren Befehl für unsere Berliner Gäste. Sie wissen, wie sehr der Führer bemüht ist, alle kulturellen Dinge nach Kräften zu unterstützen.«

»Jawohl.« Kleebusch wollte sich wieder Inge zuwenden. Doch er kam nicht mehr an sie heran. Einige der Uniformierten hatten sie umringt. Sie machten ihr in so aufdringlicher Weise den Hof, daß er zu verstehen glaubte, was sie mit der Andeutung von seinem »Schutz« gemeint hatte.

Später, als sie sich aus der Umzingelung freigemacht hatte, drängte er sich in ihre Nähe.

»Soll ich an deiner Seite bleiben?« raunte er ihr zu.

»Vorläufig ist es noch nicht nötig. Der Mann, der uns abholte, hat hier nichts mehr zu melden. Und wenn die anderen später zudringlich werden sollten, habe ich eine Taktik, sie in Schach zu halten.«

»Eine Taktik?«

»Ich frage sie, ob sie verheiratet sind und Kinder haben. Wenn ja, lasse ich mir die Bilder ihrer Familie zeigen und spreche dann den ganzen Abend nur noch von der reizenden Frau und den netten Kleinen. Das wirkt Wunder.«

»Und wenn sie nicht verheiratet sind?«

»Dann mache ich es umgekehrt und zeige ihnen die Bilder meines Babys. Heute kann ich außerdem auf dich als meinen Vetter hinweisen ...«

Die Gesellschaft wurde zu Tisch gebeten. Die höheren Beamten und SS-Führer verbeugten sich vor den Damen des Ensembles, boten ihnen den Arm und führten sie an die Spitze der Tafel. Auf die linke Seite kamen die männlichen Mitglieder der Truppe, auf die rechte Seite die übrigen Herren mit Kleebusch, der seinen Platz fast am Ende der Tafel fand.

Auf den Wink einer Ordonnanz betraten SS-Männer in weißen Jacken in streng ausgerichteter Reihe den Raum. Sie begannen zu servieren und einzuschenken.

Das Menü war absolut friedensmäßig. Keine Spur von Einschränkungen. Zwischen Hors d'œuvre und Dessert gab es Delikatessen, die Kleebusch seit dem Sturm auf das Verpflegungslager nicht mehr gesehen hatte.

»Internationale Speisekarte« kommentierte sein rechter Nachbar, der sich schlicht als Rudi Miller vorgestellt hatte.

Er hatte schon vor Beginn des Essens einige Gläser geleert und war mächtig aufgekratzt. »Wirklich international. Quasi ein Querschnitt durch das besiegte Europa. Artischocken aus Jugoslawien, französische Champignons, belgische Trüffeln, russischer Lachs, dänischer Schinken, Butter aus Norwegen und Käse aus Holland. Fehlen nur noch original englische Beefsteaks. Aber was nicht ist, kann noch werden. Wenn wir erst gegen Engeland fahren...«

Hier geht es noch nicht zurück, mußte Kleebusch denken. Hier geht es noch immer vorwärts, wenn auch nicht strategisch, so doch gastronomisch.

»Und wissen Sie, was aus Deutschland kommt?« fragte Rudi Miller.

Kleebusch wußte es nicht.

»Der Appetit, mein Lieber«, raunte ihm sein Nachbar grinsend ins Ohr. »Sehen Sie mal die Herren Künstler an, wie die sich 'ranhalten. Fressen ist für die meisten heute wichtiger als die ganze Kultur. Dabei brauchen die männlichen Mitglieder der Truppe gar nichts dafür zu tun.«

»Und die weiblichen?«

»Warten Sie's ab. Alles nach dem Reglement. So streng sind hier die Bräuche. Nach dem Essen kommt der zweite Akt. Alkoholische Introduktion. Dann Furioso grandioso. Zum Schluß Pastorale amoroso, wie unsere Herren das nennen. Sie halten auf Formen. Französische Schäferspiele — eine Etage höher.«

Kleebusch wunderte sich über die zynische Offenheit seines Nachbarn. Der Mann betrachtete ihn offenbar schon ganz als zu diesem Kreis gehörig.

»Machen denn die Schauspielerinnen das mit?«

»Alle nicht. Die Standhaften entläßt man dann in Gnaden. Aber nach dem Schampus werden die meisten weich. Ich kenne das aus Erfahrung. Sehen Sie die kleine Blonde da drüben?«

»Die Naive?«

»Naive ist gut! Typische Fehlbesetzung. Auf der Bühne lispelt sie das Gretchen. ›Ach neige, du Schmerzensreiche...‹ Nach der Vorstellung aber zwitschert sie plötzlich: ›Meine Ruh' ist hin...‹ Dann wird sie eine Klytämnestra, oder wie dieses Weibsstück heißt.« Rudi Miller räusperte sich.

»Außerdem sind nicht alle Damen vom Theater. Unsere Herren laden unter dem Deckmantel Kulturbetreuung stets ein paar bewegliche Mädchen mit ein, die das steife Milieu auflockern. Sie verstehen.«

Kleebusch verstand. Er wollte etwas erwidern, doch er kam nicht mehr dazu. Die Unterhaltung bei Tisch war verstummt. Alles blickte zu dem Mann mit dem dunklen Anzug und dem Goldenen Parteiabzeichen, der aufgestanden war und an sein Glas klopfte. Mit knarrender Stimme hielt er eine Ansprache. Es war viel von deutscher Kunst die Rede, von der Bedeutung der besetzten Ostgebiete und von der Wichtigkeit, durch gute Theateraufführungen in diesen Gebieten die Bindung ans Reich enger zu gestalten.

Beifälliges Nicken ringsum. Ein Toast auf Thalia. Trinksprüche für die Damen des Ensembles. Bonmots und Aperçus. Man war unter Künstlern und gab sich nach dem Essen betont geistreich, witzig und leger.

Anschließend verteilte sich die Gesellschaft in zwangloser Form auf die verschiedenen Räume der Villa, von der Halle bis zum großen Wintergarten, in dem üppige Blattpflanzen wucherten.

Kleebusch, von seinen Tischnachbarn in eine Ecke des Rauchsalons geführt, war stets von einigen der schwarzuniformierten Männer umringt. Viel lieber hätte er sich mit Inge unterhalten; doch seine Begleiter ließen ihn nicht aus ihrem Einsperrungsring. Ständig stieß einer mit ihm an. Dauernd mußte er trinken.

Man sprach vom Krieg, von der Ostfront, vom Rückzug.

»Wie sieht's an Ihrem Abschnitt aus? Wie ist die Stimmung der Truppe?«

Kleebusch zuckte mit den Schultern. Er wies darauf hin, daß er gerade vom Urlaub komme.

»Urlaub . . .« wiederholte einer der SS-Führer gedehnt. Er war flachsblond und hatte ein weiches, rundes Gesicht mit wasserhellen, stechenden Augen. »Wie lange habe ich schon keinen Urlaub mehr gehabt! Da hat es die Truppe doch besser. Jedes Jahr mindestens drei Wochen Heimat. Aber wir? Wenn man nicht ab und zu eine Dienstreise nach Berlin einschieben könnte, würde man die Heimat überhaupt nicht mehr sehen.«

In einem Zug trank er sein Glas aus, ließ sich von einer Ordonnanz einschenken und leerte es wieder. Seine wasserhellen Augen begannen zu schwimmen.

»Dafür liegen wir an der Front«, wagte Kleebusch einzuwenden.

»Was heißt hier Front, junger Freund! Glauben Sie mir, ich wäre manchmal lieber draußen. Da weiß man wenigstens, wo der Feind sitzt. Aber hier? Hier wird von allen Seiten geschossen. Überall ist hier Front. Eine unsichtbare Front. Eine unheimliche Front, die immer breiter und stärker wird. Wir können aber nicht zurückgehen wie die Wehrmacht draußen. Bei uns heißt es ständig, vorwärts, vorwärts.«

Der Rundgesichtige sprach sich immer stärker in Erregung. Er ließ sich auch nicht von seinen Kameraden beschwichtigen. Mit Schwung kippte er ein Glas nach dem anderen.

»Wenn ich schon Wehrmacht höre. Die einfachen Männer mögen noch ganz in Ordnung sein, aber unter den höheren Offizieren stinkt's, sage ich Ihnen. Lauter Defätisten, Meckerer und Miesmacher. Wollen die Maßnahmen des Führers kritisieren, versagen selbst aber völlig. Setzen sich ständig in den nächstsicheren Ort nach hinten ab, statt die Front zu halten und, wenn es sein muß, zu fallen. Dabei spielen sie sich auf, als seien sie uns haushoch überlegen, diese vornehmen Herren. Vergessen ganz, daß sie erst durch uns und den Führer wieder das wurden, was sie heute sind. Ohne uns würden sie noch stempeln gehen wie in der Systemzeit.«

Kleebusch sagte kein Wort. Er sah, wie der Mann immer stärker in Wallung geriet. Wenn ihn einer der anderen zu unterbrechen suchte, fuhr er zornig mit der fleischigen Hand durch die Luft.

»Laßt mich ausreden. Dieser junge Unteroffizier kann es ruhig mal hören und draußen weitererzählen. Wer spricht denn von unseren Leistungen? Kriegen wir jemals Orden? Werden wir auch nur einmal im Wehrmachtsbericht erwähnt? Dabei . . .«, er hielt Kleebusch seine zitternde Hand vors Gesicht: »Wissen Sie, von was das kommt? Haben Sie von dem Aufstand im Warschauer Ghetto gehört? Mal was von den Massenerschießungen, die wir ständig durchführen müssen? Sehen Sie sich meine Hand an, wie die zittert. Kommandieren Sie mal tagelang hintereinander Feuer bei Massenerschießungen, dann werden Sie auch sanatoriumsreif. Aber wer versteht das schon? Wer hat Mitleid mit mir?«

Das schwammige Gesicht des Mannes war jetzt rosig getönt. Die Erregung trieb ihm den Schweiß auf die Stirn. Die wasserhellen, stechenden Augen wurden kalt wie Gletscherseen.

Kleebusch mußte an den Witz denken, in dem ein SS-Führer einem Häftling das Leben verspricht, wenn er erraten könne, welches seiner Augen ein Glasauge sei. Der Häftling zeigt sofort auf das linke Auge. Auf die Frage des SS-Führers, an was er denn das Glasauge erkannt habe, antwortet er: »Es hat mich so menschlich angesehen.«

Einer der Männer drückte den Rosigen jetzt in seinen Sessel zurück. »Mensch, hör auf! Immer diese Angabe mit deinem Erschießungsrekord. Interessiert doch den Unteroffizier nicht im geringsten, wie viele du schon umgelegt hast.« Und zu Kleebusch gewandt fuhr er fort: »Das ist schon ein Komplex bei ihm. Meint, er müsse das Ritterkreuz kriegen, wenn das erste Tausend voll ist. Immer, wenn er einem von der Wehrmacht begegnet, denkt er an die Orden. Dann sieht er rot. Besonders, wenn er besoffen ist. Sie dürfen das nicht so ernst nehmen. Hinrichtungskommandos sind bei uns eine reine Routinearbeit. Er braucht sich gar nicht so viel darauf einzubilden.«

Der Flachsblonde mit dem runden Gesicht wollte aufbegehren, da mischte sich Rudi Miller ins Gespräch.

»Laßt uns doch von was Angenehmerem reden. Kennt ihr schon den neuesten Witz vom Itzig Cohn und der Judenschickse mit der Zwiebel im Hintern?«

»So 'n Bart!« machte ein anderer. »Aber wißt ihr, was die dicke Sarah mit den Plattfüßen bei dem Kälteversuch zu dem Arzt gesagt hat?«

Kleebusch stand auf. Er mußte an Frau Graupner denken, die vor drei Tagen unter den Trümmern ihres Hauses begraben worden war. Ihm wurde schlecht. Was würde der Oberst sagen, wenn er ihn jetzt hier sehen könnte?

»Wollen Sie schon gehen?« fragte Rudi Miller.

»Entschuldigen Sie mich einen Augenblick.« Kleebusch sah sich suchend um.

»Ach so, verstehe. Immer geradeaus, dann rechts. Sie werden's schon finden. Wie sagt Goethe so treffend? Ein guter Mensch in seinem dunklen Drange ist sich des rechten Weges wohl bewußt.«

Die anderen lachten.

»Vergeßt auch Schiller nicht: Wir wollen sein ein einzig Volk von Brüdern, uns nur bei Notdurft trennen und Gefahr...«

Kleebusch ging weiter. Er wollte Inge suchen, sich bei ihr verabschieden und möglichst unbemerkt verschwinden.

In einem kleinen Seitenkabinett sah er die Naive auf dem Tisch tanzen. Sie hatte die Schuhe ausgezogen, den Rock gerafft und warf die Beine in die Luft.

»Ja, das Temperament,
ja, das Temperament,
das liegt mir
so im Blut...«

In der Halle saßen die Mädchen, die nicht zur Truppe gehörten, bereits den Männern auf dem Schoß. Sie hatten Kognakflaschen in der Hand und veranstalteten unter den anfeuernden Zurufen der Männer Wett-Trinken mit dem Strohhalm aus der Flasche.

Überall ausgelassene Stimmung, Lachen, Kichern, Quietschen, Schreien. Das helle Licht war längst ausgedreht. Lauschiger Dämmerschein überall. Es war wohl nicht mehr weit bis zum amourösen Finale.

Endlich fand er Inge im Wintergarten. Drei höhere SS-Offiziere machten ihr gleichzeitig den Hof. Inge thronte wie eine unnahbare Königin in ihrer Mitte. In der Hand hielt sie einige Fotos, die sie interessiert betrachtete. Als sie Kleebusch sah, lächelte sie ihm mit einem Augenzwinkern zu und erhob sich schnell.

»Du willst gehen, Fritz? Ich komme natürlich mit.«

»Ausgeschlossen!« protestierten die Herren. »Das dürfen Sie uns nicht antun. Beim letzten Mal haben Sie uns auch so früh verlassen. Oder langweilt sich Ihr Vetter bei uns?«

Auf einen Wink war auch Rudi Miller wieder zur Stelle.

»Wenigstens noch ein halbes Stündchen«, bat einer der Verehrer und hob bittend die Hände. »Ihr Vetter trinkt inzwischen sicher noch ein Gläschen mit den Kameraden. Oder nicht? Jetzt kommt erst das beste. Ein Original Veuve Cliquot, wie Sie ihn nirgendwo mehr in Deutschland bekommen. Eine Rarität sondergleichen. Da werden Sie uns doch keinen Korb geben?«

»Nun gut«, meinte Inge. »Eine halbe Stunde noch. Aber du wartest auf mich, Fritz — nicht wahr?«

Er nickte ihr zu und ließ sich von Rudi Miller wieder zum Rauchsalon führen. Unterwegs betrachtete er einige der kostbaren Gemälde in schweren Rahmen.

»Tolles Haus, wie«, bemerkte sein Begleiter, der schon Mühe hatte, sich auf den Beinen zu halten. »War alles jüdischer Besitz. Hier haben die Talmudschweine wilde Orgien gefeiert. War höchste Zeit, daß wir diesen Augiasstall ausgemistet haben. Ich war damals mit dabei. War eine ganz schöne Sauhatz.«

»Was ist aus dem Besitzer geworden?«

»KZ. Was denn sonst? Aber vorher haben wir ihn noch tüchtig gestäupt.«

»Gestäupt?«

»Kennen Sie das nicht? Macht ihr doch auch mit den Partisanen draußen oder nicht?«

Sie kamen wieder in die Ecke, in der sie vorher gesessen hatten. Der Flachsblonde mit dem schwammigen Gesicht wankte auf Rudi Miller zu.

»Geht's nicht bald in die Betten?«

Miller machte ein dämpfendes Zeichen und blickte vielsagend auf Kleebusch.

»Ach, Quatsch«, lallte der Blonde. »Der wird schon gemerkt haben, daß das hier kein Kindergarten ist. Übrigens . . .«, er legte Kleebusch die Hand auf die Schulter und hielt sich an ihm fest, »glaub ja nicht, Kamerad, daß uns die Sache Spaß macht. Für uns kleine Heinis ist das alles Dienst. Wir selbst haben nichts davon. Wir sind hier nur so eine — hupp — Ehrenwache, falls unverhofft Besuch kommt . . .«

Kleebusch versuchte sich freizumachen, doch der andere

legte ihm nun auch die zweite Hand auf die Schulter. Sein rundes, rotes Gesicht war jetzt ganz nahe. Es wirkte ganz zerflossen. Der Mann war völlig besoffen.

»Glaubst du mir etwa nicht? Bist wohl auch einer von denen, die annehmen, wir hätten hier den schönsten Lenz — wie? Hat sich was! Nur Dreckarbeit, sag' ich dir, ohne Orden und Ehrenzeichen, ohne jede Anerkennung. Neulich haben wir fünfzig Juden aus den Betten holen und umlegen müssen. Schmuck beschlagnahmen, Goldplomben aus den Zähnen brechen. Keine leichte Arbeit, sag' ich dir. Und der Lohn? Bei einem Freund von mir hat man später eine Goldplombe in der Tasche gefunden . . . war ihm so 'reingerutscht. Nur ein paar Gramm Gold von einem Judenschwein. Und was hat man mit ihm gemacht? An die Wand gestellt. Glatt an die Wand gestellt!«

»Laß das doch«, mischte sich Rudi Miller ins Gespräch. Er versuchte den Blonden wegzuziehen. »Das gehört doch nicht hierher.«

Aber der Besoffene ließ sich nicht beschwichtigen.

»Das gehört *doch* hierher! Der soll ruhig wissen, wie korrekt das bei der vielgelästerten SS zugeht. Wegen einer stinkenden Plombe an die Wand gestellt. Und dabei hatte er schon Hunderte von Juden fertiggemacht, glatt und ohne jede Beanstandung. Wo bleibt da die Gerechtigkeit? Ihr dort draußen könnt organisieren so viel ihr wollt, da kräht kein Hahn danach. Und wenn ihr einen Russen trefft, bekommt ihr das EK. Aber wir? Dabei geht es jetzt bei uns erst richtig los. Immer vorwärts, junger Freund, immer vorwärts! Wenn mal die Einsatzkommandos richtig rollen, dann werden Hunderttausende umgelegt. Ganze Völkerstämme. Wir schaffen Lebensraum für das deutsche Volk. Aber ihr? Immer zurück, immer zurück, bis der Russe schließlich vor Warschau steht. Wo soll das noch hinführen?«

Alkoholischer Atem schlug Kleebusch ins Gesicht. Dem Blonden stand der Schweiß in glitzernden Perlen auf der Stirn. Vor fanatischem Haß wußte er kaum noch, was er tat. Er hakte seinen dicken Finger hinter Kleebuschs EK-Band und zog daran.

»Wofür bekommt ihr denn diese Dinger — he?«

Da schlug ihm Kleebusch ohne Überlegung hart auf die fleischige Hand.

»Laß deine dreckigen Finger hier weg!«

Die anderen sprangen hinzu und versuchten, den Wütenden loszureißen. Ein wildes Handgemenge entstand. Im Nu war die ganze Villa alarmiert. Von allen Seiten drängte es in den Rauchsalon. Entsetzte Gesichter. Mädchen mit aufgelösten Haaren und derangierten Kleidern. Laute Stimmen, Rufen.

Da tauchte der Mann mit dem dunklen Anzug und dem Goldenen Parteiabzeichen auf. Schnell bahnte er sich einen Weg zu den Kämpfenden. Sofort ließ der Blonde ab. Die Männer nahmen unwillkürlich Haltung an.

»Ein Verräter«, lallte der Blonde und wischte sich den Schweiß aus dem Gesicht. »Er hat die SS beleidigt!«

Der Mann im dunklen Anzug besprach sich kurz mit Rudi Miller.

»Verhaften!« rief er schneidend durch den Saal.

Kleebusch zuckte zusammen.

»Fritz!« schrie Inge und stürzte auf ihn zu.

Zwei baumlange Ordonnanzen tauchten auf. Sie schoben die Gaffenden auseinander. Auf einen stummen Wink des Mannes im schwarzen Anzug packten sie mit geübtem Griff den Blonden und beförderten ihn hinaus.

Kleebusch mußte sich an Inge festhalten. Sekundenlang schien alles in einem drehenden Wirbel zu verschwimmen.

»Entschuldigen Sie den häßlichen Auftritt«, hörte er den Mann im schwarzen Anzug sagen. »Der Mann ist völlig unzurechnungsfähig. Glauben Sie kein Wort von dem, was er sagte. Ich werde ihn wegen seines unmöglichen Benehmens streng zur Rechenschaft ziehen!«

»Weitermachen!« rief ein höherer SS-Führer und schaltete laute Radiomusik ein. Die Umstehenden gingen langsam zu ihren Plätzen zurück. Doch es kam keine richtige Stimmung mehr auf.

Kleebusch war froh, daß Inge zum Aufbruch drängte. Man suchte sie nicht mehr zurückzuhalten. Ein Wagen mit Fahrer fuhr vor.

»Es tut mir aufrichtig leid, Gnädigste«, verbeugte sich der Mann im dunklen Anzug beim Abschied. »Diese Kerle vertragen nichts mehr. Kommt ja auch nur äußerst selten vor, daß wir mal feiern. Sie wissen, daß wir bestrebt sind, für unsere Künstler aus der Heimat alles nur Menschenmögliche zu tun...«

Er ging mit vor das Tor. Mit erhobener Hand wartete er, bis der Adler-Wagen im nächtlichen Warschau verschwunden war.

»Furchtbar«, sagte Kleebusch, als er mit Inge vor ihrem Hotel stand. »Mit den Taten dieser Brüder werden wir später alle einmal belastet werden. Wie hältst du es in diesem Milieu nur aus?«

Fröstelnd hob sie die Schultern.

»Du weißt nicht, wie das ist, Fritz. Dieses Gastspiel war die einzige Chance für das Ensemble. Sonst wären wir alle dienstverpflichtet worden. Wir müssen ja noch in Krakau, Tschenstochau, Kielce, Radom, Lublin, Lemberg und anderen Orten des Generalgouvernements spielen. Da kommt es sehr auf das Wohlwollen dieser Herren an. Aber nimm es nicht so tragisch, Fritz. Ich laviere mich da schon durch. Hauptsache, daß du unbehelligt 'rausgekommen bist. Ich hatte plötzlich irrsinnige Angst um dich. Man hat so seine Erfahrungen.«

Die Straße, in der sie standen, war wie ausgestorben. Bleierne Dunkelheit ringsum. Nur über dem Eingang des Hotel Bristol brannte eine kleine bläuliche Lampe. Nirgends ein Laut. Äußerlich schien alles in tiefstem Frieden in dieser Stadt, in der es noch immer so viel Blut und Tränen gab.

»Leb wohl, Fritz, und alles Gute.« Inge legte ihm mit zärtlicher Geste die Arme um den Nacken und küßte ihn wie eine Schwester auf die Wange. »Sag mal — hast du eigentlich ein Mädchen?«

Überrascht sah er sie an. Er zögerte, dann nickte er.

»Liebt sie dich?«

»Ich glaube schon.«

»Und du?«

»Ich?« wiederholte er, um Zeit zu gewinnen. Er sah Karin wieder vor sich: ihre verführerische Gestalt, als sie am Schlachtensee neben ihm gewesen war; ihr strahlendes Gesicht, als sie ihm am Zug um den Hals fiel. Ein glückliches Gefühl stieg in ihm auf. »Natürlich«, sagte er schnell, »natürlich liebe ich sie.«

Inge drückte ihm fest die Hand.

»Das ist die Hauptsache. Man muß einen Menschen haben, den man liebt und an den man glaubt. Dann ist alles halb so schlimm. Komm gesund zurück, Fritz — und halt die Ohren steif . . .«

Ohne sich umzusehen, ging sie auf die Hoteltür zu, die der Nachtportier aufgeschlossen hatte.

## 17

Wie schnell einen der Barras wieder hat! Wie rasch alles versinkt, was man in drei Wochen Urlaub lebenshungrig in sich aufnahm. Kaum liegt man auf dem Strohsack der Wehrmachtsunterkunft, ist man wieder Muschkote. Namenloser Soldat unter namenlosen feldgrauen Gestalten. Alles wie gehabt. Der Mief im dunklen Loch. Der Pfeifenqualm. Das Schnarchen. Das Kartendreschen. Und das Thema eins.

Am nächsten Tag der trostlose Zug zur Front. Warschau versinkt, wie Berlin versunken ist. Altbekannte Orte tauchen auf. Brest-Litowsk, wo es hinter der Entlausungsanstalt wieder die ersten Läuse gibt. Kiew am Dnjepr mit der hohen Festung. Lubny, Mirgorod, Poltawa. Der Weg von Frontleitstelle zu Frontleitstelle. Zuletzt Fahrten von Ort zu Ort mit Munitionsfahrzeugen und Panjewagen.

Drei Tage dauert es, bis Kleebusch endlich am Ziel ist.

Der Regimentsstab liegt in einem kleinen Dorf nördlich Bjelgorod. Langsam zockelt der Panjegaul unter der Sommerhitze dem Kaff entgegen. Vor dem Ort die bekannten taktischen Zeichen. An den Türen die vertraute Feldpostnummer. Zwischen den Hütten die neuen Fahrzeuge vom Troß. Die Feldküche, die Schreibstube, die J-Staffel.

Kleebusch zieht tief Luft ein. Wehmütiges und zugleich anheimelndes Gefühl: Er ist wieder beim Haufen. Er ist wieder bei den alten Kameraden.

Der erste, der ihm über den Weg läuft, ist Hannes Krummbier.

»He, Hannes«, freut er sich und breitet die Arme aus. »Alter Pfeifenkopp, wie geht's denn immer?«

Krummbier stutzt einen Augenblick, dann nuschelt er was in seinen Bart und dreht ab.

Kleebusch bleibt betroffen stehen.

»Was ist denn los, Hannes? Hast du schlecht gefrühstückt?«

Doch Krummbier scheint ihn nicht mehr zu hören. Ohne sich umzublicken, verschwindet er um die nächste Ecke.

Die komischsten Gedanken gehen Kleebusch durch den Kopf. Ob Krummbier von seiner Frau was gehört hat? Vielleicht hat sie ihm geschrieben, daß sein Freund Kleebusch den wilden Mann markiert hat — ohne die wahren Gründe dafür anzugeben? Unsinn, sagt er sich gleich darauf. So dumm war die Frau nicht. Die bestimmt nicht. Die wußte ganz genau, daß es besser für sie war, wenn sie diesen Punkt überhaupt nicht berührte . . .

Ein paar Häuser weiter ist die Vermittlung. Am Klappenschrank sitzt der rote Jeschke. Kleebusch hat Jeschke nie recht leiden können, aber da er nirgends einen Bekannten, überall nur neue Gesichter sieht, läßt er sich auf ein Gespräch mit ihm ein.

»Was gibt's Neues hier?«

»Allerhand«, verrät Jeschke. »Wirst es bald merken. Der halbe Verein ist neu. Grüner Ersatz. Lauter junge Spunde. Teils Blindgänger, die beim ersten Schuß in die Hosen machen, teils wildgewordene Hitlerjungen, die uns alten Hasen was vormachen wollen. Die glauben, daß sie über Nacht den Krieg gewinnen können. Alles mit dem Maul.«

»Und sonst?«

»Na ja . . . der Alte ist weg.«

»Oberst Graupner?«

»Weißt du das denn nicht? Vor ein paar Tagen ist er nach Berlin geflogen, zur Beerdigung. Seine Frau hat's bei einem Bombenangriff erwischt. Hat den Alten ziemlich mitgenommen, sag' ich dir. Wär wahrscheinlich umgekippt, wenn ihn nicht ein paar Mann gestützt hätten. Hätte nie gedacht, daß ein Mann so weiß werden kann im Gesicht. Wie 'ne Leiche, sag' ich dir . . .«

Kleebusch beißt die Zähne zusammen. Er hört kaum noch, was Jeschke weiter erzählt.

»Man hat schon gemunkelt, daß der Alte nicht wiederkommt. Sie werden ihn wahrscheinlich in Pension schicken müssen. Ist ja auch alt genug. Tja — eigentlich jammerschade um den Mann. War ein prima Mensch. So einen kriegen wir bestimmt nicht mehr.«

»Wer führt das Regiment?«

»Major Hielscher von der zwoten. Ein Bluthund, sag' ich dir. Dazu noch allerhand Dreck am Stecken. Bei dem geht das Regiment bestimmt bald vor die Hunde.«

»Und Oberleutnant Maier?«

»Der ist ganz dicke drin. Er macht für Hielscher allerlei dunkle Geschäfte. Da haben sich die zwei richtigen gefunden. Schiebung mit Marketenderware und so, sagt man. Nichts Genaueres ist nicht bekannt. Du weißt ja, wie so was gemacht wird. Eine Hand wäscht die andere ... Jedenfalls ist es für Maier *die* Masche. Er hat auch schon wieder eine neue Marussja.«

»Eine neue Marussja?«

»Irgend so 'n dickes Russenweib, das als Hilfswillige in der Küche arbeitet. Lange nicht so hübsch wie die vom Terek. Aber dafür um so williger.«

»Sag mal«, fragt Kleebusch nach einer Weile, »was ist eigentlich mit Krummbier los?«

»Mit Hannes? Keine Ahnung. Der spinnt seit ein paar Tagen. Spielt total verrückt. Weiß der Teufel, was er hat. Wenn man ihn anspricht, fängt er sofort an zu bellen ... Aber wie steht's mit dir? Wie war der Urlaub?«

»Süß-sauer«, antwortet Kleebusch versonnen.

»Was heißt süß-sauer?«

»So und so — wie man's nimmt ...«

Kurz darauf steht er vor Oberleutnant Maier und meldet sich mit einem knappen Satz zurück.

»Sieh da«, wirft sich Maier in die Brust, »unser junger Unteroffizier auch wieder im Lande! Freut mich ungemein, Sie wiederzusehen. Wie war's zu Hause?«

Er geht stakelbeinig um Kleebusch herum, mustert ihn von allen Seiten — wie einen zum Appell angetretenen Rekruten.

Kleebusch schweigt. In lässiger Haltung steht er mitten im Raum und blickt in die Ecke, wo eine rundliche Frau in einem rotgeblümten und leicht verschwitzten Kleid an ausgefransten Socken herumstochert. Sie schaut nicht auf ihre Arbeit, sie schaut auf den jungen Soldaten, der so ungezwungen und frei vor seinem Chef steht. So ungeniert hat sie hier noch nie einen Soldaten stehen sehen. Sie macht keinen Hehl aus ihrem Interesse. Sie vergißt darüber sogar die Nadel zwischen ihren runden Fingern.

Das ist sie also. Maiers neue Sonntagsbeilage. Ganz schön gepolstert. Die Augen sind nicht ohne verhaltenes Feuer. Der üppige Mund verspricht Bereitschaft zur Liebe. Die Haltung zeigt Erfahrung im Paradieren vor männlichen Blicken. Ganz hübscher Vergnügungsdampfer für Maiers Ausflüge. Aber *sein* Fall ist sie nicht. Die kann Maier getrost alleine vernaschen. Recht guten Appetit, Herr Oberleutnant!

»Ich habe Sie etwas gefragt.« Maier blitzt ihn an.

»Verzeihung, Herr Oberleutnant, ich habe gerade an etwas anderes gedacht.«

»So! Und an was haben Sie gedacht, wenn ich mir die Frage erlauben darf?«

»Spricht die Frau dort Deutsch?«

»Nein! Warum?«

»Nun, wenn sie nicht Deutsch spricht, kann ich es ruhig sagen. Ich habe gerade daran denken müssen, ob das auch eine Spionin sein könnte.«

Bei Maier schnappt es hörbar ein.

»Kleebusch! Sie scheinen immer noch zu glauben, daß Sie sich Sonderrechte herausnehmen können.«

»Sonderrechte? O nein, Herr Oberleutnant, ich denke an kein Sonderrecht, ich denke an das Recht schlechthin. An das klare, eindeutige und unteilbare Recht, das niemand ungestraft mißbrauchen darf.«

Maier stößt die Luft aus wie ein geplatzter Autoreifen. Breitbeinig baut er sich vor Kleebusch auf, blickt ihm stechend in die Augen. Er macht auf Adlerblick, wie er es im Lehrgang für Reserveoffiziere gelernt haben mag. Sämtliche Falten in seinem Faunsgesicht wabbeln.

»Hören Sie mal genau zu, junger Freund«, dabei packte er Kleebusch mit seiner knochigen Hand am zweiten Knopf der Feldbluse, »wenn Sie Sperenzien machen, lasse ich Sie festnehmen. Glauben Sie ja nicht, daß Sie dann irgendwelche Märchen erzählen können. Das ist vorbei. Auch die Protektion des Regimentskommandeurs. Oberst Graupner ist weg und wird aller Voraussicht nach auch nicht wiederkommen. Ist das klar? Ich bitte mir jetzt Respekt aus wie von jedem anderen Soldaten. Und Gehorsam. Unbedingten Gehorsam! Verstanden?«

Er macht eine Pause und läßt Kleebuschs Knopf los. Seine Stimme wird wieder sachlicher.

»Damit Sie in der nächsten Zeit auf andere Gedanken kommen, habe ich vorsorglich einen neuen Posten für Sie ausgesucht. Es soll zugleich eine erste Probe für Ihre neugestärkte Kampffreudigkeit sein. Gewissermaßen eine Bewährung. Sie fahren morgen mit dem ersten Essenfahrzeug nach vorn und melden sich bei der Kampfgruppe Stiebing.«

»Kampfgruppe Stiebing?«

»Ganz recht. Sie werden sich sicher noch an den früheren Adjutanten erinnern.«

»Oberleutnant Stiebing?«

»*Hauptmann* Stiebing! Seit gestern Hauptmann. Ein schneidiger Offizier und unerbittlicher Kämpfer. Da wir in Berditschew nicht mehr genug Werfer bekamen, wurde aus den freien Leuten eine Kampfgruppe gebildet. Sie genießen die Auszeichnung, ihr als Gruppenführer anzugehören.«

»Aber ich bin doch Funker! Ich gehöre zum Stab!«

Oberleutnant Maier zieht bedauernd die Augenbrauen hoch.

»Befehl vom neuen Regimentsführer. Wollen Sie diesen Befehl verweigern?«

Kleebusch kocht.

»Na?« macht Maier. »Sonst noch was?«

»Ja«, sagt Kleebusch. Er zwingt sich zur Ruhe. Einen Augenblick blickt er in die Ecke auf die Russin. Er ist sich nicht klar darüber, ob sie nicht doch Deutsch versteht. Doch die rundliche Frau verfolgt das Gespräch mit stupidem Gesichtsausdruck. Offensichtlich versteht sie kein Wort. Sie hat nur Interesse an der temperamentvollen Gestikulation.

»Ja«, wiederholt Kleebusch ganz ruhig. »Ich habe noch etwas. Ich möchte Sie daran erinnern, daß jeder Krieg einmal zu Ende geht. Wenn ich dann keine Uniform mehr trage und wieder ein freier Mensch bin — dann werde ich Sie besuchen, Herr Oberleutnant Maier, ganz gleich, wo Sie sich verkrochen haben. Ich werde Sie auf alle Fälle zu finden wissen. Und dann . . .«

»Was dann?«

»Dann gnade Ihnen Gott!«

Jetzt ist es heraus. Jetzt ist es nicht mehr zurückzunehmen. Kalter Schweiß steht auf seiner Stirn. Prüfend sieht er Maier an. Was wird er tun? Wird er die Pistole ziehen? Wird er die Wache alarmieren, ihn verhaften lassen?

Nichts von allem. Im Gegenteil. Maier bleibt ganz ruhig. Er lächelt sogar, kühl und maliziös.

»Nicht schlecht ausgedacht, Kleebusch«, sagt er langsam und betont dabei jedes Wort. »Sie vergessen nur eines dabei, Sie vergessen das Wörtchen ›wenn‹. *Wenn* Sie wieder nach Hause kommen! *Wenn* Sie diesen Krieg überleben! Sie verstehen, was ich meine?«

Kleebusch versteht ihn nur zu gut. Mit einem Ruck macht er kehrt, stürmt hinaus. Keine Sekunde länger hätte er in dem Raum bleiben können.

Draußen reißt er sich den Kragen auf; er atmet tief durch. Verdammte Scheiße, denkt er. Jetzt wird es heiter werden. Der Oberst hat ihm einmal zu verstehen gegeben, daß er die Hand über ihn halten will. Der Oberleutnant aber hat ihm nun den sicheren Untergang prophezeit. Der Oberst ist fort. Oberleutnant Maier ist da. Er hat die Hand am Drücker. Er wird seine Drohung wahrmachen.

Nun gut, Kampf bis aufs Messer. Ich weiß jetzt Bescheid.

Es ist soweit, es soll losgehen. X-Zeit . . . irgendwann im Morgengrauen.

Immer geht es im Morgengrauen los. Das Grauen steht im Kriege früh auf.

Am Abend vorher, am 3. Juli 1943, sitzen sie in der frischausgebauten Stellung und harren der Dinge, die da kommen sollen. Es sollen, wie man hört, große Dinge sein . . .

Nachmittags hat Kampfgruppenführer Stiebing Tamtam veranstaltet. Moralischen Ringelpietz mit Anfassen, mit Sieg-Heil und Helm ab zum Gebet. Tagesbefehl des Führers an die Soldaten der Ostfront. Ganz große Kiste. Wie einst im Mai.

Anschließend hielt der neugebackene Hauptmann eine markige Ansprache an die Männer seines Haufens.

»Endlich ist die Stunde gekommen«, trompetete er mit

stahlharten Stimmbändern, »auf die wir alle so lange gewartet haben. Die Zeit der Rückzüge ist vorbei. Das Gesetz des Handelns ist wieder an die deutsche Truppe, an die tapferen Soldaten des Führers übergegangen. Wir treten jetzt zu einer Offensive an, deren Größe und Ausmaß wir nur ahnen können. Zahlreiche Divisionen schlagen zur gleichen Zeit los. Sie treiben ihre Keile weit ins feindliche Hinterland, um die bolschewistischen Heere in die Zange zu nehmen und das Gros der gegnerischen Streitkräfte in einer Kesselschlacht weitesten Ausmaßes vernichtend zu schlagen. Dann steht einem schnellen Vormarsch in unsere alten Positionen im Kaukasus und an der Wolga nichts mehr im Wege.«

Die alten Marschierer unter den Zuhörern hatten verschlossene Gesichter. Sie kannten diese Melodie. Man hatte sie ihnen oft genug vorgespielt. Die typische Rattenfängermelodie. Früher hatte das noch Sinn. Aber jetzt? Seit den Erlebnissen des letzten Jahres hörten sie die falschen Töne allzu deutlich heraus. Wie oft sollte schon gehalten werden — und dann ging es trotz aller blutigen Opfer noch weiter zurück. Und jetzt sollte es vorgehen? Große Offensive? Einkesselung des Gegners? Man sollte froh sein, wenn man in den gefährlichen Bogenlinien der Front nicht selber eingekesselt wurde. Warum ging man nicht hinter den Dnjepr zurück, wie jeder im stillen gehofft hatte — in eine Stellung, wo man endlich einigermaßen sicher war? Warum diese Kinkerlitzchen, die doch nur unsägliche Opfer kosten würden?

Die jungen Spunde aber rissen Maul und Augen auf. Für sie war es erregend und neu. Sie glaubten noch Wort für Wort. Sie bebten wie junge Hunde, die zum ersten Mal mit auf die Sauhatz dürfen. Viele zitterten auch aus Angst, aber die ließen sie sich nicht anmerken. Sie machten heldische Gesichter: sie wußten, was sie der Stunde schuldig waren. Nahmen sie nicht an der Weltgeschichte teil? Hauptmann Stiebing betonte ausdrücklich, daß es zu einem entscheidenden Teil gerade auf sie ankäme. Sie würden ihre Feuertaufe erleben und könnten stolz darauf sein, die Feuertaufe in einer so entscheidenden Schlacht erleben zu dürfen . . .

Nun sitzen sie also im Bunker und warten. Eine lange Nacht liegt vor ihnen. Es herrscht Funkstille wie vor jedem Angriff. Funkstille und Ruhe. Es ist die schwüle, unheilschwangere Ruhe vor dem Höllengewitter.

Eigentlich sollten sie schlafen. Aber wer kann schlafen, wenn er ständig daran denken muß, daß die Stunden bis zum Sonnenaufgang vielleicht die letzten Stunden seines Lebens sind?

Vor ihnen liegen tiefgestaffelte Verteidigungslinien der Russen. Vor ihnen liegen vor allem undurchdringliche Minenfelder. Tellerminen, Tretminen, Pfeifminen. Und zwischen Stolperdrähten die tückischen Reißminen. Wer wird bei dem ersten Sturm aus dem Graben darin liegenbleiben? Und wer wird, wenn er durchkommt, im konzentrierten feindlichen Feuer liegenbleiben?

»Heil und Sieg und fette Beute«, läßt sich ein alter Landser in der hintersten Ecke vernehmen. Ein Kerl wie ein Schrank; ein richtiger Bulle. Er heißt Karlson und stammt aus Hannover. Stiernacken und Hände wie ein Metzger. Dabei eine Seele von Mensch. »Prost, ihr müden Gartenzwerge«, röhrt er mit seinem Saufbaß. »Schwenkt die Kalebasse. Spült euch die Gurgel, damit sie im Dunst nicht austrocknet. Sonst könnt ihr beim Antreten zum Heldentod nicht mal ›hurra‹ schreien.«

Ein Glück, daß es reichlich Schnaps gegeben hat. Mit Schnaps läßt sich alles 'runterspülen. Selbst der dickste Kloß im Hals. Ohne Schnaps wäre der Krieg überhaupt nicht durchzuhalten.

Fritz Kleebusch sitzt neben Fibus. Auch Fibus wurde als besonderer Liebling Maiers zu dem verlorenen Haufen abgestellt. Er flucht bereits den ganzen Tag und ergeht sich in wollüstigen Vorstellungen, wie er Maier eines Tages abmurksen wird. »Ganz langsam und sachte, damit er mehr davon hat . . .«

»Wie war's eigentlich in Hamburg?« fragt Kleebusch, um ihn auf andere Gedanken zu bringen. »Du hast mir überhaupt noch nichts davon erzählt.«

»Weil's nichts zu erzählen gibt«, sagt der Lulatsch mit dem langen Gesicht. »Alles belämmert. Manchmal kam's mir vor, als sei die Heimat auch schon auf dem Rückzug.«

»Wieso?«

»Nichts als Rückzieher.«

»Bei den Mädchen?«

»Überall. Früher galt man noch was, wenn man als Soldat heimkam. Heute schauen sie einen mitleidig an, wenn man in der abgeschabten Uniform des Rußlandkämpfers erscheint. Man schämt sich fast zu sagen, daß man von der Ostfront kommt.« Er nimmt einen kräftigen Schluck aus seinem Aluminiumbecher. »Schiet am Boom! Der Teufel soll die ganze sogenannte Heimat holen! Ich hab' mir jetzt was anderes ausgedacht. Dazu brauche ich nicht extra nach Hamburg zu fahren.«

»Hast du einen ukrainischen Reeperbahn-Ersatz entdeckt?«

»So was Ähnliches.«

»Ich werd' verrückt, Langer. Du spannst mich direkt auf die Folter. Wo liegt denn deine ›Große Freiheit‹?«

Fibus nimmt noch mal einen großen Schluck, dann rückt er ganz nahe an Kleebusch heran.

»Hast du Maiers neuen Betthasen schon gesehen?«

»Die dicke Marussja?«

»Genau.« Fibus leckt sich die Lippen. Er schnüffelt asthmatisch und schlägt Rad wie ein Pfau. »Kannst du dir denken, was ich vorhabe?«

»Genau«, sagt Kleebusch.

»Das ist 'n Weib, Fritz — goldrichtig! Die liegt mir mehr als die Stolze vom Terek. Und sie liegt mir auch viel bereitwilliger.«

»Bist du davon überzeugt?«

»Ich weiß es.«

»Nanu! Hast du's schon probiert?«

»Ich hab' sie gleich bei der ersten Begegnung in den Hintern gekniffen.«

»Und was hat sie darauf gesagt?«

»Nichts. Aber sie wäre mir beinah um den Hals gefallen. Wenn Maier nicht dazwischengekommen wäre, hätt' ich mich sofort mit ihr verständigt. ›Sawtra‹, hat sie mir noch zugeflüstert. Morgen! Aber morgen — das ist heute. Verdammter Mist!«

»Hat Maier was gemerkt?«

»Der hat's gerochen, der Hund. Deshalb hat er mich auch gleich zu dem Sauhaufen hier eingeteilt, zu diesem gottverfluchten Himmelfahrtskommando.«

Kleebusch lacht. »Dann bist du gewissermaßen ein Opfer deiner eigenen Begierde . . .«

»Hör bloß auf, Fritz. Ich bete schon die ganze Zeit zu allen Göttern, daß dieser Kelch an mir vorübergeht. Wenigstens dies eine Mal noch.«

»Warum soll nicht auch dieser Mist vorübergehen? Wir haben doch bisher alles gut überstanden.«

»Gerade darum. Einmal erwischt es jeden. Ich habe diesmal so ein Gefühl . . .«

»Red keinen Quatsch! Bei deiner dünnen Figur schießen sie sowieso daneben.«

In der gegenüberliegenden Ecke ist eine heftige Diskussion im Gange. Karlson, der Bulle, streitet sich mit den jungen Rekruten. Besonders einer dieser Spunde, der ein HJ-Zeichen auf der Brust trägt, tut sehr aufgeregt.

»Drei Armeen treten morgen früh an, ich weiß es genau. Drei Armeen! Zwei von Orel aus, die nach Süden stoßen, und eine hier aus dem Raum um Bjelgorod nach Norden.«

»Klugscheißer!« schimpft der Bulle. »Woher willst du denn das so genau wissen, du Grünschnabel? Hat dir wohl der Führer persönlich verraten, was?«

»Lach nur«, erwidert der Junge. »Wirst schon sehen, daß es stimmt. Ich hab's von einem Melder der Division. Dem hat's ein Mann gesagt, der es wissen muß, ein Funker vom AK. Drei Armeen — wenn das keine Wucht ist! Sie stoßen alle auf Kursk zu und schneiden den ganzen riesigen Bogen ab. Das wird ein toller Kessel. Der Russe hat dort sämtliche operativen Reserven stehen. Diesen Verlust wird er so leicht nicht verschmerzen.«

Die andern Jungen vom Ersatz hören ihm aufmerksam zu. Sie bewundern nicht nur seine Kenntnisse, sie bewundern auch seine fachmännische Ausdrucksweise. Er wirft mit taktischen Ausdrücken und strategischen Begriffen nur so um sich. Sie sind stolz auf ihren Kameraden. Der zeigt's den alten Knochen, die immer so tun, als verstünden sie allein was vom Krieg.

Fritz Kleebusch beobachtet die Grünschnäbel genau. Sie

sind höchstens achtzehn Jahre alt. Die meisten Freiwillige aus der Hitler-Jugend, wo man sie schon vor der Kasernenzeit auf einen frischfröhlichen Krieg dressierte. Ein Teil der Jungen beteiligt sich aufgeregt an dem Disput und schreit wild durcheinander, andere sitzen stumm auf der Erde und stieren ausdruckslos in die blakenden Hindenburglichter.

Die einen muß man mit Gewalt zurückhalten, denkt Kleebusch, die andern wahrscheinlich mit der Pistole antreiben. Wie soll daraus eine einheitliche Gruppe entstehen?

»Halt endlich die Schnauze, du halbe Portion«, befiehlt der Bulle im tiefsten Baß. »Ihr Heinis tut gerade so, als kämt ihr direkt von der Kriegsakademie. Soll ich euch mal meine Meinung zu dem ganzen Zirkus sagen? Die Meinung eines alten Oberschnapsers im fünften Dienstjahr, der schon Polen und Frankreich mitgemacht hat und auch in Rußland ein Stück weiter vorn war als ihr! Also hört mal gut zu. Wenn es nach mir ginge, würde der Angriff abgeblasen, und zwar sofort!«

»Und was würdest du statt dessen tun?«

»Zurückgehen, Kameraden.«

»Zurück? Wohin denn in aller Welt noch zurück?«

»Hinter den Dnjepr. Freiwillig. Das ist die einzige Linie, die noch zu halten ist. Wenn wir freiwillig zurückgingen, könnten wir alle unnötigen Verluste vermeiden und die Stellung endlich mal in Ruhe ausbauen. Wenn uns aber erst der Iwan dorthin zurückschlägt, dann ist es zu spät. Dann ist auch am Dnjepr nichts mehr zu halten. Wir wissen das aus Erfahrung.«

Der Junge mit dem HJ-Abzeichen bekommt vor Aufregung einen Kopf wie eine Tomate. Seine Augen glühen vor Verachtung.

»An den Dnjepr? So weit geht der Führer nie zurück!«

»Der Führer nicht, aber wir!«

»Das ist Defätismus! Das ist Wehrkraftzersetzung! Ich verbiete dir, so zu sprechen!«

»Du willst mir was verbieten, du halbfertiger Mündungsschoner?« Der Bulle springt auf und fährt ihm an den Kragen. »Noch so ein Wort, du Rotzlümmel, und du kannst deine Knochen von der Wand abkratzen!«

»Verräter!« schreit der Junge außer sich. »Ich werde dich melden!«

Kleebusch muß die beiden mit Gewalt trennen. Er kennt das. Immer gibt es Krach vor einem Angriff. Ein Funke genügt, um die Spannung zum Explodieren zu bringen. Bunkerkoller.

Der Bulle zieht sich brummend zurück.

»Ich sag's ja immer: Vor uns der Russe, hinter uns die Partei — Hilfe, wir sind eingeschlossen!«

Eine Weile ist Ruhe.

Einer der Jungen, die die ganze Zeit still in sich verkrochen in der Ecke saßen, holt einen leeren Feldpostbrief aus der Tasche und beginnt im Schein der flackernden Kerzen mit einem Bleistift zu schreiben.

»Was machst du denn da?« fragt ihn Fibus.

»Ich schreib' meiner Mutter.«

»Das sollst du nicht tun«, sagt Fibus. »Jetzt nicht.«

»Warum nicht?«

»Weil das nicht gut ist. Man schreibt keinen Brief, wenn's mulmig ist. Die zu Hause merken das sofort und sind dann in Sorge. Schreib morgen, wenn alles vorbei ist, wenn . . .« Er bricht ab. Wenn du dann noch lebst, wollte er sagen, aber er verschluckt es.

»Ihr sollt schlafen«, sagt Kleebusch. »Haut euch aufs Ohr und versucht zu pennen. Es ist gleich Mitternacht. In ein paar Stunden geht's los. Dann müßt ihr frisch sein.«

»Wir können nicht schlafen, Herr Unteroffizier«, sagen die Jungen. »Lassen Sie uns nur so sitzen. Wir schaffen es morgen schon.«

Sie sagen es wie artige Kinder, die den besorgten Vater beruhigen wollen.

Kleebusch lehnt den Kopf zurück an die Lehmwand. Träumend schließt er die Augen. Er denkt an die letzten Stunden seines Urlaubs in Berlin. Karin . . . Er sieht ihre Gestalt vor sich, ihre blonden Haare, ihr offenes, frisches Gesicht. Es überstrahlt mit einemmal alles, was vorher war. Es überstrahlt sogar das Bild Marias. Nie hätte er geglaubt, daß das möglich sein würde, daß er nach dem, was er erlebt hatte, noch einmal so lieben könnte. Gewiß, er wird Maria nie vergessen. Eines Tages wird er ihren Tod an Maier rächen. Aber er kann nichts gegen das neue Gefühl in seinem Herzen. Er liebt Karin. Er fühlt es in diesem Augenblick. Immer wieder sieht er sie winken. Immer wieder hört er sie rufen: »Wenn du wiederkommst, Fritz, will ich alles für dich tun . . . Alles!«

Er *muß* wiederkommen. Er darf sich nicht verheizen lassen, auch wenn ihn Maier mitten in die Hölle schickt. Er will nach Hause kommen, zu Karin . . . Nach Hause. Und zu Karin. Da ist eine ganz neue Gedankenverbindung.

Die Minuten schleichen.

Kleebusch blickt um sich. Die meisten haben im Sitzen die Knie angezogen und den Kopf darauf gelegt. Einige liegen lang auf dem Boden, den Stahlhelm im Genick, unbeweglich blicken sie zur Decke. Ein paar stieren in die kleinen Kerzenflammen, unentwegt. Jeder ist wach; aber keiner rührt sich.

Da zieht der Junge, der den Brief schreiben wollte, eine Mundharmonika aus der Tasche. Er ist blond, hat ein schmales Gesicht mit hellem Flaum auf der Oberlippe. Wie der Dotter, muß Kleebusch denken. Wie der Eiermann. Nur etwas jünger. Jedes Jahr werden die Rekruten jetzt jünger . . .

Der Junge klopft die Mundharmonika auf den Knien aus und setzt sie vorsichtig an die Lippen. Wie zwei Muscheln legt er die Kinderhände hohl um das Instrument, um besser tremolieren zu können. Er sucht ein paar Töne. Die Töne formen sich zu einer Melodie. Ein anderer Junge summt mit. Dann klingt es mit einemmal auf, sehnsuchtsvoll, wehmütig:

»Im schönsten Wiesengrunde
ist meiner Heimat Haus . . .«

Süßer Zauber eines unsterblichen Liedes. Der Bunker scheint zu versinken. Ein Zittern geht durch den Raum. Keiner rührt sich.

Kleebusch merkt, daß seine Lippen zu flattern beginnen. Er fühlt es heiß in die Augen schießen. Seine Kehle ist wie zugeschnürt. Er möchte schreien, aber er ist wie gelähmt. Aufhören, möchte er schreien. Aufhören! Das hält doch keiner aus.

Er sieht, wie die Männer ringsum von einer starken Erregung erfaßt werden. Sie richten sich auf. In ihren Augen schimmert es verdächtig. Einige beginnen zu schlucken.

Der Gesang wird leiser. Die Stimme klingt tränenerstickt. Im Schein der Kerzen sieht Kleebusch, daß dem Jungen die hellen Tränen über die Wangen laufen. Aber tapfer singt er weiter:

»... dich, mein stilles Tal,
grüß' ich tausendmal ...«

Da bricht es los. Es überkommt sie wie eine Naturkatastrophe. Einer der Rekruten schluchzt laut auf. Ein anderer schlägt die Hände vors Gesicht und rennt hinaus. Auf der anderen Seite wirft sich einer mit dem Gesicht auf die Erde und krallt sich am Boden fest.

Großer Gott — großer Gott ... denkt Kleebusch.

»Aufhören!« brüllt der Bulle. Er brüllt so laut, daß der Sand von der Bunkerdecke rieselt. Mit einem Satz ist er bei dem Mundharmonikaspieler, er reißt ihm das Instrument aus der Hand. »Ihr seid wohl von der wilden Sau gebissen? Verdammte Scheiße, Rotz und Hurendreck! Schmeißt doch die elende Schnuffelrutsche aus dem Bunker und laßt einen anständigen Song vom Stapel. In Honolulu! Los, singt mit! Zwei, drei ...«

Erstaunt schauen ihn die Jungen an, sie wissen nicht, was sie tun sollen.

»Ihr hört wohl schlecht? Alles hinlegen! Brust frei! Hosen 'runter! Schwester Berta kommt zum Gesundheitsappell!«

Einige Rekruten beginnen zu lachen. Sie wischen sich verstohlen das Wasser aus den Augen.

»Es lebe Schwester Berta!« quietscht Fibus vor Vergnügen.

»Und der Sanitätsgefreite Neumann!« dröhnt der Bulle und beginnt schon zu dirigieren. »Es lebe hoch — es lebe hoch — es lebe hoch der Sanitätsgefreite Neumann!«

Eine Sekunde Überlegung. Verschiedene der Jungen schnuffeln noch. Sollen sie oder sollen sie nicht? Beim zweiten Vers aber singen schon alle mit. Im Nu ist der Jammer vergessen. Sie sind rauhe Krieger, gottverdammte Himmelhunde, die nichts so leicht erschüttert.

»Ein dreifach Hoch dem Sanitätsgefreiten Neumann!«

Der Bulle zwinkert Kleebusch vergnügt zu. Der Kerl ist wirklich sein Geld wert.

»Die Kampfkraft der Truppe ist gleich null«, röhrt er, »aber die Stimmung ist aus-ge-zeich-net!«

Er hat recht. Es ist alles senkrecht und geritzt. Es ist alles wieder in Butter.

Am nächsten Tag begann der Angriff.

## 18

Es war am 4. Juli 1943.

Beim ersten fahlen Schein, der im Osten auftauchte, brach von der deutschen Seite aus ein Höllenkonzert los, wie sie es seit der Kanonade von Sewastopol nicht mehr erlebt hatten. Es jaulte und fauchte, es wummerte und zischte, als stünde ein Weltuntergang bevor. Die Luft war voll Eisen. Ein breiter Strom von Stahlgeschossen zog ohne Unterbrechung in hohem Bogen seine Bahn. Der Himmel gehörte der Artillerie.

Die jungen Marschierer, die es zum ersten Mal erlebten, waren hingerissen. Sie reckten die verschlafenen Köpfe. Sie blickten atemlos nach oben, als könnten sie die Geschosse auf ihrer Bahn verfolgen.

»Zu sehen ist da nischt«, erklärte der Bulle. »Wenn ihr sie hört, sind sie schon lange drüben.«

Alle Kaliber waren unterwegs. Das ganze Sortiment der Rüstung flog nach drüben. Jede Klangfarbe war vertreten: das satte Gurgeln der schweren Koffer, das Pfeifen der Haubitzen, das Zwitschern der Granatwerfer.

Dazwischen rauschten immer wieder die Zweizentner-Granaten der schweren Werfer auf. Orgelnde Kometen mit helleuchtendem Feuerschweif. Die Stars unter den Raketen des Brillantfeuerwerks. Wie Flammenpfeile stiegen sie in den Himmel. Der brennende Schwanz des Treibsatzes war fast bis zum Einschlag zu sehen. Rotes Wetterleuchten bildete jeweils den Schlußpunkt.

»Unsere Batterien!« stellte der Bulle fest. Es klang stolz, als spräche er von den Favoriten seines Fußballvereins. »Wo die hinrotzen, wächst kein Gänseblümchen mehr. So 'ne 32er Granate als Steckschuß im Kopp — da hat kein Arzt eine Pinzette dafür.«

Der Junge mit dem HJ-Abzeichen hatte vor Aufregung rote Backen.

»Die machen alles zur Sau. Von drüben kommt kein Mucks mehr. Scheint schon der reinste Friedhof zu sein. Da können wir nachher mit geschulterter Knarre einmarschieren.«

»Wart's ab«, meinte Fibus und rieb sich die spitze Nase. »Die Antwort auf die Ari-Vorbereitung ist noch nie ausgeblieben.«

Fibus hatte recht. In der ersten Pause des Bombenhagels kam der gleiche Segen von drüben. Keine Spur davon, daß drüben ein Leichenfeld war. Im Gegenteil. Die dicken Brocken rauschten nur so.

Plötzlich ein Rasseln und Dröhnen, daß die Erde bebte. Panzer gingen vor. Riesenpanzer und schwere Sturmgeschütze.

»Mensch«, schrie einer, »Tiger!«

»Tiger, Tiger!« jaulten die Landser. »Endlich — eine ganze Herde von Tigern!«

Aus allen Ecken kamen sie angerasselt. Aus jeder Mulde, aus jedem Busch kamen sie hervor. Sie waren so gut getarnt gewesen, daß keiner sie vorher gesehen hatte. Nun konnte nichts mehr geschehen. Nun brauchten sie endlich keine Angst mehr zu haben vor den hundsvermaledeiten T 34.

»War aber auch höchste Zeit«, bemerkte der Bulle trocken.

Es mahlte und dröhnte.

»Fertigmachen!« rief vom Nachbarbunker der Zugführer, ein alter Oberwachtmeister, und hob seine Maschinenpistole hoch.

»Fertigmachen!« wiederholte Kleebusch und hob die Hand.

»Auf *Los* geht's los«, sagte der Bulle mit seinem fetten Baß. Er zwinkerte den Jungen aufmunternd zu. »Hurratüte auf die Nase, kurz am Sturmriemen gerissen — und dann nischt wie 'raus!«

Der Sprung aus dem Graben ist immer das schwerste. Ist man aber erst mal draußen, ist alles anders. Da gibt es kein Überlegen mehr. Man rennt von allein, man wird mitgerissen von dem allgemeinen Sog. Rennen und Schießen wird zum Selbsterhaltungstrieb. Jeder Nerv gehört nur noch dem Kampf, jeder Gedanke nur noch dem Ziel.

Sie stürmten wie die jungen Löwen.

Es war wie ein Fieber. Jeder wurde angesteckt. Es ging wieder vorwärts. Noch war der Krieg nicht verloren. Also war doch nicht alles umsonst gewesen.

Tatsächlich, es ging besser, als sie gedacht hatten.

Gegen Abend waren die ersten Gräben aufgerollt.

Am nächsten Tag ging der Stoß tief in die hinteren Verteidigungsstellungen hinein.

Am dritten Tag war bereits ein beträchtlicher Keil vorgetrieben.

Dann ging es langsamer. Die Ausfälle machten sich bemerkbar. Die Verluste waren zu hoch. Jeder Meter mußte mit Blut erzwungen werden. Um jede Handbreit Boden wurde mörderisch gerungen.

Nach einer Woche war der Einbruch ganze zehn Kilometer tief.

Dann kam der Rückschlag.

Wie ein Lauffeuer verbreitete sich die Meldung, daß der Russe weiter hinten mit massierten Kräften die Einbruchsstelle abzuriegeln versuchte. Während die deutsche Spitze sich noch langsam vorwärts fraß, drohte der Gegner den Keil im Rücken abzuschneiden. Kaum kam noch Nachschub durch. Die Flankensicherung war zu schwach. Die Kräfte waren zu dünn geworden.

Es nützte nichts, die Helden mußten zurück.

»Alles kehrt!«

»Alles zurück, marsch — marsch!«

Der bitterste Rückzug, den sie je angetreten hatten. Die Erde dampfte noch vom eigenen Schweiß. Der Boden war noch rot vom eigenen Blut. Wut und Scham stieg in ihnen hoch, wenn sie die Leichen sahen, um die sich niemand kümmerte.

Einer lag an eine Lafette gelehnt, ohne Beine, ohne Unterleib; ein Torso, der nicht umfallen konnte. Einer hing wie gekreuzigt in den dürren Ästen eines Baumes; sein Mund war zu einem stummen Schrei geöffnet. Zwei Kanoniere hielten sich im Liegen umschlungen; sie hatten keine Köpfe mehr.

Kaum, daß die Kraft reichte, die Verwundeten nach hinten zu schleppen.

Ausgebrannte Panzer links und rechts. Die stolzen Tiger! Gesprengte Sturmgeschütze. Zerfetzte Ausrüstungen und Waffen.

Und immer wieder Leichen.

In kurzer Zeit war der Geländegewinn aufgegeben. Sie saßen wieder da, wo sie angefangen hatten. Es war alles wie vorher.

Nur zahllose ihrer Kameraden fehlten. Und es hatte nicht mal mehr zu einem Massengrab gereicht. Zerfetzt und verstümmelt waren die Männer liegengeblieben, dort wo sie der Krieg geschlachtet hatte.

Darunter auch der Junge mit dem HJ-Abzeichen.

Er hatte hoch bezahlt für seinen Glauben.

Darunter auch der Junge mit der Mundharmonika.

Er war nicht mehr dazugekommen, den Brief an seine Mutter zu schreiben. Er lag auch nicht in dem stillen Tal, das er mit seinem Lied vieltausendmal gegrüßt hatte. Er lag in der ausgebrannten russischen Erde.

Die Schicksalswalze rollte weiter, unerbittlich, unaufhaltsam.

In Berlin toben Novemberstürme, pfeifen um die ausgebrannten Ruinen, singen in den geflickten Fenstern.

Oberst Graupner geht wie ein gefangener Löwe in dem engen Zimmer auf und ab, das man ihm in der Nähe der Bendlerstraße zugewiesen hat.

»Das ist kein geordneter Rückzug mehr«, sagt er und wirft die Blätter mit den neuesten Nachrichten verzweifelt auf den Tisch, »das ist kopflose Flucht. Der Beginn der Katastrophe!«

Major Rechenberg, der in dem kleinen Sessel am Fenster sitzt, hebt kaum merklich die Schultern.

»Wundert Sie das? Wir haben es doch kommen sehen. Wir haben es gewußt. Oder haben Sie etwas anderes erwartet als neue Hiobsbotschaften?«

Oberst Graupner macht eine ungeduldige Handbewegung:

»Sie verstehen mich falsch. Ich meine nicht den Rückzug als solchen, ich meine die drohende Vernichtung unserer Truppen im Osten. Im Abschnitt der Heeresgruppe Mitte ist Brjansk aufgegeben, Smolensk verloren. Bei Krementschug wurde ein sowjetischer Frontbogen gebildet, von dem aus Kirowograd und Kriwoj Rog angegriffen werden. Und nun höre ich, daß sogar Kiew geräumt wurde und die Rote Armee am Pripjet steht. Wissen Sie, was das bedeutet? Im Mittelabschnitt ist der Russe nahe der polnischen Grenze, im Süden aber haben unsere Truppen noch nicht einmal den Dnjepr erreicht, obwohl der Fluß dort Hunderte Kilometer nach Osten vorspringt. Es gibt nur wenige Übergänge. Ehe sie erreicht sind, fliegen die Brücken in die Luft. Ehe die Truppe übersetzen kann, ist der Russe weit im Westen eingeschwenkt und riegelt alles ab. Das bedeutet die Vernichtung aller Divisionen im Süden. Das bedeutet den Zusammenbruch der Front!«

Der Major schweigt. Er zieht nur leicht die Augenbrauen hoch, als wolle er sagen: Tja — so ist das nun ... In Wirklichkeit, denkt er, ist die Lage noch viel katastrophaler. Der Oberst spricht nur vom Osten. Aber auch an den anderen Fronten, beim Seekrieg und in der Luft zeichnen sich Katastrophen ab, die durch nichts aufzuhalten sind. In Italien geht es drunter und drüber. Die Alliierten haben von Sizilien her in schnellem Durchbruch fast das halbe Land überrollt. Unter dem Eindruck der Alarmnachrichten ist das faschistische System zusammengebrochen, und am 13. Oktober hat die Badoglio-Regierung Deutschland den Krieg erklärt. Um den völligen Zusammenbruch zu verhindern, mußten deutsche Verbände aus dem Osten abgezogen und über die Alpenpässe nach Süden geworfen werden. Gleichzeitig mußte die bisher von der italienischen 4. Armee gehaltene französische Mittelmeerküste besetzt werden. Und der Seekrieg bringt ungeahnte Verluste. Im Vorjahr gingen 85 U-Boote verloren. In diesem Jahr sind es schon über zweihundert. Eine tödliche Zahl. Dabei gehen die Versenkungen feindlicher Schiffe rapide zurück. Sie betragen mit drei Millionen BRT nicht einmal mehr die Hälfte des Vorjahres. Seit vor einigen Wochen Portugal die Azoren als Flugzeugstützpunkte für die Alliierten freigegeben hat, ist es möglich, die Geleitzüge über dem ganzen Atlantik abzuschirmen. Die Blockade Englands, mit der man die Insel aushungern wollte, ist illusorisch geworden. Dazu kommt der immer unerträglicher werdende Luftkrieg. 1942 wurden über dem Reichsgebiet 41 000 Tonnen Sprengstoff abgeworfen. In diesem Jahr sind es schon über 200 000 Tonnen. Im nächsten Jahr werden es Millionen sein. Jede Stadt wird jetzt erreicht, sogar mitten am Tage. Berlin droht nach den letzten Angriffen das gleiche Schicksal wie Hamburg. Wie soll das noch weitergehen?

»Tja«, macht der Major und blickt Oberst Graupner lange an. »Ich kann Ihre Sorge um die Front im Osten sehr gut verstehen. Aber wer könnte es ändern?«

Major Rechenberg ist ein schmaler, hochgewachsener Offizier mit markantem Gesicht und scharfblickenden Augen. Als Stabsoffizier in der Organisationsabteilung des Oberkommandos des Heeres sitzt er in einer wichtigen Schlüsselposition; er verfügt über weitreichende, einflußreiche Beziehungen. Seit Wochen reden die beiden Männer offen miteinander. Seit Wochen sind sie sich in ihren Plänen und Absichten einig. Nur wenn die Sprache auf die Front kommt, wenn neue Alarmmeldungen aus dem Osten eintreffen, entstehen stundenlange fruchtlose Diskussionen.

»Die Katastrophe begann bei Bjelgorod«, sagt der Oberst anklagend und deutet auf die kleine Karte auf dem Tisch. »Sie begann mit dem wahnwitzigen Stoß in den Kursker Bogen. Statt auf eine sichere Linie zurückzugehen, statt am Dnjepr eine feste Linie auszubauen, die für längere Zeit zu halten gewesen wäre, entschloß man sich zu einer Offensive, die von vornherein zum Scheitern verurteilt war. Ein Stich ins Wespennest. Er löste eine Flut aus, die durch nichts mehr aufzuhalten ist. Wußte man im OKH nicht, daß der Russe selbst unmittelbar vor einer großen Offensive stand? Wußte man nicht, daß der Feind längst unsere Pläne durchschaut hatte? Ahnte man denn nicht, daß die massierten Feindkräfte zwischen Orel und Bjelgorod nur darauf warteten, losschlagen zu können?«

»Natürlich wußte man es«, erwidert Rechenberg.

»Und warum hat man nichts dagegen unternommen? Warum hat man den Wahnsinn nicht zu verhindern versucht?«

»Wir taten, was in unserer Macht lag. Wir ließen jeden Draht spielen. Hohe und höchste Offiziere, die auf unserer Seite stehen, mobilisierten alle ihre Beziehungen. Vergebens. Sie kennen nicht die Sturheit des Führerhauptquartiers.«

»Diese Sturheit hat unzähligen deutschen Soldaten das Leben gekostet!«

»Man hat es inzwischen gemerkt.«

»Sie hat den meisten Einheiten endgültig das Rückgrat gebrochen. Wenn es noch einen Rest von Moral bei der Truppe gab — durch dieses verbrecherische Abenteuer wurde er restlos vernichtet. Die Sinnlosigkeit des Opfers muß einfach lähmend auf jeden Soldaten wirken. Meist waren es junge Menschen, die daran glauben mußten. Wenn ich dabei an mein Regiment denke ...«

Major Rechenberg nickt. Wenn der Oberst »mein Regiment« sagt, ist er bei seinem eigentlichen Stichwort angelangt. Alles, was er bei den Unterredungen vorbringt, steuert immer wieder auf den einen Punkt zu: »Mein Regiment ...« Es beschäftigt ihn Tag und Nacht. Man könnte glauben, er habe seinen eigenen Sohn bei diesem Regiment . . .

Der Major blickt Oberst Graupner teilnahmsvoll an. Er kennt ihn schon seit einer Reihe von Jahren. Er kennt auch die Tragik seines Lebens. Er stand an seiner Seite, als ihn die Nachricht von dem Selbstmord seines Sohnes erreichte. Und er stand auch an seiner Seite, als man seine Frau zu Grabe trug — jene stille, sanfte Frau, für die es keinen Platz in einem deutschen Luftschutzkeller gab ... Seit dieser Zeit, weiß Rechenberg, ist der Oberst leer und ausgebrannt. Nur noch ein Schatten seiner selbst.

Um so verwunderlicher ist es, denkt Rechenberg, mit welch vitalem Interesse und mit welch wachen Sinnen er an allem Anteil nimmt, was sein altes Regiment betrifft.

Oberst Graupner hat die Blätter vom Tisch aufgenommen. Immer wieder schüttelt er den Kopf.

»Dieser Wahnsinn! Dieser bodenlose, verantwortungslose Wahnsinn!«

Major Rechenberg steht leise auf und tritt hinter den Kommandeur. Er weiß, was in diesem Augenblick in Graupner vorgeht, und er will seinen Überlegungen zuvorkommen.

»Eben dieser Wahnsinn ist es, weswegen wir Sie hier in Berlin brauchen«, beschwört er den älteren Kameraden eindringlich. »Männer wie Sie sind jetzt in der Heimat wichtiger als an der Front. Der General hat es oft genug betont.

Die Zukunft Deutschlands entscheidet sich nicht mehr an den Fronten — sie entscheidet sich hier. Hier in der Reichshauptstadt! Wir brauchen dringend Unterstützung. Es kommt auf jeden Mann an, der zuverlässig ist und Mut und Tatkraft besitzt. Wie wenige es davon gibt, wissen Sie selbst nur zu genau. Besonders Frontoffiziere fehlen uns. Männer mit Kampferfahrung, die auf Grund ihrer Auszeichnungen Ansehen genießen und der Heimattruppe gegenüber Autorität besitzen. Sie werden im entscheidenden Augenblick mit die wichtigsten Funktionen zu erfüllen haben.«

»Im entscheidenden Augenblick? Wann wird dieser entscheidende Augenblick sein?«

»Wir müssen warten . . .«

»Warten! Warten!« Der Oberst reckt die Arme. Seine grauen Augen beginnen gefährlich zu blitzen. »Soll erst alles vor die Hunde gehen? Sollen die deutschen Städte erst völlig dem Erdboden gleichgemacht sein? Sollen noch hunderttausend Soldaten fallen? Will man warten, bis der Russe in Berlin steht? — Was wäre dann noch zu retten, frag' ich Sie!«

Major Rechenberg kennt diese Fragen, er hat sie selbst oft genug gestellt. Wer vermöchte eine Antwort darauf zu geben?

Der Oberst nimmt seinen unruhigen Löwengang wieder auf.

»Nehmen Sie es mir nicht übel, Rechenberg — aber ich halte das nicht mehr aus. Ich kann nicht ständig hier herumsitzen und immer nur warten. Ich komme mir hier vor wie in einem Gefängnis. Lebendig begraben! Können Sie das verstehen? Der kleinste Bunker draußen wäre mir lieber als dieses Büro. Draußen habe ich etwas zu tun. Draußen braucht man mich.«

Er macht eine Pause und blickt sein Gegenüber an. Doch da der Major schweigend den Blick senkt, fährt er erregt fort:

»Ich bin Frontsoldat, ich gehöre zu meiner Truppe. Hier ersticke ich. Ich brauche Luft, ich brauche Bewegung, sonst gehe ich vor die Hunde. Aber das ist noch nicht einmal das Entscheidende. Ich denke nicht so sehr an mich — ich denke an die Männer meines Regiments. Ich weiß, daß sie auf mich warten. Seit ich weg bin, geht es in dem Haufen drunter und drüber. Wilde Fanatiker bilden planlos zusammengestellte Kampfgruppen und jagen sie sinnlos ins Feuer, nur um ihren persönlichen Ehrgeiz zu befriedigen. Seit ich davon weiß und nichts dagegen unternehme, komme ich mir vor, als sei ich meinen Männern gegenüber wortbrüchig geworden. Meine Leute müssen annehmen, ich hätte sie vergessen und verraten.«

Der Oberst schweigt erschöpft, bleibt am Fenster stehen, stützt die Arme breit auf den Sims. Draußen ist alles grau in grau. Durch die Straße fegt ein nasser Regenwind. Gegenüber erhebt sich eine ausgebrannte Fassade. Hinter den leeren Fensterhöhlen treiben zerrissene Nebelfetzen vorbei. Bald wird es wieder Schnee geben. Bald beginnt im Osten ein neuer Winter ...

»Rechenberg«, sagt der Oberst, ohne sich umzudrehen, »ich gehe wieder 'raus!«

Keine Antwort. Stille im Raum. Nur der Wind pfeift im geflickten Fenster.

»Warum sagen Sie nichts, Rechenberg?«

Der Major scharrt verlegen mit der Fußspitze über den Teppich.

»Es geht nicht, Sie können nicht zurück.«

Oberst Graupner fährt herum.

»Und warum nicht? Wollen Sie es verhindern?«

»Aber ich bitte Sie! So gerne ich Sie hier habe und so großen Wert auch der General auf Sie legt — ich würde nichts unternehmen, um Sie an Ihrem Entschluß zu hindern. Im Gegenteil, ich würde alle Hebel in Bewegung setzen, um Sie wieder zu Ihrer Truppe zu bringen — wenn ich die Überzeugung hätte, daß es zu Ihrem Besten wäre ...«

»Wollen Sie damit sagen, daß ich es gesundheitlich nicht schaffe? Ich habe mich lange genug geschont. Ich fühle mich so gesund und frisch wie eh und je.«

»Natürlich sind Sie wieder gesund.«

»Na also. Was soll es sonst für einen Hinderungsgrund geben? Oder — hat man vielleicht inzwischen einen neuen Kommandeur ernannt?«

»Nein. Das Regiment wird noch immer interimistisch von dem dienstältesten Abteilungskommandeur geführt.«

«Aber? So reden Sie schon. Warum soll ich nicht zurück können?«

»Weil es gefährlich für Sie wäre.«

»Sie sprechen in Rätseln, Rechenberg.«

Der Major windet sich.

»Ich ...«

»Heraus mit der Sprache. Was ist gefährlich?«

»Ich wollte es Ihnen nicht sagen. Aber da Sie es absolut wissen wollen — nun gut, irgendwann werden Sie es doch einmal erfahren: Man hat draußen gegen Sie intrigiert.«

»In meinem Regiment?«

»Sie haben nicht nur Freunde dort. Ein gewisser Hauptmann Stiebing . . .«

»Mein früherer Adjutant?«

»Er steckt mit Ihrem Vertreter zusammen, der Ihr Nachfolger werden möchte. Ich habe über viele Umwege erfahren, daß bei der Division eine Meldung gegen Sie vorliegt, die sehr unangenehm für Sie werden könnte. Es ist darin von defätistischen Äußerungen die Rede, sogar von Sabotage. Hier sind Sie geschützt.«

»Und warum ist die Meldung bisher nicht weitergegangen?«

»Man will sie niederschlagen, da man annimmt, daß Sie in den Ruhestand versetzt werden. Sobald Sie aber wieder draußen auftauchen ...«

Das Gesicht des Kommandeurs verfinstert sich. Seine Gestalt strafft sich. Entschlossen reckt er den Kopf.

»Jetzt erst recht! Was ich gesagt und getan habe, kann ich verantworten. Ich habe keine Angst. Diesen Stiebing werde ich mir kaufen. Und die anderen dazu, mit denen er sich verschworen hat!«

Major Rechenberg ist bestürzt.

»Sie wollen trotzdem 'raus?«

»Ja.«

»Aber — wenn ein Verfahren gegen Sie anläuft ... Der General kann Ihnen draußen nicht helfen.«

»Keine Angst, Rechenberg, ich brauche niemanden zu meinem Schutz. Diese Brüder sollen mich kennenlernen!«

Der Oberst richtet sich hoch auf. Seine Augen leuchten und sein Gesicht bekommt wieder Farbe.

»Ich freue mich schon auf diesen Strauß. Es wird eine Lust für mich werden. Vor allem aber — ich werde mein Regiment wiedersehen!«

Schnee, Schnee, Schnee.

Es schneit in dicken Flocken. Die reinsten Schneebälle fallen vom Himmel. Sie ebnen alles ein, Löcher, Gräben, Fahrzeuge, Geschütze, Menschen — die Lebenden und die Toten.

Der Schneefall ist maßlos. Alles in Rußland ist maßlos. Die Weite, die Hitze, die Kälte, der Dreck und der Schnee. Vor allem der Schnee. Man sieht die weiße Decke förmlich wachsen. Wenn man bloß bis zum nächsten Lokus geht, hat man eine weiße Pelzmütze auf — wie der Soldat am Wolgastrand im »Zarewitsch.«

Die ukrainische Stadt Tscherkassy schläft unter einem weißen Leichentuch. Man geht auf den breiten Straßen wie auf einem Teppich. Auch der Krieg scheint unter der weißen Last außer Atem gekommen zu sein.

Als die Kampfgruppe Stiebing am Rande von Tscherkassy wieder mit dem Regimentsstab zusammentrifft, ist sie kaum noch halb so stark wie bei der Aufstellung. Die Überlebenden sind am Ende ihrer Kräfte.

Kleebusch ist dabei und Fibus. Karlson, der Bulle aus Hannover, ist mit einem blauen Auge davongekommen. Er hinkt auf dem linken Bein, seine rechte Hand ist verbunden, und sein Gesicht ist mit Leukoplast verklebt. Zwischen den verdreckten Streifen sprießt ein üppiger Bart wie Schnittlauch auf einem Mistbeet. Granatsplitter haben ihm die Fresse zerhackt, als er bei Poltawa versucht hatte, einen der Jungen aus dem Feuer zu holen.

Vom Ersatz ist kaum was übriggeblieben. Die jungen Soldaten wurden fast restlos aufgerieben. Gestorben, verdorben. Wer nicht »auf dem Felde der Ehre« geblieben ist, liegt im Feldlazarett.

Am besten hat sich noch der kleine Steiner gehalten, ein munterer Frankfurter, der nicht von Kleebuschs Seite wich. Ein richtiges Frankfurter Würstchen, wie Fibus immer sagt. Er wollte sich auf keinen Fall umbringen lassen. Und er kam tatsächlich durch. Nach jedem Zunder, der vom Himmel rauschte, blinzelte er Kleebusch zu und lispelte im heimatlichen Dialekt:

»Herr Unteroffizier — mer lewe noch!«

Kurt Baumann steht geschniegelt und gestriegelt vor seiner Vermittlung, als die Gruppe Kleebusch angezockelt kommt. Er hat gut lachen. Er blieb nach dem Urlaub als einer der wenigen beim Stab und ist in seinem neuen Vermittlungswagen quasi erster Klasse über den Dnjepr gefahren.

»Ihr seht ja aus wie Schindmähren, die man in der Abdeckerei vergessen hat«, begrüßt er sie grinsend. »Wo habt ihr euch denn die ganze Zeit 'rumgetrieben?«

»Wir haben praktische Erdkunde getrieben«, läßt sich Fibus hören und tritt ihm ebenso freundlich grinsend gegen das Schienbein.

»Und wer ist der da?« erkundigt sich Baumann und deutet auf das verklebte Gesicht des Bullen. »Ich kann bei seiner Maskerade nicht beurteilen, ob ich ihn kenne oder nicht.«

Fibus meckert wie eine Ziege.

»Darf ich die Herren bekanntmachen? Das ist Herr Karlson, genannt der Bulle, aus Hannover — und das ist Herr Baumann von der Vermittlung, der die längste Zeit gelebt hat, wenn er weiter so witzige Bemerkungen macht.«

»Normalerweise seh' ich anders aus«, sagt der Bulle aus dem Leukoplast heraus. »Das kommt alles nur davon, wenn man bei dem Himmelfahrtskommando eines Häuptlings ist, der ständig Halsschmerzen hat?«

»Stiebing? Wieso Halsschmerzen?«

»Ordenshunger, du Rindvieh, falls du das besser verstehst. Er ist hochgradig Ritterkreuz-verdächtig. Du weißt doch — für hundert Birkenkreuze ein Ritterkreuz.«

»Und warum gehst du mit deiner Visage nicht ins Lazarett?«

»Aus Sentimentalität, Kumpel. Aus purer Sentimentalität. Für die Heimat reicht's nicht, hat der Sani gesagt. Alles nur äußerlich. Wozu also viel Theater machen? Wenn ich erst mal weg bin, wer weiß, wo ich nachher hinkomme. Wahrscheinlich in irgend so 'nen Heldenklau-Verein. Es kommt selten was Besseres nach.«

»Schlimmer als bei Stiebing wird's nicht werden. Du kannst höchstens einen besseren finden.«

»Aber keinen Kameraden, wie unseren Korporal hier.« Er boxt Kleebusch in die Seite und grinst, soweit es die breiten Pflasterstreifen zulassen.

»Wo ist eigentlich Hannes Krummbier?« fragt Kleebusch, der die ganze Zeit schon nach dem Gesicht mit dem alten Knösel Ausschau hielt.

»Hannes ist in Berlin. Sonderurlaub.«

»Sonderurlaub? Stimmt was nicht bei ihm zu Hause?«

»Bombenschaden. Hat gerade noch Glück gehabt, daß er 'rausgekommen ist.«

»Wieso Glück?«

Baumann macht eine vielsagende Geste. »Sag' ich dir ein andermal, Fritz, wenn wir alleine sind.«

Kleebusch holt sich von der Schreibstube seine Post. Es hat sich allerhand angesammelt. Fünf Briefe: einer von seinem Vater aus Dänemark, einer von seiner Mutter und drei von Karin. Er überlegt einen Augenblick, welchen er zuerst öffnen soll, dann nimmt er den vom Vater. Danach soll der Brief der Mutter kommen. Karins Briefe will er sich bis zum Schluß aufsparen.

»Ich bin im Geiste immer bei Dir«, schreibt der Vater. »Mit heißem Herzen verfolge ich von meinem Posten in Dänemark aus die Nachrichten von allen Fronten. Es sieht nicht rosig aus, aber da der Führer zuversichtlich ist, können wir es ebenfalls sein. Ihr steht jetzt am Dnjepr. Ich bin fest davon überzeugt, daß Ihr die Stellung dort haltet . . .«

»Wir haben jetzt immer öfter Alarm«, schreibt die Mutter. »Vorgestern saßen wir fast acht Stunden im Keller. Aber was ist das alles gegen das Elend im Osten. Dieser dritte Winter in Rußland muß furchtbar sein. Ich bete täglich zu Gott, mein Junge, daß er Dich beschützen mag . . .«

Karin schreibt nichts vom Krieg. Sie schreibt von ihrer Liebe. Und alles um ihn herum versinkt . . .

Aber in ihrem letzten Brief, der erst drei Tage alt ist, steht ein Satz, der ihn erschrecken läßt:

»Ich bin jetzt dienstverpflichtet worden und arbeite in einer Fabrik . . .«

Neben Kleebusch sitzt der kleine Steiner, das Frankfurter Würstchen, er liest mit roten Ohren seinen Frank Allan, den er immer im Schaft der Knobelbecher mit herumschleppt.

Fibus und der geflickte Bulle hocken am Tisch mit Baumann zusammen. Der lange Fibus hält mit seinen Spinnenfingern andächtig den heißen Aluminiumbecher umschlungen und suggelt genüßlich Tee mit Rum.

»Wieso eigentlich Tee mit Rum?« fällt ihm auf einmal ein. »Und wieso doppelte Ration Zigaretten?«

»Euch zu Ehren«, sagt Baumann. »Hat alles Oberleutnant Maier gestiftet. Er hat seit neuestem die Spendierhosen an.«

»Maier? Nanu — da stimmt doch was nicht. Wenn Maier Rum und Zigaretten springen läßt, dann stinkt's im Karton. Gibt's vielleicht wieder Rabatz?«

»Kann schon sein. Aber nicht für uns. Es geht nämlich seit einiger Zeit das Gerücht um, der Alte käme wieder, Oberst Graupner ... Da muß die Mistbiene von Maier doch nachweisen können, wo die Marketenderwaren geblieben sind, die er verschoben hat.«

»Mensch!« Fibus schlägt vor Jubel mit der Faust auf den Tisch, »Mensch, wenn der Alte wiederkäme, das wär prima! Dann hört endlich auch die sadistische Schinderei auf. War ja schon Massenmord in letzter Zeit. Und Maier, dem gönn' ich's, wenn er mit geilem Arsch in den Nesseln sitzt.«

Eine Weile ist es still im Kabuff. Fibus reckt wohlig die langen Knochen.

»Kinder ist das schön, wenn man wieder daheim ist beim alten Verein. Mir wird ganz philosophisch zumute ...«

»Philosophisch?« lacht Baumann. »Was verstehst denn du von Philosophie?«

»Mehr als du denkst. Ich hab' mal einen guten Freund gehabt, der war Philosoph. Der hat immer gesagt: Essen und Trinken allein genügt nicht. Man muß auch ab und zu ein Weib haben.«

»Au!« schreit der Bulle. Er wollte lachen und riß sich dabei den Verband auf.

Der kleine Steiner in der Ecke läßt seinen Frank Allan sinken und schaut gespannt herüber. Er macht direkt Stielaugen, der Junge. Das Thema, das Fibus angeschlagen hat, interessiert ihn noch mehr als die Abenteuer des Rächers der Enterbten.

»Wenn man's so betrachtet«, sagt der Bulle wehmütig mit

seiner zerhackten und blutenden Schnauze, »dann wird mir's tatsächlich auch ganz philosophisch zumute ...«

Am nächsten Abend sitzen Kleebusch und Baumann in der warmen Stube beisammen. Sie klöhnen. Es ist urgemütlich. Im Herd knistert Feuer. Sie hatten sich etwas in der Pfanne gebrutzelt. Jetzt rauchen sie und schlürfen heißen Tee mit Rum.

»Sag mal, Kurt, du hast gestern so eine Andeutung gemacht, als wir über Krummbier sprachen. Du hast gesagt, er habe grade noch Glück gehabt. Was wolltest du damit sagen?«

Baumann legt sein Gesicht in Falten.

»Kannst du einen Schlag auf nüchternen Magen vertragen?«

»Spar die Einleitung. Was ist los?«

»Wir sitzen im Kessel, Fritz ...«

»Im Kessel?«

»Ja — und diesmal ist es ernst. Es gibt keine Meerenge mehr wie bei Kertsch, wo wir 'rausschwimmen können. Diesmal sitzen wir richtig drin in der Falle.«

## 19

»Woher weißt du das?« fragt Kleebusch und blickt Baumann entgeistert an.

»Ich kam gestern aus Zufall in die Leitung von der Division zur Armee. Der Kommandierende sprach gerade mit dem Ia. Die beiden Herren haben kein Blatt vor den Mund genommen. Sie haben auch gesagt, daß es vorläufig niemand von den Landsern wissen soll, damit nicht vorzeitig eine Panik ausbricht. Erfahren würde man es noch früh genug.«

Baumann macht eine kurze Pause, dann fährt er fort:

»Das ist übrigens auch der wahre Grund dafür, warum jetzt überall gute Sachen ausgegeben werden. Es ist wie mit dem Bohnenkaffee in der Heimat. Und darum kann auch der Oberst nicht kommen. Es kann niemand mehr 'raus und niemand mehr 'rein. Die Tür ist zu.«

Kleebusch beißt die Zähne zusammen. Knirschend mahlen seine Kiefer.

»Und es gibt keinen Ausweg mehr?«

»Alles dicht ringsum. Zappenduster. Zehn Divisionen in der Tinte. Über hunderttausend Mann! Das ist der größte Kessel nach Stalingrad. Erhebendes Gefühl, nicht wahr? Wir haben mal wieder die Ehre!«

»Was sagt denn der Wehrmachtsbericht dazu?«

»Was soll er sagen? Nichts sagt er. Katastrophen werden erst bekanntgegeben, wenn alles überstanden ist. Dann heißt es entweder: Im Kessel von Tscherkassy ist es unseren tapferen Truppen gelungen, den Einschließungsring zu sprengen. Oder es heißt: Die namenlosen Helden von Tscherkassy haben mit ihrem Opfertod der Nation ein leuchtendes Beispiel gegeben.«

Baumann schweigt. Ganz still ist es im Raum. Nur das Prasseln des Feuers ist zu hören.

Fritz Kleebusch greift an die Brusttasche, in der die Briefe von Karin stecken. Es knistert leise unter seiner Hand. Papier. Gestern strömte es noch heiß aus jeder Zeile. Jetzt raschelt es nur noch. Papier, wertlos wie ungedeckte Schecks. Liebesbriefe, ins Nichts geschrieben. Wechsel auf ein bißchen Glück, die er nie mehr einlösen kann ...

Da wird die Tür aufgerissen: Fibus stürmt herein, lärmend, den Arm voller Büchsen, zwei Flaschen Wodka in den Taschen, taumelnd vor Seligkeit.

»Hier«, offeriert er, »und hier und hier!« Und jedesmal knallt er eine Büchse auf den Tisch. »Schweinefleisch, Büchsenwurst und wieder Schweinefleisch. Was sagt ihr dazu, ihr Kaffern?«

Zunächst sagen sie gar nichts. Kleebusch ist zu benommen, um so rasch umschalten zu können. Am liebsten möchte er dem langen Elend in die Fresse hauen. Das Getue mit den Fressalien geht ihm auf die Nerven. Es kommt ihm vor, als gröle ein Besoffener auf dem Friedhof.

Erstaunt schaut Fibus von einem zum andern. Die Leichenbittermiene dieser beiden Heinis ist ihm unverständlich. Er schleppt einen Armvoll der leckersten Sachen an, will sie kameradschaftlich teilen, und diese Ärsche glotzen ihn an, als habe er sie in einer Bibelstunde gestört.

»He, ihr Jammerlappen, warum steht ihr herum wie die Ölgötzen? Ist euch eine Filzlaus über die Leber gekrochen?« Er greift zum Tisch und klappert ermunternd mit den Büchsen. »Wollt ihr vielleicht, daß ich das alles der Heilsarmee stifte? Los, greift zu. Hat alles der gute Fibus für euch organisiert.«

Baumann, der sich als erster faßt, stößt Kleebusch in die Rippen.

»Los, Fritz, greif zu. Das lange Elend hat recht, laß uns schnell noch einen verlöten!«

»Na schön. Nach uns die Sintflut.« Kleebusch langt sich eine der Flaschen und steckt sie sich entschlossen in den Hals.

»Prost Gurgel!« animiert Fibus. »Auf daß unsere Kinder lange Hälse kriegen.« Er feixt zufrieden. So ist es in Ordnung. Man muß die Feste feiern wie sie fallen. Und heute ist nun mal ein Fest für ihn ...

Vor dem Fenster tanzen dicke Schneeflocken vorbei, lautlos und sanft. Ein Wintermärchen. Im breiten Lehmofen bullert es, und zu fressen und zu saufen haben sie auch. Herz, was begehrst du mehr?

»Wo hast du denn das Zeug her?« will Baumann wissen.

»Alles Sachen, die man uns vorenthalten hat. Ihr könnt sie mit gutem Gewissen verdrücken.«

»Hast du ein neues Verpflegungslager entdeckt, das gesprengt werden soll?«

»Viel besser! Stammt alles aus Maiers Schatzkästlein.«

»Hast du den Schlüssel dafür gefunden?«

»Kann man wohl sagen. Und was für einen Schlüssel! Das Vorhängeschloß heißt Marussja, falls ihr es noch nicht erraten habt. Ich hab's geknackt! Ließ sich ganz leicht öffnen. Spielend, sozusagen ...«

»Die Marussja?«

»Na klar doch. Endlich ist es mir gelungen, Rache an Maier zu nehmen. Süße Rache, sag' ich euch. Lohnende Rache. Sie hat mir ihre ganzen Schätze angeboten. Warmes Fleisch im Bett und hinterher kaltes Fleisch in Büchsen. Sie hat es massenweise. Maier, dieser Schuft, deckt sie damit ein. Er schenkt ihr alles, damit sie ihn erhört. Er flößt ihr direkt Zucker hinten 'rein.«

»Und trotzdem kommt sie zu dir?«

»Maier ist doch ein bevölkerungspolitischer Blindgänger. ›Du gutt Mann‹, hat sie zu mir gesagt. ›Oberleitenant nix gutt Mann!‹«

Fibus strahlt, als habe er das Ritterkreuz bekommen. Nun kann er sich haushoch über den Chef erhaben fühlen. Er hat sein Kriegsziel erreicht.

»Freßt, Kinder, und sauft. Heute ist Feiertag für mich. Ihr braucht euch nicht zu genieren.«

Baumann wiegt nachdenklich eine Büchse in der Hand.

»In normalen Zeiten«, sagt er zu Kleebusch, »in normalen Zeiten würde ich das Zeug unbesehen durchs Fenster schmeißen. Ich käme mir vor wie ein Zuhälter, wenn ich auch nur einen Bissen davon essen würde. Aber zum Glück haben wir ja keine normalen Zeiten. Jetzt, seit dem Schlamassel von Tscherkassy, schon gar nicht mehr. Also greifen wir zu. Wer weiß, was wir in sechs Wochen zu fressen kriegen — falls sie uns bis dahin nicht das Maul für immer gestopft haben.«

Mit Schwung stößt er sein Seitengewehr in die Büchse und schneidet sie auf. »Prost Mahlzeit denn! Auf die sexuelle Tüchtigkeit des langen Musterknaben!«

Draußen auf der Straße entsteht Bewegung und Lärm. Irgendwo muß es Krach gegeben haben. Schlägerei und Tumult. Kommt öfter vor bei Preußens. Die drei am Tisch kümmern sich nicht darum.

Minuten später aber kommt der Bulle hereingestürzt, völlig außer Atem.

»Wißt ihr schon das Neueste?«

»Halt die Schnauze, du Sack!« Baumann macht ihm ein Zeichen, dem Fibus nicht die Stimmung zu verderben. »Setz dich auf deinen dicken Hintern und friß mit.«

Doch der stämmige Hannoveraner winkt ab. Sein Gesicht drückt Entsetzen aus, soweit das bei der kreuzweisen Verklebung zu erkennen ist.

»Wir sind eingeschlossen«, keucht er. »Wir sitzen im Kessel!«

»Was?«

Dem langen Fibus bleibt der Bissen buchstäblich im Halse stecken. Er würgt und hustet. Baumann muß ihm schnell auf den Buckel klopfen.

»Laß dir deinen Feiertag nicht verderben, Langer. Es ist noch längst nicht aller Tage Abend.«

Da jetzt auch noch der kleine Steiner mit verstörtem Gesicht hereingeschlichen kommt, spricht Baumann munter weiter. Er erfindet aufs Geratewohl Nachrichten, erzählt von einer Panzergruppe, die zum Entsatz eingesetzt ist, die schon gute Anfangserfolge erzielt haben soll. »Wartet's mal ab, die hauen uns bestimmt noch 'raus.«

»Ich weiß nicht, ich weiß nicht«, zweifelt der Bulle und kratzt auf seinen Leukoplaststreifen herum. Die Wunden darunter beginnen zu beißen. »Das haben sie in Stalingrad auch immer gesagt. Und damals stand's noch besser um die großdeutsche Wehrmacht als heute. Ich habe vorhin da drüben was gesehen — Kinder, Kinder, da ist es mir kalt über den Rücken gelaufen ...«

»Was hast du gesehen?«

»Meuterei. Offene Meuterei — am hellichten Tag!«

»Wo?«

»Drüben, bei der Grenadierkompanie. Dort haben drei Landser ihren Spieß verprügelt. Sie hatten gerade erfahren, daß wir in dem Kessel verratzt sind. Der Spieß wollte sie zu irgendwas kommandieren, aber sie haben den Befehl glatt verweigert. Als er die Pistole zog, sind die drei über ihn hergestürzt. ›Du Hund‹, haben sie geschrien, ›du Schinder, jetzt ist es vorbei mit dem Kommandieren. Jahrelang hast du uns bis aufs Blut schikaniert und uns den Arsch aufgerissen. Jetzt ist es aus mit dir. Wir fahren zwar alle zur Hölle, aber vorher sollst du hängen!‹ Und während sie auf ihn eindroschen, kamen andere und schrien mit. ›Schlagt ihn tot, den Hund! Knüpft ihn am nächsten Baum auf!‹ — Ich kann euch sagen, es war wirklich nicht mehr feierlich. Wenn das Schule macht . . .«

»Und was haben sie mit dem Spieß gemacht?«

»Nichts. Sie kamen nicht mehr dazu. Fünf Minuten später war der Chef mit einem Trupp Feldgendarmerie da. Haben die drei Anführer verhaftet. In Handschellen abgeführt. Die drei haben um sich geschlagen und geschrien wie die Wilden. Ihre Kameraden sollten ihnen helfen und die Kettenhunde über den Haufen knallen. Aber die Kameraden haben sich nicht recht getraut. Die sind sich nicht ganz sicher, ob wirklich alles zu Ende ist . . .«

Nach einer Weile fragt der kleine Steiner:

»Was wird jetzt mit den dreien geschehen?«

Der Bulle zuckt mit den Schultern.

»Wenn sie Glück haben, bleibt der Kessel dicht. Wenn wir befreit werden, wie Baumann meint — dann haben sie Pech . . .«

Die nächsten Tage vergingen in drückender Ungewißheit. Im Kessel kochte und brodelte es. Er stand unter Druck wie ein Papinscher Topf, wurde enger und enger. Hunderttausend Mann schmorten im eigenen Saft. Kein Mensch konnte wissen, was passieren würde, wenn der Siedepunkt erreicht war.

Die meisten Landser hatten Blut in den Augen. Die Vorgesetzten sahen es und gingen auf leisen Sohlen. Trotzdem dröhnte es unter ihren Füßen, als sei der Boden hohl. Jeden Augenblick konnte man einbrechen. Man saß auf einem

Pulverfaß. Man tanzte auf einem Vulkan. Die Luft roch nach Tod und Verwesung.

Oberleutnant Maier ließ sich nur noch sehen, wenn er seine Bestände räumte. Großzügig verteilte er jeden Tag Schnaps und Schokolade.

»Nehmt euch, Leute, es ist genug davon da. Wie gut, daß ich alles für schlechte Zeiten aufgespart habe.«

Wenn er Kleebusch sah, bekam er Plüschohren wie ein Teddybär. Er hätte ihm am liebsten mit den Extraportionen auch noch seine dicke Marussja angeboten. Zur Versöhnung. Als Entschädigung für verlorene Liebesfreuden im Kaukasus. »Bitte schön, ich bin ja gar nicht so.«

Doch Kleebusch sah den alten Speckjäger überhaupt nicht. Er blickte durch ihn durch. Die Zeit war noch nicht reif für die Abrechnung, die ihm vorschwebte. So primitiv, wie die drei Landser mit ihrem Spieß, würde er es nicht machen.

Er konnte warten.

Eines Tages kam für alle Mann der Kampfgruppe Stiebing der Befehl zum Sammeln. Mit Sturmgepäck und Waffen.

Ein Stöhnen lief durch die Quartiere. Alarm? Begann der heldenhafte Untergang?

Kleebusch hatte seine Gruppe schnell beisammen. Außer ihm bestand sie nur noch aus vier Mann. Er marschierte mit ihnen zum Sammelplatz vor dem Ort, wo die Kampfgruppe im zwanglosen Halbkreis antrat.

Hauptmann Stiebing hielt, wie stets vor besonderen Aktionen, eine kurze Ansprache. Sie klang anders als seine früheren Tiraden. Er sah auch anders aus. Er trug keine Schulterstücke mehr. Er hatte eine einfache Feldbluse an, über der eine zerschlissene Tarnjacke hing. Seine Beine steckten in unförmigen Knobelbechern. Ums Kinn sproß ihm ein wilder Landserbart. Nichts mehr von dem geschniegelten Paradeoffizier. Er gab sich betont kameradschaftlich, schien völlig verwandelt. Ein Mann wie du und ich.

»In der Scheiße werden alle vernünftig«, flüsterte der Bulle. »Hat lange genug gedauert. Hoffentlich werden aber jetzt die Russen nicht mißtrauisch, wenn wir ihnen in die Arme laufen. Sonst glauben sie am Ende, ich sei mit meiner Heftpflastermaske ein getarnter General.«

Endlich waren alle Männer da. Die Zugführer meldeten. Gespannt blickte jeder auf den Hauptmann.

»Kameraden«, Stiebings Stimme klang brüchig, »ich brauche euch wohl nichts über unsere Lage zu sagen. Sie ist alles andere als rosig. Unsere neue Aufgabe ist mit wenigen Worten umrissen. Wir haben Nachricht, daß vom Westen her Panzerverbände zu unserem Entsatz angetreten sind. Sie werden mit allen Kräften versuchen, den Einschließungsring zu sprengen. Ob sie durchkommen, hängt davon ab, wie stark wir von innen heraus entgegendrücken. Es gilt eine Gasse zu schaffen, die wenigstens so lange offenzuhalten ist, bis die eingeschlossenen Truppen abgezogen sind. Von dem Erfolg hängt unser aller Schicksal ab. Mehr habe ich nicht zu sagen. Ich hoffe, daß mich jeder verstanden hat.«

Die Männer hatten verstanden. Sie schnallten die Sturmriemen fester, umklammerten ihre Waffen, noch einmal bereit, bis zum letzten zu kämpfen. Diesmal ging es nicht um einen glorreichen Sieg mit Trara und Sondermeldung, diesmal ging es ums eigene Leben.

Von allen Seiten marschierten die Kampfverbände in den befohlenen Abschnitt. Letztes Aufgebot. Auch Trosse und rückwärtige Dienste hatten alle verfügbaren Landser abgestellt und zu Kampfgruppen zusammengeschlossen. Jede Waffengattung, jede Einheit war vertreten. Wilde Haufen, mit dem Mut der Verzweiflung.

Schweigend stapften die Kolonnen durch Schnee und Matsch.

Die Lage war undurchsichtig. Die Männer hatten das Gefühl, daß sie im Kreis marschierten. Aber wahrscheinlich kam ihnen das nur so vor. Überall sah das Land gleich aus. Nur weiter, weiter! Irgendwo mußten sie ja auf die Russen stoßen. Irgendwo und irgendwann. Sie fieberten dem Augenblick entgegen, dem Krieg in eigener Sache, ihrem Ziel, das Freiheit hieß. Wir werden's dem Iwan zeigen. Wir lassen uns nicht einfach die Luft abstellen.

In einer Mulde erste Feindberührung. Feuer von der seitlichen Höhe, Feuer aus dem Waldstück von vorn.

Aha — da sitzen sie also ...

Ratternde Garben schwerer Maschinengewehre in der

Mulde. Die steilen Geschosse der Granatwerfer. Das harte Belfern der Ratschbumm. Kennen wir, Freunde, kennen wir! Haben schon darauf gewartet.

Hinhauen, volle Deckung. Jede Bodenwelle ausnutzen. Melder zurück. Funker ans Tornistergerät, Beobachtung durchpusten. Leichte Artillerie nachziehen. Feuer vorverlegen. Jetzt haut es hin!

Sie kämpfen wie sie noch nie gekämpft haben. Sie stürmen, wie sie noch nie gestürmt sind. Das haben die drüben nicht erwartet. An dieser Stelle bestimmt nicht. Gemetzel um jeden Busch. Blutiges Ringen um jedes Loch. Wildes Geschrei überm Land. Weiter, Kameraden, weiter. Front nach Westen. Im Westen liegt die Freiheit. Im Westen liegt die Heimat. Durchladen. Abdrücken. Handgranaten abziehen. MG-Schützen vor. Einfach aus der Hüfte feuern. Nur nicht stehenbleiben ...

Das entschädigt für Bjelgorod. Sage keiner, wir könnten nicht mehr kämpfen.

Stunde um Stunde vergeht. Es wird Nacht und wieder Tag. Keiner achtet darauf. Der Kampf geht weiter. Erbittert, pausenlos und ohne Gnade.

Niemand weiß mehr, wo man steht.

Egal. Nur weiter, weiter.

Endlich Luft. Eine freie Ebene. Kein Feind mehr, kein Feuer. Ob sie das Ziel erreicht haben? Ob der Durchbruch gelungen ist?

Der Bulle hält sich eng an Kleebuschs Seite.

»Mensch, wenn wir's geschafft hätten, wenn es gelungen wäre ...«

Kleebusch macht ein skeptisches Gesicht. Er kann es nicht glauben. Zu schön, um wahr zu sein.

Nebel steigt auf, beißender, giftiger Nebel. Keiner sieht, woher er kommt. Es brodelt und dampft. In kurzer Zeit ist alles wie mit Watte zugedeckt. Man sieht die Hand nicht mehr vor den Augen.

»Verflucht!« stößt der Bulle hervor. »Die nebeln sich ein. Nehmen uns die Sicht und wollen uns überrollen.«

»Keinen Schritt zurück!« ruft Kleebusch seiner Gruppe zu. Er lauscht angestrengt nach vorn. Ein seltsames Brummen hört er durch die Schwaden dringen.

»Panzer — Panzer!« pflanzt es sich fort.

Man sieht sie nicht, man hört sie nur. Kettengerassel, das den Boden schüttelt. Mahlen und Dröhnen, das schmerzhaft durch die Luft bebt. Schatten von Ungetümen. Urwelttiere, die alles niederwalzen. Der Schreck legt sich lähmend auf das Herz. Das ist das Ende — das ist der Untergang ...

Platt wie eine Wanze liegt Kleebusch im Schnee. Es rasselt direkt auf ihn zu. Er hält den Atem an, wartet. Warum schießen sie nicht? Vorsichtig dreht er den Kopf, blickt nach oben.

Offene Luken, winkende Arme. Sind die verrückt geworden?

»Kameraden!« ruft es von oben.

Deutsche Panzer! Tiger!

Auch die anderen sehen es jetzt. Kaum zu fassen. Träumen sie? Sie reiben sich den Nebel aus den Augen und starren ins brodelnde Grau. Stehen da wie die ersten Menschen.

»Kameraden!«

Fremde Männer fallen sich um den Hals. Heulen wie Kinder, schämen sich nicht. Ungehindert lassen sie die Tränen in den verfilzten Bart laufen. Ein Wunder ist geschehen, wirklich ein Wunder.

»Das haut den stärksten Neger um«, konstatiert der Bulle. Sein Gesicht ist eine einzige Dreckkruste. Nur die Augen darin sind zwei feuchtschimmernde Seen.

Der Kessel ist gesprengt. Was bei Stalingrad nicht gelungen ist, wurde bei Tscherkassy Wirklichkeit. Eine Gasse ist geschlagen, breit, nach den Flanken abgeschirmt. Ein sicherer Weg, durch den die Eingeschlossenen frei nach Westen fluten können.

Und Kleebusch hat Schwein gehabt. Von seiner Gruppe hat es diesmal keinen erwischt. Aber Stiebing hat dran glauben müssen. Ein messerscharfer Granatsplitter rasierte ihm die halbe Schädeldecke weg.

Im nächsten Ort ist Rast. Sammeln der Versprengten.

Schwitzend und schnaufend steht Kleebusch im Dreck; er raucht eine Zigarette. Nirgendsmehr ein Schuß. Nur das Freudengeheul der Landser. Es ist wie im Kino.

»Kleebusch!« ruft eine graue Gestalt und kommt auf ihn zu, eine Gestalt wie aus einer Heldensage. Weiße Binde um den Kopf, durch die Blut sickert. Das Gesicht verschwitzt und verschmiert. Um die Backen graue Bartstoppeln.

Eine Hand streckt sich Kleebusch entgegen.

Da fühlt er, wie ihm die Knie weich werden, einfach butterweich. Sie wollen nicht mehr. Er muß alle Kraft zusammennehmen, um sie durchzudrücken.

»Herr Oberst...«, stammelt er. »Herr Oberst...« Er bringt kein Wort mehr heraus. Er hat auf einmal die verrückte Idee, sich über die Hand zu beugen, um sie zu küssen.

Doch der Oberst zieht ihn hoch.

»Schon gut, Kleebusch. Schon gut. Jetzt kommt alles wieder ins rechte Lot.«

»Mensch«, sagt später ein Unteroffizier in der schwarzen Uniform der Panzertruppe zu Kleebusch, »Mensch, das ist ein Kerl, euer Oberst. Ging 'ran wie Blücher. Immer vorneweg. Als wenn er persönlich den Krieg gewinnen müßte. Wenn der manchmal nicht gewesen wär...«

Kleebusch nickt. Er hat den Oberst noch ein Stück zurückbegleitet, bis zum nächsten Hauptverbandsplatz. Sie haben nicht viel gesprochen. Nur einmal hat der Oberst gesagt: »Ich muß Ihnen noch danken, Kleebusch — für den Besuch bei meiner Frau... In ihrem letzten Brief hat sie ausführlich davon geschrieben. Mit diesem Besuch haben Sie ihr eine große Freude gemacht. Es war die letzte glückliche Stunde in ihrem Leben. Ich danke Ihnen dafür.«

»Ja«, sagt Kleebusch leise zu dem Panzermann, »unser Oberst ist richtig. Ich wollte, es gäbe mehr solche Offiziere. Dann würde manches anders aussehen.«

Aber noch eine andere Überraschung hält dieser Durchbruch für Kleebusch bereit. Es ist eine Überraschung, die ihn kaum weniger erschüttert als die Begegnung mit dem Oberst.

Er trifft Hannes Krummbier wieder.

»Fritz!« ruft Krummbier so laut, daß ihm tatsächlich der brennende Knösel aus den Zähnen rutscht. »Fritz...«

Kleebusch steht einen Augenblick wie angewurzelt. Er denkt an die letzte Begegnung in Bjelgorod, wo sich

Krummbier so unverständlich benommen hat. Am liebsten möchte er wortlos weitergehen, doch da steht Hannes schon an seiner Seite.

»Fritz — renn doch nicht weg! Warte doch . . .«

»Du bist beim letzten Mal auch weggerannt. Hast es nicht mal für nötig gehalten, mir Servus zu sagen.«

Verlegen kaut Hannes Krummbier auf dem Mundstück seiner Pfeife. Er druckst herum und findet nicht das richtige Wort. Kleebusch beobachtet ihn genau. Hat sich mächtig verändert, der alte Hannes. In seinem Blick liegt ein nervöses Flackern. Unter seinen Augen zeichnen sich Tränensäcke ab. Sie lassen sein Gesicht alt und müde erscheinen. Auch seine Gestalt ist zusammengesackt. Er hat abgenommen. Die Uniform schlottert um seine Knochen. Scheint ihm mächtig an die Nieren gegangen zu sein, der Sonderurlaub. Wahrscheinlich alles futsch zu Hause, und er mußte mit seiner üppigen Blondine in einem Turnsaal schlafen, zwischen Hunderten von ausgebombten Frauen und Kindern . . . Nicht schön für einen Mann, der von der Front kommt.

»Fritz«, Hannes Krummbier räuspert sich umständlich. »Ich weiß nicht, wie ich es dir sagen soll. Damals, in Bjelgorod — als du von Berlin zurückgekommen bist . . .«

»Was war damals?«

»Da hab' ich noch nicht gewußt, was ich heute weiß.«

Holla, denkt Kleebusch, pfeift der Wind aus dieser Ecke? Hat er inzwischen gemerkt, was er für ein Früchtchen zu Hause hat? Ist ihm ein Licht über den Metzger aufgegangen? Das würde allerdings manches erklären . . .

»Fritz«, sagt Krummbier wieder, »ich war ein Riesenrindvieh, ich seh' es heute ein. Aber als meine Frau mir damals geschrieben hat . . .«

»Was hat sie geschrieben?«

»Kannst es dir nicht denken?«

Einen Augenblick hält Kleebusch die Luft an, dann sagt er geradeheraus:

»Natürlich kann ich's mir denken. Sie hat dir wahrscheinlich geschrieben, daß ich sie verdroschen habe, aber nicht . . .«

»Daß du sie was?«

»Daß ich ihr links und rechts eine 'runtergehauen habe. Meinst du das?«

»Du hast ihr eine 'runtergehauen?«

»Entschuldige, Hannes, aber das habe ich. Ich will dir auch offen und ehrlich sagen, warum. Deine Frau . . .«

Krummbier hebt müde die Hand.

»Du brauchst mir nichts mehr zu erklären, Fritz. Ich habe inzwischen alles erfahren. Die Nachbarin hat's mir erzählt. Schon lange hat sie beobachtet, wie dieser Bursche in die Wohnung schlich. Sie hat auch gesehen, daß du damals vor der Tür gewartet hast und wieder umgekehrt bist.«

Kleebusch blickt betroffen auf den Boden. Ihm steigt noch nachträglich die Zornröte ins Gesicht, wenn er daran denkt, wie er vor der Tür stand und dann im Treppenhaus auf den Abschied des Liebhabers wartete.

»Eines versteh' ich nicht, Hannes . . . wenn sie nichts von dem Auftritt erwähnt hat — was hat sie dir dann geschrieben?«

»Sie hat es genau anders 'rum geschildert. Du seist frech und zudringlich geworden. Mit einem plumpen Trick hättest du versucht, bei ihr zu landen. Da habe sie dir eine 'runtergehauen und dich aus der Wohnung geschmissen. Und sie schrieb dazu, du würdest wahrscheinlich versuchen, alles anders darzustellen und sie verleumden, aber sie schwöre bei allem, was ihr heilig sei, daß sie die Wahrheit sage.«

Kleebusch bleibt fast die Spucke weg. »Und das hast du geglaubt? Das konntest du im Ernst von mir annehmen?«

Krummbier macht eine verzweifelte Geste.

»Entschuldige, Fritz — wir sind doch alle nur Männer. Ich habe meine Frau geliebt. Ich habe ihr vertraut und ihr alles geglaubt . . . Heute weiß ich, daß ich ein Idiot war, ein blinder Hornochse. Ich könnte mir stundenlang selbst in die Fresse hauen.«

»Was hast du mit ihr gemacht?«

»Zum Teufel gejagt hab' ich sie und die Scheidung eingereicht.«

»Und die Wohnung?«

»Alles futsch. Die paar Klamotten, die gerettet wurden, hab' ich verschenkt. Unter die Leute verteilt, die noch weniger gerettet hatten. Ich wollte von dem ganzen Kram nichts mehr sehen.«

Krummbier schweigt. Er holt den Beutel mit Machorka aus der Tasche und stopft sich eine neue Pfeife. Es dauert lange, bis er sie in Glut bringt. Es ist nicht der Wind, der die Flamme immer wieder ausbläst, es sind seine zitternden Hände, die das Feuerzeug kaum zu halten vermögen.

»Tja, Fritz«, brummt er nach einer Weile, »so ist das nun. Ich könnt es dir nicht einmal verdenken, wenn du mir nach all dem auch noch in die Fresse schlagen würdest.«

»Quatsch, Hannes! Hauptsache, daß wir wieder zusammen sind.«

Krummbier beginnt an seinem Knösel zu saugen, daß es zu brodeln und zu sieden anfängt. Mit Eifer pafft er dicke Rauchschwaden in die Luft. Dabei wendet er den Kopf zur Seite, damit der Freund sein zuckendes Gesicht nicht sieht.

»Soll ich dir mal was sagen, Fritz?«

»Ja, Hannes?«

»Du wirst es nicht glauben — aber ich war direkt froh, als ich wieder hier draußen war. Und als ich den Alten traf und er mir sagte, daß ihr eingeschlossen seid, hab' ich mich ihm angeschlossen und bin nicht mehr von seinen Fersen gewichen, bis wir durch waren. Es klingt vielleicht lächerlich, aber ich wollte euch alte Säcke unbedingt wiedersehen ... Kannst du das verstehen?«

»Ja, Hannes.«

»Der Teufel soll die Weiber holen, allesamt! Das beste bleibt doch immer ein Kumpel, der einen versteht ...«

# 20

Seit Oberst Graupner wieder da war, ging vieles besser. Zwar blieb er unsichtbar, weil er vorübergehend ins Lazarett mußte, um seine Kopfwunde auszuheilen, aber man wußte, daß er den Haufen wieder übernommen hatte. Auch wenn er nicht persönlich in Erscheinung trat, spürte man seine führende Hand. Man merkte es an allen Ecken und Enden.

Das erste, was er erreichte, war, daß das Regiment herausgelöst wurde.

»Hat zwar mächtig Stunk gegeben bei der Division«, erzählte Baumann, »aber der Alte hat nicht lockergelassen. Er muß einen guten Draht zum OKH haben, denn schließlich kam übers AOK ein direkter Befehl von ganz oben. Ein Glück, daß wir Heerestruppe sind und nicht zu einer bestimmten Division gehören, sonst wär's wieder mal Essig gewesen.«

»Wir sind eben doch 'n vornehmer Verein«, sagte Fibus zu dem Bullen, der nach Auflösung der Kampfgruppe Stiebing mit dem kleinen Steiner zur Stabsbatterie übernommen worden war.

»Wieso vornehm?« fragte der Frankfurter skeptisch. »Bis jetzt hawwe mer nix davun gemerkt.«

»Wirste schon noch merken, Kleiner, wenn wir erst mal aus der Scheiße 'raus sind. Spezialtruppe. Viel zu teuer zum Verheizen. Wenn wir aufgefrischt sind und wieder alles da ist, was wir bei Bjelgorod und im Kessel von Tscherkassy verloren haben . . .« Fibus brach plötzlich ab und schlug sich mit der flachen Hand vor die Stirn, »Kinnersch, mir fällt da was ein. Tolle Sache. Diesmal haben wir bestimmt fünfzig Prozent Verluste. Wenn wir jetzt zur Neuaufstellung zurückgehen, kommen wir sicher nach Deutschland. Heim ins Reich!«

Das Wort wirkte elektrisierend.

Deutschland, dachten alle. Heimat, deine Sterne . . .

»Ausgeschlossen ist es nicht«, meinte Baumann und zog vielsagend die Augenbrauen hoch. »Viel andere Möglichkeiten gibt's nämlich sowieso nicht mehr. Mit Mütterchen Rußland ist es vorbei. Und in unserer alten Kaserne in Berditschew exerzieren schon wieder die Kameraden von der anderen Feldpostnummer unter dem ausgewechselten Führerbild.«

»Also auf nach Deutschland! Führer, wir wollen heim, uns reicht's!«

»Ich werd' verrückt!« schrie der kleine Steiner und bibberte vor Aufregung. Er bekam direkt einen roten Ballon. »Vielleicht kumme mer nach Frankfort. Ich tät grad platze vor Freud.«

Hannes Krummbier, der mit Kleebusch abseits hockte, stocherte verbissen in seiner Pfeife herum.

»He, Hannes!« Kleebusch stieß ihn an, als müßte er ihn aufwecken. »Sagst du gar nichts dazu?«

»Laß mich in Ruh damit«, Krummbier spuckte aus. »Mir ist es völlig schnuppe, wohin es geht. Ich kann sowieso nicht nach Hause.«

»Aber Deutschland ist Deutschland. Wir kriegen anständige Betten. Wir können zusammen Bier trinken gehen. Wir sehen wieder sauber gekleidete Mädchen . . .«

»Mich interessieren keine Mädchen, das weißt du genau. Mich interessierte nur meine Frau.«

Fritz Kleebusch schwieg wieder. Er liebt sie noch immer, mußte er denken. Er kommt nicht drüber weg. Man kann schon Pech haben mit den Weibern . . .

Man kann aber auch Glück haben, sagte er sich gleich darauf. Ich habe diesmal Glück. Wenn wir wirklich nach Deutschland kommen — großer Gott, dann werde ich Karin sehen. Diesmal gibt es keine verlorene Zeit . . .

Vorläufig aber war noch alles ungewiß.

Der Rückzug ließ keine Rückschlüsse zu. Ständig ging es im Zickzack. Mal weiter nach Norden, mal weiter nach Süden. Wie es die augenblickliche Lage befahl. Oder wie es der Straßenzustand erlaubte.

»Nach rechts?«

»Rechts ist der Russe durchgebrochen.«

»Nach links?«

»Links sind die Brücken gesprengt.«

»Und die Mitte?«

»In der Mitte ist alles verstopft. Da kommt kein Schwanz mehr durch.«

Und trotzdem ging es weiter. Langsam, aber stetig.

Uman, Winniza, Proskurow. Es waren nur noch ein paar Kilometer bis zur ehemaligen polnischen Grenze.

Da wurde erneut ein scharfer Haken geschlagen: Es ging wieder nach Süden. Richtung Czernowitz, Richtung Rumänien . . .

Kleebusch fuhr wieder einen Funkwagen, einen Horch V 8. Es war das einzige gerettete Kfz 17 mit Dachantenne und einem Aufbau, der schon fast einem Wohnwagen glich. Die reinste Luxuskarosse inmitten der müden Vehikel, die mit letzter Kraft durch den Modder mahlten.

Beifahrer war Hannes Krummbier, der arbeitslos war, solange der Kommandeur im Lazarett lag. Hintendrin saßen der Bulle und der kleine Steiner. Auf dieser Fahrt kamen sie sich vor wie KdF-Reisende. Sie schalteten den ganzen Tag den Empfänger ein und suchten schräge Musik. Wenn sie vom Musikhören müde waren, legten sie sich lang und pennten. Es war himmlisch.

Fritz Kleebusch und Hannes Krummbier hockten schweigend nebeneinander. Manchmal sahen sie sich an und nickten sich zu. Es war alles in Ordnung zwischen ihnen.

Sie waren längst vom großen Haufen abgekommen und gondelten zwischen fremden Einheiten durch die Geographie. Was besseres konnte ihnen nicht passieren. So blieben sie von Maiers kleinlichen Schikanen verschont. Sie hatten für acht Tage Marschverpflegung dabei und brauchten sich nur bei jeder größeren Kommandantur zu melden, um zu erfahren, wohin es weiterging. Im übrigen waren sie völlig auf sich allein gestellt.

Auf der Straße nach Kamenez-Podolsk gab es tagelange Stockungen. Die Kolonnen stauten sich. Man konnte nichts tun als warten. Fressen, schlafen und warten.

Auf dieser Straße geschah etwas Merkwürdiges . . .

Ein Offizier der Feldgendarmerie und zwei Feldwebel zwängten sich durch die Fahrzeuge.

»Platz machen! Hier muß ein Wagen durch. Alles aufrücken und zur Seite fahren!«

Die Landser fluchten. Zur Seite fahren? Können vor Lachen! Links war Felsen, rechts ging es zum Smotritsch hinunter. Der Hang war nicht sehr steil, aber auf den abschüssigen Stellen lag Schnee und Matsch. Die Wagen konnten zu leicht ins Rutschen kommen. Und wenn sie erst einmal im Graben lagen, brachte sie kein Mensch mehr heraus.

Doch es half nichts. Die Feldgendarmen blieben unerbittlich. Sie ließen einzelne Fahrzeuge ausscheren und auf den abschüssigen Hang bugsieren. Als endlich eine schmale Gasse frei war, kam ein hochbepackter Kübelwagen angerollt. Drei vermummte Offiziere saßen darin. Einer davon ein General. Trotz der Vermummung sah man deutlich das Rot und Gold der Spiegel blitzen.

»Ich werd' verrückt«, tobte der Bulle. »Wegen diesen Heinis werden Hunderte von Fahrzeugen gefährdet. Und warum? Könnt ihr mir das sagen? Weshalb will der General überhaupt so schnell nach hinten? Hat der Schiß? Wenn er in der anderen Richtung fahren würde, zur Front, könnte ich es noch verstehen. Aber so?«

Fünfzig Meter weiter stießen die Feldgendarmen auf unverhoffte Schwierigkeiten. Dort stand eine Kosakenabteilung dicht aufgefahren über die ganze Straßenbreite. Ihre Panjewagen rührten sich nicht. Die kleinen, ruppigen Steppenpferde standen eingekeilt mit hängenden Köpfen. Sie schienen im Stehen zu schlafen.

»Platz machen!« schrien die Gendarmen. »Aus dem Weg mit euren Karren!«

Die Kosaken schüttelten die Köpfe. Sie konnten nicht verstehen, was man ihnen zuschrie. Sie konnten sich auch nicht denken, was man von ihnen wollte.

»Spricht hier jemand Russisch?« rief der Offizier zu den Landsern herüber.

Niemand meldete sich.

»Hier muß doch einer Russisch können!«

Nichts.

Jetzt rief der Offizier in schneidendem Befehlston: »Alle Mann anfassen! Die Panjewagen von der Straße schieben! Faßt die Pferde an und führt sie den Hang hinunter!«

Keiner rührte sich.

Plötzlich entstand unter den Kosaken Bewegung. Ihr Führer tauchte auf, ein großer, schlanker Kosakenhauptmann. Scharf profilierter Kopf. Das Gesicht wie geschnitzt. Kurzer, gestutzter Bart. Auf dem Kopf trug er eine Mütze aus Persianerfell mit roter Kokarde und dem deutschen Hoheitszeichen darüber. Sein dunkler Umhang war auf der einen Seite über die Schulter zurückgeschlagen. Auf der Brust der deutschen Feldbluse glänzte eine Reihe von Orden und Abzeichen. Die dunkelblauen Hosen trugen an den Seiten breite rote Streifen.

»Wie Stenka Rasin persönlich«, staunte Krummbier und sah den alten Ataman bewundernd an.

Der Kosakenhauptmann ging mit federnden Schritten auf die Feldgendarmen zu.

»Sie verlangen Unmögliches von meinen Leuten.« Er hatte eine rauhe, etwas brüchige Stimme. Sie klang, als käme sie aus einer hohlen Gruft. »Unsere Wagen halten das nicht mehr aus. Unsere Pferde sind am Ende ihrer Kräfte. Fragen Sie bitte Ihren General, ob er nicht versuchen kann, selbst über den Hang zu fahren. Sein Wagen ist gut und stark.«

Der deutsche Offizier sah sich hilflos um. Er wußte nicht, wie er sich in diesem Fall verhalten sollte.

Da erhob sich der General. Er warf den dicken Übermantel ab und stieg aus dem Wagen. Mit energischen Schritten stiefelte er auf die Gruppe zu. Man sah jetzt, daß er klein war, von stämmiger, untersetzter Gestalt. Der Kosak überragte ihn um Haupteslänge.

»Sie wollen sich weigern, die Durchfahrt freizugeben?« bellte der General.

Der Kosakenführer machte eine entschuldigende Handbewegung.

»Herr General, ich wollte Sie bitten . . .«

Der General unterbrach ihn sofort. »Ich darf doch wohl erwarten, daß Sie meinen Anordnungen unverzüglich Folge leisten. Wer sind Sie überhaupt?« Er fragte es in einem Ton, als wollte er sagen: Was tun Sie denn noch hier? Hinter dem nächsten Ort hört Rußland auf. Was sollen wir dann noch mit diesen müden Hilfskriegern?

Der Kosak reckte sich unwillkürlich auf.

»Gestatten, Herr General — Kosakenhauptmann Artamanoff, Führer einer Freiwilligen-Schwadron im Kosakenkorps von Pannwitz.«

»Gut, gut.« Der General winkte ab, als sei ihm diese umständliche Vorstellung lästig. »Entweder Sie geben jetzt mit Ihren Leuten die Straße frei, oder . . .«

»Oder, Herr General?«

»Oder ich lasse Ihre Wagen mit Gewalt von der Straße entfernen.«

Der Kosakenhauptmann zuckte zusammen, als habe man ihm einen Peitschenschlag mit der Nagaika versetzt. Seine buschigen Augenbrauen zogen sich bedrohlich zusammen.

»Herr General«, sagte er mit seiner Grabesstimme, wobei er jedes einzelne Wort betonte, »ich habe mich freiwillig mit meinen Leuten der deutschen Wehrmacht zur Verfügung gestellt. Wir haben alles aufgegeben, was uns heilig war. Wir haben uns in vielen Schlachten an der Seite der deutschen Truppen bewährt . . .«

Der General stampfte ungeduldig mit den Stiefeln auf den Boden.

»Das interessiert mich nicht. Ich habe nicht so viel Zeit. Halten Sie keine langen Reden, sondern . . .« In diesem Augenblick sah er, wie der Kosak nach seinem Koppel griff und die Pistole zog.

Den Zuschauern stockte der Atem.

Würde der Russe es wagen, eine bedrohliche Haltung einzunehmen?

Das Gesicht des Generals verfärbte sich, als ob er jeden Moment einen Schlaganfall bekäme. Instinktiv griff auch er zum Koppel, merkte jedoch, daß er es nicht umgeschnallt hatte. Hilflos sah er die Herren seiner Begleitung an.

Der Offizier der Feldgendarmerie wollte sich gerade auf den Kosakenhauptmann stürzen, als der mit einer unnachahmlich stolzen Bewegung die Hand hob. Er lächelte dabei verbindlich.

»Keine Angst, mon général.« Er sagte es mit französischer Betonung. Seine Grabesstimme klang ganz ruhig. Nur in seinen dunklen Augen lag ein gefährliches Leuchten. »Wir haben geleistet, was wir konnten. Es tut mir aufrichtig leid, wenn ich jetzt mit meinen tapferen Kosaken Ihren taktischen Rückzug behindere. Ich möchte Ihnen nicht länger im Wege stehen. Verzeihen Sie bitte — ich bin ohnehin überflüssig geworden.«

Er nahm Haltung an. Ehe ihn jemand daran hindern konnte, hatte er die Pistole an seine Schläfe gesetzt und abgedrückt.

Ein kurzer Knall. Die Pistole fiel zur Erde.

Den Männern stockte das Blut in den Adern.

Der Kosakenhauptmann blieb noch einen Herzschlag lang stehen. Es war ein gespenstischer Anblick, wie sein Körper in militärischer Haltung aufrecht stand. Dann fiel er um, mit gestrecktem Körper — dem General direkt vor die Füße.

Abrupt wandte sich der General ab und ging zu seinem Wagen zurück.

»Verrücktes Volk, diese Russen«, knirschte er. »Los, schafft den Kerl weg. Und dann soll die Straße endlich frei gemacht werden. Ich habe keine Zeit mehr zu verlieren!«

Die Feldgendarmen zogen den toten Kosakenhauptmann in den Straßengraben, dann rannten sie zu den Panjewagen. Aufgeregt schlugen sie auf die Pferde ein und trieben sie zum Hang.

Die Kosaken, die dem Vorgang mit aufgerissenen Augen gefolgt und wie gelähmt auf ihren Böcken sitzen geblieben waren, kamen jäh zu sich. Sie sprangen ab. Sie beobachteten noch, wie die leichten Panjewagen über den schrägen Hang rollten und die kleinen Steppenpferde mitgerissen wurden, dann wandten sie sich ab, kletterten über den Felsrand an der linken Straßenseite und verschwanden in den Büschen.

Keiner hinderte sie daran.

»Dolles Ding«, sagte der Bulle, als die Landser wieder zu sich kamen. »Verflucht noch mal — das war die schneidigste Antwort, die ich je von einem Mann erlebt habe.«

Krummbier spuckte in weitem Bogen aus.

»Und die Partisanen kriegen bei dieser Gelegenheit mal wieder Zuwachs. Morgen schon schießen die Kosaken wahrscheinlich aus dem Hinterhalt auf uns. Der General aber . . .«

Der General brauste tief vermummt in seinem Kübelwagen davon.

»Wir kommen nach Deutschland!« verkündet Baumann, als Kleebusch mit seinem Trupp vor dem Quartier in Czernowitz vorfährt.

Es klingt wie ein Fanfarenstoß.

»Moment«, Fritz Kleebusch hält sich an der Wagentür fest, »Moment, Kurt, ich bin noch nicht ganz bei mir. Ich fürchte, ich habe dich nicht recht verstanden. Du mußt es noch einmal sagen.«

»Wir kommen nach Deutschland!«

»Noch mal. Wohin kommen wir?«

»Nach Deutschland, Deutschland, Deutschland! Habt ihr es jetzt verstanden?«

»In die Heimat?«

»In die Heimat.«

Unfaßbar. Das ist wie Urlaub. Das ist der halbe Friede. Es ist überhaupt nicht mit Worten auszudrücken, was das ist. Der Bulle aus Hannover scheuert vor Aufregung sein verklebtes Gesicht am Jackenärmel, und der kleine Steiner schlägt mit einem Juchzer Rad, auf offener Straße, man könnte meinen, er sei aus Düsseldorf und nicht aus Frankfurt.

Kleebusch ist immer noch benommen. Vor ein paar Stunden sind sie bei Hotin über den Dnjestr gerollt. Damit haben sie Rußland verlassen. Endgültig und ein für allemal. Wo immer sie in der nächsten Zeit auch eingesetzt werden — es wird nicht mehr in Rußland sein. Rußland ist passé. Das große Abenteuer, für das sie ausgezogen sind, ist zu Ende. Sie werden in Rumänien kämpfen, in Ungarn, in der Tschechoslowakei. Und dann wird die große Schlacht um Deutschland beginnen . . . Wie sie ausgehen wird? Er wagt nicht daran zu denken. Er versucht sich nur immer wieder vorzustellen, wie es sein wird, wenn er Karin gegenübersteht . . . Je weiter es zurückgeht, desto näher kommt er dem Glück . . .

Mit den Kameraden geht Kleebusch ins Quartier. Er will Karin sofort die Neuigkeit schreiben.

Das Quartier ist ein kleines verlassenes Hotel, ein villenartiges Gebäude, das in einer stillen Seitenstraße von Czernowitz liegt. Es muß einmal eine Familienpension gewesen sein oder so etwas Ähnliches, denn es ist mit allen Schikanen eingerichtet. Man ist ja nicht mehr in Rußland, man ist in einem »kapitalistischen« Land. Kleiner Vorgarten, pompöses Eingangstor. Auf den Treppen dicke Teppiche. In jedem Zimmer ein breites französisches Bett. Überall fließendes Wasser. An den Wänden Klingelknöpfe für die Bedienung. Auf den Nachttischen kleine Leselampen mit rosigem Schirm, die man anknipsen kann. Ein unglaublicher Luxus. Die Männer hätten es kaum für möglich gehalten, daß es so etwas noch gibt.

»Wir bleiben mindestens vier bis fünf Tage hier«, läßt sich Baumann vernehmen. »Wir müssen einen Meldekopf einrichten und solange halten, bis das ganze Regiment durchgeschleust ist. Dann geht's über die Karpaten nach Ungarn. Dort können wir in Ruhe verladen. Ein Voraustrupp ist schon unterwegs nach Schlesien. Der Kommandeur kommt vom Lazarett aus direkt hin.«

»Nach Schlesien geht's?«

»Nach Pieronnje bei Gleiwitz!«

Lauter gute Nachrichten. Schlesien ist nicht allzu weit von Berlin. Kein Problem, ein Mädchen von Berlin nach Schlesien kommen zu lassen . . .

»Wer leitet den Meldekopf?« will Kleebusch wissen.

»Ein junger Offizier von der ersten Batterie. Leutnant Brandt. Ganz angenehmer Bursche. Taucht nur selten hier auf. Er hat sich gegenüber eine verlassene Wohnung als Standquartier eingerichtet.«

»Und Maier?«

»Ist mit dem Vorkommando nach Klausenburg unterwegs, um die Verladung vorzubereiten.«

»Auch gut!« Kleebusch geht mit den Kameraden nach oben.

Auf Zimmer Nummer sieben im ersten Stock residiert der lange Fibus. Irgendwo hat er eine Flasche rumänisches Parfüm entdeckt und sich über und über damit bespritzt. Er riecht zehn Meter gegen den Wind wie ein Fliederbusch im Frühling. Der Duft läßt ihn in noch höheren Regionen schweben als sonst. Strahlend macht er die Honneurs.

»Toller Laden hier, was? Meine Entdeckung! Hier können wir leben wie die Herrgöttle in Frankreich. Jeder kann ein ganzes Zimmer für sich allein beanspruchen.«

»Ein ganzes Zimmer? Gibt's denn soviel Quartiere?«

»Wie Sand am Meer. Überall stehen Wohnungen leer. Elegante Wohnungen, sag' ich euch. Die Besitzer haben sich schon abgesetzt. Sie haben freiwillig darauf verzichtet, von den Russen befreit zu werden. Das ist nicht mehr so wie in der Ukraine.«

»Aber die vielen Landser, die hier durchziehen?« erkundigt sich der Bulle.

»Dürfen nicht in der Stadt bleiben. Plünderungsgefahr. Werden alle weitergeleitet, auf die Dörfer im Süden. Auch unser Regiment. In der Stadt bleiben nur wichtige Dienststellen.«

»Und wie bist du auf dieses Hotel gekommen?«

»Hotel?« fragt Fibus. »Ihr glaubt, daß das ein Hotel ist?«

»Was denn sonst. Man sieht doch, daß die Zimmer zum Vermieten eingerichtet sind.«

»Natürlich sind hier Zimmer vermietet worden. Aber Zimmer mit Damen . . .«

»Ein Puff?« Fast bleibt dem Bullen das Wort im Halse stecken, so reißt es ihn herum.

»Aber, aber«, macht Fibus und hebt tadelnd seinen dürren Finger. »Was für ein häßliches Wort. Wenn Madame das hört, wird sie tief beleidigt sein.«

»Welche Madame?«

»Die Puffmutter.«

»Ich denke, das ist kein Puff?«

»Madame hat das weit von sich gewiesen, als ich es ihr auf den Kopf zusagte. ›Mein Haus sein keine Puff‹, hat sie gesagt und vor Entrüstung die Kulleraugen gerollt, ›meine Haus sein eine renommierte Etablissemang‹!«

»Nix ordinär«, fällt Baumann lachend ein, »extraordinär!«

Fibus leckt sich vor Eifer die Lippen.

»Die Alte ist zum schießen, sag' ich euch. So 'ne Maschine! Läuft den ganzen Tag in Schlafrock und Pantoffeln 'rum und raucht dicke schwarze Zigarren. Aber an jedem Finger einen Brillanten. Stolz wie 'ne Fürstin. So was von großer Dame gibt es in der ganzen Halbwelt nicht mehr. Und eine Sprache wie Adele Sandrock. Sie kann fließend Englisch, Französisch, Chinesisch und weiß Gott was sonst noch. Wirklich internationale Klasse, sag' ich euch. Ich glaube, die kann jede Schweinerei in dreizehn Sprachen übersetzen.«

Der kleine Steiner hat das Gespräch mit offenem Mund verfolgt. Vor Aufregung hat er glühendrote Ohren. In seiner jugendlichen Brust tobt ein Aufruhr. Er schwitzt förmlich aus allen Nähten.

»Aber«, stammelt er, »wo sin denn die Mädche?«

»Die Bienen?« lächelt Fibus. Er wackelt bedauernd mit dem Kopf. »Tja, meine Herren Kameraden, da muß ich Sie leider enttäuschen. Die Bienen sind ausgeflogen. Evakuiert, wie Madame sagt.«

»Bist du sicher?«

»Glaubst du denn, du Anfänger, daß ich sonst noch hier 'rumstehen würde? Da kennst du den alten Fibus schlecht!«

Der kleine Frankfurter fällt sichtbar zusammen. Wie ein Kinderballon, dem man einen Stich versetzt hat.

»Schad«, sagt er enttäuscht, »jammerschad. Immer kumme mer zu spät. Was hawwe mer denn jetzt davon, daß mer im Puff sin? Höchstens, daß mer nachts nit schlofe könne . . .«

# 21

Zur gleichen Zeit sitzt Karin Reisinger in ihrem Zimmer in der Müllerstraße am Wedding und schreibt einen Feldpostbrief. Ihre Hand zittert. Sie ist so aufgewühlt, daß sie kaum die Feder halten kann.

»Lieber Fritz«, beginnt sie, »dieser Brief wird Dich sicher sehr erschrecken. Trotzdem muß ich ihn schreiben, ich kann nicht anders ...«

Nach einer Weile setzt Karin die Feder ab und besinnt sich. Irgend etwas sträubt sich in ihr. Kann sie Fritz die Sache mit Bollermann wirklich mitteilen? Schreibt man so etwas einem Soldaten an die Front? Muß es ihm in dieser Zeit nicht den letzten Rest von Fassung rauben?

Bollermann war ihr Chef, ein schmieriger, eitler Mann im besten wehrfähigen Alter, der seinen Druckposten einflußreichen Beziehungen zu hohen Wirtschafts- und Parteikreisen verdankte. Er scharwenzelte dauernd um sie herum. Er verfolgte sie ständig mit seinen widerlichen Annäherungsversuchen. Obwohl er verheiratet war, ließ er keine Gelegenheit vorübergehen, ihr eindeutige Anträge zu machen.

Karin nahm es nicht allzu wichtig. Es war ihr noch immer gelungen, ihn mit kühler Ablehnung zurückzuhalten.

Bis heute früh.

Bis die Sache mit dem Kriegsgefangenen kam.

Bollermann hatte im Betrieb neben den dienstverpflichteten deutschen Mädchen und Frauen auch eine Gruppe von Kriegsgefangenen. Franzosen und Belgier, die zu Hilfsarbeiten eingeteilt waren. Ausgemergelte Gestalten, die unter Bollermanns Knute wie geprügelte Hunde herumliefen.

Immer, wenn Karin diese Männer sah, mußte sie an Fritz denken, an die Möglichkeit, daß auch er einmal in Gefangenschaft geraten und ähnlich behandelt werden könnte.

Heute morgen nun erlebte sie eine Szene, die ihr das Blut ins Gesicht trieb.

Sie stand mit Bollermann im Hof des Fabrikgeländes, um die Arbeitseinteilung zu besprechen. Bollermann hatte sich eine neue Zigarette angezündet. In der Nähe stand ein älterer Kriegsgefangener. Mit hungrigen Augen sah er auf den rauchenden Mann. Bollermann bemerkte den Blick. Zynisch lächelnd ließ er die Zigarette fallen.

Der Kriegsgefangene schluckte vor Aufregung. Zögernd kam er näher. Er wartete, ob der Mann etwas sagen würde. Da nichts geschah, bückte er sich schnell und griff nach der Zigarette.

In diesem Augenblick trat Bollermann zu. Mit voller Absicht trat er auf die Hand des Gefangenen, der vor Schmerz aufbrüllte und dann über den Hof rannte.

Karin war wie gelähmt.

»Das ist gemein!« stieß sie hervor. »Das ist ...« Sie brach ab. In der Erregung fand sie kein passendes Wort, um ihren ganzen Abscheu auszudrücken.

Bollermann sah sie mit gemeinem Lächeln an.

»Sprechen Sie ruhig weiter, Karin. Sie sehen entzückend aus, wenn Sie zornig sind. Ich hätte nie gedacht, daß Sie so viel Leidenschaft entwickeln können.«

Sein Zynismus empörte sie.

»Ich wünsche Ihnen nur, Herr Bollermann, daß Sie nie in eine ähnliche Lage geraten wie diese Gefangenen. Wenn wir den Krieg verlieren ...«

Er sah sie lauernd an.

»Was dann?«

»Dann werden sich alle Grausamkeiten bitter rächen, alle Verbrechen, die von Ihnen und Ihresgleichen in Deutschland begangen werden, an den Gefangenen, an den KZ-Häftlingen ...«

Erschrocken brach sie ab. Entsetzt merkte sie, daß sie in ihrer Erregung über das Ziel hinausgeschossen war. Schnell wollte sie etwas hinzufügen, sich verbessern, doch er hob mit kaltem Blick abwehrend die Hand.

»Das genügt, Fräulein Reisinger. Das genügt vollauf!«

Eine Stunde später wurde sie in Bollermanns Büro bestellt. Mit starkem Herzklopfen betrat sie das Zimmer. Es war ein großer, gemütlich eingerichteter Raum mit schweren Klubmöbeln, Teppichen und Bildern an den Wänden. In der Ecke ein breites Sofa, davor ein niedriger Rauchtisch. Refugium eines u.k.-gestellten Bonzen, der sich seiner Unabkömmlichkeit und seiner Wichtigkeit für die sogenannte Heimatfront bewußt war.

»Lesen Sie das.« Er reichte ihr ein Papier.

Es war eine Anzeige. An die Gestapo gerichtet. Wegen staatsfeindlicher Äußerungen.

»Es tut mir leid«, orgelte Bollermann mit öliger Stimme, »aber es ist meine Pflicht, solche Dinge zu melden. Ich würde mich selber strafbar machen, wenn ich mir Äußerungen dieser Art anhören würde, ohne Anzeige zu erstatten.«

Karin bebte am ganzen Körper. Sie wußte, wie sehr er heuchelte. Sie wußte aber auch, daß er ohne Skrupel seine Drohung wahr machen würde, wenn sie ihm nicht entgegenkam. Er hatte schon manchen, der nicht nach seiner Pfeife tanzte, ausgeliefert.

»Und es gibt keine andere Möglichkeit?« fragte sie mit trockenem Hals.

Mit seinen Augen zog er sie aus. Dabei hatte er die Hände vor der Brust gefaltet.

»Sie sind ein kluges Mädchen, Karin.« Ein freches Lächeln spielte um seine Lippen. »Und Sie sind ein hübsches Mädchen. Sie wissen ganz genau, daß es eine andere Möglichkeit gibt. Völlig ungefährlich — und für uns beide viel angenehmer. Ich brauche doch nicht deutlicher zu werden ... oder?«

Also doch, dachte sie. Er versuchte sie zu erpressen. Es war ekelhaft, aber es war zugleich eine Chance, ihn mit seinen eigenen Waffen zu schlagen. Es kam nur darauf an, wie unvorsichtig er war und wie weit er seinen Erpressungsversuch treiben würde.

»Ich will Sie natürlich nicht erpressen. Ich bin kein Unmensch. Wenn Sie mir ein wenig entgegenkämen ...«

Sie wagte sich nicht zu rühren. Es war so still im Zimmer, daß sie die Uhr auf seinem Schreibtisch ticken hörte.

»Sie wissen doch, Karin, wie gern ich Sie mag«, sprach er weiter. »Bisher waren Sie immer so zugeknöpft. Erst neulich haben Sie meine Einladung zum Abendessen abgelehnt.«

»Soll ich mit Ihnen ausgehen?«

»Ausgehen?« Er gluckste vor Belustigung. Dann kochte

er: »Stellen Sie sich doch nicht naiver, als Sie sind. Sie wollen erreichen, daß ich eine Anzeige niederschlage, und Sie sprechen vom Ausgehen!«

Er stand auf, trat dicht vor sie hin. Unverhohlen tasteten seine Augen ihren Pullover ab. Nackte, unbeherrschte Begierde lag in seinem Blick.

»Ich verstehe Sie nicht, Herr Bollermann.«

»Sie verstehen mich recht gut. Das hat bis jetzt noch jede verstanden. Gefälligkeit gegen Gefälligkeit. Ich werfe den Wisch hier in den Papierkorb, Sie sind dafür ein bißchen nett zu mir. Nur ein schwaches Stündchen. Das muß Ihnen die Sache schon wert sein. Oder nicht?« Er griff nach ihren Schultern und preßte sie fest unter seinen schweißigen Händen. »Karin — warum sagen Sie nichts?«

Noch immer stand sie steif und unbeweglich. Wenn er handgreiflich wird, dachte sie, schreie ich. Aber ich muß noch warten. Bis jetzt könnte er noch alles ableugnen ...

»Na also«, röhrte er feist. »Ich wußte, daß Sie nicht nein sagen würden.« Er ging zur Tür, drehte den Schlüssel um und drückte auf einen Knopf. Selbstgefällig grinste er. »Jetzt leuchtet draußen ein Schild: ›Nicht stören, wichtige Besprechung!‹ Wir brauchen also keine Angst zu haben.« Aus einem kleinen Wandschrank holte er Weinbrand und Zigaretten. Er nahm einen kräftigen Schluck aus einem großen Glas, dann tätschelte er ihr genüßlich die Wangen. »Sehr vernünftig von dir, Karin. Ein Mädel, das so gebaut ist, braucht doch auch mal was. Los, zieh dich aus.«

»Was soll ich?«

»Ausziehen, Mädel. Allzuviel Zeit haben wir nicht.«

Da sie sich immer noch nicht rührte, griff er ihr unter den Rock. Es war widerlich. Sie wehrte sich. Er ließ nicht locker. Sie spürte seinen Atem im Gesicht. In seiner Gier schien er völlig von Sinnen. Mit ganzer Kraft drängte er sie zum Schreibtisch, beugte ihren Oberkörper weit über die Platte zurück und stürzte sich über sie. Er war wie ein wildes Tier.

Da trat sie mit dem Fuß nach ihm, biß, kratzte. Als er einen Augenblick losließ, schlug sie ihm ins Gesicht.

»Für Ihre Gemeinheit und Mißhandlung des Kriegsgefangenen! So und nun können Sie Ihre Meldung abgeben.«

Sie stürzte zur Tür, schloß auf und stürzte hinaus ...

Noch jetzt, da sie über den Brief an Fritz gebeugt sitzt, zittert die Erregung in ihr nach. Sie weiß, daß die Gefahr vorbei ist. Bollermann wird es nicht wagen, etwas zu unternehmen. Im Gegenteil. Er muß versuchen, alles zu vertuschen, um nicht seine eigene Stellung zu gefährden. Aber sie weiß, er wird sich anderweitig zu rächen versuchen. Er wird sie schikanieren, wo er kann. Er wird sie in eine andere Abteilung versetzen und ihr die schwersten und schmutzigsten Arbeiten auftragen ...

Egal. Sie ist ihn los, endgültig, und das ist die Hauptsache.

Aber kann sie das alles Fritz schreiben?

Nein. Es würde ihn beunruhigen.

»Lieber Fritz«, schreibt sie, »Du machst Dir ganz unnötig Sorgen. Die Dienstverpflichtung ist nur halb so schlimm, wie es sich anhört. Ich habe bei allem noch verhältnismäßig Glück gehabt. Die Arbeit ist nicht schwer, und die Leute hier sind sehr nett ...

Du hast in Deinem letzten Brief die Möglichkeit angedeutet, daß Ihr bei der nächsten Neuaufstellung nach Deutschland kommt. Mein Gott, wenn das wahr würde! Ich könnte zu Dir fahren. Wir könnten uns endlich wiedersehen. Es wäre ganz unvorstellbar. Fritz, es wäre der glücklichste Augenblick meines Lebens!«

Am Nachmittag macht Kleebusch mit Hannes Krummbier einen Bummel durch Czernowitz. Das ziellose Schlendern durch die Straßen ist mal eine Abwechslung.

»Lange nicht gehabt«, sagt Krummbier, der alte Oberschnapser, und pafft dicke Rauchschwaden in die Luft.

Czernowitz gehört bestimmt nicht zu den schönsten Städten der Welt. Jetzt, da es Frontstadt geworden ist, schon gar nicht. Ein Heerbann zurückflutender Truppen zieht durch die Hauptstraßen. Die Bewohner flüchten mit Kind und Kegel, und in den Versorgungsbetrieben liegen schon die Zündschnüre für die Sprengungen bereit. Das macht eine Stadt nicht gerade anziehender. Aber Czernowitz ist für die Landser immerhin schon eine westliche Stadt. Trotz Brandgeruch liegt ein Hauch erregender Zivilisation in der Luft. Eine Stadt, die auch in der Agonie noch etwas Verführerisches hat. Wenn man aus den Steppen des Ostens kommt, hat man einen Nerv dafür. Man glaubt direkt, schon eine Brise Pariser Luft zu schnuppern.

Kleebusch ist froh darüber. Die Atmosphäre hilft mit, den Freund auf andere Gedanken zu bringen.

Sie gehen in ein paar Häuser und schauen sich die verlassenen Wohnungen an. Sie sind fast unberührt. Alles ist noch so, wie es die Menschen verlassen haben. Nur das Lebensnotwendigste scheint mitgenommen worden zu sein.

In einer der Wohnungen steht in der Küche noch das Frühstücksgeschirr auf dem Tisch. Über der Kanne eine bunte Wärmehaube. Ein Brotkörbchen. Auf dem Gasherd ein leerer Milchtopf. Es ist, als seien die Bewohner eben erst weggegangen. Letzte Mahlzeit am eigenen Herd.

Im Wohnzimmer bequeme Sessel, Teppiche auf dem Boden. An der Wand Regale mit Büchern. Titel in allen Sprachen. Auch deutsche sind darunter. Auffallend viele deutsche Bücher.

»Junge, Junge. Wenn man bedenkt, welche Schicksale oft dahinterstecken. Ob wir das in der Heimat auch einmal erleben?«

»Kaum«, brummt Krummbier. »Hier glauben die Menschen noch, daß sie hinter den Karpaten sicher sind. Aber in Deutschland? Wenn die Russen nach Deutschland kommen, ist es aus. Wohin sollen die Menschen dann noch flüchten?«

Nebenan ist das Schlafzimmer. Ein großer Kleiderschrank. Die Türen stehen offen. Fächer und Regale sind halb ausgeräumt. Aber sonst ist noch alles vorhanden. Das breite Doppelbett ist weiß überzogen. Die Daunendecken sind zurückgeschlagen. Auf den Kissen sieht man noch die sanften Eindrücke der Köpfe. Spuren zweier Menschen, die bis vor kurzem hier nebeneinander gelegen haben. Auf einem der Nachttische ein Bild in silbernem Rahmen. Ein Familienfoto. Die strahlenden Eltern mit ihren Kindern. Eine blonde Frau, ein dunkelhaariger, stolzer Mann und drei lachende Wuschelköpfe.

Ein seltsames Gefühl beschleicht Kleebusch. Er kommt sich wie ein Eindringling vor. Ihm ist, als habe er ein friedliches Idyll gestört.

»Scheint eine glückliche Familie gewesen zu sein.«

»Tja«, macht Krummbier und starrt mit glasigen Augen auf das Bett. »Und die Frau scheint eine gute Mutter gewesen zu sein. Und eine liebende Gattin. Sie waren bis zuletzt beieinander. Sicher hat sie ihren Mann nie betrogen.«

Kleebusch wirft ihm einen schrägen Blick zu.

»Komm, Hannes. Gehen wir. Hier haben wir nichts verloren.«

Unten auf der Straße zündet sich Krummbier eine neue Pfeife an.

»Du, Fritz«, sagt er nach einer Weile.

»Ja, Hannes?«

»Weißt du, was ich jetzt tun möchte?«

»Dich besaufen. Stimmt's?«

»Besaufen nützt da nichts.«

»Quatsch, Hannes. Du darfst nicht immer daran denken. Komm, gehn wir heim in unser Puff. Dort ist es sicher lustiger.«

»Kannst du dir nicht denken, was ich tun möchte?«

»Du gehst jetzt mit mir heim und haust dich auf den Sack. Wir haben ein schönes Zimmer, ein gutes Bett — und Schnaps haben wir sicher auch noch.«

»Ich möchte mir 'ne Kugel durch den Kopf schießen.«

»Tu's doch! Stell dich gleich drüben in die Ecke, mach's! Nur los — oder bist du zu feige?«

»Fritz ...«

»Halts Maul!«

»Kannst du mich nicht verstehen?«

»Ich kann gar nichts verstehen. Kotz dich mal tüchtig aus. Steck dir den Finger in den Hals und kotze. Gut gekotzt ist halb gelebt. Und such dir was fürs Bett. Nimm dir 'ne Nutte und verprügle sie. Zahl ihr doppelt soviel und versohl ihr dafür den Hintern. Dann wird dir schon besser werden.«

Eine Weile gehen beide schweigend nebeneinander. Die Straßen sind fast ausgestorben. Ab und zu klingen dumpfe Detonationen durch die Luft. Die Begleitmusik, die sie seit dem Kaukasus kennen.

»Weißt du noch, Fritz, wie wir unten am Terek den Sprit geholt haben?«

»Natürlich.«

»Weißt du auch noch, was du damals zum Thema Weiber gesagt hast?«

»Dummes Zeug wahrscheinlich. Da hab' ich genauso 'n Koller gehabt wie du jetzt. Ging aber schnell vorbei. Und ich weiß noch, was du mir gesagt hast. Ich solle in puncto Weiber nicht verallgemeinern, hast du gesagt. Ich solle nur mal warten, bis der Krieg vorbei ist und wieder normale Zeiten kommen. Wenn ich erst mal wieder zu Hause sei, hast du gesagt, und dort ein nettes, anständiges Mädel kennenlernen würde, käme ich von ganz allein wieder zu einer optimistischeren Lebensauffassung. Hast du das gesagt?«

»Ja, schon, Fritz«, erwidert Krummbier müde. »Ich habe ja auch recht behalten. Du hast inzwischen ein Mädchen gefunden, das auf dich wartet. Für dich lohnt es sich, auf das Ende des Krieges zu hoffen. Aber ich? Für mich ist bis dahin das Leben vorbei.«

»Rede doch nicht so saudumm daher!«

»Ihr Jungen fragt mitunter, was aus euch mal werden soll. Ihr seid nichts und habt nichts gelernt, sagt ihr. Nun, wenigstens habt ihr noch viel Zeit vor euch. Aber wir Alten? Wenn die Frau weg und die Wohnung futsch ist, was sollen wir dann noch? Sollen wir mit allem noch mal von vorn anfangen? Ich werde es vielleicht noch nicht mal mehr zu einem eigenen Bett bringen.«

Er schweigt einen Augenblick und kaut mißmutig auf dem Mundstück seiner Pfeife herum. Da Kleebusch nicht sofort antwortet, fährt er leise fort:

»Du hast damals geschrien und getobt. Du hast dich auf den Boden geschmissen und den gottverdammten Scheißkrieg verflucht. Und fünf Minuten später war der ganze Tobsuchtsanfall wieder vorbei. Siehst du, Fritz, das ist der Unterschied zwischen uns beiden. Ich kann nicht mehr schreien und toben. Ich kriege keinen Frontkoller mehr. Ich weiß nicht einmal, ob ich noch richtig hassen kann. Und das ist viel schlimmer.«

Abends gab es große Aufregung.

»Alle Wetter, alle Wetter«, dröhnte der Bulle hinterher in seinem Baß. »Das ist das Tollste, was ich in diesem Krieg erlebt habe.« Er sagte es noch oft. Er sagte es auch noch später, als sie schon lange in Deutschland waren. Er sagte es, so oft an stillen Abenden das Gespräch auf das seltsame Haus in Czernowitz kam ...

An diesem Abend also stürzte der lange Fibus mit allen Anzeichen höchster Aufregung in den kleinen Gesellschaftsraum, in dem die ganze Mannschaft versammelt war. Der Gesellschaftsraum lag im Parterre der Villa und war ringsherum mit kleinen Sesseln und gepolsterten Ruhebänken ausgestattet. Auf eine dieser Ruhebänke ließ sich Fibus der Länge nach fallen und streckte wie erschossen alle viere von sich.

»Das haut mich um«, verkündete er ein übers andere Mal. »Kinder, Kinder, — das haut mich um!«

Fibus war schon oft mit Sondermeldungen eigener Art aufgekreuzt. Es war geradezu seine Spezialität, mit Sensationsmeldungen und Bombenüberraschungen in die Runde zu platzen. Aber so zerschlagen von dem Gewicht seiner eigenen Neuigkeit hatte ihn noch keiner gesehen. Er machte den Eindruck, als sei er völlig am Boden zerstört.

»Das haut mich um!« japste er immer noch. »Ihr werdet es nicht glauben ...«

»Was haut dich um?« fragte der kleine Steiner gespannt, und alle anderen reckten neugierig die Köpfe. »Was werde mer nit glaube?«

»Das, was ich eben in der Dependance entdeckt habe.«

»Wo?«

»Im Rückgebäude, du Arsch. In dem stillen Nebenhaus in der hintersten Gartenecke.«

»Was hast du dort entdeckt?«

»Dreimal darfst du raten.«

»Ein' Schatz?«

»Viele Schätze! All die süßen Goldstücke, die du schon vermißt hast in diesem Haus.«

Der kleine Frankfurter riß die Augen auf. Die Adern auf seiner Stirn schwollen bedrohlich an. Mit seinen Händen fuhr er sich hinter die Halsbinde, um sich Luft zu machen.

»Sag bloß, du hättest die Mädels entdeckt ...«

»Hab' ich, hab' ich«, meckerte Fibus und sprang mit einem Satz wieder auf die Beine.

Auch die anderen riß es hoch.

»Stimmt das, Langer, oder willst du uns nur verkohlen?«

»Mit solchen Dingen scherze ich nicht«, erklärte Fibus trocken. »Das ist für mich viel zu ernst. Die Bienen sind tatsächlich da! Sie sind nicht ausgeflogen, wie Madame sagte. Wenigstens nicht alle. Sie sind nur auf Eis gelegt. Sie können aber jederzeit wieder mit ihrer segensreichen Tätigkeit beginnen.«

Für Sekunden wurde es gänzlich still. Nur das erregte Atmen der sechs Männer war zu hören. Jeder dachte das gleiche, doch keiner wagte es auszusprechen.

Endlich faßte sich der Bulle ein Herz.

»Was ist los, Langer — worauf warten wir noch? Vorwärts, Kameraden, ins Rückgebäude! Auf diesem Gebiet hat man uns lange genug die nötigen Rationen vorenthalten. Wir haben viel nachzuholen ... Das sind wir schließlich unserer Gesundheit schuldig!«

Er krempelte die Ärmel hoch und lief zum Ausgang.

»Ich kumm gleich mit!« rief der kleine Steiner und war mit einem Satz an seiner Seite.

»Moment mal.« Fibus machte eine dämpfende Handbewegung. »Die Sache hat einen Haken. Die Mädchen sind eingeschlossen. Madame bewacht sie wie ein Zerberus. Ich hab' sie nur durchs Fenster gesehen. Sie haben mir zwar gewunken und Zeichen gemacht ...«

»Was für Zeichen?«

»Die Zeichen der Liebe sind international.«

»Auch die Zeichen fürs zahlen«, warf Baumann dazwischen.

»Die Mädchen leiden offensichtlich Not«, lästerte der Bulle. »Wir müssen ein Werk der Nächstenliebe vollbringen und ihnen wieder zu Arbeit und Brot verhelfen.«

»Und zur Freiheit!« Ungeduldig zappelte der kleine Steiner von einem Bein aufs andere. »Mir wisse ja selbst von Tscherkassy her, wie das is, wenn ma eingeschlosse is. Die arme Mädche! Mer müsse se gleich befreie!«

Ehe sie jedoch zum Sturm antreten konnten, öffnete sich die Tür des Gesellschaftsraumes. Madame erschien. Mit ihrer massigen Figur füllte sie fast den ganzen Rahmen aus. Eisern wie der Erzengel stand sie vor den Toren des Paradieses. Ihr Busen wogte unheilverkündend. Der großgeblümte Morgenrock hob und senkte sich wie ein Blasebalg. Fibus hatte nicht zuviel gesagt. Sie war wirklich eine Wucht. Tatsächlich schien sie die ganze Halbwelt zu verkörpern.

Im Raum trat beklemmende Stille ein. Es war wie bei einem großen Auftritt im Theater.

»Deckung«, flüsterte der kleine Frankfurter hinter dem Rücken des Bullen. »Die is uneinnehmbar.«

Aus unergründlichen Augen blickte Madame von einem zum anderen, dann rauschte sie auf Fibus zu.

»Mein Herr«, sprach sie und rollte dabei das R wie eine Heldenmutter auf der Bühne. »Mein Herr — Sie sein gewesen in die Dependance!«

»Und?« Fibus nahm seinen ganzen kriegerischen Mut zusammen.

»Sie nicht dürfen gehen in Dependance. Ist streng verbotten!«

»Wieso verbotten, Madame?«

»Verbotten von Kommandantur. Müssen Damen bleiben streng verschlossen vor die deutsche Soldaten. Persönliche Befehl von Kommandant in diese Stadt!«

»Kommandant?« Fibus lächelte nur geringschätzig. Er streckte die Brust heraus und richtete sich zu voller Länge auf. »Hier bin *ich* Kommandant Madame! Hier habe nur *ich* zu befehlen ...«

»Jetzt dunnert's gleich«, frohlockte Steiner, der immer noch hinter dem breiten Rücken des Bullen stand.

Die anderen nahmen unwillkürlich Abwehrstellung ein. Sie rückten auf Tuchfühlung zusammen und machten entschlossene Gesichter.

Aber Madame dachte nicht daran, zu donnern. Im Gegenteil. Während sie die Männer noch musterte, huschte ganz unvermittelt ein Lächeln über ihr Gesicht. Die Fleischmassen verschoben sich zu freundlichen Hügeln, und in ihren Schweinsäuglein begann es zu blitzen.

»Meine Herren«, meinte sie, »Sie sind stärker als ich. Bei so viele Männer, ich muß unterliegen ...« Sie griff lächelnd in die Tasche ihres Morgenrocks und zog einen großen Schlüssel hervor. Sie hängte ihn an ihren fetten Zeigefinger und ließ ihn verführerisch vor ihrem Busen hin- und herschaukeln. »Wenn Sie mir diese Schlüssel nehmen ab mit Gewalt, ich nichts kann machen. Ich bin eine schwache Frau . . .«

Fibus grinste von einem Ohr bis zum anderen. Er küßte ihr die Hand und nahm ihr dabei mit einer artigen Verbeugung den Schlüssel vom Finger.

»Madame, Sie sind unvergleichlich. Wir werden Ihnen jederzeit bescheinigen, daß Sie den Schlüssel zum Paradies bis zum letzten verteidigt haben. Niemand soll Ihnen nachsagen können, Sie hätten den Befehl des Stadtkommandanten mißachtet.«

Sie strahlte ihn an wie die in Lust versinkende Herbstsonne.

»Merci, mein Herr. Ich sehe, Sie sind eine große Kavalier. Sie haben mich aus eine — wie sagt man in deutsch — aus eine große Gewissenskonflikt befreit. Je n'oublierai jamais le service que vous m'avez rendu!«

»Ganz meinerseits«, lispelte Fibus und schwang den Türöffner wie eine Siegestrophäe durch die Luft. »Können wir jetzt gehen, Madame?«

»Un moment.« Begütigend hob sie die Hände. »Eine Moment noch. Nicht machen so eilig. In die Liebe man darf nicht sein so stürmisch. Ich werde alles arrangieren. Es soll ein Fest werden. Tout comme chez nous.« Und mit Grandezza rauschte sie aus dem Saal.

Die Landser blickten ihr sprachlos nach. Eine solche Frau hatten sie noch nicht gesehen.

»Ich werd' verrückt!« Fibus machte einen Luftsprung. Er war völlig aus dem Häuschen. »Das hat mir noch gefehlt in meiner Raupensammlung. Das war schon immer der Traum meiner schlaflosen Nächte. Das ist der Clou des ganzen Rückzugs! Alles haben wir schon mitgemacht, durch ein ganzes Verpflegungslager haben wir uns schon durchgefressen — aber dieses Nest auszuräumen . . .«

»Apropos Verpflegungslager . . .«, unterbrach Baumann, »hoffentlich ist dieser Versorgungsbetrieb hier nicht auch schon unterminiert. Sonst seh' ich schwarz für dich, Langer. Denk an den Dotter, der damals nicht mehr rechtzeitig von den Fleischtöpfen Ägyptens weggekommen ist.«

Fibus wieherte wie ein wildgewordener Mustang.

»In einer solchen Lebenslage würde ich mit Vergnügen in die Luft fliegen. Dagegen bleibt Dotter mit seinem Danziger Goldwasser ein Waisenknabe. Aus dem siebten Himmel heraus direkt in die Hölle fahren — ich kann mir einen schlechteren Tod vorstellen.«

Der kleine Frankfurter hob die Hand. Trotz aller körperlichen Spannung dachte er ganz real.

»Wie mache mer's denn, wenn net genug Mädche da sin?«

»Dann knobeln wir«, feixte der Bulle. »Der nächste Herr die gleiche Dame! Aber bei dir ist das sowieso kein Problem. Frankfurter Würstchen zählen nur als halbe Portion. Die werden zwischendurch vernascht.«

Alles johlte. Sie waren außer Rand und Band. Die unerwartete Klärung der Lage machte sie so besoffen, als ob sie zehn Flaschen Wodka gezwitschert hätten. Sie konnten es kaum erwarten, bis Madame wieder erschien und das Zeichen gab, daß alles bereit sei.

»Was meine denn Sie dazu, Herr Unteroffizier?« fragte Steiner. »Sie sage ja gar nix.«

»Ich meine«, sagte Kleebusch seelenruhig, »daß ihr auch mal an die Plakate auf der Kommandantur denken sollt.«

»An was für Plakate?«

»An die Bilder mit den abgefressenen Nasen und der Mahnung: Vorsicht, deutsche Soldaten, die Stadt ist verseucht.«

Steiner machte ein betroffenes Gesicht, doch Fibus beruhigte die Kameraden gleich wieder.

»Bei denen kann nichts passieren. Dazu ist Madame viel zu geschäftstüchtig. Die weiß genau, was auf dem Spiel steht. Außerdem haben ihre Damen lange genug Schonzeit gehabt.«

»Und wenn schon!« Der Bulle zeigte auf sein bepflastertes Gesicht. »Mehr kann meine Nase sowieso nicht verschandelt werden. Also rin ins Vergnügen.« Er packte den kleinen Steiner am Kragen. »Paß mal auf, du Würstchen. Du kriegst jetzt einen Sonderauftrag. Wenn wir alles glücklich hinter uns haben, meldest du es sofort dem Korporal, damit er beruhigt ist.«

»Was soll ich denn da sage?«

»Du sagst ganz einfach das, was du bei der Schlacht bei Bjelgorod immer gesagt hast: ›Herr Unteroffizier — mir lewe noch!‹«

»Gehst du nicht mit, Fritz?« erkundigte sich Hannes Krummbier, der die ganze Zeit schweigend in der Ecke gesessen hatte.

»Nee, Hannes. Besten Dank für Obst und Südfrüchte.«

»Angst vor der Ritterburg?«

»Nicht unbedingt.«

»Hemmungen?«

»Vielleicht.«

»Wegen Karin?«

Kleebusch nickte kaum merklich.

»Aber du kannst mich doch verstehn, Fritz, wenn ich . . .«

»Red keinen Stiefel, Hannes. Du bist ein freier Mann und kannst tun und lassen, was du willst. Du bist niemandem Rechenschaft schuldig. Mach dir nur keine Sorgen. Schließlich bist du ja erwachsen und brauchst keinen Vormund. Ich bin froh, wenn du endlich auf andere Gedanken kommst.«

»Und was machst du inzwischen?«

»Ich geh' 'rauf in mein Zimmer und schreibe einen Brief — an Karin.«

»Jetzt?«

»Ja, jetzt. Ich werde ihr von hier aus den schönsten und zärtlichsten Liebesbrief meines Lebens schreiben. Und es wird alles echt und wahr darin sein — alles, was ich fühle, alles, was mich bewegt: meine Sehnsucht, mein Verlangen und meine Liebe . . .«

Madame erschien wieder unter der Tür. Sie lächelte verheißungsvoll und hob graziös die Hand mit den funkelnden Brillanten.

»S'il vous plaît, meine Herren.«

»Feuer frei!« spottete Fibus und marschierte mit den Kumpels los.

Unter der Tür wandte sich Hannes Krummbier noch einmal zurück.

»Fritz, schreib einen Gruß von mir mit drauf. Wenn ihr mal verheiratet seid, dann ziehe ich zu euch. Darauf kannst du dich verlassen.«

»Wunderbar«, rief Kleebusch zurück. »Wirklich, im Ernst, Hannes — das solltest du tatsächlich tun. Du könntest uns keine größere Freude machen.«

Er nahm sein Zeug zusammen und ging auf sein Zimmer. Einige Zeit vergrub er den Kopf in den Händen, dann begann er bedächtig mit zärtlichen Buchstaben zu schreiben:

»Liebe Karin ...«

## 22

Die Karpaten sind ein steiler Gebirgswall, der sich wie eine schützende Ringmauer um die ungarische Tiefebene und Siebenbürgen legt. Wer die Karpaten überwunden hat, kann sich sicher fühlen. Er hat sich gleichsam in einen Burghof gerettet. Hier herrscht Ruhe und Friede. Hier ist der Flut aus dem Osten eine natürliche Grenze gesetzt. Hier ist der Damm, der dem Land Schutz und Sicherheit bietet.

Doch der Übergang ist auch für die Flüchtenden nicht leicht. In den Ostkarpaten gibt es nur wenige Pässe. Sie schlängeln sich in beträchtlichen Höhen zwischen Bergen von über zweitausend Metern hindurch. Die Straßen sind steil und schlecht. Schlecht ist gar kein Ausdruck. Sie sind hundsmiserabel.

Auf diesen Straßen sieht Kleebusch zum ersten Mal marodierende Haufen. Landser ohne Führung. Versprengte, die auf eigene Faust gen Westen ziehen. Verwegene Gestalten mit Knotenstöcken. Bärtige Männer mit Russenjacken oder in graue Decken gehüllt. Zerschundene Gesichter, zerlumpte Monturen, durchgelaufene Stiefel. Manche haben die Sohlen mit Draht festgebunden. Andere haben dicke Säcke um die Füße gewickelt. Lumpen, nichts als Lumpen. So sahen bisher nur die Scharen russischer Gefangener aus.

Auf den Höhen ist es lausig kalt. Obwohl es bereits April ist, peitscht ein eisiger Wind über Gipfel und Schluchten. Fast waagrecht fegt der Schnee dahin. Er hüllt alles ein. Er dringt überall durch.

Nirgends ein Haus. Nirgends Licht. Nirgends Leben. Rumänien liegt weit zurück. Siebenbürgen, das gelobte Land, scheint unerreichbar fern.

In den letzten rumänischen Städten, in Falticeni, in Targu-Neamt und in Roman, herrschte noch Fettlebe. In einem Weinkeller hatte Kleebusch Landser gesehen, die in die riesigen Fässer einfach Löcher schossen und sich mit offenem Maul unter den hervorspringenden Weinstrahl stellten. In einem Stoffladen hatte er beobachtet, wie die Kumpels unter der Feldbluse ganze Seidenballen um den Leib wickelten. Nachts wurden Beutezüge durch die verlassenen Wohnungen unternommen. Es gab genug zu organisieren. Den Russen sollte nicht allzuviel in die Hände fallen, und jenseits der Berge gab es sicher lebensnotwendige Dinge dafür einzuhandeln.

Abenteuerlich beladene Figuren zogen die Bergstraßen hinauf. Man sah Landser mit Steppdecken, mit Lackstiefeln, mit elektrischen Geräten. Die merkwürdigsten Dinge wurden mitgeschleppt, auch wenn man sie nicht brauchen konnte. Das Organisieren wirkte auf manche wie eine ansteckende Krankheit...

Doch seit die Schneestürme wehen, ist fast alles verschwunden. Die Beute liegt im Straßengraben und verrottet. Keiner achtet mehr darauf. Niemand will sich mit unnötigem Kram beladen. Sogar Gasmaske und Stahlhelm werden manchem zu schwer und fliegen in den Graben. Marscherleichterung eigener Art. Nur das nackte Leben zählt noch. Wer es nicht schafft, bleibt im Schnee zurück und erfriert.

Viele schaffen es nicht. Die Füße sind wund. Der Körper ist ausgemergelt. Manche haben sich auch auf der letzten Station keine Verpflegung mehr geben lassen, aus Angst, zurückgehalten und zu einer Alarmeinheit gesteckt zu werden.

»Hast du 'n Kanten Brot, Kamerad?«

»Bin ick 'n Verpflegungslager?«

»Ich geb' dir einen goldenen Armreif dafür.«

»Steck ihn dir an' Hut. Kann ick von Gold vielleicht abbeißen?«

Kleebusch wechselt sich am Steuer mit Hannes Krummbier ab. Hinten sitzen der Bulle und Steiner. Aber diesmal ist es kein Vergnügen für die Mitfahrer. So oft der Wagen steckenbleibt — und er bleibt fast in jeder Kurve stecken —, müssen sie 'raus und anschieben. Sie klemmen sich mit aller Kraft hinter die Kiste, wuchten; daß ihnen der Schweiß aus allen Poren bricht. Dann springen sie auf und fahren weiter. Gesicht und Hände werden blau vor Kälte. Die nassen Klamotten gefrieren zum Eispanzer. Die Körper schütteln sich wie im Wechselfieber.

»Hier holt uns doch noch der Teufel«, stöhnt der kleine Steiner.

»Klar«, brummt der Bulle. »Wer jetzt nicht krank wird, ist bestimmt nicht gesund.«

Immer öfter stehen Landser am Straßenrand und winken. Sie wollen mitgenommen werden. Verzweifelt schwenken sie die Arme und zeigen auf ihre Füße. Wir können nicht mehr, soll das heißen. Nehmt uns mit, Kameraden — wenigstens ein kleines Stück.

Zwei Mann hat Kleebusch schon aufgelesen, Versprengte des eigenen Regiments, die von ihren Batterien abgekommen sind. Sie zwängen sich hinten zusammen, so gut es geht. Mehr Platz ist nicht im Wagen. Das Kfz 17 besitzt zwar einen stabilen Aufbau und ist mit einem starken Horch V-8-Motor ausgestattet, aber es ist nur für vier Mann berechnet, und mehr als sechs Mann sind beim besten Willen nicht unterzubringen. Die Funkgeräte und die Schreibpulte nehmen zuviel Platz weg.

Ab und zu versucht sich einer der Winkenden von außen aufs Trittbrett zu stellen und am Türgriff festzuklammern; doch lange hält es keiner aus.

Über die Berge sinkt die Nacht. Die Höhe ist fast baumlos. Ungehindert fegt der Nordost über die Straße. Er treibt Schnee und Eiskristalle wie Wüstensand vor sich her. Man sieht kaum noch die Hand vor den Augen. Ständig muß ein Mann vor dem Wagen hergehen und den Weg erkunden, sonst würde man an manchen Kurven glatt in den Abgrund fahren.

Einmal, bei einer kurzen Rast, bei der alle austreten, ruft Krummbier nach Kleebusch.

»Was ist los?«

»Sieh dir das mal an, Fritz.«

»Was denn?«

»Diese Höcker hier.« Krummbier zeigt auf eine bucklige Erhebung am Straßenrand, die sich weiß und glänzend wie eine Schneeplastik aus dem Boden erhebt. »Ich stehe hier und schlage mein Wasser ab, plötzlich seh' ich das Ding da.«

»Was ist damit?«

»Sieh dir's mal genauer an.«

Kleebusch läßt seine Taschenlampe aufleuchten. Im selben Augenblick glaubt er zu erstarren. Dieser seltsame Buckel ist eine menschliche Gestalt. Vielmehr sind es zwei Gestalten. Zwei deutsche Landser, die eng aneinandergelehnt auf dem Boden hocken. Sie sind steifgefroren und fast völlig eingeschneit. Nur auf der Seite, von der der Wind bläst, ist ein Teil der Gestalten zu erkennen. Sie halten sich im Tod umschlungen. Der Kopf des einen ruht jeweils auf der Schulter des anderen. Eine trotz aller Grausigkeit rührende Geste.

»Wie ein Kriegerdenkmal«, entfährt es Hannes Krummbier. Ihm fällt ein, daß er schon zahlreiche solcher Buckel am Wegrand gesehen hat . . . Wer sich auf diesem Elendsmarsch erst mal hinsetzt, kommt nicht mehr hoch. Und wenn er einschläft, ist er verloren.

Kleebusch versucht den Schnee von den Toten abzukratzen, um ihre Gesichter sehen zu können. Aber es gelingt ihm nicht.

»Laß sie«, sagt Krummbier. »Hat ja doch keinen Zweck mehr.«

»Aber vielleicht können wir die Erkennungsmarken mitnehmen.«

»Wirst da kaum 'rankommen, ohne ihnen die Knochen zu brechen. Laß sie liegen, bis sie auftauen. Hinter uns kommen noch andere. Einmal muß das Sauwetter ja aufhören. Laß uns jetzt fahren, sonst finden sie uns später auch noch als Eisplastik.«

Ein paar hundert Meter weiter steht wieder einer am Weg und winkt.

»Nehmt mich mit, Kameraden.«

»Geht nicht mehr, Kumpel«, sagt Kleebusch.

»Ich kann nicht mehr laufen.«

»Tut mir leid. Siehst ja selbst, daß kein Platz ist. Wir kriegen die Mühle kaum noch weiter.«

»Ein einziger Mann noch?«

»Beim besten Willen nicht.«

»Nur bis zum Paß. Nur bis dieser gottverdammte Schneesturm vorbei ist.« Der Mann hebt beschwörend die Hände.

»Ich schaff's nicht mehr. Meine Füße sind Klumpen. Ich spür' sie kaum noch. Wenn ihr mich nicht mitnehmt, muß ich mich hier hinsetzen — wie die Kumpels von mir, die zurückgeblieben sind ...« Der Mann schluchzt. Tränen laufen ihm in den verfilzten Bart.

»Na schön, versuch's. Wenn du dich noch irgendwo dazwischenklemmen kannst . . .«

Dankbar strahlt ihn der Mann an. Er zwängt sich aufs Trittbrett und versucht, sich am Türgriff festzuhalten. Obwohl die andern murren, scheint es zu gehen. Aber als Kleebusch später nach ihm sehen will, ist er nicht mehr da. Er muß abgerutscht sein. Einfach vom Wagen gefallen. Oder haben ihn die anderen abgedrängt?

»Ein neues Kriegerdenkmal«, kommentiert Krummbier ungerührt.

»Hannes!«

»Was denn? Wir haben getan, was wir konnten. Helfen kann ihm doch keiner mehr. In diesem Scheißkrieg gehen Hunderttausende vor die Hunde. Willst du um jeden einzelnen weinen? Außerdem — der schlechteste Tod ist das noch lange nicht. Besser als ein Steckschuß in die Lunge oder eine Granate in den Bauch. Erfrieren spürt man nicht. Der bleibt irgendwo sitzen und ruht sich aus. Ganz langsam wird er einschlafen. Es ist ein wohltuender Schlaf nach all den Strapazen. Er wird von zu Hause träumen, von seiner Mutter oder seinem Mädchen. Vielleicht wird er sogar lächeln. Und ohne daß er etwas merkt, ist er hinüber.«

»Trotzdem . . .«

»Willst du vielleicht zurück und ihn suchen? Wir müssen weiter, Fritz. Und zwar schleunigst. Sonst holt uns alle noch der Teufel.«

»Der holt uns sowieso, früher oder später.«

»Aber die Heimat winkt — hast du das vergessen?«

»Hast du es plötzlich so eilig, Hannes? Ich dachte, es wäre dir egal, wo wir hinkommen.«

»Seit Czernowitz nicht mehr.«

»Seit Czernowitz?«

»Komisch, was?«

»Haben dich die Mädchen von Madame wieder auf die Beine gebracht?«

»In gewisser Hinsicht, ja . . .«

»Muß ja toll zugegangen sein. Du hast überhaupt noch nichts davon erzählt. Waren die Mädchen so aufregend?«

»Im Gegenteil. Die besseren Pferde waren längst aus dem Stall.«

»Und trotzdem?«

»Wieso trotzdem? Gerade deswegen. Ich hab' hinterher gekotzt wie ein Lohgerber. Ich hatte mich rächen wollen, für alles, was mir widerfahren ist. Ich hatte eine Stinkwut im Bauch . . . Aber auf diesem Gebiet kann man sich nicht rächen. In der Liebe nicht. Es gibt nur einen elenden Katzenjammer. Und hinterher spuckt man wie ein Reiher. Es ist fürchterlich.«

»Und das hat dir geholfen?«

»Ja, Fritz. So komisch das klingt — es hat mir geholfen. Manchmal muß man eben ganz 'runter in den Dreck, wenn man wieder klar sehen will. Ich sehe jetzt klar.«

»Was willst du tun?«

»Ich will leben. Und zwar anständig leben. 'raus aus allem Dreck und der widerlichen Sauerei. Ich will die Jahre, die mir noch bleiben, nicht nutzlos vertun. Neulich hab' ich dir gesagt, daß es für mich vielleicht schon zu spät ist. Heute bin ich anderer Ansicht. Wenn der Mist hier vorbei ist, fange ich ein neues Leben an. Ich habe gemerkt, daß ich noch die Kraft dazu habe. Im größten Sumpf habe ich es plötzlich gemerkt. Ich muß es schaffen. Dann hat all der Dreck, durch den wir gewatet sind, wenigstens einen Zweck gehabt. Ich suche mir eine Frau. In der Heimat gibt es sicher noch genug Frauen, die anständig geblieben sind. Sie braucht nicht schön zu sein. Sie braucht nichts zu besitzen. Sie muß nur den Willen haben, mit mir neu aufzubauen. Ich möchte wieder einmal in Sauberkeit leben. Ich brauche dazu nicht viel. Ein anständiges Bett, einen sauberen Tisch, Blumen vor dem Fenster und vielleicht ein kleines Gärtchen . . .«

Fritz Kleebusch blickt den Freund von der Seite an. Er kann sein Gesicht in der Dunkelheit nicht erkennen. Er sieht nur die Umrisse des leicht geneigten Kopfes, der in der Erschütterung der Fahrt ständig vor sich hinzunicken scheint.

Der Schneesturm tobt in unverminderter Schärfe. Hinten im Kasten stöhnen die beiden Verwundeten. Vor dem Wagen stapft der Bulle unverdrossen durch den Schnee. Im fahlen Licht des Tarnscheinwerfers sieht er aus wie ein wankender Rübezahl. Wenn unverhofft ein Hindernis auftaucht, fuchtelt er aufgeregt mit den Armen. Manchmal wendet er den Kopf, bleckt grinsend die Zähne und schneidet aufmunternde Grimassen mit seinem zerhackten Gesicht.

Für den gibt es keine Probleme, denkt Kleebusch. An dem läuft alles spurlos ab. Der hat sich nach dem Abenteuer im Haus der Madame von Czernowitz bestimmt nicht übergeben. Der schüttelt sich zweimal, kratzt sich den Bart und tut dann weiter, was ihm befohlen wird. Für den wird es auch nach dem Krieg keine Schwierigkeiten geben. So müßte man sein. Dann wäre alles leichter zu ertragen.

Oft stehen jetzt ganze Rudel von Landsern am Straßenrand und warten darauf, mitgenommen zu werden. Wenn sie merken, daß der Wagen vorbeirollt, machen sie finstere Gesichter und heben drohend die Fäuste.

An einer Kurve sieht Kleebusch im Scheinwerferlicht drei Gewehre im Schnee stecken. Sie wurden nicht einfach weggeworfen. Sie stecken mit dem Lauf nach unten im Boden. Sie wurden mit Protest so aufgepflanzt. Für uns ist der Krieg aus, soll das heißen. Wir brauchen keine Gewehre mehr. Wir haben die Schnauze voll.

»Welch ein Wahnsinn«, sagt Hannes Krummbier nach einer Weile und spuckt wütend aus. »Man müßte diesen Brüdern stundenlang in die Fresse hauen.«

»Kannst du es nicht manchmal verstehen?« fragt Kleebusch leise.

»Natürlich kann ich es verstehen. Ich wollte schon oft die Flinte ins Korn werfen. Trotzdem ist es Wahnsinn. Du willst doch nach Hause. Da wirst du die Knarre noch verdammt gut brauchen können. Oder glaubst du, daß meuternde Haufen ohne Waffen heil durch die Tschechoslowakei oder Polen kommen? Nach allem, was wir dort auf dem Gewissen haben. Schon aus Selbsterhaltungstrieb müßte jetzt jeder Disziplin halten. Der Krieg ist zwar verloren, aber noch lange nicht aus.«

Eine Weile schweigen sie, dann sagt Krummbier wieder:

»Außerdem kommen diese Brüder ohnehin nicht weit. Unten im Tal, in den ersten Dörfern Siebenbürgens, werden bereits Auffangstäbe auf sie warten. Zwei- oder dreimal können sie so ein Dorf umgehen, dann werden sie doch geschnappt. Spätestens in Bistriz hat sie der Barras wieder. Bis Klausenburg kommt keiner durch. Wenn sie ohne Gewehr ankommen oder nicht erklären können, wieso sie von ihrer Einheit abgekommen sind, dann Gnade ihnen Gott. Wenn die sich selbständig von Rumänien abgesetzt und ohne ausdrücklichen Befehl dem Treck über die Karpaten angeschlossen haben, dann baumeln sie . . . Nee, Fritz, wenn es mal soweit ist — da weiß ich was Besseres!«

»Was Besseres?«

Vielsagend wiegt Krummbier den Kopf.

»Ein andermal, Fritz. Bei passender Gelegenheit sprechen wir darüber.«

Sie haben jetzt die letzte Höhe bezwungen. Der Paß ist erreicht, die Straße steigt nicht mehr. Eben und flach zieht sie sich durch ein weites Schneefeld. Ein fahler Mond steigt auf. Es glitzert wie in einer Polarlandschaft.

»Gott sei Dank«, atmet Kleebusch auf, »das schwerste Stück ist geschafft. Jetzt geht's bald abwärts, dann kann uns nichts mehr passieren.«

Er legt eine Pause ein, damit sich jeder die steifgefrorenen Beine vertreten kann. Mit hochgeschlagenem Mantelkragen drehen sie ein paar Runden um den Wagen. Dann verharren sie still und verschnaufen. In der eisigen Luft steht der Atem wie eine Dampfwolke vor dem Mund.

Totes, erstarrtes Land. Nur der Schneewind heult um die Felsen und singt sein wimmerndes Klagelied.

»He«, ruft plötzlich der Bulle, der abseits steht. »Kommt mal 'rüber. Schnell!«

Kleebusch und die anderen folgen seinem Ruf.

Der Bulle ist ganz aufgeregt. Er deutet auf einen Höcker am Wegrand: eine der eingeschneiten Gestalten, still und bewegungslos. Ein erstarrtes Monument. Kaum sind noch die Umrisse zu erkennen.

»Na und?« macht Krummbier. »Ist nicht der erste, den wir sehen.«

»Aber er lebt noch!«

»Er lebt?«

Es ist wie ein Schreckensruf. Der Tod wäre nichts Ungewöhnliches. Aber daß eine der Gestalten noch lebt, das fährt jedem in die Glieder.

Kleebusch läßt seine Taschenlampe aufblitzen. Er streicht dem Hockenden mit der Hand übers Gesicht, wischt den Schnee weg, zieht die Augenlider hoch. Kein Zweifel, der Mann lebt.

»Heilige Muttergottes«, murmelt der kleine Frankfurter und faltet die Hände. »Das gibt's doch gar nit . . .«

Mit fliegenden Händen reißt Kleebusch dem Mann den steifgefrorenen Mantel auf, rüttelt ihn, reibt ihm den Hals, schlägt ihm vorsichtig auf die kalten Backen.

»He, Kumpel — wach auf!«

Leises Röcheln. Dumpfes Gurgeln aus den Tiefen der Brust. Dann ein Zittern in den Schultern, ein Zucken im Gesicht. Die Augen öffnen sich. Glasige Augen, die nichts erfassen. Ein Blick, der schon in die Ewigkeit gerichtet ist.

»Heilige Muttergottes«, flüstert der Frankfurter wieder. Er erschauert in der Seele. Ihm ist, als wohne er der Erweckung des toten Lazarus bei.

»Schnaps!« schreit Kleebusch. »Decken!«

Sekunden später drückt ihm Krummbier eine Feldflasche in die Hand. Ein letzter Rest von Wodka. Decken werden bereit gehalten.

Kleebusch preßt dem Bewußtlosen die Feldflasche an die blauen Lippen. Er beugt ihm den Kopf nach hinten, flößt ihm mit Gewalt den Schnaps ein. Er reibt ihm das Gesicht ab, öffnet die Feldbluse und fühlt nach dem Herzen. Er massiert mit beiden Händen die Brust, drückt und reibt. Es muß gelingen, den Rest des Lebens wieder zum Aufflackern zu bringen.

Krummbier und der Bulle versuchten, dem Mann die Stiefel auszuziehen. Es geht nicht.

»Vorsicht«, mahnt Kleebusch. »Nicht ziehen. Lieber aufschneiden. Alles mit dem Messer aufschlitzen. Die Beine mit Schnee abreiben und dann in Decken wickeln.«

Die Stiefel fliegen weg, die Socken. Leblose Füße kommen zum Vorschein. Steife Beine, eisig kalt bis zu den Knien hinauf. Die Haut ist schneeweiß. Kleebusch kennt das. Abgefroren. In kurzer Zeit wird die Haut grün und blau. Zuletzt schwarz. Er hat es im ersten Rußlandwinter oft gesehen. Wenn die Glieder nicht bald amputiert werden, ist alles aus.

Auch die Arme scheinen abgefroren zu sein. Bis zu den Ellbogen ist alles kalt und gefühllos.

Allmählich kommt der Mann zu sich. Seine Augen bewegen sich. Der Blick sucht einen festen Punkt. Die Lippen formen Worte, unartikuliert zuerst und wirr, dann deutlicher.

»Was ist?« Eine Stimme wie aus einer Gruft.

Als erster faßt sich der Bulle. Väterlich greift er ihm mit seiner breiten Hand unter das Kinn.

»Alles in Ordnung, Kumpel. Du warst eingeduselt. Haben dich grade noch rechtzeitig vor Himmelfahrt geweckt. Wir nehmen dich jetzt mit. In ein paar Stunden bist du im Lazarett. Dann geht's bald heim zu Muttern. Fein, was?«

Der Mann blickt von einem zum andern. Er scheint jetzt hell wach. Nur seine Augen flackern fiebrig.

»Hast du Schmerzen?« fragt Kleebusch.

Der Mann versucht die Schultern zu bewegen. Benommen schüttelt er den Kopf. Er scheint nichts zu spüren.

»Kommt noch«, flüstert Krummbier den anderen zu. »Wenn er warm wird, packt's ihn. Wenn die Erfrierungen aufgehen, wird er vor Schmerzen rasen. Dann wird er wahnsinnig werden und mit dem Kopf durch die Wand wollen. Hoffentlich können wir ihn bis dahin irgendwo abliefern.«

Der Bulle hebt ihn mit seinen starken Armen auf und trägt ihn wie ein Kind zum Wagen. Die Männer, die Kleebusch unterwegs mitgenommen hat, müssen laufen. Sie fluchen und schimpfen, aber es nützt nichts. Das Schwierigste, den Aufstieg, haben sie hinter sich. Abwärts können sie es zu Fuß schaffen. Der ganze Platz wird jetzt für den Schwerkranken gebraucht.

Steiner und der Bulle setzen sich so, daß sie den Mann liegend im Schoß halten. Er ist ganz in Decken gewickelt. Nur der Kopf schaut heraus. Arme und Beine kann er ohnehin nicht mehr bewegen.

Kleebusch hat die Trennwand im Wagen weggenommen,

damit er jederzeit nach hinten gucken und das Befinden des Mannes kontrollieren kann. Dann setzt er sich ans Steuer und braust los.

»Jetzt geht's auf Leben und Tod, Hannes. Wenn wir nicht bald in die Täler kommen und einen größeren Ort finden, wo ein Lazarett ist, dann stirbt uns der Mann noch während der Fahrt.«

Er steuert den Wagen die steilen Serpentinen hinab. Schlitternd und rutschend geht es um die vereisten Kurven. Keine Lebensversicherung bei der ungenügenden Sicht.

»Mensch, Hannes — wenn man bedenkt, daß wir grade noch im richtigen Augenblick gekommen sind . . .«

Krummbier schweigt. Brütend sieht er vor sich hin.

»Warum sagst du nichts, Hannes?«

»Ich denke schon die ganze Zeit darüber nach, ob wir den armen Kerl wirklich im richtigen Augenblick gefunden haben.«

»Wie meinst du das?«

»Sieh mal, Fritz — eine halbe Stunde früher wäre er vielleicht noch zu retten gewesen. Aber so? Sie werden ihm im Lazarett sofort Arme und Beine abnehmen. Nichts mehr zu machen . . . Weißt du, was das heißt? Ein Körper ohne Gliedmaßen — mir wird ganz schlecht, wenn ich mir das vorstelle. Ein Torso, der nicht gehen und stehen kann. Der sich, verdammt noch eins, nicht mal kratzen kann, wenn's ihn irgendwo juckt. Ich weiß nicht, Fritz«, Krummbier muß ein paarmal schlucken, »ich weiß nicht, ob es nicht besser gewesen wäre, wenn wir ihn erst eine halbe Stunde später gefunden hätten. Er war doch schon fast hinüber. Er hat sicher schon nichts mehr gespürt.«

Kleebusch beißt die Zähne zusammen. Sein Gesicht beugt sich ganz zur Windschutzscheibe vor.

»Das ist nun nicht mehr zu ändern. Wir können ihn nicht wieder in den Schnee zurücksetzen. Hilft alles nichts, jetzt müssen wir durch.«

Der Mann hinten beginnt zu stöhnen. Über Schmerzen in den Gliedern klagt er.

»Das ist gut, Junge«, beruhigt ihn der Bulle. »Wenn es schmerzt, dann hast du noch Gefühl in den Gliedern. Dann kann dir gar nichts passieren.«

»Aber ich habe nur Schmerzen in den Ellbogen und den Knien. Meine Hände und Füße spür' ich überhaupt nicht mehr. Ich kann sie nicht bewegen.«

»Sollst du auch nicht, Junge. Du mußt dich schonen. Bald sind wir da, dann wird alles gut werden.«

»Wo bringt ihr mich hin?«

»Ins nächste Lazarett.«

»Nein!« schreit der Mann. Er versucht, seinen Oberkörper aufzurichten, sackt aber sofort wieder zusammen. »Nicht ins Lazarett. Bringt mich nach Klausenburg. Da kommt ihr doch durch.«

»Was willst du denn in Klausenburg?«

»Ich hab' Verwandte dort. Meine Mutter war Ungarin. Ich wollte zu Fuß hin. Es kann doch nicht mehr weit sein.«

»Na«, meint der Bulle, »noch ein ganzes Ende. Wir werden deine Verwandten grüßen und ihnen Bescheid sagen. Aber mitnehmen können wir dich nicht. Du mußt ins nächste Lazarett.«

»Nein!« stöhnt der Mann und hebt angestrengt den Kopf hoch. »Nicht ins Lazarett! Ich will nicht! Hört ihr? Setzt mich wieder ab. Nicht ins Lazarett!«

»Aber warum denn nicht, um Himmels willen?«

»Weil . . .«, der Mann ringt nach Luft. Auf seiner Stirn stehen Schweißperlen. »Weil sie mich erschießen.«

»Im Lazarett? Du phantasierst, Kumpel!«

Einen Augenblick schweigt der Mann, dann sagt er leise: »Sie erschießen mich bestimmt. Ich bin von meiner Truppe weg.«

»Ach Quatsch!« Der Bulle macht eine Handbewegung. »Hier sind viele abgekommen und haben ihre Einheit verloren. Wenn sie sich bei der nächsten Auffangstelle im Tal wieder melden, ist alles halb so schlimm.«

»Ich bin nicht abgekommen.« Der Mann sagt es ganz ruhig. Er schließt dabei die Augen. »Ich bin getürmt. Als es nach Jassy zum Einsatz ging, bin ich abgehauen. Mitten in der Schlacht. Ich hab' die Nerven verloren. Ich dachte, ich komme bis Klausenburg durch.«

Keiner sagt etwas darauf. Jeder weiß, was dieses Geständnis bedeutet. Desertion, Fahnenflucht, Feigheit vor dem Feind. Das sichere Todesurteil, trotz aller Invalidität.

Das Kriegsgericht nimmt keine Rücksicht darauf, daß er zum Krüppel geworden ist.

Schweigen im Wagen. Verlegenes Husten und betretenes Scharren. Die Männer können sich vorstellen, was in dem Mann jetzt vorgeht. Aber können sie ihm helfen?

»Laßt mich 'raus!« Der Mann bittet, er fleht sie an, er jammert.

Keine Antwort.

Da heult er auf und wirft sich herum, brüllt mit aller Kraft, die ihm noch verblieben ist.

Wie versteinert hocken die Kameraden im Wagen. Keiner wagt sich zu bewegen. Das Brüllen geht ihnen durch Mark und Bein. In seiner Verzweiflung zieht der Bulle dem Tobenden die Decke über den Kopf, drückt sie ihm gegen den schreienden Mund. Sein gurgelndes Keuchen dringt auch durch die Decke.

»Stop, Fritz!« ruft der Bulle nach vorn. »Ich halt' das nicht mehr aus.«

Kleebusch bremst, hält. Die Straße ist nicht mehr so schlecht. Der Schnee ist fast verschwunden. Es kann nicht weit sein bis zum ersten Ort im Tal.

Abseits vom Wagen rauchen sie eine Zigarette und blikken sich ratlos an. Jedem sitzt das Grauen im Nacken.

»Fritz«, fragt der Bulle zögernd, »wollen wir ihn nicht wieder 'raussetzen? Es hätte doch sein können, daß wir ihn gar nicht gefunden haben.«

»Bist du von allen guten Geistern verlassen?« faucht ihn Kleebusch an. »Es wäre glatter Mord. Trotz allem!«

»Und wenn wir ihn abliefern?«

»Sie werden ihn nicht gleich erschießen.«

»Natürlich nicht. Die Ärzte sind ja human. Sie geben keinen zur Hinrichtung frei, der nicht gesund ist. Sie werden ihm erst die Arme und Beine absäbeln, die Wunden sauber vernähen und in Ruhe ausheilen lassen. Dann aber, wenn er keine Schmerzen mehr hat, wird man ihn an die Wand stellen. Das heißt — stellen können sie ihn nicht, weil er dann keine Beine mehr hat. Schöne Aussichten, die wir ihm eröffnen, wie?«

»Wir können es nicht ändern«, sagt Kleebusch rauh.

»Aber ich halte das nicht mehr aus.« So fassungslos hat

den Bullen noch keiner gesehen. »Dieses Brüllen macht mich wahnsinnig. Ich kann ihm nicht den Mund zuhalten, bis er erstickt. Wenn er sich wenigstens erschießen könnte. Ich würde ihm meine Pistole hinlegen und weggehen, bis es knallt. Aber nicht mal dazu ist das arme Schwein fähig.«

Kleebusch schnallt sich das Koppel fester.

»Fahren wir«, sagt er heiser.

Im Morgengrauen taucht unter ihnen in den Nebeln der erste größere Ort auf: tief eingebettet in das weite Tal, das sich nach Siebenbürgen und in die ungarische Tiefebene öffnet. Auf den grünen Wiesen, die sich an einem Bach ausbreiten, liegen nur noch winzige Reste von Schnee. Vereinzelt blühen Blumen im Gras. Frühling im stillen Land.

In steilen Windungen fällt das letzte Stück der Straße ab. Kleebusch läßt den Wagen rollen. Kurz vor dem Ort muß er scharf bremsen. Auf einer Brücke, die über den Bach führt, ist eine Zugmaschine in die morschen Holzbohlen eingebrochen. Deutsche und ungarische Pioniere arbeiten gemeinsam an der Behebung des Schadens.

»Das kann Stunden dauern«, meint Krummbier. »So lange hält es unser Invalide nicht mehr aus.«

Der Bulle drängt sich vor.

»Ich nehm' ihn auf den Buckel und trag' ihn 'rüber. Ist ja nur noch ein Katzensprung bis zum Ort. Bis ihr mit dem Wagen nachkommt, ist der Mann versorgt. Wir treffen uns bei der Kommandantur wieder.«

Bevor einer etwas sagen kann, hat er den wimmernden Kranken aufgenommen. Mit seinen Bärenkräften trägt er ihn schnell über den unversehrten Rand der Brücke. Er scheint seine Last überhaupt nicht zu spüren. Wie der heilige Christophorus stapft er vorwärts ...

Gegen Mittag ist die Einbruchstelle repariert. Der Verkehr rollt weiter. Eine letzte große Schleife der Straße um ein Waldstück, dann haben Kleebusch, Krummbier und Steiner den Ort erreicht.

Auf dem Marktplatz ein Wald von Schildern. Sammelstellen für alle möglichen Einheiten. Kontrolle der Feldgendarmerie. Meldung auf der Kommandantur. Quartierzuweisung, Verpflegungsscheine. Der übliche Kram.

Neben der Kommandantur hockt der Bulle allein auf einem Steinsockel. Er hat den Kopf in die Hände gestützt und brütet vor sich hin. Kleebusch spricht ihn an.

»Hast du ihn abgeliefert?«

»Klar.«

»Wo?«

»Im Lazarett. Wo denn sonst.«

Kleebusch blickt ihm in die Augen. Irgend etwas in dem Benehmen des Bullen gefällt ihm nicht.

»Hast du ihn wirklich abgeliefert?«

»Mensch«, raunzt der Bulle, »was soll denn diese dämliche Fragerei. Eine Quittung kriegt man nicht, wenn man einen ins Lazarett bringt.«

Kleebusch wendet sich ab. Sekunden überlegt er, dann geht er in das Gebäude der Kommandantur.

Fünf Minuten später stürzt er heraus. Er ist kalkweiß. Mit hartem Griff packt er den Bullen, reißt ihn am Kragen hoch.

»Du lügst!« schreit er mit sich überschlagender Stimme. »Hier gibt es kein Lazarett. Was hast du mit dem Mann gemacht?«

Der Bulle will weg, doch Kleebusch stellt sich ihm in den Weg.

»Was du mit dem Mann gemacht hast, will ich wissen!«

Der Bulle windet sich. Er dreht den Kopf zur Seite, um Kleebusch nicht in die Augen blicken zu müssen. Die Adern auf seiner Stirn schwellen gefährlich an. Dann schlägt er unvermittelt die Hände vors Gesicht. Seine massige Gestalt beginnt zu wanken. Er muß sich wieder auf dem Stein niederlassen, um nicht zu fallen.

»Du hast ihn ... erschossen?« fragt Kleebusch atemlos.

»Frag mich nicht!« Der Bulle preßt den Kopf zwischen die Knie. Er ist nur noch ein zuckendes Häufchen Elend. »Frag mich nicht. Es war furchtbar. Ich werde es in meinem ganzen Leben nicht vergessen.«

Kleebusch läßt die Arme sinken. Er weiß nicht mehr, was er tun soll.

»Großer Gott«, murmelt er. »Du hast einen Menschen umgebracht. Du hast die Waffe gegen einen Kameraden gerichtet und abgedrückt. Du hast . . .« Ratlos bricht er ab.

Er versucht sich vorzustellen, wie sich alles abgespielt hat. Er kann es nicht.

Lange bleibt es still.

»Fritz!« Der Bulle greift nach Kleebuschs Hand. Seine Stimme ist wie ein heiseres Husten. »Du ahnst nicht, wie alles gekommen ist. Du kannst dir nicht vorstellen, wie er tobte. Als ich ihn durch das Waldstück trug, um die Straße abzukürzen, begann er wieder zu schreien. Er drehte und wand sich, daß ich ihn nicht mehr halten konnte. Er biß mich in den Arm, bis ich ihn fallen ließ. Dann kroch er über den Boden und schlug seinen Kopf gegen einen Stein, bis ihm das Blut von der Stirn lief. Erschieß mich, winselte er immer wieder. Erlöse mich endlich, um der Barmherzigkeit willen. Wenn du mich auslieferst, bist du mit schuld an allem, was mir noch bevorsteht . . .«

Der Bulle unterbricht sich und fährt sich mit dem Taschentuch über die nassen Augen.

»Ich schwöre dir, Fritz, daß ich es nicht tun wollte. Ich habe mich bis zum Letzten geweigert. Aber dann konnte ich nicht anders. Ich wäre seinen Blick nicht mehr losgeworden, wenn ich ihn ausgeliefert hätte. Hättest du ihn gesehen, würdest du mich verstehen. Es werden so viele Menschen umgebracht. In Deutschland tötet man unschuldige Krüppel gegen ihren Willen. Gnadentod nennt man das, obwohl es Mord ist. Ich aber habe es auf seinen ausdrücklichen Wunsch gemacht. Ich habe sein dankbares Lächeln gesehen, als ich endlich die Waffe hob. Ich habe ihm in dieser Sekunde viel erspart. Unsägliche Schmerzen und unendliches Leid. Amputation, Kriegsgericht, Tod in Schimpf und Schande. Fritz, du weißt, daß er erschossen worden wäre. Warum sollte er sich so lange quälen?«

Kleebusch steht bewegungslos. Er bringt kein Wort hervor.

»Nun«, sagt der Bulle und blickt Kleebusch ergeben an. »Du weißt jetzt Bescheid. Wenn du Meldung erstatten willst . . .«

Kleebusch schüttelt den Kopf.

»Es würde nichts ändern. Was du getan hast, mußt du vor deinem Gewissen verantworten.«

Bewegt drückt ihm der Bulle die Hand. »Etwas will ich

dir noch sagen, Fritz. Ich habe ihm ein Grab gegraben. Mit meinen Fingern habe ich im Wald die Erde aufgewühlt. Und ich hab' ihm Blumen draufgesetzt. Das alles hätte er nie bekommen. Nie hätte ein Kamerad weinend an seinem Grab gekniet . . .«

## 23

Das schlesische Dorf, in das sie kamen, lag an der Bahnlinie zwischen Kreuzberg und Oppeln. Ein idyllischer Ort mit spitzem Kirchturm, alten Giebelhäusern und grünen Gärten. Blumen und blühende Bäume. Nichts vom Krieg. Friede, Frühling und Sonnenschein. Wie geschaffen für eine Zeit der Ruhe und der Auffrischung.

Die Fahrt hatte drei Wochen gedauert. Die Schwierigkeiten hatten schon in Klausenburg begonnen. Erst waren nicht genug Waggons da. Dann gab es keine Lok. Als endlich die Lok kam, war die Strecke gesperrt. Immer wieder fuhren Züge durch, die Vorrang hatten. Manchmal standen sie drei Tage lang auf irgendeinem Nebengleis, und die Lok wurde weggeholt, weil man sie für einen wichtigeren Transport brauchte. Alles schien durcheinander. Keiner konnte sagen, wie und wann es weiterging.

Immer nur warten, warten.

Aber die Landser warteten gern.

»Geht alles vom Krieg ab«, flachste Krummbier und mischte die Karten zum Dauerskat.

Als sie endlich am Bestimmungsort waren, gab es neue Schwierigkeiten. Zwei Tage blieb der Zug auf einem abseits liegenden Rangiergleis liegen. Keiner durfte die Viehwagen verlassen. Sie sahen das Dorf, aber sie durften nicht hin.

»Wir sollen erst neu eingekleidet werden«, berichtete Baumann. »Die Klamotten sind noch nicht da.«

»Klar«, meckerte Fibus, »so wie wir seit Tscherkassy aussehen, kann man uns unmöglich der Heimat präsentieren. Die Frauen würden in Ohnmacht fallen.«

»Besonders bei dir mit deinem Hemd«, grunzte Krummbier.

»Was gefällt dir nicht an meinem Hemd?«

»Du mußt es mal wieder teeren. Da kommt schon überall das Weiße durch.«

Die neuen Uniformen kamen nicht. Irgend etwas mußte schiefgelaufen sein. Vielleicht gab es auch nicht mehr genug Uniformstoff in der Heimat, um ein Regiment neu einzukleiden. Schließlich mußte man sich dazu entschließen, die Leute so ins Dorf marschieren zu lassen.

Es war ein abenteuerlicher Haufen, der jetzt vor dem Zug antrat. Fibus hatte nur noch einen Stiefel. Der andere Fuß steckte in einem ukrainischen Filzstumpen. Bei dem kleinen Frankfurter war ein Hosenbein von unten bis oben aufgeschlitzt. Mit ein paar Drahtklammern hatte er es zusammengeflickt. Zwischen den Heftstellen drängte sich die Unterhose hervor. Baumanns Feldbluse hing in Fetzen. Der Bulle trug die verschmierte Steppjacke eines Rotarmisten. Über seinem zernarbten Gesicht thronte eine Kosakenmütze. Andere waren barhäuptig. Manche hatten statt Stiefel Lappen um die Füße. Viele trugen schmutzige, blutverschmierte Verbände. Ein Bild des Jammers.

Draußen, an der Front, war ihnen das gar nicht aufgefallen. Aber jetzt, in der Heimat, merkten sie, wie schäbig sie aussahen.

Rund fünfhundert Mann marschierten auf, der Rest des Regiments. Einst war es dreimal so stark gewesen.

Auf dem Platz vor dem kleinen Bahnhof hatte sich das ganze Dorf versammelt. Schulklassen waren angetreten. Die Kinder hielten große Fliedersträuße in den Händen. Die Mädchen hatten weiße BDM-Blusen an, die Jungen ihre HJ-Uniformen. Auch der Ortsgruppenleiter war da, Vertreterinnen der Frauenschaft und ein paar alte Veteranen. Sie wollten es sich nicht nehmen lassen, ihre Soldaten entsprechend zu empfangen.

Doch als die Kolonne durch die Bahnhofssperre auf den freien Platz marschierte, war nichts von Jubel zu hören. Lähmendes Schweigen breitete sich aus. Fassungslos rissen die Männer die Augen auf; verstört falteten die Frauen die Hände vor der Brust. Das hatten sie nicht erwartet. Ein solches Bild hatten sie noch nie gesehen. Waren das deutsche Soldaten? Sahen sie nicht aus wie gefangene Russen?

Die Lehrerin, die die Schulklassen dirigieren sollte, hob die Hand, um den Einsatz zum Begrüßungslied zu geben. Doch die Jungen und die Mädchen konnten nicht singen. Sie starrten die abgerissenen Gestalten an. Als sie endlich zu sich kamen, klang ihr Lied gedämpft und unsicher. Anschließend gingen sie auf die Soldaten zu und überreichten ihnen die Blumensträuße. Aber keines der Kinder vermochte zu lächeln.

Die Landser wußten nicht, wie sie sich verhalten sollten. Verlegen nahmen sie die Blumen in die Hand, räusperten sich oder schneuzten sich umständlich in ihre Taschentücher.

Endlich faßte sich der Ortsgruppenleiter.

»Herzlich willkommen in der Heimat!« rief er über den Platz. Seine Rede hatte er in der Aufregung vergessen. So rief er mehrmals hintereinander: »Ein herzliches Willkommen unseren tapferen Soldaten! Herzlich willkommen!« Er ging auf die Reihen der Männer zu und schüttelte einigen mit kräftigem Druck die Hand.

Jetzt kamen auch die Frauen näher. Sie hatten kleine Zettel in der Hand, auf denen die Namen der Einzuquartierenden standen.

»Unteroffizier Kleebusch!« kam die Stimme einer älteren Bäuerin mit aschblondem Haar. Und »Obergefreiter Krummbier!«

Es stellte sich heraus, daß die beiden Ks das gleiche Quartier hatten. Verlegen lächelnd reichte die Frau beiden die Hand und führte sie durch den kleinen Ort.

Gleich waren sie da. Ein hellgestrichenes Giebelhaus mit kleinen Fenstern und freundlichen Blumenkästen bot sich ihren Augen. Über eine breite, dunkelgebeizte Holztreppe ging es in das Obergeschoß. Dort klinkte die Frau eine Tür auf und trat zurück. Kleebusch blickte in ein großes, bäuerlich eingerichtetes Doppelschlafzimmer mit hochgebauschten, blütenweißen Federbetten.

»Hier können Sie wohnen. Es ist unsere beste Stube. Sie sollen sich hier daheim fühlen.«

»Das können wir doch nicht annehmen«, erwiderte Kleebusch. »Das ist doch sicher Ihr Zimmer.«

Bescheiden winkte die Bäuerin ab.

»Ich schlaf' im Zimmer meines Jungen.«

»Ist Ihr Sohn Soldat?«

»Im Osten«, sagte die Frau.

»Und Ihr Mann?«

»Auch im Osten.«

Kleebusch schwieg. Er litt darunter, daß die Frau immer wieder die zerschlissenen und ausgebleichten Uniformen betrachtete. Sicher dachte sie daran, daß auch ihr Mann und ihr Sohn jetzt so aussehen würden.

»Machen Sie sich's bequem.« Die Frau deutete einladend ins Zimmer. »Und geben Sie mir nachher Ihre Sachen. Ich wasche sie und bringe sie in Ordnung.«

»Das können *wir* doch machen«, sagte Hannes Krummbier schnell. »Draußen machen wir das auch immer allein.«

»Aber Sie sind jetzt nicht draußen, Sie sind in der Heimat.«

Als die Frau gegangen war, dehnte Krummbier wohlig den Brustkasten. Er prüfte die Betten, griff unter die üppigen Plumeaus und ließ die Matratzen federn.

»Wie 'ne Wolke. In diesen Betten werden wir wie im Paradies schlafen. So was gibt es in ganz Rußland nicht.«

Sinnend sah sich Kleebusch im Zimmer um. Nachdenklich strich er mit der Hand über die gedrechselten Bettpfosten. Krummbier fragte schließlich:

»An was denkst du?«

»An nichts.«

»An nichts? Das wär schade. Du solltest daran denken, ein Telegramm aufzugeben.«

»Natürlich, du Sack. An Karin. ›Erwarte dich in den nächsten Tagen. Zimmer in der Post bestellt.‹«

»Wieso in der Post?«

»Weil das große Gasthaus am Bahnhof so heißt. Du kannst sie doch schlecht hier bei uns einquartieren.«

»Natürlich nicht.«

»Aber wenn sie in der Post wohnt, geht alles in Ordnung. Wenn du sie dann mal hier zum Kaffee einladen willst, kann ich inzwischen in der Post mein Bier trinken. Einverstanden?«

Oberst Graupner saß in einem großen Sessel. Die Beine in den hohen Schaftstiefeln hatte er übereinandergeschlagen. In der Linken hielt er eine Zigarette. Sein Gesicht war gespannt. Wenn er den Kopf hob und den Rauch in die Luft blies, blitzte es in seinen Augen.

Fritz Kleebusch, der auf der anderen Seite des Tisches in einem altmodischen Lehnstuhl saß, betrachtete den Kommandeur mit unverhohlenem Staunen. Er war gefaßt darauf gewesen, einen gealterten, zusammengebrochenen Kommandeur vorzufinden, einen Mann, der mit dem Leben abgeschlossen hatte. Doch die Haltung des Obersten ließ nichts von Resignation erkennen. Im Gegenteil. Kleebusch schien es, als habe er ihn noch nie so voll innerer Spannkraft und konzentrierter Energie gesehen. Äußerlich machte er einen gelassenen Eindruck, aber Kleebusch merkte bei jeder neuen Frage, wie intensiv er an allem Anteil nahm. Es schien, als sei sein Bericht das Interessanteste, was der Oberst seit langem gehört hatte.

Auf dem Tisch stand ein Schachbrett mit einer angefangenen Partie. »Sie sind mir noch Revanche schuldig«, hatte der Oberst gesagt, und Kleebusch hatte freudig zugestimmt. Aber kaum war die Partie begonnen, hatte der Oberst das Interesse daran verloren. Es kam ihm vor, als sei das Spiel nur ein Vorwand gewesen. Der Kommandeur hatte sichtlich etwas anderes auf dem Herzen. Er fragte nach den Erlebnissen der letzten Wochen. Besonders die Beobachtungen beim Rückmarsch über die Karpaten schienen ihn zu interessieren. Jede Einzelheit wollte er wissen. Er stellte immer neue Fragen, bis Kleebusch auch die unerfreulichsten Dinge berichtet hatte.

Manchmal hatte Kleebusch das Gefühl, als werde er einem Verhör unterzogen. Ganz wohl war ihm nicht bei dieser Sache. Er konnte sich nicht erklären, auf was das alles hinaus sollte.

Nach einer Weile erhob sich der Kommandeur. Auch Kleebusch stand auf. Ein paarmal marschierte Oberst Graupner unruhig im Zimmer auf und ab. Vor der großen Europa-Karte, die die ganze Wand gegenüber dem Fenster einnahm, blieb er stehen.

Das Quartier des Kommandeurs lag im Haus des Bürgermeisters. Es bestand aus zwei Räumen, einer Schlafkammer und einem Wohn- und Arbeitszimmer, das mit altertümlichen Möbeln vollgestopft war. In diesem Zimmer hatte der eifrige Bürgermeister, der in seinem Gast eine Art Generalstabsoffizier sah, die große Wandkarte aus der Schule aufhängen lassen. Sie zeigte Europa als physikalische Einheit, ohne Staatsgrenzen, nur mit Flüssen, Seen und Meeren, mit grünen Ebenen und braunen Gebirgen.

Oberst Graupners Augen schienen mit der Karte verwachsen. Kleebusch sah die Blickrichtung: der Kaukasus, die weiten Gebiete, die sie erobert und dann wieder preisgegeben hatten.

»Die Truppe ist müde geworden«, sagte der Oberst leise. »Kriegsmüde. Der Krieg dauert zu lange. Der Soldat hat die Schnauze voll. Er will nach Hause, ganz gleich, was aus den Fronten wird. Ist es nicht so?«

»In Einzelfällen trifft es sicher zu«, antwortete Kleebusch ausweichend.

»Aber die Einzelfälle sind bezeichnend. Sie sind ein Alarmzeichen. Die Masse ist oft nur träge. Für die meisten ist es bequemer, bei der Stange zu bleiben und mit dem großen Haufen zu marschieren. Aber wenn sich eine günstige Gelegenheit ergibt, wenn sie vorübergehend der Kontrolle entronnen sind, wie beim Rückfluten versprengter Gruppen über die Karpaten ...«

Der Oberst sprach den Satz nicht zu Ende. Unvermittelt drehte er sich um und sah dem jungen Unteroffizier in die Augen.

»Sagen Sie, Kleebusch — gibt es ähnliche Erscheinungen auch unter den Männern des Regiments?«

»Nein, Herr Oberst!«

Der Oberst lächelte mild.

»Nicht so voreilig, Kleebusch. Sie wissen genau, wie ich es meine. Natürlich hat noch keiner sein Gewehr weggeworfen. Es hat sich keiner selbständig gemacht, um auf Schleichwegen die Heimat zu erreichen. Dazu war auch kein Anlaß, da das Regiment zur Neuaufstellung sowieso in die Heimat verlegt wurde. Ich meine die Passierscheine, die viele versteckt in der Tasche tragen. Ich meine die Papiere, die sich einer vorsorglich beschafft ...«

Kleebusch fühlte, wie sein Herz stockte. Blitzartig fiel ihm Hannes Krummbiers Andeutung ein: ›Wenn es mal soweit ist — da weiß ich was Besseres!‹ — Hatte der Kommandeur einen bestimmten Verdacht? Doch ehe er etwas erwidern konnte, fuhr der Oberst fort:

»Jeder denkt doch im stillen, daß der Krieg verloren ist. Zumindest sieht keiner mehr einen Weg, wie er gewonnen werden könnte. Und ein Krieg, der nicht mehr gewonnen werden kann, ist verloren. Das denkt doch jeder — oder nicht? Denken Sie selber nicht auch so, Kleebusch? Sagen Sie zunächst nichts. Beantworten Sie mir eine andere Frage. Würden Sie, wenn die Lage bei einem Einsatz wieder kritisch für uns wird, und Sie keinen Ausweg mehr sehen ... würden Sie in einem solchen Fall nicht eine sich bietende Gelegenheit ergreifen, um sich persönlich in Sicherheit zu bringen?«

Kleebusch merkte, wie ihm das Blut in den Kopf schoß. Er wurde glühend rot im Gesicht. Seine Zunge wurde trocken. Er brachte keinen Ton heraus.

»Würden Sie es tun, Kleebusch?«

»Herr Oberst, ich ...«

»Würden Sie es sich nicht zumindest überlegen?«

»Ich weiß nicht, Herr Oberst ...« Kleebusch begann nervös zu schlucken. Schweiß stand ihm auf der Stirn. Er wäre am liebsten in den Erdboden versunken.

Der Kommandeur beobachtete ihn genau. Dann begann er plötzlich wieder zu lächeln und legte dem jungen Unteroffizier beruhigend die Hand auf die Schulter.

»Verzeihen Sie, Kleebusch. Sie sollen nichts darauf erwidern. Ich will Sie nicht in einen Gewissenskonflikt bringen. Ich wollte Ihnen nur demonstrieren, wie leicht es in der augenblicklichen Situation ist, auch den besten Soldaten unsicher zu machen. Keiner ist vor diesen Anfechtungen sicher. Auch ich nicht. Ich kenne diese Erscheinungen aus dem Zusammenbruch von 1918. Wieviel schlimmer muß es heute sein, wo noch ganz andere Gedanken durch den Kopf des einfachen Soldaten gehen.«

Oberst Graupner machte eine Pause und zündete sich eine neue Zigarette an.

»Glauben Sie mir, Kleebusch, das ist im Augenblick das größte Problem, das es für die Truppenführung zu bewältigen gibt. Das ist überhaupt die große Gefahr jedes Rückzugs. Die Schwierigkeiten liegen nicht so sehr im fehlenden Material oder in anderen Mängeln. Das läßt sich vielleicht beheben oder durch Improvisationskünste einigermaßen ausgleichen. Die Hauptschwierigkeit liegt in der schwindenden Kampfkraft der Truppe, im mangelnden Verteidigungswillen und in der progressiv sinkenden Moral. Der Soldat sieht den Zweck des weiteren Kampfes nicht mehr ein. Die Gebiete, die er mit seinem Bluteinsatz erobert hat, sind längst preisgegeben. Er merkt, daß alles umsonst war. Sein Marschziel liegt nicht mehr vorn, sondern hinten, in Richtung Heimat. Ist es ihm zu verdenken, wenn er dieses Marschziel so schnell wie möglich zu erreichen sucht? Und daß er um so mehr Anfechtungen unterliegt, je näher er der Heimat kommt?«

Kleebusch lauschte den Worten des Kommandeurs mit wachsender Spannung. Warum erzählte er ihm das alles?

Der Oberst wechselte plötzlich den Ton, straffte sich und richtete sich zu voller Größe auf.

»Wie gesagt — diese Dinge können verständlich sein. Trotzdem, oder vielleicht gerade deshalb, möchte ich mit allen Mitteln dagegen ankämpfen. Ich kann es nicht dulden, daß solche Überlegungen in meinem Regiment um sich greifen. Ich möchte mich auch weiterhin auf meine Männer verlassen können. In jeder Hinsicht. Gerade jetzt! Es darf keine Ermüdungserscheinungen geben. Es darf in keinem Fall zu Disziplinlosigkeiten kommen. Moral und Kampfkraft müssen bis zuletzt erhalten bleiben. Und darum ...«, der Oberst trat noch einen Schritt näher und sah Kleebusch voll in die Augen, »darum habe ich Sie kommen lassen. Das ist der eigentliche Zweck dieser Unterredung — Sie sollen mir bei meinen Bemühungen helfen!«

»Ich?« Ganz formlos rutschte Kleebusch die Frage aus. »Ich, Herr Oberst?«

»Ja, Sie, Kleebusch«, sagte der Oberst mit festem Ton. »Ich möchte Sie innerhalb des Regiments mit einer Sonderaufgabe betrauen. Ich möchte Sie zu einer Art NSFO ernennen.«

Kleebusch verstand nichts mehr. NSFO — das hieß Nationalsozialistischer Führungsoffizier. Er kannte die Abneigung des Kommandeurs gegen dieses Amt, das einmal Oberleutnant Stiebing innehatte.

»NSFO?« wiederholte er mit allen Anzeichen des Entsetzens. »Ich bin kein Offizier ...«

»Sollen Sie auch nicht sein für diesen Posten. Mir kommt es darauf an, daß Sie mit der Mannschaft enge Verbindung halten. Das können Sie am besten mit Ihrem jetzigen Dienstgrad.«

»Herr Oberst — ich glaube nicht, daß ich für diese Dienststellung die nötigen Voraussetzungen besitze.«

»Ich weiß, Kleebusch.« Der Oberst war jetzt fast erheitert. »Ich habe auch nur von ›einer Art‹ NSFO gesprochen. Aber vergessen Sie die seltsame Bezeichnung. Wir werden Sie nur intern für die Führung in den Listen verwenden. In Wirklichkeit sollen Sie etwas ganz anderes tun.«

»Was soll ich tun, Herr Oberst? Ich verstehe das alles nicht ganz.«

Aufatmend trat der Kommandeur ans Fenster. Draußen lag die helle Mai-Sonne auf dem blühenden Garten. Ein warmer Duft von Flieder wehte ins Zimmer. Im Geäst der Bäume zirpte eine Schar Spatzen. In der Nachbarschaft krähte ununterbrochen ein Hahn. Dazwischen erklang das helle Hämmern der J-Staffel, die in der Nähe ihre Reparaturwerkstatt aufgeschlagen hatte.

Als Oberst Graupner wieder ins Zimmer zurücktrat, war sein Gesicht ernst. Er ließ sich in einen Sessel nieder und sah Kleebusch grübelnd an.

»Ich werde Ihnen jetzt etwas sagen, Kleebusch, was ich noch keinem Menschen im Regiment gesagt habe. Es darf auch außer Ihnen niemand wissen. Sie müssen mir versprechen, tiefstes Stillschweigen darüber zu bewahren — was immer auch geschehen mag. Sie verstehen mich?«

»Jawohl, Herr Oberst.«

»Ich kenne Sie jetzt lange genug, um Ihnen vertrauen zu können. Sie haben meine Frau besucht und vor ihrem Tod ausführlich mit ihr gesprochen. Sie wissen, auf welche Art mein Sohn umgekommen ist. Sie wissen auch, warum meine Frau sterben mußte — oder täusche ich mich?«

»Nein, Herr Oberst.«

Der Kommandeur fuhr sich über die Augen.

»Ich hoffe mehr denn je, daß es möglich sein wird, unsere Verbindung über den Krieg hinaus aufrecht zu erhalten. Ich erfülle damit auch einen Wunsch meiner Frau, die mir in ihrem letzten Brief Ihr Schicksal ganz besonders ans Herz gelegt hat. Ich betrachte deshalb unsere enge Verbindung gleichsam auch als Vermächtnis meiner Frau ...«

Eine Weile herrschte Stille im Raum. Kleebusch wagte sich nicht zu rühren. Er war ergriffen. So, wie der Oberst mit ihm sprach, hatte noch kein Mensch mit ihm gesprochen. Auch sein Vater nicht.

Oberst Graupner räusperte sich. Er drückte seine Zigarette aus und beugte sich im Sessel vor. Mit der Rechten wies er auf die große Wandkarte von Europa.

»Nun zu dem wichtigsten Punkt unseres Gesprächs. Sehen Sie sich die Karte genau an. Sie wissen, wie die Lage Deutschlands im Augenblick ist. Im Süden ging Afrika verloren. Italien hat kapituliert. Nach dem Fall von Cassino stehen die Alliierten vor Rom. Im Osten hat die Rote Armee fast alle verlorenen Gebiete zurückerobert und schiebt sich unaufhaltsam gegen Westen, gegen Deutschland, vor. Unsere Verbündeten sind zu Unsicherheitsfaktoren geworden. Es ist nur noch eine Frage der Zeit, wann die Bulgaren, die Rumänen, die Ungarn und die Finnen dem italienischen Beispiel folgen. Nur im Westen ist die Lage im Augenblick unverändert. Aber allen Anzeichen nach steht die alliierte Landung unmittelbar bevor. Wenn sie erfolgreich ist — und ich bin bei der ungeheuren materiellen Überlegenheit der Westmächte davon überzeugt —, dann ist die Katastrophe unabwendbar.«

Für Sekunden schloß der Oberst die Augen. Dann sprach er weiter:

»Das ist die eine Seite. Aber man kann die Lage auch anders betrachten. Ich sagte vorhin, daß ein Krieg, der nicht mehr gewonnen werden kann, verloren ist. Das ist nur bedingt richtig. Es gibt noch eine dritte Möglichkeit. Man kann, wenn noch nicht alles verloren ist, einen Kompromiß schließen ...«

»Einen Kompromiß?«

»Einen Sonderfrieden unter annehmbaren Bedingungen.« Der Oberst zeigte wieder auf die Karte. »So groß die Rückschläge auch sind, die wir in den letzten Jahren erlitten haben — eines kann uns noch hoffen lassen: Der Feind steht noch nirgends an der Reichsgrenze. Noch sind unsere Armeen nicht geschlagen. Noch halten unsere Truppen Gebiete besetzt, die freiwillig zu räumen ein verlockendes Verhandlungsangebot sein kann.«

Fasziniert sah Kleebusch den Oberst an. Ungeahnte Perspektiven öffneten sich hier. Das war eine Möglichkeit, den Krieg zu beenden. Der Traum von Millionen Menschen in allen Ländern! Diese Aussicht erfüllte ihn so, daß er am liebsten aufgesprungen wäre. Friede in absehbarer Zeit. Freie Rückkehr in die Heimat. Keine Zerstörungen mehr. Endlich Ruhe. Keine Angst mehr vor Tod, vor Verstümmelung, vor russischer Gefangenschaft. Mit einem Schlag schienen alle Probleme gelöst.

»Glauben Sie, Herr Oberst, daß man auf der anderen Seite darauf eingehen wird?«

»Ich bin Soldat, Kleebusch, kein Politiker. Das abzuschätzen, wird die Aufgabe anderer Leute sein.«

»Und Sie glauben, daß der Führer diese Möglichkeit auch versuchen wird?«

»Hitler?« Mit einem Ruck stand Graupner auf. In sein Gesicht trat ein verbissener Ausdruck. »Hitler bestimmt nicht!«

»Aber ...«

»Kleebusch!« Mit flammenden Augen blitzte der Oberst den Unteroffizier an. Brennende Röte schoß in sein Gesicht. »Fragen Sie nicht weiter. Ich kann Ihnen nichts sagen. Ich weiß selbst nichts. Ich weiß nur eines — daß in der nächsten Zeit Dinge geschehen werden, bei denen die Welt den Atem anhalten wird!«

Stille trat ein. Wie Hammerschläge waren die Worte des Obersten gefallen. Noch lange schien ihr harter Klang nachzuhallen. Kleebusch spürte ein dröhnendes Pochen in den Schläfen. Es war wie das Schicksalspochen kommender Ereignisse, deren Hintergründe er nicht verstand, deren Bedeutung er aber ahnungsvoll ermessen konnte.

»Und deshalb, Kleebusch«, sagte der Oberst abschließend, wobei er seine Wanderung durch das Zimmer wieder aufnahm, »deshalb muß in der nächsten Zeit alles geschehen, um die Kampfkraft der Truppe zu erhalten und zu erhöhen. Wenn es in ein paar Wochen wieder zum Einsatz geht, wahrscheinlich an der oberen Weichsel, müssen die Einheiten schlagkräftiger sein denn je. Es darf kein Fußbreit Boden mehr aufgegeben werden. Jeder weitere Rückzug würde uns der letzten Chancen berauben. Jede Auflösungserscheinung unsere Erfolgsaussichten zerstören. Wir müssen durchstehen. Wir müssen in den kommenden Schlachten unser Bestes geben. Sagen Sie das Ihren Kameraden, wo immer sich Gelegenheit dazu bietet. Sagen Sie das auch den Soldaten anderer Verbände, wenn Sie mit ihnen zusammentreffen. Die Mundpropaganda ist unter Soldaten wirkungsvoller als alle Tagesbefehle. Sprechen Sie von der ›großen Wende‹, die jetzt kommt. Machen Sie sich die offizielle Lesart unserer Propaganda zu eigen. Jedes Mittel ist dazu recht. Sie bekommen von mir jede Unterstützung, die Sie brauchen. Man wird auf Sie hören, gerade weil Sie kein Offizier sind. Ihr Einfluß kann unter Umständen größer sein als die Reden der Kommandeure. Wenn Sie Ihre Meinung mit Überzeugung vortragen, werden Sie erleben, daß sie Wunder wirkt. Wir können zwar nur in einem kleinen Abschnitt wirken, aber ich weiß, daß es Gleichgesinnte in allen größeren Stäben gibt. Wenn die Stunde der Entscheidung kommt, wird alles vorbereitet sein.«

Der erste, dem Kleebusch anschließend in die Arme läuft, ist Oberleutnant Maier.

Maier stolziert stakelbeinig mit einer jungen hübschen Frau durch den Ort. Er hat selbst die Quartiere ausgesucht und verteilt, und in der Batterie erzählt man sich, daß er das seinige nicht nach der Qualität des Mobiliars, sondern nach dem Aussehen der Wirtin gewählt hat.

Kleebusch sieht Maier nicht sofort.

»Unteroffizier Kleebusch!«

»Herr Oberleutnant?«

»Sie haben es wohl nicht mehr nötig, zu grüßen?«

»Verzeihung, Herr Oberleutnant — ich habe Sie nicht gesehen.«

Er legt die Hand an die Mütze und will weiter.

»Kleebusch!«

»Herr Oberleutnant?«

»Nennen Sie das eine Ehrenbezeigung? Wir sind hier nicht an der Front, wir sind in der Heimat.« Er wirft einen vielsagenden Blick auf seine Begleiterin. »Was sollen die

Leute hier denken, wenn sie diese Laschheit sehen? Soll man glauben, daß die Truppe schon demoralisiert ist? Ich verlange, daß hier genauso zackig gegrüßt wird, wie wir es in der Kaserne getan haben. Das gilt für Sie genauso, wie für jeden anderen Untergebenen. Gerade für Sie als Unteroffizier! Verstanden?«

»Jawohl, Herr Oberleutnant.«

»Na also. Zurück, marsch marsch!«

»Aber . . .«

»Hören Sie schlecht?«

Kleebusch ballt die Fäuste. Ist er ein Rekrut? Er möchte dem falschen Fuffziger eine gesalzene Antwort geben, doch die Anwesenheit der Frau, die mit erstaunten Augen den Auftritt verfolgt, hindert ihn daran. Es hat keinen Zweck. Jetzt, nach dem Gespräch mit dem Oberst schon gar nicht. Ich muß ihn auf eine andere Weise kriegen. Er soll nicht glauben, der alte Gockelhahn, daß er der Frau mit seiner Forschheit imponieren kann.

Kleebusch geht zurück, holt tief Luft und geht in strammer Haltung und mit zackigem Gruß an Maier vorbei. Arsch mit Ohren, denkt er dabei und grinst ihn herausfordernd an.

»Was grinsen Sie?«

»Ich grinse nicht, Herr Oberleutnant, ich mache ein dienstfreudiges Gesicht.«

Die Frau muß unwillkürlich lächeln.

»So!« Maier mahlt wütend mit dem Unterkiefer. Sein faltiges Gesicht beginnt unheildrohend zu wabbeln. »Das wird ihnen noch vergehen, Kleebusch.«

»Das dienstfreudige Gesicht?«

»Das Grinsen!«

»Aber ich grinse doch gar nicht, Herr Oberleutnant.«

»Sie sollen Ihren frechen Mund halten!«

»Jawohl, Herr Oberleutnant, ich soll meinen frechen Mund halten!«

Es ist hoffnungslos für Maier. Wütend wippt er auf den Stiefelspitzen. Er möchte etwas erwidern, aber er findet nicht so schnell die richtigen Worte. So schnaubt er nur ein paarmal hörbar durch die Nase.

»Kommen Sie«, sagt er zu seiner Begleiterin und schiebt

mit ihr ab. Doch die Frau hat anscheinend keine Lust mehr zu einem weiteren Spaziergang. Kleebusch sieht, wie sie sich an der nächsten Ecke kurz von Maier verabschiedet und in einem Laden verschwindet.

Das kommt davon, denkt Kleebusch und muß wieder grinsen.

Auf dem Platz zwischen Kirche und Schule sitzen die Kameraden; sie palavern. Alle sind zufrieden, nur der lange Fibus meckert. Er hat ein viel zu kleines Bett bekommen.

»Das reinste Kinderbett«, schimpft er. »Wenn ich schlafen will, muß ich mich wie ein Wurm zusammenringeln. Das hat mir Maier absichtlich beschafft, damit ich krumm und bucklig werde.«

»Bestimmt, das ist Maiers Prokrustesbett.«

»Was für 'n Ding, Baumann?«

»Prokrustes heißt in der griechischen Mythologie der Räuber Damastes in Attika. Den Menschen, die er fing und die nicht in sein Bett paßten, hackte er die Beine ab.«

»Dann schon lieber den Kopp, den braucht er beim Barras weniger als die Beine«, versetzt der Bulle.

»Besonders beim Rückzug«, lacht Krummbier und kratzt mit einem dicken Draht seine Pfeife aus. Plötzlich sieht er, daß Kleebusch ihm Zeichen macht, auf die Seite zu kommen. Er steht auf und folgt ihm ein Stück über den Platz.

»Was ist los, Fritz? Ärger gehabt?«

»Nur mit Maier. Nicht der Rede wert.«

»Hast du was von Karin gehört?«

»Ja. Sie kommt erst in acht Tagen, und dann nur übers Wochenende. Sie schreibt, daß sie in der Fabrik, in der sie dienstverpflichtet ist, nicht loskommt. Ihr Vorgesetzter gibt ihr für die Fahrt keinen Urlaub.«

»Kann sie denn nicht blau machen oder sich krank melden?«

»Nein. Ich möchte auch nicht, daß sie Unannehmlichkeiten bekommt. Immerhin können wir ein ganzes Wochenende zusammen sein.«

»Na ja, ein ganzes Wochenende ist auch nicht schlecht. Übrigens verreist in acht Tagen unsere Wirtin. Zu ihrer Schwester im Nachbardorf. Und ich muß wahrscheinlich auch weg. Dann habt ihr das ganze Haus für euch.«

Kleebusch sagt gar nichts. Seine Gedanken arbeiten. Karin, denkt er. Karin ... Zwei herrliche Tage. Achtundvierzig Stunden allein und ungestört. Und vielleicht werden sie schon bald für immer zusammen sein — wenn alles zutrifft, was der Oberst sagte ...

Acht Tage später stand Kleebusch am Bahnhof und wartete auf Karin. Es war Samstagnachmittag. Vom Turm der Dorfkirche läuteten die Glocken. Feiertägliche Stimmung ringsum. Strahlender Himmel und Blumenduft. Am Zaun neben dem kleinen Bahnhofsgebäude blühte ein riesiger Apfelbaum. Hühner gackerten am Bahnsteig und kratzten im Sand. Nur wenige Menschen standen herum. Meist Bauern im Sonntagsstaat, die Besuch erwarteten oder ins Nachbardorf zu Verwandten fuhren.

Kleebusch konnte seine Spannung nur mit Mühe verbergen. Ständig blickte er zur Uhr am Bahnhofsgebäude, beobachtete ungeduldig das Vorrücken des großen Zeigers. Noch fünf Minuten. Noch drei Minuten ...

Endlich eine Rauchwolke hinter den Gärten. Schnauben und Fauchen. Asthmatisch arbeitete sich die Lokomotive heran. Ein vorsintflutlicher schwarzer Kasten. An der Seite ein Schild: »Räder müssen rollen für den Sieg!«

Er sah Karin sofort. Schon weit vor der Station beugte sie sich aus dem Fenster und winkte mit beiden Armen. Ihr blondes Haar wehte wie eine Fahne im Wind.

»Fritz!« schrie sie.

Noch ehe der Zug ganz hielt, riß sie die Tür auf, sprang ab und flog auf ihn zu. Sie ließ den kleinen Koffer einfach fallen und schlang beide Arme um seinen Hals.

Er konnte nichts sagen. Ihr Ungestüm riß ihn mit fort. Unendlich lange küßten sie sich. Er merkte, daß ihm die Mütze vom Kopf fiel, aber er kümmerte sich nicht darum. Er fühlte ihren Körper an dem seinen, er spürte ihre warme Brust, die sich ihm entgegendrängte — ganz anders als damals in Berlin, am Schlachtensee —, und er erwiderte ungestüm diesen beseligenden Druck.

Als sie sich endlich trennten, und er nach Karins Koffer greifen wollte, fuhr er erschrocken zusammen. Ganz unvermittelt sah er das finstere Gesicht Maiers vor sich.

Achtung! flüsterte es in ihm. Keine falsche Regung, sonst ist alles aus. Er bückte sich schnell nach seiner Mütze, klopfte sie kurz aus und setzte sie auf. Dann nahm er Haltung an und grüßte vorschriftsmäßig. Er war gefaßt darauf, einen groben Anschiß zu bekommen, und er nahm sich vor, trotz der Peinlichkeit Karin gegenüber nicht mit der Wimper zu zucken.

Doch Maier sagte nichts. Er erwiderte den Gruß, indem er zwei Finger lässig an den Mützenrand legte, wandte sich um und stakelte selbstbewußt davon.

»Wer war das?«

»Unser Chef. Oberleutnant Maier.«

»War es schlimm, daß er uns beobachtet hat?«

»Was kann denn schlimm daran sein, wenn sich zwei Menschen auf dem Bahnhof küssen.«

»Er schaute dich so seltsam an.«

»Ich bin ihm nicht sehr sympathisch, weißt du. Aber das beruht auf Gegenseitigkeit.«

»Kann er dir schaden?«

Kleebusch wollte sich nicht die Stimmung verderben lassen und Karin nicht ängstigen. »Ach wo, Hauptsache, du bist da! Hauptsache, wir sind zusammen. Zwei Tage lang, Karin! In dieser Zeit wollen wir nur an uns denken, an uns und unser Glück.«

Er nahm ihren Koffer und brachte sie zu seinem Quartier.

Das kleine freundliche Haus mit den vielen Blumen am Fenster stand leer. Ja, die Wirtin war zu ihrer Schwester gefahren, und Hannes Krummbier hatte sich auf eigene Faust anderswo einen Unterschlupf gesucht.

»Das ganze Haus — nur für uns zwei. Was sagst du, Karin?«

Erwartungsvoll sah er sie an. Unbefangen nickte sie ihm zu.

»Wundervoll, Fritz. Genauso, wie ich es mir immer gewünscht habe.«

Er öffnete die Eichentür und ließ sie eintreten. Im Vorplatz anheimelndes Dämmerlicht. Geruch nach altem Holz. Dazwischen der Duft nach getrocknetem Lavendel. Die enge, knarrende Treppe zum ersten Stock. Oben die schrägen Sonnenstrahlen hinter den Blumenkästen. Alte Farbdrucke und Fotos an den Wänden. Hier schien die Zeit stillzustehen.

Karin betrachtete jede Kleinigkeit. Sie nahm alles mit offenen Sinnen in sich auf.

Als er die Tür zum Schlafzimmer mit den Ehebetten öffnete, verhielt sie einen Moment und sah ihn verlegen an. Zögernd ging sie über die Schwelle und blickte sich um. Ihre Hände streichelten vorsichtig die alten Möbelstücke.

»Fritz ...«

»Ja?«

»Ich finde diese alten Möbel herrlich. Ich wollte schon immer mal in einem echten, alten Bauernbett schlafen.« Mit einem befreienden Lächeln fiel sie ihm um den Hals. »Ich finde überhaupt alles herrlich, Fritz!«

»Gott sei Dank, Karin. Es wäre nicht auszudenken gewesen, wenn ...«

»Wenn was?«

»Wenn hier moderne Möbel stehen würden«, sagte er schnell und grinste.

Sie gab ihm einen Kuß und fuhr ihm lachend in die Haare. Dann begann sie ihren Koffer auszupacken. Ihre Kleider hängte sie in den Schrank, und ihr Nachthemd legte sie auf das Bett. Jede Scheu schien überwunden. Sie benahm sich gelöst und ungezwungen, als fühle sie sich hier zu Hause.

Unten auf der Straße wurde an die Tür geklopft.

Kleebusch beugte sich über die Blumenkästen zum Fenster hinaus. Vor der Haustür stand ein Melder.

»Was gibt's?«

»Sofort zum Chef. Ganz eilig!«

»Verdammter Mist«, fluchte Kleebusch. »Gerade jetzt! Nun fängt Maier doch noch mit seinen Schikanen an ...«

## 24

Maier empfing ihn auf der Schreibstube. Er stand breitbeinig in der Mitte des Raumes, wippte wieder einmal auf den Stiefelspitzen und hatte die Fäuste in die Hüften gestemmt.

»Wer ist dieses Mädchen?«

»Meine Braut«, antwortete Kleebusch schnell.

»Braut? Seit wann sind Sie verlobt?«

»Seit meinem letzten Urlaub, Herr Oberleutnant.«

»Hm. Hatten Sie im Kaukasus nicht auch eine Braut?«

Kleebusch holte kurz Luft, dann sagte er laut:

»Über diesen Punkt möchte ich *hier* nicht sprechen, Herr Oberleutnant!«

»Glaub' ich, mein Lieber. Glaub' ich.« Maier verzog den faltigen Mund zu einem ironischen Grinsen. »Lassen wir es also. Der neue Fall genügt vollauf.« Er räusperte sich und zog die Augen zusammen. »Sie haben dieses Mädchen, Ihre — hm! — Braut in Ihrem Quartier untergebracht!«

»Ja, aber ...«

»Lassen Sie mich ausreden! Sie haben sie mit in Ihre Unterkunft genommen, um dort mit ihr zusammenzuleben. Wissen Sie, was das ist? Und nicht genug damit. Auch in der Öffentlichkeit haben Sie sich unmöglich mit ihr benommen. Zweimal haben Sie mich absichtlich nicht gegrüßt!«

»Herr Oberleutnant ...«

»Schweigen Sie! Ihre Aufsässigkeit nimmt nachgerade unerträgliche Formen an. Aber ich werde Sie schon kirre kriegen. Wie lange bleibt dieses Mädchen?«

»Zwei Tage.«

»Dann werde ich Sie für heute und morgen als Wachhabenden einteilen. Strafwache! Damit Sie endlich zur Räson kommen. Und das Mädchen zieht sofort aus, verstanden? Ich werde es nicht dulden, daß in den von uns besorgten Quartieren ein Bordellbetrieb aufgezogen wird.

Sollte ich Ihre sogenannte Braut dennoch dort irgendwann antreffen, werde ich zu drakonischen Maßnahmen schreiten. Sie können gehen!«

Kleebusch kochte. Er tat jetzt, was er noch nie in persönlichen Angelegenheiten getan hatte: er ging zum Kommandeur. Und der Oberst zeigte sich verständig.

»Ist das Mädchen Ihre Braut, Kleebusch?«

»Jawohl, Herr Oberst.«

»Sie wollen heiraten?«

»Jawohl.«

»Wann?«

»So bald es geht«, sagte Kleebusch mit plötzlicher Entschlossenheit. Er sagte es, als sei es die selbstverständlichste Sache der Welt. Dabei hatte er noch kein Wort darüber mit Karin gesprochen. Sie selbst hatte dieses Thema nur ein einziges Mal angedeutet, in ihrem letzten Brief, als sie über die Schwierigkeiten schrieb, von ihrer Fabrik Urlaub zu bekommen. »Wenn wir verheiratet wären«, hatte sie geschrieben, »wäre alles viel einfacher. Dann hätte ich Urlaub für den Besuch bei Dir beantragen können, und auch mit Vater müßte ich mich dann nicht mehr so hart auseinandersetzen.«

Nun waren sie also verlobt, ohne daß sie eine Ahnung davon hatte. Er hatte es Maier gegenüber behauptet und vor dem Oberst ausdrücklich bestätigt. Nur Karin wußte noch nichts davon. War es nicht komisch? Und den Anstoß dazu hatte Maier gegeben. Ausgerechnet Maier! Es war wirklich komisch.

Der Oberst freute sich und gratulierte Kleebusch zu dem schnellen Entschluß. Er stellte ihm baldigen Sonderurlaub in Aussicht und bot sich, wenn es sein Dienst erlaube, sogar als Trauzeuge an.

»Falls alles, was wir uns erhoffen, glatt geht, Kleebusch. Und nun grüßen Sie Ihr Fräulein Braut von mir. Ich würde mich freuen, sie bei Gelegenheit einmal zu sehen.«

Kleebusch wäre dem Kommandeur am liebsten um den Hals gefallen.

Anschließend führte Oberst Graupner ein kurzes Telefongespräch mit Oberleutnant Maier, und die Strafe war erlassen.

Dem Glück mit Karin stand nichts mehr im Wege.

In hochgemuter Stimmung ging Kleebusch in sein Quartier zurück. Die Sonne neigte sich schon den grünen Hügeln zu. Ein leichter Abendhauch trug Blütenduft aus den Gärten herüber. Bäuerinnen in schlesischer Tracht saßen mit ihren Kindern auf den Bänken vor den Häusern. Unter den Linden vor der Kirche standen Soldaten mit den Mädchen vom Dorf zusammen. Lachen klang auf. Irgendwo spielte jemand auf einer Ziehharmonika ein Volkslied.

Leise trat Kleebusch in das Haus; die Treppen schlich er hinauf. Er wollte Karin überraschen. Er konnte es nicht erwarten, ihr Gesicht zu sehen, wenn er ihr erzählen würde: Karin, ich habe dem Oberst gesagt, daß wir heiraten ...

Als er die Tür des Schlafzimmers öffnete, blieb er bestürzt stehen.

Karin hatte ihren Koffer gepackt. In Hut und Mantel stand sie da, war gerade im Begriff zu gehen.

»Karin — was ist los?«

»Ich reise ab«, erklärte sie und wollte an ihm vorbei.

Er stellte sich vor die Tür, versperrte ihr den Weg und blickte sie fassungslos an. Ihr Gesicht war blaß. In ihren Augen lag ein sprühender Zorn. Nie hätte er es für möglich gehalten, daß sie so unverhüllt Haß und Empörung ausdrücken könnten. Er kannte sie nicht mehr.

»Laß mich. Es hat keinen Zweck.« Gewaltsam wollte sie sich an ihm vorbeidrängen.

Jetzt wurde auch er böse.

»Karin! Was ist denn plötzlich in dich gefahren? Willst du mir endlich sagen, was passiert ist?«

»Kannst du es dir nicht denken? Dort —«, sie machte eine flüchtige Handbewegung zum Nachttisch.

Er schaute verständnislos hinüber. Auf der hellen Marmorplatte lagen ein paar Dinge, die er sonst immer in der Tasche trug. Das abgeschabte Soldbuch. Die Briefe von Karin. Ein Brief seiner Mutter. Einige Amateuraufnahmen vom Kaukasus. Die Erkennungsmarke mit der langen Schnur. Der windschiefe Brustbeutel.

»Ich habe vorhin dein Soldbuch in der Hand gehabt.«

»Mein Soldbuch? Na und?«

Sie verzog verbittert den Mund.

»Du hättest das Bild der anderen vorher zumindest herausnehmen können.«

Er fühlte einen Stich in der Brust. Maria, schoß es ihm durch den Kopf. Sie hatte das Bild Marias gesehen, und er hatte es schon fast vergessen. Wie lange war es her, seit er es das letzte Mal in der Hand gehabt hatte? Die Widmung auf der Rückseite war eindeutig: »Immer für dich — in Liebe. Deine Maria.«

»Aber das ist doch ...«

Karin unterbrach ihn mit einer impulsiven Bewegung. Alles an ihr war kalte Verachtung.

»Hol dir doch diese Maria für das, was du willst — und laß mich gefälligst gehen!«

Kleebusch mußte erst einmal tief Luft holen. Die unverhoffte Verwicklung hatte ihn aus dem Konzept gebracht. Dann aber nahm er Karin energisch beim Arm und schob sie ins Zimmer zurück.

»Laß es dir erklären, Karin.«

»Da gibt es nicht viel zu erklären.«

»Doch! Du mußt nämlich wissen, daß dieses Mädchen tot ist.« Und nach einer Pause: »Sie lebte schon nicht mehr, als ich im letzten Jahr bei dir war.«

»Und warum trägst du dann noch immer ihr Bild mit herum?«

»Weil ...«

»Hast du sie so geliebt? Liebst du sie immer noch?«

»Karin ...«, er versuchte auszuweichen, »beruhige dich bitte erst einmal. Das hat doch alles nichts mit uns zu tun.« Er nahm ihr den Mantel ab und drängte sie auf einen Stuhl neben dem Bett. Widerstrebend ließ sie es geschehen.

»Antworte mir, Fritz!«

Er ging zum Fenster und blickte über das Dorf. Still und ruhig lagen die Dächer der kleinen Häuser im Abendlicht. Die blühenden Bäume vor dem Fenster bewegten sich kaum. Ein starker Duft drang vom Garten herauf. Kleebusch dachte an die Zeit mit Maria. Sollte er Karin sagen, was mit Maria war? Oder sollte er nach Ausflüchten suchen? Es wäre das einfachste gewesen. Aber es wäre ihm unfair und als Verrat an Maria erschienen — Maria, die ihn nie verraten hatte, Maria, die sogar für ihn gestorben war.

Entschlossen drehte er sich um und ging zu Karin zurück.

»Ich habe sie geliebt, Karin, sehr geliebt.«

Er sah, wie ein schmerzliches Gefühl ihr Gesicht verzog. Fröstelnd zogen sich ihre schmalen Schultern zusammen.

Da setzte er sich neben sie aufs Bett und erzählte ihr alles ...

Als er mit seiner Erzählung zu Ende war, schlug es vom Kirchturm laut und hallend sieben Uhr. Im Zimmer wurde es dämmrig. Hinter den Blumen am Fenster war ein Stück des fahlen Himmels zu sehen. Nirgends Bewegung, nirgends ein Laut. Selbst die zwitschernden Stimmen der Vögel waren verstummt. Die Welt schien im Lauschen erstarrt.

Kleebusch griff nach Karins Hand, doch sie zog sie zurück. Er spürte, wie verwirrt und aufgewühlt sie war. Hatte er es falsch gemacht? Hätte er ihr die Geschichte mit Maria nicht erzählen sollen? Er mußte daran denken, wie er in diesem elenden Dorf Popowitschewskaja in den Kubansümpfen bei Maria im Wetterwagen gewesen war, die in dem Brief seiner Mutter auf Karins Namen gestoßen war. Marias Augen waren vor Eifersucht wild und dunkel geworden. Nun war es umgekehrt gekommen ... Wie merkwürdig sich alles verzahnte. Wie seltsam das Schicksal seine Verwicklungen spann.

»Karin«, sagte er nach einer Weile, »was soll nun werden?«

Sie sah durch ihn hindurch.

»Karin!«

»Du mußt ein wenig Geduld mit mir haben, Fritz. Der Gedanke ist noch so ungewohnt für mich. Ich habe immer nur dich geliebt. In meinem Leben hat noch kein anderer Mann eine Rolle gespielt. Aber du ...«

Sie brach ab und stand auf. Er merkte, daß sie mit einem Entschluß rang. Sie ging zum Fenster, schaute lange hinaus. Als sie sich umdrehte, war ihr Gesicht verwandelt. Ein verklärtes Lächeln lag auf ihren Lippen. Sie ging zum Bett, und wieder fuhr sie über das gedrechselte Holz. Voller Liebe berührte sie seinen Arm ...

»Fritz — es war dumm von mir, was ich eben sagte. Vergiß es ... und verzeih mir. Was geschehen ist, ist geschehen. Wir wollen nie mehr darüber reden. Die Zeit ist viel zu kurz, die wir noch beieinander sind. Übermorgen bin ich fort. Du mußt wieder an die Front. Ein ganzes Jahr habe ich mich auf unser Zusammensein gefreut. Ich würde mir später Vorwürfe machen für jede Minute, die wir nutzlos vertan haben ...«

Sie holte ihren Koffer und packte ihn mit flinken Händen wieder aus. Sie legte auch das Nachthemd wieder auf das Bett zurück. Dann sah sie ihn an.

»Hast du mir darauf gar nichts zu sagen?«

»Doch«, sagte er und konnte wieder lächeln. »Ich wollte dir schon die ganze Zeit etwas sagen. Eine große Neuigkeit. Aber ich bin ja nicht dazu gekommen.«

»Und was ist es?«

»Daß der Oberst zu unserer Hochzeit kommt!«

Später, als sie still nebeneinander lagen, begann in der Nachbarschaft wieder die Ziehharmonika zu spielen. Eine sehnsuchtsvolle Melodie erklang. Frauenstimmen sangen den Text mit:

»Einmal aber werden Glocken klingen,
denn zu Ende geht ja jeder Krieg ...«

Im Zimmer war es völlig dunkel. Kleebusch rührte sich nicht. Mit offenen Augen blickte er in das Schwarz der Nacht. Er hatte den Arm um Karin geschlungen. Bei jedem Atemzug merkte er, wie sich ihre Brust hob und senkte. Jetzt drehte sie ihm behutsam den Kopf zu.

»Ob das stimmt, Fritz?«

»Was?«

»Der Text dieses Liedes.«

»Sicher. Jeder Krieg geht einmal zu Ende. Auch dieser.«

»Ob dann aber Glocken läuten?«

»Glocken? Ich weiß nicht, Karin, ob dann Glocken läuten werden.«

»In Deutschland bestimmt nicht ...« Ihre Stimme klang belegt. Er spürte, wie sie sich zusammenzog und noch enger an ihn preßte. »Manchmal habe ich Angst, Fritz, Angst vor der Zukunft. Wie wird dieser Krieg enden? Werden wir uns überhaupt jemals wiedersehen? Mein Vater war immer so optimistisch. Jetzt schweigt er. Ernst und verbissen verfolgt er die Nachrichten. Er glaubt nicht mehr an den Sieg. Ich habe das Gefühl, daß überhaupt niemand mehr an den Sieg glaubt. Trotzdem wird immer mehr von uns verlangt. In der Fabrik wird es allmählich unerträglich. Tag und Nacht werden die Menschen angetrieben. Dazu die ständigen Luftangriffe... Wie soll das weitergehen? Jeder wartet auf das Ende des Krieges und hat Angst davor.«

Beruhigend strich er ihr über die Wangen.

»Du brauchst keine Angst zu haben, Karin. Bald werde ich immer bei dir sein.«

»Glaubst du an den Endsieg?«

»Ich glaube daran, daß noch alles gut werden wird.« Er sagte es ganz schlicht, ohne jedes Pathos. »Ich glaube daran, weil auch unser Oberst davon überzeugt ist. Er hat noch immer recht behalten. Irgend etwas wird geschehen, was uns vor der letzten Katastrophe bewahren wird. Was es ist, weiß ich nicht genau. Aber es wird eintreten — davon bin ich überzeugt...«

Die Nacht umschloß sie ganz.

Er hörte, daß sie den Atem anhielt, als er weitersprach.

»Im Osten ist es in den letzten Wochen nicht weiter zurückgegangen. Vom Finnischen Meerbusen bis zur unteren Donau ist nirgends ein größerer Einbruch erfolgt. Die Front scheint jetzt gehalten zu werden. Der Rückzug ist zu Ende. Wenn wir erst wieder vorn sind...«

»Fritz!«

Erschrocken hielt er inne. »Was ist?«

»Bitte, sprich nicht davon. Ich kann es mir nicht vorstellen, daß wir uns wieder trennen müssen. Bisher war es schon furchtbar für mich, dich an der Front zu wissen. Jetzt wird es unerträglich für mich sein.«

Eine Weile blieb es still. In der Nachbarschaft bellte ein Hund. Unten auf der Straße hörte man Stimmen von Soldaten, die aus der Wirtschaft kamen. Es war wohl nicht mehr lange bis zum Zapfenstreich.

»Du, Fritz?«

»Ja?«

»Fritz, ich habe geträumt, wir hätten ein Kind...«

»Ein Kind?« war er erstaunt. Er versuchte in ihr Gesicht zu blicken, aber die Dunkelheit war undurchdringlich.

»Es muß wundervoll sein, ein Kind zu haben. Glaubst du nicht, Fritz?«

»Jetzt im Krieg?«

»Gerade im Krieg! Ich wüßte dann, daß ich dich nie mehr ganz verlieren kann — was auch geschieht. Und ich wäre nicht mehr allein . . . Oder möchtest du kein Kind?«

»Doch, Karin«, sagte er, »wenn du willst . . .«

Unten zogen die letzten Soldaten nach Hause. Sie sangen ein altes Lied aus dem ersten Weltkrieg:

»Und schießt mich eine Kugel tot,
kann ich nicht heimwärts wandern . . .«

Vom Kirchturm schlug die Glocke zehn Uhr. Das Lied verhallte. Tiefe Stille senkte sich über das Land.

Wochen später liegen sie im Raum Lemberg, in der Nähe des oberen Bug, der hier als schmales, verschlingeltes Rinnsal durch die hügelige Landschaft zieht.

Der neue Einsatzraum ist nicht weit von der Stelle entfernt, wo sie bei Kamenez-Podolsk nach Süden über die rumänische Grenze abbogen. Nach über tausend Kilometer Rundfahrt hat sich der Ring geschlossen.

Das Regiment ist neu aufgestellt, der Mannschaftsbestand ergänzt. Die Ausrüstung ist, den Umständen entsprechend, sehr gut. Erstaunlich, was während der Auffrischung alles anrollte. Der Kommandeur hat sämtliche Hebel in Bewegung gesetzt, um das beste Material, den tüchtigsten Ersatz zu bekommen. Neue Werfer, neue Zugmaschinen, neue Waffen und neues Gerät. Alles ist bis ins letzte durchorganisiert, jeder einzelne Mann in wochenlangen Übungen bestens ausgebildet. Sie sind für den Kampf gerüstet.

Noch herrscht Ruhe, verhältnismäßig Ruhe. Der Wehrmachtsbericht kündet fast täglich: »Aus dem Osten werden keine besonderen Kampfhandlungen gemeldet . . .«

Um so mehr meldet er aus dem Westen.

Seit am 6. Juni die Alliierten an der Kanalküste gelandet sind, überstürzen sich die Nachrichten. Zwischen Cherbourg und Le Hâvre ist der Teufel los. Im Raum von Caen vergrößert sich der Brückenkopf der Amerikaner zusehends. Der Atlantikwall, mit ungeheurem Kostenaufwand erbaut und als uneinnehmbar gepriesen, ist durchbrochen. Die schwere Schiffsartillerie der britischen Kriegsflotte und die Bomben der amerikanischen Luftwaffe haben die Küstenbefestigungen zusammengeschossen. Schon haben die britisch-amerikanischen Streitkräfte Platz für den Aufmarsch einer starken Panzerarmee gebildet, die zum großen Durchbruch ansetzt. Der Stoß geht auf die Seine zu. Das Ziel ist Paris. Nun heißt es auch bald in Frankreich: Alles kehrt — zurück, marsch marsch!

Dabei hat Goebbels noch vor kurzem verkündet: »Die einzige Sorge, die wir im Westen haben, ist die, daß der Feind nicht kommen könnte . . .«

»*Die* Sorge sind wir nun los«, grinst der Bulle. Sein Gesicht ist ausgeheilt, die Pflasterstreifen sind weg. Ein paar Schmisse sind übriggeblieben, die er stolz wie ein Korpsstudent zur Schau trägt.

»Wenn nicht alles täuscht, sind die Westmächte schneller in Deutschland als die Russen.«

»Meinst du wirklich?« mischt sich der kleine Steiner, das Frankfurter Würstchen, ins Gespräch. »Des wär ja furchtbar.«

»Furchtbar? Denk mal scharf nach, du Knallkopp: Wenn es schon sein soll, dann ist mir Unter den Linden der Tommy lieber als der Iwan. Oder bist du anderer Ansicht?«

»Klarer Fall«, ertönt Fibus' Fistelstimme. »Wir halten die Russen so lange an der Weichsel auf, bis die Engländer und Amerikaner bei uns sind. Dann kann uns nichts mehr passieren.«

Alle lachen.

»Wär gar nicht dumm«, krakeelt der Bulle mit seinem Baß. »Ewig kann die Freundschaft zwischen den Bolschewiken und den Monopolkapitalisten sowieso nicht dauern. Oder glaubt ihr, daß Churchill und Stalin in Berlin Blutsbrüderschaft trinken werden?«

Das Thema erhitzt die Gemüter. Schon seit geraumer Zeit spukt die Vorstellung von einem ernsthaften Bruch zwischen den Alliierten in den Köpfen. Wäre das nicht die Lösung aller Probleme? Es wäre zu schön.

»Macht euch bloß nicht verrückt,« rät Baumann. »Für die Amerikaner und die Tommies gibt es zwei Gegner: Der eine heißt Hitler, der andere heißt Stalin. Hätte Stalin den

Krieg begonnen, um die halbe Welt mit dem Sowjetsystem zu beglücken — wer weiß, vielleicht hätte sich der Westen mit Volksgenossen Hitler verbündet, um Genossen Stalin fertigzumachen. Aber da es Hitler war, der den zweiten Weltkrieg vom Zaun brach, getreu dem Spruch ›Am deutschen Wesen wird die Welt genesen‹, ist und bleibt Stalin der Verbündete des Westens, bis zur Niederlage Hitlers. Kapiert? Wenn der eine Diktator k. o. ist, ist erst mal alles O. K. Stalin hat dann die Wahl, sich zu überlegen, ob er Ruhe geben oder Weltkrieg Nummer drei provozieren will — wenn er die Wahl hat.«

Fibus sieht ihn vielsagend an. »Ich habe deine Vorträge noch nie verstanden, Baumann. Aber soviel versteh' ich: Für dich ist es besser, wenn dich nicht so viele verstehn. Du verstehst mich doch?«

Baumann versteht ihn. »Unter uns werden wir ja noch sagen können, was wir denken. Oder? Also, ich mach' mir keine Illusionen. Ist doch heller Wahnsinn, was geschieht. Statt die Ostfront zu verstärken, wird alles nach dem Westen geworfen. Der Osten ist zur Zeit uninteressant. Wir sind zu einem Nebenkriegsschauplatz geworden.«

Der kleine Frankfurter hebt aufgeregt die Hand. »Vielleicht werde mer auch 'rausgezoge und kumme nach dem Weste . . .«

»Das wär die Masche!« platzt Fibus heraus. »Endlich mal wie die Herrgöttle in Frankreich leben! Französische Mädchen statt russischer Panjenkas — das ist ein Unterschied sag' ich euch, wie zwischen Champagner und Samahonka.«

»Aber beim Rückzug?«

»Gerade! Wo wir doch Spezialisten auf diesem Gebiet sind. Denkt doch an Czernowitz. So was könnten wir in Frankreich jeden Tag haben.«

»Wär gar nicht gut für dich, Langer«, meint Baumann lachend. »Bist sowieso nur ein Strich. Bei so anstrengenden Rückzugsgefechten würde überhaupt nichts mehr von dir übrigbleiben . . .«

Fritz Kleebusch liegt in einem Loch hinter dem Fernsprechbunker beim Gefechtsstand; er träumt in den polnischen Himmel. Er denkt nicht an den Krieg. Auch nicht an die neuen Nachrichten aus Frankreich.

Er denkt an Karin.

Weiter nördlich dröhnt es an der Front. Die ewige Begleitmusik des Krieges. Es braucht einen nicht weiter zu kümmern. Auch das Störungsfeuer im eigenen Abschnitt ist ohne Bedeutung. Hin und wieder hört man die Abschüsse eines Granatwerferzuges über die Senke herüberklingen. Dann zieht man den Kopf ein und wartet auf das Zwitschern. Wenn die vier Einschläge vorbei sind, kann man wieder beruhigt die Knochen ausstrecken. Es ist wirklich nichts Besonderes los im Osten.

Der Himmel ist von einem irisierenden Blau. Fern am Horizont stehen ein paar Reihen Lämmerwolken. Die Luft ist warm und regungslos. Bienen summen vorbei. Es riecht nach Heu und warmer Erde. Sommertag auf dem Lande.

Wenn Kleebusch die Augen schließt, glaubt er fernes Glockenläuten zu hören. Vielleicht läutet es wirklich. Vielleicht steht irgendwo hinter den Hügeln eine kleine Dorfkirche, in der sich polnische Bauern trotz der Frontnähe zur Vesper versammeln. Vielleicht aber bildet er sich das auch nur ein. Er weiß es nicht genau. Es ist ihm auch egal. Er hat die Augen geschlossen und lauscht auf das unwirkliche ferne Schwingen in der Luft. Es paßt zu seinen Träumen. Der Klang läßt lockende Bilder vor ihm aufsteigen. Er sieht ein großes Kirchenportal. Fahnen an den Fenstern. Blumengirlanden über der Straße. Festlich gekleidete Menschen, die dem glücklichen Brautpaar zujubeln. Kinder, die auf den Stufen bunte Blüten streuen. »Es lebe das junge Paar!«

Das junge Paar — das ist Karin und er. Sie in weißem Kleid mit Myrtenkranz und Schleier, er in Extrauniform mit langen Hosen, vielleicht schon mit Portepee.

Komisch, dieses Träumen. Aber er kommt nicht los davon. Karin wollte ein Kind von ihm . . . Aber sie schreibt nichts darüber. Es ist schon sechs Wochen her. Sie müßte es bereits wissen. Aber wahrscheinlich will sie erst ganz sicher sein. So genau weiß man es am Anfang wohl nie.

Ein Kind, denkt er immer wieder. Vielleicht ein Sohn. Es wäre unvorstellbar. Eine Familie haben, ein Heim. Ordnung und Geborgenheit. Das Leben hätte einen Sinn . . .

Er lächelt und reckt die Glieder. Die Sonne steht bereits nah am Horizont. Die Erde unter seinem Rücken wird kühl. Zwischen den Hügeln zieht leichter Dunst auf. Violette Schatten senken sich über die Wälder und lassen die Konturen zerfließen. Bald wird alles in Nacht versinken.

Als er schließlich aufsteht, sieht er Hannes Krummbier auf sich zukommen.

»Na, du Flitterwöchner? Wieder von der Hochzeitsnacht geträumt?«

»Dreimal darfst du raten.«

»Hast du den Wehrmachtsbericht gehört?«

»Gibt's im Westen neuen Dunst?«

»Scheiß auf den Westen! Sollen die Engländer und Amerikaner doch bis an den Rhein marschieren. Um so schneller ist der Mist aus. Aber am Mittelabschnitt ist es losgegangen. Dort tobt seit Tagen eine mörderische Schlacht. Die Front ist in Bewegung gekommen, und zwar heftig.«

»Zurück?«

»Was denn sonst! Glaubst du vielleicht, es geht wieder auf Moskau? Nee, mein Lieber, diesmal ist es ganz große Scheiße. Durchbruch auf einer Breite von mehreren hundert Kilometern. Bei so einem Loch gibt es kein Stopfen mehr. Dammbruch größten Ausmaßes. Die ganze Heeresgruppe Mitte soll im Eimer sein. Totalverlust von fünfundzwanzig Divisionen!«

»Steht das auch im Heeresbericht?«

»Du bist ein Engelchen, Fritz. Ich habe vorhin nur mal ganz zufällig am Knöpfchen gedreht. Am Empfänger im Bunker des Kommandeurs.«

»Moskau? Dann sind es Propagandalügen.«

»Nix Moskau. London! Bum bum bum — bam! Das hat bis jetzt noch immer gestimmt.«

Kleebusch ist blaß geworden. Unwillkürlich senkt er den Kopf. Mit fahrigen Händen sucht er nach einer Zigarette. Als er endlich eine aus der Tasche zieht, zerkrümelt er sie gedankenlos zwischen den Fingern. In seiner Fassungslosigkeit ist er außerstande, ein Wort zu sagen.

»Was ist los, Fritz?« flachst Krummbier. »Ist es so hart, wenn du die Hochzeit bis nach dem Endsieg verschieben mußt?«

Sein Freund schüttelt den Kopf.

»Was denn sonst? Du tust ja so, als wenn du den Krieg persönlich verlieren würdest. Bisher hattest du nichts dagegen, wenn es rückwärts ging, in Richtung Heimat.«

»Bisher war es etwas anderes, Hannes. Wir waren Tausende Kilometer von der Heimat entfernt. Aber jetzt geht es auf die deutsche Grenze zu.«

»Na und? Hast du vielleicht geglaubt, die machen vor den Grenzpfählen halt? Es gibt auch im Krieg immer nur zwei Möglichkeiten — entweder man siegt oder man verliert.«

»Es gibt auch noch eine dritte Möglichkeit.«

»Du meinst Remis? Nach Millionen Toten einfach ein Unentschieden — so, als ob nichts geschehen wäre?«

Kleebusch beißt sich auf die Lippen.

»Nee, Fritz!« Hannes Krummbier stößt ihn in die Seite. »Zu spät! Kennst du die letzte Sondermeldung des Großdeutschen Rundfunks? Nein, du kennst sie nicht. Also hör zu.«

Lachend legt er die Hände an den Mund und krächzt mit heiserer Rundfunkstimme:

»Achtung, Achtung! Unseren Truppen ist es in beweglicher Kampfführung gelungen, den bolschewistischen Feind bis in die Reichshauptstadt zu locken!«

»Mal den Teufel bloß nicht an die Wand. Es wäre furchtbar. Aber ich hab' die Hoffnung noch nicht aufgegeben.«

»Auf die große Wende?«

»Wart's ab!«

## 25

Bald darauf geht es auch im Südabschnitt wieder los.

Der Angriff kommt nicht unerwartet. Seit Wochen ist durch Aufklärungsaktionen festgestellt worden, daß der Russe zu einer Großoffensive ansetzt. Tag und Nacht rollte drüben der Nachschub. Regiment um Regiment wurde nach vorn geschoben. Unvorstellbare Mengen an Material wurden in die Bereitstellungsräume gepumpt. Die Zusammenballung von Kräften ist erdrückend.

Trotzdem bleiben die deutschen Soldaten gefaßt.

In der Nacht, in der der Angriff erwartet wird, sitzt Kleebusch in einem Loch beim Regimentsgefechtsstand vor seinem Funkgerät, um sofort, wenn die Fernsprechleitungen ausfallen, die Befehle des Kommandeurs über Funk an die Abteilungen weiterleiten zu können. Das Berta-Gerät steht einsatzbereit. Die Stabantenne ist mit dem Kreuzkopf zu einem breitgezogenen T aufgebaut. Neben dem Sender liegen Funkblock, Schlüsselunterlagen und Rufzeichentabelle.

In bestimmten Zeitabständen greift Kleebusch zur Taste und ruft nacheinander seine Gegenstellen.

*dora — friedrich — gustav — — kommen*

Er schaltet auf Empfang und wartet. In den Muscheln des Kopfhörers beginnt es zu piepsen. Die bekannten Morsezeichen, die Rufzeichen der Gegenstelle.

*da-di-da — — kommen*

Dazwischen Krachen und Quietschen. Atmosphärische Störungen.

*qsv*, gibt Kleebusch durch. »Geben Sie einige v's.«

*di-di-di-da-di-di-di-da* tönt es undeutlich zurück.

Kleebusch dreht am Abstimmknopf des Empfängers und korrigiert die Frequenzeinstellung, bis er die Zeichen wieder deutlich und klar hört, dann gibt er das Zeichen für »Ende« durch, geht auf Senden und ruft die nächste Gegenstelle.

Schleichend vergeht die Zeit.

Dann, kurz vor Mitternacht, bricht der Sturm los.

Es beginnt schlagartig.

Aus Hunderten von Rohren blitzt es auf. Wie ein grandioses Wetterleuchten, das die Dunkelheit zerreißt. Zuckende Blitze, so weit das Auge reicht. Das Mündungsfeuer der Geschütze bildet eine ununterbrochene Lichterkette. Davor die sprühenden Feuerschweife der Stalinorgeln. Es zuckt und zischt, gurgelt und brodelt, als habe die Hölle ihre Pforten geöffnet und spucke aus jeder Mulde Tod und Verderben über das Land.

Die Erde hebt und senkt sich unter den massierten Feuerstößen. Die Erschütterungen pflanzen sich wellenförmig fort. Ununterbrochen spritzen Dreckfontänen hoch. Kein Quadratmeter Boden scheint verschont zu bleiben. In pausenloser Folge reißen die Granaten den Boden auf, verwandeln die Gegend in eine gespenstische Kraterlandschaft.

Doch die Stellung bleibt unerschüttert. Trotz tausendfacher Einschläge gibt es nur wenige Ausfälle. Das emsige Schanzen der vergangenen Wochen macht sich bezahlt. In Bunkern und Gräben, in tiefen Deckungslöchern und Sappen übersteht die Mehrzahl der Landser das Bombardement.

Als das Feuer weiter nach hinten verlegt wird und der Angriff der russischen Infanterie beginnt, stehen fast alle Werfer einsatzbereit. Die Feuerbefehle klappen. Richten und Laden. Salve um Salve rauscht in die anstürmenden Massen, läßt sie in Strömen von Blut ersticken.

Jetzt bekommt auch Kleebusch zu tun. Zur III. Abteilung, bei der es besonders mulmig ist, wurde die Leitung unterbrochen. Bis der Störtrupp die Strippe wieder geflickt hat, muß er die Verbindung aufrecht erhalten. Oberst Graupner steht neben seinem Loch und nimmt Meldung auf Meldung in Empfang: Feind greift in voller Breite an ... 7. Batterie Feuer auf Höhe 208 verlegt ... Vorerst keine größeren eigenen Verluste ...

Dann heißt es plötzlich: Starke Infanterieeinheiten bedrohen rechte Flanke. Einbruch gefährdet Feuerstellung 9. Batterie. Erbitten dringend Verstärkung!

Oberst Graupner wirft schnell ein paar Zeilen auf den Meldeblock und reicht ihn Kleebusch.

»Geben Sie das durch. Dringend. Dann bauen Sie ab und kommen mit mir.«

Kleebusch liest den Spruch: Stellung unter allen Umständen halten. Komme selbst nach vorn. Bringe Verstärkung mit.

Er verschlüsselt in aller Eile, dann drückt er die Taste.

*kr — dringend — da-di-da di-da-di . . .*

Eine halbe Stunde später ist er mit dem Kommandeur vorn bei der 9. Batterie. Oberst Graupner hat einen Werferzug aus der Reservestellung mitgebracht und sich mit dem Kommandeur des Grenadierbataillons verständigt.

Die größte Gefahr ist vorerst beseitigt.

Ununterbrochen fauchen die Werfergranaten mit ihren Feuerschweifen durch die Luft.

Oberst Graupner steht am Scherenfernrohr. Er beobachtet die Einschläge der Batterien. Das Zucken der Schläfen, vom Mahlen der Kiefer hervorgerufen, verrät, was in ihm vorgeht.

Auch Kleebusch wirft ab und zu einen Blick durch das Scherenfernrohr. Was er sieht, ist so grausig, daß er sekundenlang die Augen schließen muß. In den Feuerpausen kriecht es heran, gleich einer unübersehbaren Herde grauer Tiere, gleich einer Brandungswelle unzähliger anonymer Lebewesen, die sich von der Talsohle her den Hang heraufwälzt, sich aufbäumt, langsam verebbt, zusammenbricht und wieder nach hinten fließt.

Leuchtkugeln erhellen das Schlachtfeld.

Oft kann Kleebusch bei den Gestalten an der Spitze das blitzende Weiß der Augen sehen und die gebleckten Zähne, die sich hell aus den lehmigen Gesichtern abheben. Die starke Optik läßt ihn jede Einzelheit erkennen. Er sieht verzerrte Gesichter, er sieht aufgerissene, wild schreiende Mäuler.

»Urräh! Urräh!« schallt es tausendfach aus der Masse.

Dann schlägt ein neuer Feuerstoß in die brodelnde Menschenherde; er richtet furchtbare Verwüstungen an. Körper werden meterhoch emporgerissen, schlagen Salto, fallen zerfetzt auf die Nachstürmenden. Gliedmaßen wirbeln durch die Luft. Fontänen aus Blut, Dreck und Pulverqualm nehmen minutenlang die Sicht.

sein, in Größe und Heroismus unterzugehen. Dein Ende wird lediglich die Erfüllung eines alten abgedroschenen Landserwitzes sein ...

Da — mitten in die Absetzbewegungen — platzt eine Nachricht, die mit einem Schlag alles verändert. Sie ist so ungeheuerlich, daß sie zunächst keiner glaubt.

Baumann hat sie als erster aufgeschnappt. Er hat sie von einem Trupp vorbeiziehender Landser, die sie aus einem Wehrmachtsempfänger gehört haben.

Baumann läuft auf die Kameraden zu, die während einer Marschpause am Straßenrand liegen.

»Hitler ist tot!« ruft er atemlos.

Der lange Fibus sieht ihm zwinkernd ins Gesicht.

»Und weiter?«

»Was weiter?«

»Wo ist denn da der Witz?«

»Das ist kein Witz, Menschenskind. Das ist blutiger Ernst. Mir haben es ein paar Landser erzählt, die es im Radio gehört haben. Sie ziehen nach Hause. Hitler ist tot, haben sie gesagt. Ein paar Offiziere haben ihn umgebracht. Der Krieg ist aus.«

Eine Weile ist es still, dann sagt der Bulle:

»Mensch, da hast du dir aber einen schönen Bären aufbinden lassen. Eine Scheißhausparole, wie sie im Buch steht. Daß du selbst drauf 'reingefallen bist, geschieht dir recht. Daß du *uns* aber für so dumm verkaufen willst — nee!«

»Außerdem ist es geschmacklos, mit dem Tod von unserem Führer Witz zu mache!« findet der kleine Steiner.

»Ihr glaubt es also nicht?«

»Du hast schon bessere Scherze gemacht. Das kannst du Leuten erzählen, die die Hose mit der Beißzange anziehen.«

Baumann überlegt einen Augenblick, springt dann auf den nächsten Funkwagen, schaltet den Empfänger ein und beginnt an den Knöpfen zu fummeln. Er sucht den Deutschlandsender.

»Irgendwas muß doch durchgekommen sein!« Er dreht an der Frequenzeinstellung hin und her. »Der wievielte ist heute eigentlich?«

»Der 20. Juli 44«, sagt einer. »Schon den ganzen Tag.«

Die anderen verfolgen Baumanns Bemühungen mit skeptischen Mienen. Endlich ertönt aus den Kopfhörern, die Baumann aus dem Wagen baumeln läßt, krächzende Musik. Militärmärsche. Alte Kameraden und Preußens Gloria. Dazwischen immer wieder Krachen und Knarren. Mit dem schwachen Funkgerät ist der Empfang äußerst schlecht. Aber soviel ist zu hören: es sind Märsche. Alles zackige, schneidige Märsche mit Tschingdrara und Bum-Bum. Sonst nichts.

»Na also«, triumphiert der Bulle. »Die würden doch nicht so fröhliche Parademärsche kloppen, wenn Hitler tot wäre. Mensch, Baumann — uns so zu verscheißern!«

Schweigend hat Fritz Kleebusch der Unterhaltung zugehört. Er ist von einer seltsamen Unruhe erfüllt. Er glaubt nicht an einen schlechten Scherz. Er denkt an das, was ihm Oberst Graupner sagte: Die Welt würde aufhorchen . . .

Das muß er gemeint haben.

Das könnte die schicksalhafte Wende bedeuten.

»Wo ist der Kommandeur?« fragt er Baumann.

Der zuckt die Schultern. »Vorausgefahren. Wahrscheinlich in einem der nächsten Dörfer.«

Von hinten kommt ein Wagen angebraust. Ein Kübel, der im schärfsten Karacho über die staubige Straße jagt. Ein Offizier sitzt darin, ein Major, der den Fahrer zu höchster Eile antreibt.

Kurz danach wieder ein Wagen. Neuer Staub, neue Dreckwolke. Auch in diesem Wagen ein aufgeregter Offizier, der im Höllentempo dem nächsten Dorf zujagt.

»Na?« macht Baumann. »Was meint ihr dazu? Dringende Lagebesprechung beim Alten. Höchste Alarmstufe. Glaubt ihr immer noch, daß nichts in der Luft liegt?«

Der Bulle macht ein bedeppertes Gesicht.

»Wenn das wirklich —«

Mitten im Satz bricht er ab. Aus den krächzenden Kopfhörern dringt die Stimme des Ansagers.

»Hier ist der Großdeutsche Rundfunk. Achtung, Achtung! Wir wiederholen eine wichtige Meldung.«

Mit einem Sprung ist Kleebusch beim Wagen und drückt die Muschel des Kopfhörers ans Ohr. Brummen und Pfeifen. Jetzt die Stimme des Sprechers:

»Von einer verbrecherischen Offiziersclique wurde heute

auf den Führer ein Sprengstoffanschlag verübt. Dabei wurden . . .«

Knarren und Brodeln unterbricht die Stimme. Diese verdammten Störungen! Nur noch Wortfetzen sind zu hören. Dann klingt wieder unvermittelt Marschmusik auf. Nichts weiter.

Stumm sehen sich die Kameraden an. In ihren Augen drücken sich Ratlosigkeit und Schrecken aus. Keiner traut sich etwas zu sagen. Was sollten sie auch sagen? Hitler ist tot. Mehr wissen sie nicht. Kein Kommentar. Keine Erklärung. Der Mann, auf den sie geschworen haben, auf den sie ihren Eid leisten mußten, lebt nicht mehr. Sind sie nun von diesem Eid entbunden? Ist der Krieg aus?

Fragen über Fragen. Keiner weiß eine Antwort.

Bei der Weiterfahrt setzt sich Baumann zu Kleebusch. Es drängt ihn, die bedrückenden Gedanken auszusprechen, die ihn jetzt beschäftigen.

»Du weißt, wie ich über diesen Wahnsinnskrieg denke, aber ich bin über die Nachricht nicht begeistert.«

»Was meinst du?«

»Jetzt kann jeden Augenblick der Zusammenbruch kommen. Dann sind alle Armeen im Osten verloren. Dann kommt kein einziger deutscher Soldat mehr nach Hause, weder die Truppen, die noch auf dem Balkan liegen, noch die Armeen in Kurland oben im Norden. Auch wir hier in Galizien schaffen es nicht mehr. Wenn der Zusammenbruch kommt, sind wir in kurzer Zeit überrollt. Dann sind wir verraten und verkauft.«

Kleebusch sieht den Kameraden mit einem hintergründigen und zugleich überlegenen Ausdruck an.

»Mensch«, sagt er, »das waren doch Offiziere, die das Attentat verübten. Es müssen sogar höhere Offiziere gewesen sein, aus dem OKW und dem Führerhauptquartier. Die werden sich schon was dabei gedacht haben. Das kommt doch nicht von ungefähr. Sicher wird man jetzt eine neue Regierung bilden. Man wird in Friedensverhandlungen eintreten. Man wird einen Sonderfrieden schließen, einen Waffenstillstand zunächst, der auch unsere Lage klärt. Der gottverdammte Rückzug ist zu Ende. Wir werden geordnet heimgeführt. Wir marschieren schnurstracks nach Haus!«

»Glaubst du wirklich?«

»Bestimmt, verlaß dich drauf. Ich wußte schon lange, daß so etwas Ähnliches kommt.«

»Du?«

Kleebusch nickt. Aus seinen Augen leuchtet Zuversicht.

Erst in der Nacht kommen sie ins nächste Dorf. Kleebusch fragt sich sofort nach dem Quartier des Kommandeurs durch. Er fiebert danach, aus dem Mund des Obersten zu erfahren, wie alles weitergehen wird.

Im Vorzimmer des alten Bauernhauses sitzt der Regimentsschreiber mit übernächtigtem Gesicht.

»Ist der Oberst da?«

Der Schreiber nickt. »Aber er will jetzt niemand sprechen.«

»Laß mich nur«, sagt Kleebusch. »Der Oberst erwartet mich.«

Er klopft leise an.

»Was ist los?« Ist das die Stimme des Kommandeurs?

»Unteroffizier Kleebusch bittet eintreten zu dürfen.«

Sekundenlang Stille, dann: »Ja — kommen Sie herein.«

Kleebusch betritt den Raum, macht eine Ehrenbezeigung und schließt die Tür hinter sich. Er will auf den Oberst zugehen, bleibt aber wie angewurzelt stehen. Erschrocken starrt er in das Gesicht des Kommandeurs. Ist das noch der Mann, der sich vor wenigen Tagen mit der blanken Waffe in der Hand den eingebrochenen Russen entgegengeworfen hat? Oberst Graupner sitzt zusammengesunken an einem kleinen Tisch. Der Uniformkragen ist aufgerissen, als habe er sich in einem Erstickungsanfall Luft schaffen müssen. Der Blick scheint erloschen. Die Hände, die müde auf dem Tisch liegen, zittern.

Der Oberst ist krank, schießt es Kleebusch durch den Kopf. Ein kranker, alter Mann, der mit dem Leben abgeschlossen hat. Ausgerechnet jetzt, wo es auf wichtige Entscheidungen ankommt, ist der Kommandeur krank...

»Setzen Sie sich.« Der Oberst sagt es, ohne sich zu bewegen. »Setzen Sie sich, Kleebusch. Es ist gut, daß Sie da sind.«

Unentschlossen bleibt Kleebusch stehen. Mit ratlosem Blick erfaßt er den Raum. Ein Teller mit dem Abendbrot steht auf dem Tisch. Es ist unberührt. Dahinter flackern ein paar Hindenburglichter. Auf einer Truhe an der Wand steht ein Wehrmachtsempfänger. Er ist eingeschaltet, aber auf kleine Lautstärke gestellt. Leise ertönt Marschmusik. Immer wieder Marschmusik.

»Herr Oberst«, stößt Kleebusch endlich hervor, »ich wollte fragen, was jetzt wird.«

Der Oberst hebt langsam den Kopf und blickt ihn an. Dieser Ausdruck in den Augen ... Er geht Kleebusch durch und durch.

»Was jetzt wird?« Oberst Graupner spricht mit brüchiger Stimme. Fahrig greift er sich an den Hals, er reißt die Uniform noch weiter auf. Es fällt ihm sichtlich schwer, zu sprechen. »Gott allein mag wissen, wie es weitergeht. Nur eins steht fest — ein großes Morden wird beginnen. Jetzt geht es mit vollen Segeln in den Abgrund. Nichts wird die Katastrophe mehr aufhalten können. Wir werden in einem Meer von Blut und Tränen untergehen ...«

»Aber ...«, Kleebusch muß in seiner Betroffenheit mehrmals schlucken, »aber Sie sagten doch, daß alles noch gut werden kann. Der Führer ist jetzt ...«

»Hitler ist nicht tot, Kleebusch. Hitler lebt!«

Unwillkürlich schließt Kleebusch die Augen. Der Raum scheint sich zu drehen. Hilfesuchend hält er sich an einem Stuhl fest; erst jetzt setzt er sich nieder.

Hitler lebt ... Er ahnt, was diese Nachricht für den Oberst bedeutet. Nicht nur für den Oberst. Auch für ihn, für seine Kameraden. Für alle. Für Deutschland. Für die ganze Welt! Er will etwas sagen; aber die Kehle ist wie zugeschnürt.

Der Oberst steht auf, dreht am Radioapparat, stellt ihn auf volle Lautstärke. Die Musik ist verstummt. Eine sachlich klingende Stimme meldet:

»Achtung, Achtung! Hier ist der Großdeutsche Rundfunk. Wir übertragen jetzt die angekündigte Ansprache des Führers.«

Kurze Pause.

Das Rascheln von Papier.

Die Stimme Hitlers. Eine matte, fremd klingende Stimme ...

»Deutsche Volksgenossen und Volksgenossinnen! Ich weiß nicht, zum wievielten Male nunmehr ein Attentat auf mich geplant und zur Ausführung gekommen ist. Wenn ich heute zu Ihnen spreche, dann geschieht es besonders aus zwei Gründen. Erstens, damit Sie meine Stimme hören und wissen, daß ich selbst unverletzt und gesund bin. Zweitens, damit Sie aber auch das Nähere erfahren über ein Verbrechen, das in der deutschen Geschichte seinesgleichen sucht. Eine ganz kleine Clique ehrgeiziger, gewissenloser und zugleich verbrecherischer und dummer Offiziere hat ein Komplott geschmiedet, um mich zu beseitigen und zugleich mit mir den Stab der deutschen Wehrmachtführung auszurotten. Ich selbst bin völlig unverletzt. Ich fasse das als eine Bestätigung der Vorsehung auf, mein Ziel weiter zu verfolgen, so wie ich es bisher getan habe ...«

Der Oberst steht über den Radioapparat gebeugt. Beide Hände hat er auf den schweren grauen Kasten gestützt, als müsse er an ihm Halt suchen.

Atemlos lauschend sitzt Kleebusch auf seinem Stuhl. Er weiß nicht, daß er die Hände ineinandergekrallt, die Zähne aufeinandergebissen hat. Er glaubt einer unheimlichen Mystifikation beizuwohnen. Das ist nicht Hitler, sagt er sich immer wieder. Das kann er nicht sein. Die Stimme klingt ganz fremd. Das ist ein anderer Mann, der redet ...

Nach der Ansprache schweigt der Apparat. Und dann meldet sich noch einmal die nüchterne Stimme des Ansagers.

»Wie das Deutsche Nachrichtenbüro erfährt, ist das Komplott der verbrecherischen Offiziersclique völlig zusammengebrochen. Die Rädelsführer haben sich nach dem Scheitern ihres Anschlages zum Teil selbst entleibt, zum Teil wurden sie von Bataillonen des Heeres füsiliert. Die übrigen durch ihr Verhalten an dem Verbrechen Schuldigen werden zur Verantwortung gezogen werden.«

Der Oberst stellt den Apparat ab. Doch er wendet sich nicht um. Sein Rücken krümmt sich noch stärker, sein Kopf sinkt langsam auf die Brust.

»Das ist das Ende.« Kaum hörbar sagt er es. »Das ist das Ende ...«

Im Morgengrauen kommt der Befehl zum Aufbruch.

Nur langsam erwacht das Dorf aus der Erstarrung. Zögernd treten die Landser auf die Straße. Verschlafene Gestalten und bleiche Gesichter. Mißtrauische Augen, die prüfend in die Runde blicken. Es ist so vieles geschehen in dieser Nacht. Die Welt ist ins Wanken geraten. Die Hoffenden hoffen nicht mehr. Die Gläubigen können nicht mehr glauben. Sie fühlen den endgültigen Untergang kommen.

Fritz Kleebusch hält sich in der Nähe des Kommandeurs auf. Er läßt den Oberst nicht aus den Augen. Er sieht seine graue Gestalt neben dem Wagen, den Kopf leicht zum Himmel erhoben, den Blick ins Wesenlose gerichtet. Seit der Übertragung in der Nacht hat der Oberst kein Wort mehr gesprochen. Er ist ganz nach innen gekehrt, ohne Anteilnahme für das äußere Geschehen. Seine Augen sind glasig. Es ist unheimlich, wie er regungslos im fahlen Dämmerlicht steht.

Die Luft ist kühl und feucht. Die Frische der Nacht liegt noch über dem Land. Es riecht nach nassem Staub und faulem Holz. Blaßrote Streifen züngeln im Osten über den Horizont herauf. Es ist kurz vor Sonnenaufgang. In Frontrichtung ist es ruhig. Der Krieg schläft noch.

Unruhig geht Kleebusch ein paar Schritte auf und ab. Er zündet sich eine Zigarette an, raucht in tiefen Zügen. Rings um ihn her herrscht aufgeregtes Treiben. Der ganze Troß wird verladen. Klappern und Stoßen, ärgerliches Rufen, unterdrückte Flüche. An der qualmenden Feldküche drängen sich die Kaffeeholer. Die Fahrer lassen die Wagen warmlaufen. Fibus und der Bulle bauen Leitungen ab. Nur eine einzelne Strippe führt noch zur Vermittlung.

Da sieht Kleebusch einen aus dem Haus der Vermittlung kommen. Suchend blickt sich der Mann um, geht dann mit eiligen Schritten auf den Kommandeur zu.

»Herr Oberst, ein Ferngespräch . . .«

Der Kommandeur zuckt zusammen. Er scheint aus tiefen Gedanken zu erwachen. »Ein Ferngespräch . . .« Er will zur Vermittlung gehen, doch der Gefreite schüttelt den Kopf.

»Das Gespräch ist schon wieder getrennt. Ich wollte auf

Ihren Apparat umlegen, aber ich konnte Sie dort nicht erreichen. Der Mann war sehr ungeduldig.«

»Welcher Mann?«

»Ich weiß nicht, Herr Oberst. Er sagte weder seinen Namen noch seinen Dienstgrad. Ich weiß nur, daß das Gespräch über die Armeeleitung aus Berlin kam.«

»Aus Berlin? Sagte er das?«

»Der Mann nicht. Ich weiß es von der Hauptvermittlung, die die Verbindung durchstellte. Der Mann wollte nicht warten, bis ich Sie finden würde. Er sagte, ich soll Ihnen nur ein Stichwort durchgeben. Sie wüßten schon.«

»Welches Stichwort?«

»Tannengrün.« Der Gefreite sieht den Oberst fragend an. »Einfach nur Tannengrün . . .«

Kleebusch, der das Gespräch aus der kurzen Entfernung genau verfolgen kann, kommt es vor, als berge das geheimnisvolle Stichwort einen dunklen, schicksalsträchtigen Sinn. Tannengrün — das riecht nach Heldengedenkfeier. Nach Begräbnis erster Klasse.

Doch der Oberst nimmt es ohne erkennbaren Schrecken auf. Im Gegenteil. Das Wort scheint eine seltsam belebende Wirkung auf ihn auszuüben. Er hat es offenbar erwartet. Er hat die ganze Zeit wahrscheinlich nur auf dieses eine Wort gewartet.

»Tannengrün . . .«, wiederholt er. Dann strafft sich seine Gestalt. Die Erstarrung ist gewichen. Er dreht sich um und geht mit festen Schritten in das bereits geräumte Quartier zurück.

Der Gefreite aus der Vermittlung will wieder abbrausen, doch Kleebusch hält ihn am Ärmel fest.

»Was bedeutet Tannengrün?«

»Keine Ahnung. Kommt nicht in unserer Decknamenliste vor. Steht auch nicht in der Tarntafel. Muß von einer anderen Division sein oder ein spezielles Geheimdeckwort.«

Kleebusch geht ein paar Schritte auf das Haus zu, in dem der Oberst verschwunden ist. Es ist völlig still. Nur hinter den dunklen Fenstern flackert ein rötlicher Schein auf. Es zuckt und lodert wie brennendes Papier. Wahrscheinlich, denkt Kleebusch, vernichtet der Oberst auf das Stichwort hin einige wertlos gewordene Dokumente. Vielleicht geheime Kommandosachen oder ähnliches, was nicht in falsche Hände geraten darf.

Wenige Minuten später tritt Oberst Graupner wieder ins Freie. Er macht einen gelassenen, fast erleichterten Eindruck. Alles an ihm erscheint gelöst. Es ist, als sei er eine schwere Entscheidung losgeworden.

»Kommen Sie, Kleebusch, Sie müssen mich fahren«, winkt er und steigt in den Kübelwagen ein. Kleebusch springt ans Steuer, läßt den Motor an. Bevor es losgeht, ruft der Kommandeur noch nach Oberleutnant Maier.

»In einer halben Stunde geben Sie Abmarschbefehl — gleichgültig, ob ich zurück bin oder nicht.«

»Jawohl, Herr Oberst!« Maier legt die Hand an die Mütze. Er sieht den Kommandeur aus leicht zusammengekniffenen Augen an und wirft auch Kleebusch einen prüfenden Blick zu.

An der Dorfkirche läßt der Oberst halten. Er besinnt sich einen Augenblick, steigt aus und verschwindet unter dem breiten Kirchenportal.

Seltsam. Noch nie hat Kleebusch den Oberst in eine Kirche gehen sehen. Er weiß, daß der Kommandeur evangelisch ist. Hier in Polen aber gibt es auf dem Land nur katholische Kirchen . . .

Nach zehn Minuten kehrt der Oberst zurück.

»Weiter«, befiehlt er und deutet auf eine Seitenstraße, die, vorbei an kleinen Hütten, sich im freien Feld verliert. Es ist ein schlechter Weg, krumm und voller Löcher. Er führt nicht zur Front, aber auch nicht in die Richtung des Rückzugs. Nach einigen Windungen geht es ziemlich genau nach Norden. Kleebusch registriert es mit wachen, aufmerksamen Sinnen. Rechter Hand wird über den Hügeln das erste Stück des feurigen Sonnenballs sichtbar, links ist der Himmel noch von einem tiefen matten Violett.

Der Oberst schweigt, aber Kleebusch merkt, daß er ihn ständig anschaut. Er selbst hält den Blick stur geradeaus gerichtet, auf den holprigen Weg mit den Löchern und den dicken Grasbüscheln.

Links taucht ein kleines Waldstück auf. Es ist ein Mischwald, wie Kleebusch im schrägen Frühlicht sieht. Tannen, Buchen. Am Rand ein paar helleuchtende Birken. Daneben ein kleines Sumpfgewässer, das wie dunkles Glas zwischen Schilfgräsern liegt.

»Halten Sie hier.«

Kleebusch hält.

»Wenden Sie.«

Kleebusch stößt auf die Wiese zurück und bringt den Wagen wieder in die Richtung des Dorfes.

»Stellen Sie den Motor ab.«

Kleebusch dreht den Zündschlüssel nach links. Mit einem leichten Ruppeln erstirbt das Motorgeräusch. Beklemmende Stille tritt ein. Nur drüben, im Schilf, quaken ein paar Frösche.

Kleebusch fühlt sein Herz bis zum Hals klopfen. Er ahnt, daß etwas Furchtbares geschehen wird. Diese Stille ist wie ein tödlicher Eishauch. Er wagt sich nicht zu rühren. Er fliegt am ganzen Körper. Er hat Schüttelfrost.

Endlich räuspert sich der Oberst.

»Wie geht es Ihrer Braut, Kleebusch? Sie haben mir lange nichts von ihr erzählt.«

»Danke gut, Herr Oberst«, stößt Kleebusch hervor. Er denkt an den letzten Brief Karins. Sie schrieb ihm, daß sie ausgebombt sind. Ihr Vater wurde bei den Rettungsarbeiten verletzt. Es muß furchtbar gewesen sein. Jetzt hausen sie im Turnsaal einer Schule, zwischen Hunderten zusammengepferchter Menschen, bis sie evakuiert werden.

Doch Kleebusch erwähnt nichts davon. Er berichtet jetzt, ausgerechnet jetzt, heitere Episoden, die sie ihm in früheren Briefen geschildert hat. Von allem möglichen erzählt er. Von Gott und der Welt. Nur reden, reden. Nur nicht wieder diese Grabesstille.

»Sie hat schon alle Papiere beisammen. Wir könnten heiraten . . .«

»Heiraten . . . Ich hatte Ihnen Sonderurlaub versprochen. Ich wollte, wenn es geht, selbst dabeisein. Tja, Kleebusch — ich fürchte, daß nun aus all dem nichts wird. Auch nicht aus dem Urlaub.«

»Das macht nichts«, sagt Kleebusch sofort. Er spricht sehr schnell. Nur weiter, denkt er. Nicht aufhören. »Das macht wirklich nichts, Herr Oberst. Ich hab' mich damit abgefunden. Auch Karin ist sehr vernünftig. Wir werden warten, bis der Krieg vorbei ist. Es wird ja alles bald vorbei sein. Es kann nicht mehr lange dauern, bis es vorbei ist. Dann wird noch alles gut werden. Ich bin fest davon überzeugt.«

Der Sonnenball steht nun frei über den Hügeln im Osten. Der Himmel leuchtet in hellem Türkis. Man spürt schon die Sonnenwärme auf der Haut. Das Froschkonzert ist verstummt. Aus dem kleinen Waldstück hat sich eine Lerche erhoben. Zwitschernd steigt sie in die strahlende Morgenluft auf.

»Natürlich wird alles gut werden. Für Sie bestimmt, Kleebusch. Ich wünsche Ihnen so sehr, daß Sie gut nach Hause kommen. Für junge Menschen muß es noch einen Ausweg geben. Wenn Sie erst über der alten Reichsgrenze sind, in Deutschland . . .«

Der Oberst bricht ab, er erhebt sich. Sein Blick geht nach Westen, wo Deutschland liegt. Das Reich. Die Heimat, von der sie ausgezogen sind. Es ist nicht mehr weit. Er hebt leicht die Hand. Sie zittert. Er steht vor der flammenden Sonnenscheibe wie der Prophet in der Bibel, der die Scharen der Gläubigen zum gelobten Land führte, selbst aber nicht die Grenze überschreiten darf. Matt glänzt das EK I an seiner Brust. Seine Stimme wird fast tonlos.

»Für mich gibt es kein Zurück mehr. Ich habe getan, was ich konnte. Nun lege ich alles in Gottes Hand.«

»Aber . . . Herr Oberst . . .«

»Sagen Sie nichts, Kleebusch. Manchmal gerät der Mensch in Situationen, aus denen es keinen Ausweg mehr gibt. Es ist kein feiges Ausweichen. Meine Uhr ist abgelaufen. Das einzige, was ich bedaure, ist, daß ich meinen Auftrag nicht zu Ende führen kann. Aber es ist nicht meine Schuld. Gehen Sie jetzt zurück zu Ihren Kameraden. Grüßen Sie sie von mir. Sehen Sie zu, daß Sie durchkommen. Sie müssen durchkommen. Sie müssen leben, um davon erzählen zu können. Künden Sie davon, wie alles wirklich war. Man wird später von Verrat sprechen, von Feigheit und Konspiration. Aber wir waren keine Verräter. Wir waren Soldaten, so tapfer und treu, wie man es zu allen Zeiten von einem Soldaten erwartet hat. Vielleicht liegt darin unsere Schuld . . . wer will es ermessen?«

Der Oberst öffnet den Schlag und steigt aus dem Wagen.

Er greift in die Tasche, zieht seine goldene Sprungdeckeluhr hervor und reicht sie Kleebusch.

»Hier, nehmen Sie, Kleebusch. Die Uhr mag Ihnen Glück bringen und Sie sicher nach Hause geleiten. Sie stammt von einem meiner Vorfahren, der erhielt sie vom großen Preußenkönig für besondere Tapferkeit vor dem Feind. Ich habe niemand mehr, dem ich sie vererben könnte. Meine letzten Freunde wurden in dieser Nacht hingemordet . . .«

Kleebusch hält die Uhr in der Hand. Sein Gesicht ist kalkweiß.

Hoch am Himmel singt immer noch die Lerche. Sonst ist kein Laut zu hören. Strahlende Unendlichkeit der Natur. Andächtige Stille in der Weite des Raums.

Der Oberst blickt in die Ferne.

»Kleebusch . . .«

»Herr Oberst?«

»Als Sie damals meine Frau besuchten, als Sie das letzte Mal mit ihr sprachen — sagte sie etwas von unserem Sohn?«

Kleebusch wagt kaum zu atmen. Angst und Entsetzen lähmen ihn. Ratlos hält er die goldene Uhr in der Hand. Mit der Linken klammert er sich an der Tür des Wagens fest. Er denkt an das Gespräch mit der einsamen Frau vor dem Zimmer des Sohnes. Und er denkt an das Gespräch mit Hannes Krummbier unten im Kaukasus, als er von dem Schicksal des Jungen erfuhr, des einzigen Sohnes, der sich in ratloser Verzweiflung über seine Abstammung mit der Pistole des Vaters erschoß . . .

»Ja, Herr Oberst«, fast versagt die Stimme, »sie sagte: Er ist uns vorangegangen.«

»Er ist uns vorangegangen«, wiederholt der Oberst leise. »Es wird Zeit für mich. Höchste Zeit . . .«

Kleebusch will etwas erwidern, doch er bringt kein Wort heraus. Ein eiserner Ring hält seine Kehle umschnürt.

»Fahren Sie nun zurück, Kleebusch.« Der Oberst streckt ihm die Hand hin. »Leben Sie wohl. Der Abschied von Ihnen fällt mir am schwersten. Sie waren mir immer wie ein Sohn . . . Gott schütze Sie, mein Junge.«

Da bricht es aus Kleebusch hervor. Er beginnt zu schluchzen. Er preßt die Hand des Kommandeurs, er klammert sich daran fest — als könne er damit noch alles verhindern.

»Nein, Herr Oberst — ich gehe nicht fort. Ich lasse Sie nicht allein!«

Graupners Augen sehen Kleebusch fordernd an.

»Nehmen Sie sich zusammen, Sie sind Soldat, Kleebusch. Ich gebe Ihnen den Befehl, zurückzufahren!« Der Oberst reckt sich auf. Er läßt keinen Zweifel: Es ist der Regimentskommandeur, der den Befehl gibt. Seine Stimme duldet keinen Widerspruch. »Haben Sie mich verstanden, Unteroffizier Kleebusch?«

»Jawohl, Herr Oberst.«

Kleebusch wischt sich mit der Hand über die Augen. Er steckt die Uhr ein, setzt sich ans Steuer, schaltet den Motor ein und läßt den Wagen anrollen. Unter Tränenschleiern sieht er kaum die Straße. Mein Gott, denkt er, das kann nicht sein. Das darf nicht sein. Was soll ich nur tun?

Nach zwanzig Metern hält er, entgegen dem Befehl, und blickt zurück.

Mit langen Schritten hat der Oberst die Wiese durchquert. Seine hohe Gestalt ist fast an dem Waldstück angelangt.

»Herr Oberst!« Kleebusch schreit aus Leibeskräften. Er brüllt, daß sich ihm die Stimme überschlägt. »Herr Oberst! Herr Oberst!«

Der Kommandeur wendet sich nicht um. Unbeirrt geht er weiter.

Da springt Kleebusch aus dem Wagen, in wilden Sprüngen hetzt er über die Wiese. Er stolpert, fällt, richtet sich wieder auf, jagt weiter.

Doch ehe er den Wald erreicht, peitscht ein Schuß durch die morgendliche Stille.

Es ist zu spät.

Oberst Graupner lebt nicht mehr.

Es dauert eine Ewigkeit, bis Kleebusch zum Dorf zurückfährt.

Im stillen hofft er, die Einheit wäre abmarschiert. Mit seinem verheulten Gesicht will er niemand begegnen. Er möchte auch nicht irgend jemand Rede und Antwort stehen müssen über das, was geschehen ist. Doch schon von weitem merkt er, daß die Wagen des Stabes immer noch im Ort stehen.

Bei den ersten Häusern sieht er Hannes Krummbier aus dem Schatten auftauchen. Er hat die Pfeife in der Hand und macht aufgeregte Zeichen. Vorsichtig schleicht er sich an den Wagen heran.

»Wo ist der Oberst?«

Kleebusch macht eine unbestimmte Bewegung.

»Fort . . .«

»Weißt du, wo er ist? Du mußt ihn warnen, Fritz. Im Dorf wartet seit einer Viertelstunde ein Sonderkommando auf ihn.«

»Sonderkommando?« Nun wird ihm klar, was das Deckwort »Tannengrün« bedeutet hat: Achtung, Verhaftung droht! Der Henker wartet!

Soll er warten. Es erfüllt Kleebusch fast mit Genugtuung, daß sich der Oberst diesem schmählichen Schauspiel entzogen hat.

»Nicht mehr nötig, Hannes«, sagt er, und ein seltsames Lächeln spielt um seine Lippen. »Der Oberst ist bereits gewarnt worden. Keine Macht der Erde kann ihm mehr etwas anhaben . . .«

## 26

Lähmendes Entsetzen im Regiment.

Wie ein Lauffeuer hat sich die Nachricht vom Tod des Kommandeurs verbreitet. Wie ein Leichentuch legt sich der Schreck auf die Gemüter.

Jeder weiß, wie es geschah.

Jeder weiß, warum es geschah.

Und jeder, der den Oberst kannte, ist empört.

Doch die Empörung darf nicht laut werden. Nach der offiziellen Lesart war Oberst Graupner ein Verräter. Er gehörte zu jener Clique von Verbrechern, über die in den Nachrichten der Unflat kübelweise ausgegossen wird. Er gehörte zu jenen Männern, denen bald vor dem Volksgerichtshof ein gnadenloser Prozeß gemacht werden wird...

Die Landser aber kannten ihren Kommandeur besser. Sie trauern um ihn wie um einen Vater. Sie wissen, daß er ein untadeliger Soldat war, ein verständnisvoller Truppenführer und ein guter Kamerad.

»Einen bessern findst du nicht . . .«, sagt Baumann verbissen, und die Männer um ihn herum nicken. Sie wissen, daß sein Nachfolger einer jener Bluthunde werden wird, die sich jetzt, nach der großen Säuberung, überall in den Vordergrund drängen. Durchhalteoffiziere vom Schlage Stiebings. Rücksichtslose Draufgänger wie Major Hielscher von der II. Abteilung, den sie bei Bjelgorod und Tscherkassy kennengelernt hatten.

»Jetzt wird es schaurig werden«, prophezeit Hannes Krummbier. »Jetzt wird auch der letzte Funke von Vernunft ausgeschaltet. Pardon wird nicht gegeben, wie es so schön heißt. Der Krieg ist erst aus, wenn keiner mehr lebt. Heil und Sieg, Kameraden!«

Mit düsteren Mienen sehen sich die Männer an. Sie beginnen den grausigen und blutigen Ernst des Untergangs zu spüren.

Doch es bleibt keine Zeit zu müßigen Überlegungen. Der Krieg geht weiter. Der Rückzug geht weiter. Von Graben zu Graben, von Stellung zu Stellung. Schießen und abhauen. Schießen und abhauen. Wann wird der Irrsinn ein Ende haben?

Heißer August 1944.

Ringsherum brennt es. Ringsherum wird geschossen. Der Russe drängt von allen Seiten heran. Er kämpft mit verdoppeltem Mut, mit verdreifachter Kraft. Es ist, als wisse er, wie kopflos der sonst so gefürchtete Gegner jetzt ist. Jeder neue Stoß verstärkt die Auflösung. Jede neue Umklammerung vermehrt die Konfusion der Front. Der deutsche Koloß wankt, die Rotarmisten wissen es. Sie kämpfen wie die reißenden Tiger. Sie wittern im Westwind schon die Reichsgrenze. Deutschland lockt mit reicher Beute. Sie fiebern nach dem Todesstoß und nach Vergeltung. Der Endspurt beflügelt sie.

In wilder Hast fluten die deutschen Truppen zurück. Alles scheint durcheinandergeraten. Niemand kennt mehr die Lage. Nur zurück, zurück, solange es noch geht. Hinter der Weichsel ist Sicherheit. Hinter der Weichsel wird man weitersehen.

Unerträgliche Hitze und quälender Durst. Nirgends Wasser, überall nur ausgedörrtes Land. Wolken von Staub über den Rückzugswegen. Die müden Gestalten sind kaum noch zu erkennen. Kalkige Gesichter, in die der Schweiß dunkle Bäche gräbt. Entzündete Augen und ausgetrocknete Lippen.

Ab und zu wildes Geschrei. Offiziere, die sich der Flut entgegenstemmen, die zu retten suchen, was zu retten ist.

»Dritte Kompanie hier sammeln!«

»Zweiter Zug zu mir!«

Niemand hört darauf. Keiner scheint zu den aufgerufenen Einheiten zu gehören. Die meisten sind Versprengte, die ihren Haufen verloren haben. Viele Truppenteile wurden auseinandergerissen. Ein Teil wich über die Beskiden aus. Ein Teil wurde nach Norden über den großen Weichselbogen abgedrängt. Ein dritter zieht stur nach Westen in Richtung Krakau.

Erst Wochen später gibt es eine Pause. Der russische Stoß verläuft sich, kommt zum Stehen.

Es ist Ende September 1944. In Warschau hat sich die polnische Untergrundbewegung unter General Bor erhoben. Lange warteten die Aufständischen auf die versprochene sowjetische Hilfe. Doch die Rote Armee hat zwar den Warschauer Stadtteil Praga besetzt, bleibt aber untätig am rechten Weichselufer stehen. Die eingeschlossenen Polen müssen sich ergeben und werden gnadenlos niedergemetzelt.

Auch am Südabschnitt, an der oberen Weichsel und am San ist es nach den Verlusten von Lemberg und Przemysl ruhiger geworden. In die abgerissenen Haufen kommt langsam wieder Ordnung.

Aber mit der Ordnung tauchen auch die Kettenhunde auf. Feldgendarmerieabteilungen haben die Straßen abgeriegelt. Kriegsgerichtsverhandlungen werden einberufen. Fliegende Standgerichte urteilen verdächtige Versprengte ab. Erschießungskommandos treten erschreckend schnell in Aktion. Man macht keinen Hehl mehr aus der Blutjustiz. Die Urteile werden zur Abschreckung allen Einheiten bekanntgegeben.

»Wegen unerlaubter Entfernung von der Truppe dem Standgericht übergeben . . .«

»Wegen Feigheit vor dem Feind zum Tod verurteilt . . .«

»Wegen Fahnenflucht erschossen . . .«

Darunter Landser, die sich in vielen Schlachten bewährt haben. Darunter Offiziere mit Kriegsauszeichnungen. Oft wurde ihnen ein unbedachter Schritt vom Wege des Befehls zum Verhängnis.

Auch Kleebusch wurde einem hochnotpeinlichen Verhör unterzogen. Es kam so überraschend, so unverhofft aus blauem Himmel, daß es ihm zunächst gar nicht recht zum Bewußtsein kam. Oberleutnant Maier hatte ihn geholt, mit dunklen Andeutungen und schadenfrohem Grinsen. Seine teuflische Fratze hätte Kleebusch eigentlich nichts Gutes ahnen lassen müssen. Wenn Maier so sein Gesicht verzog, war Gefahr im Verzug. Maier unternahm nichts, was nicht nach Bosheit und Hinterhältigkeit roch.

Doch Kleebusch war sich keiner Schuld bewußt. Aufrecht und mit geradem Blick betrat er den Raum, in den Maier ihn führte. Eine verlassene polnische Bauernstube. An der

Seitenwand ein länglicher Tisch. Dahinter drei Offiziere. In der Mitte der neue Regimentskommandeur, Oberstleutnant Westhus, ein energischer Mann, groß und breit. Kantiger Schädel, der unerbittliche Härte verriet. Spitzes Kinn und stechende Adleraugen. Links davon der neue Adjutant, ein junger Leutnant mit glattem, nicht unsympathischem Gesicht. Rechts ein älterer Major, den Kleebusch nicht kannte. Er hatte ein schmales Asketengesicht mit randloser Brille, hinter der es gefährlich blitzte. Wie ein Gerichtsoffizier, mußte Kleebusch denken.

An der Wand, über den Köpfen der Offiziere, eine Reproduktion der Schwarzen Muttergottes von Tschenstochau. Darunter eine kleine Weihwasserschale, wie sie oft in polnischen Bauernstuben hängen. Sonst stand nicht mehr viel in dem Raum. Auf den Fenstersimsen welkten ein paar müde Blumen. Überbleibsel der geflohenen Zivilisten. An den Scheiben brummten Fliegen. Die Luft war trocken und verbraucht.

Oberstleutnant Westhus sprach als erster. Er forderte Kleebusch auf, genau zu berichten, wie es zu dem Selbstmord Oberst Graupners gekommen sei. Es müsse ein Protokoll darüber aufgenommen werden. Befehl vom AOK, wie der Oberstleutnant betonte. Da Kleebusch der einzige sei, der das Ende des ehemaligen Regimentskommandeurs als unmittelbarer Zeuge miterlebt habe, müsse er in aller Ausführlichkeit darüber berichten.

Kleebusch warf einen kurzen Blick auf die Schwarze Muttergottes von Tschenstochau, dann begann er langsam und überlegt zu sprechen. Er wußte, daß er vorsichtig sein mußte, wenn er sich nicht selbst belasten wollte. Er berichtete, was er berichten zu können glaubte. Es war nicht allzuviel. Es war im Grunde genommen mit wenigen Sätzen getan. Je weniger, desto besser, sagte er sich. Einzelheiten konnten zu einer Falle werden.

Als er am Ende seines Berichtes war, fragte der fremde Major mit spitzer Stimme:

»Ahnten Sie, was der Oberst vorhatte, als er mit Ihnen aus dem Dorf fuhr?«

»Nein.«

»War Ihnen an seinem Benehmen nichts aufgefallen?«

»Nein.«

»Aber es muß Ihnen doch verdächtig vorgekommen sein, als der Oberst auf freiem Feld ausstieg und Sie mit dem Wagen zurückschickte.«

»Ich habe mir als Soldat keine Gedanken über das Verhalten von Vorgesetzten zu machen«, äußerte Kleebusch kalt. »Ich führe Befehle aus. Auch in diesem Falle hatte ich nur den Befehl des Herrn Regimentskommandeurs auszuführen.«

»Hm«, machte der Major und rückte seine Brille zurecht. »Sie kannten den Oberst gut. Ist es so?«

»Er war seit drei Jahren Regimentskommandeur. Ich hatte fast täglich dienstlich mit ihm zu tun.«

»Nur dienstlich?«

»Jawohl.«

»Aber er soll sich des öfteren auch außerdienstlich mit Ihnen unterhalten haben. Er spielte einige Male sogar Schach mit Ihnen. Was wurde dabei gesprochen?«

»Nichts. Herr Oberst Graupner war sehr schweigsam. Während wir spielten, sprach er nie ein Wort.«

»Und wenn Sie nicht spielten?«

»Herr Oberst Graupner interessierte sich für jeden seiner Leute. Er fragte öfter nach den privaten Verhältnissen, wie es zu Hause ginge und ähnliches.«

»Sonst nichts?«

»Sonst nichts.«

»Hm«, machte der Major wieder und sah fragend zu Oberleutnant Maier. Der beugte sich beflissen zum Ohr des Majors und flüsterte ihm etwas zu. Eine Weile war es still, dann fragte der Major mit seiner spitzen Stimme:

»Als Sie letztes Jahr in Urlaub fuhren, benutzte Sie der Oberst als Privatkurier nach Berlin. Er gab Ihnen etwas mit, das Sie in Berlin abgeben sollten. Was war das?«

»Ein kleines Päckchen für seine Frau.«

»Wissen Sie, was darin war?«

»Nein.« Kleebusch warf Maier einen kurzen Blick zu. »Ich fand auch nichts Ungewöhnliches dabei. Ich kenne Offiziere, die den Urlaubern viel öfter und viel größere Pakete mitgeben.«

Maier fuhr auf. »Halten Sie Ihren frechen Mund«, schrie

er und lief rot dabei an. »Sie haben hier nur zu reden, wenn Sie gefragt werden.«

Der Major klopfte tadelnd mit dem Bleistift auf den Tisch. Er fuhr mit dem Verhör fort:

»Sie nehmen also an, daß das Päckchen nur private Dinge enthielt?«

»Ich glaube bestimmt, Herr Major.«

»Und der Oberst schickte Sie zu keiner anderen Stelle in Berlin?«

»Nein.«

»Hm. Nun etwas anderes. An dem Morgen, an dem sich Oberst Graupner erschoß, wurde ihm von der Vermittlung ein bestimmtes Stichwort durchgegeben. Hat er mit Ihnen darüber gesprochen? Oder hat er erwähnt, von wem er angerufen wurde?«

»Nein.«

»Haben Sie bemerkt, daß der Oberst irgend etwas vernichtete oder auf die Seite schaffte?«

»Nein.«

»Hat er Ihnen kurz vor seinem Tode auch nichts übergeben?«

Kleebusch dachte: die goldene Uhr. Die wertvolle Uhr war ein Beweis dafür, daß sein Vertrauensverhältnis zu Oberst Graupner enger war, als er zugeben wollte. Wenn man sie fand — würde man dann noch seinem sturen Leugnen Glauben schenken?

»Nein«, antwortete er mit fester Stimme.

Der Major überlegte einen Augenblick, dann besprach er sich flüsternd mit dem Oberstleutnant. Kleebusch spitzte die Ohren, aber er konnte aus der Entfernung, in der er vor dem Tisch stand, nichts verstehen. Das Urteil, dachte er. Beratung über die Maßnahmen, die ihm gegenüber zu ergreifen seien. Was würde jetzt mit ihm geschehen? Würde man ihn abführen? Würde man seine Taschen untersuchen? Dann mußte man die goldene Uhr finden. Dann war es klar, daß er gelogen hatte. Ob man ihm einen Strick daraus drehen konnte?

Er fühlte, wie ihm der Schweiß aus allen Poren brach. Er blickte auf Maier, der lässig und siegessicher auf den Stiefelspitzen wippte. Du Hund, dachte er. Du niederträchtiger, gemeiner Hund. Ich weiß, daß ich das alles dir zu verdanken habe. Sollte ich je lebend aus diesem Mist kommen . . .

Er kam nicht dazu, weiterzudenken. Geräuschvoll erhob sich der Major und setzte seine Mütze auf.

»Es ist gut«, sagte er. Seine Stimme klang jetzt gar nicht mehr so spitz. Er warf einen seltsamen Blick auf Maier, als wenn er sagen wollte: Und deswegen haben Sie so viel Wind gemacht! Dann nickte er bedächtig und griff nach seinen grauen Wildlederhandschuhen. »Es ist gut, Unteroffizier Kleebusch. Ich habe keine Fragen mehr. Sie können gehen.«

Kleebusch wankte. Ihm wurde schwindlig. Die unverhoffte Erleichterung nahm ihm das Gleichgewicht. Er mußte seine ganze Kraft zusammennehmen, um eine korrekte Ehrenbezeigung zu machen. Dann wollte er zur Tür.

»Halt!« Oberstleutnant Westhus hatte Metall in der Stimme. »Einen Augenblick noch.« Er ging um den Tisch herum und stellte sich vor Kleebusch auf. »So ganz ungeschoren sollen Sie nicht davonkommen. Wie mir Oberleutnant Maier sagte, sind Sie ein ganz renitenter Bursche. Sie stützten sich auf Ihre guten Beziehungen zu Oberst Graupner. Das ist vorbei, mein Lieber. Von nun an ist überhaupt manches vorbei. Jetzt weht ein anderer Wind. Ich werde mit eiserner Hand durchgreifen. Also reißen Sie sich am Riemen. Wenn mir in Zukunft auch nur das geringste über Sie gemeldet wird, sind Sie geliefert. Verstanden?«

»Jawohl, Herr Oberstleutnant.«

»Sie halten sich von jetzt an zur ständigen Verfügung von Oberleutnant Maier. Er wird sich Ihrer ganz besonders annehmen. Es wird eine harte Prüfung für Sie sein, und ich hoffe, daß Sie sich bewähren. Sie haben es dringend nötig. So, das ist alles. Jetzt können Sie gehen.«

Draußen riß sich Kleebusch die Halsbinde auf. Er brauchte dringend frische Luft, er hatte das Gefühl, zu ersticken. Bewährung unter Aufsicht Maiers — das mußte schiefgehen, über kurz oder lang. Das war fast schlimmer, als die befürchtete Verurteilung.

Mit unsicheren Schritten ging Kleebusch davon. Als er sein Quartier erreichte, brach er zusammen. Stöhnend sank er in die Knie und mußte sich übergeben.

Am nächsten Morgen kommt zum ersten Mal seit langen Wochen wieder Post.

»Fritz«, schreit Krummbier schon von weitem und schwenkt die Umschläge durch die Luft. »Drei Briefe von Karin!«

Kleebusch nimmt ihm die Briefe aus der Hand und will sich in eine Ecke verdrücken, doch Hannes hält ihn fest.

»Siehst ja aus wie Sauerbier mit Spucke, Fritz. Was war eigentlich los, gestern? Ich hab' dich gar nicht mehr gesehen.«

»Kleines Verhör in Sachen Oberst Graupner.«

»Schlimm?«

»Es geht. Maier wollte mich 'reinlegen, aber zum Tatbericht hat es nicht gereicht. Nur — er hat jetzt einen Freibrief vom neuen Kommandeur, mich fertigzumachen.«

»Mensch, Fritz — und das nimmst du so gelassen hin?«

»Was soll ich tun?«

»Ich wüßte schon was, Fritz.«

»Später, Hannes. Jetzt möchte ich erst mal Karins Briefe lesen.«

Krummbier kräuselt die Lippen, dann wendet er sich achselzuckend ab.

Auf der anderen Seite der staubigen Straße sitzen die Kameraden auf einem umgesägten Telefonmast und lesen mit heißen Köpfen ihre Briefe. Es hat sich allerlei angesammelt in diesen Wochen. Für jeden war ein Schwung dabei. Nur für Krummbier nicht. Wer sollte ihm auch schreiben? Seit er sich von seiner Frau getrennt hat, schreibt ihm niemand mehr.

»Brauch' ich nicht zu antworten«, brummt er und spuckt in weitem Bogen aus. Er kramt sein Taschenmesser hervor und kratzt umständlich den Koks aus seinem Knösel. Dann stopft er das ausgebrannte Loch mit Machorka voll und läßt das Feuerzeug aufspringen. Paffend blickt er in die Runde.

»Was gibt's Neues in der Heimat?«

»Alles Scheiße«, meckert Fibus und faltet den Brief seiner Mutter zusammen.

»Schreibt das deine Mutter?«

»So direkt nicht. Sie drückt es zarter aus. Sie schreibt,

daß sie in Hamburg jetzt immer öfter im Keller sitzen. Bomben, nichts als Bomben. Ringsherum sind schon alle Häuser weg. Sie ist völlig mit den Nerven 'runter und fürchtet, daß sie es nicht mehr lange aushält. Wenn das nicht ganz große Scheiße ist ... Früher, als es noch anständige Kriege gab, da hat der Soldat draußen im Feld die Heimat beschützt — aber jetzt? Sieh mal hier: Da hat mir meine Mutter eine Todesanzeige mitgeschickt, die ein Bekannter im Fremdenblatt veröffentlicht hat: ›Heute erreichte mich an der Front die unfaßliche Nachricht, daß meine inniggeliebte Frau und meine drei unschuldigen Kinder bei einem Luftangriff in der Heimat gefallen sind. Grenadier Hartmann, zur Zeit im Osten ...!‹ Wann hat es das schon mal gegeben, daß ein Soldat an der Front erleben muß, daß seine Familie zu Hause fällt? Heh — kannst du mir das sagen?«

»Da mußt du andere Leute fragen, Langer. *Ich* hab' diesen Krieg nicht gewollt.«

Der kleine Steiner, das Frankfurter Würstchen, wiegt bedenklich den Kopf.

»'s is wirklich nimmer feierlich daheim. Mei große Schwester muß jetzt in der Granatefabrik Zünder zusammebaue. Lauter Fraue. Die sollen's besser könne als die Männer, heißt's plötzlich. Von wege dem Gefühl.«

Fibus empört sich: »Das ist auch so 'n Ding. Wenn ich mir das plastisch vorstelle — mit Gefühl Granaten schärfen! Früher haben zarte Frauenhände ganz andere Sachen scharf gemacht. Jammerschade. Bis wir wieder heimkommen, haben sie das sicher längst verlernt. Ist das nicht zum Kotzen?«

Krummbier stößt Baumann mit der Stiefelspitze an.

»Und was hast du für Hiobsnachrichten?«

Baumann blickt nachdenklich auf den Feldpostbrief, den er zuletzt gelesen hat.

»Da schreibt mir ein Bekannter, der im Nordabschnitt liegt, daß seine Frau ein Kind bekommen hat.«

»Na, endlich was Erfreuliches.«

»Denkste! Der arme Kerl hat schon zwei Jahre keinen Urlaub mehr gehabt.«

»Prost!« platzt der Bulle mit seinem Saufbaß dazwischen. »Auf dieses Wunder der Natur müssen wir direkt einen trinken. Wer will einen Schluck aus der Pulle?«

Die Kameraden recken die Hälse.

»Hast du was Anständiges drin?«

»Klar. Krambambuli!«

»Laßt euch nicht verkohlen«, bemerkt Baumann. »Ich bin vorhin schon drauf 'reingefallen. Kalter Kaffee. Muckefuck 08/15 von gestern, alt und abgelagert.«

»Prrr!« macht Fibus und schüttelt sich. »Kinder, sind wir arm geworden. Erinnert ihr euch noch an die seligen Zeiten im Kaukasus? Und an den Krim-Wein? Jetzt gibt's nicht mal mehr einen ordinären Schnaps, mit dem man den Kummer 'runterspülen kann. Es ist alles kalter Kaffee. Armes, beschissenes Deutschland!«

»Prost!« röhrt der Bulle unbeirrt. »Wer nicht will, hat gehabt. Trink ich eben alleine.« Schwungvoll setzt er die verbeulte Feldflasche an und nimmt einen langen Schluck. Er verdreht dabei die Augen, als laufe ihm der schärfste Schnaps durch die Kehle. In solchen Szenen ist er groß. Es ist ein toller Theaterzauber, den er da vorspielt. Er setzt die Flasche ab und atmet genußreich durch. »Ah — wie das wärmt!« In seinen Augen stehen tatsächlich Tränen. Mit zitternden Fingern wischt er sie weg wie ein Säufer, der zuviel von dem brennenden Zeug genommen hat. Dann schwenkt er die Flaschenöffnung unter der Nase hin und her und schnuppert. »Und wie das duftet. Geht einem durch und durch. Ich fühl's schon heiß in allen Gliedern rieseln. Göttliches Teufelszeug. Wollt ihr nicht doch einen Schluck versuchen?«

Fibus wirft einen Dreckbrocken nach ihm.

»Wenn du nicht endlich mit dem perversen Zauber aufhörst, schütte ich dir die ganze Lorke in die Fresse. Uns so das Wasser auf die Zunge zu treiben. Scheinst ja der einzige zu sein, der gute Nachrichten von zu Hause hat.«

»Hab' ich auch. Meine Mutter hat mir geschrieben, daß meine verflossene Braut wieder aufgekreuzt ist.«

»Ach nee!« macht Baumann. »Wir haben ja gar nicht gewußt, daß du verlobt warst.«

»Ist auch schon ein Jahr her, daß sie abgehauen ist. Sie hat irgend so einen Großschieber kennengelernt, der sie angeblich heiraten wollte. Jetzt hat sie der Kerl sitzenlassen. Und was tut das Seelchen? Sie besucht meine Mutter, erkundigt sich liebevoll nach mir und läßt mich herzlich grüßen.«

»Und das nennst du eine gute Nachricht?«

»Natürlich. Weil meine Mutter sie bei Kopf und Arsch gepackt und die Treppe 'runtergeschmissen hat. Und weil ich jetzt endlich wieder ruhig schlafen kann. Drum ist es eine gute Nachricht für mich. Könnt ihr das nicht verstehen?«

Plötzlich steht der Bulle auf und hält sich den Bauch.

»Verdammt, der Schnaps scheint mir nicht bekommen zu sein. Muß schnell mal abprotzen gehen. Hat einer einen Fetzen Papier für mich?«

Die Kumpels schütteln die Köpfe. Papier? Wo sollen sie Papier her haben? Frontzeitung hat es lange keine gegeben. Auch der Russe ist mit seinen Passierscheinen knausrig geworden. Er wirft keine mehr ab. Er hat es nicht mehr nötig.

Der Bulle verschwindet. Als er zehn Minuten später wieder auftaucht, macht er ein erleichtertes Gesicht.

»Hast du Papier gefunden?« will Fibus wissen.

»Natürlich. Ich hab' den letzten Liebesbrief von meiner Verflossenen genommen. Ein ganzes Jahr lang hab' ich ihn mit 'rumgeschleppt. Jetzt endlich konnte ich mich beruhigt von ihm trennen. Und noch dazu bei passender Gelegenheit. Tja, Kinders« — er spuckt aus und fährt sich mit dem Handrücken über den Mund — »so verwischt man eine Erinnerung nach der andern ...«

Krummbier erhebt sich und schlendert zu Kleebusch hinüber, der gegenüber auf einem ausgebrannten Panzer sitzt.

»Na, Fritz — fertig?«

»Ja.«

»Gute Nachrichten?«

»Ja.«

»Sehr gesprächig bist du gerade nicht. Stör' ich den Herrn vielleicht beim Träumen? Soll ich ein andermal wieder vorsprechen?«

»Quatsch, Hannes. Komm, setz dich. Wir haben schon lange nicht mehr in Ruhe miteinander gesprochen.«

Krummbier schwingt sich ächzend auf das Panzerwrack und läßt sich am schiefen Turm neben dem Freund nieder. Eine Weile raucht er schweigend seine Pfeife, dann zeigt er zu den Kameraden hinüber, die immer noch auf dem umgesägten Telefonmast sitzen und debattieren.

»Man könnte direkt das heulende Elend kriegen, wenn man das sieht.«

»Was, Hannes?«

»Da sitzen sie zusammen und versuchen die schlechten Nachrichten aus der Heimat zu verdauen. Jeder hat seinen Schlag abgekriegt. Und mit jedem neuen Postempfang wird es schlimmer. Es läßt sich nicht mehr verleugnen, daß es auch mit der Heimat rückwärts geht, um nicht zu sagen: abwärts. Materiell, physisch und moralisch. Heimat, deine Sterne, sie gehen langsam aber sicher unter.«

»Sei nicht so zynisch, Hannes.«

»Ich bin nicht zynisch, Fritz. Die *Geschichte* ist es. Aber was tut der brave deutsche Landser? Wenn der erste Schreck überwunden ist, reißt er seine alten Witze und lacht.«

»Um das Elend zu übertönen!«

»Eben! Und wenn morgen der neue Befehl kommt, halten sie wieder treu und brav ihren Schädel hin.«

»Was sollen sie anders tun, Hannes?«

Krummbier antwortet nicht. Er blickt stumm auf die Straße nach Westen, wo sich endlos weit ein müder Heerwurm hinzieht. Das gewohnte Bild des Rückzugs. Nur alles noch trostloser als bisher. Unendlich langsam kriechen die Kolonnen dahin. Es ist, als habe sogar der Rückmarsch, die Flucht nach hinten, an Elan verloren.

Eine dicke, mehlige Staubwolke liegt über der Straße. Keuchend schleppen sich die Menschen durch die drückenden Schwaden. Verklebte Gesichter, entzündete Augen. Alles grau in grau.

Zum ersten Mal sind auch deutsche Zivilisten dabei. Flüchtlinge aus den besetzten Ostgebieten. Frauen und Kinder mit Sack und Pack. Sie ziehen nach Schlesien. Richtung Oppeln oder Breslau. In Schlesien hoffen sie sicher zu sein. In Breslau ist Ruhe ...

Krummbier deutet mit dem Pfeifenstiel auf eine Gruppe, die ganz nahe an dem alten Panzer vorbeizieht.

»Sieh dir das an, Fritz.«

Es ist eine Kolonne von Verwundeten. Wahrscheinlich ein Lazarett, das nach hinten verlegt wird. Alles zu Fuß, nirgends ein Fahrzeug. Rotkreuzschwestern stützen Männer mit verbundenen Köpfen und Armen. Die Schwestern können sich selbst kaum noch auf den Beinen halten, aber tapfer führen sie ihre Schützlinge von einem Staubloch zum anderen. Dazwischen ächzende Sanitäter, die die Schwerverwundeten auf Tragbahren schleppen. Alle zwanzig Meter setzen sie ihre Last ab und wischen sich den Schweiß aus den verklebten Gesichtern. Nicht lange mehr, und sie werden selbst reif für die Tragbahre sein.

»Aber die fliegenden Standgerichte haben noch genügend schnelle Fahrzeuge«, zischt Krummbier. »Die sind jetzt auch notwendiger als alles andere.«

Kleebusch hört das Stöhnen der Verwundeten, sieht die nässenden Verbände, die aufgebrochenen Wunden. Ein Glück, denkt er, daß die Front verhältnismäßig ruhig geworden ist. Seit den ersten Septembertagen schweigen die Geschütze. Die große russische Sommerschlacht hat ihr vorläufiges Ende erreicht. Bis zum gewohnten Wintersturm ist noch Zeit. Würde der Russe jetzt zu einer umfangreichen Herbstoffensive ansetzen — die Folgen wären nicht abzusehen. Kein einziger käme davon.

»Was sind wir doch für arme Schweine, Fritz. Empfinden es schon als Glück, wenn uns der Russe eine Verschnaufpause läßt und auch die Krüppel sich absetzen können.« Krummbier klopft hart seine Pfeife an dem Panzerturm aus. »Dabei entgeht doch keiner seinem Schicksal. Tausende Kilometer sind wir zurückmarschiert — aber was hat sich geändert? Ob es einen schon am Terek erwischt hat oder erst an der Weichsel, ist im Endeffekt egal. Ob wir hier schon in Gefangenschaft geraten oder erst an der Elbe — was ist damit gewonnen? Geschnappt wird diesmal alles, was Hitlers Rock trägt, da kannst du dich drauf verlassen. Wer das Ende überlebt, marschiert anschließend gleich wieder nach Osten. Zur lebenslänglichen Zwangsarbeit in den sibirischen Bergwerken.«

Krummbier macht eine Pause und stopft sich seine Pfeife neu. Dann fährt er fort:

»Ist dir eigentlich klar, daß wir Landser im Osten am allerbeschissensten dran sind? Wir haben die Hauptlast des Krieges getragen, und wir werden hinterher auch noch für die Verbrechen der anderen büßen müssen. Die Russen halten sich an denen schadlos, die sie erwischen. Das sind wir. Die Verantwortlichen kriegen sie nicht zu fassen. Die leben dann nicht mehr. Oder sind untergetaucht. Oder wissen von nichts. Oder bekommen wie die Herren vom Nationalkomitee ganz hohe Posten. Aber wir?«

Versonnen blickt Kleebusch über das ausgebrannte Land.

»Warum erzählst du mir das, Hannes?«

»Weil ich gerade wieder an Grimms Märchen denke.«

Kleebusch muß unwillkürlich lachen.

»Seit wann beschäftigst du dich mit Kindermärchen?«

»Wär gar nicht so dumm, sie wieder mal zu lesen. In manchen steckt mehr Weisheit, als man als Kind verstehen kann.«

»Willst du dich nicht deutlicher ausdrücken?«

»Du kennst doch die Bremer Stadtmusikanten.«

»Na und?«

»Da kommt ein Satz drin vor, der mir in letzter Zeit nicht aus dem Kopf geht.«

»Wie heißt dieser Satz?«

»›Komm mit, sagte der Hund, etwas Besseres als den Tod finden wir überall.‹«

Rasselnd rollt eine halbzerfetzte Zugmaschine vorbei. In der Ferne dumpfe Detonationen. Sprengungen der Pioniere. Rauchschwaden ziehen übers Dorf. Es riecht nach Brand und Verwesung.

»Etwas Besseres als den Tod finden wir überall ...«, wiederholt Krummbier leise; er blickt den Freund eindringlich an. »Hat der Hund nicht recht? Du, wir sind nicht mehr weit von Berlin entfernt. Nicht weiter, als wenn man früher in die Ferien nach Oberbayern fuhr.«

»So«, sagt Kleebusch.

»Ich hab' mir seit den Karpaten einen Plan gemacht.«

»Was für einen Plan?«

»Holzauge sei wachsam!« Krummbier klopft auf seine Brusttasche. Er spricht ganz leise. »Hier in der Tasche hab' ich ein paar Papiere. Gute Papiere. Wehrmachtsfahrscheine, Vergleichsmitteilungen und alles, was dazu gehört. Blanko gestempelt und mit den nötigen Dienstsiegeln versehen. Und alles doppelt — auch für dich ...«

»Mein Gott, Hannes — du willst doch nicht . . .?«

»Natürlich will ich. Es muß nur eine passende Gelegenheit kommen. Alles mit Verstand. Nicht einfach die Knarre wegschmeißen und davonschleichen, wie es der Mann in den Karpaten machen wollte, sondern schön ordentlich nach Dienstvorschrift mit gewichsten Stiefeln von einem großen Bahnhof abreisen.«

»Aber das ist doch . . .«

»Was ist das?«

»Das ist Fahnenflucht, Hannes!«

»Von welcher Fahne?«

Kleebusch fingert nervös an seinem Koppel herum. »Nein«, sagt er entschlossen. »Es geht nicht, Hannes. Ich mache auf keinen Fall mit.«

»Angst? Oder immer noch Hemmungen? Mensch, Fritz — was kann dich nach dem Tod des Kommandeurs noch hier halten! Die große Wende, auf die du gehofft hast, ist verpufft. Oder hast du den Ehrgeiz, diesen verdammten Scheißkrieg bis zum letzten Atemzug mitzumachen?«

»Ich denke an Karin. Wir wollen heiraten.«

»Heiraten?« Krummbier sieht ihn an, als käme er aus einer anderen Welt. »Glaubst du im Ernst, daß du jetzt heiraten kannst? Es ist doch Urlaubssperre.«

»Für die Hochzeit gibt es Sonderurlaub.«

»Von Maier? Daß ich nicht lache! Vergiß nicht, daß der Oberst nicht mehr lebt. Maier wird dich eher in die Hölle schicken, als dir einen Fahrschein nach Berlin geben. Gerade jetzt, nach diesem Verhör!«

»Ich brauche Maier nicht dazu. Karins Vater besorgt das über die Partei und das Wehrbezirkskommando. Dann kommt die Erlaubnis aus Berlin. In spätestens sechs Wochen klappt es.«

»In sechs Wochen haben dich längst die Würmer gefressen. Fritz — sei doch kein Idiot! Denk an Maiers Drohung. Kein Mensch kann dich jetzt mehr schützen, wenn er dich auf Himmelfahrtskommando schickt. Ich sage doch das alles nur deinetwegen. Weil ich möchte, daß du deine Karin lebend wiedersiehst. Damals, als die Sache mit Maria war, hab' ich dir bedenkenlos in die Fresse gehauen. Und ich habe recht behalten damit. Wenn ich nur wüßte, was ich diesmal tun soll, um dich über die letzten Runden zu bringen.«

»Gib dir keine Mühe«, sagt Kleebusch ruhig. »Diesmal ist es zwecklos. Ich würde auch mit zerhauener Visage zur Hochzeit fahren. Ich kann mich nicht irgendwo als Deserteur verkriechen. Ich *muß* zu Karin. Versteht du? Ich *muß!*«

»Und warum, in des drei Teufels Namen?«

»Sie erwartet ein Kind.«

»Ein Kind?« Krummbier verschluckt sich fast. Er nimmt die Pfeife aus dem Mund und starrt den Freund entgeistert an. »Großer Gott im Himmel — und das sagst du mir erst jetzt?«

»Ich wollte es überhaupt nicht sagen, bevor es da ist.«

»Auch mir nicht?«

Kleebusch schweigt.

»Na ja«, macht Krummbier. Er holt sein Taschentuch hervor und schneuzt sich laut und vernehmlich. »Ich versteh' ja, daß so was nicht ganz einfach ist. Ginge mir genauso. Man gibt nicht gern zu, wenn man Pech gehabt hat. Trotzdem ...«

»Du verstehst mich falsch, Hannes. Ich habe kein Pech gehabt. Karin wollte ein Kind. Wir haben uns alles gut überlegt.«

»Überlegt?« Krummbier ist völlig von den Socken. »Wird ja immer schöner! Das nennst du überlegt? Daß man mal ausrutschen kann, versteh' ich. Aber daß man mit vollem Bewußtsein ... nee, Fritz, das geht über meinen Horizont. Wollt ihr euch vielleicht das Mutter- und Vaterkreuz verdienen mit eurer Eile? Nach der Parole: Der Führer braucht Soldaten? Man kann dich keine halbe Stunde allein lassen, du Idiot, schon machst du Dummheiten.«

Kleebusch muß jetzt lächeln.

»Beruhige dich, Hannes. Dich trifft wirklich keine Schuld. Aber Spaß beiseite: Warum sollen wir kein Kind haben? Wir verlieren soviel Zeit im Krieg. Das halbe Leben zerrinnt uns zwischen den Fingern. Ich möchte nicht wie ein Großvater aussehen, wenn ich zum ersten Male Vater werde.«

»Als ob es darauf ankäme! In dieser Zeit setzt man überhaupt keine Kinder in die Welt. Es ist nicht nur leichtsinnig, es ist schon fast gewissenlos. Soll Karin im Luftschutzkeller niederkommen? Soll sie gesegneten Leibes dem Iwan in die Hände fallen? Oder soll das Kleine wie das liebe Jesuskind auf der Flucht geboren werden? ›Da lieget das Kindlein auf Heu und Stroh ...‹, falls es dann in Deutschland überhaupt noch Heu und Stroh gibt. Das arme Wurm kann einem jetzt schon leid tun. Wenn es die Bomben übersteht, hat es anschließend die besten Aussichten, zu verhungern.«

Krummbier bricht ab. Das bleiche Gesicht des Freundes läßt ihn zu sich kommen.

»Na gut, Fritz. Geschehen ist geschehen. Ich versteh' auch, daß du Karin unter diesen Umständen nicht im Stich lassen willst. Bleiben wir also. Lassen wir die Fahrkarten in Gottes Namen verfallen. Vielleicht ist es ganz gut so, diesen Feldzug bis zum bitteren Ende mitzumachen. Kann später keiner behaupten, wir hätten den Krieg verloren, weil der alte Oberschnapser Krummbier und sein Freund, der kleine Korporal Kleebusch, früher ausgestiegen sind.«

»Aber du brauchst dich doch nicht nach mir zu richten, Hannes. Du kannst doch allein ...«

Krummbier macht ein grimmiges Gesicht.

»Mensch, halt bloß die Schnauze, sonst schmier' ich dir noch eine. Soll ich dich in deiner Scheiße allein lassen? Damit du am Ende noch mehr Dummheiten machst?«

## 27

Alarmnachrichten aus West und Ost.

Im Westen sind die Amerikaner bis an die Reichsgrenze vorgestoßen. Am 21. Oktober 1944 wurde Aachen besetzt. Starke Angriffe im Raum Düren lassen einen Durchbruch in Richtung Köln befürchten. Entlang der Pfälzer Grenze ist der Westwall in Gefahr, durchbrochen zu werden. In Ostpreußen kämpft die Rote Armee schon auf deutschem Boden. Schlesien ist bedroht. Deutschlands letzte Verbündete sind abgefallen. Rumänien hat unter sowjetischem Druck Deutschland den Krieg erklärt. Finnland hat seit dem 19. September den Kampf eingestellt. Bulgarien hat am 28. Oktober in Moskau einen Waffenstillstand abgeschlossen und fällt der Heeresgruppe Südost in die Flanke. Deutschland ist isoliert. Das Reich ist zu einer belagerten Festung geworden. Von allen Seiten stürmt es heran. Noch halten im verzweifelten Abwehrkampf die Wälle, aber die ununterbrochenen Angriffe aus der Luft höhlen die Festung langsam von innen aus.

An der Ostfront bäumt sich der Verteidigungswille der deutschen Landser ein letztes Mal auf. Mögen im Westen die Alliierten den Rhein überschreiten und ins Herz Deutschlands vorstoßen — wen kümmert's noch in dieser Lage? Der Krieg ist ohnehin verloren. Aber im Osten, Kameraden, im Osten müssen wir halten. Denkt an unsere Frauen und Kinder. Ihr wißt, was mit ihnen geschieht, wenn der Damm bricht. Haltet aus, mit letzter Kraft. Vielleicht geschieht doch noch ein Wunder, auf das Millionen Deutsche in diesen Tagen hoffen.

Heiße Wünsche, die den Kampf beflügeln.

Auch Kleebusch kämpft mit dem Mut der Verzweiflung. Mag ihn Maier bis aufs Blut schikanieren, er weiß, daß es jetzt um andere Dinge geht. Er hat, seit deutsche Zivilisten in den angegliederten Ostgebieten in die Kämpfe verwickelt sind, Schreckensbilder gesehen, die ihm den Atem nahmen.

Wenn diese Flut Berlin erreicht? Wenn Karin in den Strom der Vergewaltigungen gerät?

Nicht auszudenken ...

Längst sind Kleebusch und seine Kameraden zu empfindungslosen, mechanischen Robotern des Kampfes geworden. Erdbraune Gestalten, die kaum noch Menschenähnlichkeit besitzen. Lehmverkrustet, abgerissen, zerschunden.

Das Regiment ist Ende Oktober im Zuge der großen Umgruppierungen mit einigen Panzerdivisionen in den Schlachtraum an der mittleren Weichsel geworfen worden. Seitdem geht es im Zickzack hin und her. Von einer Durchbruchstelle zur anderen, von einem Brandherd zum nächsten. Die reinste fliegende Feuerwehr.

Der Oktober vergeht; ein trüber, kalter November beginnt. Der neue Winter kündigt sich an, von dem niemand weiß, was er bringt. Von dem nur eines feststeht: daß er der letzte Kriegswinter sein muß ..

Vor dem russischen Brückenkopf, der seit einiger Zeit am östlichen Weichselbogen bei Zwolen besteht, ist wieder einmal der Teufel los. Ständiges Anrennen des Gegners, der seine Stellung zu verbreitern sucht. Überall Einbrüche, die nur mit äußerster Anstrengung wieder zu bereinigen sind.

In diesen Tagen erreicht Kleebusch eine Freudenbotschaft. Sie läßt ihn das Grauen ringsum vergessen. Karin schreibt, am 16. November findet die Hochzeit statt. Gleichzeitig kommt ein Fernschreiben über die Armee an die Dienststelle der Einheit, daß dem Unteroffizier Kleebusch drei Tage Sonderurlaub zugebilligt werden.

Am Tag vor der Abreise wird Kleebusch zu Oberleutnant Maier befohlen. Maier haust im Nachrichtenbunker neben dem Regimentsgefechtsstand. Er hat durch die Schreibstube beim Troß die notwendigen Papiere fertigstellen und durch einen Melder nach vorn bringen lassen. Es liegt alles bereit: Urlaubsbescheinigung, Vergleichsmitteilung, Wehrmachtsfahrschein. Nichts kann mehr schiefgehen.

»Hier, Kleebusch!« Maier überreicht ihm die Papiere. Sein Gesicht ist nicht unfreundlich. »Morgen früh können Sie losmarschieren. Ich habe Ihnen zwei Reisetage bewilligt, damit Sie nicht zu spät kommen. Bei der augenblicklichen

Konfusion und den ständigen Luftangriffen auf die Bahnhöfe in Deutschland ist es nicht leicht, einen genauen Reisetermin einzuhalten.«

Kleebusch erwidert nichts. Er beobachtet Maier genau. Der falsche Fuffziger ist in letzter Zeit merkwürdig still geworden. Echte Wandlung? Oder Raffinesse? Hat er nun, da es mit Riesenschritten dem Ende zugeht, Angst bekommen? Beginnt er zu ahnen, daß Kleebuschs Drohung bald Wirklichkeit werden kann? Oder plant er eine neue Gemeinheit? Will er mit der Freundlichkeit seinen letzten großen Coup verdecken?

»Sie haben Glück, Kleebusch«, fährt Maier fort. »Sie wissen, daß ich Ihnen bei der augenblicklichen Lage einen Strich durch die Rechnung machen könnte. Ist Ihnen das klar?«

»Jawohl, Herr Oberleutnant.«

»Ich will Ihnen trotzdem keine Schwierigkeiten bereiten. Ich habe es auch dem Kommandeur gesagt. Er hatte äußerste Bedenken, Sie nach dem letzten Verhör nach Berlin fahren zu lassen. Offen gesagt — er mißtraut Ihnen. Doch ich konnte seine Bedenken zerstreuen. Ich bin gewiß, daß Sie unter allen Umständen zurückkommen werden. Sie hängen viel zu sehr an der Einheit — oder täusche ich mich?«

Maier macht eine kleine Pause und sieht Kleebusch prüfend an, dann streckt er ihm unvermittelt die Hand hin.

»Ich wünsche Ihnen jedenfalls alles Gute für Ihre Hochzeit. Gute Reise und recht glückliche Tage in Berlin.«

»Danke, Herr Oberleutnant.« Kleebusch verläßt den Bunker.

Am Nachmittag wird das russische Feuer stärker. Einschlag auf Einschlag läßt die Erde erzittern.

Eine Stunde später wird Kleebusch von einem Melder aus seinem Loch geholt. Er muß zu Maier.

»Störungssuche zur ersten«, sagt Maier, ohne aufzublicken.

»Ich?«

»Tut mir leid, Kleebusch, ich habe im Augenblick keinen anderen Mann frei. Sie nehmen den Gefreiten Fibus mit. Wenn Sie sich beeilen, sind Sie bis zum Abend zurück und versäumen nichts.«

»Aber ...«

»Was aber?«

Kleebusch ballt die Fäuste. Er weiß, daß die Fernsprechleitung zur ersten Abteilung schon seit dem Vortag zerfetzt ist. Niemand kümmerte sich darum, da eine ausgezeichnete Funkverbindung zum Abteilungsgefechtsstand besteht. Außerdem weiß er, daß dorthin kein Durchkommen ist. Der einzige Weg, den es gibt, führt über eine kahle Anhöhe, die vom Feind einzusehen ist und dauernd bestrichen wird. Was sich auf der Anhöhe bewegt, wird todsicher abgeknallt. Zwei Melder sind dort gefallen. Ein weiterer mußte unverrichteter Dinge umkehren.

»Sie wollten etwas sagen, Kleebusch?«

»Nein, Herr Oberleutnant«, preßt Kleebusch durch die Zähne. »Mir ist alles klar.«

»Dann ist es gut.« Maier lächelt wieder. »Aber glauben Sie nicht, daß Sie zurückkommen können, ohne etwas ausgerichtet zu haben. Wenn ich nicht bald über die zerschossene Leitung telefonieren kann, müßte ich zu meinem Bedauern dem Kommandeur melden, daß Sie einen Befehl verweigert haben. Wegen Feigheit vor dem Feind. Sie wissen, was das heißt. Vergessen Sie dabei nicht, daß Oberst Graupner nicht mehr lebt. Und nun alles Gute, Kleebusch!«

Kurz darauf, in einer knappen Feuerpause, marschiert Kleebusch mit dem langen Fibus los.

Fibus hat den Feldfernsprecher über der Schulter hängen und schlägt ab und zu mit der Faust dagegen, daß es dröhnt.

»Immer ich! Immer ich!«

Kleebusch schweigt verbissen.

»Das ist doch Mord, Fritz. Glatter Mord! Genausogut hätte er gleich die Pistole ziehen und uns niederknallen können. Möchte bloß wissen, was der gegen mich hat, daß er mich ständig verheizen will. Ausgerechnet mich zu so einem Himmelfahrtskommando zu schicken!«

»Irgendwer muß es ja machen, Langer.«

»Aber warum gerade ich? Bloß weil ich ihm am Terek die Hosen mit Rotwein vollgespritzt habe?«

»Wahrscheinlich.«

»Dieser dreckige Hund. Dieser beschissene Arsch. Du kannst von Glück sagen, Fritz, daß er dich nicht auf der Latte hat.«

Kleebusch antwortet nichts.

»Aber er soll mich nicht kriegen. Diesmal werd' ich's ihm schon zeigen. Mir tut dabei nur eines leid . . .«

»Was, Langer?«

»Daß du wegen mir dran bist. Wo du doch morgen in Urlaub fahren sollst. Du bist doch . . .«

Er kommt nicht dazu, weiter zu sprechen. Ein Feuerball zwingt sie in den Dreck. Ringsumher spritzen die Fetzen hoch. Das ganze Gelände decken die Einschläge ein. Nur mit Mühe können sie ein paar Meter weiterrobben, in einen Graben, in dem sie einigermaßen sicher sind.

Die aufgewühlte Erde ist feucht und klebrig. Es riecht nach Nässe und vermodertem Laub. Die Novemberkälte dringt durch die klammen Klamotten.

»Du, Fritz?«

»Ja?«

»Ich leg' ihn um.«

»Wen?«

»Maier. Wen denn sonst? Ehe der Krieg aus ist, lege ich ihn um. Fünf Minuten vor zwölf lasse ich den noch über die Klinge springen. Kerle wie der sollen nicht davonkommen. Ich habe mir schon genau überlegt, wie ich es mache.«

Kleebusch hat ein Stück Kommißbrot aus der Tasche gezogen; schweigend kaut er darauf 'rum.

»Warum sagst du nichts, Fritz?«

»Was soll ich denn sagen?«

»Du glaubst, daß es Mord ist?«

Kleebusch verzieht die Lippen. »In diesem Krieg ist vieles Mord. Was du tun willst, mußt du mit deinem Gewissen ausmachen.«

»Red doch nicht so geschwollen daher, Mensch. Du sollst mir nicht ausweichen. Bist du davon überzeugt, daß es Mord wäre? Ja oder nein?«

»Wenn du mich so direkt fragst . . .«, antwortet Kleebusch, »natürlich wäre es Mord.«

»Und die Männer, die Hitler umlegen wollten? Waren das vielleicht Mörder?«

»Sicher nicht.«

»Na also. Sind entweder Helden oder Hochverräter, je nachdem, von welchem Standpunkt aus man es betrachtet. Mörder sind sie jedenfalls nicht.«

»Aber das ist doch was anderes, Langer.«

»Wieso denn? Für mich ist Hitler unerreichbar. Ich kann mich nur an Maier halten. Maier ist für mich Tyrann, genauso wie es für Tell der Landvogt war. Dabei hat der Vogt nur verlangt, daß Tell einen Apfel vom Kopf seines Jungen schießt. Uns aber schickt Maier ohne Notwendigkeit in den sicheren Tod.«

Kleebusch erwidert nichts darauf. Was soll er auch sagen? Der Vergleich erscheint grotesk. Eine primitive Logik. Aber hat Fibus nicht im Grunde recht damit?

Das Feuer ist etwas schwächer geworden. Die Einschläge liegen weiter hinten.

»Komm, Langer.« Kleebusch rappelt sich hoch und winkt dem Kameraden.

Vorsichtig stapfen sie weiter. Hin und wieder zapfen sie die Leitung an, kontrollieren die Verbindung nach hinten. Alles intakt. Die Störung muß wirklich auf dem gefährlichen Höhenrücken liegen. Es hilft nichts, sie müssen weiter.

»Nein«, sagt Fibus entschieden. »Ohne mich. Du weißt genausogut wie Maier, daß die Höhe einzusehen ist. Was sich dort bewegt, wird abgeknallt.«

»Angst?«

»Lieber fünf Minuten feige, als ein Leben lang tot.«

»Du gehst nicht mit?«

»Auf keinen Fall. Die Funkverbindung klappt doch ausgezeichnet. Warum also die verdammte Leitung flicken? Nur damit Maier seinen Spaß hat, mich als Leiche zu sehen?«

»Aber der Befehl . . .«

»Piß dich doch nicht voll, Fritz. Du weißt genau, wie man so was umgehen kann.«

»In diesem Fall ist ein Umgehen unmöglich.«

»Tut mir leid, ich mach' trotzdem nicht mit.«

»Und wenn *ich* dir den dienstlichen Befehl gebe?«

»Du?« Fibus reißt Mund und Augen auf. Er sieht Kleebusch an wie einen Verrückten. Diesen Ton hat er von dem Freund noch nie gehört. »Das ist doch nicht dein Ernst, Fritz!«

Doch! möchte Kleebusch sagen. Natürlich gebe ich dir den Befehl. Ich muß es tun, sonst komme ich morgen nicht weg, und alles fällt ins Wasser — das Wiedersehen mit Karin, die Hochzeit . . .

»Gib den Kasten her«, fordert er nach einer Weile.

»Was willst du tun?«

»Ich geh' allein weiter.«

Fibus zögert einen Augenblick, dann sagt er entschlossen: »Warte, Fritz — ich gehe mit.«

Schweigend gehen sie nebeneinander her, halb gebückt, jederzeit bereit, bei einem herannahenden Einschlag in das nächste Deckungsloch zu springen. Doch bevor sie den flachen Höhenzug erreichen, hört das Feuer auf. Es wird völlig still im Gelände. In der langsam herabsinkenden Dämmerung wirkt die Lautlosigkeit fast unheimlich. Totenruhe über der HKL.

»Es stinkt«, flüstert Fibus; schnuppernd streckt er die spitze Nase hoch. »Es liegt was in der Luft. Ich rieche Leichenduft. Wollen wir nicht doch umkehren?«

»Nein.« Kleebusch beschleunigt seinen Schritt. Fibus folgt in einigem Abstand. Hundert Meter noch, dann sind sie an der Stelle, wo das Gelände langsam ansteigt. Dahinter muß die Stellung der ersten liegen.

Da beginnt die Erde zu dröhnen und zu beben, als käme eine Herde Elefanten angetrampelt. Kettengerassel und Motorengeräusch, leise erst, dann immer stärker anschwellend, bis zum donnernden Getöse.

»Panzer!« schreit Kleebusch.

Im gleichen Augenblick kommen sie auch schon angefahren, brechen von der Seite aus den Gebüschen hervor, walzen nieder, was im Wege steht, senken die Nase, sobald es in eine Mulde geht, und recken sich wie zum Sprung in den Himmel, wenn sie eine Bodenwelle erklimmen.

Zur Flucht ist es zu spät. Kleebusch läßt sich in das nächste Loch fallen. Auch Fibus haut sich hin, wo er gerade steht. Es hat keinen Zweck mehr, zu rennen. Sie würden nur die Aufmerksamkeit auf sich lenken. Man würde sie wie Karnickel abschießen. Am besten, den toten Mann markieren.

Es sind zehn oder zwölf T 34, die wie Urwelttiere angeschnaubt kommen. Schmerzhaft klingt das Dröhnen im Ohr. Ein Dammbruch, denkt Kleebusch. Sie werden von hinten alles aufrollen ...

Er sieht Fibus platt wie eine Wanze auf der Erde liegen. Ohne Deckung. Langsam robbt er mit seinen langen Gliedern näher.

»Nicht bewegen!« schreit Kleebusch. Doch Fibus hört ihn nicht. Die Stimme geht im Dröhnen unter. Unaufhörlich schiebt sich Fibus weiter, die Nase im Sand, ohne links und rechts zu blicken. Er will zu seinem Kameraden. Als er auf drei Meter heran ist, steuert eines der Ungeheuer haarscharf an Kleebuschs Loch vorbei.

»Achtung!« brüllt Kleebusch aus Leibeskräften.

Jetzt hat ihn Fibus gehört. Er bleibt starr liegen, immer noch vor Angst das Gesicht im Dreck, als könne er sich wie ein Maulwurf durch die Erde beißen.

In diesem Augenblick dreht der Panzer mit einem kurzen Ruck zur Seite. Der Riese schiebt sich direkt auf Fibus zu. Der scheint nichts zu merken. Er ist vor Angst gelähmt. Eine der beiden Ketten erwischt ihn, wälzt sich quer über seine Beine, seinen Unterleib bis zur Hüfte. Der Oberkörper schnellt hoch, wie von einer Feder getrieben. Fibus hängt mit hohlem Kreuz frei in der Luft. Er reißt den Mund auf, aber er schreit nicht. Die Zähne sind zu einem irrsinnigen Lachen gebleckt. Kleebusch sieht das Gesicht zum Greifen nahe, dieses schaurig grinsende Gesicht mit den aufgerissenen Augen, die direkt in die seinen starren. Der Kopf ist hochrot und dick geschwollen, zum Platzen prall, als sei er unter der Last, die über seinen Körper rollt, aufgebläht.

Sekunden hält sich Fibus so, dann sackt er zusammen, gleich einem Gummitier, dem die Luft ausgegangen ist. Leblos platscht er zur Erde.

Die Panzer rollen weiter, ohne Hast, ohne Eile. Kein Schuß fällt. Sie können sich bewegen, wie sie wollen. Souveräne Herren in einem toten Gebiet.

Kleebusch ist in seinem Loch zusammengesunken. Vergehen Stunden oder nur Minuten? Er weiß es nicht. Er fühlt nichts, er denkt nichts. Er wagt den Kopf nicht zu heben. Erst als ihn Dunkelheit umgibt, rafft er sich auf, blickt nach dem toten Kameraden. Was er im fahlen Mondlicht sieht, dreht ihm fast den Magen um. Hier gibt es nichts mehr zu tun.

Schnell wendet er sich ab und taumelt davon, zurück zum Regimentsgefechtsstand.

Doch von den Bunkern ist nicht mehr viel zu sehen. Sie sind verlassen, in wilder Flucht geräumt, von den Panzern niedergewalzt.

Erst weiter hinten, auf der Straße zum Dorf, in dem der Troß lag, trifft Kleebusch auf einige Versprengte. Dort begegnet er auch dem Regimentsadjutanten und erstattet ihm atemlos Meldung.

»Menschenskind, Kleebusch!« Kopfschüttelnd betrachtet ihn der Adjutant. »Wer hat Ihnen denn diesen Befehl gegeben?«

»Oberleutnant Maier.«

Das Gesicht des Adjutanten verfinstert sich. »Das verstehe ich nicht. Ausgerechnet die Leitung zur ersten. Und ausgerechnet zu diesem Zeitpunkt . . . Sie haben doch Heiratsurlaub?«

»Jawohl, Herr Leutnant.«

»Haben Sie die Papiere bei sich?«

»Jawohl.«

»Mensch« — der Adjutant legt ihm die Hand auf die Schulter — »hauen Sie ab, so schnell Sie können. Wer weiß, ob es morgen früh noch geht. Zu holen ist beim Haufen nichts mehr. Die Klamotten sind ohnehin alle futsch. Alles weitere regle ich für Sie. Machen Sie's gut — und toi, toi, toi für Berlin!«

Kleebusch hatte Glück. Auf der großen Straße nach Westen erwischte er einen Lkw, der noch in der Nacht nach Lodz fuhr. Dort bekam er am nächsten Mittag einen direkten Zug über Kalisch nach Berlin. Es konnte noch klappen.

Regungslos saß er in der Ecke seines Abteils und döste vor sich hin. Er war noch benommen. Es war alles zu schnell gekommen. Er konnte es nicht fassen, daß Fibus auf so grauenvolle Weise umgekommen war. Das Bild würde ihn lange verfolgen . . .

Nachdenklich betrachtete er seine Uniform. Sie war dreckverschmiert, zerrissen. Es kümmerte ihn nicht. Alle Landser, die er sah, steckten in abgeschabten, geflickten Monturen. Man war im sechsten Kriegsjahr. Keiner, der von draußen kam, war mehr gesellschaftsfähig. Zu Hause würde sich alles finden. Er konnte zur Hochzeit seinen dunklen Zivilanzug anziehen . . .

Bahnhöfe, Städte, weite Felder. Dunst vor dem Fenster, graue Schlieren, Novembernebel. Stundenlanger Aufenthalt auf freier Strecke. Immer häufiger blockierte Gleise, zerschossene Loks, aufgerissene Schienen über Bombentrichtern. Der Tag verging, die Nacht.

Am frühen Morgen kam er in Berlin an.

16. November 1944. Sein Hochzeitstag.

Die Stadt war kaum wiederzuerkennen. Trümmer über Trümmer. Gespenstige Ruinen mit bizarren Formen. Ausgebrannte Fensterhöhlen vor rauchenden Aschenhalden. Schuttberge, auf denen geisterhafte Gestalten wühlten. Lemurendasein einer leidgewohnten Bevölkerung. Verhärmte Frauen mit bleichen, hohlwangigen Kindern. Leere Gesichter, ausdruckslose Augen, gebeugte Rücken. Aber an geborstenen Fassaden leuchtende Schriften: »Unsere Mauern brechen — unsere Herzen nicht!«

Berlin . . .

Die Reichshauptstadt war zum Hauptkampffeld des Reiches geworden. Eine Frontstadt, grauenhafter und zerschundener als er je eine im Osten gesehen hatte.

In der Müllerstraße am Wedding eine Absperrung. Luftschutzwarte, Polizei, Parteimänner. Niemand durfte durch. Weiter hinten in der Straße rauchte es. Zu sehen war nichts.

Kleebusch versuchte sich durch die Menge zu drängen. Er war von einer plötzlichen Unruhe erfaßt. Als ihn ein Polizist am Ärmel festhalten wollte, schüttelte er ihn ärgerlich ab.

»Lassen Sie mich durch! Ich wohne hier.«

»Name? Adresse? Kann ich Ihr Soldbuch sehen?«

Kleebusch wollte aufbegehren. Was ging den Schupo sein Soldbuch an? Doch dann besann er sich. Mit nervösen Händen zerrte er seine Papiere hervor.

»Was ist los? Ist das Haus zerstört?«

Der Polizist antwortete nicht. Er ging zu einem der Parteimänner, der in einer zerknitterten Liste nachsah.

»Kommen Sie«, sagte der Mann in der Parteiuniform. Er nahm Kleebusch vorsichtig beim Arm und führte ihn durch eine Seitenstraße. Es ging über Trümmer, Schutt und schwelende Balken.

»Wo führen Sie mich hin?«

»Kommen Sie nur«, wiederholte der Mann mit ernstem, würdigem Gesicht. Er gab seiner Stimme einen salbungsvollen Ton wie ein Pastor. »Sie sind doch Soldat. Sie müssen jetzt stark sein.«

Kleebusch überfiel die Angst. Sein Herz krampfte sich zusammen. Er fühlte ein Würgen in der Kehle. Man sollte dem Kerl in das Gesicht schlagen . . .

»Mann, sparen Sie sich Ihre abgedroschenen Phrasen. Ich will wissen, was geschehen ist. Lebt meine Mutter noch? Was ist mit meiner Braut?«

Der Mann hob die Schultern.

»Ich weiß es nicht. Ich kann nicht alle Namen im Kopf haben. In meiner Liste stehen nur die Notlager für die einzelnen Häuser. Wir sind gleich da. Dort, an der nächsten Ecke, erfahren Sie alles, was Sie wissen wollen.«

An der Ecke war eine Wirtschaft. Das Haus war eines der wenigen, das noch unbeschädigt war. Auf der Straße vor dem Eingang Möbelstücke, Hausrat, Waschkörbe voll zerbeultem Geschirr, angesengte Betten, Matratzen, Kinderwagen. Der reinste Trödlerladen des Elends. An der Hauswand rote Plakate: »Wer plündert, wird erschossen!«

Kleebusch riß sich von dem Parteimann los und stürzte zu dem Lokal. Man wollte ihn aufhalten, doch er stieß jeden zurück. Der Raum war überfüllt. Er stieg über Bänke, zwängte sich zwischen Tischen hindurch, an Notbetten vorbei, auf denen Verwundete lagen.

Nichts.

Er rannte wieder auf die Straße.

Da sah er seinen Vater. Der Vater, der aus Dänemark gekommen war, um bei der Hochzeit des Sohnes dabeizusein. Er trug einen grauen, vom Schutt verstaubten Anzug. Sein Gesicht war verschrammt und blaß. Bewegt schloß er den Sohn in die Arme.

»Fritz — mein Junge! Ich hab' mir schon gedacht, daß du da bist. Ich komme gerade aus der Charité . . .«

»Aus der Charité?« Kleebusch konnte es nicht so schnell begreifen. Es war zuviel auf einmal. In seinem Kopf drehte es sich. Er merkte, wie der Vater ihn an sich preßte, aber er fühlte nichts dabei.

»Wo ist Mutter? Was ist mit Karin?«

»Mutter ist nichts passiert. Karin . . .«

»Was ist mit Karin?«

»Nichts Schlimmes«, beruhigte der Vater. »Sie hat Mutter unter einem zusammenbrechenden Balken hervorgezogen und ihr damit wahrscheinlich das Leben gerettet. Ein tapferes Mädel. Aber sie muß sich bei der Anstrengung verletzt haben. Nicht sehr gefährlich — nur, bei ihrem Zustand . . . Wir haben sie jedenfalls sofort mit dem Krankenauto in die Charité bringen lassen.«

»Und das Kind? Kann es dem Kind schaden?«

»Die Ärzte hoffen das Beste. Es wird alles für sie getan, was in Menschenmacht liegt. Mutter ist bei ihr. Ich bring' dich jetzt hin.«

## 28

Es war nicht leicht, sich in dem ausgedehnten Komplex der Charité zurechtzufinden. Sie mußten sich mühevoll von Gebäude zu Gebäude, von Abteilung zu Abteilung durchfragen. Die Luftangriffe hatten auch hier, in den geheiligten Bezirken des Roten Kreuzes, Schäden angerichtet und Verwirrung gestiftet. Niemand wußte mehr genau Bescheid. Die gewohnte Ordnung war empfindlich gestört.

Verwundete, Kranke, Sieche, wohin man sah. Selbst in den Gängen standen Betten. Jeder Winkel war ausgenutzt. Dazwischen hastende Schwestern. Ab und zu ein Arzt mit wehendem Kittel. Stöhnende Patienten, verstörte Besucher. Es herrschte Hochkonjunktur in dieser Zentrale des Leidens und des Jammers. Bittere Ernte einer als groß gepriesenen Zeit.

Als Fritz Kleebusch mit seinem Vater endlich an der richtigen Stelle war, wurden sie von einer freundlichen kleinen Schwester in Empfang genommen. Trotz der sichtbaren Überarbeitung hatte sie ein Lächeln für den Frontsoldaten bereit.

»Gratuliere«, sagte sie, »es ist ein Junge.«

Fritz Kleebusch starrte sie an, als habe er sie nicht recht verstanden. Auf alles war er gefaßt gewesen, nur nicht darauf, daß man ihm gratulieren würde. Es dauerte Sekunden, bis er den Sinn der Worte in ihrem ganzen Umfang begriffen hatte. Mein Gott, dachte er. Er hatte also einen Sohn. Er war Vater geworden — ganz plötzlich, lange vor der erwarteten Zeit. Es war so schnell gar nicht zu fassen.

»Sagen Sie das noch mal, Schwester.«

»Gratuliere — es ist ein Junge!«

»Aber das ist doch . . . hat denn meine . . .« Er suchte nach einem passenden Wort. »Meine . . .«

»Ihre Frau ist wohlauf.«

»Es war also eine Fehlgeburt?« stammelte er.

»Aber nein!« Die Schwester lächelte nachsichtig. »Von einer Fehlgeburt«, belehrte sie ihn sanft, »spricht man nur, wenn die Frucht noch nicht lebensfähig, wenn die Schwangerschaft vor der sechsundzwanzigsten Woche unterbrochen ist. In Ihrem Fall handelt es sich um eine Frühgeburt. Eine durch äußere Einwirkungen hervorgerufene vorzeitige Niederkunft. Eine gar nicht so seltene Sache, besonders in dieser Zeit.«

»Und der Kleine ist gesund?«

»Er wiegt fast zweitausend Gramm. Bald vier Pfund. Da haben wir schon andere Kerlchen großgekriegt.«

»Kann ich ihn sehen?«

»Leider nicht. Sie würden auch nicht viel erkennen. Er liegt in einem geschlossenen Wärmebettchen, unter Glas, ganz in Watte gepackt . . .«

Kleebusch versuchte sich vorzustellen, wie sein Kind aussehen mochte. Er sah im Geist ein kleines Köpfchen, kaum größer als eine Männerfaust. Ein Kriegskind, mußte er denken, das seine verfrühte Geburt einem Bombentreffer auf das Haus verdankte. Ein kleines Menschenwesen, auf die Erde gekommen, als das große Sterben die Welt beherrschte. Was würde ihm die Zukunft bringen?

Der Arzt, der sich kurz sprechen ließ, war nicht ganz so optimistisch wie die junge Schwester. Er machte keinen Hehl daraus, daß die vorzeitig eingeleitete Geburt nach dem schweren Schock und der Überanstrengung der Mutter eine schwierige Sache war. Das Kind sei noch sehr schwach und müsse mit einer Sonde ernährt werden. Es sei seine Pflicht, darauf hinzuweisen, daß noch Gefahr bestehe.

»Aber wir tun alles, was in unserer Macht steht«, sagte er und drückte dem Vater und dem Großvater die Hand. »Und nun lassen Sie die junge Mutter nicht länger warten.«

Als Fritz Kleebusch die Klinke zum Krankenzimmer niederdrückte, kam seine Mutter rasch heraus. Sie küßte ihren Sohn: »Karin hat mir das Leben gerettet! Geh jetzt hinein zu ihr — ich warte hier mit Vater.«

Kleebusch betrat einen mittelgroßen Raum, in dem im ganzen acht Betten standen. Im ersten, nahe bei der Tür, lag Karin. Sie war blaß und hatte den Kopf tief in die Kissen gedrückt. Apathisch blickte sie zur Tür.

Als sie ihn erkannte, weiteten sich ihre Augen. Sie zog die Hand unter der Decke hervor und preßte sie auf den Mund. Es war, als wolle sie vermeiden, vor Freude laut aufzuschreien. Er sah, wie ihre Brust sich im stoßweisen Atem hob und senkte.

»Karin!«

Er beugte sich über das Bett und küßte sie auf die Stirn.

»Ich bin so glücklich, Karin. Über dich und unseren Jungen. Es war sicher sehr schwer für dich. Aber jetzt wird alles gut werden. Ich bin bei dir — wir sind alle zusammen.«

Lange war sie unfähig, ein Wort zu sagen. Sie schlang die Hände um seinen Nacken und zog ihn an sich. Er fühlte ihren heißen Atem an seiner Wange.

»Hast du Schmerzen?«

Sie schüttelte schwach den Kopf.

»Jetzt nicht mehr, Fritz. Es war nicht so schlimm.«

»Bist du verletzt?«

»Nicht der Rede wert. Eine Prellung in der rechten Hüfte und ein paar Abschürfungen an den Beinen. Ich bin nur sehr müde, weißt du.«

Er fuhr ihr zart über das Gesicht, strich ihr die Haare aus der Stirn.

»Du hast jetzt Zeit, dich auszuruhen. Es ist alles gut. Ich bin sehr stolz auf dich, Karin. Und sehr glücklich.«

Ihre Augen glänzten. Sie wollte etwas sagen, doch er legte ihr die Finger auf die Lippen.

»Nicht so viel sprechen. Du mußt dich schonen.«

Eine Weile saßen sie schweigend Hand in Hand. Es war ganz still im Zimmer. Die Frauen in den anderen Betten hatten sich teils abgewandt, teils hatten sie sich schlafend gestellt. Nur eine ältere Frau blickte neugierig herüber und nickte Kleebusch ermunternd zu.

Es war nicht sehr hell in dem Raum. Ein Teil des großen Fensters war mit Pappe verklebt. In der oberen Ecke hatte man als Glasersatz eine Röntgenaufnahme in den Rahmen genagelt. Die Rippen des Brustkorbes standen deutlich vor dem grauen Licht des Tages. Dazwischen der weiche Schatten des Herzens. Kleebusch konnte sich eines beklemmenden Gefühls nicht erwehren. Das Innerste eines Menschen war hier nackt zur Schau gestellt. Geheimnis eines fremden Lebens als kriegsmäßiger Fensterersatz ...

»Fritz«, flüsterte Karin.

»Ja?«

»Hast du ihn gesehen?«

»Natürlich«, sagte er schnell. Er wußte, daß sie das Kind meinte. Ihren Buben, den sie sich so sehr gewünscht hatte, und den sie jetzt doch nicht in den Armen halten konnte. »Natürlich habe ich ihn gesehen.«

Sie schaute ihm zärtlich in die Augen.

»Ich hatte schon solche Angst, weil sie ihn mir nicht zeigen wollten. Ich ... ich glaubte, er lebe nicht.«

»Unsinn, Karin. Unser Junge! Der Arzt sagte mir, daß er kräftig genug ist. Kinder, die zu früh kommen, holen schnell alles nach. In ein paar Monaten sieht man keinen Unterschied mehr.«

»Und die Hochzeit, Fritz? Was wird aus unserer Hochzeit?«

Er beugt sich auf das Kissen nieder und legte den Kopf an ihre Seite.

»Die Hochzeit findet statt, Karin. Sie wird nur auf übermorgen verschoben. Bis dahin bist du schon kräftig genug...«

»Um in die Kirche zu gehen?«

»Nein, Karin, das wird nicht möglich sein. Wir werden hier getraut. Mein Vater will alles organisieren.«

»Hier? Im Krankenhaus?«

»Es geht nicht anders, Karin.« Er drückte ihren Kopf fest an sich und sprach eindringlich weiter. »Du darfst nicht traurig sein. Es wird trotz alledem der schönste Tag in unserem Leben werden. Und wenn der Krieg vorbei ist, dann holen wir alles nach — mit großer Feier, mit Glockenläuten und allem, was dazugehört.«

»Ja, Fritz.« Mit dankbarem Lächeln schloß sie die Augen.

»Du wirst staunen«, meinte der Vater am übernächsten Tag. »Ich habe alles getan, um eine anständige Feier auf die Beine zu bringen. Ich bin von Pontius zu Pilatus gelaufen. Mein Sohn soll nicht wie ein Bettler heiraten, habe ich gesagt. Und die Partei hat mich nicht im Stich gelassen. Du wirst wirklich staunen, was alles getan wird. Auch Sonderrationen habe ich bekommen. Der Ortsgruppenleiter will eine Rede halten. Er hat es durchgesetzt, daß man euch trotz der Raumnot in der Charité ein eigenes Zimmer für die Hochzeit zur Verfügung stellt. Es wird ausgeräumt und geschmückt. Nichts soll mehr an ein Krankenzimmer erinnern. Du wirst sehen, daß ich alles für dich tue.«

Und Kleebusch war wirklich überrascht. Das Zimmer, das er an der Seite des Vaters betrat, ließ vergessen, daß man sich in einem Krankenhaus befand. An der Stirnwand des Raumes hing ein fast lebensgroßes Hitlerbild im Farbdruck. Daneben angeheftet leuchtende Hakenkreuzfahnen, die bis zur Erde reichten. Vor dem Bild ein rotgedeckter Tisch, auf dem die Akte des Standesbeamten, ein barockes Schreibzeug und ein handgebundenes Exemplar von Hitlers »Mein Kampf« lagen. In der Ecke ein kleines Rednerpult, fahnenumhüllt und von zwei kugeligen Lorbeerbäumchen in Holzkübeln flankiert. Weiter rechts ein kleines Harmonium. Im Vordergrund zwei Reihen Stühle, auf denen die Mutter mit verbundenem Arm, Karins Eltern und ein paar Parteileute in braunen Uniformen saßen.

»Na?« fragte der Vater und sah den Sohn erwartungsvoll an.

Kleebusch sagte nichts. Er wollte den Vater nicht beleidigen. Das ganze Brimborium war ihm zuwider. Ekelhaftes Affentheater, dachte er. Lieber hätte er in einem primitiven Unterstand gefeiert. Das hätte besser zu den Umständen gepaßt als dieser krampfhafte Hokuspokus. Doch er verkniff sich jede Bemerkung. Der Vater hatte es gut gemeint. Daß es nicht nach dem Geschmack des Sohnes war, konnte er nicht wissen. Sollte es also bleiben; zu ändern war es ohnehin nicht mehr.

Kurz darauf wurde Karin in einem Krankenstuhl hereingerollt. Man hatte sie in Decken gepackt und ihr ein großes Kissen hinter den Rücken gesteckt. Sie sah trotz des einfachen Jäckchens, das sie trug, wundervoll aus. Ihre Augen strahlten. Das blonde Haar glänzte. Auf ihrem Gesicht lag eine freudige Röte. Keine Braut im glanzvollen Hochzeitsschmuck hätte schöner sein können.

Hinter dem Rollstuhl stand die kleine freundliche Schwester. Sie lächelte diesmal nicht. Ihr Gesicht war bleich, die Augen hatten verdächtige rote Ränder. Kleebusch warf ihr einen fragenden Blick zu, doch sie wich ihm aus. Verlegen senkte sie den Kopf und biß die Lippen aufeinander.

Seltsam, dachte er.

Das Harmonium begann zu spielen, andächtig und feierlich. Nachdem die letzten Töne verklungen waren, erhob sich der Standesbeamte. Er war ein kleines Männchen mit grauem Gesicht und spitzer Nase. Man glaubte ihm anzusehen, wie schwer es ihm gefallen war, sich für diese ungewöhnliche Sonderveranstaltung freizumachen.

Mit trockener, verstaubter Stimme hielt er eine kurze Ansprache, in der er auf die Bedeutung der Eheschließung hinwies, insbesondere, wie er unter verlegenem Hüsteln betonte, auch in bevölkerungspolitischer Hinsicht.

Dann nahm er schnell und sachlich die vorgeschriebene Zeremonie vor. Er stellte die gewohnte Frage an die Brautleute, und nachdem beide mit Ja geantwortet hatten, erklärte er, daß sie nunmehr rechtmäßig verbundene Eheleute seien.

Unterschriften, Händedruck, Glückwünsche.

Als Trauzeugen fungierten Karins Vater und der Ortsgruppenleiter, ein starker, robuster Mann mit rotem Gesicht, der in strammer Haltung seinen Namen unter das Dokument setzte.

Kleebusch mußte in diesem Augenblick daran denken, daß Oberst Graupner damals versprochen hatte, als Trauzeuge bei der Hochzeit zu sein. Wie anders alles gekommen war...

Anschließend trat der Ortsgruppenleiter ans Rednerpult. Im Gegensatz zu dem Standesbeamten war er von unbeugsamer Vitalität. Temperamentvoll und forsch reckte er sich zu voller Größe auf.

»Meine lieben Brautleute!« begann er. »Meine lieben Volksgenossen! Die anglo-amerikanischen Terrorflieger, die ihre Bomben wahllos auf friedliche Wohnviertel werfen und den verbrecherischen Krieg gegen unschuldige Frauen und Kinder führen, können es nicht verhindern, daß das Leben in der Reichshauptstadt ungebrochen seinen Fortgang nimmt. Diese Hochzeit, unmittelbar nach einem schweren Terrorangriff der Luftgangster geschlossen, ist ein neuer Beweis für den unbesiegbaren Lebensmut des deutschen Volkes. Inmitten der Trümmer reichen sich zwei junge Menschen hoffnungsvoll und zukunftsgläubig die Hand zu jenem Lebensbund, den der Führer die geheiligte Grundzelle unseres Volkstums genannt hat. Daß es ein junger Frontsoldat ist, den wir hier begrüßen können, erfüllt mich mit doppelter Genugtuung. So ist diese Hochzeit ein sichtbares Symbol für die enge Verbundenheit zwischen Front und Heimat. Das graue Ehrenkleid, das der junge Bräutigam trägt, zeigt noch die Spuren des harten Kampfes, den unsere tapferen Truppen im Osten führen. Seine Auszeichnungen beweisen uns, daß er zu jenen Soldaten des Führers gehört, die unbeirrt von dem schmählichen Verrat in ihrem Rücken die Heimat schützen und jederzeit bereit sind, für Führer, Volk und Vaterland ihr Leben einzusetzen . . .«

Kleebusch konnte die Tiraden nicht mehr mit anhören. Er sah sich im Raum um. Sein Blick fiel wieder auf die junge Krankenschwester. Er merkte, daß sie ihn angeschaut hatte. Doch kaum bemerkte sie seinen Blick, senkte sie wieder den Kopf.

Da stand er vorsichtig auf.

»Entschuldige«, flüsterte er Karin zu. Alle Blicke richteten sich auf ihn. Mitten im Satz brach der Redner ab. Verlegenes Schweigen trat ein. Kleebusch kümmerte sich nicht darum. Mit eiligem Griff öffnete er die Tür und trat auf den Flur. Die nächste Schwester, die er traf, fragte er nach dem Arzt. Sie sah ihn erschrocken an, stammelte etwas von »keiner Zeit« und wollte weiter.

Kleebusch hielt sie fest.

»Den Arzt will ich sprechen!« Er ließ sich nicht abweisen.

Als der Arzt endlich auf ihn zutrat, mit bedauernd geneigtem Kopf und mitfühlend erhobener Hand, wußte Kleebusch Bescheid.

»Tot?« fragte er.

Der Arzt nickte. Er nahm seine Brille ab und begann sie umständlich zu putzen.

»Wir taten, was in unserer Macht lag. Das Schicksal war stärker als alle ärztliche Kunst.«

»Und warum hat es mir niemand gesagt?«

»Die Hochzeit, die Feier . . . Wir wollten erst danach . . .«

Kleebusch sah mit glasigen Augen an die Wand. Es war eine weiße, kalkige Wand mit dunklen Sprüngen. Er starrte immerzu die Sprünge an. Ihm war, als müßten die Sprünge breiter werden, aufreißen, das ganze Haus zum Einsturz bringen.

Doch nichts geschah.

Er fühlte, wie ihm der Arzt die Hand auf die Schulter legte. »Sie müssen jetzt ...«

Mit einer abrupten Bewegung machte sich Kleebusch los. »Ich weiß schon, was Sie sagen wollen, Herr Doktor. ›Sie müssen jetzt stark sein.‹ Immer höre ich diese Worte: ›Sie müssen stark sein ...‹ Wann werden wir endlich einmal nicht mehr stark sein müssen?«

Er wandte sich ab und ging mit schleppenden Schritten zurück.

Der Arzt folgte ihm. Sein Gesicht drückte höchste Sorge aus.

»Sagen Sie Ihrer Frau nichts. Es ist noch zu früh. Der Schock wäre zu groß für sie.«

Kleebusch nickte abwesend. »Jaja, schon gut.« Er wußte kaum noch, was er sagte. Mechanisch öffnete er die Tür und trat ins Zimmer. Nichts sagen, dachte er. Nichts anmerken lassen. Der Arzt hat gut reden. Sie müssen jetzt stark sein. Der Schock wäre zu groß für sie ...

Die Anwesenden sahen ihm gespannt entgegen; niemand sagte etwas. Kleebusch machte eine entschuldigende Handbewegung und setzte sich leise auf seinen Platz.

»Es ist nichts.« Seine Stimme klang wirklich gleichgültig. »Ich fühlte mich nicht wohl. Eine momentane Schwäche ...«

»Fritz!« Karin blickte ihn prüfend an und richtete sich in dem Krankenstuhl auf. »Ist etwas mit dem Kind?«

»Nein, nein«, sagte er schnell und drückte ihr beruhigend die Hand. — Nichts anmerken lassen. Immer wieder stark sein. Er nickte seinem Vater zu und machte ein Zeichen, daß man fortfahren könne.

Der Ortsgruppenleiter räusperte sich vernehmlich und zupfte seine Uniform zurecht. Es war ihm anzumerken, wie sehr ihn die unvorhergesehene Unterbrechung aus dem Konzept gebracht hatte. Er stützte die Arme aufs Pult und sprach mit erhöhtem Pathos weiter:

»... aber die anglo-amerikanischen Luftgangster werden ihre Terrorangriffe nicht mehr lange fortsetzen können. Immer größere, immer stärkere Vergeltungswaffen werden England verwüsten und die Städte der Kriegsverbrecher ausradieren. Auch an den Fronten wird die große Wende kommen, die uns der Führer verkündet hat. Mögen sie alle über uns herfallen — der Endsieg wird unser sein! Dann werden wir unsere Städte wieder aufbauen, schöner, als sie je zuvor waren. Dann beginnen unsere Opfer Früchte zu tragen. Dann wird alles Leid tausendfach belohnt. Dieses unschuldige Kind unseres Brautpaares hier, das unter Bombenangriffen zur Welt kam, wird dereinst in einer schöneren Zukunft ...«

Hinter Karin begann die kleine Krankenschwester zu schluchzen. Kleebusch wollte ihr ein Zeichen machen, doch es war schon zu spät.

»Fritz!« stieß Karin hervor und versuchte aufzustehen. »Fritz — was ist passiert?«

»Nichts, Karin. Nichts!« Er schrie es fast.

Aber Karin ließ sich nicht mehr beruhigen.

»Was ist mit dem Kind? Ich will das Kind sehen!«

Sie warf die Decke weg, und ehe sie jemand hindern konnte, hatte sie den Rollstuhl verlassen. Kleebusch konnte sie gerade noch auffangen. Er half ihr in den Stuhl und hielt sie fest. Einen Augenblick schien sie in einer Ohnmacht zu versinken, doch dann bäumte sie sich auf.

»Fritz — sag mir ...«

Er konnte nichts sagen. Ihr Schmerz überwältigte ihn. Sekundenlang hielt er ihrem Blick stand, sah in ihre aufgerissenen Augen, dann senkte er den Blick.

Sie schrie auf, gellend, in irrer Verzweiflung.

Die Anwesenden waren förmlich erstarrt. Sie wagten nicht, sich zu rühren. Noch immer stand der Ortsgruppenleiter am Pult, unschlüssig die Hände leicht erhoben. Sein Gesicht drückte ratlose Verwirrung aus.

»Auch dieser Schicksalsschlag ...«, versuchte er einzugreifen. Doch er kam nicht weiter.

»Aufhören!« schrie Kleebusch. »Genug jetzt mit Ihren Phrasen! Machen Sie, daß Sie 'rauskommen!«

Er beugte sich über Karin, die von Fieber geschüttelt

wurde. In heftigen Stößen lief der Schmerz durch ihren Körper. Ihr Gesicht war völlig aufgelöst.

»Fritz!« Sie rief ihn immer wieder und klammerte sich in panischer Angst an ihn. »Du mußt bei mir bleiben — immer — hörst du? Du darfst nicht mehr an die Front — — ich weiß, daß du nicht wiederkommst . . . Oh, Fritz . . .«

Der Arzt wurde gerufen. Karins Eltern hatten ihn geholt. Zwei Schwestern folgten dem Doktor. Sie schoben ein Bett in das Zimmer und betteten Karin hinein. Der Arzt beugte sich über sie; er gab ihr eine Beruhigungsspritze. Kleebusch sah er vorwurfsvoll an, dann wandte er sich an die anderen: »Bitte verlassen Sie jetzt das Zimmer. Die Patientin muß allein sein.«

Unschlüssig, zögernd verließen die Anwesenden den Raum. Die Mutter schloß Kleebusch in die Arme. »Mein Junge«, sagte sie und versprach, sich um Karin zu kümmern, wenn er fort sein würde. Dann ging auch sie.

Allmählich wurde Karin ruhiger. Die Wirkung der Spritze machte sich bemerkbar. Schweratmend lag sie unter der weißen Decke. Ihre Augen waren unablässig auf ihren Mann gerichtet.

»Unser Kind«, stöhnte sie. »Ich hatte mich so darauf gefreut. Du doch auch? Daß du jetzt mein Mann bist . . .«

»Karin, liebe Karin, meine liebe Karin . . .« Daß man einen Menschen so lieb haben kann . . .

»Du bleibst bei mir — ja? Sag, daß du bei mir bleibst . . .«

»Ja, Karin. Nur einmal noch muß ich weg, dann komme ich wieder. Ich schwöre dir, daß ich wiederkomme!«

Er wartete, bis sie eingeschlafen war. Und wachte bei seiner Frau. Hätte sie alle Liebesworte hören können, die er flüsterte . . .

Mitternacht war vorbei. Er mußte fort. Gute Nacht, Karin. Auf Wiedersehen, Karin . . .

Im Morgengrauen brachte ihn der Vater zur Bahn.

Sie hatten wenig gesprochen seit dem Vortag. Kleebusch war verschlossener denn je, und der Vater respektierte das Schweigen. Doch jetzt, in der letzten Stunde des Zusammenseins, drängte es ihn, ein klärendes Gespräch in Gang zu bringen.

»Ich verstehe dich, Fritz«, begann er und schob seine Hand leicht unter den Arm des Sohnes. »Ich kann mir gut vorstellen, was in dir vorgeht. Es war zuviel auf einmal. Aber da muß noch etwas anderes sein, was dich belastet. Ich fühle es deutlich. Willst du mir nicht sagen, was dich außerdem bedrückt?«

Kleebusch schwieg.

»Ich verstehe auch deinen Ausbruch gestern. Jeder kann mitfühlen, was dieser Schicksalsschlag für dich bedeutet. Trotzdem hättest du dich etwas beherrschen sollen. Du bist doch Soldat. Der Ortsgruppenleiter hat es übel vermerkt, daß du ihn so böse unterbrochen hast. Er hat es gut gemeint. Haben wir nicht alles getan, um dir zu helfen? Daß es dieses Ende nahm, ist doch nicht unsere Schuld . . .«

Trübe und trostlos war die Stadt. Novembernebel hing zwischen Häusern und Ruinen. Es nieselte.

Kleebusch sagte nichts. Mit hochgezogenen Schultern ging er weiter.

Nach langer Pause versuchte es der Vater noch einmal.

»Sicher sind es die schlechten Nachrichten, die dir seit langem zu schaffen machen. Ist es so? Der ewige Rückzug . . . Tausende Kilometer . . . Das zermürbt, ich weiß. Überall geht es zurück, im Osten, im Westen, im Süden. Und nun auch noch der Bombenkrieg in der Heimat . . . mit dem, was du erlebt hast. Tja, Fritz . . .« Der Vater mußte husten. Er zog sein Taschentuch hervor und hielt es sich vor den Mund. »Es ist schwer geworden, für uns alle. Auch für mich. Aber ich suche Trost in dem Gedanken, daß sich alle Verbrechen einmal rächen — so wahr es eine höhere Gerechtigkeit gibt.«

»Welche Verbrechen?« fragte Kleebusch.

»Die Taten dieser Luftgangster. Der verbrecherische Luftkrieg, dem auch dein Kind zum Opfer gefallen ist. Und dann der Verrat an allen Fronten, der das Ausmaß der Rückzüge verschuldete. Ich kann mir vorstellen, daß das einen jungen idealistischen Menschen wie dich verstören muß. Neulich habe ich durch Zufall erfahren, daß sogar dein Regimentskommandeur, von dem du immer so begeistert warst, mit diesen Verbrechern unter einer Decke steckte.«

»Vater!« stieß Kleebusch hervor. »Ich möchte dich bitten, nicht in diesem Ton weiterzusprechen. Was weißt denn du von Verbrechen? Ich könnte dir ganz andere Dinge erzählen. Von gewissen Leuten in Warschau zum Beispiel, die ich kennenlernte. Von Männern, die unschuldige Frauen und Kinder zu Tausenden ermordeten und sich dessen noch rühmten. Aber lassen wir das, du würdest es mir sicher nicht glauben. Nur soviel möchte ich dir bei dieser Gelegenheit sagen: Der Oberst, den du einen Verbrecher nennst, bedeutet mir heute noch mehr als . . .« Er brach ab. Er hatte sagen wollen: als mein eigener Vater, aber er unterdrückte es.

»Als wer, Fritz?« Der Vater war kreideweiß geworden. Er packte den Sohn an den Schultern und rüttelte ihn. »Was ist aus dir geworden, Junge? Willst du dich um Kopf und Kragen reden? Willst du mich zwingen, gegen das eigene Fleisch und Blut vorzugehen?«

»Laß mich, bitte.« Kleebusch riß sich los und lief allein zum Bahnhof.

Regen, Schnee, Dreck.

Das Regiment liegt in Stellung, eingegraben in die gelbe Lehmerde des großen Weichselbogens, alle Mann in gespannter Erwartung der neuen Winteroffensive der Russen.

Das Regiment?

Es ist nicht mehr viel übrig von dem Haufen, der einst stolz über den Manytschdamm zum Kaukasus gezogen war. Das Regiment ist dahin. Es ist längst auf Bataillonsstärke zusammengeschmolzen. Kampfgruppe Westhus, wie es jetzt heißt. Ein kleiner Stamm von Offizieren, Unteroffizieren und unverwüstlichen Männern, eingegliedert in den schmalen Verband einer dezimierten Division.

Auch der Stab hat beim letzten Panzerdurchbruch viele Opfer bringen müssen. Der Bulle, der unerschütterliche Hannoveraner, ist gefallen. Der kleine Steiner, das Frankfurter Würstchen, ist verwundet worden und liegt irgendwo weiter hinten im Feldlazarett. Von der alten Garde sind nur noch Kleebusch, Krummbier und Baumann übrig.

»Langt gerade noch zu einer Skatrunde«, brummt Krummbier und versucht mit klammen Fingern eine Zigarette zu drehen. Seine letzte Pfeife, die er in Reserve hatte, ist durch Feindeinwirkung verlorengegangen. Ein schwerer Schlag, wie er immer wieder versichert. Er kann sich nicht an die kleinen Glimmstengel gewöhnen.

»Gib her«, sagt Kleebusch, der im Graben neben ihm hockt. Er nimmt dem Freund Zigarettenpapier und Tabaksdose aus der Hand und dreht ihm kunstgerecht eine schlanke Zigarette.

»Mir auch eine«, bittet Baumann und leckt sich die Lippen. »Wenn es schon keinen Schnaps mehr gibt, wollen wir wenigstens inhalieren. Diese Lungenreißer sind jetzt das einzig Senkrechte.«

Einträchtig sitzen sie in dem feuchten Loch nebeneinander und blasen blaue Ringe in die Luft.

»Kinder, Kinder«, murmelt Krummbier vor sich hin, »was ist aus uns geworden. Drei Musketiere. Das letzte Kleeblatt. Bin mal gespannt, wie das noch weitergeht.«

Baumann trommelt auf seinen Kochgeschirrdeckel:

»Zehn kleine Negerlein
zogen nach Rußland 'rein,
eines wurde totgeschossen,
da waren's nur noch neun.
Neun kleine Negerlein . . .«

»Hör auf!« Krummbier tritt mit dem Knobelbecher nach ihm. »Wenn du so weitermachst, schlag' ich dich zu Brei — dann sind wir nur noch zwei!«

Später, als Baumann auf Posten ist, rückt Kleebusch an Krummbier heran.

»Sag mal, Hannes — hast du diese Dinger noch?«

»Welche Dinger?«

»Die Fahrscheine.«

»Hui!« macht Krummbier und spuckt wieder mal in weitem Bogen aus. »Daher weht der Wind. Ist dir des Führers Rock nun doch zu eng geworden?«

»Mach keinen langen Sermon, Hannes. Hast du sie noch?«

»Junge, Junge, nicht so stürmisch. Die scheinen dich zu Hause ganz schön fertiggemacht zu haben. Aber nur keine Bange, Fritz — natürlich hab' ich sie noch. Brauchst nur zu bestimmen, wann es losgehen soll. Jetzt oder gleich?«

»Weiß ich noch nicht genau. Jedenfalls bin ich nicht mehr

gewillt, den Kelch für die anderen bis zur letzten Neige auszukosten. Auf alle Fälle möchte ich vorbereitet sein.«

Krummbier nickt bedächtig, greift in seine Brusttasche und zieht, sorgsam zwischen anderen Papieren versteckt, zwei graublaue Wehrmachtsfahrscheine hervor. Einen davon drückt er Kleebusch in die Hand.

»Sind bereits mit allen Stempeln versehen. Und mit der Unterschrift Maiers. Der würde staunen, wenn er sehen könnte, wie gut ich seine Krakelschrift nachgemacht habe. Wir brauchen nur noch das passende Datum einzusetzen.«

Kleebusch steckt den Fahrschein in seine Kartentasche. Dann streckt er die Beine lang und dreht zwei neue Zigaretten.

Gegen Mittag, als die Essenträger kommen, taucht unverhofft Freund Maier auf. Die Front ist ruhig. Nur hin und wieder ein vereinzelter Schuß. So riskiert er nichts, wenn er ein wenig den Helden markiert und die Stellung inspiziert.

Seit seiner Rückkehr aus Berlin hat Kleebusch keinen Zusammenstoß mehr mit Maier gehabt. Kurze, dienstliche Gespräche, sonst nichts. Er hat den Eindruck, daß Maier ihm seit dem Tod des langen Fibus' aus dem Wege geht. Sei es, daß er ein schlechtes Gewissen, sei es, daß der Adjutant dem Kommandeur eine Mitteilung gemacht hat. Gleichviel. Kleebusch zieht es vor, mit ihm nicht unnötig zusammenzutreffen. Als er Maier auf sein Loch zustakeln sieht, verdrückt er sich seitlich in die Büsche. Nur nicht Maier begegnen, dem gegenüber er sich vielleicht zu unbedachten Äußerungen hinreißen lassen könnte. Nicht provozieren lassen, denkt er. Ruhe bewahren, ausweichen. Es kommt jetzt auf andere Dinge an. Sein Entschluß darf durch nichts gestört werden.

An den Grabenrändern sitzen die Landser und löffeln mißmutig ihre Kohlsuppe. Zusammengesunkene Gestalten, die mechanisch den Löffel zum Mund führen. Elendsfiguren, die keinen eigenen Willen mehr zu haben scheinen. Abgestumpft und gottergeben dämmern sie dem unbekannten Schicksal entgegen.

Etwas abseits hockt Baumann auf einer Munitionskiste und studiert eine kleine Karte. Kleebusch gesellt sich zu ihm.

»Kannst du dir vorstellen, Fritz, daß es Menschen in Deutschland gibt, für die der Krieg schon aus ist?«

»Wieso?«

»Ich habe eine Tante, die in Aachen wohnt. In den Ferien war ich oft bei ihr. Jetzt sitzen schon seit vier Wochen die Amerikaner dort. Keine Bomben mehr, kein Krieg. Ist das nicht unwahrscheinlich? Unvorstellbar. Mein Vetter, der im Westen kämpfte, ist sicher schon zu Hause, hat seine Uniform an den Nagel gehängt und arbeitet am Neuaufbau. Mensch, Fritz — wenn ich jetzt bei meiner Tante wäre ... Oder einfach an den Bahnhof gehen können und ›einmal Dritter nach Aachen‹ verlangen. Ich würde sogar auf dem Puffer der Lokomotive mitfahren, wenn es sonst keinen Platz gibt.«

Er macht eine Pause und kratzt sich gedankenvoll am Hals.

»Verdammter Dreckmist, daß wir immer noch in diesem gottverlassenen Polen sitzen. Wenn wir wenigstens schon an der Grenze wären. Dort hab' ich in der Nähe Bekannte wohnen ...«

»Wart's ab«, meint Kleebusch. »Es dauert nicht mehr lange, dann geht's wieder weiter.«

»Natürlich geht's wieder weiter. Aber wenn der neue Stoß der Russen kommt, die große Winteroffensive, für die sie schon die ganze Zeit rüsten, dann gnade uns Gott! Diesmal ist nichts zu retten. Diesmal bricht die Flut bis nach Berlin durch. Aber wir werden nicht mehr dabeisein. Es wird so schnell gehen, daß von uns keiner mehr 'rauskommt. Dann bleiben uns wirklich nur noch zwei Möglichkeiten: entweder Massengrab oder Sibirien ...«

Kleebusch will etwas sagen, doch er verkneift es sich. Es hat keinen Zweck, denkt er. Er kann ihm ohnehin nicht helfen. Fünf Minuten vor zwölf muß jeder allein sehen, wie er weiterkommt.

Er zuckt mit den Schultern und geht wieder.

Als er vor seinem Loch steht und hinuntersieht, stutzt er. Rasch greift er sich ans Koppel; erschrocken fingert er daran herum. Dann blickt er wieder in das Loch, springt hinein, wühlt mit den Fingern in der Erde. Doch es hat keinen Sinn. Es ist aussichtslos. Seine Kartentasche ist weg ...

»Hannes!«

Mit ein paar Sätzen ist Krummbier bei ihm.

»Hast du meine Tasche gesehen?«

Krummbier schüttelt den Kopf. Dann begreift er. Entsetzt reißt er den Freund an den Schultern herum.

»Du hast sie hier liegenlassen? Mein Gott! Du Idiot! Du Riesenrindvieh! Du Hornochse! Maier war doch hier... Du weißt, daß er alles kassiert, was unbeaufsichtigt herumliegt. Schon allein, um sich aufspielen zu können. Wenn er die Tasche an sich genommen hat — wenn er sie durchwühlt...«

Ratlos blickt ihn Kleebusch an. Er ist weiß wie ein Leintuch. Maier ist weit und breit nicht mehr zu sehen. Wenn er die Tasche mitgenommen hat, ist alles aus.

Bange Stunden vergehen. Immer wieder fragt Kleebusch die Kameraden in den Nachbarlöchern.

Vergeblich.

Gegen Abend kommt ein Melder.

»Unteroffizier Kleebusch zum Kommandeur!«

Kleebuschs Gedanken überschlagen sich. Ob ich zu türmen versuche? Wohin? Die Front ist ruhig, das Niemandsland weit und übersichtlich. Unmöglich, unbehelligt an den vielen Gräben, Stellungen und Löchern vorbeizukommen. Außerdem — eine letzte Hoffnung flackert in ihm auf — kann es alles Mögliche bedeuten, wenn er zum Kommandeur befohlen wird. Es ist nichts Ungewöhnliches, belügt er sich. Als Funker wird er zuweilen gerufen, um einen Spruch entgegenzunehmen.

Im Kommandeurbunker aber sieht er sofort die Kartentasche auf dem Tisch liegen. Hinter dem Tisch sitzt mit steinernem Gesicht Oberstleutnant Westhus. Daneben der Adjutant, nervös, mit ängstlich flackernden Augen. In der Ecke Oberleutnant Maier, scheinbar unbeteiligt, mit gelangweiltem Blick auf seine Fingernägel.

»Ist das Ihre Tasche?« fragt der Oberstleutnant.

Kleebusch gibt sich einen Ruck. In strammer Haltung richtet er sich auf. Er ist ganz ruhig in diesem Augenblick. Immer, wenn er sich in Gefahr befindet, ist er bis zum Äußersten beherrscht. Nicht mit der Wimper zucken, denkt er. Wenn alles verloren scheint, hilft nur Kaltblütigkeit.

»Jawohl, Herr Oberstleutnant!« erwidert er laut.

»Und dies hier?«

Die Hand des Kommandeurs hebt den graublauen Wehrmachtsfahrschein hoch.

Kleebusch beugt sich vor, kneift die Augen zusammen, als könne er das Papier nicht genau sehen.

»Das kenne ich nicht, Herr Oberstleutnant.«

»Wie kommt das dann in Ihre Tasche?«

»In meine Tasche? Ich kenne dieses Papier nicht. Es kann unmöglich in meiner Tasche gewesen sein.«

»Glauben Sie vielleicht, ich scherze?« Die Stimme des Kommandeurs ist schneidend.

»Nein, Herr Oberstleutnant. Aber wenn es in meiner Tasche war, muß es mir ein anderer 'reingesteckt haben.«

Ein meckerndes Lachen Maiers ist die Antwort. Der Kommandeur schlägt mit der flachen Hand auf den Tisch.

»Der große Unbekannte! Natürlich! Damit werden Sie vor dem Kriegsgericht nicht durchkommen.« Er gibt dem Adjutanten einen Wink. »Abführen! Unter strengste Bewachung stellen. Meldung an die Division und dann dem nächsten Standgericht übergeben!«

## 29

Drei Schritte breit, vier Schritte lang ist die Zelle, in die man ihn gesperrt hat. Ein dreckiger, stinkender Stall, halb in die Erde gelassen, ohne Fenster, dunkel, feucht und dumpf, sonst nichts. An drei Seiten Mauerwerk aus unbehauenen Steinen, an der vierten Seite dicke Eichenbohlen mit einer Falltür. Es muß einmal ein Vorratskeller gewesen sein, längst aufgegeben wegen des Schimmels an den Wänden. Ein Tier würde man nicht in einen solchen Verhau sperren.

In der ersten Stunde sitzt Kleebusch unbeweglich in der Ecke. Er hockt auf der nassen Lehmerde, die Beine angezogen, die Ellenbogen auf die Knie gestützt, die Fäuste fest und schmerzend an die Schläfen gedrückt. Er versucht nachzudenken, nüchtern seine Lage abzuschätzen.

Man kann mir nichts tun, denkt er. Wenn ich stur alles ableugne, kann mir nichts passieren. Ich darf nur nicht mürbe werden. Ich muß bis zuletzt dabei bleiben, daß ich nichts weiß. Den gottverdammten Schein hat mir irgend jemand in die Tasche geschmuggelt. Warum, ist mir schleierhaft. Vielleicht wollte mich einer zur Flucht verführen. Kann auch sein, daß mich einer 'reinlegen wollte. Ich muß nur immer sagen, daß ich nichts davon weiß. Kein Mensch kann mir das Gegenteil beweisen.

Man muß auch berücksichtigen, daß ich immer ein guter Soldat war. Nie gedrückt, keinen Tag krank gefeiert. In meinen Papieren muß es stehen, daß ich immer dabei war, von Anfang an. Hin und zurück. In jedem Dreck den Kopf hingehalten, mich nie gedrückt, keine krummen Touren. Eisernes Kreuz und Sturmabzeichen, Krimschild, Verwundetenabzeichen und Rollbahnorden. Man muß es berücksichtigen, man muß mir glauben.

Doch dann beginnen die Ratten des Zweifels zu nagen.

Man wird mir gar nichts glauben, denkt er. Maier wird

bezeugen, daß ich schon immer ein renitenter Bursche war, aufsässig und voll Widerstand. Die Kameraden, die mich kannten, sind fast alle gefallen. Und Oberst Graupner, der Mann, der wirklich etwas für mich hätte tun können, ist tot. Oberst Graupner ... denkt er bitter. Man wird sich an das Verhör in Galizien erinnern. Man wird sagen, daß er der Vertraute eines jener Verräter war, die dem Führer in den Rücken gefallen sind. Er war schon lange verdächtig. Der Fluchtversuch ist das letzte Glied einer langen Kette. Ein kaltblütiger Deserteur. Versuchte Fahnenflucht. Erschießen. Vielleicht sogar Tod durch Erhängen. Zur Abschreckung, mit einem Schild um den Hals: *Weil er zu feige war, die Heimat zu verteidigen.*

In der nächsten Stunde beginnt er zu toben.

Er wirft sich gegen die Falltür. Er trommelt mit den Fäusten dagegen, rennt mit dem Kopf an die Wand. Er schreit. Er brüllt aus dem Urgrund seiner Seele. Man muß ihn hören. Das ganze Dorf soll zusammenlaufen. Irgend jemand wird ihn befreien. Die Kameraden, Baumann und Hannes ...

»Hannes!« brüllt er. »Hannes!«

Auch das geht vorüber. Er wird still; er sinkt zusammen.

Draußen marschiert der Posten auf und ab. Gleichmäßige Schritte, hin und her. Einmal nach links, einmal nach rechts. Hin und her.

Kleebusch lauscht in die Nacht. Nichts. Kein Laut. Kein Schuß weit und breit. Ruhe an der Front.

Wenn jetzt der Angriff käme, überlegt er. Die neue Winteroffensive der Russen, die alle befürchten. Man war schon die ganze Zeit darauf gefaßt. Jeden Augenblick kann es losbrechen, hieß es. Besonders in der Nacht. Immer beginnt der Russe in der Nacht zu stürmen ... Es wäre eine Chance. Die letzte vielleicht. In dem allgemeinen Durcheinander würde man ihn laufen lassen. Oder die Russen würden ihn befreien ...

Er denkt es immer wieder, wünscht es mit heißem Herzen, das Feuer soll beginnen, der Höllenschlund sich öffnen. Wenn die Front ins Wanken gerät ... wenn das große Zurückfluten wieder anfängt ... wenn es zum letzten Mal in diesem Kriege heißt: *Vorwärts, Kameraden — wir müssen zurück!* — es könnte ihm dieses eine Mal das Leben retten.

Doch es geschieht nichts. Selbst auf den Untergang ist kein Verlaß.

Gegen Mitternacht liegt er ausgestreckt auf dem fauligen Laub.

Weinen? Es gibt keine Tränen mehr in diesem Krieg. Alles Elend ist durchlitten, aller Schmerz verbraucht. Am Ende steht die Gnade des Sterbens, das man tausendmal vorausgeahnt hat.

Er überdenkt sein Leben, das so kurz war und doch so prall gefüllt mit allem, was ein Mensch aufzunehmen vermag. Die sorglose Jugend und die glücklichen Spiele. Schule, erste Freundschaften, das glänzend bestandene Abitur. Dann die Rekrutenzeit, hart und doch so unbeschwert ertragen. Der Krieg in Rußland, die — wie heißt es? Feuertaufe? — die Feuertaufe bei Shitomir, die blutigen Schlachten bei Kiew, Charkow und Saporoschje. Sturm über den Tatarengraben auf die Krim. Die Einnahme von Sewastopol. Nordwärts wieder nach Stalino und der Marsch in die Unendlichkeit des Kaukasus...

Zuletzt der Rückzug. Erste, unvergeßliche Begegnung mit Maria, die damals noch die rätselvolle Marussja war. Die Spritfahrt mit Hannes und die Gefangennahme durch die Partisanen. Das Schlemmen und die wilde Orgie im Verpflegungslager, mit dem der kleine Dotter in die Luft flog. Glückliche, unwiederbringliche Stunden im Wetterwagen bis zur grauenvollen Erschießung Marias... Der Tod des Leutnantchens beim Übersetzen über die Straße von Kertsch.

Die langen, aufwühlenden Gespräche mit Oberst Graupner, der Besuch bei seiner Frau in Berlin, die unter den Trümmern sterben mußte — und dann das jähe Ende des Kommandeurs in dem Waldstück unter der aufgehenden Sonne... Der Tod von Fibus.

Von so vielen.

Und Hannes Krummbier, der Freund, mit dem er all die Jahre zusammen war, in Freud und Leid, ohne den das alles gar nicht zu ertragen gewesen wäre.

Vor allem aber Karin. Seine blonde Karin in Berlin, die ewig auf ihn warten würde. Und das Kind. Sein Kind, das er nie sehen, dessen wenige Herzschläge er nie fühlen durfte. Gibt es mehr, was ein Mensch ertragen kann?

Gestorben, verdorben. Alles nutzlos vertan und geopfert ohne Sinn.

Kleebusch schließt die Augen. Tiefe, grenzenlose Ermattung nimmt ihn auf.

Wie lange ist er hier schon eingesperrt? Einen Tag? Zwei Tage? Man hat ihm Essen hingestellt. Er rührt es nicht an. Schlafen, nichts als schlafen. Nur die Kälte weckt ihn auf. Er gräbt sich in das Laub ein. Das wärmt. Er merkt nicht, wie draußen die fahle Sonne über den Horizont steigt und ihre Strahlen durch die Ritzen der Falltüre schickt. Er hört nicht, wie der Posten die Hacken zusammenschlägt, wie die Kette gelöst und der Riegel zurückgestoßen wird.

Erst als das helle Licht durch die geöffnete Tür flutet und das stickige Dunkel des modrigen Loches zerreißt, öffnet er die Augen. Geblendet blickt er auf und erkennt im lichten Viereck des Eingangs den Schatten eines Offiziers.

»Unteroffizier Kleebusch!« Es ist die Stimme des Adjutanten.

Kleebusch erhebt sich, putzt sich die modrigen Blätter aus der Uniform und nimmt, benommen noch, Haltung an.

Der Adjutant räuspert sich. »Sie sind frei, Kleebusch«, sagt er mit rauher Stimme.

»Frei?« Kleebusch glaubt zu träumen. »Frei?« wiederholt er und merkt, daß ihm die Stimme versagt. Er streckt die Hand nach der Steinmauer aus.

»Es hat sich herausgestellt, daß Sie die Wahrheit sagten. Man hat den Mann gefunden, der Ihnen den Schein in die Kartentasche steckte.«

»Den Mann — gefunden? Wer, um Himmels willen ...«

»Der Obergefreite Krummbier«, erwidert der Adjutant.

»Krummbier?« Kleebusch braucht Sekunden, bis er ermißt, was diese Eröffnung bedeutet. »Nein!« schreit er. »Das ist nicht wahr!«

»Es stimmt, Kleebusch. Er hat sich selbst gestellt. Jeder Irrtum ist ausgeschlossen. Er hatte den gleichen Schein in seiner eigenen Tasche.«

Kleebusch fühlt einen reißenden Krampf in der Brust. Hastig greift er nach der Hand des Adjutanten. »Das stimmt nicht, Herr Leutnant! Das behauptet er, um mich zu retten. Ich selbst habe ...«

Bevor er weitersprechen kann, hat ihm der Adjutant, Entsetzen im Gesicht, den Mund zugepreßt.

»Mensch, Kleebusch — halten Sie die Schnauze! Sie können nichts mehr ändern. Der Fall lag klar. Ihr Freund wurde bereits vor einer Stunde standrechtlich erschossen.«

»Erschossen? Hannes Krummbier? Aber ...«

»Still jetzt!« Der Leutnant rüttelt ihn mit aller Kraft. »Jedes weitere Wort bringt Sie selbst um Kopf und Kragen, ohne daß etwas erreicht wird damit. Ihr Freund ist tot! Verstehen Sie nicht! Wenn es wirklich stimmt, was Sie sagen ... Menschenskind, das wäre das Tollste, was ich je in meinem Leben von einem Mann gehört habe. Dann sind Sie doppelt verpflichtet zu schweigen, — wenn nicht alles, was Ihr Freund für Sie tat, umsonst gewesen sein soll.«

Der Leutnant sieht Kleebusch an. Kleebusch senkt den Blick, sagt nichts mehr. Lastende Stille liegt im Raum. Der Posten draußen ist längst verschwunden. Der Weg in die Freiheit steht offen. In hellem Gold flutet das Sonnenlicht durch den Eingang. Unzählige kleine Staubteilchen tanzen in dem schrägen Strahl.

Jetzt schauen sich die beiden Männer in die Augen.

»Ich fasse es immer noch nicht«, sagt der junge Leutnant. In seinen Augen funkelt der Widerschein des Morgens. Seine Hände zittern und verraten, wie aufgewühlt er ist. »Ich habe es immer für eine Erfindung der Schullesebücher gehalten. Wir mußten es auswendig lernen. *Die Bürgschaft* von Schiller ... Ganz gedankenlos sagten wir es auf: *Die Treue, sie ist doch kein leerer Wahn ...«*

Abrupt wendet sich der Leutnant um. An der Tür bleibt er noch einmal stehen. »Ihr Freund hat mir, ehe er die Aussage machte, einen Zettel zugesteckt ...« Er greift in die Tasche und überreicht Kleebusch das Papier. Es ist ein zerknitterter Meldezettel, hastig aus einem Block gerissen. Ungelenke Schriftzüge, verwischte Zeichen. Die schnell hingekritzelten Worte:

»Ich war an allem schuld. Verzeih mir, Fritz, und leb wohl. Denk ab und zu an mich. An mir ist ohnehin nichts mehr gelegen ...«

12. Januar 1945.

Mit einem Donnerschlag ohnegleichen hebt das letzte Kapitel des großen Krieges im Osten an.

Die Nacht von Baranow wird keiner, der sie überlebte, im Leben mehr vergessen. Aus Tausenden von schweren und schwersten sowjetischen Geschützen beginnt es kurz nach Mitternacht zu blitzen und zu fauchen. Massiertes Trommelfeuer, das sich in kurzer Zeit zu einem brüllenden Orkan steigert. Er fegt mit einer Wucht, die einmalig in der Kriegsgeschichte ist, die deutschen Stellungen weg. Unter dem Geschoßhagel der Großbatterien wird in vielen Kilometern Tiefe alles zermalmt und umgepflügt. Eine Feuerwalze ungeahnten Ausmaßes, der nichts gewachsen ist, wälzt sich heran. Kein Graben, kein Bunker, keine Stellung widersteht ihr.

Dann, nach sechs Stunden, bricht das Feuer plötzlich ab. Im heraufdämmernden Morgen treten die sowjetischen Divisionen zum Angriff an. Sie durchbrechen im ersten Ansturm alles, was dem Feuerhagel entgangen ist.

Heillose Verwirrung und panische Flucht. Es gibt kein einheitliches deutsches Kommando mehr, keine zusammenhängende Front, keine intakte Einheit, keine geordnet geführte Truppe. Nur noch Einzelkämpfer, versprengte Gruppen, verlorene Haufen, die sich mit dem Mut der Verzweiflung wehren.

Die deutsche Mittelfront ist aufgerollt. Ein Dammbruch, der durch nichts mehr aufzufangen ist. Unaufhaltsam ergießt sich die Flut ins Hinterland, überschwemmt alles, was sich ihr entgegenstellt. Immer größer wird das Loch, immer breiter die brausende Welle der nachrollenden Panzerarmeen.

Bald greift die große Offensive auch auf die anschließenden Fronten im Norden und Süden über. Von Ostpreußen bis nach Schlesien stoßen die Angriffskeile weit ins Reichsgebiet vor, unbekümmert um Stützpunkte und Städte, die sich einigeln und befehlsgemäß als Festungen verteidigen.

Die Flut rollt. Und vor sich her treibt sie das Strandgut des Krieges, die Elendesten der Elenden, die Betrogensten der Betrogenen: die Flüchtlinge, Frauen und Kinder, Greise und Säuglinge. Im letzten Augenblick verlassen sie ihre Dörfer, ihre Städte. Ein Wahnsinnsbefehl hielt sie fest, als noch Zeit zum Fliehen war. Ein Wahnsinnsbefehl treibt sie fort, als es längst zu spät ist.

Der Menschheit ganzer Jammer überschwemmt die Straßen. Eine Völkerwanderung, die auch die letzten Wege verstopft. Nach Westen, nur nach Westen! Doch dem eisigen Ost entkommt nur ein Teil.

Granaten fetzen in die hastenden Kolonnen der Frauen und Kinder.

Keiner kümmert sich darum.

In Schnee und Eis erfrieren Säuglinge an der Mutterbrust.

Nur weiter, weiter.

Panzer brechen durch, überrollen Mensch und Tier, walzen Schlitten, Karren, Kinderwagen nieder.

Rette sich, wer kann. Besser in der Brandung ertrinken, als zurückbleiben. Ist der Tod das Schlimmste? Der großen Welle folgen Plünderung, Mord, Schändung, Vergewaltigung.

Brennende Dörfer, verwüstete Städte. Nirgends ein Dach, nirgends ein Bett. Nichts zu essen, nichts zu trinken. Nur Blut und Tränen, Wahnsinn und Tod.

Die Landser blicken nicht rechts und nicht links. Wer könnte soviel Jammer ertragen. Sie marschieren weiter, wie sie Tausende Kilometer marschiert sind. Sie sind in der Heimat, aber sie erkennen die Heimat nicht wieder. Dieser Zusammenbruch übersteigt alles, was sie befürchtet haben. Das Reich geht unter. Deutschland stirbt.

Ab und zu kommt irgendein Befehl zum Eingraben. Dann schanzen sie, bringen in Stellung, was an Waffen noch verblieben ist — Maschinengewehre, Granatwerfer, leichte Geschütze. Sie feuern bis zum letzten Schuß und werden dennoch überrollt. Ein lächerlicher Stein im Strom, wo selbst ein Fels brechen müßte.

Volkssturm greift ein und Hitlerjugend. Bärtige Invaliden und halbe Kinder. Sie wollen ihr Dorf, ihre Stadt verteidigen. Mit verrosteten Knarren und ein paar Panzerfäusten. Letztes Aufgebot einer verblendeten Führung, das unter Salvengeschützen und mahlenden Panzerketten elend zugrunde geht.

Es ist alles umsonst. Der stürzende Koloß ist nicht mehr zu halten.

Als der Schnee schmilzt und warme Frühlingswinde über die dampfende Erde brausen, ist das Ende da.

Die Oder ist längst überschritten, die Elbe in unmittelbarer Nähe.

Die Elbe ... der letzte in der langen Reihe der großen Flußläufe seit dem Terek, an die sich die Hoffnungen klammerten. Zugleich der einzige Fluß, hinter dem wirklich Sicherheit wäre. Sicherheit vor dem grausamen Los sibirischer Gefangenschaft.

Doch das Schicksal hat anders entschieden.

Ende April liegen die Reste des einstigen Regiments, vermischt mit versprengten Teilen aufgelöster Divisionen, in der Niederlausitz, kaum eine Stunde Bahnfahrt von Berlin entfernt.

Fritz Kleebusch sitzt mit Tausenden zerlumpten Landsern an einem Waldrand und wartet. Es gibt nichts mehr zu tun. Seit Stunden weiß jeder, daß die Truppe eingeschlossen ist. Endgültig. Erkundungstrupps, die einen Durchbruchsweg nach Westen suchen sollten, kamen unverrichteterdinge zurück. Auch im Norden und Süden ist alles zu. Überall sitzt der Russe. Ein Entkommen ist unmöglich. Es gibt nichts mehr zu tun, als zu warten.

Der Krieg ist aus. Sang- und klanglos geht er zu Ende, als habe nie die Erde unter seiner Feuerwalze gebebt, als habe nie die Menschheit millionenfach aufgeschrien in Schmerz und Not, die er über die Welt brachte.

Die meisten Landser haben die Augen geschlossen und rühren sich nicht. Zu müde zur Verzweiflung. So, wie sie am Schluß des langen Marsches umgesunken sind, bleiben sie liegen. Nur einige wenige kramen in ihren Taschen, suchen Ordnung in eine armselige Hinterlassenschaft zu bringen oder schreiben Briefe, von denen sie wissen, daß sie nie ankommen werden.

Ab und zu knallt es im Walde, kurz und peitschend. Gnadenschüsse, die sich verstörte Offiziere selbst in den Kopf jagen. Niemand achtet darauf. Es gibt in den Dienstvorschriften keine Bestimmungen über das persönliche Verhalten nach einem verlorenen Krieg. Am Ende steht das grenzenlose Nichts.

Kleebusch blickt mit brennenden Augen nach Norden,

wo Berlin liegt. Sein Berlin . . . Kaum eine Stunde Bahnfahrt, denkt er, und doch wird er die Stadt vielleicht nie wiedersehen, Karin vielleicht nie mehr in die Arme schließen können . . .

Wochenlang hat er kaum ein Wort gesprochen. Seit auch noch Baumann, der letzte Freund aus dem Kaukasus, von einer Panzergranate zerfetzt wurde, hat er sich in sich selbst verkrochen. Stumm und verbissen folgte er dem Rest vom Haufen. Nur eines interessiert ihn noch auf diesem letzten Marsch: was Oberleutnant Maier tut. Keine Stunde hat er ihn aus den Augen gelassen.

Maier sitzt nicht weit von ihm auf dem Wiesenhang. Er ist allein. Oberstleutnant Westhus ist seit dem Oderübergang vermißt, der Adjutant gefallen. Aber Maier lebt . . .

Kleebusch wirft einen prüfenden Blick zu ihm hinüber. Wenn Maier nicht gewesen wäre, muß er denken, säße er jetzt wohl in Berlin, bei Karin und der Mutter. Er würde längst Zivil tragen, sich in einem Keller verstecken und der Gefangenschaft entgehen . . .

Wie es nun werden wird?

Stunden hindurch rührt sich nichts. Die Sieger lassen sich Zeit. Der Kessel ist ihnen sicher. Sollen die verfluchten Germanski ruhig noch etwas schmoren. Hin und wieder schwirrt eine einzelne Granate durch die Luft, platzt irgendwo im Gelände.

Der Tag ist von einem flimmernden Licht erfüllt. Im endlosen Blau des Himmels segeln bizarre Wolkenfetzen, in den Wiesen bricht mit Macht das frische Grün durch, Dotterblumen blühen am Bachrand, und in den zitternden Kronen der Birken glänzt das erste Gold des Lenzes. Wenn der Wind sich dreht, trägt er den starken Geruch aufbrechender Erde herüber.

Frühling in Deutschland. Friede. Man könnte jubilieren, würde nicht die Gewißheit die Brust zuschnüren, daß dieser erste Frühling in der Heimat nach so vielen Jahren zugleich für viele Jahre, vielleicht für immer, der letzte Frühling in der Heimat ist . . .

Plötzlich tauchen am Waldrand zwei Sankas auf. Kein Mensch weiß, wo sie hergekommen sind. Auf dem ersten sitzen ein Arzt und zwei Sanitäter mit Rot-Kreuz-Armbinden. Sie suchen nach Verwundeten. Irgendwo, heißt es, soll noch ein Lazarettflugzeug stehen, eine Ju, die Schwerverwundete aus dem Kessel fliegt.

Einige Landser rappeln sich hoch, humpeln auf die Sankas zu.

Verwundet müßte man sein, denkt Kleebusch.

Da sieht er, wie Maier im Wald verschwindet.

Kleebusch springt auf, eilt ihm nach. Unwillkürlich greift er zur Pistole. In weitem Abstand folgt er dem Oberleutnant. Jeder Nerv ist gespannt, während er vorsichtig zwischen den Bäumen hindurchschleicht. Auf einer kleinen Lichtung bleibt Maier stehen. Staunend beobachtet Kleebusch, wie Maier mehrere Verbandspäckchen aus der Tasche holt und sie aufreißt. Will er sich den Kopf verbinden und den Arzt überreden, ihn mitzunehmen?

»Halt!« Kleebusch hebt die Pistole und geht auf ihn zu.

Maier ist so überrascht, daß er die Verbandspäckchen fallen läßt.

»Sie, Kleebusch?« Er fliegt an allen Gliedern.

»Du dreckiges, hundsgemeines Schwein!« schreit ihm Kleebusch ins Gesicht. »Du lausiger, gottverdammter Schinder! Auf diesen Augenblick habe ich gewartet. Endlich rechnen wir beide miteinander ab, für alles, was du meinen Kameraden und mir angetan hast!«

Maier will zur Pistole greifen, doch Kleebusch kommt ihm zuvor. Er reißt ihm die Waffe aus der Hand und schleudert sie in weitem Bogen in den Wald.

»Nun habe ich dich, du jämmerliche Kreatur. Es soll dir nicht gelingen, dich im letzten Augenblick zu drücken. Jetzt knall ich dich über den Haufen wie einen tollen Hund. Etwas anderes hast du nicht verdient.«

Maier bricht in die Knie. Ringend hebt er die Hände, winselt und jammert. Der Speichel rinnt ihm aus dem flatternden Mund.

»Kleebusch — ich bitte Sie . . . Haben Sie Gnade mit mir. Ich habe immer nur meine Pflicht getan . . .«

»Deine Pflicht, du Jammerlappen? War es deine Pflicht, ein wehrloses Mädchen zu vergewaltigen und es dann hohnlächelnd dem Erschießungskommando auszuliefern? War es deine Pflicht, Teppiche zu organisieren, Marketenderware zu verschieben und die Leute bis aufs Blut zu schikanieren? Du wolltest mich mehrmals mit kalter Berechnung ins Verderben hetzen. Du hast Fibus einem grauenvollen Tod ausgeliefert. Du hast mich denunziert, als Oberst Graupner starb. Du versuchtest mich mit allen Mitteln dem Henker auszuliefern!«

»Kleebusch«, stammelt Maier und hebt beschwörend die Arme. In seiner Todesangst ist er nur noch ein wimmerndes Häufchen Elend. Zappelnd rutscht er auf den Knien hin und her. »Kleebusch — ich bitte Sie! Lassen Sie mich gehen. Es soll nicht Ihr Schaden sein. Ich habe ein großes Geschäft. Ich werde Sie fürstlich belohnen . . .«

Kleebusch stößt ein grausiges Lachen aus. Das sieht ihm ähnlich, diesem lächerlichen Popanz. »Du feiger Hund!« zischt er voll Abscheu und hebt die Pistole. »Mit deinen nutzlosen Kröten kannst du dich nicht mehr loskaufen!«

Der Zorn auf den Barras, die Wut auf den Krieg, die Empörung über diesen schlotternden Repräsentanten eines verhaßten Systems können sich endlich Luft machen. Es tut gut, sagen zu können, was er jahrelang herunterschlucken mußte.

»Winsle nur, du gewissenloser Lump! Du entgehst mir nicht . . .«

Über den Wipfeln der Bäume ertönt gefährliches Pfeifen. Eine Granate. Automatisch läßt er sich fallen, zieht den Kopf ein.

Unmittelbar darauf rumst es. Dreck spritzt hoch, Splitter sirren durch die Luft, in den Zweigen knackt und kracht es. Letzter Gruß aus einem sowjetischen Geschütz.

Als er sich wieder aufrichtet, sieht er Maier an der Schulter bluten. Die Uniform färbt sich rot. Es muß eine schwere Verwundung sein.

Kleebusch rührt sich nicht. Soll er verbluten, denkt er. So braucht er ihn wenigstens nicht abzuknallen. Es hat lange genug gedauert, bis es ihn erwischte. So viele mußten vor ihm ins Gras beißen.

Maier stöhnt. Sein Gesicht ist verzerrt. »Hilfe!« ruft er.

Mit einem Sprung ist Kleebusch bei ihm, reißt ihm die Feldbluse auf, zieht das Hemd herunter. Ehe er recht weiß, was er tut, hat er die geöffneten Verbandspäckchen gegriffen, drückt die Gaze auf die klaffende Wunde und bindet alles um die Schulter fest.

»Sanitäter!« schreit er. »Sanitäter!«

Dann nimmt er den Körper des Verwundeten auf und schleppt ihn aus dem Wald.

»Sanitäter! Sanitäter!«

Im Nu ist der Arzt mit seinen Gehilfen zur Stelle. Sie nehmen den verletzten Offizier auf und tragen ihn zu einem der Sankas.

Kurz darauf brausen die Wagen ab.

Als Kleebusch wieder zu sich kommt, ist alles vorbei. Schweratmend läßt er sich niedersinken. Kalter Schweiß steht auf seiner Stirn. Ausdruckslos starrt er vor sich hin. Natürlich, denkt er. So mußte es kommen. Maier wird 'rausgeflogen. Er wird als einziger des Haufens das Ende überstehen. Und er selbst war ihm noch behilflich dabei . . .

Gegen Abend brechen von allen Seiten die Russen aus dem Wald. Erdbraune Gestalten mit verschwitzten Uniformen. Geduckt erst, mit vorgehaltenen Maschinenpistolen, dann, als die deutschen Landser die Hände heben, mit überlegen grinsenden Gesichtern.

Es ist soweit.

Kommandos schallen über das Gelände, in heiserem Russisch und gebrochenem Deutsch.

»Dawai, dawai! Waffen weg! Hände hoch! Alles antreten . . .«

Willenlos gehorchen die Landser, stumm und ohne Widerspruch, wie sie vor kurzem noch ihren Vorgesetzten gehorcht haben. Schiebend und stoßend formieren sie sich zu langen Kolonnen.

»Marsch!« heißt es. Schnell. »Dawai!«

Die Haufen setzen sich in Bewegung.

Ein neuer Marschbefehl. Es hört nicht auf . . . Der Krieg ist zu Ende, aber das Kommandieren geht weiter. Befehle sind international. Und das Gehorchen.

Langsam beginnt der Marsch aus dem Kessel in die Gefangenschaft.

Kolonnen über Kolonnen. Grau, müde, schleichend. Herden stupider Gestalten, ohne Willen, ohne Kraft, ohne Hoffnung. Geschlagen bis ins Mark.

Warum bricht keiner aus? Ein einheitlicher Wille würde genügen, die spärliche Bewachung über den Haufen zu rennen. Was könnten die wenigen Posten gegen den Sturm der Massen ausrichten?

Kleebusch blickt sich um. Er möchte die stumpfsinnigen Marschierer an seiner Seite aus ihrer Lethargie rütteln. Er möchte sie anschreien, er möchte brüllen und toben, bis alle ihn hören. Noch ist Gelegenheit, Kameraden. Wir sind in Deutschland, mitten in der Heimat. Auf, Kumpels! Ein letztes Mal! Brecht aus! Nichts hindert euch mehr, kein Fahneneid und kein Befehl.

Zwecklos. Der Kadavergehorsam, in langen Jahren eingebläut, läßt sie blindlings ins Verderben marschieren.

Als die Dämmerung hereinbricht, sucht sich Kleebusch auf eigene Faust zu befreien. Er bleibt zurück, bückt sich, nestelt an seinen Stiefeln herum. Keiner achtet darauf. Er wartet, bis einer der Posten vorbei ist, dann rennt er seitlich ins Feld, läuft, so schnell ihn seine Beine tragen, auf ein nahes Waldstück zu.

Er hat Glück. Kaum zehn Meter trennen ihn noch von dem Dickicht. In wenigen Sekunden kann er verschwunden sein.

Da geschieht etwas Unwahrscheinliches.

»Fritz!« schreit es hinter ihm.

Er bleibt wie angewurzelt stehen.

»Friiitz!« ruft es wieder.

Völlig außer Atem dreht er sich um, wartet. Eine dunkle Gestalt rennt auf ihn zu, fuchtelt mit den Armen durch die Luft.

»Friiitz!«

Erst jetzt erkennt Kleebusch, daß es ein russischer Soldat ist. Erst jetzt fällt ihm ein, daß die Russen jeden deutschen Landser Fritz nennen. Es ist zu spät. Der Mann hat ihn schon eingeholt. Er schwingt seine Maschinenpistole. Als er vor Kleebusch steht, grinst er ihn an.

»Fritz — du Urri?«

Bevor Kleebusch begreift, hat ihm der Russe die Taschen abgetastet. Freudestrahlend zieht er die goldene Uhr von Oberst Graupner hervor, mustert sie von allen Seiten, horcht sie ab.

»Nein!« schreit Kleebusch. Dieses Andenken ist ihm heilig. Die letzte Erinnerung an den Kommandeur. Die Uhr sollte ihm Glück bringen, ihn gut nach Hause geleiten. »Nein«, bittet er, »diese Uhr nicht . . .«

Der Russe bleckt die Zähne und läßt die Uhr in seiner Tasche verschwinden.

»Gutt Urri. Komm, Fritz!«

Mit voller Wucht schlägt er ihm den Kolben ins Kreuz und treibt ihn zu der Kolonne zurück.

Drei Tage später werden sie verladen.

»Geht alles fahrplanmäßig — nach Osten, wie es der Führer befahl!« höhnt Kleebusch.

»Na also! Kopf hoch, Kameraden, es geht wieder vorwärts!« antwortet einer neben ihm.

Der Zug beginnt zu rollen.